ACHIM VON ARNIM
UND
CLEMENS BRENTANO
FREUNDSCHAFTS-
BRIEFE
II

DIE
ANDERE BIBLIOTHEK

Herausgegeben
von Hans Magnus Enzensberger

ACHIM VON ARNIM
UND
CLEMENS BRENTANO

FREUNDSCHAFTS-BRIEFE II

1807 bis 1829

VOLLSTÄNDIGE
KRITISCHE EDITION
VON
HARTWIG SCHULTZ

EICHBORN VERLAG
FRANKFURT AM MAIN
1998

Herausgegeben unter Mitarbeit
von Holger Schwinn

ISBN 3-8218-4158-3

1807

91 *[Königsberg] Geschrieben im May [1807].*

– Zu der grossen Mannigfaltigkeit, worin ich gelebt habe gehört auch das Gelesene, ich bewohne jezt das Quartier eines Schulfreundes von Tieck und seine ganze ansehnliche Büchersamlung ist mein und ich habe sehr liebe Bekanntschaften gemacht. Graf Benzel Sternberg ist dir jezt nahe, da er in Badische Dienste getreten, sieh einmal das *silberne Kalb* an, Heyse besitzt es, bey vieler Redseligkeit, und Paulischer Gelchrsamkeitskoketterie wird dich doch manche Eigenthümlichkeit überraschen, es ist ein Stück aus dem südlichen Deutschland darin, was noch keinen Mahler gefunden. Meine Wonne in kummervollen Nächten waren die 4 Bände NEUEN *Volksmährchen* der Deutschen Leipzig, Weygand 1791, ein Talent, ein Reichthum von Erfindung, ein Kindergefühl wie im *Rübezahl* im *Hirten*, in der *Ottilie* ein Ernst des schrecklichen Lebens wie im Otbert, ein Heiligenkampf wie im Julian, ein Familien Sinn wie im stillen Volke, die Macht der Kindheit gegen den Teufel im St. Georg, Mythen wie die Fischer, besonders die Geschichte vom Mahler must du nie gefunden haben, und das Buch ist vergessen, was soll da aus werden! *Hippels Leben* aus Schlichtegrols Nekrolog soweit es von ihm selbst, mag mir unter den sichtbaren Denkmahlen seines Lebens, den öffentlichen Gängen, in seinem Garten, bey seinen Freunden, die ihn alle mißverstanden und sich noch etwas darauf zugute thun ihn mißverstanden zu haben, merkwürdiger als dir seyn [–] gefallen wird dir vieles gewiß z. B. seine Mutter, sein Aufenthalt in Petersburg[,] sein Buch *über die Ehe* [–] sieh es an, ich mache mich jezt mit seinen Schriften den Lebensläufen in aufsteigender Linie bekannt; er ist vielleicht die höchste Thetigkeit, die höchste Absichtlichkeit bey der lebendigsten Freyheit gewesen, die existirt hat. Mit Klinger mache ich mich jezt bekannt, sein Buch *der Weltmann und der Dichter* eine Art von Spaltung um an dem Bruch das abgeriebene Menschleinmineral zu kennen berührte mich[,] fast wie ich jezt lebe, zwischen zwey verschiednen Sphären, in meiner Laube und Hofe, ich schreite jezt zur *Geschichte eines Deutschen neuester Zeit.* Den *Roman comique* danke ich deinem Lobe, es thut mir unendlich leid, daß Göthe ihn nicht mit Auslassung der meist sehr schlecht erzählten Novellen, in seinen Meister als eine Abendlectüre der Schauspieler übersetzt hat, die Eigenthümlichkeit des Meister würde daran noch hervorstechender seyn. Was können die Leute darin für Prügel aushalten! Himmlische Karactere la Rancune, Ragotin, Rapiniere u[nd] allefin[?]. *Laukhardts Leben* habe ich als Seitenstück gelesen. Daneben zur Abwechselung »Die Statuten des Deutschen Ordens«, herausgegeben von Hennig Königsberg 1806. Bülows Feldzug von 1805. sein Kriegslehrbuch, Zum Schlusse *Hamanns Schriften*, von denen ich mir eine kleine Sammlung gemacht, sie müsten Daub unendlich viel Freude machen, vielleicht hat sie Jung, ich empfehle dir in den Kreutzzügen eines Philologen die aesthetica in nuce, seine hierophantischen Briefe, neue Apologie des Buchstaben h., Fragmente einer apoka[l]yptischen Sibylle über apokalyptische Mysterien. Man bat mich hier, sie herauszugeben, es fehlt mir aber dazu an Gelehrsamkeit, die Gedanken unterstände ich mich wohl zu erleichtern und zu verdünnen zum täglichen Gebrauche. Ueber die *Ninon Lenclos* bin ich ganz deiner Meinung, sie hat mir beynahe Uebelkeit gemacht. Heinses Laidion und Fiormona hat mir nicht so gefallen wie sein Petron[.] Die *Fiammetta* ist meisterlich von deiner Frau übersetzt, ich bin oft gemeint gewesen, Italiänisch zu lesen. Werners *Söhne des Thales* haben mich mit ihm versöhnt, durch seinen Doktor Luther hatte er es verdorben, mir scheint es beym Lesen, als hätte ich zuweilen dran mitgearbeitet und wäre, ohne es zu wissen, in einem geheimen Bunde. – Welch ein schales Buch sind die berühmten physiognomischen Reisen, von Musäus, man sieht recht wie erbärmlich der Donquichote sonst mißverstanden wurde als eine Satyre gegen Rittergedichte, denn dies ist wiederum nur ein umgewandter Donquichote der Art gegen das Ritterthum des Gefühls, was sich zur Lavaterschen Zeit zuerst verkündete. Himmlische Freuden würden dir die Amans du fauxbourg[?] Saint-Marceau IV T. Paris 1801 machen, ein französischer Schelmufsky. Ist dir je der Acheron und Antiacheron vorgekommen, mit dem letzteren gehe ich um, ein lieber siebzigjähriger Alter, der seinen Witz dazu braucht, sich die Welt zu verdrehen, und versichert, man weine nur um andre, weil man an seinen eignen Tod denke, es ist der Kriegsrath Scheffner.

92

[Königsberg, den 17. Juni 1807]

Lieber, liebster Clemens!

– Wenn Du noch bey mir wärst, da wär mir anders! – So pflegte der grosse Churfürst vor dem Bilde seiner verstorbenen Frau auszurufen, die aus einer Gemahlin in ein Gemaltes übergegangen, wie Frau in Freundin. – Ich habe die Geschichte seit früher Zeit nicht wiedergelesen, wo ich in unsrer Geschichte noch meine ganze Hoffnung und Ehre fand, das ist aus, aber die Geschichte fällt mir noch immer ein, so oft ich an Dich denke – und ich habe nicht einmal ein Bild, keinen Schattenriß von dir, – doch einen Lichtriß und der schwebt mir noch hell vor, wenn alles dunkel, deine Heidelberger Gegend, du bist der Strom um den die Berge sich lagern und der doch fortfliest, fort von mir. – Wo blieben wir doch stehen? So möchte ich Dich fragen, als wenn ein überlästiger Fremder zwischen uns getreten, so stehen hunderttausende zwischen unsrer abgebrochnen Unterhaltung, nicht zwischen unsrer Brüderschaft, die immer noch schafft und treibt in alter Liebe, in Erinnerung und Liedern, in jedem Umstande unsrer gemeinschaftlichen guten Tage mit doppelter Wärme und Wehmuth. Es ist doch gut, daß wir uns im vorigen Jahre nicht fanden, wie würde ich mich in der langen Abwesenheit finden. – An einem rauhen kaltwindigen Tage las ich in der Zeitung, daß bey euch ein so herrlicher Frühling, freuet euch auch für mich, ich freue mich auch in eurem Sinne, wo ich es kann und es giebt hier Augenblicke, recht eigentliche Blicke, wo ich unendlich glücklich bin, wenn sich der Marmor dieses Himmels belebt, der meiner herzlichen Anschauung kalt und grob begegnet. Ich setze oft an, Dir so vieles zu schreiben, was ich auf dem Herzen habe, aber die Idee daß ich umsonst schreibe, daß meine Worte von andern gelesen werden, und daß ich also schwatzhaft werde in geheimen Wünschen und Hoffnungen verleidet es mir gleich. Es ist noch ein Umstand, der mir zweifelhaft wie ein schnellgeschwungnes Scharfes Schwerdt alles zwischen uns beengt, aber das Hindringen zu dir unsicher macht. Es sollte mir wehe thun, wenn es wahr wäre und ich Dir etwas Trauriges zurückriefe. Der verstorbene brave Doktor Schlosser, der Jenenser, sagte mir etwas von dem Tode deiner Frau, den er behauptete in einer Zeitung gelesen zu haben. Wir sind hier von allem abgeschnitten, ich möchte sagen von der Zeit, denn alles was wir hier thun, geschieht zur Unzeit; doch hatte ich eine Zuversicht und behalte sie, sie müste leben, es hatte kein andrer gelesen, Schlosser war schon krank, als er es sagte; sie muß leben. Küsse die gute liebe Frau, um dich ihres Lebens zu versichern. Sie war immer so gütig gegen mich, so wenig Zutrauen sie auch zu mir hatte, mir jemals ein offnes Wort über euer mannigfaltiges Verhältniß zu sagen, oder mir jemals ein Wort vorzulesen, was sie für das ganze Publikum geschrieben, hier haben die Leute wohl Zutrauen zu mir, jeder Fehler wird mir vorgerechnet, aber keine Güte, welche die Natur im Ganzen übersieht und darin das Einzelne vergisst. – Von Frankfurt spreche ich oft mit einem reisenden Kaufmann Glarus, der da gebürtig, er kennt euch im Allgemeinen und darum kann ich nicht im Einzelnen von euch reden, weil ich euch alle lieb habe im Einzelnen.

Ich sang mir eben, was ich so singen nenne in mir, alle deine Melodieen, mir war wie damals am Rheine, wenn du sie Abends vor Ackermanns Thüre unter den Mädchen gesungen, wie sie mir Morgens noch im Kopfe umgingen (Glarus hat auch da gewohnt) Edles Gedächtniß, daran erkenne ich deine hohe Natur, wie du mit Eigensinn nicht nach äusserer Nothwendigkeit deine Gaben mir ausspendest, es fielen mir alle Melodieen ein bis auf Die lustigen Musikanten, die wären mir jezt zu traurig gewesen. – Wie viel ist mir durch den Kopf gefahren, wie bin geviertheilt worden von Wünschen, doch haben sich diese schönen Spuren nicht verlöschen können; du hast mir einmal ein Wort geschrieben in deinem letzten Briefe unter den Empfangenen, was eine höhere Macht aus Dir gesprochen, denn es hat mich mehr als einmal gebunden: »Halte dich um *Gottes Willen* frey von Gräßlichem in Deinem Leben.« – So wendete ich mich plötzlich um aus der Verzweiflung mancher Mißverständnisse, die mich beynahe forttrieb zu einer frommen Gärtnerey[.] Ich baue mir ein Gärtchen bey dem Landhause meines Freundes des Commerzie[n]rath Schwink, bey dem ich die meiste Zeit zubringe, und dessen Haus eigentlich mich hier festhält und festgehalten hat in dem mannigfaltigen Elende, was schon die Stadt betroffen und vielleicht noch betrift. Er hat eine liebe Tochter Auguste, sie hat eine gewisse Anbildung von Bettine, bey der ich fühle, daß Seligkeit von Sehen herkommt; Gott weiß allein wie gut ich ihr bin, sie scheint gleichgültig gegen mich, wie gegen andre. Ich habe mir da einen Garten angebaut, er wurde so allmählig aus einer Bohnenlaube am Teiche, erst ein Blumenbeet zur Erinnerung deines Hauses mit zwey Levcojenstöcken geziert, die herrlich roth blühen, drüber erheben sich Sonnenblume, Nachtviole, Mayblumen, Vergißmeyn nicht an der Seite; dann ein Berg zur Erinnerung an Heidelberg, ein Berg, einen Fuß hoch, oben mit wilden Pflanzen gedeckt wie mit Wildem Holz unten mit Gärten. Weiterhin zur Ehre von Bettine ein Hügel mit weissen Lilien und Feuerlilien, die bald aufblühen werden, den Beschluß machen vermischte Sorten aller Art. Es wird eine Weltgeschichte wenn ich so fortarbeite, denn alles ist wieder allegorisch dabey. –

Ich wollte oft einen Commentar dieser unbegreiflichen Zeit schreiben, ich habe viel, sehr viel gesehen und frey gesehen, weil mein Gemüth heftig bewegt, genug Gleichgewicht gewonnen, vieles zu durchschauen, was ich mit Ekel sonst von mir gestossen, die künftige Zeit wird mir dazu Ruhe geben, denn es wird mir allmählig die beruhigende Ueberzeugung, daß an dem meisten nichts, gar nichts verloren, was wir untergehen sehen, für mich lernt sich immer etwas, das Verstehen, besonders, was ich nicht glaubte, daß ich verstehe, wie auch so nichts daraus werden konnte, denn das hoffte ich doch noch als ich die Abhandlung bey unsern Volksliedern schrieb. Ich habe hier eine Masse von hohen Verhältnissen näher kennen lernen, ich habe Ekel als wenn ich eine Kröte heruntergeschluckt und doch habe ich viel Liebenswürdiges gesehen. Unsre Eylauer Schreckenszeit ist eine wunderbare Episode.

·/.

Der Weg zu dir ist offen; ich habe seit vielen Jahren den 16ten als einen merkwürdigen Tag im Kopfe getragen, den 16ten Morgens gegen 3 Uhr rückten die Franzosen hier ein, es geschah im Allgemeinen mit Ordnung. Den 14ten Sontags sah ich von den Wällen einer Schlacht zu, unsre Truppen, die sehr viel schwächer waren musten sich zurückziehen; sie stürmten darauf zweymal vergebens, die Vorstädte wurden abgebrannt, den Nachmittag fielen ein Paar Bomben in die Stadt, die ihre Kirchen treulich besuchte. Das Schiessen und Scharmützel dauerte bis in die Nacht, ich sah es aus einem schönen Garten, nicht dem meinen, denn den muste ist [lies: ich] mit dem ganzen Hause verlassen, nachdem ich alle Blumen abgeschnitten, aber ich brachte die Nächte bey Schwinks zu, weil man eine Stürmung und Einnahme besorgte, ich muste die Familie mehrmals zur Sicherheit durch die von Cavallerie dichtgedrängten Strassen durchführen. – So ist nun alles aus, und ich glaube meine Schuldigkeit am besten gethan zu haben, da ich nichts gethan; was geschehen, erwartete ich lange, mit Bestimmtheit nachdem man Danzig hatte fallen lassen, wo mein Freund Troubadour mitbelagert worden. Ich sah ich [lies: ihn] nur wenige Tage hier, dann flüchtete er sich mit der ganzen Fremdenmasse nach Memel. Schwinks Familie hielt mich nicht fest, denn im Gegentheil sie riethen mir fortzugehen, aber ich konnte nicht von ihnen fort und ich meine ihnen doch zuweilen dienstlich gewesen zu seyn. Schwink hat sehr viel durch einen Brand seiner Mühlen verloren, bis uns der Hunger allesamt wegtreibt bleiben wir hier, vielleicht ist ein grosser Friedenscongreß hier, die Schlacht von *Fried*land, wo die Russen keine Preussische Truppen bey sich hatten und daher gänzlich geschlagen wurden, entschied das Schicksal von Europa. – Schreib mir *recht bald*, recht viel von den Deinen, ich schreibe darum so eilfertig, schreib hieher, abzugeben bey Herrn Commerzienrath Schwink.

Königsberg den 17 Juni 1807.

wie ich nach den ersten Worten von dir dürste, schreib mir unbeschreiblich viel!

93

Königsberg den 5 July 1807
Adresse: Abzugeben bey
H. Commerzienrath Schwink

Und wären wir so arm wie die Goldwäscher am Rhein, es würde mir doch kein Sonntag seyn, wo ich nicht soviel erübrigt, meinen Brief nach Duderstadt frey machen zu können, ich wollte nur daß ich mich auch dahin frey machen könnte. Wie freut es mich deine Briefe wenigstens bey mir zu haben und Betinens ich mache mir damit manches stille Fest, sie Nachts zu lesen, es ist mir dann als wäret ihr eingeschlafen und ich dächte nach, was ihr mir am Tage gesagt. Ich habe dir einmal geschrieben, gleich nach der Besetzung von Königsberg durch Franzosen; wir erwarten in diesen Tagen die Bekanntmachung des Friedens, ich erwarte ängstlicher einen Brief von Dir, wie es euch allen ergangen; mir war es ängstlich, daß ich von Dir und Deiner Frau nichts im Oster Meßkatalog fand, der uns wie ein Glas aus dem Hamburger Rothweinfasse reitzte, ohne uns mehr als diesen Reitz zu geben, wie begierig machen mich Göthes neue Arbeiten. Ich muß und will fort, es koste mir was es wolle, ich bin es müde kalten Marmor zu erwärmen, oder viel mehr durch meine anhängliche, zudringliche, fremdartige Nähe ein lebenslustiges Wesen zu erstarren, was mir lieb an ihr ist, der gute Geist den ich unter der Flamme ihrer Stirn suchte und beschwor, ist mir nicht erschienen, ich konnte ihn nicht beschwören, und das Feuer meiner Wünsche drängt sich in mir schmerzlich zusammen, ich war so oft in dieser Zeit getäuscht, durch mich selbst, ich glaubte so oft eine feste Bestimmung zu sehen und ich fühle endlich nur das eine, daß sie mich durch ein reiches belehrendes schreckliches Schlachtfeld von Gefühle führte, um vielleicht künftig in der Ruhe andern beyzustehen wie ein geprüfter Dornstock, je mehr Knoten daran je fester und ich habe doch noch die Meinung, daß er recht schön blühen wird, wenigstens wird er bey dir grünen. Die ganze Maskerade würde dir vielleicht Vergnügen machen, wie in der Mahlerey war immer der tiefste Schatten neben dem hellsten Licht, aber ich kann das alles nicht erzählen, ohne daß mich mein frommer Leichtsinn rührt und ich mag und will nicht gerührt seyn, ich will lachen und nicht viel schreiben. In einem Journale Vesta, was hier von den hiesigen Schlegeln herausgegeben wird, habe ich ein Paar Worte über Frau von Krüdener gesagt, sie war hier für unzählige Nothleidende der barmherzige Samariter; von Fichte ist ein Aufsatz über Machiavell und Probe einer Uebersetzung des Dante, ich will es Dir bey Gelegenheit senden, der politische Strudel hatte mich wohl ergriffen, weil er sich aber im Sande verlaufen, so bin ich auch wieder auf dem Trocknen und erquike mich an den getrockneten Früchten der Gelahrtheit, einliegendes Blat schrieb ich einmal um dich mit denen Volksmährchen bekannt zu machen, deren Verfasser ich ein ewiges Denkmahl stiften zu können wünschte, doch liegt mir noch Winkelmanns Andenken auf dem Herzen, ich kaufte sein Vergißmeinnicht, als ich im Herbste durch das verödete, flüchtende Braunschweig zog, Heyer war damals mit dem Herzog fort; wunderschön sind die Traumbilder S 34, wo der Freund schwört: Zu stehn dem Leben, still in schlechter Zeit, auch unter Knechten werth zu seyn der Freiheit, dann S 33 die Grabschrift der Fantasie S 83 der Zweifel. Sammle doch fleissig von ihm und über ihn und an ihn, besonders die Briefe von Savigny die ich ihm im Herbste nach Marburg überschickte. Ich hoffe noch viel mit Dir im Herbste zu arbeiten, ich fühle zwar, daß ich viel Zeit verloren, aber es muste so seyn, dafür beschränkt mein Land mich auch nicht mehr, ich fühle mich ohne Rock leichter. Wir haben noch keine reife Erdbeeren hier! – Und keinen Clemens! – Und keine Sophie!

Dein A. A.

94

[Frankfurt, den 14. Juli 1807]

Mein Arnim!

Heute den [14.] Juli erhielt ich deinen Brief vom 17 Juni, ich habe dir nun fünfmahl geschrieben, wie elend ich bin, und du weißt es nicht, ja Sophie, die mehr zu leben verdiente als ich, die die Sonne liebte und Gott, ist schon lange tod, Blumen und Graß wachsen über ihr und dem Kind welches getödet durch Sie Sie tödete, Blumen und Graß sind sehr traurig für mich, ach könnte ich nur noch traurig sein, blute aber kalt, und spiegle mich im Dolch und grinse und lächle. Sie war froh und gesund den 30 8ctober 1806, wir waren auf dem Schloß, sie sah in die Sonne mit den Worten, ich will dir einen Jungen gebähren, wie die Sonne so feurig, er soll uns so lieb werden, wie Arnim wenn er im Kriege untergeht, aber die Sonne gieng unter, hinten im Schloßgarten wurden grade die schönen Linden durch Gatterer abgehauen, ach wenn nur die nicht umfällt, die wir aus unsrem Fenster sehn, sie eilte hin, sie bat, aber der Baum war schon entwurzelt, die Strikke zogen, er schlug vor ihren Füssen nieder, da faßten wir uns in den Arm und giengen sehr erschüttert und sehr liebend aber traurig nach Hauß. Zu Hauß war wunderlicher Besuch die alte Lassaulx aus Koblenz, die du kennst, und Görres mit seiner Frau, welche der Lassaulx Tochter, derselbe der mir einmal so wüthend ins Aug geschlagen, er war auf demselben Schiff bis nach Heidelberg gefahren, auf welchem *wir* einst mit Sophien gefahren, er war gekommen Philosophie in Heidelberg zu lesen, er bat mich herzlich wegen jener

Geschichte um Verzeihung, wir liebten uns schnell, Sophie und seine Frau freuten sich herzlich auf einander. Sophie war hoch schwanger, sie fühlte Wehen, mit unendlicher Freude und Seelenruhe rief sie mich hinaus, ich trug die neue Wiege mit ihr in ihre Stube, da dachte ich, daß es die dritte neue Wiege war und weinte, aber Sophie war wie eine Heilige froh, sie neckte mich und wir rüsteten zusammen die Wiege und das Geräthe, ihre Stube hatten wir selbst noch deckorirt, ich hohlte noch dein Bild und eine Madonna die hängte ich hinein, es war Abends acht Uhr, nimm die Hulda und gehe mit Görres auf das Schiff, damit sie nicht jammert, wenn ich schreie, es wird bald vorüber sein, die Mutter Lassaulx blieb, ich gieng aufs Schiff, ich wartete, ich erzählte Görres, wie wir lagen auf jener Reise wie du unten lagst, wo Sophie lag, wo ich, wie ich auf jenem Schiff damals in der Nacht sehr traurig war, wie ich Sophien weckte und ihr sagte, sieh waß unser Arnim so hübsch und grad da auf dem Boden liegt, ach wenn er tod wäre, Sophie, wenn du und er tod wären! Damals schliefst du und meine Trähnen fielen auf dein Antlitz, ich habe es dir nie gesagt, da gieng Sophie hinaus aufs Verdeck, ich war eingeschlafen in groser Trauer, da ich erwachte war sie nicht da, ich griff nach einer grünen seidnen Decke die sie bei sich hatte, die war leer, (sie ist auch unter ihr gestorben) ich drückte die Decke ans Herz mit dunkelm Schmerz, und gieng aufs Verdeck, da stand sie, der Reihn rauschte, die Sterne spielten, o ihr dunkeln Ufer, du bittrer Strom, lauter Dolche ihr Sterne, liebe Sophie, warum bist du allein heraus, sie war still, o antworte mir, ich bin entsezlich traurig, ich liebe dich entsezlich, Klemens du bist ein Dämon, freilich kein Damon sprach der gutherzige Teufel der Witz, der so mir meine Fremden unterhält im Leben, ich saß zu ihren Füßen und faßte sie mit beiden Armen und bat, sie möge ihre[n] Fuß auf meine Brust stellen, ich entblöste meine Brust und sie that den Schuh nicht aus, sie wußte nicht, daß meine Brust blos war, ihre Seele gehörte der herrlichen Sternennacht an, das schmerzte mich, ich sagte, ist dirs wohl lieb Weib! sie sagte, unendlich, wenn du nur nicht so wunderlich wärst, du magst mir bang, lieb Kind! mir wäre sehr wohl, wenn ich nicht so mishandelt würde vom Geschick, ich kann die Natur nicht lieben, die mich nich[t] versteht, – ach Klemens ich wollte gern sterben, wenn du ruhig wärst, mache ich dich nicht glücklich, nie? nie? – ja du machst mich sehr unglücklich – aber wodurch? – daß du nicht weißt, daß mein Herz entblößt ist, und daß du den Schuh nicht auszogst, verzeih, daß ich es sage, sieh darüber könnte ich aus Trauer verzweifeln – du bist wahnsinnig – ich liebe dich nur – da zog sie den Schuh aus – ich war ergeben und fromm, – aber ich zog ihr den Strumpf von dem festen herrlichen Fuß, und er tratt mir fest aufs Herz, das schlagend zerbrechen wolte – o Sophie tritt fest aufs Herz, tritt auf die Fußspitze, hebe die Hände zu Gott und bete zu den Sternen, Gott wird mich stärken, daß ich solche Seeligkeit ertrage – du bist ein Dämon – und sie trat auf meine Brust und betete zu Gott – o zerbrich du feste Burg heiliger Liebe der Herr steht auf deiner Zinne sincke nieder in meine Brust, ich will nicht schreien süße Frau, brich Herz, so bin ich tod, Sophie wenn meine Brust zerbräche, deine Seele schwebt im Sternenhimmel, wie wär dir wenn deine Füße einsencken in mein armes Herz, o ehre mein Hauß, tritt über meine Schwelle Herr, mein liebendes Blut soll deine Füße erwärmen, Sophie, Sophie, wirf mich dann über Bord, denn du kannst nicht wurzeln in dieser Brust, sie gehört der Nacht an und du dem Licht – o Clemens, Clemens, du bist wunderlich, du bist ein Geist, kein Mensch – da sprang ich auf und küste sie heftig, und dankte ihr und war unaussprechlich glücklich und der göttliche Muthwill unterhielt wieder meine Fremden, aber unter ihren Fuß hatte ich mein Schnupftuch gelegt, daß sie ihn nicht verkälte. – Diese Dinge erzählte ich weinen[d] dem ernsten lächelnden Mann, der ähnliches versteht, denn er ist ein göttlicher Mensch dieser Görres, über seiner Brust und seiner Stirn schlagen alle Wünschelruthen, und schwebt kein Irrlicht mehr, dann lief ich ans Land auf dem Verdeck pochte ich noch mit Tiecks Stock und rief, Görres, hier wars, und da ich nach Haus kam, hörte ich Sophien jammern, sie sagte lieber Klemens, rufe den Akkoucheur, ach Gott, ach Gott stärke mich, und ich rief den Doctor Mai, und sie jammerte lang und ich hatte eine eiserne kalte Hand im Gehirne, die zerriß es, da kam um zwölf Uhr, die Mutter Lassaulx, und sagte das Kind ist da, es ist ein Knabe, man sucht es zu beleben, ich sprach, wehe, ist es ein Mann, so ist es ein Sklave in dieser Zeit, aber sie kam wieder, und sagte es ist ein Mädchen, und ich sprach, wehe so muß es gebähren, lebt mein Weib, ich habe keine Freude an Kindern, sie sterben, – ihr Weib ist sehr schwach – da hörte ich Sophien schwer schwer Athmen, sie sagte lebt mein Kind, und starb, und die Erde starb, alles starb, und ich schrie Arnim, Arnim, und rang die Hände nach deinem Bild – und Schwarz und Zimmer und der Professor Fries trugen mich zu Görres auf das Schiff, und Görres drükte mich fest fest ans Herz und ich schrie immer Sophie, das ist dein Fuß, das Herz ist zerbrochen, fühlst du mein Blut, und also erfüllte ich den Fluß und die Ufer mit Geschrei und den andren Tag brachte mich Görres biß Darmstadt, ich bat man möge mir Betinen oder einen Bruder entgegen schicken, aber man schickte mir den Docktor Schloßer, den Bruder von dem Göttinger ein guter Kerl, aber ein Mensch, gegen den ich doch Mitleid empfände, wenn ich auch im Ersaufen begriffen wäre, und er machte ein Sonnett am Ufer. Daß er mich empfing war mir schrecklich und gesund, ich sah wieder, daß die Welt eine solche sei, und daß sich Freud wie Leid nicht gebühre, er guckte mich so ausnehmend erstaunt unterwegs an, wie ein alte Forelle Göthens Fischer der hinab sinckt – und so war ich zu Haus – Betine trauerte mit mir, aber sie konnte meine Verzweiflung nicht ertragen, und sagte mir einst ruhig; laß mich, laß mich, ich sterbe, ich kann kein Elend ertragen, ich liebe dich nicht, und also gieng ich zurück und saß ein halb Jahr noch auf meiner Stube auf dem selben Stuhl und weinte, Hulda nahm die Rudolphi in Pension, eine Magd hatte ich, ich kenne kein herrlicheres Wesen, das ein Weib ist, sie sorgte für mich mit unendlicher Milde und Güte, sie hat mir mit Görres das Leben erhalten, wenn ich mein Brod in Thränen aß, wenn ich die Kummervollen Nächte weinend auf meinem Bette saß, wenn ich euch erkannte ihr himmlischen Mächte da hörte ich das Gotterfüllte Mädchen in ihrer Kammer laut vor ihrem Bette kniend, beten zu Gott für mein Weib, und mich und Hulda, tausendmahl rief Sie aus, o Herr, nimm mich von der Welt, thue deinen Zorn an mir erkühlen, und tröste meinen armen Herrn. Sie schmückte mir dein Bild mit Blumen, weil Sie wuste das Sophie das gethan, sie entwickelte ein heiliges inneres Leben – also habe ich gelebt mit gesenkten Augen nicht getrauend die Stelle zu verlassen, rings um alle Geliebten Gegenstände erinnernde Gespenster, in unaussprechlichem Jammer, ohne Gesellen ohne Geschwister, muste ich allein alles waß an unzählichen Briefschaften und Manuscripten und an tausend Flitter und Geräth aus freudigem leichtem und schwerem Leben der Geliebten übrig war ordnen, ach da lag ein Schatz des Jammers, und ein Abgrund bittern Zornes, und ein Gipfel armer Liebe giftig vor der Seele offen, wenige Briefe von Hauß, sehr erhabene göttlich treulose von Betinen voll tödendem Trost, dann muste ich alles Verkaufen und ein Inventarium schreiben, Huldas Vater schrieb ich zweimahl, daß ich Sie an Kindesstatt annehmen wollte, er antwortete nicht, sie ist noch bei Rudolphi, ich entschloß mich alle Bücher zu packen und waß ich von Sophie bewahrt und nach Ffrt zu gehen, ich that es wegen Betinen, ich schrieb ihr, sie erwartete mich, ich schlug zwei vortheilhafte Reisen nach Italien aus, weil ich nicht wußte wo du warst, und weil ich dachte, jezt sei es meine Pflicht, mich ganz an Bettinen anzuschließen, aber da ich ankam war sie mit Jordis dem Mann der Lulu, nach Cassel wo dieser sich niedergelaßen, ein kaufmännischer Rabe auf dem politischen Leichnam Hessen, ich wollte zu ihr nach Hessen, aber Georg gieng plötzlich nach Amsterdam und ich gieng mit und habe im Frühling Holland sehr lieb gewonnen in 14 Tagen, in der italienischen Oper sah ich die Grassini – blos als Zuschauerin, sie hatte bei einem Sturz mit der Kutsche in den Canal die Stimme verlohren – ich sah sie an lange an deinetwegen, das ist eine schöne göttliche wüste Welt, sie war von Stutzern umringt, und blaß, aber sie ist schön. – Indessen reiste Bettine Carriere in Geschäften mit Jordis durch Berlin, und Weimar dort war sie bei Göthe 3 Stunden und er steckte ihr einen Ring an den Finger und gedachte unsrer Mutter. – Jezt aber kömmt Betine hierher in einigen Tagen, auch weiß ich daß du lebst und mich noch liebst, aber ich höre im Moment jemand auf der Treppe; ich ergreife deinen Brief, sie tritt herein, wie reichen uns deine Briefe, sie hat auch einen, ich – muste sehr weinen Sie wieder zu sehen, am Finger die schöne Anticke von Göthen ein Weib das sich verschleiert, ich habe Sie unendlich lieb, aber über meinem Haubt steht das Leben wie ein unendliches Labirinth von Gewittern erbaut. Bettine ist ruhig wie ein Engel, sie ist geistreicher als je ein Mensch vielleicht gewesen, unergründlich genial unschuldig, ihr Gesang ist viel, viel mehr geworden, sie ist nicht mehr gespannt, sie ist ein Genius, der die Flügel öfnet und senkt o lernte sie bereits, nicht im Kasten mehr zu flattern und die schönen Farben zu verlieren. O hätte ich ewigen Frieden mit ihr, und erbaute mich! O Arnim, wie sehr liebt sie dich. Wir reden stündlich von dir, und du bist uns lieber als alle Menschen, denn du bist ein Spiegel der durchsichtig ist, ach wir wissen jeden goldnen Zug um deine Lippe. In diesem Krieg waren wir stets bange, um dich nur, Arnim es liebt dich niemand so wie wir, wir wollen auch noch einmahl stets zusammen sein, aber wie, wie, es ist unser fester Entschluß, du mußt mit nach Rom, mit ins Grab, mit in den Himmel. O Mein Arnim, ich rufe in Thränenstürmen schwehr, wenn kann ich dich sehen, wie, wirst du lange noch in Königsberg sein, die arme Auguste will dich nicht lieben, ach da thut sie wohl daran, du mußt sie erst lieben, wenn ich sie liebe. – Zimmer hat mir gestern geschrieben, daß er heurathet, die Tochter eines Predigers Bender von Rohrbach – ich habe eine der schönsten Seelen in ihm kennen gelernt, er sehnt sich sehr nach dem zweiten Band des Wunderhorns, ich habe Lieder in die tausende. Görres hat ein herrliches Buch über die Volksbücher geschrieben, ich habe ihn hineingeschoßen, und freue mich ein Mittel zu so schönem gewesen zu sein, es ist bei Zimmer gedrukt. – Göthens Gespräche mit Bettinen sind ein Schatz für uns Freunde, er war wie ein Kind, er gestand ihr, daß er mürrisch und kalt oft sei, daß er sie ewig um sich wünsche, daß er dann nie alt geworden, daß er nie einen Jüngling so schnell geliebt wie dich, daß sie um ihn bleiben möge, er wolle sich wieder wiegen laßen, er hat ihr erlaubt sein Leben nach den Aussagen seiner Mutter zu schreiben, er wolle ihr noch viel dazu sagen, das solle seine

Biografie werden, einfältig wie die Heimonskinder, sie war mit ihm, wie der Genius mit dem Dichter im Hans Sachs spricht. Sie hat ihn gezankt, gestärkt, und gebessert und verjüngt, in drei Stunden; und alles ist so in ihm, wie wir es uns gedacht. *Von der Biografie, das Verschweige.* es giebt ein göttlich Buch. Ich wünsche sehr dich zu sehen und doch ist mir es augenblicklich bang bis Königsberg zu gehen, mein Gemüth ist durch unsäglichen Jammer so erdrückt, daß der geringste traurige Anblick, ein kranker, ein Gefangner eine Brandstätte mich ganz zerreißen, drum that mir das Glatte Holland so wohl, auch bin ich jezt etwas zur Sparsamkeit gezwungen, wegen der Pension für Hulda, die ein Engel wird. Ach wenn du kommst, mußt du Sophien ein Denkmal setzen helfen, ich wünschte von dir drüber traurige Gedanken, sie schläft vor dem Mannheimer Thor, wo das blühende Amphitheater sich gegen die Ebene ergießt, es muß hoch sein und über die Grünen Bäume schlank ragen. Auch mußt du ihre Papiere ordnen – sie liebte dich sehr o mein Arnim, wie froh bin ich, daß du nicht mehr mit dem Schicksals Helden um einen Politischen Kadaver ringst, Arnim schreibe bald, und waß ich soll, thue nichts ewiges ohne mich, waß zeitlich ist – ich bin dein allein, und Bettinen sollst du wiedersehn und unsern Plan ein würdig klares Leben zu beginnen mit ersinnen, und vollführen. Ich getraute mich mit ihr die Welt zu erlösen. – . Sie ist in Kassel beständig bei den Mahlern gehockt und mahlt lauter roh Fleisch in Oehl. Einen armen talent vollen Buklichen hat sie auf eigne Kosten nach Paris geschickt. Alles liebt sie und betet sie an, und die jungen Männlichen Genies, fliehen den Genius, der in mir gegipfelt ist, und finden ihn äußerst angenehm in ihr, weil er dort gespalten ist. Es ist sehr drollicht, daß ein Frauenzimmer so viele Narren macht, und ein Mann so wenige Kluge. So eben geht Betine mit ihrem Schreibebuch zum erstenmahl zur alten Göthe, sich erzählen zu lassen und auf zu schreiben. Gestern hat die alte ihr gesagt, Maihn Sohn hat Ufträg vom Kaunig nach Wiehn kriegt, un sie sahge, er werd außem Karlsbad hihngehn, aber ich weeß besser, er kann nit wohl hihn gehn, ich habem ja Spahwasser nach Waimer geschickt, un wie kann er dann nach Wiehn, wann des

Schpahwasser in Waimar ißt. Dieses ist die lezte Nachricht in der Biographie. Savigny ist noch in Wien, seine Adresse ist bei Brentano Cimaroli. Christian Schlosser, den du in Göttingen gesehn und so sehr gelobt, den ich deswegen troz früheren grosen Wiederwills recht liebte, ist hier, da ich ihn sah und um dich fragte, wollte er sich kaum auf dich besinnen, und entwikelte so anmaßendes Urtheil und Selbstzufriedenheit und Jakobische Vornehmigkeit, die er sich als Jakobi vornimmt, aber als ein Jakob hergiebt, daß er mir unerquiklich und unwohl thätig ist, auch spricht er so breit und siegreich – verzeih, wie ein Preusischer Fahnenjunker – nicht wie jene bei Halle an der Saale, nicht wie jener im Lied von dir, *der Fahnenjunker* – nicht wie du der die Ideale Fahne der Vaterlands liebe singend um die Augen schwang, den *Vogel* nicht krächsen zu hören, wie Schiller die Sterbende Johanna mit Fahnen bedeckt, nein wie die guten Jungen, die sich prahlend die Zähne stocherten, wenn du noch zum Erstaunen der Welt, eine Portion Warmbier trankst. – Um den Ring, den Göthe Bettinen gab, haben ihn früher seine besten Freunde gebeten, und er hat ihn versagt, ihr wunderbares Gespräch mit ihm ist mir ein rührender Beweiß, von welcher göttlichen Wirkung auf Erden dies erleuchtete Kind sein würde, wenn Sie nicht so viele Worte an die Gemeinheit ausspräche, zwar scheint die Sonne auch in alle Gärten und oedes Gestein und wirkt, aber die Sonne lebt auch länger, der göttliche schnelle Mensch, der so über die Erde geschleudert wird, o könnte er eine herrliche Linie nur beschreiben im Fluge und müste die Flügel nicht abstreifen rusige Mauern zu kehren. – Ich liebe sie mehr als mich und als sie mich liebt, nicht als sei sie bewustlos herrlich, und ich schaue zu, nein wegen einer innewohnenden Härte und Grausamkeit aller groser Menschen, die nur Gefangen und nicht zerschmettert sind, aber ich traure oft und trage neben ihr das Kerker Gewölb, das zusammenstürzen mögte, sie zu zerschlagen oder zu befreien, so ermüdet von idealer Last sitze ich einsam nun und erwarte, daß der Herr mich erlabe, und Sophie tritt mir nahe und spricht mir lächelnd die Worte Freude und Maaß ins Herz, aber das Leid ist unermeßlich. Mein Arnim, ich wäre schon bei dir, ich mögte fliegen, so reißt es mich zu dir, so jagt es mich manchmal, auch hat Bettine mich oft schon hart entlaßen, hart und schön, aber es ist ein innerer fester Glaube, der mir wie eine Schraube durch die Seele geht und mich an die Stelle schraubt, wo sie ist, über allen ruht ein fallender Berg, aber nicht alle mögen ihn halten, daß er die Spinnerin und die Weberin nicht erschlägt. Ich fühle eine tiefe Ueberzeugung, daß Gott einen Handlanger bedarf, und einen Geist, und diese drei sind eins. Bettinens Gesang hat sich gebessert, aber nicht das Gold, nur der Schmidt, nicht der Genius des Schmiedes, diese sollen ewig sein, und nicht ewiger als die Jugend welche vergeht und verhallt wie der Ton, lebe wohl du getreuer, herrlicher, unschuldiger, wahrer, liebender, vergiß Sophien nicht, vergiß nicht, waß ich unglücklicher unendlicher Liebe schuldig bin, und helfe mir die Schuld zu tilgen

dein Clemens Brentano

grüße mir deine Auguste,
und irre dich nicht. –

95

[Königsberg, den 21. August 1807]

Armer Clemens!

Wie mich deine ersten sichtbaren Worte durchdrungen haben, dieselben Züge nur die Sonne scheint nicht mehr durch die Wolke und die Wolke scheint schwarz. Ich muste mich erst müde laufen, es war gestern ein heisser Tag, ich lief Schwincks vorbey, die wieder auf dem Lande wohnen und zu einer lieben Quelle, die gesund seyn soll ungeachtet sie gut schmeckt, sie liegt von der Gemeine sorgsam mit einem Damme umschlagen in der Tiefe, wo unter Erlen ein verschmachtetes Flüßgen seine einzelnen Wasserspiegel unter vielen Steinen und vielem Grün gegen die Hitze bewahrt, zwey Erlen lagen gestürzt querüber, auf denen ich wenige Tage vorher den Mädchen zum Scherz überkletterte, die Quelle floß unerbittlich kalt in einen Behälter und wurde sie nicht getrunken, so floß sie in den Sand und ich mischte eine Handvoll mit meinen Thränen und machte ein heilig Thränenopfer unsern Lieben; hier riß ich mich los daß die Quelle im Sonnenscheine flammte, ich riß mich los von meinen Hoffnungen, die mir schon lange ebensoviele Verzweiflungen geworden waren. Ich will nicht untergehen da ich dir aufgehen kann zu Freude, es hängt ja noch etwas Lebendes an mir ich will noch nicht einwurzeln mit meinen Armen, da ich dich noch umfassen kann; wäre es doch schon heut, daß ich die Leere überwunden hätte, die zwischen hier und dir liegt. – Du glaubst nicht, wie mich hier jeder Beweis, aber wozu Beweis, woran ich nie gezweifelt, jede unwillkührliche Erweisung deiner Anhänglichkeit rühren muß, wo ich jedem Lumpenhunde bey denen, die ich liebe[,] hasse, nachstehe und denk ich einmal in mir, hols der Henker, und laß aller Lustigkeit den Zügel schiessen, dann sind sie aufrichtig überzeugt, ich habe ihnen ungewaschen Zeug erzählt, sagen es auch wohl, denn wären sie nicht aufrichtig, so wäre ich wie die Mutter des Themistokles im Stande, den ersten Stein zum Zumauern des Hauses hinzutragen. Und daß mein Bild mit Rosen umkränzet war, während du selbst mit Dornen; lieber Clemens das hat meinen Menschenhaß geheilt, mit dem ich jeder Zerstörung höhnend entgegentrat, nur in dem Zertreten der Geschlechter durch den Elephanten Heil wähnend. – Ich habe sonderbar gelebt, das Härteste muste sich auf einen Monat häufen; die Ueberzeugung, daß ich nicht geliebt wurde, der Untergang meines Landes, die Schrecknisse eines Krieges woran ich keinen Theil mehr nahm und ein Gefühl für andre hier bleiben zu müssen, für die ich nur fühlte. – Endlich die Sieger unter uns sehen und endlich sogar einen deiner Landsleute Herrn Clarus aus Frft gegen einen Franz Lieutenant Tamanian vom 57ten Regimente sekundiren zu müssen. Ich war der einzige den er kannte, und der es thun wollte, weil ich sah, daß er ganz verlassen, so entsetzlich widrig mir übrigens solche Geschichten geworden, seit ich Bredow zerhauen sah und seit überhaupt das äussere Verhältniß mit den Menschen so gleichgültig geworden, es hätte mich sogar ein Paar Monat auf die Festung bringen könnte [lies: können]. Ich betete und war guten Muts und besonnen, nach den ersten Schüssen, die keinen verwundet wurde die Sache durch die beyderseitigen Sekundanten beygelegt, jener hatten [lies: hatte] einen durch einen Zufall erwählt, einen gewissen Chuonelle, mit dem ich früher mehrmals gegessen, und der mir recht gut geworden, er that viel dabey. Mündlich einmal mehr, denn die Geschichte hatte viel Sonderbares und das alte Bastion von Friedr[ichsburg], worin sie sich schossen, wir waren ganz allein, wir viere und der Lohnbediente hatte sich weislich fortgemacht, sah aus wie ein weites Grab, dazu eine unsägliche Hitze; die körperliche Beschwerde macht aber gleichgültig und das ist ein Hauptgeheimniß des neueren Kriegs der diesen gleichgültigen Muth vielmehr bedarf als den drängenden unternehmenden. Ich war nachher bey unserm Feinde im Lager zu Weine, der Wein war freilich requirirt und das Lager aus abgebrochenen Dörfern erbaut, aber in der Hitze ist die Kühlung doch angenehm und der Durst ausserordentlich in der Ordnung. Dein Wille, daß ich Vorschläge zu Denkmählern auf Sophie mache, hat mir folgende Ideen angegeben, in wie fern sie im Verhältniß mit dem Aeusserlichen, mit der Gegend, mit dem Gelde, kann ich nicht beurtheilen, doch dächte ich, daß es nicht unanständig wäre, dazu unter ihren Bekannten zu sammeln, ein Theil Ihres Lebens war ja aller Welt.

1) Eine Memnonsäule, aus den Augen fliessen Thränen in den Schooß, der durch einen geheimen Ausweg nie überfliest und nie leer ist. Die Quellenleitung muß sehr leicht seyn am Berge.

2) Eine doppelte Figur in der Art wie Janus Köpfe verbunden [–] oder noch besser beyde sitzend auf einem Cubus mit dem Rücken anander gelehnt [–], auf der einen Seite eine Muse[,] in dem Arm die ruhende Leyer, auf der andern eine Matrone (nach dem Kostüm) mit einem todten Kinde im Arm, Ein Lorbeer steht grün dabey und umkränzt die Muse, du umkränzest die Matrone, so oft es dich treibt, mit Blumen.

3) Das Mädchen aus der Fremde [–] errinnere dich an Schiller und seine poetische Freundschaft für deine Frau [–], ihre Körbchen sind geleert, ein Fuß erhoben, Merkursflügel bezeichnen ihr Entfliehen

4) Ein hohes Geklip, worauf nichts als die Schuhe und das Gewand liegen und eine leere Wiege, Frau und Kind sind fort und emporgetragen, am Fusse liegt ein Hund als Bild treuer Freunde und die Blumen blühen umher.

5) Ein zerstörtes Haus, das mit Bildern der Poesie und Ehe geziert, es brauchen mehre zerstörte Säulen mit einigen Querbalken zu seyn.

6) Alle echt alten Säulenformen neben einander zum Zeichen eines nach vielen Seiten vollendeten Lebens; jenes Haus könnte allenfalls daraus zusammengesetzt seyn, doch würde dies vielleicht ein Grund der Zerstörung scheinen, was nicht dabey beabsichtiget

7. Auf einer hohen Seule eine goldene Wiege am Fusse ein schwarzes Sarg

Der zweyte Vorschlag scheint mir der beste, aber auch der schwerste, weil er schlecht ausgeführt der schlechteste seyn würde. Könnte nicht Bettine wenigstens die Zeichnung davon entwerfen.

An Bettine habe ich einen Vorschlag hingeworfen, mehr konnte ich nicht, denn meine Reisezeit ist aus mehreren Ursachen unbestimmt, Reichardt ist nicht wohl und erwartet noch Nachrichten und zu ihm und mit ihm wollte ich zuerst und wollte euch beyden vorschlagen, dahin nach Halle zu reisen, ausser mancher Erinnerung würdest du ein Singechor hören, das Louise diesen Sommer gebildet und das neue Königreich Westphalen sehen, das Napoleon gebildet. Göthe wäre auch in einer Tagereise erreichbar, deine Briefe erhalte ich jezt am besten durch *die Frau Direcktor Reichardts in Giebichenstein bey Halle an der Saale.*

Ich kann fast zu nichts kommen, als zu Vorschlägen, die eigentlichen Triller bleiben aus, mir geht wieder so manches durch den Kopf, was meine Ruhe, wenn ich sie in etwas mir wieder erworben stört, ich bin soviel gereist, habe so manches Schöne in meinen Gedanken hoffend und fassend, als ich mich davon los reissen muste, aber die Hoffnung des Sterbenden blieb mir, nun was du löst geht in den Besitz des Würdigern übern, aber wer seine schlechten Erben kennt, das ist unendlich wehmüthig, und ich möchte tagelang über das Daseyn der Schönheit weinen, weil sie die Begierde des Schlechten wie des Rechten, weil sie selbst vor eignem Glanze nicht sehen kann. Warum kann ich nicht leichtsinnig seyn wie andre, der entsetzliche Ballast von Charackter, Folge, Bestimmtheit drücken das arme Schiff zu Grunde, doch ich trete dreyfach fester, wilder und stolzer auf, weil mir schwindelt, bis ich in deine Arme falle und wir nur einander stützen wie zwey Dachsparren und wir haben keine Sparren zuviel. Görres ist hier noch nicht angekommen, aber wohl Büschings und Hagens Sammlung von Volksliedern, die uns doch wenigstens ein fünf neue Beyträge [–] doch müssen sie erst ausgebildet werden [–] verschafft, so ekelhaft sie mir sonst ist wegen des falschen kritischen Geistes der wie ein Todt die Lebendigen umklammert; und Schönheit und Häßlichkeit [–] mich verwundert daß das Lied nicht darin von dem Mädchen was den Arsch zum Fenster hinaus stekt [–] mit gleichem Grimm an sich reisst. Und welche dumme Kritick im Ganzen, daß die letzte Stimme nichts verändert hat versichern sie jedesmal, aber wie viel älter und anders das Lied vorhanden, darauf ist nirgends Rücksicht. Die Melodieen findet Reichardt meist durchaus von der schlechtesten Gattung, meist sogar falsch aufgeschrieben. Das Buch wird indessen im Ganzen unsrem Zwecke förderlich seyn, die Zeit muß lehren, ob wir uns seiner als Mittel ermächtigen können, ich freue mich indessen schon des wunderlichen Musenchors, das meinen poetischen Kasten umgab, aus dem ich zwar nicht herausgelassen wurde, aber vor dem ich doch meist wie ein zahmeres Thier wandelte. – Die Niobe von Lacrimas Schütz wird dir vielleicht, wenn auch nicht gefallen, doch erschrecken durch eine Kühnheit, die ich bey Weibern die viel Kinder geboren, oft wahrgenommen, sie halten sich für Weltschöpfer, das Stück ist in seiner Manier so ruhig gehalten, wie ich seit Göthes Iphigenie nichts kenne, und man muß eingestehen, daß diese Manier eigentlich doch neuer, fremder und eigenthümliger. Die Stücke Calirrhoe, die Aitolier u. s. w. ein gewisser Siegfried soll der Verfasser seyn, sind gänzlich leere griechische Form, das heist die Aussenseite der Form, die von aller Zierlichkeit der Vase nur drey Eindrückungen zeigt, die drey Chöre, übrigens aber aus lauter alten aufgesammelten Wesen vom seligen Manne (von Schiller) gefüllet. – Fichte ist von hier über Memel nach Kopenhagen gegangen, er war hier kräftiger als je, seine hospitirenden Studenten schmiß er eigenhändig zur Thür hinaus, dafür schmissen sie durch ein Versehen seinem Gegner Pörschke die Fenster ein, während sie die seinen zu treffen meinten, das geschah während die Franzosen sechs Meilen von hier standen. Merkel ist in Riga und schweigt, seitdem Rußland Frieden gemacht hat; sein Freymüthiger war dort ganz politisch geworden, dieses unglückselige Blat gehörte ordentlich dazu, mir die Russische Partey recht ekelhaft zu machen, ich halte es nämlich für möglich, daß ein Guter wegen einer schlechten Sache schlecht wird, aber für unmöglich daß ein Schlechter zu einer guten Sache wirkt es sey denn in dem unendlichen Darmkanal der Ewigkeit, wo das letzte das erste wird. Der General Rüchel war hier Zeitungsschreiber geworden, lächerlicher giebt es keinen, seine Zeitung ist indessen durch die Umstände eine Seltenheit geworden, ich habe nie eine solche verkehrte Kunst gesehen.

———

Ich hatte allerley Blätter für dich geschrieben meist sehr traurig, da hört ich von deiner Hochzeit und habe sie meist vernichtet, du sollst an mir die Summen sehn, nicht die doppelte Buchführung, ich habe mich abgearbeitet auf Pferden und Schiffen und zu Fuß, das wirst du an meinen Backen sehen, übrigens will ich hier eine Arabeske ziehen von dem traurigen Anfange meines Briefes bis zum Schluß. — Ein Mahler hat eine Thräne fallen lassen auf einen schönen Umriß, und der Umriß wird ein Fleck, er will den Fleck ausmachen und er wird noch grösser, so groß, daß jezt das weisse ein Fleck scheint, da macht er alles zu einem schönen Fleck auf dem eine Blume wächst und aus der Blume steigen kleine Kinder schier und rein nur kleine bunte Flügel haben sie, darauf ist ein Fleck, und von denen sehen wir noch flattern umher, die Schmetterlinge weiß gelb, roth aber immer ein kleiner Fleck in den Flügeln und das ist ihr Stern ihr Zeichen früherer Gestalt und Vorbildung.

Königsberg den 21 August 1807.

Firnhaber! Nun den Namen werde ich nie vergessen. Ich höre Sie kommen von Cassel haben Sie M. Jordis und M. Brentano gesehen? Sehr oft, aber zuletzt nur Clemens Brentano mit seiner Frau. Mir fuhr ein Schauder über, und dann eine Freude, als ich hörte und hörte und hörte von M Busmann, schreibe mir nur recht bald ihren Vornamen, und drey mal hoch Brentano und seine Frau und wer nicht mittrinkt, soll ewig dürsten, kommt ihr meine Plagegeister du Trauerchor von Fliegen, bezecht euch nicht mehr in Pfeffer und Milch, sondern in reiner Milch, wie sie die heimkehrende Kuh überfliessend auf die heilige Schwelle sprützt, ich habe sonst nichts Lebendes um mir als diese Fliegen, die mich quälen und doch sind sie mir heute lieb wie schiessende Sterne am Himmel. Muß doch der Mensch etwas erfassen können was er liebt und nachdem sich die Menschen alle Heiligenbilder durch Luther hatten nehmen lassen, muste er ihnen doch etwas wiedergeben, den Wein, das Blut, das sich ganz mit ihnen vereinte. O des wunderthätigen Korporals! Nun seh ich dich schon, wie du wirst Theegesellschaften geben, ich sehe ganze Dutzende junger Mamsellen, der Affenthaler muß im Keller versauern, und ich werde ersucht meine Stiefeln bey deinen langen grauen Hosen in die Rauchkammer zu hängen und in der Pracht weißseidner Strümpfe zu erscheinen; beyde Flügelthüren werden aufgemacht: Es ist auch noch so ein alter Bekannter von mir, sie müssen es nicht übel nehmen liebe Frau. Und dann trete ich mit meinen dicken Stock auf und sage: Will doch einmal sehen, wer mich hier wegdrängt, ich habe die erste Hypothek an diesem Hause und sollte es fallen, so fällt es mir über den Kopf zusammen, ich bin zugleich Landreiter oder Gerichtsdiener meiner hergebrachten Freundschaft und will alles verbriefen, das alles mein und wenn ich der jungen Frau etwas ablasse, so ist das blosse Galanterie, worüber du immer eifersüchtig werden kannst, wie ich jezt eifersüchtig bin auf deine Frau. Zeichne sie mir wie du mir Heidelberg gezeichnet, nur ein Umriß, sieh lieber, es war gestern der unleidlichste Tag meines Lebens, so von allen Seiten gedrückt wie ein Segel zwischen Gegenwinden, da hörte ich wie du in glücklicher Confusion wärest von Glück daß du nicht schreiben könntest, und mir war es nicht mehr leid, daß ich nicht mehr schreiben kann, weil ich zu confuse bin vor lauter Aerger. Reichardt mit dem ich reisen wollte, ist noch krank und sehnt sich doch nach Hause, doch fahren wir wahrscheinlich schon

Montag, es wird kein blauer Montag seyn. Gehen wir noch nach Rom? Fahr und fahr auf der Post, frag und frag nicht was kost; als wenn nicht Rom jede Sehnsucht, jedes Verlangen ausdrückt und so ist dein Rom bey dir, dein Kapitol oder Engelsburg und dein Pantoffel. Stehe unter dem Pantoffel, es ist die weichste Krone, ich sehne mich nach solcher Tiranney, und sage deiner Tirannin, daß ich mich ihr unterwerfe, als dein Alliirter, daß sie Protecktorin unsres Bundes werden möchte, dafür wollte ich ihre Kinder wiegen und ihnen die Hände falten, bis sie für euch beten. Gott segne euch und hätte ich die Gewitterluft ausgeweint die über mir ruht, so wollte ich euch so lustig seyn wie Gott.

Achim Arnim

96 *Adresse:* Giebichenstein bey Halle
an der Saale, abzugeben im Hause
des Herrn Direktor Reichardt.
den 8 Okt. [1807]

Vielleicht thue ich Dir unrecht, wenn ich meine, daß es Dir übel ergehen müste, damit Du mir schreiben möchtest, vielleicht sind Briefe von Dir unterweges, die mir nachreisen. Es geht Dir wohl, so meine ich, und ich sehe Dich bald, denn ich bin Dir hundert zehn Meilen näher; von Bettine habe ich erfahren, daß Du in Kassel wohnst wir leben also beyde in einem Reiche im Königreiche Westphalen. Suchst du ein Amt in Kassel? Du must sehr glücklich in Deinem Kämmerlein seyn und nicht hinaus sehen, sonst dächte ich müste Kassel Deiner Natur nicht zusprechen, doch will ich es Dir nicht verleiden, es ist ja das meiste anders als ich es mir dachte. Die ersten Tage als ich Königsberg verlassen meinte ich es gar nicht überleben zu können und hätte nicht zuweilen ein recht spöttischer teuflischer Hunger und Durst meine Gedanken durchschnitten, ich glaube ich wäre auf diesem Klebermeere stecken geblieben. Die letzten Tage waren auch zu hart, ich hatte mich in dem Gedanken des nahen Abschiedes, der sich durch R[eichar]dts Krankheit zwey Monat verzögerte, aus aller Verzweiflung heraus in den Gedanken hinein gestürzt, Sie möchte mich lieben oder nicht, so könne mir doch kein Teufel meine Freude an ihr nehmen, so brachte ich volle Tage mit ihr zu, lief durch alle heitre Morgen in guter Gegend, las ihr vor, was mir gefiel, es mochte ihr gefallen oder nicht, mit einem Worte ich wollte einmal ein recht wüster Egoist seyn. Aber das kam mir theuer zu stehen, denn die Gewohnheit schmiedete das glühende Eisen zusammen, es kostete mir fast meine gesunden Glieder um mich loszureissen, ja ich hasse sie darum gräßlich. Ich werde ein Buch gegen die Liebe schreiben, worin alle meine Liebeslieder stehen sollen, das sollen die Leute wie ein kaltes Bad brauchen um sich nicht zu erkälten, wenn sie nicht am Bade voraus sterben, es soll werden wie das Chor des Sophokles, von dem alle Weiber abortirten. Du glaubst nicht wie heiter ich hier lebe bey allen den gräßlichen Planen. – Redtels Braut eine Mamsell Püttmann und Fr Wolfs Tochter verschönen diesen Kreis, Louise hat alles in himmlische Chöre geordnet. Ich kann ordentlich nicht begrei[fen,] wie mir so wohl ist, es kommt aber blos davon, weil ich hier nicht verliebt bin. Ich schliesse, denn ich muß in die erste Singstunde, Jupiter laß deine Luft würdig durch meine Kehle strömen zu dir, zu Dir du Glücklicher. – Nimm diesen Brief nur als Bitte an, etwas von Dir und recht bald zu hören.

Achim Arnim

97

[Giebichenstein, den 19. Oktober 1807]

Herzbruder!

– Ich schreibe Dir heute wieder *nur* ein Paar Worte, weil mich allerley Nothwendiges beschäftigt; zuerst eine Artigkeit von meiner schönen Hausgenossin M. Wolf, deren Bräutigam Körte so viel aus seiner genauen Freundschaft mit dir ihr erzählt hat, daß sie aus innern Antriebe meine Komposition, die Louise aufgeschrieben, für Dich sauber abgeschrieben hat; zweytens meine Versicherung bald in Deiner Nähe zu seyn, Geldmangel hält mich hier noch einige Tage fest, du könntest daher immer noch schreiben, ob ich Dich sicher in Cassel treffe; drittens meine Meinung, daß ich Görres Buch bey manchem Trefligen, was darin gesagt, mir doch seinem grösseren Theile überflüssig leichtsinnig und miserabel ästhetisch geschwätzig scheint, überflüssig, weil ich nicht recht weiß für wen es geschrieben, ich meine das Literarische drin, was doch den grösten Theil ausmacht, leichtsinnig, weil es unvollständig aus einer Sammlung alle beurtheilt, aus flüchtigem einmaligem Durchlaufen über alle urtheilt, mit einem Worte der ganze leere kritische neuzeitige Uebermuth, der immer Talentlosigkeit und Mangel an Erfindung verräth, wenn in deinen Büchern nicht mehr wäre als was er von allem beurtheilt, excerpirt, reflectirt, so möchte alle der Teufel holen, lieber hätte er die besten, wie es sonst unser Plan war, nach ganzer Kraft und bester Quelle wieder abdrucken sollen, für das Volk, die Ansicht hingegen gedrängt, ohne sich dabey ein Ansehen zu geben, lieber die Sachen recht genau ansehend, nachher ins Publikum schicken sollen. Du brauchst ihm hievon nichts zu sagen, denn was geschehn kann nicht geändert werden, du solltest ihm aber doch gelegentlich zeigen, daß noch ausser dieser Recension der Volksbücher diese Bücher selbst noch immer übrig bleiben und daß diese immer jene erst gut machen müsten. (Hagen hat das Lied der Niebelungen bearbeitet, ich hab es noch nicht gesehn) Es kommt mir eigentlich natürlicher vor, daß er dir einmal ins Auge geschlagen; als daß er Dich drauf geküsst hat, das letzte macht blind; ich weiß wohl daß ich aus einer Erzählung von den Lalenburgern, wie Du sie vorträgst, mehr von Volksbüchern weiß als aus Görres. Uebrigens wollen wir darüber nicht streiten, wenn Du andrer Meinung bist, ich kritisire nur für die, welche gar nichts dagegen einzuwenden haben, überhaupt ist unsre Zeit zu merkwürdig um kritisirt zu werden. Viertens muß ich dir sagen, daß ich in mir zu einiger Ruhe komme allhier in so fern ich mich mehr auslasse und ausgelassener bin, ich lerne nebenbey auch singen und zwar durch die Fistel. Fünftens habe ich Dir vielerley zu erzählen, wozu ich wahrscheinlig auch nicht kommen werde, wenn ich bey dir bin, aber jezt noch weniger. Sechstens deiner Frau mein herzlicher Gruß, ich hoffe sie bald zu sehen, und will mir daher nicht selbst vorgreifen in anmuthigen Redensarten, mehr kann ich ihr doch unbekannter Weise nicht sagen; nach funfzig Jahren denke ich ein besseres Gedicht auf euch zu machen als der hiesige altdeutsche Professor Rüdiger einliegend euch überschickt. Der Himmel gebe euch einen vollen reichen Sinn in dem leeren Kassel.

Achim Arnim.

Adresse Giebichenstein bey Halle an der Saale,
Abzugeben bey H. Direktor Reichardt
den 19 Okt 1807

98

[Kassel, den 22. Oktober 1807]

O Mein Lieber Bruder!

Es ist so frischer Heller Sonnenschein vor mir auf dem Königsplatz, könnte ich doch auf der Stelle zu dir hin rollen, o wo ist meine Freiheit, da ich es mit leichtem Herzen konnte. Dein Brief vom 8ten ist heut den 19 erst hier. Ich schreibe also gleich. Daß ich bis jezt nicht geschrieben, daran ist blos tiefer Verdruß, und Schaam über meine Lage schuld, es ist die erbärmlichste ausser dem Hunger, in welche ein armer Poet kommen kann. Es ist um des Teufels zu werden; ohne es selbst zu wollen, wider den Willen der ganzen Bethmännischen Familie, die mich noch verflucht, ohne das ich es verdiene, nach dem ich das Mädchen 5 mahl gesehen, die mit einem Adjutant des Königs von Holland sich ein Jahr vorher ebenso gewaltsam versprochen, daß sie die Bewilligung der Eltern durch einen Fußfall vor der Königinn auf dem Riedhof bewürckt, in der ganzen Stadt bekannt, als dessen Braut, äußerlich ganz still, sanft und -sinnig ja tiefsinnig erscheinend, entsetzlich verständig sprechend, entschloßen wie ein Mann, jungfräulich schüchtern wie eine Nonne, wirft sich mir *Auguste* (Brede herr Bruder) Bussmann, Moriz seine Niece, deren Mutter die jezzige Frau von Flavigny ist, mit erschrecklicher Gewalt, nach einigen poetischen Galanterien, die ich ihr von allen ihren Umständen ununterrichtet, gemacht, an den Hals. Geängstet von ihren so öffentlichen Schritten zur Erlangung ihres vorigen Bräutigams ist sie wie eine Person die in den Tod geht, ich stehe neben ihr im Taxischen Hof auf der Treppe da Napoleon und die andern Fürsten auf und ablaufen, in einer Nische mit Claudine und Betine, wie eine Bildsäulengruppe, vor den Augen aller Frfter ihr Betragen ist so toll zärtlich und Aufsehen erregend daß alles auf uns sieht, ich stehe wie am Pranger, mit unaussprechlicher Angst und trauriger Empfindung, war mir es nur eine dunkle Empfindung, das die Arme die mich öffentlich umschlangen mir wirklich ein Halseisen werden könnten, hier kömmt sie endlich ganz außer sich, sie sagt mir, daß sie versprochen sei, daß die Königinn darein verwickelt sei, mit Mühe halte ich Sie zurück, daß sie nicht dem Bonaparte gar zu Füßen fällt und meine arme Person in die Weltgeschichte hineinflicht, alles rings um flieht mich mit schrecklicher Trauer, ich bin meiner nicht mehr mächtig, die ganze Stadt redet von mir, und ich liebe eigentlich nicht, sondern ehre nur den Muth und entsezlichen Karakter des Mädchens, der sich mit solcher Gewalt liebend zeigt, und wie ich immer nur das Herrlichste glaube, scheint mir blos Liebe und herrlicher Enthusiasmus in einem durchaus scheuen züchtigen Mädchen, waß Fanatismus in einer eigensinnigen von Jugend auf intriguanten heimlichen romanhaften Dame war, ohne zu lieben falle ich in eine Art von Fieber, daß mich wie eine Feurige Wolke umgiebt, tief traurend besuche ich alle Winkelchen, wo sie mich bei der höchsten Wachsamkeit der ihrigen, mit der künstlichsten Hehlerei zu sehen weiß, während sie aus Liebe zu vergehen droht, erfüllt mich Verachtung gegen solche Lausereien, ich gehe ruhig Nachts ein Uhr zu Moriz auf den Riedhof erzähle ihm im Bett, die ganze Sache, und begehre seinen Rath, er ist freundlich, versichert mich nichts gegen uns in der Sache zu thun, spricht weitläufig über die Intriguen und den Karakter dieses seltsamen Geschöpfs, ich verspreche ihm zu dir zu reisen und der Zeit die Bewährung dieses Verhältnißes zu überlassen, ich bin von seiner Freundlichkeit recht gerührt, er erzählt mir seinen ganzen Lebenslauf, und wir scheiden uns augenscheinlich viel näher. Nun dachte ich zu dir zu reißen, ach Gott, immer auf dem Weg zu dir, packt mich das Schicksal! Aber Moriz war nur freundlich mich auszulocken, Auguste dringt nun troz aller Hinderniße mit Gewalt auf mich ein, sie macht mir Vorwürfe sie spricht, man sei auf dem Punckt sie ins Kloster zu sperren, man stößt ihr die grösten Schändlichkeiten gegen mich ins Gesicht, und nach dem ich mich stets gewehrt und immer den Weg der Ausdauer vorgeschlagen, läßt sie mich plötzlich durch eine Magd bescheiden (Abends um 10 Uhr bei Tisch) auf den Paradeplatz an ihr Hauß zu kommen, sie wolle mich nochmals sehen, ich gehe hin, wie ich stehe und gehe, und siehe, das 17jährige Mädchen, mit dem Bündelchen unter dem Arm, läuft mit mir, dem es ganz ordinair dabei zu Muthe dem Thor hinaus Christian der bei mir war, bestellt eine Postschaise die uns an der Wahrte einholt, so fliehen wir nach Kassel, zu Jordis, den ich mit Lulu zu Frankfurt am Tische hatte sitzen lassen. Nach Vielen Drohungen und leeren Impertinenzen, nachdem die ganze dummstolze Familie mich, der sie so oft durch seine Verachtung geneckt, nun alle ihre Gemeinheit hatte empfinden lassen, geschimpft und gehudelt, ein Lump ein Vagabund genannt, durch die Aengstlichkeit meiner Brüder, mit denen Bethmanns brechen wollen, auch von den Meinigen verschmäht, zugleich täglich mehr und mit bitterm Kummer endeckend, daß ich ein ganz anders Geschöpf entführt hatte, oder viel mehr von ihm war entführt worden, als welches mich einigermaßen interessirte, und alle die starken Handlungen die ich dem Heldenmuth und der liebenden Gewalt zuschrieb aus ungewöhnlichem gewöhnlichem Starrsinn entsprungen sehend, ein Wesen ohne alle ideale Natur, verwöhnt, plump, und heftig mit einer an Blödsinn gränzenden Entschloßenheit, ohne Reiz des Leibes und der Seele neben mir, so war ich[,] als Firnhaber abreißte[,] noch unkopulirt, doch honoris causa dafür erklärt, innerlich aber schon getrennt, endlich ward ich unter der grösten Verfluchung der Familie, mit ihren Consenzen versehen und förmlich in Fft aufgerufen und in Frizlar 7 Stunde von hier im Beisein von Jordis und Lulu, wie die Familie begehrte, von einem katholischen Priester, nachdem ich ihm gebeichtet und comunizirt getraut, die ganze Handlung war so läppisch, so elend, die Kirche schien über mir einzustürzen, und eine innre Trauer vernichtete mich, daß ich ohne Würde ohne Rührung, drei Sakramente empfieng, Gott verzeihe mir meine Schuld. Nun bin ich verheurathet, die Familie Bethmann dringt in mich einen Stand zu ergreifen, sie will mich rekomandiren, aber ich *kann* nicht, und will nicht, das wäre noch die lezte Höhe, so halte ich es doch in meiner Bibliotheck aus, und denke an Sophie und dich und weine, liebe und lese, Auguste hat mich mit ihrem Wesen bereits mehrmal zur Verzweiflung gebracht, zweimahl hat sie mich geschlagen, und mich endlich dahin gebracht, daß ich Sie auch einmahl gewalkt, daß würckte auf einige Tage wunderbar, sie ward, wie ein Engel, dann hat sie mir den Trauring liebreich abgeschwäzt und dann zum Fenster hin aus geschmissen, am nähmlichen Tag an *dich* heimlich nach Giebichenstein geschrieben, mich von Ihr zu trennen, ich habe den Brief ohne ihr Wissen gelesen, jezt bin ich es gewohnt, wir reden oft sechs, sieben Tage kein Wort zusammen und ich bin ganz lustig alle ihre Verkehrtheiten machen mir den Eindruck, als sei sie simpel oder Wahnsinnig, ich lasse sie gehen, und bekümmere mich auch um ihre Familie nichts, oft ist ein paar Stunden recht gut Wetter, aber dann ist mirs nicht wohl, denn gleich ist der Teufel wieder los, welches mir am allerliebsten ist, ich lasse ihn tanzen und dencke der meinigen, das bist du, ach Arnim, daß ich dir nicht schrieb, daß ich keinem aller meiner Freunde schrieb, daran ist tiefe innere Schaam über meine unwürdige unglückliche Lage schuld, wie ich hineingekommen weiß ich nicht, und wenn ich dich sehe, so sollst du hören, wie man mich auf die fatalste Art in diese Geschichte hineingehezt, waß ich nur mündlich sagen kann, Christian war 6 Wochen mit hier bei uns, und ich habe ihn sehr, sehr liebgewonnen, vor wenigen Tagen ist er nach Strasburg, wo er jezt studieren will, er hat mein ganz Unglück mit mir getragen, er hat mir viel genüzt. Hier bin ich also blos aus Noth, und jezt ganz gern, wohin konnte ich wollen, jezt weiß ich wohl wohin, zu dir nach Halle; aber du mußt mit hier her, Betine und Meline kommen in wenigen Tagen hier an, Jordis welcher Hofbanquieur wird und ein ganz guter Kerl ist führt ein lustig Leben, alle Freitag ist Ball, wo man nebst der Familie Brentano einige Franzosen sieht und ganz fidel sein kann. Ich habe bei alle meinem Kreuz doch noch die gegründete Hofnung diese Wiederbellerinn zu zähmen und es scheint hier zu nur die rechte Art, jene welche Schäkespear auch gegen das böse Katrinchen angewendet, es ist schon auf gutem Weg, aber du Gott, wenn es auch ganz gut wird, so ist das doch ein schlechter Trost, aber ich will das beste hoffen. Es ist äußerst nothwendig, daß du mit mir zusammen und zwar hierher kömmst, um den ewig auf geschobenen zweiten Theil des Wunderhorns zu rangiren, ich hoffe, daß du deinen Liederkasten bei dir hast, ich habe einen ganzen Karren voll, wir können es hier außerordentlich gut und besser noch als damals in Heidelberg, denn ich habe hier zwei sehr liebe, liebe altteutsche vertraute Freunde Grimm genannt, welche ich wie früher für die Alte Poesie interessirt hatte und die ich nun nach zwei Jahrelangem fleisigen sehr konsequentem Studium so gelehrt und so reich an Notizzen, Erfahrungen, und den vielseitigsten Ansichten der ganzen Romantischen Poesie wieder gefunden habe, daß ich bei ihrer Bescheidenheit über den Schatz den sie besitzen erschrocken bin, sie wissen, bei Weitem mehr als Tieck von allen den Sachen und ihre Frömmigkeit ist rührend mit welcher sie sich alle die Gedruckten alten Gedichte die sie aus Armuth nicht kaufen konnten, so auch das Heldenbuch und viele Msscripte äußerst zierlich abgeschrieben haben, ihr jüngerer Bruder, der sehr schön schreibt wird uns die Lieder abschreiben, sie selbst uns alles, waß sie besitzen noch mittheilen, und das ist viel, du wirst diese treflichen Menschen, welche ruhig arbeiten, um einst eine tüchtige teutsche poetische Geschichte zu schreiben sehr lieb gewinnen. Ich bitte dich, bei Allem, waß dir theuer ist, entziehe mir nicht, waß mir Allein noch im Sonnenschein liegt. – So eben ist Bettine und Meline hier angekommen, sie bleiben einige Wochen hier. Auch Savigny wird, wie man sagt in wenigen Wochen auf eine kleine Zeit hierher kommen, *ich aber reiße morgen mit der fahrenden Post allein zu dir nach Halle, um dich wieder zu sehen.*

Dein Clemens.

Cassel den 22ten 8bre
1806 [lies: 1807].

1808

99

[Kassel, um den 12. Januar 1808]

Lieber Arnim!

Ich war noch ungefähr drei Tage in Marburg, dann bin ich über Allendorf wohin mich Christian begleitete zu Pferd zurück, zu Hauße fand ich Reichard in einer leergewordenen Stube des Generals einquartirt, auch fand ich Laroche und Alberti bei Jordis. Außerdem fand ich, was das beste ist, Augusten in allen Stücken recht gut und folgsam und lebe jezt recht vergnügt mit ihr, ich zweifle auch nicht, daß sie radickal kurirt ist, denn ich fühle, ein recht innerliches Zutrauen zu ihr, wir bedauren beide theurer, geliebter Mensch, daß du unsre Einigkeit nicht ansehen kannst, es ist ein rechter verhärteter Fond von Güte in ihr wie ein Gesundbrunnen aufgebrochen, und ich will ihn sobald nicht einfassen, ich will sie eine Zeitlang unter Wasser stehn lassen. – Reichards Glück, das gestern seine Explosion hatte, vernimmst du durch sein eignes Blatt, es ist mir sehr lieb, lieb für die Familie, so sprechen alle Menschen mit mir, Alberti hat ihm tüchtig gepredigt, sich stille zu halten, der König hat ihn empfangen, durch Comus presentirt, welcher ihm früher in der Antichambre, waß Reichard leider bereits zu vielen Leuten schon erzählt, gesagt, Monsieur nous n'avons rien, qui soit digne de vous, que la bonne volonté, der König hat ihm gesagt, daß er selbst seine Talente nicht kenne, daß er aber von der Königin viel Gutes von ihm gehört habe, und daß er wünsche, er möge ihr einige treffliche Instrumente, die sie von Paris erhalten habe, spielen (Gott gebe ihm eine sanfte Hand und hüte ihn vor aller Begeisterung) und ihr in ihren Etudes behülflich sein, also wieder auf dem Punckt, wie in Berlin, wenn ihn nur seine dortigen Erfahrungen hüten, zu viel von der Königin zu erzehlen. – Bei Allem dem ist mir bei dieser sehr öffentlichen Stelle, welche gewiß die Pariser Aufmerksamkeit auf ihn lenckt, nicht allzu wohl für ihn, denn es ist mir bis jezt kein Mensch vorgekommen, der nicht seine Geschichten weiß, und der ihn nicht ein wenig starck in Schulden erkennte, auch kommt Talma nächstens von Paris hierher, das franzősche Theater zu organisiren, alles das wird ihn sehr ins Licht stellen. Umsomehr wäre es zu wünschen, daß seine Familie recht bald hierher käme, welche ihm in der öffentlichen Achtung sehr nützlich sein kann, und in welcher er auch einen unschädlichen Entladungspunckt für seinen Anecktoden fluß hat, auch Alberti wünscht dies, Alberti gefällt mir sehr wohl. Es ist närrisch, aber ich kann für Reichard keine rechte Liebe bekommen, ich glaube, daß er aus Eitelkeit oft sehr blind ist, Sehr, sehr wünschte ich dich, und andre treffliche Menschen hierher um ihn, die ihn solidiren, damit er dieses sein neues Glück nicht wieder verscherzt, man muß den Menschen kennen, wie du, und wie ich, und so gut sein, wie du, um ihn recht zu lieben. Die gänzliche Incurabilität seines Musikantendurchfalls habe ich neulich nach Tisch erfahren, er unterhielt sich mit mir über dein Bild und über den Kapuziner, der in meiner Stube hängt, und kam in dem entzücktesten Lobe deiner Person immer weiter weiter biß er am Ende sagte, daß er immer fürchte dich einstens wie jenen Kapuziner zu erblicken, daß er sehr für deinen Verstand fürchte, daß er bereits glaube, daß du Etwas verrückt seist, deine Poesie beweise es schon, es sei nicht ganz just mit dir, den dritten Theil verstehe keine Seele, dein Vater sei auch in Melancholie gestorben, und alle solche be[stiali]sche

Dummheit kramte er halb in groser Rührung halb [in] einer Art von Wort Hemoroide aus. Du kannst dir nicht dencken, wie mich das frappirte, dich von diesem närrischen Kerl, so wunderbar angeschaut zu sehen, und nun glaube ich ganz seine Beschaffenheit zu kennen. Wenn du je verrückt wirst, so ist der Herr Geheemde Rath bereits ein Narr, o sapperment, Herr Bruder, waß ist das vor ein eeckelicher Schelm. Thut aber all nichts, deine Ansicht von ihm steht deinem Herzen herrlich, und ist wahr, auch habe ich nie gesehen, mein theurer, das du irgend einen Menschen verkannt hättest. Ich habe jezt allerlei schnelle Träume und Wünsche, die mit Reichards Anstellung zussammen hängen, nehmlich, daß du hierher zögst, daß Reichards Familie bald auch käme, daß du deine Theaterliebe in lebendige Ausübung brächtest, daß wir Tieck mobil machten, Alberti versichert mich, er glaube, es lasse sich mit *der Frau* bald einrichten die könne dort bleiben, wenn du nun hierher zögst, so könnten wir leicht, mit mäsiger Ordnung es dahin bringen, daß wir ein angenehmes Hauß bezögen und Tieck hinein nähmen, und ihn mit dem gehörigen Jugendsporn zu mancherlei Arbeiten antrieben, meine Bibliotheck vermehrt würde die Zentral bibliotheck deutscher Poesie, wir könnten mit dem Theater verbunden, ein gutes Blatt heraus geben, wir könnten viel thun, für die Schauspielerei, deine Kupferstiche gäben uns nach und nach ein hübsches Kabinet, einen guten Zeichner wollten wir auch anschaffen, [üb]erlege das Alles, mein lieber Bruder, ich wünschte so sehr dir eine Heimath und deinem herrlichen Poetischen Talent, eine realisirende Lage, durch Reichard wäre das so gar herrlich hier möglich. Hammerstein soll sich hauptsächlich für Reichard verwendet haben. Lieber Arnim du wirst Reicharden und der Kunst hier gewiß gar sehr nützlich sein, aber über Alles das schreibe mir bald recht bald deine Ansichten, du weißt, wie viel mir daran gelegen sein muß, da ich ohne diese Hoffnungen sehr ungern hier lebe, und gewiß meinen Auffenthalt verändere, und daß ich in aller Rüksicht sehr bald mich darüber entschließen muß. Ich glaube, daß wenn man, wenn du es ordentlich angriffst, du den Teutschen Hoftheil ziemlich in die Poesie einsetzen könntest, und manches Gute für deutsche Kunst thun. Die Dimission welche Müller neulich gegeben und welche durch Bonaparte nicht angenommen worden, soll keines wegs durch Müllers Willen, sondern durch den König veranlaßt worden sein, dadurch ist Bonapartes Antwort erklärlicher. Müller, der immer Persönlich mit dem König zu thun hat, soll diesem a posteriori ganz zu wieder und eckelhaft sein, und der König hat einen Abscheu vor ihm, überhaubt sezt sich täglich mehr aus einander, wie schlecht und ungleich der ganze Staatswagen bespannt ist. – Ich habe hier noch manches schöne für das Wunderhorn nachgelesen, und werde es nächstens mit dem Titel und den Kinderliedern an Zimmer einsenden, sobald ich dich dort weiß. – So weit wäre ich gekommen, aber es besteht kein Glück auf Erden, so eben entdecke ich, daß in meiner Abwesenheit Auguste, meinen bei Jordis deponirten Koffer und das Schreibkästchen der seeligen theuren Sophie hat abholen lassen, und lezteres durchwühlt hat, du glaubst nicht wie mich diese Treulosigkeit gegen mein gerechtes die Todte ehrendes Verbot betrübt hat, ach wo Gott nicht ist – – *grüße Betinen*, hast du etwas von deiner verlornen Kupferkiste gehört, Dozen hat Grimm geschrieben, daß es ihn bitter von Sekkendorf verdriese, daß er alle Lieder, welche er ihm unbekannt mit unserm Aufenthalt zur Uebersendung an uns geschickt habe für sich behalten und in seinen Allmanach gesezt habe, diese Niedrigkeit sieht dem Hannepampel recht ähnlich, du sollst daher den Schlampes nicht unter unsre Gönner voran setzen, sondern Dozen, und die Lieder alle aus dem Allmanach vindizieren. – .

Dein rechter treuer Bruder
Clemens Brentano

[Verz]eihe mir lieber, wenn ich [dir d]urch mein Geschick und meine [Än]gstlichkeit, und meine Liebe, [un]d meinen Charackter, und meine Laster manchen schönen Moment Verdorben, ich liebe dich dafür so recht aus ganzer Seele, dencke an mich und verlaß mich nicht. Beiliegende Vollmacht gieb Franz, und schreibe mir ob du Etwas über meine Umstände erfahren, ich bin sehr erschrocken, als ich von Franz die Berechnung meiner Ausgaben für das unglückliche vorige Jahr gehört, recht froh bin ich, daß ich wieder mit dem Wunderhorn Etwas verdiene, und nun will ich auch einige Alte Geschichten herausgeben, mit dem Goldfaden fange ich gleich an. –

100

Frankfurt den 12 Jan [1808]

Lieber Clemens.

Ich bin in Dem Kreise unsrer Freunde sehr glücklich, und auch fleissig, so oft es mich auch stört, daß Du mich *nicht mehr* mit gutem Zuspruch aus dem Nebenzimmer störst. Savigny hat mir ein schönes geistliges Liederbuch Marianum epithalamium gegeben, worin er ein herrliges heiliges Familienbild aufgefunden, so ist er auch unter den Beförderern. Aus Schilling habe ich ein schönes Kriegslied, mehreres aus der Narration Von Wallfahrten genommen zwey herliche Geschichten, ein Stück aus der Klagred des Gott Bachus, daß der Wein edel geworden[,] ich setz es zu dem adligen Fräulein, sonst wirst du finden ist nichts für uns in dem Mozlerschen Pakete, das ich in Gegenwart von Savigny aus Freundschaftsvollmacht eröffnet habe. Das Durchsehen und Ordnen macht mir mehr Kopfbrechen als das Erzeugen, besonders kriege ich viel fremde Gedanken dabey, es ist das Meiste so mangelhaft noch in Ortographie, daß ich manches zweymal durchlesen muß, eine verfluchte Arbeit, als wenn man bey einer Illumination angestellt ist um Lampen zu putzen. Ich habe niemand etwas vorgelesen als Bettine und Savigny; Bettine läst dich bitten aus dem *Wahrheitsliede* Deinen Zusatz von den Wundern wegzulassen, ich hatte ihr kein Wort von meiner Meinung darüber gesagt, daß die vielen vorausgehenden Wunder die Stärke der Augenwirkung des kleinen Jesukindes vernichten, sie kam selbst darauf. Du schienst meine Meinung darüber nicht zu billigen und es ist meine Art nicht, wo ich fühle, daß der, welcher ein Lied mit Lust und Liebe auffasst, um es in seiner eignen Natur schöner darzustellen, mein beschauendes Urtheil vorzudrängen; wirst du aber selbst der Meinung, so schick mir dies alte Wahrheitslied, um einige der letzten Wortfügungen herzustellen. Wenn ich hier ein Paar Tage länger geblieben bin, als ich erst meinte, so war ich doch gar nicht müssig indessen, ich denke jezt in zwey Tagen fort, vielleicht begleitet mich Mohr. Vielleicht gebe ich meine opera omnia in Heidelberg als eine Zeitung heraus, und was im vorigen Jahre von mir unter dem Titel des Preussen angekündigt war, das kommt jezt unter meinem eignen Namen; da jener aufgehört hat, fängt meiner an, es ist fast wie mit Friesens Philosophie. Kommts dazu, so must du auch Beyträge senden. Mein Geld ist noch nicht angekommen, das drängt mich dazu, zwar schreibt mein Bruder von naher Ankunft dieses Regenten, ich bin indessen wie das verhungernde Kind. Ho! ho! Ich habe ja zweymal bei Bettmann gegessen, da braucht man nicht zu verhungern und schlug es zum drittenmal ab, weil es mich zu sehr langeweilte und ich doch in Deinen Angelegenheiten nichts zu bessern vermochte. Ich sprach vergebens mit Moritz und mit der Frau von Flavigny, sie blieben beyde der Meinung, daß ein Briefwechsel mit der Mutter ihnen beyderseitig nachtheilig, sie fürchteten das Dramatische darin; ich stellte umsonst vor, es gebe noch Fälle des Zutrauens, ich setzte alles Möglige, sogar den Fall des Scheidens, Moritz blieb dabey, daß Deiner Frau immer die zutraulige Verbindung mit ihm bleibe; er schien in der ganzen Sache seinen ganzen Haß auf Christian geworfen zu haben, dessen brüderlicher Hülfleistungen er durchaus eine Bosheit und Schadenfreude gegen ihn unterlegt. Such ihm gelegentlich den Argwohn zu nehmen, Deine Frau kann es vielleicht noch besser, Christian brauchst Du nichts davon zu sagen, das möchte die beyden, die ihrer ganzen Natur nach nichts miteinander zu theilen haben, aneinander bringen. – Die drey Weiberchen, die uns bey dem Alten in Marburg zugleich gefielen, habe ich an Bettine geschenkt, laß dir von Grimm die beyden Meistersänger Codices geben, ich mach sie dir zum Geschenk, so bleiben sie dir so nahe wie mir, sie hat mir dagegen herrliche Durchzeichnungen von dem Mahler Frick verehrt; sie war in den letzten Tagen nicht ganz wohl, heiser und zuweilen so unruhig lustig, ich meine mit andern und doch für sich, immer von sich selbst erzählend, daß ich irgend eine entzündliche Krankheit fürchtete, es hat sich aber alles in einem Schnupfen ausgesöhnt, mit Recht sagen die Menschen beym Niesen

Gotthelf. Ich sage Gott helf Dir, Deiner Frau, denen Jordis und darf bei schwerer Strafe kein Wort mehr schreiben.

A. A.

In der Bürgerlust ist vielleicht noch etwas für die Kinderlieder.

Unter den Komödien ist der Hans Pfriem einer neuen Ausgabe sehr werth

101 *Heidelberg den 25 Jan 18[08]*

Zwey Packete fand ich von Nehrlich und von der Pattberg, da sie in unsern Wunderhornangelegenheite[n], eröffnete ich sie, ich nahm eins von der Pattberg, ein Prager Jesuslied, du wirst finden, daß sie eines vor zwey Monaten abgeschickten Packets erwähnt, das nicht zu uns gelangt ist, Zimmer hat deswegen an Mohr geschrieben, auch über meine Kiste mit Kupferstichen. Von Nehrlich habe ich drey genommen, ich schick dir den Brief und behalte noch den Rest, weil für die Kinderlieder noch manches darin die du wahrscheinlich schon abgesandt hast. – Du hast doch Bücher und *Brief* aus Frankfurt erhalten? – Du erhältst einen Brief von der Hulda die jezt recht gesund aussieht, aber nicht sehr gewachsen ist, sie schrieb ihn, eh sie dein Geschenk erhalten. Die Rudolphi war sehr wunderlich unzusammenhängend, leicht zu widerlegen, als sie mir auseinander setzte, warum sie dem Kinde deine Heirath verschwiegen. Ich fühlte, daß sie es fühle, welche Dummheit sie eigentlich aus gutem Willen gemacht, um die Anhänglichkeit des Kindes an Dich durch diese Nachricht nicht zu schwächen und so schenkte ich ihr die Beschämung, und erbot mich mit dem Kinde davon nicht zu reden und es ihr zu überlassen, diese Geschichte nach bester eigner Klugheit aufzuklären. Es giebt doch eine meekliche Erziehungsdiät, die in dem Anblick einer Rübe schon den Verlust der moralischen Jungfernschaft fürchtet. Sie hat viel Liebe und Güte gegen die Hulda, die Hulda ist da unter vielen ganz guten Mädchen, das ist ihre beste Erziehung. Sie hat wenig Aehnlichkeit mit ihrer Mutter. Was soll ich deinen Schmerz anregen mit einer Erzählung, wie ich hier angekommen spät Abends, niemand in der Stadt fand, vor unsre Lauber Hütte vorbey ging und sie fast verkannt hätte und zum Thor hinaus, wie da alles beschneit war und nichts zu erkennen, kein Flämlein die Lebendigen hatten alles Licht an sich gerissen und ich habe die Lebendigen auch recht lieb. Ich fand die Krapfries allein zu hause, gar lieb und freundlich, viel frischer und wohler als ich sie verlassen. Den Abend war ich mit Zimmer in einem gelehrten Abendschmause, lernte junge Docenten kennen und muste viel erzählen, seit der Zeit lauf ich von einem zum andern in der Stadt herum. Der alte Voß hat sich den streitigen Thurm recht schön eingerichtet, seinen grimmen Zoren gegen Dich äussert er nicht, die Leute behaupten, er müsse bald überschnappen; ein Spas wäre wenn er in seinem Thurme so stolz würde, daß er endlich aufs Dach kletterte und finge an klassisch zu krähen. Es lies sich ganz gut mit ihm schwetzen, auch mit seinem Sohne, der noch immer an den Lippen leidet, also mit dem Flötenspielen ist es nichts. Den Abend war ich bey Görres, du kennst sein Haus besser als ich, seine schönen Kinder, die Frau, die der einen Finkenstein gleicht, es ward mir recht wohl da, Zimmer nöthigte mich, indem er das Manuscript hinbrachte, zum Vorlesen aus dem Wunderhorne, dessen Druck aus Mangel an Papier erst mit dem Anfange Februars anfängt, ich habe also keine Zeit versäumt, schick nur bald Titel, Kinderlieder u. s. w. Ich vermisse in der Sammlung zwey Lieder, das Frankfurter und das andre von dem Räuber, der vor seinen sieben Knechten vorbeymarschirt, du scheinst sie herausgenommen zu haben, weil sie Dir nicht gefallen; ich begreifs nur nicht, warum Du mit solcher Heimlichkeit darin verfahren, da ich fast nie Umstände gemacht, etwas der Art Deinem Urtheile aufzuopfern, selbst wenn ich viel sicherer von dem Werthe einer Arbeit überzeugt war, als von diesen beyden, die ich nie besonders hoch geachtet habe. Ich glaube darin den Entführer Christian zu entdecken, dem ich es auch nicht verarge, weil einem als blossen Zuschauer das Schicksal einiger Lieder nicht sonderlich am Herzen liegen kann. Es liegt mir an beyden Liedern nichts, aber daran liegt mir viel dich zu überzeugen, daß eigentlich die grössere Zahl der

Leser fortschreitend nicht rückschreitend in ihrer Sprache ist, wenn es gleich eine Zahl giebt, denen das künstliche Altmachen, was mir in einigen Deiner Bearbeitungen nicht gefiel, weil das Neue doch wieder an vielen Stellen um so greller hervorsieht, Bedürfniß und Forderung ist, wodurch wir denn zweyerley Geschmäcke befriedigen. Manches habe ich gegen die Metrick in andern Liedern zu sagen, die freilich im Dialekte verschluckt zu einer Melodie gesungen nicht auffällt, aber nun in Schriftsprache gelesen sich zuweilen ganz in Prose auflöst, aber ich sehe hier kein Mittel zum Abhelfen, als künftige glückliche Augenblicke, die das herausschaffen bey der zweyten Ausgabe der Welt.

Zimmer hat den Titel bekommen [–] dessen Entstehungsgeschichte ein eignes Buch dazu machen könnte [–] und Deinen Brief, er freut sich darüber, ein Kupferstecher Weise, dessen Geschicklichkeit ich durch mehrere Arbeiten kennen gelernt habe, wird ihn radieren und stechen, die Landschaft in Tuschmanier zu arbeiten ging nicht an, weil die zu wenig Abdrücke aushält, er wohnt bey Zimmer, ich habe also die Arbeit täglich unter Augen, was bey Kunz nicht möglich gewesen wäre, der auch zu den feineren Arbeiten am Horne wahrscheinlich nicht genug Genauigkeit gehabt hätte. Der Weise hat auch mancherley Zeichnungen zum Wunderhorn gemacht, meist in antikisirender Kaleeckomanier etwa wie die Wächterschen zum Wallenstein, ich werde ihm jezt neue aufgeben. – Du hast mit einiger Betrübniß an Zimmer geschrieben; verzeih, verzeih Deiner Frau die kleine Hinterlist, mit dem Nachlasse deiner ersten Frau, es ist kränkend so etwas inmitten der Vertraulichkeit, aber denk auch, wie viel Du ihr von der Frau erzählt hast, um ihre Neugier zu verzeihen: Man bessert mehr mit Verzeihen als mit Strafen. O Weyele Weh! Görres hat zu Engelmans Druckerey einen Schriftproben Text gemacht, worin der Epilogus nach der Ueberschrift toll wird, in Fragmentenart nur mehr zu einzelnen Mythen zusammengezogen: Voß hat das zu sehen bekommen und alles auf sich bezogen, kommt meine Zeitung: Lügen heraus, so wird es ganz auf ihn gedeutet, ich habe es schon Görres vordemonstrirt. Voß nennt es eine verfehlte Nachahmung von Jean Paul, das finde ich nicht, aber ich finde es stammt aus derselben Richtung, warum auch Jean Pauls meiste Arbeiten verfehlt sind, es fehlt darin an dem poetischen Ernste ohne welchen auch der schönste Muthwille zum Erfrieren langweilig wird, diesen Mangel an eigentlichem grossen Sinne kann kein Witz ersetzen, denn dieser begreift nie, warum es andern keinen Spas macht, wenn er zu seinem Spas den König seiner Gedanken unter die Bank und den Hund auf den Thron schiebt, weil er es nur ausser sich nicht in sich darstellen kann. Görres hatte indessen eine Entschuldigung in der Politick, die eigentlich am besten und in recht schön gefallenem Schleier sich darstellt, er durfte wirklich manches nicht sagen, als gerade so. – Sieh, so kann ich nicht recht begreifen, deine Hoffnungen für das Cassler Theater, ich halte es auch für einen humoristischen Muthwillen mit meinen alten Plänen. Daß Reichardt angestellt ist, war mir seinetwegen höchst erfreulich, daß er aber seine *ganze* Thätigkeit für die französische Bühne anstrengen muß, daß alles Geld darauf verwendet wird und das deutsche Theater wahrscheinlich, wenn es ganz schlecht geworden, endlich nothwendig ganz verdrängt wird ist wahrscheinlich, weil die Stadt noch zu klein ist, um unabhängig vom Hofe ein Theater zu erhalten. Wollte ich nun dem entgegenwirken, so müste ich doch Reichardts Einfluß dabey brauchen, das würde ihn nach seiner Art so etwas zu ergreifen mit den meisten verhetzen und der ganze Gewinn, daß ein braver Mann mit seiner Familie dort ein angemessenes Unterkommen gefunden wär verloren. Wird der König auf die Idee gebracht, das deutsche Schauspiel zu fördern, so ist immer noch Zeit genug sich Hoffnungen darüber zu machen, jezt esse ich an Zimmers Tische und leihe Geld und wohne drey Treppen hoch in einem kleinen Stübchen, grüsse alle Freunde und Freundinnen he[r]zlich, Dich aber vor allen.

Achim Arnim

N. S. Fast hätte ich vergessen, dir über meinen vermeinten Wahnsinn zu schreiben. Das ist ein kompliment von Reichardt, aber kein Tadel, er hält das für genial den Wahnsinn zu ehren er meint mich damit recht poetisch zu bezeichnen, denn wenn du weiter frägst wird er noch sehr viele dazurechnen, so daß ich sicher der Ehre wegen schamroth werden könnte, bring ihn nur einmal auf den Prinzen Louis, Jean Paul u.s.w. Meine Meinung ist es aber, nachdem mir in meinem Leben kein heiliger Wahnsinn begegnet als in der Kunst, aller reale Wahnsinn mir so ekelhaft ist, daß ich mit Erlaubniß einer hochlöblichen Landesregierung alle unheilbare Wahnsinnige auf meine Kosten todtschlagen ließ.

Die Anzeige gegen den Rheinbeck ist von Görres und sie reut jezt den meisten ausser ihm und Daub, es sind darüber Briefe von den meisten andern Universitäten angekommen. Der Grund von jener Anzeige sind schändliche Aeusserungen gewesen über die Rudolphi und deine verstorbene Frau

– Du schreibst mir, daß Du das Honorar vom Wunderhorne sehr nothwendig brauchst, ich will nichts davon nehmen in dieser Rücksicht nur thu mir dagegen den Gefallen und fordre es nicht so bald von Zimmer, bis mein Wechsel angekommen ist, ich habe achzig Thaler von ihm geliehen zwar nicht auf Rechnung des Honorars, aber es wäre doch unbequem für ihn wenn er einen Vorschuß, und Honorar als Vorschuß voraus bezahlen müste. Wegen der Fiammetta habe ich mich erkundigt. Du hast das volle Honorar erhalten, hundert Thaler durch mich und 34 durch Zimmer; Reimer ist mir also die ausgelegten 50 rtl schuldig, die ich dir sogleich beym Empfange übermachen werde um die Hälfte meiner Schuld an dich damit zu berichtigen.

102

[Kassel, um den 25. Januar 1808]

Lieber Bruder!

Sehr wundert es mich, daß du mir noch keine Zeile auf meinen Brief von Reichards Ernennung zum Theater und Musickdirecktor geschrieben, es macht mich ordentlich ein wenig traurig, denn ich habe doch nun nichts Theures als dich. Dein Ffter Brief habe ich, und dancke dir für Red und Antwort, daß du so entsezlich zu korrigiren, daran zweifle ich nicht, laß dir doch von Görres helfen. Reichard giebt der Königin Unterricht, hat schon ein Hofkonzert gegeben, engagirt Comoedianten, wer sie zahlt, der wird wohl auch nicht fehlen, Lepel ist Chef von der Garde, hat jezt 30000 Livres sonst wird Geldmangel groß, Reichards Familie will noch vor Ende Sommers hierher, von Auszahlung hat er noch nichts gehört, ich wollte, du kämest wieder hierher, und zwar bald, und intreßirtest dich fürs Theater, jezt ist grade Zeit, da es werden soll. Von Reichard seinem Wesen mache ich mir keine gar keine Hofnungen, Er hat besonders Etwas in seinem Wesen, waß mir traurig ist, gar kein Urtheil über Menschen, und doch sehr absprechend, von Tieck redet er jezt auf eine wahrhaft miserable Art, er nennt ihn einen Schmierer, einen Hoffartspinsel, überhaubt hat er auch nicht den mindesten Sinn außer sich hinaus, er glaubt sich angenehm zu machen, und hätte es sehr nöthig und macht sich überall durch zu große Ammutherei fatal, bei Jordis ist er ganz verhaßt, oft und meist erzählt er, wie ihn dieser und jener so freundlich und vertraut behandele, während eben derselbe einem ins andere Ohr sagt, wie fatal er ihm sei, er hat es jezt in seiner Hand, dem Tieck wenigstens 600 rtl zu schaffen, wenn er ihn unter dem Titel als Theater Dichter hierher bringen wollte, er brauchte ihn ja gar nicht dichten zu lassen, aber lieber engagirt er einen Violinspieler um 600 rtl, dessen Geige sich in der beständigen Lage der Violin im Garten der Poesie befindet, wenn du hier wärst, und redetest ihm zu, daß er Tieck ans Brod und so aus der Noth aus Ziebingen und zu uns helfe, du hast keine Idee, wie es mich schmerzt, daß dieser Mann so gegen Tieck raisonirt, während er zugleich gesteht, er habe beinah nichts von ihm gelesen, er spricht oft, wie ein *Hundsfutt*, er nennt Tieck einen stolzen Faullenzer, waß ist er dann, ein eitler Pasquillist. –

Sonst ist er manchmal ganz leidlich, seine Musick aber erscheint mir täglich langweiliger und fader, – von Beethoven sagte er auch gestern, er sei verrückt. Die unschuldige kindische Freude von seiner Familie ist sehr rührend, die haben gar keine Ruhe und möchten nur erst da sein, sobald diese hier erst fest sind, will ich Hulda auch zu mir nehmen, und von Luisens Musikalischem Unterricht profitiren lassen. Du kannst das einstweilen bei Rudolphi fallen lassen, um sie vorzubereiten, wenn du Heidelberg verläßt, so muß ich es vorher wissen, weil ich dir sodann einige Aufträge geben will, Reichard wünscht, daß du ihm vom Mannheimer Theater von Sängern und rinnen und Schauspielern einen kleinen Etat beschreiben ließest, bitte dir das durch Batt aus oder Wedekind. – . Ich schicke dir das Original des Wahrheitslieds mit nächstem Postwagen nebst mehreren andern noch geordnetem, worunter ein ganz himmlisch schönes Lied ist, daß ich aus den drei Liedern, worunter die böse Königinn, abgeschrieben, es ist *das schönste* Lied im Wunderhorn, nach meiner Empfindung, denn so war mirs als ich Sophien in Jena liebte, den Titel wird Zimmer erhalten haben, das Gothische Fenster war fertig und das Ganze sah miserabel aus, es mußte alles wegradirt werden, und jezt wird es dir gewiß gefallen. Die Pattberg hat noch einiges geschickt, worunter nichts ordentliches als ein vollkomnes Exemplar, des komischen Adams Erschaffung, du erhälst sie all mit dem nächsten Postwagen. Der Titel zu den Kinderlieder ist mir noch nicht ganz in dem Entschluß. Daß Hüschen in Fft vor ½ Jahr gestorben, daß das Meiste von ihm verschleudert worden, daß man uns (Betine wenigstens) nichts gesagt, ist schlecht, Seine Dürer sollen noch da sein, ich habe drum geschrieben, sein Catalog raisoné von den Dürers in Mspt wäre schon Etwas werth. Die Kinderlieder, wären mit dem Vogel A.b.C anzufangen. es ist recht hübsch geworden. Müller ist jezt blos Staatsrath und Director de l'Instruction publique. Schreibe mir auch von *Görres* und Hulda. Hier bei Hof und Regierung alles – o du mein Gott! ein 27 Jähriger der noch vor 1 Jahr Unterlieutenant war ist nun Staatsrath. Die Juden erhalten alle Arbeiten. – . Lasse nun das Wahrheitslied abdrucken wie es ist, ohne abgetheilte Verse, sonst merkt man die Lükken und es *braucht gar nichts* verändert zu werden. Das Belagerungslied von Frft habe ich aus deiner Rezension dem Original, welches mir als Vaterländisch sehr theuer, etwas näher gestellt, besonders hattest du dich in dem achten Vers geirrt, wo die Rede von einem schreienden Landsknecht ist, du hast diesen als Landsknecht verändert, er ist aber eine Kanone, wie aus dem 8 Vers des zweiten Liedes hervor leuchtet, du wirst darum nicht böse sein, lieber, es ist ja eine Kleinigkeit. [W]aß ich dir noch schicke ist alles korrigiert – es wäre sehr schön gewesen, wenn über die Sage vom Oldenburger Horn, forn eben so ein Gedicht gewesen wäre wie, das erste Lied vom 1sten Band, vielleicht mache ich noch eins und schicke es, wenn es dir dann gefällt kann man es wie Vorrede hinsetzen, gefällt es dir nur ein Wenig nicht, so läßt du es weg, denn deine Liebe, du lieber Mensch ist mir mehr, als meine Poesie, wir wollen überhaubt keine Façon mehr machen mit einander, du mein Herz, waß ich dir in meinem lezten Brief geschrieben, bedencke *bald bald*, denn ich kann h[ier] vielleicht ein ganzes Hauß mit Garten miethen, [wenn] du mir ein paar Stuben abmiethest, Frohreich kön[nte] dann wieder gärtnern, wir hätten eine Bibliotheck, ein Musickzimmer – und ließen uns Tieck auf unsre eigne Hand kommen. Ich bitte um *baldige* Antwort, die viele Musick und der Verkehr mit dem neu entstehenden Theater könnten dich sehr interressiren, Auguste läßt sich wieder besser an, o lieber, lieber, thu es.

Dein Clemens

Die Pistor hat ein Mädchen

Pistor hats aus Bosheit 3 Tage lang nicht angesehn, grüße die Meinigen

103

[Kassel, kurz nach dem 25. Januar 1808]

Mein lieber Bruder!

Ich habe deinen Brief soeben erst erhalten, und waß habe ich denn auf der Welt Gottes anders zu erhalten, als einen Brief von dir? Ich hätte dir die Lieder schon längst geschickt, wenn ich fertig wäre, aber ich finde täglich Einiges und manches Trefliche in meiner Nachlese, zu dem Wunderhorn selbst sende ich dir noch einige dreisig theils neue, theils vergessene Lieder. Zugleich nimmt mir Reichard, der eben kein bequemer Hausgenoße ist, viele Zeit. Alberti und Laroche sitzen bis jezt noch unthätig bei Jordis, denn Bülow mit dem sie eigentlich zu verhandlen haben, ist gestern erst mit seiner Frau zurück gekommen, ihr Geschäft ist dem König von Westphalen die Schönebecker und Haller Saline ganz abzupachten. Ich habe beide sehr lieb, Laroche ist ein ganz herrlicher Mensch, Er sah bei mir die Rungischen Bilder zu erst, sein Entzücken, seine Beschreibung, seine kindische tiefe Erklärung waren mir rührend. Durch Alberti kenne ich Reichards Geschichte und Gemüth ganz. Wenn ich nur auf der Welt wüste, wo ich bleiben sollte, alle meine geliebteren Freunde haben keinen bleibenden Aufenthalt, schreibe mir doch bestimmt, ob Görres in Heidelberg bleibt, schreibe mir ob du vielleicht Lust hast lang dort zu bleiben, wenn es auch nur ein Jahr wäre, so zöge ich wieder hin, lieber Arnim, kannst du dir denn gar nicht denken, wie sehr ich dich liebe, muß ich dir denn immer sagen, daß mich dein Anblick, dein Gemüth stärkt und erhält. Wenn gleich Reichards Familie auch herkömmt, so werde ich doch nie einen gründlichen Freund hier haben, auch verbreitet das Regierungswesen hier manchen Ekel. Wenn du also dir wirklich eine Hoffnung machst, dir in Heidelberg zu gefallen, und länger dort zu bleiben, so will ich hinziehen, Zimmer ist mir sehr lieb, und wenn ich im Stillen mich mit ihm assosiirte, könnten wir einander vielleicht nützlich sein. Görres müßte mir freilich dann Hoffnung machen können, daß er noch länger dort bliebe. Es wird hier nach und nach so theuer, daß kaum mehr zu wohnen ist. Ich muß Ostern aus dem Hauß und weiß noch nicht wohin. Reichardt läßt dir auf die Väterlichen Ermahnungen deines Briefs sagen, der junge Mensch soll dencken, daß wir bereits in der Ordnung sind, er soll mir mehr von sich schreiben und meine Erziehung beruhen lassen. Ueberhaubt kannst du dir nicht dencken, waß er en Wix ist, beständig an Hof, besorgt der Königin die Masken, componirt Tänze für Sie, spielt sie mir vor, mir gefallen sie nicht, er ist glüklich, wie sehr sie ihr gefallen hätten, er exerzirt der Königlichen Familie die Tänze ein, sie tanzt so gut als möglich darnach, den andern Tag erzählt Lepel bei Jordis seine Tänze hätten durchaus misfallen überhaubt hat er das Unglück, oft von seiner Liebenswürdigkeit und seinem Succes in einer Gesellschaft versichert zu sein, wo er grade das Gegentheil gethan. Deine Betrübniß über den Dietz von Schauenburg und die Belagerung von Fft wirst du beim Empfang gehoben finden, ich habe beides nicht zurückhalten wollen, ich hatte es früher zurückgelegt, um meine dir so ängstliche Kritick nach und nach daran zu gewöhnen, ich tadle nie eine Aenderung, sie müßte dann so sein, daß sie ihrer Art nach mir das Buch selbst beleidigend machen könnte, solltest du je eine Kleinigkeit geschrieben haben können, die mir drückend wäre, ich bin ja herzlich bereit, laße Alles Weg, waß dir unter den von mir gemachten Änderungen unrecht scheint, laße alle die Lieder weg, die ich aus dem Meisterton in den Liederton gesezt, sonst habe ich nichts geändert, – du glaubst nicht, wie schwer ich dir einigemal sagte, dies oder Jenes scheine mir nicht recht, ja ich schwöre dir zu Gott, daß nichts auf der Erde je meiner Zunge schwerer geworden, so liebe ich deinen poetischen Wahnsinn, und so liebe ich, daß er nur dichte und schaffe, aber er ist zu göttlich, um zu restauriren. Der Diez ist mir lieb, aber bei weitem nicht so lieb, wie er von dir gedichtet zu werden verdient, wie du ihn dichten kannst, ich finde in deiner Verbindung eines lirischen Jesuitischen Bußliedes aus 1600 mit dieser grell geschehenen Handlung des 1200 ganz dein Talent zu kombiniren, aus Nichts zu schaffen, aber das Faktum hat sehr gelitten, es ist die schöne Freie Willenskraft des Ritters, die einen kleinen Theil des Liedes ausmacht durch die süße Zerknirschtheit des Bußliedes nur zu einem Appendix deßelben, und überdies aus Willenskraft zu einem Mirakel geworden, auch ist es aus keiner Zeit mehr, wie viel schöner gehörte es ganz neu deiner Kunst an, die von mir mit Strichen bezeichneten Stellen finde ich verwerflich als Reim oder als zu schnell. Verzeih der Kritick, liebte ich dich nicht, ich sagte es nicht, denn ich sage es ja nicht um in der Kunst Etwas damit zu hindern oder fördern, ich sage es Allein, weil meine Liebe zu dir alles zu dir spricht, bei Gott Alles waß in Berührung zu dir in meinem Herzen aufsteigt, du weist Alles, waß in meinem Herzen ist, ich bin so schlecht so gut vor dir als ich bin, ein Mensch vor dir, thue mir Gerechtigkeit, und

Barmherzigkeit, denn ich bin dein groser Freund, ich traure um Alles, waß in dir stirbt oder schweigt, und liebe was lebt und spricht aus dir, du theurer, und wenn deine Liebe zu mir je untergeht, wie Alles, so traure ich auch darum. – Daß dir der Kupferstecher so zu Gebote steht, darüber bald mehr, ich bin dran einen Titel oder mehrere zu den Kinderliedern zußammen zu stümpern, und freue mich wenn er genug zeichnen kann Sie auszuführen. Wegen dem Geld sei unbesorgt, ich habe nie gedacht vor dem Ende der ganzen Sache Etwas von Zimmer zu begehren. Lasse kein Geld zwischen uns treten, ich äußerte meine Freude auf das Honorar, weil ich grade durch einen traurigen Brief von Franz über Depensen erhalten hatte, bald mehr, wegen meinem Ziehen nach Heidelberg schreibe mir *sogleich*, weil ich sonst hier miethen muß. Auguste Grüst sehr, sie liebt dich herzlich.

Clemens

104 *[Kassel, kurz nach dem 25. Januar 1808]*

Daß die Menschen in der Sprache fortschreiten, glaube ich allerdings, daß aber Schützens Graf von Gleichen in einer Sammlung altdeutscher Geschichten könne aufgenommen werden glaube ich nicht, die Liebe ist das älteste Lied und doch läst sich der Werther wäre er zerstückt nicht mit der Luzinden ergäntzen wie nah sie sich auch liegen, wo gar Jahrhunderte zwischen liegen, kann keine Begeisterung hin, sie kann nicht retour, nur Besonnenheit, und bescheidene Sorgfalt, kann flicken, das kann kein Dichter. Wenn wir alte Lieder der Zeit näher rücken, müßen wir es ganz gleichmäßig, sonst fallen sie um, wie Mauern die aus der senkrechten Linie kommen. Der Gothische Stiel umfaßt auch eine Welt, aber die Schlößer sind anders als die Kirchen, und in keinern Raubburg darf ein prächtige Kirchenorgel stehen, weniger eine Raubburg mit einer Orgel ausgebessert werden, denn wenn es gleich heist der Wind pfeift in beiden, so wird doch durch dieses vermischte Pfeifen das ganze aus der Wahrheit in die Zauberei gerückt, und diese hat keinen Stiel, als den Unendlichen. Im Diez finde ich nach deiner

Behandlung das lezte eben so hervor gegangen, wie in deiner Bearbeitung des H Sachs Tod. Es ist aber in jedem Kunstalter eine überschwengliche Zeit, ein Blüthenalter der Empfindung, und in diesem steht mein Geliebter Bruder mitten drinne, ein ganzer BienenHimmel, und so herrlich gelingt ihm auch alle Herstellung solcher Natur berauschten Poesie, will er aber ein steinernes Ritter Bild, ein altes Schloß, einen Grabstein aus eiserner armer einfältiger Zeit, die zusammengestürzt, wieder aufrichten, so wäre er im Stand, ein Fenster quer auf mit einem Tulpenbeete zu zu mauern, oder dem Ritter einen Nachtviolenstock hinters Ohr zu stecken als Schreibfeder, da ich nicht einmahl grünes, nein dürres Epheu dazu zu nehmen wage und wenn er angorische Ziegen über den Kirchhof treibt, oder Seidenhäschen, wäre mir eine Eidexe höchstens ein Iltis, oder Hun lieber. – . Du hast so viel Sinn für den Ländler und die Wiener Tanz musick, du kannst auch die Kuhreihen Melodie lieben, aber deine Zunge, die kennt nur den nordischen Rithmus, deine Beine haben eigentlich mehr Sinn für Dialeckt als deine Zunge. Ich halte auf Rithmus bei Volksliedern nichts, insofern sie gesungen werden und daher Rithmus haben, oder insofern sie so gedichtet sind, daß man sie tödten muß um ihnen Rithmus zu geben, viele aber die ganz im Rithmus gedichtet sind, und hie und da stolpern, denen soll man wie wanckenden Meublen einen Span unterlegen. Alle Restauration darf nicht individuell sein, sonst wird es Instauration und zwei Genien, die sich die Hände reichen, und deren einer die Hand verlohren, sind nicht restaurirt, wenn ich hinten meine Hand durchsteckte, ebenso wenig, wie in eine gemahlte Leda ohne Schwan, jemahls ein lebendiger Schwan sich verlieben wird. Waß du mir über die Kritick weniger sagst, die ich nur vor Augen habe, daß will ich gar nicht, ich habe eine Kritick vor Augen, die alle befriedigt, aber jene Wenigen sollen auch dabei sein. Du willst nur die meisten befriedigen, die sind mir nicht genug, um so weniger, wenn sie irre geleitet werden, und bei der ersten Erkenntniß nachher das Kind mit dem Bade ausschütten werden, und sagen, die ganze Pastete besteht aus Gänselebern, die eine Gänsekrankheit hervor gebracht, und ich eß keine mehr. Ich versichere dich, es liebt und ließt dich kein Mensch mit solcher Ehrfurcht, als ich, Betine, und Sophie es that, alle andern haben sich nicht die Mühe gegeben, deine Kunst zu verstehen. Am lächerlichsten sind mir aber die Komponisten die deine Lieder komponiren und nicht mögen, das sind solche Komponisten, welche auf notirte Lieder schreiben, Mignons Sehnsucht von Göthe und Reichard, und das macht mir Ekel. Wenn ich mit dir einen Prozeß anfangen sollte, wie man nach unsrer Art restauriren dürfe, damit sie als eine Art gelten könnte, würde ich gegen dich aufstellen, *daß du* dabei begeistert bist, daß du es thust ohne deinen Gesellen zu fragen, *daß du* eine Mühe dabei aufwendest, die es dem andern zur Grausamkeit macht, manches zu verwerfen, *daß du* eine Mühe anwendest, mit einem poetischen Triumphwagen deiner Fantasie durch ein Mausloch zu fahren um es zu zu stopfen, oder in eine zusammengeschrumpfte Blase um sie auszudehnen, *daß dieser* Aufwand von Mühe aber sich dadurch schon als ein hier unächter beweise, weil er wie dichtende Begeisterung in der Arbeit frei wird und aus sich selber wie wildes Fleisch wächst, und fällt, wenn du Flaschen auffüllst, dürfen sie dadurch der Fluth und Ebbe des Poetischen Ozeans nicht unterworfen werden, sonst schwimmt bald alles im Keller und geht caput. Waß aber am meisten gegen die Gültigkeit deines Zustandes in dem du restaurirst, spricht, ist, daß er dir nicht gleich ist, daß du es oft noch besser kannst, und früher dir doch gut genug war, daß du drin ermüdest, daß du es oft lassen kannst, kurzum du dichtest, und wenn du in Zug kömmst, kannst du nicht glauben, wie angst und bang mir wurde, denn in einem poetischen Fieber von 1808, nahmst du hintereinander alle Saecula vor, und gabst ihnen oft wieder willen und ohne Noth von deiner Hypocrene. Aber das ist alles leeres Geschwätz und ist nicht des kleinsten Liedes werth, daß du in jenem Athem dichtest, den ich als einen ausgemachte Kartoffeln und Korn in die Blüthe treibenden fruchtschwangern Sirocco tadle, könntest du nur die Welt so anhauchen, so wäre Goldne Zeit, die hat keine Vorzeit, und keine Vorurtheile von Kritick. Aber in einer Zeit, welche Kritick ausübt, ist Kritick nothwendig. Waß du über Görres und Jean Paul sagst ist treffend und sehr schön, aber frage beide über einander und über sich, du wirst hören, daß sie recht haben so hast du auch Recht, ich mag sagen, waß ich will, denn herrliche Geister haben ihr Echo in sich und der Welt, weil diese nur da ist, weil sie sie so nehmen und es Ihnen nie noth thut, sie anders zu nehmen. Alleweil sagte mir die Fränz, daß hinter dem Museum viele Alte Bilder, wie ich sie hätte, ständen, ich laufe hin, da liegen alle die Fürsten und Verwandte des Hessischen Hauses zertrümmert, die Handwerker, stoßen stücken aus den Langen Holztaflen, um die Rossel unter den Rahm zu bringen, es sind viele herrliche Bilder drunter man schleift sie auf den Speicher, der König hat sie aus dem alten Fürsten saal herausschmeißen laßen, es scheint nicht, als wolle er die vorigen Dinastien würdigen, die goldnen Tapeten hat er herunter gerissen, und die schönen Bilder der Landgrafen en Stucco sind in Stücken mit Äxten umgearbeitet worden. Die Bibliotheck sollte zutapeziert werden und Ofen hineingesezt um Ball drin zu halten, o weyele weh! Schreib mir, ob du Görres lieb gewinnst. Ich glaube es hat kein Philosoph so viel Herz. Gestern habe ich dir mehr geschrieben, hiebei das Wahrheits lied. Grimm grüßt dich. Dein Clemens. grüße Hulda, und fange an der Rudolphi zu demonstriren, daß ich sie zu mir nehmen werde, und zwar bald, Auguste wird besser. Wenn Luise hier ist, nehme ich Hulda gewiß, sie kann herrlich bei Augusten Klavier und bei jener Musick lernen, es wäre mir lieb, wenn du ihr von Augusten erzählst, und ganz einfach. Grüße Zimmer.

Clemens

105 *[Kassel, kurz nach dem 25. Januar 1808]*

Von der Battberg habe ich ein Päckchen erhalten worunter kaum ein Lied war, die hat sich zusammen gearbeitet, auch vom Weinheimer Grimm einen Liederbrief mit nichts gar nichts, Wenn du mir eine Freude machen willst, *so halte mir, waß Nehrlich* und Battberg dir gesendet *zusammen*, verliere nichts, du Papiermaché fabrikant, ich will allen Vorrath, dann zusammen binden laßen, waß mir eine wichtige Sammlung werden kann. Die Battberg sendete bei liegendes Lied das ich ins Morgenblatt senden sollte, mache ein Umschlag drum und sende es hin. Wenn du aus Nehrlich hast abschreiben lassen waß du brauchst, so sende mirs, es macht mir Freude. Hiebei auch das Original des Wahrheitslieds. Wenn dir meine Veränderung vielleicht zu den Kinderliedern zu passen scheint, so thue sie dahin, wonicht vernichte sie. Die Post geht ich kann sie nicht finden

[rückseitig:]
Du kleiner Mann, du kleiner Mann was kanst du machen?
Ich kann wohl spielen auf meiner Trumm,
Rum bum bidi bum, so macht mein Trumm
Rum bum bidi

106 *Heidelberg den 6 Feb 8.*

Drey Briefe von Dir, mein lieber Evangelist, drey Pulsschläge mit einem zu beantworten ist gegen die Gewohnheit meines Herzens, so werde ich denn diesen Brief in drey Abtheilungen bringen. In der ersten wird gehandelt von der Freundschaft, die Du im ersten Brief mit der Poesie in einen Collisionsfall gebracht hast und daher schon im zweyten Briefe von dem Untergange unsrer Liebe sprichst und trauerst. Am Schlusse über die Collision zwischen Freundschaft und Geld. Du sagst meine Freundschaft ist dir lieber als Deine Poesie, dafür dank ich recht sehr, aber warum den einen guten Kerl wegdrängen um den andern aufzunehmen, während die beyde recht gern in einem Zimmer zusammen schlafen und einander die Zeit vertreiben, weiter haben sie doch nichts mit einander gemeinschaftlich; deine Poesie würde mir gerade so lieb seyn wie jezt, ob wir uns kennten oder nicht, eben so wie ich Deinem Urtheile über meine Poesie nicht im mindesten mehr traue, weil Du mein Freund, als jedem andren Urtheile, das von Fremden kömmt, das heist, ich gebe in dieser Hinsicht auf andrer Urtheil gar nichts; wenn sie mich verstehen, so machts mir Freude, wenn sie es nicht thun, ists mir leid, kann aber darum doch nicht anders, als nach meiner Vollmacht handeln. Nicht aus Freundschaft habe ich je nachgegeben, wenn ich an meinen Bearbeitungen umgearbeitet habe, sondern weil es ein gemeinschaftliches Unternehmen war, wobey dein Urtheil soviel galt wie das meine; es giebt keine Poesie, die man nicht eben so wie die Mahler ihre Gruppen nach der Beleuchtung des Orts verändern könnte, ohne in die Bedeutung des ganzen Bildes einzugreifen. Was Du über Restauration sagst ist im Allgemeinen recht schön, es könnte wohl so seyn – aber es ist nicht. Bey vielen antiken Statuen ist es bis jezt noch zweifelhaft, was Restauration ist [–] manche wäre ohne eine geniale Restauration nie erkannt und gewecket [–], und das in einer ganz untergegangenen Kunst. Von dem berühmtest[e]n Gemälde Raphaels die Transfiguration ist es zweifelhaft, wie viel er dran gemacht hat. Von dem berühmtesten epischen Gedichte der Iliade ist es zweifelhaft, was jeder einzeln daran gemacht [–] bis zu Wolf konnte man sogar die Stücke nicht unterscheiden. Bey Skakespeare [lies: Shakespeare] ist kaum zu erkennen, wie viel aus den älteren Stücken genommen; ebenso beym Plato, bey Schelling, bis wir die ältren Stücke kennen, ja es ist der Reitz dieser sich fügenden Ausbildungen [–] mit ihren grellsten Gegensätzen [–] von Jahrhunderten, der so in einem Einzelnen ein Merkzeichen für Jahrhunderte aufstellt, und darin liegt es, daß unser Wunderhorn etwas ward, was bis dahin noch nicht vorhanden, die Menschen, die bis dahin hundert alte Lieder blos als Merkwürdigkeit, als Sinnbilder einer andern Zeit hatten vorüberstreichen lassen, sahen die auf einmal mit ihrem eignen Worte verbunden. Der lebende Beweis davon ist Göthes Recension von Anfang bis zu Ende, die grellsten Verkettungen von Altem und Neuem sind ihm die liebsten, denn nur in diesen bewährt sich ihm recht die Lebenskraft des Alten. Willst du alle befriedigen, so befriedigst du keinen, denn das Alle ist das Unbestimmte, aber zwingen kannst Du alle, wenn Du mit den meisten verbunden. Du siehst daß ich hierin so unverändert innerlich einig geblieben bin seit der ersten Arbeit am Wunderhorne, daß es also wohl meine Natur seyn muß und du als Studiosus mustest mir wohl ansehen, wie ich genaturet was. Um die guten Leute die Büchergelehrten Antiquarier habe ich mich nie bekümmert, am meisten hatte ich das werdende Geschlecht der jungen Kinder vor Augen wie Hans Pfriem und warf ihm Apfel und Mandelkern zu. Alles das soll nicht zur Vertheidigung meines Frankfurter Liedes und meines Dietz von Schaumburg gesagt seyn, so wenig ich Deine antirestaurirenden Bilder gegen Deine Bearbeitung des Wahrheitsliedes richten will; wenn ich Dir gleich erzählen könnte, daß in dem Frankfurter Liede der Irrthum absichtlich war, weil schon im Magdeburger die Personificirung der Kanonen als bellende Hündlein vorkommt und mir das Bild von solchen anlaufende Lanzknechte gefiel. Wenn du ferner die Handlung des Dietz von Schaumburg für so ganz und gar 1200mässig ansiehest, so wirds dich verwundern, daß in der Revoluzion ein Kerl während er sich unter die Guillotine legte ein Messer verschluckte, das er sich heimlich [?] beygesteckt, nachdem er es seinen Kameraden erzählt um das Guillotine Eisen stumpf zu machen, was ihm auch gelang, er war geköpft, aber ein Stück aus dem Eisen gebrochen. Gelt, das schmackt doch etwas nach 1199½. Doch wiederhole ich Dir, daß mir an beyden nicht viel liegt, daß es mir ganz recht ist das Frankfurter unverändert halt aufzunehmen, daß ich den Dietz gar nicht aufnehmen will, wenn mir nicht noch eine Dir wohlgefälligere Bearbeitung gelingt. Eine Erläuterung aus der Englischen Literaturgeschichte möchte ich hinzufügen, wenn mir nicht mehrere Namen vergessen wären. Nirgends ist die Nachahmung der alten Romanzen weiter getrieben, es ist einer, ich habe drin gelesen, der hat seine Arbeiten wohl zwanzig Jahre für alt auch bey den gelehrtesten Kennern ausgegeben, aber unter allen diesem nachgemachten Alterthume ist nie etwas erschienen, was den Geist der Zeit so lebendig berührt hat wie Macpherson mit seiner Neumachung der alten Gedichte, das geht so weit, daß man jezt kaum die alten sehr merkwürdigen Fragmente lesen mag, die jezt unverändert erscheinen. So stehe ich Dir dafür, daß jedermann deinen Schlußgesang vom Schneider [–] 1 Band [–], so modern witzig er seyn mag, immerdar lieber lesen wird, wenn auch von der Hagen das alte Lied von den drey Beginnen mit alter Ortographie in Stein stechen liesse, eben so die Einfügungen in dem Wettstreite zwischen Wein und Wasser, so leicht sie auch der Christian erkannte. Haben wir gefehlt, so sind wir es doch beyde, Du machst Dich vor Deiner antiquarischen Autorität noch so sehr weiß brennen und am Ende ist es doch gerade so heiter wie jenes fürstliche Feuerwerk, wo es an Springbrunnen fehlte, die zu dem bunten Feuer spielten, da nahm man die nackten Gardisten, bepuderte sie, brachte sie in Gruppen und ließ sie hindurchpissen. Die Kerls wurden dazu mit Bier vorbereitet, was sie zum erstenmal umsonst tranken. Nachdem wir uns also darüber vereinigt, so komm ich zur Collision zwischen Freundschaft und Geld in diesem meinem Buche über die Pflichten (Cicero de officiis), wäre ich bisar, so finge ich hier einen grossen Streit an, weil so etwas gemein ist und durch uns vornehm gemacht werden könnte. Uebrigens geh darüber nicht so leicht hinweg, der Mann muß Geld schaffen, die Frau kochen; ich bin durch den Zustand meines Landes und durch Mangel an Nachrichten in Mangel versetzt, aber ich brauche auch hier nicht viel, es ist dies der Grund warum ich Frankfurt verlassen, ich bin fleissig und denke bald aus dem Gros meiner Gedichte etwas zusammengebracht zu haben. Solltest Du aber früher Dein Geld brauchen, so schreib es mir ohne Umstände, ich kann es nicht versichern, aber es ist mir wahrscheinlich, daß ich es doch vielleicht hier auftreiben könnte, wahrscheinlicher, daß mir bald Geld vonhause kommt.

Zweyter Brief

Also Du hast ernstlich Lust hieher zu kommen? Görres wird selbst über seine Angelegenheiten an Dich schreiben. Was mir Deine Rückkehr hieher allein zu erschweren scheint, ist wohl, daß Du mit den meisten Leuten verhetzt bist, Schwarz glaubt du hast ihm den Grimm entführen wollen, Voß das Haus, Schreiber die Ehre, Thümchen das Bild, Kreutzer die Günterode u. s. w, Schwarz beklagt sich, daß du alle Bekannte als Karikatur gezeichnet. Ich weiß nicht in wie fern Du darauf Rücksicht nehmen willst in Deiner Bestimmung, ich glaube du brauchst vielleicht gar keine Rücksicht darauf zu nehmen, weil du für die Leute nie etwas andres als Umgänglichkeit gefühlt hast und das würde sich auch bald herstellen. Görres und mein Aufenthalt sind wohl noch zu unbestimmt, um deswegen herzuziehen, *ungeachtet ich die ganze Ortslage Dir viel angemessener finde als Cassel.* Zimmer ist sehr beschäftigt mit seinem Handel und seiner jungen Frau, der Philosoph Fries gleichfalls und dabey sehr kränklich. Die ganze Universität scheint selbst etwas zweifelhaft zu stehen, weil die Finanzmänner die Ausgaben dafür allzu stark finden. – Ob ich den Sommer in Cassel zubringen kann scheint mir ebenso zweifelhaft wie die Schicksale meines Vaterlandes, ich suche so etwas zu vergessen; es wird sich wohl noch ein Kämmerlein für mich in Deiner Nähe finden. Ich bin für den Sommer auch nach Trages Schlangenbad und Winkel eingeladen. Mach es wie Horstigs, die haben sich für 2000 Gulden das schöne Schloß Miltenberg gekauft und danken Dir für die Nachricht davon. Du siehst, ich kann Dir nicht rathen, insbesondre, da ich nicht weiß, ob durch Reichardts Familie nicht vielleicht mehr ruhiger Genuß in Dein tägliges Leben kommt. Aus diesem Grunde, habe ich Deine Aufträge an die Rudolphi nicht ausgerichtet, während Du selbst über Deinen Aufenthalt zweifelhaft bist willst Du den angenehmen frohen Aufenthalt des Mädchens, denn für das Alter ist die Rudolphi recht gut, stören? Das geht nicht. Du hast durch die Adoption das Recht über den Aufenthalt des Kindes zu bestimmen, wozu also Vorbereitung bey der Rudolphi, die sie vielleicht gleichgültiger gegen Hulda machen könnte, wenn es geschehen soll, wenn Du siehst, daß Dein eigner Hausstand erziehend auf ein Kind wirken kann durch Ordnung, innern Frieden, Thätigkeit, so nimm sie zu dir, Du weist noch nicht, ob Reichardts nicht durch Zerstreuung, Beschäftigung Beschränktheit ihrer Wohnung verhindert sind, sie bey sich aufzunehmen, die Rudolphi kann sich keinen Augenblick weigern, sie ist kein Hamelscher Rattenfänger. Du wirst wissen, welches Glück es ist als Kind unter Kindern zu leben, Du würdest es bald überdrüssig seyn, wegen der Hulda einige kleine Mamsellen in Deinen Zimmern herumwirtschaften zu sehen und so verfiel sie wieder in die alternde Frühreife, wozu sie schon früher fast gekommen.

Dritter Brief

Viel Grüsse an Grimms. Was machen die Romanzen aus dem Dänischen? Hat er an Tieck über die literarische Nachfrage geschrieben? – Wie kannst Du Dir Reichardts Einfluß so übertrieben groß vorstellen, daß er Tieck mit einem ansehnlichen Gehalte anstellen könnte, und wenn er das nicht erhält lebt er unabhängiger in Ziebingen. Musiker hört der König, was soll ihm aber ein deutscher Theaterdichter, von dem bis jezt noch kein Stück aufgeführt worden, der sich auch zur gewöhnlichen Uebersetzerpraxis nicht brauchen lassen würde. Errichtet der König eine Akademie, da ist eher von ihm die Rede, da kann er durch brauchbare Empfehlung hineingehoben werden, ob es Tieck annähme ist noch zweifelhaft. Vielleicht könnte ihm dabey nutzen, wenn Du ihm einen Sommeraufenthalt in Deiner Nähe anbötest, er wollte so nach Wisbaden in diesem Jahre. Was Du von Reichardt schreibst, halte ich meist für sehr wahr, ich habe das alles an ihm gesehn, aber zeige mir einen, der sich durch so mannigfaltige Lagen wie er durchgearbeitet und ausserdem ein eignes Leben in Kunst und Wissenschaft hat und der nicht mehr Schwächen der Art hat: Weiß denn ein Matrose, wenn er einem [die] Hand fast zerbricht statt zu drücken, daß der andre keine so grobe Hände hat, da liegt die harte Haut zwischen, die ihn eben verhindert zu fühlen und gedrückt zu werden. Verhindere nur, daß die andern in Cassel diese Arten von falschem Beliebtmachen nicht auch merken, Du must denken, daß bey einem Hofe der Ruf alles macht, wer darin gesichert, der kann ohne Schaden alle Fehler machen.

Der Druck geht langsam, ich kann noch nicht den zweyten Bogen bekommen, der erste ist auch noch nicht abgezogen, sonst erhieltest Du ihn. – Der Kupferstecher ist im Zeichnen nicht ausgezeichnet und dabey sehr eigensinnig, was du schickst für die Kinderlieder, schicke fertig, er wird doch an dem ersten noch zu thun haben. Grüß Auguste herzlich. Gott gebe euch seinen Frieden Amen

Dein Achim Arnim

107 *[Kassel, spätestens um den 6. Februar 1808]*

Grüße Zimmer, Görres und Hulda und Rudolphi, Zimmer soll mir schreiben, noch ist kein Buchhändler hier, Dietrich bleibt ein Lump und Lügner, wenn Zimmer nur Filial Handlung hier anlegte! Levrault von Strasburg ist hier, nachdem ihn die Minister förmlich zu grosen Entreprisen mit Druckereien hier her gerufen und er sich schon in manche Unkosten gesteckt, findet einer von Metz, wie man sagt ein Filou durch Kammerdienerliche Rekommandation einstweil königliches plein pouvoir und Levraut ist ziemlich in Verlegenheit[.] Der Rudolphi sei so gut nach und nach zu eröffnen, wie daß ich Hulda sobald Reichards hier eingerichtet sind, wegen der Sing und Musick Akademie bei Louisen zu mir nehmen werde, ich will ihr auch bald selbst schreiben, du könntest mir sie dann nach Fft bringen, zu Betinen oder Savigny von wo ich sie holen würde

dein
Bruder
Cl Brentano

Auguste grüßt,
sie hat dich sehr lieb.

108 *[Kassel, kurz vor dem 12. Februar 1808]*

Mein lieber Bruder!

Ich wollte du wärst heute mit mir in der Orchesterprobe gewesen, Wie Reichard die Kerls in Gang bringt, zuerst spielten sie seine Ouvertüre zu dem begonnenen *blauen Ungeheuer*, die mir seh[r] gefallen, das erste waß ich von seiner ganzeren Musick gehört, er tanzte die Kerls ordentlich in den Zug, es war ganz Herzergreifend, wie er in Leidenschaft kam und alles zog. Es ist jezt ein braver Tenorist und Schauspieler Golmick mit seiner Frau angekommen, auf der Königin Geburtstag wird Lieb und Treue, oder vielleicht Järi und Bäteli gegeben, zugleich wird das jezt zu innern Einrichtungen (Ofen gesezt, blautapezirt, besäult) geschloßene Theater damit eröfnet. Lafleche hat einen neuen Vorhang mahlen lassen, in der Mitte eine Leier links die Nahmen der 12 Grösten deutschen Schauspieldichter, rechts der zwölf grösten Opern Musicker, ich habe die Dichter Reichard die Musicker zusammen gestümpert. Er hat sich auch drauf gesezt, und ich den A W. Schlegel. Deine Idee man thue nur fürs Franz Theater ist falsch, Reichard engagirt eine ganze deutsche Oper, und da das deutsche Theater bleibt, so kann es eben so leicht gut als schlecht werden, denn die Leute sind enorm bezahlt, gegen Weimar, und es kömmt nur darauf an, daß ein Kerl dahinter macht, Reichard selbst hat entsezzlich zu thun und du wärst da von großem Nutzen. Er hat am Königsplatz die Eke gegen dem Rothenburger Palais den zweiten Stock gemiethet, zieht Ostern hin, wo auch seine Familie eintrift, Stelzer sein Schwiegersohn, ein Lümmel, war hier er kömmt nach Halle, als procureur beim Kriminal. Alberti und Laroche sind noch hier, sie haben mit Bülow nicht einigwerden können, und erwarten eine Estafette. Bülow ist Tresorier geworden, Reichard und alles waß zum plaisir gehört haben ihre Zahlung gekriegt, übrigens ist kein Mensch, arm, oder reich bezahlt worden, selbst Truppen nicht, die Leute sind sehr in Verzweiflung, auf dem Lande sind viele Diebe, vor drei Monden wird wohl niemand bezahlt. Ich habe Zimmer neulich wegen einem jungen Menschen in Heidelberg nahmens Gautier geschrieben, frage ihn doch, waß er auf meinen Vorschlag geantwortet, er könnte hier sehr nüzlich sein, und bald zu guter Versorgung gelangen, wenn er hierher will, soll er sich doch von allen seinen Lehre[r]n Testimonia in französischer Sprache geben laßen. *Will er dies vorgeschlagene übersetzen?* Mit nächstem Postwagen erhälst du den ganzen Rest des Manuskripts vom Wundh. und die Kinderlieder, zu denen ich einen Titel komponirt, der allen Leuten gefällt, Zwei Kinder machen Musick bei einer Kapelle, in der die heilige Familie (du kennst die alte Abbildung von einer Gemme auf der Maria selbst gewickelt ist) unter der Kapelle ist ein Wasserfall und rings dichter Wald voll Thieren und Vögeln die zu hören, wenn es dir nicht unangenehm so drucke die Lieder, wie ich sie geordnet, ich habe ihnen allen Kindische Ueberschriften gemacht, wodurch sie sich erklären meist Fragen. – . Das komische Lied von *Adams Erschaffung*, und die Romanze, *Drei Mörder kamen in Frau Wirthin ihr Hauß und gaben sich für drei Grafen aus* lasse noch nicht setzen, denn ich sende sie dir in bessern und kompleten Lesearten, die ich von Friedericke Mannel erhalten, hast du den Sekendorf Almanach, Dozen schrieb die Lieder seien uns, von Hagen ist auch wieder einer angekündet. Hast du den Tiroler Sammler, und kannst du dir den zweiten Band von den Briefen auf einer Reise durch Salzburg nicht verschaffen, in dem das Lied vom eingemaurten Kaiser ist, der zweite Theil ist in Passau erschienen, die Reisse ist vom Graf Spauer aus Wetzlar.

Dein Clemens.

109

Heidelberg den 12 Feb 1808.

Herzbruder!

Du machtest mich mit deinem nordischen und südlichen Rhithmus einige Augenblicke stutzig, du thatest so gewiß, daß ich wirklich meinte, es wäre was dahinter, und ich verschob es Dir darüber meine Bemerkungen zu machen. Was mich zuerst auf den Gram über die Auflösung in Prose brachte, war beyliegende von Nehrlich mitgetheilte schöne Romanze, ich studierte nun alles das durch, Wiener Volkslieder, Bayrische, Schwäbische, nachher wieder die nördlichsten Dithmarsischen Preussischen und erhalte das Resultat. Mit dem südlichen Rithmus ist es *gar nichts* Eigenthümliches bis auf einzelne Worte die in verschiednem Längenmasse fast entgegen z. B.

◡ – ◡
Ich wünsch ihm nördlich,
◡ – ◡
Wünsch ich ihm;

es ist derselbe [–] seiner Natur nach wenngleich abwechselnd [–] in der ganzen deutschen Sprache. Entweder giebts blos Metrum, worunter sich aber häufig schon eine rithmische Bewegung versteckt oder Rithmus und Metrum, wobey häufig das Metrum in seiner Vollendung leidet, weil die rithmische Falschheit das Ohr im Singen besonders gröblicher beleidigt als die metrische, (die Franzosen kennen eigentlich nur rithmische Richtigkeit) es ist aber im Süden wie im Norden das Silbenverschlucken wodurch diese metrische Falschheit gutgemacht werden soll immerdar nicht Vorzug sondern Fehler und wer es vermeiden kann der thut es gern. So ist ein sehr richtiger Rithmus in dem Berliner Gassener Walzerliede auf den Stadtpräsidenten Eisenhardt, der Uniform zuerst bekam: Der Mann mit dem Degen, das ist mein lieber Mann, der kann gut fegen, das ist mein Mann, der da gut fegen kann, das ist mein lieber Mann, der Mann mit dem Degen das ist mein Mann. In dem andern sehr herrlichen Tanzliede Koch Thee Lowischen, schenk ein Lowischen, Trink aus Lowischen, Noch eins Lowischen So geht es, so geht es, so geht es herum. In dem andern Tageliede: Mach die Laden zu, mach die Laden zu, li la Laden zu, Hopsa übern Graben, hübsche Mädchen muß ich haben. Ebenso in dem dir so werthen: Und as ick nu hätt enne Koh wolt ick ock hebben en Perd, Trippeldram hest min Lamm u.s.w. Damit vergleiche Ach du lieber Augustin und Bald gras ich am Necker oder was sonst im ursprünglichen Dialekte. Wo ein Lied nicht gesungen, sondern vorgelesen wird, wie das bey Liedern ohne Melodieen nothwendig der Fall seyn muß, die überhaupt als Gesang nur durch Gesang nicht durchs Drucken sich fortpflanzen [–] das entschuldigt alles viele Singen was dir unangenehm [–] ist ein Versehen gegen Metrum viel unangenehmer als die Aufhebung des stossenden kurzen Tanzrithmus in einen längeren, sehr viele werden gar nicht mit dem Vorlesen solcher schlechtmetrischen Gedichte fertig, auch giebt es noch bis jezt keine öffentlich angestellte Vorleser der Volkslieder. Das war der Grund meines Bemühens z.B. im Bayrischen Hiesel den Rithmus aufzuheben mit der Aufhebung des Dialektes; da er dir aber lieb war, und rein durchgeführt auch recht schön sich macht, so war es mir ganz recht mit grösserer Bemühung ihn in den Rithmus zurückzubringen, ungeachtet noch jezt nach den zweymaligen Ueberarbeitung[en] von uns beyden noch manche fatale Stelle darin ist, die man erst wissen muß um zu wissen wie sie gelesen werden soll. Zu meiner Beruhigung endlich finde ich unter allen von Dir bearbeiteten Liedern, Trinkliedern kein einziges, wo du jene schwierigere rithmische Bewegung nachgeahmt hättest, sondern du hast dich mit den gewöhnlichen Rithmen, so wie ich begnügt nur einzelne Freyheit mit Dactylen u. a genommen, die ich zuweilen aus einer Art Altgläubigkeit zu vermeiden und auszuglätten suchte ungeachtet sie wohl eigentlich nicht Fehler sind

---

Eben erhalte ich Deinen Brief über die Probe vom blauen Ungeheuer. Ist das von Dir? Ists Tiecks Ungeheuer im verzauberten Walde? – Es freut mich daß ihr euch ausgleicht, Du und Reichardt, Du wirst seine eigentliche Genialität und Produktion bald erkennen, die von seiner angenommenen eben so verschieden, wie seine Welthöflichkeit von seiner unglaublichen gutmüthigen Dienstwilligkeit gegen alle Leute[.] Es freut mich, daß für das deutsche Theater etwas geschieht und es könnte mich reitzen künftig nach Kassel zu kommen, wenn das erste Drängen vorüber ist, worin immer mehr auf das Fertige, als auf das Werdende gesehen werden kann. Ich habe Reichardt oft anführen sehen und habe, glaube ich, Dir schon sein eigenes Talent gerühmt, den Kerls den Stuhl heiß zu machen. – Du wirst meinen letzten langen Brief über Hulda, Geld, Restauration erhalten haben, ich bin noch der Meinung, wenn Du glaubst daß Du Sie in Deinem Hause gut erziehen kannst, so bedarf es keiner Vorbereitung, du dankst die Rudolphi für ihre Liebe und Sorge und bestimmst ihre Abreise, ich bringe sie dann mit Vergnügen nach Frankfurt, der Rudolphi will ich indessen sagen, daß sie das Kind mit deiner Heirath bekannt macht. – Schick jezt die Lieder bald, ich habe Hoffnung, daß der Druck nun schneller geht, wenn auch die Zeichnung noch zurückbliebe. – Ein wunderlicher Traum über Theaterwesen erweckte mich diese Nacht, sonderbar ist es mir daß heute gerade dein Brief ankommen muß. Träume werden leicht unwillkührlich verändert, hier bin ich aber gewiß ihn so geträumt zu haben. Ich war auf einem Theater, es wollte aber nichts werden, denn es waren keine Schauspieler da ich ängstete mich im Namen aller ungeachtet ich nichts dabey zu thun hatte. Da waren drey Musiker, die stellten sich so, daß immer einer aus des andern Noten spielen muste, das ging nicht, alles ging ins Parterre, wo man berathschlagte was man spielen solle. Einer spielte mit einer todten grauen Krähe und schlenkerte mit dem Kopfe, da dacht ich, du willst doch den Leuten einen Spas machen, weil sie mit lebenden Personen nichts anzufangen wissen, so brauchst du die Krähe als Puppe. Da fing es an gewaltig zu donnern, mir wurde bang, entweder der Himmel brumme, daß ich mit so vielen armen Sündern, oder daß ich während eines solchen grossen Naturgerichts so unberufen mürrisch Zeug mache, ich ließ die Krähe auf dem Theater stehen und ging vor die Thüre, da war es hell und kühl, ich dachte, es wäre wohl Feigheit gewesen, daß ich hinausgegangen und wollte eben zurückgehen, da wachte ich auf. – Der Traum ist mir merkwürdig, weil er wie eine moralisch erfundene Fabel aussieht. – Görres Schriftproben kommen jezt unter dem Titel Schriftproben von Peter Hammer in Cölln bey Zimmer heraus, ich trieb ihn sie in Verlang [lies: Verlag] zu nehmen, weil die Leute den Engelmann kopfscheu gemacht hatten[,] da kam er selbst auf den Titel. – Dein Hündlein in Bretten hab ich gelesen, es gefiel mir ganz wohl nur als ich merkte, daß es auf die verschiednen Religionen mit der Einladung ging, da schien es mir ein wenig leichtsinnig mit dem *Detail* umgegangen (nicht in der Erfindung), ich fürchte, daß es den meisten als ein Spott über alle Religionen erschienen, statt sie gegenseitig mit einander bekannt zu machen; geschadet wird das niemand haben, denn wen ein Spott irreligiös macht, der ist es vorher schon, als dem Hündlein in Bretten, das du mir mündlich viel rührender erzählt hast, hier muß es gar zu viel fatale Kunststücke machen, das Schwanzapportieren fällt nicht mehr auf, noch weniger die einfachen Seltenheiten der Stadt, die du gar schön ausgehoben hast. Hast Du zu der Zeit Jean Paul gelesen? Es ist deine eigenthümliche Art so etwas aufzufassen gar nicht darin vor den dicken Eisenfeilschwänzen zu erkennen. – – Eben erhalte ich von Voß den Seckendorfschen Almanach, wo ein vier schöne Stücke drin sind, von den andre Büchern ist noch nichts hier. Noch fand sich hier ein Beytrag unbekannter Hand aus der Chronik der Hohenstaufen, woraus ich ein einfach ernstes etwas steifes Lied auf Conradin von Schwaben genommen, das jezt vielleicht gute Wirkung macht. Ich finde den alten Voß ganz verträglich, ich sage ihm rund meine

Meinung, er nimmts gar nicht übel! Ich sage Jachin und Boaz die Beyden Seulen der Freymaurerey um Dir alles Liebes zu bezeichnen, was uns bindet und stützt.

Achim Arnim

110

Heidelberg den 18 Feb [1808]

Lieber Clemens, Freund und Bruder!

In manchen wunderlichen Bestellungen wende ich mich zu Dir. Zuerst im Namen der Rudolphi, der ich in deinem Namen gesagt habe, Du wünschest, daß Hulda mit Deiner Heirath bekannt gemacht würde, wirst du gebeten, das selbst zu thun. Der Grund dieser Bitte ist wohl Verlegenheit, wie sie es decken soll, daß sie es ihr so lange verschwiegen. Du kannst das am besten mit einem ganz ruhigen Briefe, kannst ihr allenfalls darin gute Versicherungen von der Liebe ihrer neuen Mutter geben; das wirst du alles am besten einzurichten und zu sagen wissen, du kannst allenfalls das Ganze in ein Gleise bringen, wenn du ihr sagst, *Du hättest ihr nichts von deiner Heirath schreiben mögen, weil Dir noch immer die Gelegenheit gefehlt hätte, sie zu Dir zu nehmen.* So ist mein Rath. Die Hulda hat sich eine kleine Vertraute unter den Kindern geschaffen, eine Hebenstreit aus Frankfurt, wenn sie mir bey der Rudolphi die Hand giebt, so kommt jene auch heran und giebt mir die Hand. Die beyden sind recht artig zusammen. Sonst ist mir auch nichts erquicklich bey der Rudolphi, mit den Mamsellen mag ich nicht sprechen, ihr Zustand wird mir dabey so lächerlich, daß ich es nicht lassen kann ihnen verderbliche Ansichten zu sagen, daß sie Spritzbüchsen sind und sich nichts einbilden sollen. Wäre es nur erst Grün, daß sie losgelassen werden könnten, bey dem grünen Thee müssen sie verkommen – ich meine die älteren. Es kommen blos alte Juristen dazu. – Nun zur Hauptsache – Aus der Einlage wirst du schon ersehen haben, denn man liest immer so etwas voraus, daß ich nun wirklich Zeitungsschreiber bin. Ich habe dabey gar sehr auf Dich gerechnet, Du siehst, daß Dein Plan einer Zeitung alter Art dadurch auch ausgeführt werden kann, denn so wie im Allgemeinen alles in unsrer Zeit nur in Anspielung erdichtet erscheint, lauter Begebenheiten die nie geschehen, Gelegenheitsgedichte ohne Gelegenheiten, so würde dieser Beytrag aus alten deutschen Büchern in Herrlichkeit und innerm Leben wirklicher Geschichte gar herrlich zwischen prangen. [–] Gieb mir eins oder das andre deiner Lieder [–] Sey fleissig, lieber Bruder, ich dachte daß die Zeit der Ruhe wieder in Deutschland verrinnen könnte, und daß man nachher vergebens die Poesie ausspielte ohne einen Stich zu machen; schick mir, wenn es Dir gemüthlich, eine kritische Anzeige von Schelmufskys Reise um die Welt mit interessanten Bruchstücken, Du kannst zulügen daß die Balken brechen, die Zoten must Du wie in der Erzählung durch einen Flor sehen lassen, das Auge der Menschen ist zu schwach für diese strahlende Wahrheit, willst Du selbst nicht, so schick mir das Buch. Du kannst nach Gefallen deinen Namen unterzeichnen oder deinen alten poetischen Maria. Ferner verlange ich ein Paar schöne kurze altdeutsche Einsiedlerhistorien, dazu ein Paar lustige aus den Niederöstereichischen von Adel, das Buch möchte ich auch haben. Mach eine Ankündigung vom Goldfaden. Schreib insbesondre recht wunderliche Anekdoten, die aber der mimischen Begleitung entbehren können, die Reise des Sporers, du kannst ihn mit Schelmufsky sich begegnen lassen. Ich hoffe du bist in diesem Augenblick schon Feuer und Flamme und auf dem Wege mit allen Deinen Büchern schnurstracks hieher zu laufen. Such nach recht schönen alten Prosastücken, aber nicht zu lange, *schick bald.* An Grimm schreibe ich gleichzeitig. – Du erhältst dagegen *Honorar* und den ganzen Rest von Originalhandschriften auch alle meine fliegenden Blätter. – Ich habe Geld bekommen, aber einen Wechsel, der erst *Anfang April fällig, dann erhältst du alles* ich habe schon, was ich von Zimmer geliehen hatte darauf rechnen lassen; schreib ihm also, wenn du vom Honorar des Wunderhorns was brauchst; die funfzig Thaler, die ich von Reimer bekomme, kannst du sobald nur sein Brief angekommen gegen eine Anweisung, die Du an Deinen Bruder Franz schickst von Mohr in Frankfurt beziehen; dann bin ich Dir noch 10 Frd'or schuldig, die Du mir erst liehest und ein Paar Groschen Agio auf das gute Geld. Schreib mir aufrichtig, wenn Du das Geld sehr nothwendig brauchst. – Du hast doch meine beyden Briefe, einen sehr langen über Doppelsonaten verschiedner Zeitalter und einen mit den Schriftproben über Metrick erhalten. – Der Druck des Wunderhorns geht alles unsäglichen Antreibens von mir und von Zimmer ungeachtet langsam, der Engelmann ist ein Querkopf, der tausend unnütze Billette schreibt, statt zu arbeiten, Du erhältst hiebey, was zur Zeit fertig ist. Ueber einzelne Druckfehler sey nicht ungehalten, ich habe mit unsägliger Sorgfalt zweymal korrigirt, es hilft aber nicht gegen die gebrechlige Menschen-Natur, freue Dich aber über die Ordnung, die ich gemacht habe, sie hat mir Kopfbrechen gemacht, das Vorspiel, wunderbar, dazwischen die Trüglichkeit der Literatur, menschliche Verbindung zu Glück und Unglück, das Kriegsunglück trit hervor, es endet sich in einen literarischen Krieg, Wettstreit von Prose und Poesie, Wasser und Wein, Adel und Pöbel, nackter Naturzustand des Schäferlebens bis zum Ueberdruß u.s.w. – Zimmer hat nicht Lust nach Cassel, er will in Freyburg im Breisgau eine Filialhandlung errichten, hast Du dahin Lust Dich zu associiren. Es geht hier ein blindes Gerücht, als wolle man die Universität dahin verlegen, die Karlsruher Regierung hat einen elenden Schrecken über die Unkosten der Universität bekommen. Mein Mittagstisch bey Zimmer ist sehr lustig, lauter unbefangene Leute, die keinen Deut um alles Leiden der Welt geben, wenn sie es nicht ändern können, uns macht alles Spas, was nur erzählt wird, es ist uns zu muthe, als machten wir die erste Gesellschaft in der ganzen Welt aus. Die Kommis machen uns Maskeraden und laufen in der Stadt herum bis sie alle besoffen. Zimmers Frau ist gar ein artig Weibchen, will immer von ihrem Mann geküsst seyn, der scheint das recht gern zu thun; mir würde das doch auf die Länge sehr unangenehm seyn, eben weil es im Anfang so reitzend. Ich habe bemerkt, daß unter allen Nationen die deutschen Frauen allein ihre Männer mit Liebkosungen quälen. Engländerinnen, Französinnen, Italiänerinnen thun es viel mehr mit vorgegebner Sprödigkeit, Ernst, Würde, scheinbarer Kälte; die Deutschen, welche überhaupt nicht wissen, was sie mit sich anfangen sollen, brauchen das Zierlichste um damit in müssiger Stunde Ball zu spielen, so fällts oft an die Erde und zerbricht. Es ist im Grunde dasselbe Misverständniß wie bey unsern Dichtern, die da meinen weil ihnen das Dichten in Stunden der Begeisterung herrlich freudig gewesen, sie brauchten nur sich anzulassen zum Dichten um herrlich und freudig zu seyn. Von dem vielen Lecken kommt dann ordentlich auf den Gesichte des Neuvermählten eine neue Farbe hervor, wie auf alten Bildern nach vielem Abwaschen und dann sieht man erst, wo restauriert werden muß. Das alles gilt nicht von Zimmer, der ganz ernst und anständig mit seiner Frau lebt, die sehr häuslich thätig ist, es fiel mir nur bey dem vielen Küssen vor andern Leuten ein, das ich nicht leiden kann. Doch kommt ihr zur Entschuldigung, daß sie ihn den ganzen Tag fast nicht sieht, weil er ausserordentlich beschäftigt ist. – Bey Görres bin ich Abends meist, wir leben recht wohl zusammen, er studiert viel, besonders zur Geschichte der Philosophie und trägt sie mit innerm Leben vor, da scheint auch seine eigenthümliche Poesie zu seyn; die übrige Welt schaut er gar zu gern blos von der ekelhaften Seite an nicht mit Durchdringung zu ihrem Innern, wo das doch wieder so nothwendig wird wie der Magen in dem schönsten Weibe. Die Wissenschaft hat das Eigene, sie packt so ausschliessend. Es ist schon sehr viel, daß er dessen ungeachtet nicht ungerecht ist gegen Dichter, wenn er gleich an vielem und am Zartesten gerade nur die Anschauungen zu haben scheint, nun es ist etwas, wenn ich gleich daran keine Freude habe; daher sein schneller Uebergang von den Volksbüchern, mit denen er sich erst bekannt machte, zu ihrer Literatur, zu Conjecturen über ihre Entstehung, es war ihm nicht mehr die Sache genug, sondern ihr Verhältniß zur ganzen Bildung des Volkes, das ist zur Wissenschaft. Seine Kinder haben dieser Wissenschaftlichkeit unbemerkt entgegengearbeitet, und wie die um seine Folianten herumspielen, so hat er alles Zarte und Innere zu diesen hingewendet, daher seine liebreiche Beurtheilung des Kinderbuchs, seine eignen Kindermythen. Dagegen wie durchaus ungerecht ist er z. B. gegen das Thal Josaphat. Das alles nimmt ihm in meinen Augen keinen Strich von meiner Achtung gegen seine Studien, noch weniger von der gegen ihn, es ist eigentlich ein Wunderwerk sich so durch das Revoluzionswesen durchgearbeitet zu haben und bey so vieler Genialität gar keine Sonderbarkeiten nach deutscher Manier an sich zu dulden. Seine Bekanntschaft giebt meinem Aufenthalt einen dauernden Werth. In seiner Physiologie die ich jezt lese begegne ich mich oft mit ihm gleichen Weges, ich habe ihn verlassen, er geht ihn weiter, vielleicht kommen wir doch zu einem Ziele. – Von Docen ist es Prahlerey, daß Seckendorf alles von ihm hat, es sind zwey Stücke, da ich noch zwey Stücke aus dem Almanach genommen habe, werde ich ihn doch unter die Zahl der Beförderer der Volksliederey schreiben, wenn Du nichts dagegen hast. – Ich habe einen [lies: eine] lächerliche Censurschwierigkeit über die Anzeige gehabt, davon ein andermal.

Dein und Deiner Frau
Achim Arnim

111

[Kassel, um den 24. Februar 1808]

Lieber Einsiedler!

Gestern erhielt ich deinen lieben Brief mit den Görresischen Schriftproben, das sind entsezlich schöne Sachen, es hat mich beinah kränker gemacht, als ich bin, des Epilogus Tollheit ist als in sich beschränckter sehr wohl thätig und recht schön auf das andre Unwesen, und man mögte daraus beweisen das die Tollheit, als Naturform auch eine Kunstform hat, und daß es leicht möglich ist, daß viele Leute eigentlich nur solide und Vernünftig und Verständlich werden, wenn sie toll werden, der Epilogus ist das klarste und schönste von Görres waß ich kenne, wie er drinne so fein auf den alten Voß anspielt, und auf mich und auf den Schelling und wieder auf den Epilogus, na es ist einstig (sagt der Herr Exter) mich freut wirklich der Engelmann, denn das ist ein ganz elendiger Laffe. – . Vieles ist unendlich vortreflich in den Schriftproben, aber dein Urtheil ist treflich über Sie, Görres aber ist treflicher als beide, mich freut gar sehr, daß du ihn liebst, er ist ein tief treuer wahrer herrlicher Mensch, und wenn ich an seine starre Gestalt dencke und an die

Augen und an das liebe Herz, so ist mir als könnte ich in ihm die Seele wie eine Uhr in einem wunderlichen einfachen Gehäuße recht ansehen, ich habe sein Herz gar lieb, er kann einen gar lieb umarmen, sag ihm das, und drücke ihn in meinem Nahmen recht an deines. *Heute* erhielt ich die drei Aushängebogen des lieben Wunderhorns, du hast es recht treflich kontrastirt, die bösten Druckfehler sind p.32 5 und folgende Zeilen immer bat statt batt, wodurch es für die Unkundigen ganz allen Sinn verliert, dann p.23 l.3. Ruf für ruff das zusammenzogene herauf. Die Lettern des ersten Bandes finde ich schöner. An den Titeln der Kinderlieder wirst du deine Freude haben, das wird ganz apart schön. Zu dem Wunderhorn erhälst du eine Nachlese von etlichen und 40 Liedern, die ich noch fand, worunter Weniğstens 3/4 mit zum besten der Sammlung und die übrigen nicht zum Schofel gehört, thu mir die Liebe und sende mir fortlaufend immer die Bogen, das ist mir eine Erquickung in dem unnatürlichsten widersinnigsten Elend, das mich erwürgt, o ihr Träume, als die edele Warheite vor dem Kritickus floh ist sie in *den Traum* geflohen, ich träumte in der Hochzeitsnacht dies Weib habe einen Knebel in einer Schlinge um meinen Hals und drehe langsam zu, und tanze dabei, als mir eben der Verstand vergieng sah ich noch meine Alten Bücher und daß mich Christian Schloßer auslachte. Recht betrübt hat mich deine lustige Beschreibung von Zimmers Tischgesellschaft und eurem Leben gemacht und mir, mir geht es so hundsföttisch, o lege ich bei dir, du liebe tode. Waß mich mein beständiges zerrißenes Wesen, dieses ewig quälende ekelnde Leben thun läßt, ach waß ich vermag will ich für *die Einsiedler* thun, ich wollte ich wäre das Papier und die Lettern und die Schwärze dazu, da wäre mir geholfen. Hiebei lege ich einen Abdruck von Fausts Portrait, das Louis Grimm nach Sichem so radirt hat, willst du es als Beilage zu den Einsiedler, so kannst du ferner den Eulenspiegel, den Wagner, und noch irgend einen Etwa den Knipperdolling erhalten, es soll nichts kosten, als die Platte. Zu dem Knipperdolling könntest du einige historische Anecktoden, oder ein Fragment deines Dramas geben, zum Faust kann man auch eine kurze Biografie mit Spas auf den Bickeburger D. Faust Schwerenoth ja wohl geben, u.s.w. Zu befürchten wäre, daß die Platte nicht genug Abdrücke aushielt, aber vielleicht kriegt deine Zeitung auch nicht genug Abnehmer, und dann giengs doch. Willst du aber lieber, daß Zimmer die vier kuriösen Kerls in einem Umschlag übernähme, so schreibe mirs, die Faust Platte kann er gleich haben, will er dem Armen Jungen etwas dafür geben, wenn er gleich nichts begehrt, so ist es gut, ich dencke er kann die wohlfeil verkaufen, und dann nehmen sie viele Studenten und der Gleichen schreibe deine Meinung. Ich fürchte, daß die zu witzige Ankündigung der Abnahme schaden kann, sei ja auf der Hut in den ersten Stücken nichts zu witziges, oder überblühendes, Görresisches aufzunehmen, um die Leute nicht zu irren, du must den Angelhacken Einschwätzen und ist er im Leibe krummachen, bedencke das weise – Schlurbs war er drinne – zeigst du aber gleich dem Philister die ganze Bescheerunge, die blanke Schote, so flieht er vor dem Mutsch beiß mirn. – . Das Blatt könnte herrlich werden, dazu aber gehörte, daß ich und meine Bücher und alle unsre Kupfer, und *Betine* dabei wären, die mußt du bitten sie schreibt dir Briefe einer Einsiedlerin hinein, nein bitte sie nicht, ich will sie bitten, dann thut sie es anonym vielleicht lieber, laße dir nichts merken – und du kannst antworten in dem Blatt. Der Alte Voß hat einen in roth Pappe gebundenen Miszellan Band in 4° mit der Ueberschrift Satiren, darin ist eine Abhandlung von den Schneidern, und ein sehr Witziges Wappen der Schneider, wenn du das durchzeichnen und nachstechen ließt, es ist sehr leicht, so wäre es eine sehr schöne Zierrath zu den Schneider Liedern, zu denen ich das aller beste noch besitze, wolltet ihr es nicht ins Wunderhorn, wäre es herrlich in die Einsiedler, ich hätte den Titel gemacht, *von und für Einsiedler*. Grimm will dir besonders helfen, sie wollen unter der Firma Die Gebrüder Vatermörder von Gellnhausen arbeiten. Morgen ist wieder Posttag, dann fahre ich fort, guten Abend, Stern du mein lieber, lieber Stern! Ich lege dir hiebei einige der schönsten Lieder von meiner Nachlese, Gelt, das Hohe Lied, gelt das Badwännelein! nächstens mehr

112 *Heidelberg den 24 Feb [1808]*

Gottlob vier Bogen abgedruckt, also sieben nun! Ich habe lange nichts von Dir gehört lieber Bruder, drey Briefe von mir hast Du noch nicht beantwortet und doch bat ich Dich dringend *die Absendung vom Rest des Wunderhorns zu beschleunigen*; bist du so vergnügt oder so misvergnügt? Auch auf meine Zeitungsnachrichten sagst du kein Wort. Gieb mir doch die Nachricht von dem Räuber, der die Todtenköpfe immer als Rosenkranz schüttelte und dabey sang. Es ist mir sehr rührend gewesen, als ich den Kasten mit Kupferstichen Büchern öffnete in dem Apollonius einen Zettel von Dir mit der Nachricht Deiner Rückkehr von Wallthüren zu lesen. Mein herzlicher Dank dafür. Ich zeigte ihn auch Görres. – Gestern war Frau von Krüdener hier, ich fuhr mit ihr nach Neckargemünd herunter und nach Rohrbach; sie geht nach Karlsruh, eigentlich weiß ich nicht warum, ich glaube, Sie hält den alten Großherzog für einen Heiligen. – Ich war ein Paar Tage unwohl, bin aber ganz hergestellt, mit vielen beschäftigt, lese Kastners Chemie, Görres Physiologie Wilkens Kreutzzüge. Beaumont und Fletschers Theater von Kannegiesser übersetzt wird dir viel Vergnügen machen; merkwürdig ist die Darstellung der Weiber bey ihm und Schakspeare, so viel Verschiedenheit die Männer haben, die Weiber sind ihm alle entweder geil, trotzig, höhnisch, zoten witzig und superklug oder gut und schwach ohne alle andre Characterisirung; das verglichen mit Göthe. Ich bin gewiß daß Franz Horn darüber schon lange geschrieben, ich bin aber nicht neugierig es zu lesen, vielmehr möchte ich Deine Beobachtungen über die Schlitzkroaten. – Bey dem einliegenden Briefe von Büsching waren Anzeigen seiner altdeutschen Gedichte, die Du schon kennst, bey dem andern Briefe unbrauchbare Lieder, die du aber mit allem Reste meiner Sammlungen in das grosse deutsche Liederarchiv bekommst. Ich wünsch dir Heil in aller Eil.

Achim Arnim

113 *Heidelberg den 27ten Feb 1808.*

Dank, Dank für die Platte! Schick sie mit *allernächster Post* in *doppeltem* Couvert, (nachdem sie in starkes weiches Papier gepackt) durch die *Paketpost* an *Mohr* nach Frankfurt, der sie nach Vorschrift dem zweyten Couvert *an mich* hieher senden wird, Du ersparst dadurch das Porto bis Frankfurt, schreib dabey die Auslage für die Platte, Zimmer will sie auch honorieren[.] Laß doch zuerst dein Volksbücherblat stechen, von dem ich hier viel höre das Du meinem Anblick aber ganz entzogen hast, Zimmer hat es dir müssen nach Frankfurt schicken. Ferner schicke ich dir ein holländisch Bild, wenn das Grimm radieren könnte (er muß von der Höhle oben etwa zwey Fingerbreit weglassen und die Unterschriften,) so wär es herrlich, nur müste er unter dem Froschhunde der die Zeitung dem lachenden Frosche vorliest ein Lesekabinetstisch vorgestellt werden, und etwas von Zeitung für Einsiedler aufs Blat geschrieben werden. Es versteht sich daß keine sehr feine Ausführung verlangt wird, sondern nur die Umrisse mit einigen Hauptschatten. Dein Nachtrag von Liedern verdient Lob, nur schade, daß Du so gewaltig damit zögerst, die historischen Lieder sind nun meist abgedruckt, so wird das Frankfurter ganz vereinzelt, schick bald den Rest. Die Kinderlieder könnten vielleicht gleichzeitig gedruckt werden. Das Badewänchen hast du anders als Seckendorf und besser im Ganzen, aber verstümmelt im Anfange, ich werde sie beyde abdrucken lassen, es sind sehr merkwürdige Varianten. Das hohe Lied ist in seiner Weitschweifigkeit gar herzlich, ich glaube viel von Dir darin umgearbeitet, ist es nach einem von den beyden dicken Meistergesangbüchern? Bey der Weltconstruction habe ich doch einige Strophen aus dem Alten ändern müssen, die viel spashafter mit der Zeit geworden. Die Mörder sind viel besser als in unsrer ersten Handschrift. Der Streit zwischen Leib und Seel und dem Liebhaber zwischen der es mit beyden zu thun hatte, ist gar artig, zuletzt kommt es einem aber vor, als wär der Streit ein blosses Magenknurren gewesen, von seinem Appetit veranlasst, das schadet nichts. – Vergiß doch nicht das Holländische Matrosenlied, das du übersetzt hattest;

warum hast Du das zurückbehalten? *Giebts kein Lied unter den Holländschen aus der Zeit ihrer Befreiung, etwa auf Oranien Egmont*, es fehlt mir so etwas zum Gegenstück des Telles. Die Reise in Salzburg ist endlich auch angekommen, aber der Keiser mit dem Bart ganz modern im schlechtesten nachbürgernden Style. – Mit Prof Schreiber bin ich in gutem Vernehmen, ich habe mehreres von ihm eingetauscht unter andern die Stigmatisirung des H[eiligen] Franziskus, die Du so lieb gewonnen. Nach genauer Uebersicht der Kupferstiche bin ich der Meinung geworden, daß ich keinen so wunderbar schönen Kauf daran gemacht, sie sind freilich das Geld wohl werth, aber auch die besten Sachen meist schlecht erhalten und der grössere Theil ist mir gar nichts werth, doch vergnügt mich der Tauschhandel. Daß Du aber jemals meinen konntest meine übrige Sammlung verschwinde dagegen, darin hast du gewaltig geirret. – Du schreibst mir kein Wort von Hulda, ich hatte Dir in einem langen Briefe früher als der mit Görres Abhandlung meine Meinung aus einander gesetzt und Deine erneute Klage scheint schon eine neue Bestätigung, daß du besser thust sie noch hier zu lassen. – Ich wünschte Dir ein Wort des Trostes zu sagen, aber ich weiß nicht, was dich drückt.

Dein Achim Arnim

Wenn du kannst, so schick mir die alte Geschichte vom Faust in 4°

Schreib mir eine für [?] das Kupferstich vom Faust, ob es zu einem Buche?

114

[Kassel, den 1. März 1808]

Lieber Bruder!

Gestern erhielt ich deine Einlage an Reichard, er stieg grade mit einigen Komödianten und Musickanten in den Wagen um dem Hof nach Wabern zu folgen, wo man vier Tage bleibt um auf einem alten Schloß Theater, in dem nur eine Deckoration eine Küche steht, eigenhändig Komödien aufzuführen, die Königinn, die Pohlen ect spielen mit, die Königin spielt la prude von Moliere, die Langeweile ist groß bei Hof. Mir geht es wie immer schlecht, die Scenen haben seit deiner Abreise nicht aufgehört, aber ich rede jezt kein Wort mehr, und laße alles gehn, zu Haus sitze ich immer auf meiner Stube, neben mir steht ein kleiner Kanarienvogel von Grimms, der zahm ist, wenn ich sein klein Herzchen pochen sehe, ist mir, als sehe ich und verstände ich alle Geheimniße des Lebens, er hat einen kleinen Busch und gebognen Schnabel und ich meine oft, du wärst es mein lieber, manchmal laß ich mir auch einen Blutfincken auf einige Tage zu Besuch bringen, der wenn man ihm zuredet, sich mit Komplimenten aufbläßt und sehr Melancholisch den alten Dessauer Marsch pfeift. Daß ich nicht öfter an dich schrieb, aber vielleicht ununterbrochen an dich dencke, daran ist mein häusliches Unglück schuld, gestern habe ich ganz einfach unsren Zustand an Bethmann geschrieben, Gott weiß, waß draus wird, wenn du mich nur nie verläßst, wenn du stirbst mag ich nicht mehr leben. Meinen lezten Brief mit einigen Liedern wirst du bereits erhalten haben, ich fühle mich oft auch körperlich sehr übel, es ist mir immer wie zum erbrechen. – Vorgestern ist Laroche und Alberti zurück nach Berlin, nachdem sie endlich mit Bülow den Salzcontrackt abgeschloßen, Alberti klagt sehr über Bülow, dieser scheint überhaubt durch Nachgiebigkeit sich auf seiner Stelle erhalten zu wollen, da er einen Deutschen nach dem andern zurücktreten sieht, Müller thut gar nichts mehr, Dohm geht als Gesandter nach Dresden. Von dem Reichardschen Blauen Ungeheuer habe ich nur die Ouverture gehört, er hat nur zwei Ackte geschrieben, er schreibt es selbst aus dem Gozzischen Stücke heraus, und zwar sehr sehr schlecht, die läppische Smeraldina hat er in eine zärtliche feine Zofe, den brutalen Poltron Trufaldin hat er in einen ordinairen Theater Boufon verwandelt, oh er hat mir immer einen Ackt um den andern zum korigiren gegeben, aber ich hüte mich eine Silbe zu ändern, er ist zwar im leichten artigen waß die Liederspiele beweisen nicht ohne Talent, im romantischen aber ohne alles, überhaubt fühle ich, daß schon aus seiner Ansicht der Poesie hervorgeht, daß seine Musick den neue romantische Schritt der Kunst nicht macht noch machen wird, er hat ihn nur in einigen Melodien berührt, die er stets wiederholen wird, während Mozart Paer Winter ihn wenn zwar zu schlechten Mustern doch ohne es zu wissen gethan haben. Das teutsche Theater ist noch sehr schlecht, das französische macht nur mit einzelnen Talenten und wirklich manchen allerliebsten kleinen Stücken und durch die Gehaltenheit aus Manier – viel Freude. Ich wollte ich könnte französisch ich würde eine Menge Stücke schreiben, ich finde daß alle kleine göthischen Stücke durch aus französisch sind – . Reichard ist viel zu beschäftigt mit Orchester und Konzerten aus der Bühne wird er ohne Gehülfen nichts machen können glaube ich, du könntest es gewiß. Wenn er ordinaire Violinen mit 600 rtl annimmt, so könnte er doch wohl Tieck als Directeur des Dramas mit 600 rtl annehmen, und dafür käme er gewiß, Reichard dürfte ihn nur vorschlagen. Falck ist vorgestern mit Herr von Spiegel und andern Edelleuten als ihr Agent hier angekommen, vorgestern hat er bei Reichard und gestern bei mir in der ersten Minute so entsezlich viel vom ersten Schritt in die Stube an geschwäzt und gespien daß mir dergleichen noch nie vorgekommen, ich machte es wie du, und dankte ihm herzlich für seine viele Belehrung, er deduzirte und reduzirte alles als ein wahrer Traumprinzipist, übrigens ist er ein gut Kerl, und ich glaube ein Jude. Er läßt dich grüßen, und liebt dich, der Tebelhohlemer sehr.

Von dem Titel zu den Kinderliedern habe ich mit Grimms Hülfe die Zeichnung zum Titelkupfer vollendet, ich habe aber meine Composition so allerliebst gefunden, daß ich es durchaus für schad halte, wenn sie nicht als Bild für sich auch außer dem Titel existiren sollte, deswegen werde ich von dem eigentlichen Titel eine nicht minder schöne Idee im Umriß bereits als radirte Platte, woran jezt Louis Grimm arbeitet, schicken, so daß Zimmer nur die Kosten des Abdrucks und ein klein Geschenck, wenn er will, an Louis Grim etwa von Büchern, die ich ihm sagen will, zu machen hat. Den eigentlichen Titel schicke ich dir hierbei gekritzelt, die Idee ist folgende, in vielen Gegenden verkünden die Kinder den Sommer mit einer Bretzel an einer Stange, die Bretzel aber ist nach der Meinung einiger Schulantiquaren ein Backwerk, welches den Kindern am Gregoriusfest als Belohnung gegeben ward als kleiner Preis, pretiolum daher Bretzel, ihre Gestalt aber hat sie, weil in dieser alle Buchstaben des Abc liegen, daher habe ich den Titel mit dem Bretzelabc geschrieben, welches zwar keine englische aber eine naive und plaisirliche Schrift ausmacht, auf der Platte selbst wird sie etwas egaler ausgeführt, ich glaube das Ding wird gefallen. Die zwei Oblonga a und b Werden mit zwei Liedern bedruckt werden und zwar mit der kleinsten Schrift und unabgesetzten Reimen, damit sie zwei gleiche schwarze Massen, Columnen, ausmachen, a wird das Speesche Lied sein von den Vögelein, die Gott loben sollen, b ein anderes, worin die Bretzel geschichte. – So eben höre ich von der Fränz, daß Auguste heute Nacht theils viel gelacht, theils etwas geweint habe, und ihr zugleich die Proposition gemacht mit ihr durchzugehen, Gott weiß, waß noch aus dieser Geschichte wird, bleibe du mir nur getreu, bleib du nur mein; ich habe diese Entdeckung auch an Moritz geschrieben. – Die Geschichte von dem Räuber der mit den Köpfen seiner erschlagnen Söhne rasselt, laß ich in einem Büchlein über Todentänze, in Dresden, daß Pr[ofessor] Schreiber zu Heidelberg hat, angebunden an mehrere sächsische Miscellaren, dort steht aber nur der Vers, danzet mine löven Söne, dieses rath euch Pape Döne, die Geschichte selbst, ist keine andre, als die der *Daneels Höhle in Otmars Volksagen.* Könntest du nichts in der Zeitung über Winkelmann sagen, Savigny würde gern auch Etwas sagen und Hoier, mit der Platte sende ich alle Volkslieder, und dann wende ich mich zu den Einsiedlern, die Professoren welche sich schämen dem Morgenblatt abgesagt zu haben, müßten sehr früh aufstehn um ihm je absagen zu können, Daub und Görres sind darum von Gott gesegnet, ich habe jezt das verruchte Blatt gelesen, eigentlich müßte es der grosherzog verbieten und dem Reinbeck das Land verbieten, das gegen *Rudolphi ist schändlich* und du arme *Sophie* – Waldthüren, das war ihre lezte Wallfarth. Grüß Gott, ich bin in grosen ewigen Ängsten mit meinem Weib.

Dein Clemens

115 *[Kassel, kurz nach dem 1. März 1808]*

Müde wie ein Hund, abgehezt und zertreten, den ganzen Tag zermatscht in ewigem Hader setze ich mich hin um dir einige Worte zu schreiben, morgen gehn alle Lieder und die zwei Platten ab, der Faust, und die Titelplatte, die wo nicht gut doch gut genug ist, hiebei einen Abdruck, die beiden Lieder rechts und lincks müßen wie sie hier geschrieben sind drauf gedruckt werden, mit der kleinsten Schrift mit nicht abgeseztem Reim, und zwar aus der kleinsten lateinischen Schrift in den Schriftproben, da mir die Engelmannsche deutsche nonpareille zu groß scheint, auch passen die lateinischen lettern zu den Brezzellettern, eben so wird unten die Firma draufgedruckt, die ganzen Bogen werden erst sehr richtig abgedruckt und dann die Platte genau hinein, das Lied links soll das schöne Kupfer wozu, ich die Zeichnung geschickt, und das rechts die Brezzelei erklären, das ganze bildet einen Bogen worunter der Knabe steht, du schreibst mir gar nichts wie es mit dem Titelkupfer des Wunderhorns selbst geht, Wenn nur die Zeichnung zu den Kinderliedern hübsch gestochen wird, du glaubst nicht, waß mich das all für Mühe kostet in der schändlichen infamen häußlichen Pfütze, die selbst biß an die Sterne sprützt. Falk der gestern weg ist, hat die Unverschämtheit gehabt mir meine drei ersten Bogen des Wunderhorns nach Weimar an Göthe zu schicken, drum sende sie mir mit nächster Sendung noch einmal. Heute sind die zwei Platten und der Rest des Wunderhorns und die Kinderlieder ab. Gestern erhielt ich dein Kupfer welches du zu den Einsiedlern willst umrissen haben, ich kam dadurch auf die Idee einer Karrikatur, wie der Einsiedler von allen Zeitungsgespenstern bestürmt wird die ich hierbei skizzire, die Taube bringt deine Zeitung. Die Karikatur muß richtig sein, da ich das Bild gleich dafür hielt, der steife sächsische Phöbus, kommt dazu und Prometheus den die Schnecken fressen das Morgenblatt ist sehr natürlich, die aus der Erde sehnden Hände, daß ist eine Verschwörung gegen das Morgenblatt, das müste nun vielleicht Unterbleiben aber das andre könnte sehr lustig werden, willst du es, so komponire noch dazu oder auch nur schriftlich, man könnte ja den Schelmufski

Wenn Adam mahlt und Eva Kleistert dann wettert Phöbus hochbegeistert
wir kreuchen und schleichen auf glänzen den Bäuchen
Die schöne Reinbecke-rinn
für Einsie dler
Zeitung für Ein-siedl[ler]
ein Spieß Epigrammetsvögel oder Pumpelweisen
Cujus origine [?]
Eudoxia
kühn
hätten wir dies hätten wir das
cujus classis
Iacta est alea
cujus ge nius
lla, nicht über gebrescht

Einsiedler sein lassen, Phöbus wäre Bruder Graf, die Charmante, der bucklichte Tanzmeister ect. Waß soll aber eigentlich dein Blatt werden, soll es ein ganzes sein, oder ein durcheinander wie andre Blätter, ich weiß noch gar nichts davon, und soll mitarbeiten. Eine Idee aber, die mir ganz himmlisch erscheint, theile ich dir hiebei mit, oben als Vignette der Zeitung einen tanzenden Einsiedel auf dem Weltball mit dem Jupiters kopf und das Motto, da droben auf dem Hügel ect. hiebei eine leichte Skizze es müßte etwas kleiner in Holz oder Stein geschnitten werden, es drückte nach meiner Idee die ganze Idee dieser Zeitung aus, und ist groß ohne ordinair zu sein, es wär so ein herrlich Lied dazu zu dichten wie Göthens Prometheus, ich bitte dich um alles laße das machen, alle herrlichen Leute allein werden es kopiren, und mitarbeiten, ein kurze Ode über den grosen Einsiedler wäre eine herrliche Eröfnung des ganzen. Soll ich dir dann einige Einsiedlerlegenden ausarbeiten und auch schöne Umrisse von Einsiedlern machen laßen, ich habe eine schöne Darstellung von Bruder Claus und von St Meinrad wie willst du die Legenden? überhaubt will ich genau wissen, waß dein Blatt will, aber mein tanzender muß davor, mir hat lange so nichts gefallen, schreibe doch an Göthe, versprich i[h]m Geheimniß, bitte ihn sich mit dem ganzen Rest jugendliches Muthwills auszugießen in der Gesellschaft nicht affecktirender ihn liebender Jungen. Wenn Bettine ihn bäte schrieb er gewiß anonym mit, auch Tieck den Einsiedler lade ein, Grimm wird sehr schöne dänische Romanzen schicken, nebst vielem aus seinen und meinen Schätzen, ich werde dir aus dem Simplizissimus Stellen, und besonders die Geschichte des ersten Bernhäuters nebst seiner Abbildung senden, schreibe mir einmal sehr bestimmt über dein Blatt, wäre ich bei dir, gewiß dürftest du mirs nicht anders machen als daß es groses Publikum kriegte, hast du im Morgenblatt gelesen das Epigram auf uns als zwei Butzemänner di dum, wie dumm, in jedem Fall hakt dich das Morgenblatt drum nur munter die Carricatur zum Vorgruß. Alberti in Berlin bestellt hiermit durch mich ein Exemplar, auch Geisler in Gotha, den lade gleich zum Mitarbeiter ein, das wird ihn glücklich machen, *Judenanecktoden* mußt du eine Menge hinein machen, auch dem Herzog von Gotha muß man ein Exemplar schicken. – Willst du allerlei *trefliche Leute* ausgedacht haben, die man einladen könnte mitzuarbeiten um der Ehre willen, so begehre nur. Ich hoffe daß du mit den Ueberschriften der Kinderlieder zufrieden bist, mir schienen die meisten angemessen. Sie sind nicht geordnet, aber sie brauchten es wohl, bei dem Rest des Wunderhorns liegt eine Reihe Tanzverschen, die zu verliebt sind in die Kinderlieder mische sie ins Wunderhorn ein als einzelne Tanzreime. Deine Ordnung, die in den ersten 3 Bogen reizend ist, wird wo die vielen langen alten Steiflenen Zusammen kommen etwas schwehrmüthich, mische, mische, der Krieg mit dem Winter ist von mir aus Hanns Sachs zu recht gemacht, ich freue mich daß das Ffter Kriegslied durch Verspätung etwas einsamer zu stehen kommt, zu langes neben einander bringt leicht überschlagen hervor. Ich glaube, wenn du Göthen die einzelnen Bogen schickest, so macht er die Rezension in der Manier der ersten bequem gleich beim Lesen und daher erscheint sie früher, bitte ihn drum, denn das ganze Buch wird ein schwehr Stück Arbeit dem Rezensenten, in den Einsiedlern muß eine große Rezension erscheinen für und wieder, von dir mir und Grimm, da wollen wir aus Allen Ansichten lermen lebe wohl. Grüße Hulda Görres und Zimmer. schreibe Gleich wegen der Carricatur und beantworte diesen Brief etwas Speziel

dein Bruder Clemens

116 *[Heidelberg, etwa den 15. März 1808]*

Heute bekam ich die Nachricht von Savignys Sohne und von Deiner nahen Scheidung in einem kurzen Briefe von Bettine, es ist mir traurig, daß ich von dem allen nicht mehr weiß, was Dich viele Tage, Wochen so ganz erfüllt und bewegt hat, ich dachte immer Nachricht von Dir darüber zu erhalten, denn ich wollte Dich nicht ohne davon unterrichtet zu seyn mit meinen Gefühlen zerstreuen, fast scheute ich mich über unsre Arbeiten und Besorgungen mit Dir zu sprechen; doch nach dem Endschlusse ist alles in seinem alten Rechte, die Blokade hört nach der Uebergabe der Festung auf und ist auch etwas verloren, so ist doch Freiheit gewonnen. Rathen mochte ich Dir nie so etwas, ich finde es gegen das göttliche Recht, doch war es meine stille Ueberzeugung, daß ihr beyde nur durch beyderseitiger innere Ueberzeugung aus der Verwirrung heraus kämt, daß ihr euch für immer trennen müstet. Es giebt Dinge, die sich nicht vergeben; darum sey nicht traurig, wenn Dir auch jezt ein Gefühl der Einsamkeit alte Sehnsucht weckt. Freilich es ist traurig der Gedanke, wozu nun diese Quälerey war, wenn nicht einmal ein wunderliches Kind daraus die Welt belehren sollte, vielleicht solltet ihr beyde belehrt werden von der Uebermacht des Wirklichen, vor dem der Einzelne demüthig zurück treten muß und es nicht verletzen darf, er sey denn dazu von einem mächtigern Geiste getrieben. Halte den Schmerz fest, daß er Dir feste Uebersicht gebe, was noch zu thun übrig. Ich wollt ich wär bey dir. Nun verwundert es mich nicht, daß Du die Liederarbeit so verzögert hast, noch wart ich sehnlich auf den Rest ungeachtet der Druck aus Noth der Druckerey ausgesetzt worden, ich schick Dir die fertigen Bogen. Deine Zeichnung zu den Kinderliedern ist eine gar hübsche religiöse Idylle und Grim hat es geschickt ausgeführt, ich tadle nicht gern was mir lieb ist, sonst wünscht ich dem einen Knaben statt der griechischen Doppelflöte lieber eine einheimische Kinderflöte, die Kapelle hätte ich etwas deutlicher hervortreten lassen wie auf dem alten Kupfer und den einen Hirsch trinken, der etwas verwundet seyn könnte mit einem Pfeile. Das Blat hat mir viel Kopfbrechens mit Zimmer gemacht, wo wir es stechen liessen, hier in der Gegend war niemand, denn es ist eine sehr schwierige Aufgabe und gar nicht in der Zeit bis zur Herausgabe zu machen, besonders wenn nun weites Verschicken nothwendig, es hätte auch wenigstens 12 Frd'or gekostet, doch war Zimmer dazu entschlossen. Doch bey dieser Unmöglichkeit es ganz auszuführen in der Zeit fiel ich darauf es in Umrissen mit den Hauptschatten von Weise radiren und stechen zu lassen, ich kann es da entstehen sehen, er will die Zeichnung genau durchgehen wegen der Richtigkeit und soviel ahnden lassen, daß der Effekt dreyfach besser seyn muß, als wenn es in der Eile von einem flüchtig eingerissen wäre[,] kein Thier wird dann im Schatten stehen, ich bin gewiß, es wird Dir gefallen. Der Knabe mit der Pretzel ist etwas blas, würde es sich nicht gut machen, die Pretzel und *die Buchstaben mit dem Grabstichel oder mit kalter Nadel zu stricheln, nicht zu schattieren.* – Auf die Platten warte ich sehnlich. – Mein Einsiedlerbild hast Du sehr richtig ausgelegt, doch gehts nicht allein auf die Zeitungsschreiber, sondern auch auf die Leser, aber ich wünschte darum keine Aenderung im Blat, eine solche bestimmte direkte Satyre liegt für jezt ganz ausser den Grenzen meines Blats, wo alles *Wirkliche, Historische* muß Platz machen, bis darüber zu reden Freyheit und Lust vorhanden ist, dies ist mein Gesichtspunkt, nach dem du fragst, ich möchte allem was daran nicht unmittelbar festsitzt einen Freyhaven errichten. Kannst Du eine Karikatur auf Journale erfinden, die niemals vorhanden gewesen und sich im kleinen doch gewissermassen unter uns historisch parodieren, so ist sie mir willkommen. Zerstreu Dich am Schelmufsky, schick was ich erbeten, Einsiedlererzählungen. Dabey fallen mir wieder ein Paar Lieder ein, die Du in den letzten Tagen aus der Sammlung weggegriffen das vom heiligen Meinrad und den Streit zwischen blau und grün, beyde Lieder waren mir recht lieb, das erste unverbesserlich. Du hast mir doch eigentlich bey dem Herausnehmen grosses Unrecht gethan. Schick nur etwas, statt lange nachzufragen, was Du schicken sollst. Deine kleine gut gedachte Zeichnung von dem springenden Einsiedler kann gelegentlich mit andern radirt werden, es fehlt hier an geschickten Form oder Holzschneidern, auch ist mir die ewige Wiederkehr derselben Figur in allen Zeitungen fatal, kein Mensch sieht mehr danach. Von dem versprochenen Pakete ist noch nichts angekommen. Ich schliesse in Eile

Dein A. Arnim

117

Cassel 18 [lies: 15] Merz 1808.

Mein lieber Bruder!

Ist es weil du lange nicht schriebst, oder weil ich so einsam, und dich so vieles gefragt habe, und dir so mancherlei zugeschickt, worüber ich deine Meinung hören mögte, genug ich sehne mich sehr nach einem vollen Brief. In meinem grosen Elend ist das neuste, daß die zu Zeiten ganz verrückte Auguste vor drei Tagen mit einem Federmeßer und einer Scheere aus langerweile sich zwei Stiche gegeben hat, die ein kollosaler Floh auch hätte vollziehen können, aber leider muß sie sich außer dem Frisiren und schnüren jezt selbst bedienen, die Scene war komplett, Lulu und Claudine saßen zwei Tage an ihrem Bett, in welchem sie aus Scham, nicht lieber lebendig geblieben und hineingepißt zu haben liegen blieb, gleich nach der Vollziehung ihrer schrecklichen That, habe ich den Jakob Grimm als Kurier nach Fft an Bethmann geschickt, und stehe jezt in Erwartung seiner Rückkehr, Madam hat gar keine Uebligkeiten schon am andern Tage empfunden, als ein ganz gewaltiges Singen zur Guitarre. Aber laßen sie uns nicht im Drecke rühren. Meine Lust Kassel zu verlaßen wächst wieder täglich, und wenn ich es nur irgend möglich machen kann, so komme ich auf einige Tage zu dir, es ist mir immer, als könnte aus deiner Zeitung wenn es recht ernstlich angegriffen würde, und mehr auf das allgemeine, als auf das blos unsere bezogen würde, etwas trefliches werden, vielleicht aber willst du selbst das Wesen nur ein paar Monate dauren laßen, dann wäre es etwas anders. Ich habe die Zingara so gut als ich vermochte zu übersetzen gesucht, und will dir sie senden, ich will von Grimm die alte Vorstellung von Christi Geburt welche schon im Kinderliedertitelkupfer benuzt ist, und noch einige andre alte Vorstellungen hievon auf Sarkophagen, welche in dem nähmlichen Buche Sannazaro del Parto della Vergine stehen, auf einem Blatt im Umriße stechen laßen, und einige litterärische Notizzen die der Herausgeber des Buchs dazu gesezzt, dazu ausziehen, wenn dir das ansteht. Vor allem bitte ich dich nochmals meine vorgeschlagene Titelvignette des auf der Welt tanzenden Olympischen Einsiedels, welcher die Poesie selbst ist, nicht bei Seite zu legen, die Idee scheint mir jung und würdig, ja klaßisch, und mit einer klaren großartigen Ode, über dieses Thema *eröffne.* Göthen vertraue dich an, bitte ihn um Muthwill, bitte ihn den Einsiedel um seine Tänze, dann sollst du am besten in den ersten Blättern eine[n] klaren und ernsten Aufsatz folgen laßen, recht herzlich und warm, über die Mishandlung, unter welcher das Vortrefliche und Geniale unsrer Litteratur und Kunst immer nur langsam hervordringen kann, und durch welche das Göttliche Kind in seiner Unschuld oft wie Hunde verschlagen wird und muthlos stirbt, hiebei wäre anzuführen, wie alles junge und muthige von dem Blatte in seiner platten Zeit, über die es hinaus strebt stets mishandelt wird, wie alle die Zeitungen biß jezt darnach gestrebt, wie selbst versteinerte Geister (Voß) tödlich wirken möchten, die fruchtlosen Bemühungen Gegen Lessing, gegen Göthe, gegen Tieck, gegen Schlegel, die Gottschedianer Nikolianer, etz. recht ruhig und würdig gegen die Unterdrücker, wie die Zeit endlich armseelig nach muß, wie die *gutmeinenden* Kindermörder endlich selbst zu Kreuz kriegen, und wie sie sich bezeichnen mit dem Kreuze um neue zu erschlagen. Wie traurig ist die Anzeige im Morgenblatt gegen die Einsiedler. Ich wünschte eben deswegen diese ernste Anzeige, welche alle treflichen für unsre Zeitung gewinnen müste. Meine Vorgeschlagne Einsiedler Karikatur könnte recht schön daneben stehn, Muthwill und Ernst. Die Anzeige im Morgenblatt soll mir noch mehr Stoff in die Karrikatur liefern, *Lichtenberg dreht sich im Grab herum und zeigt seinen Buckel*, auf den Befehl des Kunstfeiffers Cotala, (du kennst dies närrsche Büchelchen, das ich habe) welcher als *Fama* in die Trompete raunt, daß stelle ich vor indem er einen *Haug* (ein griechisches Aspirations Zeichen) in die Trompete thut, und welches unten als Alraun heraus kömmt, oder vielmehr wie die Alraunen (Wurzel) in der Weinachtsmitternacht von einem schwarzen Hunde am Schwanz heraus gezogen werden. Wie elend ist Voß mit seinem Sonett an Göthe. – Bitte ja Göthen um Beiträge, er schlägt dir sie nicht ab, etwa um eine Stelle des ungedruckten *Faust* – die Bettine um einige Compositionen ihres Fausts. Grimm radirt jezt, das Bild des ersten Bernhäuters für die Einsiedler, die Novelle schicke ich dir wenn du *sie willst*, mit nächster Post kriegst du Abdrücke. Sollte es mir möglich werden bald auf einige Tage nach Heidelberg zu kommen, waß ich freilich mehr wünsche als hoffe, und waß gewißermaßen von dem Erfolg meiner Gesandschaft die Selbstmörderinn betreffend abhängt, so will ich einen Sack voll Pläne mittheilen, die mir schwer auf dem Herzen liegen. Wenn ihr es klug und ernsthaft mit den Einsiedlern treibt können sie von der grösten Wirkung für unsre deutsche Kunst werden. Auch Tieck must du ernstlich dazu einladen, und die jungen Riepenhausen in Rom, sie würden gewiß wie auch Friedrich Tieck, wenn ihr sie recht verständiget euch Zeichnungen schicken von manchem, wie wärs, wenn du von den Durchzeichnungen, die Bettine dir gab, eins oder das Andre zum Nachstiche sendetest. Ich bin versichert, daß Göthe dich unterstüzzt, wenn du ihn bittest, das ist ja eben sein Unglück, daß er keine ordentlichen Leute hatte mit denen er Jugendlich bleiben konnte, drum ist er ja etwas steifstellig worden, und wie geschlagen wären als dann die läufigen Wiederbeller. Hätten wir eine Steinstecherei, wir wollten ein Bilderbuch aus deinen Sammlungen und aus andern heraus geben, vor dem alles gern zum bildernden Kinde würde, ein Bilderbuch, wie das Wunderhorn, zu so etwas und zu vielem möchte ich mich mit Zimmer associiren, wenn mir nur Gott einmahl irgend einen frommen Wunsch wollte erfüllen. Ich sende dir hiebei noch einige Lieder, die mir Karl Bertuch von Weimar geschickt, sein Vater hat sie vor Zeiten selbst mündlich aufgenommen, das zweite ist mir auch aus früher jugend wieder erinnerlich. Die Verspätung beiliegenden Briefs, den mir Reichard schon lange an dich gegeben und den ich dir geschickt zu haben versichert war, ihn aber jezt unter meinen Papieren finde, entschuldige in meinem wirklich kriegerischen Hausstand, und verrathe mich nicht bei Reichard, es nuzt nichts, und würde ihn verdrießen. Von dem hiesigen deutschen Theater erwarte ich gar nichts mehr, da Reichard sich hier recht als einen Verderber deutscher Kunst Hofnung gezeigt, er hat alle mögliche Mittel angewendet und es ist ihm leicht geworden die Surintendance zu überführen, daß Tragödie und Lustspiel gar überflüßig sei, und die Deutschen allein Opern haben sollten, und so ist gestern ihm endlich zu seiner Freude die Ordre gegeben worden, allen bloßen Schauspielern aufzukündigen, aber er hat das gethan, der hier die Mittel gehabt hätte, der deutschen Bühne durch die beständige Gegenwart der Französischen, eine ganz neue trefliche Schule zu bilden, im ganzen glaube ich, daß er selbst keine große Oper bilden wird, denn ich finde ihn zu leicht mit den Musickanten und Schauspielern. – . Fiat es ist doch für die Hunde. Der Hulda kann ich jezt ohnmöglich von Augusten etwas schreiben, vorlügen kann ich ihr nichts und waß soll ich ihr von ihrer Mama gutes sagen. Ich hoffe es ihr mündlich zu sagen, und überhaubt finde ich es unnütz ob sie es weiß oder nicht, biß sie bei mir ist. Auch ein Tübinger Christian Kern[er ha]t mir allerlei übers Wunderhorn geschrieben und erzählt daß er durch Koelle und Nehrlich Reutlinger Volkslieder gesendet, beiliegendes Blatt ist von ihm zwei Rätsel und zwei schwäbische Scherzlieder, welche leztere ich beide sehr schön finde. – Er gehört also mit Bertuch zu den Beförderern[.] Schreibe mir wo und wie [du] die kleinen Tanzreime abdrucken laßen willst, die nicht in die Kinderlieder paßen, ich habe noch einige.

Klemens

118 *Frankfurt den 18 März 1808.*

Ich war auf dem Wege zu Dir, Savigny schrieb mir dringend nach Heidelberg, hieher zu kommen um das Nothwendige über Deine Angelegenheiten zu berathen, weil Deine Frau selbst zu einer Trennung jezt geneigt, ihre Familie auch entschlossen sey, alles über sie ergehen zu lassen, was Deine Rechte fordern könnten, selbst Sicherung in einem Kloster. Hier war inzwischen Lulu und Claudine angekommen und hatten andre Neuigkeiten gebracht, Reue Deiner Frau, gänzliche Unterwerfung selbst in dem Falle, daß sie von Dir nicht mehr geliebt würde, nur mit Dir zu leben oder wenigstens nach Deinem Willen; bald kamen ähnliche Briefe von ihr an Moritz, an Savigny, sie schien ihr Unrecht ganz durch gefühlt zu haben, fühlte zugleich, daß ihre Versprechen nach so mancher Täuschung kein Zutrauen geben könnten, Du solltest Sie nie versuchen. Die Schwierigkeit einer Scheidung kennst Du[,] auch wäre es unrecht, wenn etwas der Art nothwendig würde, was Gott verhüte, der die Ehen segnet, die nicht gegen seinen Willen geschlossen, sie anders als durch den kaltblütigsten fremdesten Advokaten zu betreiben, der ohne Verhältniß zu

Dir und den Deinen es mit der blossen Nothwendigkeit der Gesetze ansieht, wozu eine so unselige Handlung das menschlichste Verhältniß publicirt. Ich würde Dir es zum Vorwurf machen, daß Du Dich in einer solchen Angelegenheit dem M. Bettmann in die Arme geworfen, da ihr für einander keine freundschaftliche Berührung habt und beyde in dem Falle zu entgegengesetzten Parteyen werdet; aber ich entschuldige es eben mit dem Ekel dem das Oeffentliche und Gerichtliche in solchen Verhältnissen jedem Menschen von lebendigen Sinnen hat. Doch an Scheidung ist jezt wohl nicht zu denken, kommt euch beyden einmal die ruhige Ueberzeugung von einer Nothwendigkeit dazu, so ist das wenigstens nicht jezt der Fall. Auf der andern Seite fühlten wir, daß das gräßliche Verwischen von Haß, Neigung Trennen und Verbindung auch in dem steten Zusammenleben zu keiner klaren Uebersicht kommen lasse, es schien uns durchaus gut euch auf einige Wochen von einander zu entfernen und der Vorschlag gefiel uns, deine Frau mit Deiner Einwilligung zu vermögen nach Göttingen mit Claudine zu Piautas zu ziehen, ich wollte mich des wegen mit Claudine und Grimm nach Cassel auf den Weg machen. Alles war verabredet, ich sprach mit M. Bettmann, er schien es sehr zufrieden, Claudine war bereitwillig wir wollten heute reisen. Inzwischen hatte Moritz Bettmann mit Claudine geredet und ihr versichert daß sie nun auch alle Verbindlichkeit auf sich nehme, ihnen für alles zu stehen, was Deiner Frau begegnen könnte; er hatte ihr vorgesprochen von den Studenten, Liebeshändeln, u. s. w. seine eigne sehr harte Ansicht von Deiner Frau. Claudine kündigte mir am Abend den Handel auf, ich hatte mich umsonst aus der Dringenden Geschäftigkeit in Heidelberg losgerissen, es war für den Moment uns unmöglig einen fertigen Ort aufzufinden, wo Du Deine Frau auf einige Zeit mit Annehmlichkeit und Anstand hinbringen könntest, ich kehre also heute nach Heidelberg zurück und muß Dir suchen brieflich meine Gedanken über das Weitere, Nothwendige zu entwickeln. Daß Du einige Zeit in einiger Entfernung von Deiner Frau lebst scheint uns noch mit gleicher Nothwendigkeit einleuchtend, die Farben wollen nicht mehr halten, so frisch und dick sind sie aufgetragen. Daß Du

Cassel verläst ist durchaus nicht rathsam, Deine Frau bliebe verlassen und ohne zutrauliche Bekanntschaft, auch würdest Du von einem Kreise gerissen, der Dich vielleicht zu allerley Entwickelung reitzen kann, ich meine das Schauspielwesen, es freut uns, daß Du allerley dafür arbeitest, ferner von Deinen Büchern, die Dir immer eine angenehme Maskerade schaffen können, wenn Du der menschligen Gesichter überdrüssig. Und wohin auch, besonders da der Sommer vor der Thür, der allerley Ausflüchte möglich macht, bey denen Deine Frau Dir nirgend störend seyn kann nach Trages u.s.w. Besser ja recht sehr zu rathen wäre ein Aufenthalt Deiner Frau, *wir schlagen zwey gute Dir werthe Orte vor*, wo Sie von Leuten umgeben ist, die Dich allem Störenden zum Trotz, was für viele in Deinem Wesen liegt, Dich lieben und ehren, *zu Geißler nach Gotha oder zur alten Lassaux nach Coblenz.* An diese schreib, wenn Geißler auch verhindert wäre, er ist mir aber wegen des ruhig geselligen Verkehrs der liebste, so meinen alle die Lassaux müste schon wegen früherer Verbindlichkeiten gegen Dein Haus diese kleine Bemühung übernehmen, die doch endlich auch bey näherer Bekanntschaft mit Annehmlichkeit verbunden seyn kann. Ich theile durchaus nicht die Furcht der Familie Deiner Frau, als wenn eine Entfernung von Dir, sie zu anderen Intriguen veranlassen könnte, ich glaube ihrer Versicherung, daß sie Dich liebt, täuscht sie unsern Glauben, so muß Sie Sich auch dem Schicksale unterwerfen, was daraus folgen könnte und Du hast dir keinen Vorwurf zu machen. Betreib diese Angelegenheit fest und schnell, es sey daß du den Vorschlag annimmst oder verwirfst, entschließ Dich gleich und schnell, selbst der Entschluß eins oder das andre zu ertragen wird Dich beruhigen. – Du bist vielleicht verwundert, daß ich einige Zeit nicht geschrieben habe, ich konnte aber nicht ausweichen Dir über alle diese eheligen Unheiligkeiten zu schreiben. Bettine schrieb mir davon, und doch ehrte ich Deine Liebe, mir dieses Schmerzliche entziehen zu wollen. Ueber unsre Geschäfte hatte ich einen langen Brief in Heidelberg ausgefertigt, der mir aber unbegreiflich verloren ist. Die Pakete sind nun angekommen, schreib was wir dem Grimm für seine Kupferstiche zu entrichten haben, dem andern für die

Uebersetzung, aus der ich eine Probe in den Einsiedler rücke, mit dem Du Dich wohl etwas beschäftigen kannst, besonders aus dem Schelmufsky eine Recension, oder schicke die Legenden. Ich vermisse unter den Liedern mit einigem Missehagen den Meinhard, den ich nach altem Liede treu abgeschrieben hatte und vortreflich fand, ferner den Streit zwischen blau und grün. Von den Kupfern habe ich an Grimm alles gesagt; deine Zeichnung gar artig religiöse Idylle, die griechische Doppelflöte ist allzu allegorisch, die Kapelle ein wenig undeutlicher als im Alten. Vieles habe ich noch nicht durchgesehen, weil ich erst hier das Paket bekommen und dein Ehestand wie eine Tonne mit Scheermessern alle Gedankenfäden mir zerschnitten. Es ist unendlich schwer zu rathen, wo eigentlich der Rath wie die That aus dir selbst einzig allein mit Nothwendigkeit stammen muß. – Gott bessre uns alle. Halt dir Chambo!

Dein Achim Arnim

119

[Kassel, kurz vor dem 22. März 1808]

Ich dancke dir für deine zwei lieben Briefe, und deine Theilnahme, in höchstens 4 Wochen rede ich mündlich mit dir in Heidelberg, jezt geht es so so. Ich sende dir hier einen St Meinrad, einen Malespini, einen Dück de Foix, die Novelle vom Bärnhäuter erhälst du wegen der Platte mit der fahrenden Post, die Novelle ist groß und mir sehr lieb geworden. Die Sachen die ich dir hier sende sind zu corrigiren und durchzusehn, weil ich sehr eilen muste dein

Clemens

Ich erwarte den Einsiedler mit Sehnsucht.
Die Post geht[,] den Duck de Foix nächstens, ich kann ihn nicht finden.

120

Heid[e]l[berg] den 22 März [1808]

Wie gehts Dir Clemens? So frage ich oft halblaut und sprach gestern mit Görres den ganzen Abend darüber, ich erwarte Deinen nächsten Brief mit Ungedult, was ich Dir aus Frankfurt in der Eile geschrieben sagt Dir meine ganze Meinung über die Angelegenheit; willst Du Scheidung so geht es nur durch fremde Advokatenhand, Moritz war ganz dagegen, ich stellte ihm vergebens die Geschichte vor mit allen ihren Beyspielen der Art; ob Scheidung möglich weiß ich nicht; gegen eine Trennung für einige Zeit hat keiner etwas nur darf Deine Frau in keinem Fall nach Frankfurt, die Mutter sagt, sie hätte sie nie bändigen können viel weniger jezt, Moritz fürchtet, daß sie das Haus verhetze und die Großmutter zu todt ärgre. Es ist entsetzlich, daß die Leute sich dann noch das Ansehen geben, als wenn sie Deine Frau liebten, die sie härter und ungerechter beurtheilen als alle andre, leider geht es Dir auch so in Deiner Familie und so gehts am Ende in den meisten Familien, ich verstehe darunter verschiedene artige Leute, die aus einer wunderlichen Ansicht von Verwandtschaft, sich immer an einander drängen um sich immerdar zu stossen statt zu küssen. In meiner Familie sollte mir der Name Familie gar nicht ausgesprochen werden, es ist ein verruchtes Wort, darum komt es auch nicht aus dem Deutschen, das alle wahren Rechte zwischen Blutsverwandten und alle freye Liebe unter ihnen erstickt und ein Paar conventionelle Geburtstagskuchen für das grobe Brod des ganzen Jahres setzt. – Ich betraure noch immer den verlornen Brief, worin ich ausführlich über unsre literarischen Besorgungen gesprochen, Geheimniß war eben nicht drin, da kein Name drin vorkam, er auch nicht zugemacht war, so wird kein Mensch errathen von wem er redet. Das Wunderhorn scheint recht gut zu werden, es ist geätzt und wird nun gestochen, auch der Titel zu den Kinderliedern ist angefangen, ich denke Du wirst mit der Art der Arbeit zufriedener seyn, als wenn es fabrikmässig gestochen wäre, die Zeichnung wird berichtigt und alles trit deutlich hervor. Die Vignettenidee zum Einsiedler ist recht schön, aber einmal fehlt es am Formschneider, Zimmer hat eine Vignette zum Rheinischen Boten schneiden lassen, die ganz mislungen. Mir ist die Wiederkehr desselben Bildchens auch fatal, es ist wie der katolische Prediger vom Rosenkranz seiner Gemeine sagte: Meint ihr denn daß die himmlische Jungfrau an dem ewigen Ave Maria Freude hat, würde es denn eurer Frau gefallen, wenn ihr immer sagtet, ergebner Diener, ergebner Diener. Aber wenn Du mehreres ätzen läst, so laß es mit beyfügen und sage etwas darüber. Ueber den Anfang meines Einsiedlers sage ich Dir nichts, dich soll aber allerley überraschen. Schick mir doch alles, was du mir angeboten und worum ich gebeten, wenn Du es nicht selbst arbeiten magst, schicke die Bücher, stoß auch Grimm an, ich fürchte mich jezt schon vor dem grossen Vorrath an Materialien. In Frankfurt habe ich einige närrische Bücher gekauft, Hüschens Auction ist bald. Voß leugnet das Schneiderwappen ganz ab. Ich bin jezt beschäftigt die letzten Kinderlieder aus den Nehrlichschen Papieren zu lösen, dann erhältst Du alle Manuscripte, Prof Veesemeyer bittet sehr um die Rückgabe der seinen. Die Kinderlieder hast Du wohlgeordnet, der Schluß ist nur ein wenig mat gegen den Anfang, das ist aber die Schuld des Materials, was so ganz einzeln und abgerissen, unter den andern ist viel Schönes, nächst mehr darüber beym Druck[.] Schick mir die Uebersetzung der Zingara, und schreib dabey, ob ich Deinen Namen nennen soll oder darf als Uebersetzer, ich wollte meine Elegie Genua dabeyfügen, worin dieses Liedes erwähnt wird. – Wegen der Karikatur bin ich nicht einig mit Dir, so viel Spas uns auch Adam und Eva gemacht haben, du wirst bald sehen, daß für jezt das alte Bild besser hineinpasst in den Sinn der Zeitung, es liesse sich aber eine Beschreibung machen dazu, wo sich das alles mit besondrer Kunstkennermiene drin sähe, doch ist das jezt eigentlich nicht noth; das Streitwesen wird ganz aus der Luft gegriffen, was in dieser Zeitung vorkommt, Karikaturen auf Zeitungen im dreissigjährigen Kriege und auf den künftigen Peloponischen Krieg, so etwas ist willkommen. Haben wir so gezeigt, daß wir etwas freyes Unabhängiges leisten können, dann ist es leicht auch die Umgebungen zu packen. Alles andre was Du mir sonst angeboten passt recht gut, der Bernhäuter ist sehr gut gearbeitet; schreib doch was Zimmer dem Grimm zu zahlen hat, dringe ihm keine Bücher auf, die er nicht mag während er vielleicht Geld braucht, man könnte einen Menschen mit lauter Galanteriegeschenken Hungers sterben lassen und es ist doch künftig diese Arbeit sein Pflug. – Unsre Censurstreitigkeiten werden immer lächerlicher, weil im Morgenblatte grob gestanden[,] ist Zimmer heute verhört und zu Protokoll genommen worden, und das alles um 20 Kreutzer Strafe einzunehmen. Du weist immer noch nicht recht, was ich mit meiner Zeitung will, ist es Dir denn nicht klar, wenn ich *Dich um Lieder* um etwas *aus dem armen Heinrich*, um das *Beste aus Deinen Büchersammlungen* bat, ich wollte das Beste was ich ablangen kann statt des Schlechten der andern Blätter in Umlauf bringen, das Unbedeutende was etwa eingemischt werden sollte nur um mancherley Leser zu befriedigen, besonders die Käufer. An Göthe an Herzog von Gotha soll geschrieben werden sobald die ersten Stücke heraus, an denen jezt gesetzt wird, ein Kupfer begleitet das erste Stück, das dir gefallen muß. – Je so habe ich doch fast über das Schreiben Dein ganzes Unglück vergessen, mache mir das nach, so wird Dir wohl und sende es, so wie es fertig wird, aber sag dabey wo ich dich nennen darf und wo nicht.

Dein Achim Arnim

121

[Kassel, den 8. April 1808]

Mein lieber Bruder!

Meine lezten wenigen Zeilen mit dem Malespini und Meinrad wirst du bereits erhalten haben, gestern gieng die Platte des Bärnhäuters nebst der gründlichen Geschichte desselben von mir nach den Quellen bearbeitet und von Schelmufski zur Bekanntmachung gesendet per Postwagen, wie auch die *herrliche* Geschichte des Gaston de Foix, die dich gewiß entzücken wird, an dich ab. Zu dem Ende des Bärnhäuters radirt Grimm jezt dein gesendetes Einsiedlerblatt, welches unverändert eine Scene meines Bärnhäuters ist, und du grade zu der Zeit erhalten kannst, wenn du das lezte Kapitel desselben abdrucken läst, in dem Bärnhäuter muß da, wo steht der Römer Messalinus Cotta habe die breiten süßen Gänsefüße wohl zuzubereiten gewust, folgendes Citat einschalten, das ich jezt erst nachschlagen konnte C. Plinii historia naturalis lib. 10. cap. 27. Ich glaube der Bärnhäuter wird jedermann Spaß machen, und die Satire drinn ist gar keine Satire und deutet doch mit Fingern drauf, ich habe mich unter vielem häuslichen Elend damit erlustigt. Er würde einzeln gedruckt beinahe ein Volksbüchlein werden können. Beiliegend erhälst du zwei schöne Anecktoden von Dante, und die Zingara mit einem Kupferabdruck und dessen Erklärung, die Blatte selbst, geht morgen nebst einer Parthie *herrlicher* dänischer Romanzen von Wilhelm Karl Grimm mit Postwagen zu gleich, mit einer wunderschönen Scene aus Orbella und Frontalbo einem meiner kleinen Romane, des 1700, die ich für dich von Grimms abschreiben ließ, da ich wegen meinen Arbeiten nicht dazu konnte. Den tollen Brief von Lich sendet dir Auguste, er macht alle Leute lachen, es hat ihn, eine ihrer Freundin in Fft auf der Gaße gefunden, er müste mit der genauen Ortographie abgedruckt werden. Auch erhälst du meinen Brief einer Apfelhüterinn der eine Hübsche Antwort im Blatt möglich macht mit der Unterschrift *Herzbruder*, welches immer meine Unterschrift bei scherzhaften Aufsätzen sein soll. Gestern erhielt ich die drei ersten Blätter, Danck für die herzliche Erwähnung meines Briefs an dich, deine edle delikate Liebe zu mir, die Freundlichen Blicke, die du aus allem Getümmel in alles Getümmel zu mir wirfst, sie sind mir das Meiste, Beste, die Sonnenblicke in eine Melancholische Landschaft. Du hast die Lieder bedeutsam schön verbunden, doch verwirrt das gewiß manchen Leser, mag doch, Schade, daß der dritte Verß des Kranken Königs nicht so klar gedichtet ist als die göttlichen Andern. Im Lieben um geliebt zu werden, glaube ich einige böse Druckfehler, zeige sie an. Mit dem König Rother bin ich gar nicht zufrieden, er ist ganz von jenen, die in Prosa müsten aufgelößt werden und daß solltest du in der Fortsetzung thun, dergleichen schlechte fatale Knüttelei schadet der Guten Sache, auch die Gewiß strenge Gebrüder Vater mörder sind dieser Meinung. Meine Lage ist jezt die, ich lebe mit Augusten in einer Art Neutralität, die oft von großem Verwundern über ihre arme niedere Seele traurig unterbrochen wird. Sie geht den 18 dieses [Monats] mit mir nach Allendorf zu dem Pfarrel Mannel mit allem dem Ihrigen, wo sie mir den Sommer zu bleiben versprochen, und ich bin zu Ende dieses Monats bei dir in Heidelberg und bringe eine Auswahl meiner kurieusten Bücher mit für den Einsiedler, ich bitte dich von meiner Ankunft in Heidelberg niemand etwas zu sagen, es soll mir Freude machen, vom Himmel zu fallen. Hast du Lust mit mir zussammen in Hüsgens Auktion auf die ganze Dürersche Samlung zu bieten, seine treflichen Cataloge sind dabei, so wollten wir dann das beste davon nachstechen laßen und herausgeben, dazu könnten wir den Louis Grimm brauchen, da es nur in Umrissen Nöthig wär, und er täglich fleisiger wird und reiner arbeitet, er würde uns ganz nach Willen arbeiten, überhaubt können wir ihn den Sommer, blos um die Erhaltung und Reisekosten in Heidelberg haben, wo ihn die Brüder gern hingehen ließen, weil er vielleicht bei Weiße mancherlei profitiren könnte, und ein Wenig in die Welt käme, da Sie ihn jezt noch nicht auf einer Akademie zu unterhalten im Stande sind, er könnte stets fürs Einsiedlerblatt arbeiten. Er arbeitet jezt schon in dieser Hofnung sehr fleisig. Doch mehr davon wenn wir zusammen sind.

Cassel den 8.ten April 1808. Dein Clemens

Die Verse die der Orbella singt, sind sehr schlecht, ich wünsche, daß du ebenso viel andre schöne dieser Art und Zeit statt ihrer hinsezt, sie liegen sehr in deinem Talent, so wie etwa die in der folge von Liebesklagn des Wunderhorns II das übrige kann schön wörtlich abgedruckt werden.

Deinen Meinrad konnte ich nicht finden, der gesandte ist von mir, beinah wörtlich nach seiner ältesten Legende, die ich habe, wäre allso für die Einsiedler

122

Heidelberg den 10 [und 11.] April [1808]

Lieber Clemens!

Dein Malespini ist prächtig, nur bin ich verlegen wegen der Ueberschrift, weil Du die Sprache nicht angegeben, woraus er übersetzt und umgearbeitet, ich vermuthe aus dem Italiänischen. Da ich Deinen Willen nicht weiß, setze ich blos drüber. Nacherzählt von C. B., was eben so gut Carl Bertuch heissen kann. Der Meinrad ist sehr schön bis auf die Rabengeschichte, die in dem anderen mehr Wirkung und Heiligkeit hat, weil er sie hier aufgezogen hat, das Mitgefühl also natürlich scheint, es wird zu einer Geschichte wie die bekannten von treuen Hunden, die ihres Herren Mörder anzeigen, dort hingegen ist es so eine wunderbare Anschauung eines frommen einsamen Lebens, daß die wilden Thiere, denen er nun zum Futter dient, seinen Tod beklagen. Auch ihr früheres Anschreien und Anhacken gegen die Mörder zieht das herab. Recht schön dagegen ist der ganze Eingang. Ein Stück des Malespini kommt ins sechste Stück, du erhältst hier vier und fünf und wirst mir nicht übel deuten, daß ich ein Lied, das du zum theil wie Du Dich damals ausdrücktest, weil wir beyde etwas vom Jäger und etwas vom Hirten hätten, auf mich gemacht, also so etwa wie du mich wünschest, mir zum daurenden Angedenken und Dir habe abdrucken lassen, es ist sicher eins Deiner schönsten Lieder und steht eben dadurch sehr schön einzeln. Nun ich es vor mir sehe nach so langer Zeit freut es mich, daß wir einander über unsre Freundschaft nie was vorgelogen, daß wir uns einander mehr Zutrauen, Zusammenwirken geschaffen haben, als wir uns versprochen und in der häufigen freundschaftlichen Halblüge vorgespiegelt haben. Sey uns das Bewährung jeder Zukunft. – Meine Einsamkeit macht mich zu allerley Unternehmung rüstig, so habe ich eine Alte deutsche Bühne angekündigt, mit einer Auswahl aus Andreas Gryphius eröffnet. Ferner habe ich Jakobis Rede und Rottmanners Kritik für die Jahrbücher rezensirt

den 11 April

Ein traurig Ereigniß zerstreut mich oder vielmehr ich vermeide es mich zu sammeln, vor zwey Tagen erhielt ich die traurige Nachricht, daß meine Großmutter einen leisen Anfall von Schlag gehabt, der zwar für den Augenblick ohne Gefahr, ja sogar meist kurirt war, aber in ihrem Alter Rückfälle befürchten läst, mich quält es unendlich entfernt zu seyn, sie hat viel für mich gethan wenn sie mich auch oft nach meiner Art zu sehen sehr quälte. Ich wollte Dir viel schreiben, sey jezt mit wenigem zufrieden. Das fünfte Stück was ich Dir schicke ist blos mit der Bürste abgeklatscht, nicht eigentlich gedruckt, es ist für Grims, denen ich Görres's Untersuchung bekannt machen wollte, das Exemplar der Zeitung soll nachkommen. – Deine zweyte Sendung ist glücklich überkommen, ich freu mich Deiner Ankunft, wenn ich sie nur in dem Drange schrecklichen Lebens erwarten kann. Auch der Bärnhäuter kommt eben, tausend Dank für alles Gesandte, Du hast mir mit dem Tadel der dritten Strophe als unklar einen Vormittag gekostet, ich konnte nicht errathen was Dir so schien, endlich änderte ich die Worte auf beygeschriebene Art, sag mir ob es Dir nun klar, Görres fand die Aenderung überflüssig mir ist auch das Alte lieber und war mir immer nothwendig, nur lasse ich häufig aus einer Art Hast und Trägheit wenn ich etwas schreibe, Zwischenglieder aus und eile zum Ende, es muste das *Heimliche das wollte ich* eines solchen Aufruhrs darstgellt [lies: dargestellt] werden, was noch nie geschehen.

Bald mehr Dein Achim Arnim

Den Tieck lies noch einmal ganz durch, es ist ein Wohlklang im Ganzen besonders gegens Ende, den keine prosaische Bearbeitung erreicht

123

[Kassel, den 18. oder 19. April 1808]

Lieber Bruder!

Mitten unter Kisten und Kasten, in zwei Tagen die Abreise beschloßen, das vermaledeite Weib auf eine Zeit, die ewig werden möge, bald los, drückte ich unter guten Thränen die Papiere Sophiens in eine Kiste, entschloßen, Sie mit dir in Heidelberg zu einer gewählten Herausgabe zu durchlesen, zwei Kisten mit Büchern sind als eine Schatzkammer der Einsiedler mühsam ausgewählt und gepackt, das übrige bei Grimm mit allen Bildern außer deinem geliebten Bilde aufgestellt, so in scheuer Hofnung lieber Tage, die täglich an Schamloser Hoffarth und Plumper Albernheit zunehmende häusliche Zwickerinn belächlend, erhalte ich deinen Brief und lese ihn heimlich, mir das Mahl nicht zu stören, da steht aber aller Kummer drinn, die Großmutter – Arnim wenn du fortläufst, so ist mir viel viel verlohren, nach dem traurigsten Leben, ein Sommer an deiner Seite in allerlei lebendigem Treiben. Auch möchte ich so vieles verabreden mir eine schreckliche Zukunft zu verhüten. Ach meine Lage ist täglich schlechter geworden, nachdem ich so dringend, so ausführlich meine Lage allen, denen Einsicht gebührt, mit einer mich beinahe vernichtenden Unpartheiligkeit dringend geklagt, nachdem ich selbst einen eignen Boten hingeschickt, und mir keine Art von Rath geworden, hat das armseelige Geschöpf, da sie sah, daß ich hülfloß blieb, den Mantel der kriechendsten Demuth, in dem sie beinah acht Tage mich in Ruhe ließ, (dieß sind meine einzig guten Tage seit ich Sie kenne) schnell abgeworfen, und ist unsinniger und elender als je geworden, so daß ich endlich ganz von aller bessrer Hülfe verlassen, ohne andren Freund als meine Hände, nun schon dreimahl in der Nothwendigkeit war, sie tüchtig durchzuprügeln. Ach sie ist, wie eine Harpie dumm und grausam. Aber so Gott will nie gehe ich freiwillig wieder zu ihr, und sollte ich drum zum Bettler werden. Wärst du nicht, niemand wäre mehr, dessen Briefe mich an eine Berührung mit trefflichen Menschen erinnern könnte, die mir so fern liegt, wie jegliche schöne begeisterte Zeit, ich werde so elend und schlecht und so niedrig, daß ich bald sterben muß oder anders leben. Aber es muß bald anders werden, sonst komme ich noch aufs Schaffot, denn ich leide den Satan nicht neben mir, und sollte ich einen Menschen mit erschlagen. Gestern habe ich wieder einen jener Träume gehabt, die mir noch immer wahr geworden sind, ich floh von ihr verfolgt bang zum Hauße hinaus, da erschien plötzlich eine hohe unendlich erhabene dunkle Riesengestalt in meinen Weg, ich weiß nicht wer es war, aber ich kannte sie, und da zuckte mich das Wesen mit Gewalt an sich hinauf, und ich fühlte eine unbeschreiblich dunckle Lust und Zuversicht und schrie laut auf, Ha ich kenne dich, nun ist alles gut. Da erwachte ich – das wird gewiß wahr, ich fühl es. Arnim, in acht Tagen nach diesem Brief bin ich gewiß in Heidelberg! – . Für den Abdruck meines Lieds herzlichen Danck. Ich finde den Einsiedler noch immer für den Beginn der Wallfarth etwas zu schwer und ungefüge, nicht als wünschte ich ihn leichter an sich, sondern ich wünschte ihm seine Last besser und gleichgewichtiger aufgepackt. Görres Aufsatz über die Niebelungen wäre viel besser nicht da, er ist als Dithirambe zu knolligt und als Gelehrte Untersuchung ganz ohne allen Wehrt, er fängt mit dem 1200 an und hier liegt ein Fragment eines Romans von 800 auf der Bibliotheck, worin schon des Gedichts Erwähnung geschieht, es ist wunderbar wie einem auch der herrlichste Stilus fatal wird, wenn man weiß daß der Dichter nicht anders schreiben kann. Hat er dann die Romanzen aus dem Dänischen nicht gelesen, daß er die Noten aus dem Saxo Gramaticus über solche Lieder übersezt, das unter uns, die Note von dir zu dem Aufsatz ist mir sehr lieb. –

Hierbei ein Abdruck des Kupfers, das sich jezt de[m] Bärnhäuter anschließt und so erklärt, es ist wie Eudoxia ihn mit der Thierackademie besucht ganz zu lezt, vor seinem Tod. Die Blatte geht morgen ab. Etwas sehr fatal ist mir Jakob Grimm durch seinen Geitz, er ist kaum zu bewegen irgend Etwas herzugeben für den Einsiedler, von allem, waß ich ihm doch durch meine Bücher verschaft.

Lebe wohl.
auf Wiedersehn dein
Clemens

124 *Heidelberg den 20 April 1808*

Auch Deine letzte Sendung ist wohlangekommen und die Verse zum Frontalbo habe ich gleich nach bester Deutung hineinergemacht. Mir wurde so angst vor der Menge Papieren und guten Sachen, die in meinem Schranke hätten schimmlig werden können, daß ich Nompareille statt Petit genommen habe. Die Aepfelhüterin wirs[t] du in einem sehr bunten Quodlibet über Poesie wiederfinden, das Dir mein ich gefallen soll. Der Duc de Foix und die Zingara rücken bald an eben so Frontalbo u.s.w. nur den Bärnhäuter must Du noch einmal durchsehen, wenn Du herkommst; ich las ihn dem Görres vor, der auch der Meinung war, daß es unendlich schade wäre um das Einzelne, wenn es durch die lose oft beynahe ganz aufgegebene Verbindung seinen Eindruck verlöre; der erste Bogen ist sehr schön und ganz nach Idee gearbeitet; auch gegen die Zuschriften hätte ich einzuwenden, daß die sie dem Style des Werks fremdartig uns wohl freuet, die wir Schelmuffsky auswendig wissen, aber allen andern nichts weiter als sonderbar vorkommen kann. Du wirst darüber am leichtesten endurtheilen, wenn wir hier zusammen sind. Ob das geschehn wird? – Von Hause habe keine Nachricht, seit der ersten erschreckenden, ich vermuthe also, daß es besser geht, daß sie mir aber nicht eher schreiben wollen, bis jede mögliche Gefahr verschwunden. – Ich glaube, du wirst bey mir wohnen können, zwar wohne ich nur immer monatweis, aber ich glaube nicht, daß mir so bald gekündigt wird. – Ueber den Grimm schreibst Du kein Wort, wieviel ihm Zimmer schuldig ist; dagegen machst Du einen Vorschlag, ihn hieher zu bringen, der sehr viel Schwieriges hat bey unsrer beyderseitigen flüchtigen Lebensunbestimmtheit. Zimmer hat für jezt kein Kupferwerk in Plan [–] doch will ich gern beytragen [–] ich habe Kreutzer zu bereden gesucht, eine Mythologie zu schreiben, er scheint sich aber dazu noch nicht zu genügen. Die kleineren Arbeiten macht Franke, der wirklich Fortschritte macht. Wie Du es gemeint Dürersche Blätter nachstechen zu lassen, das verstehe ich nicht, die wenigsten Dürerschen Sachen sind sehr selten und die meisten Käufer suchen und bezahlen allein die Originalität des Stichs. Nächst dem besteht ein Hauptwerth der meisten in dem Zusammenstimmen aller feineren Ausarbeitung zum Ganzen, einer solchen kann aber Grimm noch gar nicht gewachsen seyn, in Umrissen verlieren die meisten zu viel. Ich errathe daß dich die Münchner Sammlung dabey irregeführt hat, etwas der Art findet sich aber unter Dürers Werken fast gar nicht. Biethe auf die Dürersche Sammlung, Du erhältst sie vielleicht wohlfeil, weil sie nur ganz beyläufig angegeben ist auch der Katalog könnte sie leicht bezahlt machen; ich kann jezt keine so bedeutende Summen anwenden, Du hättest Dein Geld schon zurück, wenn ich Dich nicht hier erwartete, Zimmer bat mich auch noch etwas mit der Zahlung anzustehen, vom Honorar des Wunderhorns habe ich noch nichts genommen, ich lebe hier ungemein wohlfeil. Der Druck des Wunderhorns beginnt wieder vielleicht schafft es sich noch zur Ostermesse wir können in dieser Verzögerung dem Zimmer keinen Vorwurf machen, er ist so in der Gewalt des Buchdruckers durch die Masse übernommener Arbeiten gekommen. – Es kommt keine neue Druckerey her. Einer meiner besuchtesten Bekannten ist hier Kreutzer, wir gehen häufig in die Welt mit einander, du hast doch in den Heidelberger Jahrbüchern seine herrliche Einleitung über Mythologie gelesen? Ich habe Rostorfs Dichtergarten recensirt so rein gutmüthig wie ich mich keines Moments in meinem Leben bewust bin. Empfiehl mich Augusten

Dein Arnim

An Grim schicke ich in diesen Tagen ein Exemplar der Zeitung.

An Reichardt schreib ich bald, sag ihm nur, daß ich seine Paris [?] Anzeige in den Heidelberger Jahrbüchern abdrucken lasse

125

[Schlangenbad, vor dem 15. August 1808]

Lieber Clemens!

Kaum bin ich mitten in Preussen so lange ohne Nachricht von Dir gewesen, entweder Dir gehts sehr wohl oder sehr schlecht. Mich hinderte erst ein kaltes Fieber am Briefschreiben, nachher die täglich wiederkehrende Erwartung Dich ankommen zu sehen und jezt Baden, Lust und Bewegung, die mich hier gar abwechselnd vom Morgen zum Abend herumtreiben, wäre heute Morgen nicht durch Zufall mein Bad besetzt gewesen so wäre ich auch zu diesen wenigen Worten schwerlich gekommen welche die einliegenden Briefe dir überantworten: auf Grimms Geheis, der mir sagte, daß du gewünscht, die ankommenden Briefe möchte ich durch sehen, habe ich sie erbrochen, ich sehe in allen nichts Eilendes, den Wunsch der Schubert nach einem Exemplar der Zeitung habe ich erfüllt. Wagners Projekt ist als ein neues Vereinigungszeichen deutscher Nazion recht merkwürdig, Dir wird es aber wohl nicht viel mehr als Spas kosten. Der dritte Theil des Wunderhorns ist bis zu den Kinderliedern fertig, ich habe zwey Register gemacht, eins nach den Anfängen, das andre nach Inhaltrubriken. – Etwas hat mich geärgert von Dir, und ich erfuhr es am Abend Deiner Abreise wo mir Görres zufällig von der Prestelschen alten Zeichnungssammlung erzählte, die Du bey Hüschen erstanden, ich unterdrückte mein bittres Mißvergnügen, nicht daß mir der Besitz davon so viel Vergnügen mehr gemacht hätte, als wenn Du es besessen, ich hatte in dieser geldarmen Zeit die Commissionen meist nur in Scherz gegeben und würde Dir gern alles abgetreten haben, was Dir davon liebgewesen, aber eben dieses Mißtrauen ist mir kränkend, daß ich Dir nicht freywillig so etwas aufgeopfert hätte, wozu Deine Vorliebe stark genug war um mir sogar den Anblick zu entziehen. Hüte Dich vor einer Gewohnheit, Du bist in der Zeit wo Gewohnheiten sich annehmen, nicht drey Schritte auf krummen Wege zu mach[e]n, wo einer auf geraden genügte, dein heimliches Liederausmerzen war eigentlich nichts andres, auch das Verhältniß zu Deiner Frau wäre wahrscheinlich o[hne] diese Umstände längst zu e[twas] entschieden, da es euch j[etzt] nach Christians Nachrichten, wieder in die alte verzweiflungsvolle Langeweile stürzt. – Sonnabend endet sich das Freudenleben hier. – Ob die Zeitung fortgeht erfahre ich bey meiner Rückkehr. – Ich bin mit Kreuzer hergekommen, der aber wieder fort ist. – Die Glocke schlägt, wir müssen scheiden. – Auf gut Wiedersehen

Dein Achim Arnim

126

[Trages, den 28. August 1808]

Lieber Bruder!

Gestern Abend bin ich auf dem Trages angekommen, und morgen früh reiße ich zu Augusten um in der Eile diese mobile zu machen, und den 8ten von hier mit Savigny zugleich nach Landshut zu reisen, welches mir von dem Grösten Vortheil ist, denn so bring ich mein Hauskreuz leichter fort. Flavigny hat Augusten den Vorschlag gemacht in Fft sein Quartier einzunehmen, sie soll, wenn sie will sogleich hin, er will uns allen Hausrath und provision und Wein abtreten, aber ich würde dort bei Bethmann eine elende Rolle spielen und am Bettelbrod nagen müßen oder an den Bettelstab kommen. Darum will ich es keineswegs, sondern schnell mit Savigny weg, will Sie, waß ich in Allendorf erfahren werde, durchaus, so bin ich Sie los, ich thue es nie. In der Angst, du mögtest nicht da sein, habe ich an Grimm einen sehr detaillirten Brief geschrieben, wie ich meine Sachen gepackt haben muß, hilf ihm doch mit Rath, aber zögre nicht, du thust mir eine *grose Liebe* mit, der Frachtbrief muß wie in Grims Brief steht detaillirt werden, wegen der bayrischen Mauth. In ohngefähr 8 Tagen bin ich wieder mit Augusten auf dem Trages. Savigny denckt den 10ten abzureisen seh ich dich noch? lieber, guter, nimm dir doch die Prestelschen Kupfer, verzeih halb, und halb höre mein mündlichen Entschuldigungen, ich bin nicht so arg schuldig, wie du meinst. Sehr bitte ich dich meine genau bestimmte Verpackung bald zu besorgen, gleich, denn ich bin in groser Angst drum und kann unmöglich wieder nach Heidelberg, weil ich in Hessen noch entsezlich zu packen habe. Nun noch folgendes auf deinem Tisch liegt eine Schneider Rechnung vom Schott und im Ochsen laße dir meine Rechnung geben und den Fries frage, wie viel ich ihm für die Stickerei schuldig bin, über die ganze Summe gebe ich dir eine Anweisung an Fries hiebei, rechne es zusammen und fülle die Zahl aus, da ich sie nicht kenne. Waß die Hausmiethe betrifft, so ziehe mein Theil am Honorar des Wunderhorns ab, über welches wir uns auch noch vereinigen müßen. Ich hoffe du kömmst entweder selbst nach Landshut, oder wenigstens noch aufs Trages. Solltest du Heidelberg ganz verlassen, ehe unsre Miethe (20. Septemper) aus ist, so bitte den Zimmer den Grimm auf die paar Tage, biß er die Zeichnungen zum Leufried fertig hat, zum Francken zu quartieren. Lebe wohl lieber Bruder und hab mich lieb, dringend bitte ich dich, dem Grimm nach meiner genauen Vorschrift sogleich in meinem Einpacken zu rathen und lasse dich sehen bei uns, ehe wir gehen, ich fahre von hier aus weg Savigny von Frft in Aschaffenburg vereinen wir uns.

Dein
Clemens.

Trages den 28. Aut 1808.

Grüße Görres, Savigny hätte ihn sogern in Landshut, hat er mir etwas dahin zu bestellen so soll er mir hierher schreiben und zwar Adresse an Herrn von Savigny bei Franz Brentano in Fft a/m. so schreibe mir auch.

Kennst du den Johann v. Leiden den ich auf deinen Tisch gelegt, er ist nicht ohne Talent.

127

[Frankfurt, vor dem 27. August 1808]

Lieber Clemens!

Dieser Brief ist gleichsam mein Laufer, ich wünsche, daß er Dir ausser meiner nahen Ankunft noch etwas Angenehmes verkündigt. Flavignys Vorschlag, der nach der Lotte Servièrsch von Milde und Güte ganz durchdrungen, stammt aus reiner Sehnsucht euch beyde noch einmal zu umarmen, wenn ihr nicht Lust zur Befriedigung habt, so müsst ihr einen Grund guter Entschuldigung ersinnen, Unpäßlichkeit Deiner Frau, oder Verspätung des Briefes, o Mensch so hüte dich vorm ersten Schritte; eine Lüge könnt ihr immer noch vor Gott verantworten, opfre im Trageser Walde mit einigen Schüssen. Ich bin von Frauenzimmern umgeben, die mich zum Gegenstande ihrer Unterhandlung machen, das macht mich schamroth, ein Paar Damen aus Marburg die eine sieht so aus , die andre .

Deine Kasten sind sämtlich angekommen, die Rungeschen Blätter habe ich Bettine wiedergebracht, ein Paar Bücher brauchte noch Görres zu Vorlesungen, sie werden Dir nachgeschickt, oder er bringt sie selbst. Mündlich mehr.

Dein Achim Arnim

Du brauchst für keinen Wagen zu deiner Landshuter Reise zu sorgen, Georg hat der Bettine einen geliehen. Savignys kommen Donnerstag ich komme vielleicht einen Tag früher

128 *Heidelberg den 1 Okt 1808.*

Lieber Bruder!

Ich hoffe sehnlich auf Briefe von Dir, nicht meinetwegen allein, auch wegen Grimm; durch die Görres weiß ich, denn vor mir hat er eine wunderliche mir unbegreifliche Scheu, daß er mit Frohreich sehr bedenkliche Gespräche führt, was aus ihm werden sollte, wenn ich fortginge. Dafür will ich nun schon sorgen, aber nachdenklich ists doch, was aus ihm werden soll. Bey dem Jakob habe ich angefragt, ob er wohl soviel Vermögen hat, um ein Paar Jahre in Rom zu leben, in diesen entscheidenden Jahren seiner Bildung wär es das Beste, besonders wenn man ihn zu dem Tyroler Koch bringen könnte, ich meine daß zu so etwas in München Verbindung und Reisegesellschaft z. B mit dem Bayrischen Courire. Mit seinen Arbeiten ist er fast fertig, ich habe die Kupfer zum Leufried an ihre Stellen gebracht, womit Zimmer nicht fertig werden konnte, der Druck hat angefangen. Eggert, der treue Sachse, hat einen Schreibfehler im Manuscripte entdeckt, den Du und Deine Frau und ich übersehen hatten, er fand nämlich, daß Du die Frau des Kaufmanns im Kindbett sterben liessest, während sie im nächsten Kapitel sehr munter fortlebt. Im Original stand auch nur, daß sie ein schweres Wochenbett gehabt und ihr von den Aerzten prophezeihet worden, sie werden keine Kinder mehr bekommen, ein Umstand den ich nicht weggelassen, weil er das Betragen des Kaufmanns bestimmter motivirt. Indessen erkühnte ich mich keiner andern Aenderung als daß ich das gestorben aus strich. Ein paarmal waren Namen verwechselt. Ich überschick dir kein Exemplar des Wunderhorns, weil Du es nicht bestellt hast, willst Du Dein Exemplar, was daran an Bogen und Titeln fehlt ergänzen, so schreib es an Zimmer, ich weiß nicht, wie lange ich noch hier weilen darf. Unser Land scheint geräumt zu werden vom Feinde, es kommt ein Landtag zusammen und ausser dem eignen nöthigt mich das allgemeine Interesse dahin. Bey dem Interesse fällt mir ein dir noch einmal eine Uebersicht der Geldangelegenheiten zu geben die drey bey dem Pakete an Dich liegenden Rechnungen über dreissig Gulden, 46 dazu für die Stickereyen an Fries machen die 76 fl., die dein Bruder an Fries ausgezahlt hat. Das Honorar des Wunderhorns macht auf jeden 416 fl und einige Kreuzer, Zimmer supplicirt sehr, daß Du es ihm noch bis Ostern lassen möchtest, er ist besonders bis Ende Novembers in grossem Gedränge. Unsre Miethe kostete 8 Carolin, ich hatte mich in der letzten Zeit genirt, daß es nur sieben wären, die hat er bezahlt, es gehen also 44 fl. von Deiner Summe ab. Nun bin ich dir hundert Thaler Preussisch schuldig, die hoffe ich Dir diesen Herbst noch durch deinen Bruder Franz zustellen zu lassen, bis jezt bin ich noch ohne alle Nachricht von Hause

Mach doch Zeichnungen zum Schelmufsky, ich denke ernstlich an die Herausgabe, Grimm soll auch noch dazu zeichnen und alle Zeichnungen sollen ganz klein auf ein Paar Tafeln kommen, wie man Napoleons Lebensbeschreibung hat, auf Christian als Wiederentdecker müste ein besondres Denkmahl dabey errichtet werden, ihm und uns nur verständlich. Giebts denn nichts an alten Komödien in der Lanshuther Bibliothek? Görres hat noch immer keine Nachricht, ob dort wohl ein [Co]llegium für ihn zustande kommt, da ist er genöthigt morgen nach Coblen[z] zu wandern, es ist mir sehr leid, gest[ern] feierten wir den Valetschmaus. Das alles so aufhört thut einem doch leid. So hat es mich vor ein Paar Tagen sehr gerührt, als der neue Jahrbüchercorrektor Pörsche ein Weimeraner, der mehrere deiner Bekannten auch gekannt hatte von Deinem Aufenthalt in Altenburg mir erzählte, von Deiner Frau, es ist nun alles vorbey und doch that es mir leid, daß ich damals nicht in deiner Nähe gewesen statt mich in der öden fremde umherzutreiben, es geht einem oft ein entsetzlicher Tag auf über alles Versäumte. Viel Grüsse Deiner Frau

Dein Achim Arnim

129

[München, etwa den 13. Oktober 1808]

Lieber Bruder!

Ich habe deine freundlichen Zeilen erhalten, du bist etwas Melancholisch, ich möchte verzweiflen, über mein verfluchtes Weib, die mir einen Jammerkübel nach dem andern übergießt, wohin ich flüchten soll, weiß ich nicht, ich glaube nicht, daß ich lange in diesem Lande existiren werde, ich will fortlaufen, Gott weiß wohin, alle Menschen um mich nehmen mein Elend so leicht, das bringt mich gar um, ich lebe nur, um mich zu ecklen. Schreiben mag ich nicht mehr, denn waß soll ich schreiben, immer, immer, das elende schändliche Weib! – Ich habe heute an Jakob, wegen Louis geschrieben er soll hier bei Heß Kupferstechen lernen, Zimmer, für den er billig und umsonst gearbeitet, denn zum Einsiedler, hat man sogar die ersten Platten nicht bezahlt, mag ihn noch die 14 Tage bei sich halten, biß ihm Jakob schreibt, daß er hierher oder nach Hauß soll, dieser wird das unverzüglich thun. Heß hat meine Mittheilung über ihn sehr liebevoll aufgenommen, und mit 300 fl kann er vollkommen leben und viel lernen, Savigny will ihm 100 geben ich und Bettine etwa auch ein 60 und so wird er seine Brüder wenig kosten. Von dem Einsiedler weiß man hier wenig, es thut mir leid, daß die Wälder so gelichtet werden, daß der Einsiedler zu Ende geht. Bei Jakobi bin ich oft Abends gewesen, er hat mich wieder besucht, er ist sehr lieb und sanft, seine Ähnlichkeit mit Schwarz in Heidelberg in der höchsten Potenz in allen seinem Treiben, ist wahr, deine Kritick soll ihn sehr und tief gekränckt haben, von Ast und Rottmanner und dergleichen weiß man hier und selbst in Landshut schier nichts, Wenn Görres nicht nach Landshut kömmt, ist blos seine Frau schuld, die ihn nicht los läßt auf ein Halbjahr, das wäre das einzige Mittel, die Dürerschen Randzeichnungen sind leider mit dem Original nicht zu vergleichen, das ist ein Göttliches Werk, und ein Mensch, der dies hätte im Besitz und es recht liebte, wäre darum schon herrlich. Ritter ist durch seine schlechte Wirthschaft (er hat 1800 fl und große Versuche frei) so herunter, daß er Jakobi und jeden andern täglich mit Bettelbriefen um 2 fl, ja um 24 xr verfolgt, er soll zehn 1000 fl schulden haben, ich weiß es von Sömmering und Jakobi selbst, seine Unverschämtheit soll dabei empörend sein. Sehr ärgerlich ist mir das Görres mir Bücher mit nach Koblenz genommen und mir nicht einmahl gesagt welche, oder hat er mir sie zurückgelassen, melde mir das, die Bücher, die ich in Heidelberg hatte, sind mein bestes und schier mein Trost, Gott weiß, ob ich Sie je wieder erhalte, er ist in solchem sehr nachläßig. Daß ich dir noch nicht schrieb ist mit schuld, weil ich mir immer dencke, daß alles waß ich dir mittheilen könnte, du von Betinen viel besser jünger und lieber erhalten wirst, da sie dir so vertraut ist und so viel schreibt. Recht rührend ist mir die Neigung, ja der innre Zwang, der in ihr ist, sich mit berühmten Männern vertraut zu machen, Sie ist täglich bei Jakobi, und ihre Hände ruhen oft unbewust freundlich beim Gespräch in einander. Die große Liebe und Freundlichkeit, womit mich dein Gros Onkle der Graf Görz und die Gräfin und deine Tante behandelt, weil ich dein Freund bin, hat mich unendlich erfreut, umso mehr, da Görz der erste vornehme Mann ist, bei dem es mir sehr wohl geworden, und ich habe gefühlt, daß du dort wirklich mich als deinen Freund erkannt, weil man mir als solchem so gütig war, Görz versicherte mich, der Brief *von Stein* in der Zeitung sei ächt, er wiße es gewiß. – . Auf der Gallerie, die immer offen ist haben wir viel Freude, *Wallenberg* der Orientale hat sich heut recht mit Betine herumgebißen und einige bucklichte Mahler haben dazu applaudirt. Dieser Klickicker ist eigentlich ein recht guter Kerl. Morgen ist Sitzung in der Akademie und wir werden oben auf der Gallerie zusehen, Betine hat dem Jakobi gesagt, sie wolle ihm auf den Kopf spucken, und das ist zum Unglück bekannt in der Stadt geworden, nun wird es nicht gehen. – . Gestern Abends laß Jakobs bei Jakobi seine Morgen zu haltende Rede zur Probe, ob sie nicht zu lang oder kurz sei, vor, die Uhr lag auf dem Tisch, ich kam nicht am Anfang, sie enthielt eine Parallele des Griechischen und unsrer Bildung und da hieß es unter andern wenn irgendwo ein Athen entstehen könnte, so sei es hier jezt in München, da hatte Jakobi nichts gegen, aber als es hieß, die demokratische Verfaßung sei der griechischen Bildung sehr vortheilhaft gewesen, da ward Jakobs gebeten das weg zu laßen, – das gefiel mir bei aller Anmuth schlecht. Sobald Grimm nun mit allem fertig ist, und ihm seine Brüder schreiben, soll er auf die wohlfeilste Art zu uns nach Landshut kommen, dazu wird ihm das, waß er von Zimmer verdient hinreichen, für die Leufrieds hat ihm dieser *5 Carolins* versprochen, nun muß er ihm noch den III Wunderhornstitel und den I Kinderliedstitel honoriren, weniger als 8 Carolins im Ganzen darf er ihm nun doch wohl nicht geben, spreche doch mit Zimmer und mache, daß er es bekömmt. Ich habe in deinem Brief mit Schauder deine Blicke auf Untergegangenes bemerkt, soll ich ewig zudecken, waß mir das Liebste war, weil es todt ist, ach lieber Bruder, ich habe oft gern versäumt, selbst zu genießen, um dir alles zußammen zu tragen, waß mir theuer geworden, verzeih, daß ich jezt nur an Armuth reich bin, könnte ich dich aber meiner Träume theilhaftig machen, ich sehe Sophien schier alle zwei oder drei Nächte sehr liebvoll, schön und heilig, ach so wie in der ersten Liebe, theurer Bruder, du bist ein sehr tugendhafter Mann, ich liebe dich sehr, vergiß mich nicht

dein Clemens Brentano.
bei Herrn v. Savigny in Landshut.

Wo und wann willst du den Schelmufski abdrucken laßen, du wirst doch nichts verändern, darüber schreibe, ist deine Vorrede, dein neuer Titel des Einsiedels fertig. F Tieck soll in Rom sich übel befinden, Chr Schloßer ist hin, er hat Jakobi gar nicht gefallen, aber einige Kopisten der Gallerie tief begeistert, von Rumor rumort es noch hier aber er selbst ist noch nicht zurück.

L. Tieck wurde mit S Bernhardi Knorring, Stranski von Wien kommend täglich in München erwartet.

130

Heidelberg den 16 Okt 1808.

Lieber Clemens!

Schreib bald über Grimm, er hat hier schon soviel Zeit verloren, in der er etwas lernen könnte und sollte, daß mir jeder Tag ordentlich drückend ist, welchen er hier noch verliert, er skizirt jezt allerley für sich, aber er hat noch zu wenig Idee dazu, auch zu wenig gesehen. Deine Schwester schrieb mir, daß Heß ihn zu sich nehmen wollte, es versteht sich doch aber, daß er nicht blos Kupfersteche[n] bey ihm lernt, sondern auch Mahlen, denn blos als ernährende Arbeit betrachtet, ist das Mahlen gleichwichtig, es gehört auch jezt nothwendig zu einem Kupferstecher, der sich auszeichnen will. Sein Bruder schrieb mir neulich, daß er gehört auf der Wiener Akademie sey recht wohlfeil nämlich mit 600 fl Papiergeld zu leben; schreib mir doch ein Wort über die Lehranstalten in München, ich meine es sey alles noch zu frisch. Du bist aber unerträglich träge in Briefen geworden. Grims Bruder, Wilhelm, hat eine Recension von Hagens Nibelungen und eine Abhandlung zur Geschichte deutscher Poesie an Creuzer geschickt, die letzte kommt in die Studien, ich habe beydes noch nicht gelesen. Der Grimm machte neulich eine kleine christliche Sklizze [lies: Skizze], wo er so viel fremdartige selbsterfundene Blumen anbrachte, daß es mich veranlasste über die *christliche Symbolick* zu sammeln, alles was zu einem allgemein geltenden und verstandenen christlichen allegorischen Gebrauch gekommen, sowohl an *Naturkörpern* als auch an *Bezeichnungen*, was Du mir in dieser Gattung an Büchern schaffen kannst soll mir willkommen seyn, es breitet sich dieses Studium nebenher auch auf die Zierrathen in der *Baukunst* aus, die freilich, was ich bisher gesehen einfacher als man glaubt sind. Ich dächte auf der Landshuther Universitätsbibliothek müste recht viel dafür seyn, aus den aufgehobnen Klöster. Die allegorischen Selbsterfinder späterer Zeiten gehen mich nichts an, die zwar oft sehr sinnreich, aber die Allegorie schon als Gegenstand nicht als Mittel betrachteten. Das Herbsten ist hier im Durchschnit sehr traurig gewesen, die Wagen mit Most kamen wie Leichenwagen an, es waren hunderte in Rohrbach beysammen und niemand sang, das Volk ist sehr abgestumpft, da ist doch mehr Lust bey uns. Das Wetter mochte etwas thun, wenigstens hindert es mich verbunden mit Geldmangel lustige Gegend aufzusuchen, wir haben fast beständig Regen und die Blätter verfeuern schnell ihre letzten Farben weil der Winter schnell anrückt. Ich schlage die Rechnungen und einen Brief Deines Bruders ein; das Paket, worin für dich eine Tröst-Einsamkeit ist erst heute abgegangen durch Zögern der Buchhandlung, ich fürchte es geht alles einen Monat bis zu Dir. Ich wünsche, daß [Du] Dich gut einwohnst in Landshuth, schreib mir doch recht bald wie dir Vorrede und Schluß des Einsiedler gefallen schreib so viel du gerade magst, verschieb es nicht so lange bis du alles geschrieben.

Dein Achim Arnim

131 *Heidelberg den 22 Oktob 1808*

Dein Brief, lieber Clemens, war mir ein lang erwarteter Besuch, der aber wegen schlechten Wetters so lange ausbleibt, daß man ihn fast aufgegeben und angefangen in allerley Büchern zu blättern. Herzlichen Dank, daß Du mir die Sorge wegen Grimm entnommen, er ist so wenig selbsterfindend, daß er eigentlich gar nichts zu machen weiß, das ihm nicht vorgeschrieben, er malt jezt die Hulda für dich, aus einigen Skizzen schliesse ich, daß er die meiste Neigung zur Miniatur haben möchte, es ist auch das Nährendste. Dein gutes Vernehmen mit Jakoby freut mich, der Mann irrt sich, wenn er in mir die Absicht ihn zu kränken sucht und sich selbst, wenn er sich dadurch kränken läst. Bettinens Händedrücken mit ihm, wovon Du schreibst, muß wohl nicht sehr zärtlich seyn, wenn sie ihm in seiner ersten und ernsten Beschäftigung auf den Kopf spucken will, ich weiß nicht warum mir das Letztere so im Kopf herumspuhckt, aber ich bitte Dich erzähle mir solche Geschichten nicht, oder in der ganzen Ausführlichkeit ihres Daseyns, es treibt mir alles Blut in die Backen, daß andre Leute in München darum wissen, ich weiß recht gut, daß nichts weiter Uebles dahinter steckt als ein bischen Geniefabrick, auch nimmt sich so etwas geschrieben ekelhafter aus als gesagt. Du könntest der Geschichte vielleicht eine andre Deutung geben, wenn du das spucken und spuhken (von Gespenstern) umwandeltest, so etwas geht sonst von Mund zu Mund, und es sollte mich gar nicht wundern, wenn der Bayersche König die dann zu sehen verlangte, die seinem Präsidenten, keiner weiß warum, auf den Kopf spucken will, es sey denn daß er wie die erste Frau von Gräter gesagt hatte, die von ihrem Mann verlangte, als er aus dem Schulfenster auf ihren Ruf sah und nicht herunter kommen konnte wegen des Unterrichts »So spuck zum wenigsten auf mich, damit ich doch was von dir habe!« Sieh das läuft nun wie ein Perpetuum Mobile in mir herum bis es alle mögliche Fälle durchgemacht, es ist was Verfluchtes, du hast zuweilen einen tiefen Blick in die Leute, der sehr ängstlich ist.

Einen späteren Brief von mir und dein Exemplar der Trösteinsamkeit wirst du erhalten haben. Ueber den Schelmufsky ist noch nicht entschieden, Zimmer ist allzu verthan in einem Geschäfte, das eigentlich über seine Kräfte geht, auch vom Gryphius ist noch nichts gedruckt, woran auch die ungewisse Dauer meines Hierseyns schuld. Creuzer hat Lust der Schwinkesche [?] Leske zu euch hinzusenden. Ich habe noch keine Nachricht von Hause und oft aus Schonung gegen Zimmer keinen Kreutzer in der Tasche, auch kein Geld um auszuziehen und es weht an allen Wänden feucht in mein Zimmer hinein, morgens lieg ich wie im Nebel, davon hatte ich einen Husten bekommen, den ich für die Schwindsucht hielt, ist aber wieder weggegangen und meine Natur gewöhnt sich auch hieran. Diese Einbildung kam eigentlich von des de Wette alter Behauptung daß ich danach aussähe und weil ich seit vielen Jahren keinen Husten hatte, ich glaube endlich es ist der Sperma gewesen, der s[ich] auf die Lunge geworfen, o Sappermen[t] das war doch einmal eine ordentliche Schweinigeley! Jezt ist mir wohl und ich denke zum Landtag noch ordentlich schreien zu können. Deiner Bücher wegen sey unbesorgt, ich hab an Görres geschrieben, daß er seine Arbeiten darüber bald fördert, es sind so viel ich weiß Bücher, die du jezt wohl nicht ansiehst oder bald haben kannst wie Müllers Sammlung[.] Ist denn alles glücklich angekommen? – *Ich habe endlich Nachricht von Hause und werde in diesen Tagen Geld bekommen.* Zwey Recensionen für die Jahrbücher sind indessen angefertigt von Ernst Wagners sämtlichen Werken und von Yungs Geisterkunde, die ein herrliches tiefsinniges und dabey so menschliches Buch ist wie eine griechische Mythologie. – Ich wünsche dir festen und fröhligen Sinn um alles was dich drückt fortzutragen zum besten Ziele.

Dein tugendhafter Jüngling Achim Arnim

(Deine Zeichnungen von der Hose soll Grimm mitbringen so wie die Bücher.)

132

[Landshut, den 1. November 1808]

Lieber Bruder!

Meinen ersten Brief aus München wirst du bereits haben, und Grimms wegen wenigstens beruhiget sein, es ist Hess[']s Meinung selbst, daß er immer auch mahlen soll, und da ich aus deinem Briefe sehe, daß seine Brüder wohl ein paar hundert Gulden an ihn wenden können, hat er dort die beste Gelegenheit. Die herrlichen Bilder dort und in Schleisheim, an welchen er so ungestört, wie nirgend, immer fort studieren und kopiren kann, und außerdem das Zeichnen nach der Natur und Anticke unter Langer, besonders aber die Güte und große Freundlichkeit von Heß, der gewiß einer der trefflichsten Zeichner der Welt ist, und zugleich genießt er dann und wann die Ermunterung Savignys und die meine, waß einem so hülflosen Jüngling gewiß nützlich sein muß. Er soll also, sobald er Antwort von seinen Brüdern hat, denen ich wegen näherer Equipirung und auch genaue Berechnung alles deßen, waß er in München braucht, geschrieben habe, *zu uns* abreisen. – . Dein Samlen zu Christlicher Symbolick, will ich so viel möglich unterstützen, ob aber Bücher selbst existiren, die dahinein gehören könnten, glaube ich nicht, da das Symbolisiren der Christen nur aus der Legende und ihren Fablen und lokalen und Persönlichen Feyerlichkeiten geschehen, waß aber schwerlich je besonders schriftlich aufgefast wurde, sehr viel über Gebräuche der Kirche und ihre Bedeutung enthält Bingam Geschichte der Kirchengebräuche mehrere 4° Bände, Zimmer hat es aus Fauths Bibliotheck, dann das alte Rationale, alter Druck. Ein Büchelchen de divis a plantis nomen habentibus hatte ich, doch weiß ich nicht, ob es noch in Cassel ist, oder mit meinen Büchern in der Heidelberger Auction zum Schornstein hinaus geflogen ist. Außerdem enthalten das meiste wohl solche weitläufige Religiöse Schriften, wie die des Procops zerstreut, vor allem sind die alten Marianischen Lytaneien, und alle Erklärungen der Offenbarung Johannis, und des hohen Liedes zu benutzen, das Ganze wäre das Resultat des ungeheuersten Studiums der Kirchen Geschichte und ihrer Alterthümer und würde sich tief ins Jüdische und Hebräische und ins Blaue hineinverlieren.

Für Görres ist hier wenig oder keine Hoffnung, in München ist Schelling, der der Madam Montgelas den Fuchsschwanz streicht, bestimmt, aus Ruhmneid sein Gegner, Jakobi ebenso, ist durch seine Schwester Lehne, eine alte kanaillöse Kaffeschwester, Köppens Freundin gegen ihn, und von einem neuen Philosophen hier zu sprechen, hieß die theure 3000 fl Unbrauchbarkeit Köppens eingestehen, im Ganzen geht es nur durch persönliches Erscheinen und Gewinnung der obersten Quellen, Aretin ist übrigens in samt und sonderlicher Ungnade und mit allem möglichen Recht, Zu wünschen wäre Görres, denn die Universität hier ist eine wahre Jesuiter Knabenschule, es ist ein Jammer. – Tieck ist mit der Bernhardi in München von Wien angekommen, wo er den Savigny entzückt hat, auch Jakobi mögte ihn vor Liebe fressen, er glaubte Rumor zu treffen, der ihn dahin ein geladen hatte, dieser aber ist noch nicht da, ich habe ihn noch nicht gesehen, und weiß daher nicht, wo er hin will, Savigny sagt nach Berlin, seine wunderbare Ähnlichkeit mit Winkelmann, dich nicht für ein Dichter zu halten, hat er übrigens noch nicht abgelegt, wir alle haben uns darüber entsezzt, ich kann es nicht begreifen, wie Menschen sich so borniren können, daß sie nur sich und den Novalis für Poeten halten, am Ende ist doch wohl der ein Dichter allein, der so arm oder ärmer ist, als man selbst. Karackteristisch an Bayren sind die ganz lächerlich dummen Kirchthürme, und die abscheulich tollen Ofen, welche sich alle nicht heitzen, zwischen hier und München ist auf einer Station ein Offe von glasirtem Töpferzeug vorstellend einen sehr ungeschickten Trohnhimmel mit Säulen und in der Mitte einen grünen Stuhl, alles in Lebensgröße mit seinen natürlichen Farben und von Heute in der Mode, das Alles mit glänzender Glasur in einer dreckigten Stube. Meine Wohnung ist eine Musterkarte unbrauchbarer Oefen, und ich bringe meine Zeit mit Kienschmeißen, Frieren, und Einheitzen zu. Jena kann doch nicht untergehn, solang man auf Schlachtfeldern frühstücken kann. Du warst doch wohl bei Göthe, als er in Fft war und hast sein Ehrenlegionskreuz gesehn, Schiller und Herde[r s]ind gestorben, um es nicht zu kriegen, Wieland hat bis jezt drauf gepaßt, und Göthe hat es für den Abbé und Groskophta angenommen. Für waß es der Bürgermeister Vogel, der Abbe Henry (ein alter Sprachmeister) und der Arzt Starck erhalten, mögte ich den Hofapothecker Wilhelmi fragen, der es wegen der Erfindung des Vogels Kukengreutig, so gut als die übrigen Votzen Söhne, verdient hat. Boiseret ist jezt in München, und Wallenberg ist weg, er hat mich hier besucht, er ist eigentlich ein recht guter Kerl, wenn er gleich ein Wenig lügen mag, hier habe ich nun Ast und Röschlaub kennen gelernt, lezterer ist ein gar verträglicher guter Kerl, und ersterer ist so sehr ein armer stolzer Aff, daß er ein Sachse, der den Flaumkuchen mit samt dem Popäre zu fräßen hat, sich Schellings scharf schwäbischen Dialeckt angewöhnt hat, und nun gar nicht mehr Weiß, wo er zu Hauß ist. Von unsern Todschlägerischen Sandmännern und Eisringern weiß man hier kaum etwas und ich habe noch keinen gesehen, Görres hätte schon deswegen für jezt hier kaum leben können, weil von den 600 hiesigen Studenten höchstens 100 Honorar zahlen, so daß nicht nur die gröste Armuth, sondern auch gar keine Bemühung unter den Lehrern, nun kömmt dies nicht etwa von der Pauverté der Studenten, sondern es ist Usus, daß alle Stipendiaten nicht zahlen, und hier giebt es solche unter den reichsten Leuten. Savigny wird s[ich] alle Mühe geben, diese Mängel nach und nach zu mild[ern,] aber es ist ein Bettlerpelz voller Laußen. Wenn du ohn[e Geld] bist, warum kömmst du nicht zu uns, der Wein hat sich [ge]sezt, man kann trinken, zwei Große Stuben stehn offen und unbesezt, wenn du ohne Geld bist, warum borgs[t] du keines bei deiner Tante in Regensburg oder bei Görz, oder warum gehst du nicht lieber zu diesen, die dich so innig lieben und sich so nach dir sehnen. Wie steht es nur mit den Handzeichnungen, die Weise hat, die zwei Laubthaler muß man doch nicht so fliegen laßen, auch muß er noch Kupfer von mir haben, besonders ein[en Joh]annes, den ich nicht gern her gebe.

Sage doch Grimm, daß er mir d[ie] Hulda noch zeichnet, nur nicht zu klein, lieber in Leb[ensgrö]ße, oder Halblebensgröße, er kann ihr ein Kränzchen o[der] Sträuschen von Stiefmüterchen und Vergißmeinicht, oder nur von jeder Blume eine anbringen, nur soll er sich nicht darum verspäten. Lebe wohl mein lieber, und bedaure die armen Spaniolen mit mir, denn jezt wird es gegen sie los gehen.

Landshut 1. 9r [?] 1808. Dein
Clemens Brentano

133

H[eidelberg, den] 4 Nov 1808

Lieber Bruder!

Eilende Worte, blinde Passagiere, wer mit euch wandelte, mit euch führe!

Ich habe gestern Deinen Brief erhalten mit den Nachrichten über die Symbolick, vielen Dank, aber ich glaube Du stellst Dir die Arbeit anders vor als ich sie meine, ich habe mir eine bestimmte Grenze gesetzt und gehe nicht wie Görres von den deutschen Recensenten und Kritikern bis zur Erschaffung der Welt über um aller Entstehung zu erklären, habe ich den einen Theil rein historisch aufgezählt, so mag es sich folgern lassen aus dem, was jeder frühere Geschichtsforscher schon wuste, genug bis jezt wissen sie noch blutwenig davon, weil das meiste so allgemein bekannt war, daß keiner sich die Mühe nahm es aufzuschreiben. Ich muß flüchtig seyn, sonst fährt mir der Grimm fort, der erst spät Abends den Abgang der Post erfahren. Seinetwegen muß ich Dich erinnern, ihn doch ja in Oehl sich auch versuchen zu lassen, er hat so in seinem Wesen, das sanfte und breite und dicke von der Oehlfarbe, es klingt sonderbar, aber wenn Du dem Oehlmalen zusiehst, so wirst du mich verstehen. Sag ihm übrigens nichts darüber, weder etwas Lobendes noch etwas Tadelndes über sein ganzes Wesen, Talent Ungeschick, denn so trüglich solche Urtheile meist sind, denn ein frommes Herz kann viel, so gefährlich können sie den Leuten werden, es gehört zu dem leeren Hochmuth unsrer Zeit, daß wenn einer nur irgend etwas ist, er alle Leute zu durchschauen und zu beurtheilen meint. So hat mir schon die Rudolphi mit ihren 1½ Ideen auseinander gesetzt nach dem Bilde der Hulda, das Du empfängst, es könne gar nichts aus ihm werden; Du wirst finden das Bild hat den Fehler den die meisten weniger geübten Porträtmahler bey Kindern machen, die Züge sind zu stark, weil sie das innere Leben noch nicht recht durchscheinen zu lassen wissen, sonst ist es in der Ausarbeitung recht brav. In der letzten Zeit suchte ich ihn zum Skizieren nach eigner Wahl aufzumuntern, ich schenkte ihm ein Skizenbuch, ich weiß nicht ob er viel gethan, ich war die letzten Tage in Manheim, wo die Hendel spielte und sich stellte. Es war recht lustig, ich kam in den ganzen Komödiantenrudel, und in die gesammte kritische Wirtschaft. Recht wunderlich war es, als ich zurück kam und erhielt Deinen Brief und fand noch immer den alten Jenenser Tickio Schlegel in der Beurtheilung meines Wesen. Was die Leute sich für Sorgen um andre machen, was sie sind und werden könnten, ich habe gar keine Idee wie man eigentlich zu einem Gespräche kommen kann, ob ein andrer ein Dichter ist. Der Teufel weiß, ob Göthe, Tieck u. a m Dichter sind, aber einzelne ihrer Werke haben mir etwas gezeigt, was ich im Leben nie zum Stande kommen seh und zum Schuß, wenn ich andern Menschen auch einmal etwas der Art geliefert, so wird es mir lieb seyn und wäre es auch nur geringe gegen die Arbeiten jener. Ich fühle daß ich einiges der Art in meiner Seele getragen, aber mannigfaltiges Unglück Zerstreuung, Leichtsinn haben mich vielleicht entheiligt, vielleicht wird es hin und wieder durch scheinen, es wird nicht untergehen im ewig liebevollen Herzen, das durch alle Welt schlägt. Hat dir das Glück wohlwollend die Arme gereicht und ist Dir auch vieles entrissen, Du hast es doch mit einigem Leben genossen, thu das Deine, wenn ich wünschen möchte ein grösserer Dichter als Du zu seyn, so wäre es, daß ich nicht der Geringere erscheinen möchte in unsrer Freundschaft und der Eigennützige. – –

In den letzten Stücken des Einsiedler habe ich über das Dichterbeurtheilen allerley Scherze gemischt, ich begreife nicht daß das Paket an Bettine, worin auch ein Exemplar der ganzen Zeitung für Dich noch nicht angekommen, du kannst es indessen in Grimms Ex. nachlesen dem ich es auch schenkte. Grüß Tieck herzlich, ich bin recht gern mit ihm und will mich hüten ihm etwas von mir vorzulesen. Ich habe Geld von Hause werde aber zurück gemahnt. Lebrechtwohl

Achim Arnim

134 *[Heidelberg, den] 14 Nov 1808.*

Geschäftssachen. Dem Nehrlich habe ich einen Wechsel auf 50 Gulden und 1 Exemplar gesendet, Zimmer schreibt Deine Hälfte in Rechnung. Grosse und kleine Anzeige, zusammengesetzt aus meinem Geschmack und dem des Publikums werden eingerückt. Die Zeichnungen der Hose erhältst du mit den Büchern von Görres, ich habe sie bey Zimmer eingepackt verlassen, an Weise habe ich wegen der Kupferstiche geschrieben, er ist in Heilbronn und soll sie an Zimmer senden. – Schick mir doch nach Berlin die verschiedenen kleinen Schriften des Bayern der die Kinderlehre auf dem Lande geschrieben ich hatte einmal auch seine Komödien, du wirst dich ihrer erinnern, habe sie aber seitdem verloren, schick mir doch alle seine kleinen Schriften, du weist die alte Adresse vom Viereck n 4 Wallenberg hatte sie mir hier geliehen, [–] mein Auftrag ist überflüssig, ich habe sie ihm abgetauscht. [–] Du hast Dir an ihm keinen guten Vertrauten erwählt, denn alles was Du ihm gesagt, erzählte er an der Wirtstafel mir ganz laut wieder, daß Marheinike [?] und Krakow [?] ihre Meinungen unmaßgeblich über Ehe und Sohn ablegten. Du erkaufst damit zu theuer diese geringe augenblickliche Erleichterung von dem, was dich drückt, schreib mir lieber in solchen bösen Stunden, seyn es Rosen, seyn es Wunden; seys von Armen seys von Schlangen, daß umschlungen und gefangen, daß du tobest, oder schmeichelst, oder jubelnd wild verzweifelst, alles schreib in einem Briefe, wenn ich wache, wenn ich schliefe muß ich doch dies eine wissen, daß du mir nicht ganz entrissen. Fordre nur nicht hundert Thaler, die ich dir noch schuldig blieben, sag es nur dem jungen Mahler, sieh der malt sie nach Belieben, aber ich müst hier im Kerker bleiben fern vom Vaterlande, und ich bin ein guter Märker, Schulden sind mir keine Schande, doch sobald ich bin zu

Hause, soll es gleich in Wechseln kommen zu des Bruders Handlungshause, übel hast dus nicht genommen und mir wars zum Leben nöthig und ich bin dafür erböthig, dir in gleicher Noth zu dienen, doch Gott behüt dich dafür[.] So wie Du diesen Brief bekommen hast, schaffe Dir *die Insel Felsenburg* an, es giebt vielleicht kein unterhaltenderes Buch besonders den ersten Theil, so romantisch und nationel und religiös (lutherisch) wie irgend unser beliebter Persiles und Sigismunda seyn konnte, ich habe einige Tage drin geträumt, was ist alle erkünstelte Objektivität unsrer Zeit gegen dieses sichre Wahre, wo fast kein Zweifel in allem Wunderbaren bleibt, daß es wirklich geschehen; vieles daraus dient sonderbar zur Erläuterung des Schelmufsky, zu dem ich noch manches gefunden, so daß wenn ich ihn noch jemals heraus geben sollte, ich ihn mit Anmerkungen aus allerley Reisebeschreibungen erläutern würde, alten und neuen wie Reinbeck, Kotzebue, in Berlin kann alles ungeändert durch die Censur gehen, keiner weiß wo es herkommt. Die närrische kleine Revoluzion in Karlsruh könnte einen eignen Roman geben, die Staatsmänner stecken da alle wie im gelübberten Meere. Hier hackt alles aufeinander es ist zu weitläuftig und alles ist und bleibt ein Dreck. Bey Wilkens war ich in der letzten Zeit öfter; sie waren freundlich gegen mich, ich hörte da Musick, auch die Wambold lernte ich da kennen, ein recht artig Weibsen. – Hast du schon die Ankündigung des Wochenblats *Erhebungen* aus Lübeck gesehen, der Herausgeber bittet mich talentvolle Männer für ihn zu werben, nach der Ankündigung würde es sehr ernsthaft, vielleicht könnte Savigny manchen Rikoschetschuß von da aus nach Bayern thun, es soll sich besonders mit innerer Staatsbildung beschäftigen. – Ich hoffe, daß Grimm glücklich bey euch angekommen, nun bin ich aber herzlich müde und will noch einmal an diesen Felsen sanft ruhen, wie thörigt macht die Gewohnheit den Einsamen, ich sehe und sitze auf meinen Kasten und Koffer herum als ob ich darein wurzeln möchte, aller Ingrim ist vorüber und jezt möchte ich hierbleiben.

Herzlich der Deine Achim Arnim

135

Landshut, [nach dem] 14. November 1808

Lieber Bruder!

Das Papier liegt immer neben mir an dich zu schreiben, und ich schreibe an keinen andern, aber auch an dich nicht, immer sehe ich in meinen kleinen Windofen, und möchte meinen Kummer hineinziehen laßen, aber es kömmt immer neuer nach, und die Bewegung thut weh, so lebe ich auf die Zähne beißend unthätig, biß die Kinnlade niederfallen wird, und Alles auf einmal aus sein wird. Heute erhielt ich deinen Abschiedsbrief von Heidelberg, so ist dann die Poesie dort auch abgezogen, es ist doch schade um das herrliche Land, daß es auch dießeits des Abendroths liegt und diesseits der schönen blauen Berge, hinter welchen aller Trost, alles verhießenes, gelobtes Land. Grimm sizzt seit 5 Tagen auf meiner Stube und hat deine Nas schon ein dutzendmahl gerückt und gedreht, weil er sie aber gar nicht herauskriegen kann, flucht er und nennt sie pestalozzisch. Ich laße ihn nehmlich dein liebes Bild kopiren, um Betine, wenn Sie von München kömmt damit zu überraschen, und zwar also, wir haben ihr hier einen gar wunderbaren Schreibpult gekauft, in dessen Mitte ein Tabernackel sich dreht, welches drehen sehr schwer zu bemerken ist, weil sich drei Schubladen mit herum drehen, in diese Schubladen wird sie deine Brief[e] legen, und siehe da auf einmahl verwandeln diese Schubladen in dein Bild, und dieses wieder gedreht in einen Spiegel und wieder gedreht in ein altes Muttergottesbild von Ton, die Maschine hat 4 Seiten, das wird ihr dann viele Freude und so auch uns und dir lieber Bruder machen. Wenn ich die Insel Felsenburg nur irgendwo erwischen kann, ich freue mich sehr darauf, es wäre doch gar herrlich wenn man eine Reihe solcher guten Bücher, Simplici, ect. abdrucken lassen könnte. Wir sind hier in ziemlicher Angst einen gewissen Professor Buttmann hierher zu kriegen von Berlin, er hat schon den Ruf und war so eben hier, doch hat er sich noch nicht erklärt, kömmt er nicht, so kömmt Kreuzer, und dieser thäte äußerst nothwendig, während jener durch die Umstände nichts oder wenig hier vermöchte, er will erst sehen, ob man ihn in Berlin festhalten wird, wenn du etwas dazu vermagst, so thue es doch, ihn dort zu halten, wenn es Gott lenkt und er bleibt dort, so hat Kreuzer das Wort schon, wäre er nicht vor Savignys Hiersein schon berufen gewesen, so hätte er den Ruf nicht gekriegt, neulich sagte Savigny zu mir, wenn man eine Universität in Berlin anlegt, soll ich machen, daß ich dahin komme? Ei wie redete ich ihm zu, thue du es auch, dann wären wir an einem ordentlichen Orte beisammen. Hier ist die Universität nichts als eine Gesellschaft katholischer Pfarrer, sie kommen Abends alle zusammen bei einem guten Mann und modernen Mysticker dem Religionsschriftsteller Sailer und spielen Schach oft zu zehend, wenn man sie einzeln fragt, warum Sie Schach spielten immer und ewig und nie miteinander diskurirten, so sagt jeder einzelne, dieser und jener wüßten gar nichts zu sprechen, und waß man spreche, werde alle wieder bekannt und so spielte man lieber Schach, sonst findest du auch wohl, Köppen Ast und Sallat Chombre spielen. Von Sallat, dem Philosophen folgende Anecktode, die wahr ist, er reiste neulich mit einer Parthie Exemplare seiner Schrift über Vernunft und Verstand auf dem Land herum, und da er bei einem Pfarrer übernachtet hatte, fragte er diesen, ob er seine Schrift über Vern. und Verst. gelesen, dieser sagte, nein, sie sei ihm zu theuer, er wolle warten biß er sie einmahl in einer Auktion erhalte, Sallat fuhr weiter und auf der nächsten Station gab er dem Postillon sein Buch als Trinckgeld, und da es dieser nicht wollte, sagte er ihm er solle es nur seinem Herrn Pfarrer mitnehmen, der es ihm gut bezahlen würde, so kam der Pfarrer wohlfeil dazu. Ich wollte, Görres wäre hier, ein solcher begeisterter Sommerpelz und WinterNanquin ist mir durchaus nöthig gegen meine Reumatizmus. Die hiesigen todhungrigen Menschenfresser, diese Afterwürmer der Allthiere haben mich Gott sei Danck nach dreimahligen Besuchen nicht wieder gestört, nachdem ich dem prahlenden lügenden Aman etwas ernsthaft zum Gegentheil gerathen habe. Dieser Aman war vor einem Jahr als arm und talentvoll der Akademie als Adjunkt vorgeschlagen, er sollte auch zur fernern Ausbildung seiner Physickalischen Laufbahn 600 fl jährlich haben im Ausland zu studieren, da er aber plötzlich sehr dumme Streiche machte, und zwischen Jakobi und Schelling

Klätschereien erregte wießen ihm beide sehr unsanft die Thüre, und dennoch verwendete sich der gütige Jakobi, daß man ihn auf zwei Jahre in Werners Berginstitut nach Freiberg thun sollte, Aman fand dies unter seiner Würde, und fluchte dem nordischen Hund, der ihn, wie er sagt das südliche Schaf in ein Seminar stecken wolle, da er nun aus Hoffart dieses nicht annahm und sich sehr impertinent betrug, verlohr er alles und hat nun dafür jene Gesellschaft erzeugt, die mit ihm in ein Horn bläst, ohne es zu wissen, daß er blos aus Rache gegen Jakobi geschrieben und zwar wegen dem Seminar sagte er mir selbst, hieraus nun datirt sich alle die Wuth gegen Norden. Aman sagte mir, du solltest nur nicht denken, als werde er dir auf deine Kritick seiner Schrift nicht antworten. Dein Lied hättest du den ihrigen im Einsiedler nicht beifügen sollen, erstens hast du ihnen die Köpfe ganz mit verdreht, und von Ununterrichteten mit deiner Rezension combinirt, erscheinst du in dem Licht, als wärst du grade einer der Ihrigen. Sie geben übrigens jezt eine Wochenschrift – Jugendblätter vom ersten Jänner an heraus, sie nennen es eine Fortsetzung der Einsiedlerzeitung privatim, hiebei die hofärtige Ankündigung. Deine Vorrede zu den Einsiedlern ist voll gediegener Goldstellen, die Erklärung des Publikums ist trefflich witzig, und nur weniges im Ganzen klingt nicht so rein und klar und verliert sich mehr nach dir hinein, als zu den Leuten heraus, das ist Schade. Sehr rührend sind mir viele Stellen des lezten Gemisches, welche an allerlei Reden zwischen uns anstreichen, aber ich muß doch wieder klagen, wie du durch dein Verknüpfen manches ganz herrliche verknüppelst so hast du an den Pfalzgraf Stücke aus andern Gedichten geknüpft, die ihn ganz verderben, Arnim lieber Arnim, wenn du nur ein wenig streng arbeiten wolltest und nicht so aneinander binden, deine ganze Nation würde dich ihren Dichter nennen, und du könntest auf Sie wirken und ihr alles zumuthen, es ist fast unbegreiflich wie du einzelne Gedichte z. B. den Lehrbrief, der so göttlich klar und tief und wieder andere, die wie zerrissene Blumenguirlanden aussehen, ohne es zu sollen, zugleich lieben kannst, freilich alle sind gedichtet und keins gemacht, aber nicht alle sind gesprochen. Ich werde nie in meiner festen Ueberzeugung irre werden, daß vielleicht kein Deutscher so von Poesie durchdrungen ist als du, aber du läst sie zusehr als Wild Fleisch wachsen, und wärst im Stand einen Scheiterhaufen von Grünen Zweigen und Anticken und lebendigen Menschen durch einander zu bauen, alles mit Ketten und Strumpfbändern zussammen zu binden und oben drauf dich nach einer satirisch episch lirischen Anrede ans Publickum im feierlichsten Ernste Als Herkules zu verbrennen, und dennoch mein liebster einziger verbrennst du das liebste mir, das schönste allen allein, du verbrennst dein ganz Leben und kömmst davon, und immer herrlich davon. – Savigny bittet dich nochmals durch mich, wenn du irgend etwas vermagst, den Butmann in Berlin zu halten, damit wir den Kreuzer hierher kriegen, Butmann kann hier gar nichts würken und Kreuzer Alles, auch kriegt *Görres* durch Kreutzer einen mächtigen Stein *ins Brett.* Es hängt von Butmanns Wegbleiben eigentlich das gute Geschick der Akademie ab, Kreutzer kann mit Savigny alles, und Kreutzer kann auch den Ast ganz reguliren ohne ihn zu zerdrücken, Vielleicht könntest du durch Wolf Etwas thun, daß der ihn fest hielte, denn er hängt an Berlin und wird er ein reines Null und dies Null nimmt uns die [Mög]lichkeit zu den besten Zahlen. – Oft verzweifle ich auch an allem Talent bei Grimm zerarbeitet der Kerl sich doch an deiner Nase seit 10 Tagen von Morgens in die Nacht, und kriegt sie nicht heraus, wenn er nicht schneller arbeiten lernt, muß er einmahl verhungern. – Nun also lieber kann ich wieder nach Bärwalde fliehen, wenn es mir zu elend ergeht, das thut mir innig wohl, ich weiß so fest in mir, daß du gut bist, und mich nicht verläßt. Von Christian hören wir seit langer Zeit gar nichts mehr und sind recht in Sorgen drum. Betine und Gundel sind noch in München, weil Savigny noch gar keine Meubel hat. Grüße alle die mich lieben und noch übrig sind geblieben, Und wenn du zum Landtag schreitest, daß du ja die Zugluft meidest, trete nicht zu nah zur Thüre, denn da stehn die Musketiere, trete nicht zu nah zum Ofen, denn da sitzen viele Zofen trete nicht zu nah ans Fenster, denn da stehen Hirngespenster, trete auch nicht in die Mitte, denn da giebt es Stöß und Tritte[.] Vorne mußt du auch nicht stehen, bei den Dicken, die starck bl[ähen.] Und deßwegen auch nicht hinten, denn dort schmeckt man a[lle] Sünden, Gehe lieber in die Kammer, such der Königin zum [Hammer] denn ihr Herr verlohren fast, einen neuen Stiel, der pa[ßt.] Vor allem aber vergiß uns, (das thust ohnedies nicht) als richtiger gesagt mich nicht, und dencke, daß du mir in Göttingen so heimlich lieb warst, und am Rhein so heilig lieb, und daß heilig du mir bliebst.

Dein Clemens

136

München den 1 Decemb. 1808.

Lieber Bruder!

Da du nicht gleich Schillers Reuter die treue Liebe nicht bewahren kannst, so stekst du selbst nicht hinter den Spiegel deiner Geliebten diesen Zettel, sondern du ließt auch jezt, da dein Vaterland wie eine schlechte Neuigkeit dich umgiebt, gern waß mir ans Herz und die Kehle geht. Tieck und die Bernhardi sind noch hier, und Knorring noch nicht, und beide haben mich gestern schier umgebracht mit unsäglicher Kritick, höchst zermalmt durch das Rauschen dieser papiernen wohlgefältelten Wäsche, nach allen Seiten zeriß ich in schmerzlichem Unmuth die Vorhänge, welche gute und böse Spinnen über schöne Träume, die sich nun selbst träumen müßen, über aufgeschlagne Kinderblicke, die festgefroren sind, über Glaubende, hoffende, Liebende Augen mir gesponnen hatten, ich war so traurig, so traurig, und ergoß meinen bittern Unmuth gegen Bettinen über Tieck, Sie, die nach allen Seiten jauchzet, und gleich einer Schallsonne alle Stimmen der Echo in ihr Herz aufnimmt, suchte mir weitläufig Tieck zu entschuldigen, und zu beschuldigen, aber dieses Entwirren von tausenderlei guten und bösen Fäden anzusehen, zerriß meine Seele so gänzlich, daß ich gegen Sie recht derb und heftig ward, denn ich konnte nicht dencken, daß Winkelried die vielen Lanzen der Adlichen aus einander hätte beugen sollen und durchschlupfen und die Herrn so lange embrassiren und liebkosen, biß die Schwyzer ihm ungehindert nachgekommen wären, um dasselbe zu thun, ich hatte alle die Spitzen der vermaledeitesten Kritik zusammen gefaßt in Tiecks Reden in meiner Brust empfangen, und hatte niemand, der mir nachfolgte und drein schlug. Als ich nach Hauße kam, mußte ich recht herzlich weinen, ich fühlte so recht wie ich dich liebe, ich fühlte die ganze Geschichte unsrer Freundschaft, wenige bescheidene Händedrücke in Göttingen, deinen Brief aus München, du goldnes Herz, wie du hüpftest und schlugst beim Wiedersehen, wie du klangst und sangst am Rhein, Abschied nahmst auf der fliegenden Brücke, da wendete sich mein Geschick und sah in böse Spiegel, der schönste in der Brust war zerschlagen. Dann hast du in Paris die Stube gemessen, wo mein Bett stehen sollte, und ich fand das Weib wieder, das mich aus getruncken und an mir gestorben ist, o lieber Bruder, nachher war nichts Gutes mehr, und nichts konnte schlechter werden, aber du hast ein frommes Herz, du mishandelst die Tafel nicht, auf der die Hoffnung in Wolkenbildern vorüberzog, und ziehst mit liebenden Händen ihre entflohenen Züge treu in den Kühlen Thau mit dem die Nacht sie bedeckt hat, auch mag Nacht und Tag über mir die Flagge schwingen und sencken, denn du liebst mich noch, der wohl nicht mehr lebet. Ueber dieses alles dichte mir ein Lied, das ich verstehen und singen kann, mein Lieber, ich brauche so etwas, um mich wieder zu finden, und mich mir wieder selbst zu heiligen, denn ich fühle mich oft unendlich arm, wenn ich sonst, so traurig war, über den Irrthum und die naseweise Weisheit, die alle Herzen bricht, so konnte ich die festen Füße Sophiens umarmen, die so rüstig über die gebährende und begrabende Erde hin wandelten, mit einem Lächlen, mit einem Ernst siegelte sie meine trauerschwanckenden Gedancken, ich sah sie, sie war bei mir, ich hatte Sie in den Händen, mein Leben war wahr, denn ich hatte es wohl gefühlt, daß ich nicht ohne Sie leben konnte, und ich konnte den Schmerz ertragen, viele Sonnen untergehn zu sehen, denn Sie mußte mir alles sein, ich hatte Sie erlebt und erliebet. In unendlichem Schmerz vereinsamt, wendete ich mich damals an Bettinen, aber Sie konnte mein Leid nicht begreifen, und floh mich gleich einer Meduse, da ward mir Görres wohl heilig, dieses liebe wilde Sonnenfeuer der treuen Phantasie, aber mein Schmerz war ein Phönix und verbrannte nicht in ihm, er ward jung. Jezt bleibst du allein, du ohne Selbstsucht, liebe getreue Zeit, du gehst über mir, wie der Tag und die Jahrzeiten, du geliebter Bruder, ich sehne mich nicht nach Tagen und Nächten und nicht nach Frühlingen, sie bleiben mir nie aus, so lang ich lebe, oder mein Andencken, und so bist du mein lieber, das bist du.

137

Cassel den 8 Dec 1808

Lieber Clemens!

Meinen Unglückssprung aus dem Wagen wird Dir Savigny erzählt haben, da die Verletzung am Knie war[,] auch durch den Weg in der Kälte einige Entzündung sie umgeben hatte muste ich hier beynahe vierzehn Tage daran heilen. Der Aerger über Vossens Schimpfreden gegen mich machten mich mobil, ich muste nach Göttingen um aus dem Jenaer Intelligenzblat mich zu rechtfertigen, meine Rechtfertigung kommt eben dahin vielleicht noch anderswo, ich glaube nicht, daß Du es nöthig hast als Mitherausgeber des W[underhorn] dich besonders zu vertheidigen, *ich war bestimmt gezeichnet*, auch stehe ich in solcher Fehde am liebsten allein, indessen will ich Dir dein Recht damit nicht vorenthalten, meine Vertheidigung schick ich Dir in Abschrift giebt es in Deiner Nähe ein gelesenes Blat, etwa die oberdeutsche Literaturzeitung so laß es abdrucken. In Göttingen, wo ich viel freundliche Aufnahme, besonders bey Blumenbach fand, der mir den Schi[l]dtberger eine prächtige alte Reisebeschreibung lieh, erhielt ich auch ein merkwürdiges Buch von Wickram, der irr reitend Bilger und mancherley artige Komödien. Die Insel Felsenburg ist von einem gewissen Schnabel, der Kammerdiener des Grafen von Stolberg Wernigerode war und enthält viel Specielles von diesem Hofe, der damals schon sehr religiös war. Ein sehr merkwürdiges Buch soll seyn: Begebenheiten eines Göttingischen Studenten auf dem alten Schlosse Plesse. III Bände, aber sehr selten, such danach. Bey Grimms wohne ich sehr angenehm, wir theilen einander unsre Habseligkeiten mit, ich habe mancherley auch Manuscripte in Frankfurt gekauft, du kennst sie, es sind die bravsten Leute auf der Welt, und von dem heimlichen Grimm den du im ältsten vermuthet ist keine Spur, im Gegentheil er ist zu sanft, sonst brächte er den jüngsten Bruder zu einem Handwerker und die Schwester in eine strenge Pension, sie nimt sich der Wirtschaft gar wenig an, was doch zu ihrem Vermögen nicht passt. Reichardt wird vielleicht bald durch Landshut kommen, er ist nach Wien um italiänische Musiker zu untersuchen und wird euch mancherley erzählen können. Ich reise bald weiter, aus Berlin mehr, Göthe hat mir sehr freundlich geschrieben, ewig

Dein Achim Arnim

An Savigny viel Dank für die literarische Nachricht, an Zimmer konnte ich nichts bestellen, ich bekam den Brief hieher, doch habe ich dort schon über die Sache viel gesprochen und er war sehr bereit. Johann Klay Engel und Drachenstreit, recht schön

1809

138

Berlin 15 Januar 1809.

Lieber Clemens!

Du scheinst zufriedner, um so willkommner war mir dein Brief, den ich beynahe zwey Monat später erhalten habe, als Du ihn mir bestimmt und seit der Zeit hörte ich nichts von Dir – ich hab Dir doch manchmal geschrieben! – Ueber mir steht dein Kopf, daneben die zerbro[c]hne Jagemann und ich selbst komm mir in meinem gelehrten Reitstalle wie das Judenpferd vor, das eine Mähne wie ein Trauerflor, ein Paar Beine wie Paukenschlägel und alle Wege weiß, weil es sieben Jahre im Postwagen lief. Ich sammle mir Deine Schriften und habe Lust sie für die Heidelberger zu recensieren, mir macht der Gedanke Vergnügen und es weht mich daraus recht warm an, rings aber ist tiefer Schnee. Laß Dir von Savigny erzählen, wie gut und reichlich mir Göthe alle Mühe vergolten, die ich mit der Zeitung gehabt, über Voß ist er einverstanden, doch bitte ich Dich herzlich bring mich mit allem dem nicht ins Gerede der Leute und zieh mich nicht damit auf, denn es machte mich ein Paar Tage sehr glücklich und daß ich es nur mit vertrauten Freunden besitze giebt ja dem Herrlichsten einzig Reitz, darum ist die schämigste Frau die reizende und so ist mir dies kleine Geheimniß so unendlicher mehr colorirt als aller tausendfache Schimpf, den ich erfahren. Es ging mir in Weimar sehr wohl ich las einen Abend in Göthes Hause einen andern bey der Wolzogen allerley neues von Dir, unter andern lernte ich Dalton kennen, gar eine fleissige Kunstnatur, fast ohne Interesse an Oeffentlichkeit, mannigfaltig geschickt, fast ohne Aerger, vielleicht etwas eingebildet auf ein Paar eigne Erfahrungen mit Weibern, wenn das Schloß der guten alten Herzogin von Fremden bewohnt werden sollte, sie hätte gewiß am wenigsten gegen diesen einzuwenden. Nichts hat mir indessen von dem Ausgestorbnen so nahe berührt als das niedergerissene alte Schloß, wo Tieck und Weisser sonst hausten, wo mir in der herrlichen Aussicht so wohl geworden und Göthens Park so vergeistigt wie irgend eines seiner Werke schwarz auf weiß von dir vorgelesen, da wohnten mir die Mediceer, und für die Tage war Tieck mein Michael Angelo und Weisser ein Benvenuto. Der Herzog ist wunderlich getrieben zum Einreissen, es muß ein grosses Vergnügen seyn in schlechter Zeit. Die Wolzogen fand ich gar offen, gut, theilnehm[en]d oft sehr fein, sie schenkte mir zum Weihnachten eine wohlriechende Paste und ich ihr in einer bunten Büchse, worauf Hort der Nibelungen geschrieben, das wunderlichste kleine hölzerne Spielzeug aus kleinem Hausgeräth. Göthe liest nämlich einen Vormittag alle Woche etwa acht Frauen unter denen die Herzogin aus den Nibelungen vor, zeichnet ihnen die Karten, erläutert, so trägt Falk das Heldenbuch vor, soll aber etwas undeutlig schnell sprechen, hätte er einen Zopf im Nacken so liese sich sein Sprechen erklären; ich meine die Worte fürchteten sich jezt aber merk ich an seinem Sprudeln, daß ihm der Pfropfen aufgesprungen [–] gälte es besser, wenn er spuckt, so ist es verloren, so redete er niemals. Sonst ist es ein gar braver Palmenbaum, denn seine Hände vergleicht er damit, und macht artige Cameraobscuraspiele, womit er mich fast angesteckt hat, auch welche zu machen wenn ich nicht zu träge wäre. Das eine sollte eine Geschichte aus Mannheim werden, die sich recht verschönern liesse. Die Bertinotti und die Hendel wohnten in einem Gasthofe in Manheim, es wurde ihnen Musick gebracht, sie kuckten beyde in Nachtmützen zum Fenster heraus und schoben es eine der andern zu, wem es gebracht würde, unter der Zeit müste das Lied sich in ein Schandlied umsetzen, dann wollte keine, daß es an sie gerichtet und beyde giessen mit Nachttöpfen, die Musiker antworten mit Feuerwerken, es kommt der Nachtwächter dazwischen, weil es verboten, er wird aber so voll Schwärmer gesteckt, daß er mit in die Höhe fliegt, sein Abenteuer in der Luft giebt den grossen Schlußeffekt. Die andre Vorstellung gebe eine Anekdote, die mir in Lützen begegnete, da kam ein ganzer Postwagen in voller Prügeley an, wegen eines immer wieder erneuten Gestankes, den einer dem andern zuschob, der Postillon sagte auch, er hätte schon manchmal was gerochen, wenn Herren aufgestanden und hätten einen Schluck für den Magen genommen aber das wäre zu arg miffig gewesen, der eine zog sogar ein Messer [–] vielleicht um den Quell des Gestankes anzustechen [–] nachher fuhren drey in einem andern Wagen mit Extrapost weiter, das liesse sich sehr gut darstellen für Andre als wenn sie den Wagen in Streit aus einander rissen und der Vorderwagen führe ruhig fort und die stritten noch immer, wer die Ursach, ob Studiosus oder Ladenschwengel bis sie auseinander und die im Hinterwagen sitzen bleiben. Wenn man so etwas selbst gesehen hat kommt es einem freilich lustiger vor als es die andern nachfühlen und darum mag wohl alles, was wirklich allgemein ergriffen, niemals wahr gewesen seyn. Jeder hat sein Bestreben, ich möchte nun gerade diese Berührung mit strenger Wahrheit erst zeigen und mag darüber wohl manches Gedicht verderben z.B. den Pfalzgraf wünschte ich dem Badischen Hofe angemessener zu machen und da war das Reizendste, daß bey aller der Staatsverwirrung die Hechberg den Alten immer zu trösten weiß und findest du das angeflickt, mir war es mehr Ganzes als alles übrige, auch haben doch mehrere diese Berührung ohne weitere Erklärung gleich verstanden, der einzige Vorwurf würde also darin liegen, daß ich die Romanze nicht in zweye abgetheilt und ist das wirklich ein Vorwurf? Uebrigens gebe ich Dir ganz Recht, wenn Du mich des unordentlichen Arbeiten anklagst, ich kenne diesen Fehler recht gut, ich bin aber zu viel herum getrieben ohne durch irgend eines je vollkommen gefesselt zu seyn, als daß es so leicht zu überwinden wäre, es ist wohl leicht sich dahin zu bringen bey einem Tische vor Papieren zu sitzen, aber die Gedanken sind frey und gehen bald tausend Wege, die auf dem Papiere nicht verzeichnet sind und der Mensch, der da in seinem Eifer die Wiesen gemähet hat statt die Blumen auszupflükken drückt Dornen und Stechpalmen mit an sein Herz und die Blumen des liebsten Angedenkens von dem Boden getrennt aus dem sie ihr Glück sogen sind bald nur Heu, das der Pegasus wohl fressen mag, das ihm aber bald den Magen auftreibt und satt macht. Auf eines Menschen Haupt hat nur eine kleine Krone Seligkeit Platz und schwer muß sie nicht seyn, *um den sich aber zweyerley Unglück reissen, der ist wahrlich nicht besser dran.* Buttmann hat abgesagt, an den Jugendblättern will ich mitarbeiten.

Achim Arnim.

Viel Glück zum Neujahr Deiner Frau

Ich hab noch drey Bücher von Dir, die ich dir bald schicke mit andren

139 *[Berlin, den 4. Februar 1809]*

[...] vergebens habe ich die wunderbare Konjunktur der Venus und des Saturn abgewartet, es ist noch immer alte Noth. Wenn ich kein Geld zum Mittagstisch habe, wandre ich eine halbe Meile heraus vors Schlesierthor zu Redtels Meyerey [...] Bette schreibt [...] dass Du mancherley an den Romanzen gearbeitet [...] Bey Reimer wird jetzt an einem Bande Novellen von mir gedruckt [...]

140

[Berlin, den 2. März 1809]

Lieber Clemens!

Wäre ich nicht in solchem Wirbel unangenehmer Verhältnisse, Mühe, Noth, vergebner Hoffnung, ich würde noch trauriger sein, daß Du mir so lange nichts geschrieben. Ich lese Dich zuweilen in den Zeitungen und freue mich, daß Du noch lebst. Du hast mir geschwiegen auf meine beiden Vossischen Streitschriften, die ich Dir zugesendet. Ich habe herzlichen Ekel an der Sache, ich konnte es nicht vermeiden, sehr ernste Leute haben gebilligt, was ich gethan. Sage mir Dein Urtheil, sowie ich Dir das meine über Deine letzte Ankündigung nicht verhehlen kann. Eine Geschichte des Volkslieds aus unserm Wunderhorn zu entwickeln, scheint mir ebenso wunderlich als die Mineralogie aus einem steinernen Gebäude zu studieren. Es würde immer eine große Planlosigkeit verrathen, wenn wir so etwas beabsichtigt hätten, daß wir gerade viele der wichtigsten Lieder für die Geschichte des Volksliedes ganz oder wenigstens in ihren Haupttheilen ausgeschlossen. Eine Nachlese in dieser Hinsicht würde doch wenigstens auch drei Bände betragen, und ohne diese würden auch die tiefsinnigsten Resultate, die gründlichsten Historien leeres Geschwätz sein. Wie unbedeutend wenig man aber im Ganzen zur Geschichte der Volkslieder noch wissen kann, davon ist mir Grimms Sammlung der beste Beweis, die wahrlich mit großer Ausdauer und Geschicklichkeit dazu sammeln. Willst Du es blos als einen Angelhaken brauchen, um allerlei lustige Fische daran zu fangen, so soll es mir recht wohl gefallen, und ich will mitessen für drei. Nur wo es Geschichte gilt, habe ich eine so wunderliche Strenge und Heiglichkeit. Auguste Schwink ist mit dem Kriegsrath Wißmann, jetzigen Präsidenten der Regierung, verlobt. Er ist verwachsen und noch ein zehn Jahr älter als ich, sonst eine gute Seele. Tieck kennt ihn, ich wünsche allen Segen, mir ist alles gleich. Vielleicht wird er in einen schönen Prinzen verwandelt. Ich wohnte ein paar Monat in seinem Quartiere, vielleicht hat er meine Seufzer eingeathmet, sie waren gar zu lebendig, als daß sie so ganz untergehen sollten. Mögen sie ihm besser als mir gedeihen! Damals machte er sich gar nichts aus dem Mädchen, und sie sich noch weniger aus ihm. Gott macht die Liebe, und der Teufel die Heirathen! Redtel hat einen Sohn.

141 *Berlin 1 April [180]9*

Dein verstocktes Nichtschreiben hatte mich fast aufgebracht, lieber Clemens, als mir die Nachricht von aller Verwirrung, in der Du verwickelt gewesen, die Galle gestillt hat. Es freut mich, daß Du jezt wenigstens gegen den äussersten Anlauf gesichert, Savigny, Bettmann, Bettine werden mir bezeugen, daß ich keinen bessern Ausgang erwartet, womit ich Dir nicht meine Klugheit, sondern mein freundschaftliches Mitgefühl und wie ich dein ehelig Verhältniß oder Mißverhältniß immer herzlich bedauert habe, bescheinigen will. Wenn man nun bedenkt, ob die Erde dazu wiedererwacht und die Vögel dazu singen, – aber tröste Dich, lieg ich doch auch nicht auf Rosen, sondern in einem Serviettenpresser von ordinären langweiligen Verhältnissen. – Mach ich mir nicht selbst Spas, so hab ich keinen, meine Novellen hoffe [ich] sollen auch Dir nicht ganz mißfallen, es war mein Carnaval mich in allerley solch[e] [H]istorienmasken zu werfen, darum nannte [ich] sie meinen Wintergarten. – Ich weiß nicht, [ob] ich Dir letzlich geschrieben, daß Hagen und Büsching [–] die beyde sehr freundlicher und braver Gesinnung sind [–] dem Görres mit dem Unternehmen zuvorgekommen, die älteren prosaischen Romane wie sie im Buche der Liebe enthalten sind, herauszugeben, ich hab es gleich erklärt, daß er besser gethan statt seine Uebersicht der Volksbücher, wenigstens mit einem den Anfang zu machen, ich bin gewiß, daß das Unternehmen sehr gut anschlägt; der erste Band ihres Buches der Liebe wird Tristan, Firrabras und Pontus enthalten, es ist sehr zierlich gedruckt, sie ändern fast nichts als Wortstellung. Das erste Heft ihres Museums scheint mir gar schmerzlich literarisch, das Meiste ist von Docen, mag auch alles vortreflich seyn, ich habe aber kein Verlangen danach, ich sehe der alte Kohl mit Meister und Minnesängern wieder umgerührt, wahrscheinlich derselbe den Schelmuffsky schon einmal beym Begrüßen von Amsterdam ausgespieen! – An neuen Büchern kann ich Dir nichts empfehlen, als Hübners Reimlexikon und das Leben des Grafen von Bonneval die mir beyde vielen Spas machen. – In Eile und immer der Deine

Achim Arnim

142 *[Stallwang und Landshut, März bis Mai 1809]*

Mein sehr theurer geliebter Arnim!

Ich habe dir auf viele liebevolle und freundliche Briefe nicht geschrieben, aber ich habe niemand geschrieben, ich habe mich geschämt, in einer so elenden niederträchtigen Lage als mit meinem teuflischen Weibe nur meiner lieben und edlen Freunde zu gedencken, waß konnte ich schreiben, als daß ich in beständigem Fluchen und Mishandlen lebe, und täglich gleich einem Schinder stumpfer und fühlloser werde. Da nun meine Dame blos für die Langeweile plötzlich Gift eingenommen haben wollte, zu sterben vorgab, keine Gegenmittel einnehmen wollte und in meiner, Savignys, Gundel, und der Aerzte Gegenwart mit verstelltem Kotzen, Testamentmachen ect, einen ganzen Tag zubrachte, sich aber sehr wohl befand, reisse ich den andern Tag nach München mich bei Betinen zu erholen, kaum war ich zwei Tage dort, als mir Savigny einen Freund extrapost schickte, der morgens mich um 7 Uhr aus dem Schlaf rief, auf! machen sie sich fort, ihre Frau ist heute Nacht hier her gereißt und vor einer Stunde gekommen, sie hat in Landshut verkündigt, daß sie sich im Wirthshaus in ihrer Gegenwart vergiften wollte, ich zog mich schnell an, raffte nur meine Papiere zussammen, und eilte zu Betinen und darauf mit dem Boten (es ist der Poet Loew) Extra nach Landshut zurück, Auf den Straßen in München mußte ich zweimal meiner Dame ausweichen, die aus einer Apothecke in die Andere lief. In Landshut blieb ich incognito die Nacht und logirte bei Loew im Gebährhauß, Savigny und ein andrer trefflicher Freund mittelten mir eine heimliche Zuflucht im Gebirg 2 Stunden von Landshut sehr einsam und abgelegen bei einem ex Benedictiner aus auf einem adlichen Geschlößl, das so groß wie eine Laterne ist wohnt, und von allen Holzarten Bücher macht, worin wie in kleinen Kasten das Blatt, die Blüthe, die Inseckten, ect sind, hier sitze ich bereits seit 6 Wochen, und helfe theils ihm seine Kasten voll verschiedener Baumwanzen, Schmaalböcke ect sortiren, theils leimen wir die Zerbrochenen Käfer und Schmetterlinge aneinander, und ich habe schon manchen Kukenkreitis gemacht, Savigny und Gundel haben mich schon besucht. Auguste hat übrigens da sie meine Abreise in München vernahm sich das Amusement des Scandals doch nicht versagt, und mit blindem Vergiften öffentlich im Wirthshaus eine Scene gratis gemacht und dabei nicht allein sämmtliche Gäste sondern auch die Aerzte der Stadt, den Beichtvater der Königinn, den sie zitirt, Sömering und andere einen Tag lang an der Nase herumgeführt, und ihr Unglück zum Stadtgewäsche gemacht, da sich aber kein gehöriger Effect eingestellt, der Rest in der Bouteille für höchst unschädlich von dem collegium medicum befunden worden, ihr auch von geheimer Polizei insinuirt worden, seine Majestät seien besonders ungalant gegen die Suicides, hat sie sich in höchstem Wohlsein wieder nach drei Tagen nach Landshut verfügt, alwo sie jezt Anstalten zur Abreise machen soll, wahrscheinlich wieder nach Allendorf, übrigens hat Herr Bethmann nach diesen Eclats auf Savignys und Münchner Berichte Vollmacht von mir begehrt, die Nöthigen Mittel zum Wohl der Dame zu ergreifen, die ich ihm durch Savignys mit Obrigkeitlichen Verificationen übermacht, so steht jezt mein Geschick. Gott gebe, daß die Dame bald von Landshut abgeht, damit ich wi[e]der von dem einsamen Gschlößl herunter kann, auf welchem ich mich ganz in d[er] Lage der Einsiedler vorderOestreichischen von Adel in den Lustgen Sommertagen befinde. Ich lebe hier unter dem Nahmen Bennone, welches ein Mann des Schmerzens heißen soll, wie mir mein Taufpathe gesagt, sende deine Antwort an S. die mich erfreuen sollte. – Hier liegt ein Hiatus von unsäglichem vielem Menschenelend. Jezt da die Frzosen schon in Linz sind, welche beim Anfang dieses Briefs noch vor Sarragossa standen finde ich erst Zeit dir weiter zu schreiben. Ich fahre daher nachholend fort, wo ich den Faden in der Holzbibliotheck, welche seit der Zeit geplündert worden ist, verließ. – . Ich erhielt nachdem ich vier Wochen geEinsiedelt, endlich von Sav. die erfreuliche Nachricht, daß die Gift-Marzibille abgereißt und Kristian von Bukowan angekommen sei, und lief nun mit einer so freudigen Empfindung über Berg und Thal nach Landshut, als ich seit undencklicher Zeit, nicht gehabt habe. Es ist wahr und traurig, ich habe mich seit mehreren Jahren über nichts gefreut, als damals, da ich dich in Berlin, und dann in Giebichenstein wiedersah, doch war beidemahl, wie mein ganzes Leben hin[dur]ch meine Empfindung unendlich verwickelt und gekränckt, in alle Wunden hatte ich die jungen Zweige mit ihrer Spitze zurück gepfropft, und alles ist verwachsen und verwirrt, und von neuem zerhauen, das ganze ist ein wunderlicher Busch, an den mancherlei Ansprüche zu machen sind, der innerlich aber voll jammer und Knorzen und schier empfindungslos geworden, und das Mistrauen in mich und mein Geschick ist meist so groß, daß ich oft über das Intereße, welches du vortreflicher Freund, an mir nimmst, erschrecke, und ich bin überdem versichert, daß außer dir, Grimms, und etwa Luise Reichard, niemand eigentlich mehr eine Güte für mich hat, die mir im mindesten Freude macht. – . Auguste war also mit einem ihr als Adjutant aufgedrungenen hinckenden Orgelmacher nach Allendorf, wo sie der guten Pfarrfamilie die Haut voll gelogen, zurückgereißt, Herr Bethmann ist, wie ich höre jezt selbst dahin, mit dem Pfarrer zu contrahiren, und wird sich von neuem die Nase drehen laßen. Ich fand hier im Hauße alles verwüstet und durcheinander geschmißen, übrigens freute mich Christian ungemein, er ist ein so gründlicher strenger und durchtriebener Geschäftsmann geworden und ein ganz kniffiger Advokat, Oekonom, und höchst originell fester Landesherr, der unsere stockböhmischen Bauern mit der schönsten Ironie überlegen läßt, das heist über die Banck, denn sie stehlen und betrügen grausam, das weibliche Personal kriegt aufs Hemd. Weil ihm nun stets die Milch gestohlen wird, das heist die Kühe aus gemolcken, läst er den Kühen jezt lederne Arbeitsbeutel über die Eiter machen und oben mit einem Schloß verschließen, wie er sagt, auch hat er nebenbei eine Strohschneidebanck erfunden in der krummen linie herum, und verschloßene in Kurbeln hängende Kornkasten zum wenden, welche zugleich das Datum anzeigen, doch ist dieses nur die scherzhafte Seite, ich glaube nicht, daß ein Mensch tüchtiger und kräftiger, so reell und zu gleich ohne alle Pedanterei in jedem Geschäft sein kann, er reißte nach Frankfurt, nachdem wir während seines ganzen Hierseins mit Rechnungsabschreiben zugebracht, schon freute ich mich ihn bald wieder zu sehen und mit ihm nach Bukowann zu gehen, als der Krieg ausbrach, die Oestreichischen Uhlanen ritten ein, und sprachen mit den Baiern über die Abgebrochnen Brücken, den Morgen drauf war Erzhzog Karl hier auf dem Schloß, die Straßen gedrängt voll Truppen sangen böhmische und Slavonische Schlachtgesänge, im jenseitige Theil der Stadt waren die Häußer und Gärten mit bairischen Tirailleurs gefüllt. Savigny, Gundel und ich giengen in den Schloßgarten wo man die abgebrochenen Brücken und das jenseitige Schlachtfeld übersieht, plötzlich gieng der Donner der Kanonen und das Tirailleurs geflacker unter uns an, wir sahen jeden Schuß, und das Pfeifen der Kugeln und der Schlachtgesang war schreckhaft, die Gundel und S eilten nach Hauß ich blieb und sah die ganze Brückenherstellung unter dem Feuer, die Baiern waren etwa 8000 Mann, die Oestreicher dieseits die Hauptarmee 140000, von 10 Morgens bis 3 a 4 Abends dauerte die Wiederherstellung der zwei Brückenjoche, nun drange die Uhlanen und Scharfschützen hinüber, aber die Bairen vertheidigten und zogen sich mit soviel Kunst zurück, daß es wirklich zu bewundern war, und trotz der vielen Oestreichischen Kavallerei brachte man keine Gefangene Ein, in den Vorstädten brannten einige Häußer, das ganze Grausenhafte Gefecht, der Brand, das ungeheure Kanoniren, auf grüner Wiese bei Sonnenschein, nahm sich von oben herab, gegen den hohen Himmel äußerst kleinlich aus, wie mir über alle soldaten im freien Feld, einen äußerst kleinlichen Eindruck machen. Die folgende zwei Tage strömten die Oestreicher in Continuo durch die Stadt, ganz herrliche Reuter, ein stetes Hallo vor dem Erzog Karl, voll Muth und Ernst. Endlich verließ dieser die Stadt, und Stadion als Intendant General kam an, mit ihm Friedrich Schlegel, mit einem Säbel und den ganzen Bart voll Braten Sauce vom Tische des Grafen Sichy, er kam zu uns, ich kannte ihn während 4 Minuten nicht, er sollte Armee Schriftsteller werden, und hatte den Titel Hofsekretair, übrigens habe ich nie geglaubt, daß Jemand im Hauptquartier so gar keine Idee, auch von dem was vor seinen Augen vorgieng haben, könnte, er sprach vom Krieg, wie Wilhelminchen mit dem Beinchen in der Höh, und war sehr böß, ja fand es ganz unbegreiflich, daß sich die Bairen, so trefflich schlügen, übrigens sagte er äußerst Flegmatisch, wie sie Deutschland jezt herstellen müsten, und Savignys kleiner Junge wuste schier ebensoviel, nehmlich daß die Kavallerie Trara ist. Uebrigens war seine Gegenwart so recht ein Beweiß, wie man auch gar nichts versäumen wolle zum guten Erfolg, wenn man auch gleich nicht einsahe, wozu nütze, da die Geschäfte in den ersten Tagen unendlich waren, hatte man gar keine für ihn, und er machte den Plan zu einem Journal im Rücken der Armee, Aber seinen Plan anzuhören selbst, blieb keine Zeit, lustige Ofiziere wehrten sich, und läugneten, wie sie nicht nach ihrer Capitulation gezwungen seien, dergleichen zu lesen. Kurz du hast keine Idee, wie er sich so gar nicht zum ganzen schickte, es war mir immer als hätte er gleich Mönchen nie Hosen getragen und müße die Beine zum erstenmahl öffentlich bewegen. – An demselben Tage Zog die Wiener Landwehr ein äußerst zweckmäsig leicht uniformirt leicht und lustig mit herrlicher Musick, die ersten 3 Battaillons unter Steigentesch als Obrist, der den ältesten aller Studenten Dambmann von 60 Jahren zum Sekretair hatte, die Offiziere die Geistreichste und beste Gesellschaft von Wien, die Odonel, Jungen Stadion, Graf Retzchevuski, Graf Waldstein, und der Tebelholemer monfrere du lebest, Schelmufski Bartoldi Salomonski als Leutnant vom Stabe, der seinen ganzen Tag hier bei Saekler und Riemer zu brachte um sich allerlei Judenbeutel machen zu laßen, die er anhängte, es war bei der ganzen Armee ein Gemurmel von gewissen Leuten, die eine Außerordentliche Ausdauernde Kraft hätten, wenn sie sich mäsigten. Doch war alles so muthig und ernst und gut gemeint, und ohne Pralerei, Aber den Morgenden Tag kamen viele blesirten gegen Abend viele Wagen, und mehr und immer mehr ein unendlicher Angstvoller wilder müder eilender Strom alle Straßen stockten von Wagen, ein herrlich HusarenRegiment in der Stadt, saß ruhig auf und ritt recognosciren und der Obrist versicherte, blinder lärm! Aber die Retirade gieng in die Nacht immer dichter, unzähliche Wagen blieben jenseits und in der Stadt, man schnitt die Pferde ab und ließ sie stehen, darunter die 30 Pontons, die Bürger begannen schon alles tragbare für sich in die Häußer als Beute zu schleppen, die ganze Nacht war ein Meer des Manichfaltigsten Geschreis und Gerassels, mitten durch den Fluchtjammer sahen wir den folgenden Morgen die obgenannte W[iene]r Landwehrbataillons mit klingendem Spiel aber sehr niedergeschlagen retiriren, gegen 10 Uhr steckte man die Brücken an, die Bairen drangen unter Kanonenfeuer herein, wir waren in großer Angst, zwei Stunden dauerte der Wiederstand, kaum waren die Bairen in der Stadt und fiengen die zurückgelaßenen Tirailleurs, als die Einwohner, waß von der zurückgelaßenen Bagage beweglich war, zu beuten begannen, alle Ketten, Eisenwerk Wagengeschirre, Waffen, Bancknoten, alles schleppte man nach Hauß, in wenig Stunden stand Napoleon an demselben Fenster, an dem 2 Tage vorher der Erzherzog gestanden, und von den unendlich ermüdeten, schier vorbei laufenden Truppen erschallte ein stetes müdes mit Schweiß, Staub und lallender Siegstrunckenheit verhülltes Vive l'empereur, Während dem unsäglichen Getümmel, in dem die Truppen, Theils nach Regensburg dem Erzhzg Karl nach, theils dessen besonders Geschlagenem linken Flügel (der sich hierüber retirirt hat) nach, in der Stadt sich kreutzten, währte das ausbeutlen der Östreichschen Bagagewagen in und vor der Stadt ununterbrochen fort. Indem ich kaum verwundert über die plötzliche Veränderung der Dinge, und nur das wunderliche Gemisch, das nicht recht zußammengieng, von den schwäbischen, Bairischen, und Franzischen Gesichtern und Stimmen, ebenso anstaunend, als das Vorgestrige der Böhmen, Ungern, Slavonier und Oestreicher, da stand, stellte sich ein Student, der in diesen öffentlichen Tagen mehrmals auf der Straße neben mir gestanden, und den ich nicht kenne, neben mich, und sagte mit einer Miene, die nur der Mahler Weiße nachmachen konnte, o ich bin äußerst zufrieden mit dem Evenement, ich habe ein paar Säbel mit den Port d'epees aus einem Wagen erbeutet, die wenigstens 4 Carolin werth sind, da drehte ich mich um, und zog ab. Dergleichen Gesinnung, so dünn und armseelig ist sehr häufig, andere freuen sich über die Siege ihrer Landsleute, wenige tragen historisches Leid, und wenige Mitleid mit dem Kriegselend, die Welt ist sehr abgejackert. – Da die einsprengende Kavallerie jedem, den sie in der Stadt fieng den Chacot oder das Casquet mit dem Säbel gleich vom

Kopfe herunter schlug, lagen dergleichen sehr viele in den Strassen, so auch Säbel und Flinten mit welchen sich die Gassenjungen bald armirten, und den Franzosen zum Gespött wurden, wunderlich sah es aus, als ich einen solchen Knaben zwischen zwei vor Napoleons Wohnung vorübereilenden Kompagnien durch laufen sah und ihm der Ofizier lachend die Müzze vom Kopfe stieß. – Durch das stete Beutemachen der Bürger aus den in großer Menge vor den Thoren zurückgelaßenen Wagen, die meistens Kartätschen, und Patronen enthielten, lag Pulver in allen Straßen und Feldern zerstreut, und vor wenigen Tagen saßen noch Bauern an der Iser streuten das Pulver in den Fluß und steckten die Kugeln ein, das weite Feld war durch die vielen erbeuteten und zerstreuten Haversäcke mit unzählichen Papieren bedeckt und in diesen lezten Tagen, da es stiller geworden, habe ich ohngefähr 200 Epistolas militares zussamengelesen, meist Liebesbriefe, Schuldbriefe, und Briefe guter. besorgter Ältern. Viel Guthmüthiges, Menschliches, viel verkehrtes lustige, nichts ernstes würdiges das aus der bedrängten Zeit hervorgieng. Intressant die Briefe einer Ungarin die ihren Mann betrügt, und eine Menge Briefe an einen Staabstrompeter, in den alles verliebt scheint. Sonst mehr frommes, als bei vielleicht irgend andern Truppen.

Heute sind die Portugiesen hier eingerückt, sie sind meist recht gut, bescheiden und Mäsig, übrigens außer vielen äußerst edlen Gesichtern, sehr viele wie Bartoldi und Christian, sie sind Capuzinerbraun und Roth, französisch gekleidet. Ich habe diesmahl sehr viele der Frzschen reitenden Artillerie mit Maulthieren bespannt gesehen. Du glaubst nicht wie unsre Lage hier unruhig und angstvoll war in Zeit von 6 Tagen paßirten mit zweimalige[r] Bombardirung zwei Armeen jede von wenigstens 150000 Mann hier durch, zugleich Beständige untröstliche pricklende Angst und bis zu Convulsionen gehende Furcht und Hofnung von Gundel, und große Betrübniß Svgs über diese und die stete Einquartirung, dann die traurige Nachricht von Regensburg, die bald vergrößert bald verkleinert wurde, du wirst hoffentlich schon an die Görzischen Geschrieben haben, wir haben noch nichts von Ihnen erfahren, er ward förmlich Bresche geschossen, und mit Leitern erstiegen, die Stadt brannte um das Peterthor ab, etwa 200 Häußer, und wurde von den stürmenden geplündert, von dem schönen Gr. Sternbergischen Garten Hauß steht nichts mehr, Stadt am Hof brannte bis auf etwa 60 Häußer ab. Etwa 200 blessirte Oestreicher verbrannten mit. Jezt ist es ziemlich ruhig hier, nur die angefüllten Spitäle machen die Stadt traurig. Bei der W[iene]r Ldwehr befand sich auch als Ofizier der Hanepampel des Weimarschen Ostertaschenbuchs, und kein Corps wollte ihn haben, so enujant war er, so daß er von einer Compagnie zur andern avancirte, und am Ende gewiß zum Generalissimus der langenweile wäre erklärt worden, wenn er seinen Abschied hätte nehmen wollen, Stoll ist in Wien zurückgeblieben und zwar in Pfirsichblüth Hoßen, die leicht bei jetziger Conjunctur, abschießen könnten. Gestern haben wir bestimmt von Regensburg gehört, daß Gott sei Danck die Görzschen *nichts* gelitten haben. – Unter die wunderbaren Ereigniße dieser Tage gehört noch, ein schweres Gewitter zugleich mit dem Bombardement über Regensburg, ein einzelner ganz isolirter Donnerschlag mit einem 4 Minuten langen schrecklichen Sturm, den ich hier selbst bei heiterm Himmel gehört, als die Uhlanen einritten, es hatte für viele etwas ungemein Schreckliches, das Auffallendste aber war doch die Wasserhoße, deren Beschreibung du in beiliegender Copia des Briefes eines ungemein trefflichen herrlichen Mannes voll wahrer Gottesfurcht, eines Oekonomen an unsern Freund Sailer lesen magst. Und nun wende ich mich von diesem Schauplatze des Greuls, Aber nur fällt mir noch ein, daß Bartoldi mir versichert, wie der Musickus, der so vielen Antheil an deiner einstmahligen Verrücktheit nimmt, sich wo er zulezt war abermahls so zudringlich, frech und mit so zweideutigem Geschwäzz habe vernehmen laßen, daß die Polizei ihn keinen Augenblick aus den Augen gelaßen habe, es ist doch ein Jammer, wie der leichtsinnige Mann überal schlechte Ehre einlegt, und seine treffliche Familie dadurch noch einmahl recht unglücklich machen kann. – .

Nun lieber Bruder herzlichen Danck für dein nicht wanckendes treuliches Grüßen in verschiedenen kleinen deinen Briefen, hoffentlich hat der große Krieg den kleinen

Voßischen geendet, ich hatte die Anzeige von einer Geschichte der Volkslieder nicht so streng genommen, wie du geglaubt, ich wollte ohngefähr das thun, waß Görres in der R[e]z[en]s[ion] des Wunderhorns gesagt, nur etwas historischer und leserlicher sagen, durch dieses Rzsirn aber muß ich das Ganze jezt *gern* aufgeben, da er das beste gesagt. Daß ich auch einige Zeilen gegen Voß geschrieben, die ich aber nicht abgedruckt gesehen, es aber doch sein sollen, wird dich nicht befremden, da es sonst geheißen hätte, als gebe ich dich gefangen, ich habe weiter nichts davon gehört, was das beste dabei ist. Auf deinen Wintergarten freue ich mich ungemein, alles waß du hervorbringst, ist mir stets schuldlos, Grosherzig, kindlich, und Tiefsinnig und ewig jung erschienen und hat mich tief gerührt, ich bin versichert die Novellen sind vortrefflich, und nur dann drückst du den Leser, wenn du aus deiner Poetischen Speise und Vorrathskammer tausenderlei Jahrgänge durch einander verbindest, deren Trefflichkeit nicht immer wie Eßig und Oel einen Sallat machen. Wie herrlich hat mich deine Rzs des Wagner entzückt, wenn ich dich nicht kennte, und ich suchte diesen Rzsten auf aus Liebe zu ihm, und fände einen Mann wie dich, wie glücklich müßte ich sein, – Recht gefreut hat es mich, daß ein wunderlich Schicksal mir schier stets zur nehmlichen Zeit dieselben Bücher zur Hand führte von denen, du mir dann und wann schriebst, daß sie dir Vergnügen gemacht. Z. B. die Felsenburg, die übrigens mit ihrer ganzen Gattung aus der Zeit der Bretternen Grenadiere zu Bärwalde, und der ähnlichen kehrenden Stubenmägde, und Hölzernen Kazzen ist, welche häufig Sandgekräuselte gut gescheuerte Treppen verziehren, denen sie durchaus gleich, nichts als Fläche, Fasade, und Silhouette, aber komplett wie Pappdeckelne gepreßte Lügen, und sehr haltbar. Viel mehr Freude hat mir eine *Parodie* der Felsenburg gemacht, die einzelne äußerst geniale Stellen hat, Es ist der Maldivische Robinson, aus derselben Zeit, eine sehr lächerliche Nachahmung der Felsenburg ist die Insel Marianenburg, aber der Mald. Rob. ist wirklich voll herrlichem Spaß. – Der Baßa von Bonneval hat mich auch sehr unterhalten auf meiner Holzsiedelei, alles war mir lieb, biß da die verfluchte Schlizkroatinn so tapfer auf die

Teutschen einhieb. – . Hast du Grimms Rezension der Nieb[elungen] gelesen, die erste Hälfte ist schwach, die zweite besser, etwas hart, aber meiner Empfindung nach wahr. Daß Hagen Büsching die [alten] Geschichten nach der Ordnung des sogenannten Buch der Liebe herausgeben, ist mir leid, denn sie werden so manches schlechte wie z. B. den langweiligen Erziehungsroman *Pontus* abdrucken, und dadurch das Intresse verderben, waß sie auch in ihrer Sammlung alter Gedichte gethan, für Görres thut es mir besonders leid, auch gehen die herrlichen Geschichten unter dem allgemeinen Nahmen wieder verlohren, wie sie es schon einmahl geschehen sind, und wäre es durchaus besser gewessen, wenn sie einzeln in wechselnder Auswahl erschienen wären. – Wenn Zimmer nur beim W[under]horn nicht schaden erlebt, Göthe fürchte ich sagt uns kein Wort zu Gut. Wie mich die Menschen doch so gar nicht kennen habe ich aus der gütigen Einladung Kreuzers ersehen, die Divina Comoedia unter anderm für die Jahrbücher zu rezensiren, ich wüste auch kein Wort drüber zu sagen, Jean Paul könnte es trefflich. Waß wird endlich aus Reichards werden, die wieder zu Halle sind, Wi Grimm ist bei Ihnen? Louise hat mir sehr freundlich geschrieben, sie wünscht die Betine zu Frft um ihr eine Idee und Plan zum Fortkommen ihrer Aeltern mitzutheilen! Der chere pere ist aber zum Unglück ganz außer der Zeit. Heute hat man mir einen Polacken mit Bedienten und 3 Pferd ins Quartier gelegt, da ich doch selbst bei Sav. auf einer kleinen Stube wohne, mußte ich den Patron und seine Tasche ins Wirthshaus thun, waß mir zum erstenmal in Vita mea passirt und mich sehr ärgert, ich bin hier voll Unwill und Kriegs Eckel, wie überall, und gieng gern auf ein Insel mit Freunden, Gott wo soll man hin, schreibe bald deinem

Benone

143 *[Berlin, etwa den 18. April 1809]*

Du erhältst, lieber Clemens, meinen Wintergarten mitten im Kriegsungewitter, laß ihn Dir darum nicht gleichgültiger seyn, überschlag auch darum nichts, weil Du Namen aus bekannten Büchern siehst, ich glaube gerade darin die eigenthümlichste Kraft bewährt zu haben, ohne den Erzählungen von ihrer ersten Ausbildung zu nehmen, ihnen neue Organisazion und Beziehung zu geben, Du magst in dieser Hinsicht besonders den Philander von Sittewald vergleichen, Schelmufsky muste durch seine Anständigkeit nothwendig verlieren, ich habe das durch Einheit der Geschichte in der ich die Wahrheit mit dem Bruder Grafen deutlicher durchscheinen lasse, zu ersetzen gesucht, ich hoffe, daß dieses Stück die Neugierde der Menschheit auf das Original elektrisirt. Die Correctur haben zwey Schwägerinnen von Reimer nachbesorgt, was darin gefehlt ist nicht meine Schuld, wohl aber ist es ihr Verdienst, daß es richtiger als mein Einsiedler ausgefallen. Daß ich am Schlusse zu Dir einige Worte gesprochen überraschte mich selbst so unwillkührlich, daß ich es stehen ließ, die Zueignung ist an Bettine, es ist beydes gleich gut gemeint, ich wollte aber ihren Namen nicht beyfügen, um nicht falsch gedeutet zu werden; wo blosse Neugierde frägt, nimm die Zueignung auf Dich. – Wo und wie ich diesen Sommer zubringe, bin ich ganz ungewiß, schreib mir doch endlich ein Paar Worte über Deine Pläne, wie es mit Deinem Hauswesen geht und wahrscheinlich gehen wird, was der Krieg für Zwischenpläne macht bleibe ihm heimgestellt. Ich wohne jezt in Pistors Hause, dessen Du Dich an den kleinen Kartoffeln noch erinnern must, die Dir die Frau auf den Teller gelegt, ich habe aber nur auf drey Monat gemiethet, ungewiß über euch, Platz fändest Du hier bey mir, ich habe ein Zimmer mehr als ich brauche, das heist zweye; der Garten hinter dem Hause steht uns frey zur Bearbeitung, er hat eine schöne schattige Lindenlaube in der Mitte und einen kühlen Gartensaal. Seitdem sich Pistor ganz auf Verfertigung von physikalischen Instrumenten gelegt, hat er den Garten gänzlich liegen lassen, an den er vorher so leidenschaftlich hing, daß er ihn in eine grosses Mistbeet verwandelt unter Glas und Ramen setzte. Du könntest bey mir die Zinsen von Deinen hundert Thalern abwohnen, die ich Dir der Teufel hol mich noch nicht erstatten konnte, weil ich manchen Tag kein Mittagessen hatte, Du hast keinen Begriff von der erstaunlichen Geldverwirrung in unserm

Lande, wozu nicht wenig die Erwartung von dem ausbrechenden Kriege beyträgt, weswegen die Regierung alle schuldigen Zahlungen zurück hält. Die Komödie selbst steckt so tief in Schulden, daß Iffland alle seine Kuriere zum König um Unterstützung gesendet hat, ich habe sie in der ganzen Zeit nur dreymal, besucht, jezt sollte ich *selbst* spielen, und denk Dir, es ist beynahe eine Rolle, wie ich in Königsberg gespielt, ich kann den Dreck nicht auswendig behalten, ich gebs zurück, das Stück ist aus dem Französischen übersetzt, ich kann doch unmöglich wenn einer Kohl kocht und Kaldaunen dazu haben will, meine eignen Eingeweide dazu herausreissen. – Bey einer Lebensgeschichte von Aloysius von Orelly, Zürich, Ziegler 1797, der aus der italiänischen Schweiz nach Frankfurt wanderte, fiel mir ein, Du müstest einmal die Geschichte deiner Familie untersuchen, da ihr sehr zah[l]reich in Italien gewesen seyd, so ist vielleicht manches Merkwürdige. Ausser jenem Buche empfehle ich Dir die Fortsetzung des Froissart von Monstrelet, sie ist aber selten.

Voß hat sich zwey Polypen aus der Nase ziehen lassen; nur fiel Gott verzeih mir, Hans Sachsens prächtiges Narrenschneiden dabey ein, lies es nach.

144 *Berlin den 25 May [180]9*

Nun endlich einmal wieder etwas Ausführliches von Dir, du alter Clemens, dem die Frau solange statt der Hosen die Feder weggenommen hatte, du hast sie nun wieder und ich hoffe öfter mich ihrer Lebendigkeit zu erfreuen, mit der du mir und manchen, denen ich es vorgelesen, die Kriegszüge durch Landshut dargestellt hast. Sehr wahr ists, daß Dir die menschlichen Kriegsmassen gegen das freye Feld und den heitern Himmel klein vorkommen, ich habe dasselbe Gefühl gehabt bey dem Anblicke der Russischen aufmarschirten Armee, es war wie einige Abzugsgräben auf einem grossen Wiesenbruche, so kleinlich sahen diese ungeheuren Linien aus, und in diesem Kleinlichen eben lag mir ein grosser Trost und eine grosse Zuversicht, da soviel *nicht* im Kriege ist, wenn es auch darunter leidet [–] so kann *nicht* alles untergehn. Als die Nachricht von dem Unglücke des Erzherzog Karl hieher kam ergrif ein unwiderstehliges Mitleid die meisten Menschen, Schill der schon lange der Ruhe überdrüssig war führte Abends sein Regiment zum Thor hinaus, ritt in die Mitte, sprach, daß er seinem Volke, seinem geliebten deutschen Vaterland einen freyen Dienst leisten wolle, er zöge gegen den Feind, wer ihm im Leben und Tod folgen wolle, der könne ihm nachreiten, bey diesen Worten wendete er sein Pferd und jagte fort, das ganze Regiment ihm nach. Erst am Morgen erfuhren wir etwas davon, nun wurde das Nachgehen so allgemein, daß sich jeder fürchtete, er werde den nächsten Morgen in der Stadt ganz allein aufwachen und dem französischen Gesandten die ganze Contribution zahlen müssen; es musten Gardejäger die Thore besetzen mit dem Befehle die nachlaufenden Soldaten zu erschiessen, dessen ungeachtet gingen in der folgenden Nacht ein 1½ hundert fort, die nachsetzende Husaren zurückschlugen. Schill zog sich über Wittenberg und Dessau, wo ihn alle Weiber aus der ganzen Stadt zu sehen trachteten und ihm im Schlosse aufwarteten, in Köthen nahm er der Kötergarde die Gewehre, ließ in Halle die Adler aufrichten, auf des alten Schulenburgs Gute fand er einen Rock mit den Orden aller Nationen, der wurde als Schandrock mitgenommen, bey Dodendorf fand er ein Westphälisches Regiment mit drey Kanonen und etwa dreissig Reitern in Schlachtordnung, das wurde zusammengehauen, doch verlor er ein Paar brave Offizieren. Die Magdeburger Franzosen waren ans Thor gegangen den gefangenen Schill zu sehen, da kommen einzelne Verlaufene und wollen gar nicht sagen, wann er ankäme endlich kommt ein Wagen langsam, alles springt heran und sie finden den tödtlich verwundeten Oberst Gautier, der ihnen den Verlauf erzählt. Nach diesem Gefecht hatte Schill Zulauf aller Art, er kleidete, bewaffnete, erhob einen Husaren, der sich besonders ausgezeichnet zum Herzog von Dodendorf mit täglichen Einkünften von einem Quart Wein[.] Bey dem zunehmenden Unglücke Oesterreichs ohne Hoffnung von England unterstützt zu werden, fragte ihn damals ein Offizier, was er eigentlich gedenke, er sey doch bald verloren,

Schill sah ihn ernst an und antwortete nichts weiter. Das haben gerade Lischelsky [?] und Kettenburg (zwey bey Dodendorf gebliebene Offiziere) auch gefragt, den Tag vor Dodendorf und den andern Tag waren sie todt. – Dasselbe Schicksal hatte auch wirklich der Offizier in einem sehr glänzenden Gefechte, welches die holländische Division Grazien auflöste. – Die Festung Dömitz wurde mit einer Ohrfeige genommen, er ließ die Kähne mit Soldaten, die unter Segeltuch wie Güter versteckt waren, bey dieser artigen kleinen Festung, die in der Elbe liegt, anlegen und Zoll zu berichtigen, einer sprang heraus und auf die Brückenschildwache[,] fragte, wer der Commandant der Festung, die nannte ihn, worauf ihn jener mit einer Ohrfeige, daß ihm das Gewehr aus der Hand fiel, versicherte es wäre Schill, die andern zogen nach. – Nachdem ein Preis auf seinen Kopf gesetzt nennen sich ein Paar Dutzend seines Korps, das auf 12000 angewachsen, Schill, von Rostock bis Goslar erstreckt sich jezt seine Wirksamkeit, und wenn er auch jezt bey den Umständen im südlichen Deutschlande auf keinen allgemeinen Anhang rechnen kann, so sammeln sich doch um ihn alle das lustige Völkchen, das lieber auf eigne Rechnung sterben will als auf französische und es ist immer merkwürdig daß Schiller die Reiter und Räuber hat, und Schiller sie voraus modellirt. Eine Proklamazion die er hat ausgehen lassen, spricht ganz wie Schiller von der Sturmglocke, sonst das Zeichen des Feuers solle jezt die Flamme ihrer Vaterlandsliebe anfachen, die friedliche Sense solle zum Mordschwerdt und demüthige Ackergaul die stolzen Feinde darniedertreten. Was mich aber erfreut, daß alle Menschen versichern, sie hätten so etwas gar nicht in ihm gesucht und kein Mensch hat es gewust und ist Brutus umgekommen als der letzte Römer, so wird er auch nicht schlechter sterben als letzter Preusse. Eben erhalten wir hier gute Neuigkeiten von Schill, er ist ausser aller Gefahr an der Mecklenburgischen Küste und kann die Landung der Engländer abwarten oder sich nach Bornholm, das von den Engländern schon eingenommen, wenn ein allzu bedeutendes Chor gegen ihn kommt einschiffen. Eine neue Division Holländer, welche die Reste der von ihm zerstreuten aufgenommen, hat er einige Tage von etwa dreissig Mann, die er in Dömitz als Besatzung zurückgelassen, aufgehalten, sie haben das kleine Ding in Brand geschossen und nachdem alles in Asche hat sich die kleine Garnison noch Nachts heraus gezogen, als sie schon leer waren wagte sich keiner hinein, weil die durch den Brand frey gewordenen Tollen (es ist dort das Toll und Zuchthaus für ganz Mecklenburg) ein unmenschlich kriegerisches Lermen auf den Wellen trieben. Ausser den Engländer[n] kommen ihm etwa achttausend Mann unter dem Herzog von Braunschweig durch Sachsen zuhülfe – verwechsle die Namen, Mansfeld statt Schill, der Pfalzgraf für Braunschweig, Napoleon für Gustavadolph so ist es der dreissigjährige Krieg im Gegendruck, aber freilich mit Abänderungen wie die etymologisch bewiesene Abstammung, daß Nebucatnezar und Jakob ein Wort, nämlich Zar fällt als müssige Endsylbe weg, zwey Negazionen bejahen[;] also Ne ne giebt *Ja*, bucat durch Versetzung macht cabut oder caput, caput heist Kopf, platdeutsch Kop oder *Kob*, also zusammen Jakob. Es ist eine alte Schnurre die ich neulich gefunden. An närrischen alten Sachen muß ich Dir von der politischen Mausefalle Nachricht geben, die ich kürzlich mit dem gl. Stockfische kaufte, Mausefalle bezeichnet hier das Ding, was die meisten Weiber zwischen den Beinen tragen, ferner das Leben des General von Kyau, (ebenfalls wie auf ein Bret im Garten gemalt) facetiae facetiarum [–] vorm Haus Sembsack und der Hasebilis [?] [–], Adam und Evas Erschaffung ein schwäb. Fastnachtspiel Geschichte einer Lotteriespielerin M. Tolot, die Fortsetzung des Froissart von Monstrelet [?], die Memoiren Ludwig des Heiligen vom Jamadte [?] [.] Von Wilhelm Grim hab ich mehrmals Nachricht gehabt, er hatte Hoffnungen zu seiner allmäligen Genesung durch Reil gewonnen, er wird der erste Badegast in Halle, wo Bäder und Schauspielhaus am Flusse zwischen Halle und Giebichenstein angelegt werden, die Bewegung wird das meiste wirken, doch fürchte ich, daß ihm dieser Sommer die ruhige Ergebenheit in den beschränkten einförmigen Kreis seines Täglichen in Cassel nehmen wird. Er müste einmal Versuche machen in kleinen Zimmern Vorlesungen über Literatur zu halten, ich habe ihn oft so anhaltend sprechen hören, freilich nur an guten Tagen, ich fühle was jedem

Menschen fehlt, der keine bürgerlich anerkannte Beschäftigung hat, darum ergreif ich soviel Freydienste der Art, als irgend in meinen Kreise liegen. Ich versuchte mich kürzlich auf unsrem Kreistage in der Ukermark, da war aber alles von Gewohnheit und Trägheit so verschwägert, daß ich nicht leicht wieder hinziehe, sie rühmten sich unter einander dazwischen hatten so einige alte Leute ein angeerbtes Recht ewig fort zu klönen, was gar nicht zur Sache gehörte, daß eigentlich für die Sache keine Zeit blieb; nachdem wir sehr schlecht berathschlagt, frassen wir so besser sapienti sat. Ferner widmete ich mich seit einiger Zeit dem Kegelspiel, Pistor hat im Garten eine Bahn schlagen lassen, das kann künftig zur Landesvertheidigung bedeutend werden. Mein Garten im Garten ahmt die Gebürge nach, das durch alle Formazionen zu einer wohlbearbeiteten Ebene abläuft, die Hitze treibt mächtig, [in] Heidelberg ist es kalt gegen hier, oder das Jahr ist aller Orten wunderbar heiß und trocken, alles treibt hervor; ich habe ein Spargelbeet von Siegellackstangen angelegt, es gelingt mir vollkommen, das Siegellack blüht schon sehr schön und ich denke dem Christian nach Bukowan Samen zu schicken, damit er die Kuheuter versiegeln kann, was sicherer und bequemer als die Arbeitsbeutel. Wie mag es da aussehn!! Bartholdi ist mit seinen Batallionen nach Wien gelangt, sie hatten geringen Verlust, alles ist zur Gegenwehr entschlossen, wir haben Nachrichten bis zum 22ten, die schönen Vorstädte werden wahrscheinlich bald ganz vernichtet seyn, es ist gut, so bleibt doch dem Elend künftiger Zeiten keine Anmahnung an vergangene Grösse und Glanz. – Die Beschreibung der Bayrischen Wasserhose hast du vergessen in den Brief einzulegen, vergiß sie aber nicht, ich denke sie mir ganz wunderbar, furchtbarer ist mir die stete Heiterkeit des Himmels nach diesen Ereignissen, – wie nach Jena, kein Gott hüllt die geliebteren Menschen in Nebel ein, daß die Kugeln sie verfehlen, sondern was sie selbst übernommen, das sollen sie auch selbst führen. Furchtbarer als der Krieg ist die Gleichgültigkeit gegen den Untergang des Einzelnen, kaum daß die Leute eine Hand ausstrecken nach einem Ertrinkenden, oder ihn wieder erwärmen mögen mit ihrer Wärme und wiederbeleben mit ihrem Hauche; erst gestern kam ich zu einem solchen Vorfalle, wo ein junger Mann, ein Uhrmacher in Gegenwart vieler Schiffer und Bekannten ertrunken, der eine hatte gesagt, [er] wird sich schon selbst h[el]fen, ich ka[m] dazu als er schon auf ein Schiff gebracht und aus Dummheit statt im Augenblicke Wiederbelebungsversuche zu machen, erst weit fortgeschafft wurde zu einem Wirthshause. Die Wirthin versagte dem Todt[en] den Eingang, weil es ihren Zuspruch vernichten würde und that so verzweiflungsvoll, als wenn sie ihn selbst umgebracht hätte, es half ihr aber nicht, nachher wurde gebürstet tabackklistirt, Tropfen eingegeben – alles vergebens, – es ist eine unglaubliche Wahrh[eit] in manchen englischen Bildern von Ertrunkenen, es war der erste, den [ich] gesehen, der offene Mund und etwas Sch[eim] in den Augen unterscheidet sie von andern Todten, die an der Luft gestorben. + – Reichardt wird in Halle erwartet, ich weiß nicht eigentlich, was er da will, in Wien scheint er verdient zu haben, auch ist bey Breitkopf und Härtel seine Melodieensammlung zu Göthe in drey Heften vollständig erschienen, die sich doch eigentlich vor allen ähnlichen Sammlungen wunderbar auszeichnet, sie ist unsrer Königin mit sehr schmeichelhaften Ausdrücken gewidmet. – Schreib mir doch recht bald, ob Du den Sommer in Landshut bleibst, so arm ich für jezt bin, hoffe ich jezt wo ich ohne Bedie[n]te lebe, eine Reise ohne grössere Unkosten zu machen, als dieses Theure Pflaster mir macht.

Ludwig Achim A

Ein Exemplar meines Wintergartens erhältst Du aus einem Packete an Savigny durch Zimmer

145

[Landshut, den 12. Juli 1809]

Lieber Arnim!

Heute den 12 Juli erhalten wir erst deinen Wintergarten, aber ich habe mir ihn schon vor 14 Tagen gekauft, und viel verGnügen in der traurigen Zeit an ihm gehabt, die Dedickation habe ich gleich erkannt, die Ganze Einramung der Erzählungen finde ich ungemein reitzend und herrlich erfunden, nur erschrickt man einigemahl, indem man die scharf gezeichneten Personen plötzlich ein Wenig Gespensterisch werden sieht, ich glaube ein andrer Leser als ich, muß eine ganz herrliche Empfindung über die schönen Geschichten haben, die er noch nicht kennt; ich habe vielmehr ganz den Genuß deiner lieben Gegenwart gehabt, denn ich habe noch nirgend dich so gefunden, als in diesem Buch, der Liebes Brief des alten Winters erinnert mich an die Briefe von Fichtes Vater an Sophien, die ich dir gelesen, und hat mir deswegen etwas ungemein rührendes, du glaubst aber nicht, wie mir zu Muthe war, als ich deine freundliche Begrüßung am Schluß gelesen, ich laß im Bett, als ich das gelesen, putzte ich das Licht aus, und weinte, und dankte dir laut und zärtlich. Du weißt nicht, wie mir jezt so anders ist, als damals am Rhein, ich habe recht abgenommen, und daß du mich doch noch lieb hast, das ist schier Alles, was ich habe. – . Ich habe dir wieder lange nicht geschrieben, die Ursache ist, weil ich immer Briefe von dir an Betine laufen sehe, und wenn ich gleich nichts davon lese, so ist mir doch als korespondirte ich heftig mit dir. Auch bin ich ganz aufgelößt in Ekel, Trauer, und mir ganz wiedernatürliche politische Erwartungen, so daß ich ein recht trauriges Schlaraffenleben führe, und oft verzweiflen mögte. Vor einigen Tagen habe ich Betinen geschrieben, sie solle mit mir nach Weimar und Berlin reißen, warum ist sie, in dieser Zeit, die alles zu zerbrechen droht, nicht bei ihren Geliebten, ich selbst habe keine ruhige Minute, sie hat mir geantwortet, daß sie sich sehr dahin sehne, daß Sie in ein paar Monaten auch mitreißen wolle, aber es scheint mir doch sehr lax und ins Weite gestellt, Morgen will ich wieder zu ihr nach München und noch einmahl recht anpochen, wenn ich aber keine recht gewiße Hoffnung erhalte, so komme ich gleich allein nach Berlin, ich bitte dich, mir daher, an dem Tage da du dieses erhälst, sogleich ein paar Zeilen zu schreiben, ob ich bei dir wohnen kann, oder ob du mich nicht magst, meine Verfluchten vielen Büchern und Hauswesens Verlaßenschaften scheniren mich nur so teufelmäsig, und dann ängstigt es mich auch, daß ich so lange unterwegs werde bleiben müßen, weil ich nicht wohl extrapostiren kann, wenn es uns dann in Berlin nicht mehr gefällt, gehen wir zußammen hierher, [denn] du must mich nur recht in die Zucht nehmen, daß ich wieder ein wenig auf die Beine komme. Hierbei hast du den Brief von der Waßerhoße, lebe wohl

dein Clemens

146 *[Friedenfelde, Anfang Juli, und Berlin, den 14. Juli 1809]*

Herzbruder!

Mir ist einmal wieder recht einsam und da denk ich deiner, dem es vielleicht in diesem Augenblicke eben so zumuthe. Es hängen so fatale schwere Kaldaunen am Himmel und mein warten hier gar langwindige verhagelte Geschäfte, ich sehe kein Haus, das nicht will geflickt seyn, keinen Menschen, der nicht irgend einen heimlichen offenen Schaden hat z.B. an den Ellenbogen des Rocks, von den Mädchen aber will ich gar nichts sagen. Dieses Friedenfelde hättest du doch sehen sollen, etwas Kurioseres ist noch selten in den *Fabulis Romanensibus* beschrieben, so miserabel vornehm wie eine abgetragene rothe Samthose. Das Schloß ganz türkisch mit vielen der wunderbarsten Thürme in der Form wie aus Spielkarten gewöhnlich verfertigt werden, darauf stand Sonne und Mond, der Mond ist aber kürzlich untergegangen, so wie zwey Thürme eingestürzt sind mit den Zimmerdecken, die Fenster sind aber noch darin und man hält die Zimmer für Treibhäuser, weil allerley Grünes, als Brennnessel und Kletten darin aufgeschossen. Im Garten auf der Terrasse steht ein tiefsinniges Räthsel von einzelnen Buchsbaumstauden, wovon sich alle Mathematiker der Gegend todt rechnen, welche krumme Linie sie zusammenbeschrieben, unfern ein ungeheures Treibhaus ohne Fenster und ein ungeheures Bienenhaus ohne Bienen, zwey Unternehmungen, die wahrscheinlich einmal ökonomisch viel eintragen sollten, weil die Bienen ihre Weidegerechtigkeit über die ganze Welt haben, aber weil sie auch nebenher die Freyheit behalten, fortzufliegen, wo es ihnen nicht gefällt, so ist hier keine einzige geblieben, dagegen viel Wespen, Hummeln und Mücken, die Nachts geisterartig um die Ohren summen. Sechs kleine Kanonen habe ich dagegen zu lösen und ein Paar verrostete Stoßdegen in der

Scheide. Für Geist und Herz ist gesorgt, die Geschichte des H. v H. und *Therese Philosophiae* verheirathen sich in der Bibliothek, die letztere ist Manuscript und sehr merkwürdig, denn es wird darin der Beweis geführt, wie ein Mädchen Jungfrau bleiben kann, in der höchsten Unzucht ihres Gemüth; und eine schändliche Ehe mit aller Ehrbarkeit führen, es ist vortrefflich in deine Baldingersche Sammlung und wenn es nicht darin, bestimme ich es Dir. Diese Bibliothek wird durch die Kirche geheiligt, die seit einiger Zeit, wo in der mit fünf Thürmen versehenen Dorfkirche ein niederstürzender Balken dem Prediger die Bibel aus der Hand geschlagen, im Schloß gehalten hat in einem Saale, wo ein Paar Aktrizen mit offenen Brüstlein und Herkules abgemalt ist, wie er von der Omphale spinnen lernt, das letztere Bild wird umgekehrt und an der Rückseite die Lieder jedes Sonntags angeschrieben. Übrigens ist noch eine ganze Sammlung von Gemälden, theils Dürers, Kranach, Holbeins oder ähnlicher alter Meister in einem Seitenzimmer, wo es steckt, wenn du einmal herkommst, kannst du dir nehmen was du Lust hast, es wird mir doch alles genommen, so ist mir zufällig im vorigen kalten Winter die ganze Bezäunung eines grossen Gartens weggetragen und was die verfluchten Buben davon haben, daß sie mir alle Scheiben eingeschmissen, daß weiß ich nicht, sie sollten bedenken, daß meine Tapeten, von der bekannten Art Muschelmalery mit kuriosen Vögeln und regulären Blumen darunter leiden können. Lieber Clemens, gestern Abend, als der Mond unter einer Wolke stand und kein Vogel sich hören ließ und überall, überall der boshafte Grif der Zerstörung so vorschien, da sah ich mit Schauder, so manches meiner Werke, das in glücklichem Augenblicke entworfen, vor der Ausführung zerrissen und zerstört ist, es endet jeder in sich eine Vorzeit, wozu wir aber der Anfang sind, das sey lustig abgethan, wie es das Herz uns gebeut, wir spinnen uns drin ein,

wir spinnen uns drin aus,
und wenns recht stille drein,
so öffnet sich das Haus, wir fliegen hinaus, wir fliegen
hinunter, sehr munter, viel bunter, mein Bruder

Glückauf!

Berlin d 14 Juli [180]9.

Ich gedachte Dir den Morgen in Friedenfelde noch ein Vieles zu schreiben, in dem Augenblicke kam aber der Bürgermeister der Stadt Prenzlau, mein Justizpfleger, und zeigte mir die ganze Bescherunge, daran wurde ununterbrochen von Morgen bis Nachts gearbeitet, dazwischen eingefallene Häuser und verhagelte Felder besichtiget, zuletzt die Bibliothek eines alten verstorbenen Ritters durchgesehen, die in einem Jägerhause in einem grossen Kasten gepackt stand, ich fand viel Schönes darin, das ich wahrscheinlich zu billi[gem] Preise erstehe. Meine Sammlung hat an ausgezeichneten Curiositäten bedeutend zugenommen, als eine besondere Treflichkeit habe ich einen Traktat von des Menschen Wachsthum in die Länge, an Fried. Wilh. II dediciert, nach demselben sollen Gesundheitsparaden angestellt werden, damit die Leute in die Länge wachsen. – Ich habe einen Plan das Leben von allerley frommen Leuten zu sammeln, die nicht als Heilige bekannt sind, vielleicht ziehst du damit ein, jeder von uns übernehme einige, ich meine, so ein Buch thäte jezt den Leuten recht wohl. – In mancher Stunde mache ich Pläne Dich zu sehen, ich weiß aber nicht wie, ich kann un[ter den] jezigen Umständen nicht gut fort Dir w[ürde da]s Leben hier kostbar und genüßlich seyn – schlimm [...]. Schreib' doch an Zimmer, daß er auch endlich die Ex. des Wintergartens schickt.

Dein AA.

147

[Landshut, spätestens am 28. Juli 1809]

Lieber Bruder!

Mitten unter der Verwüstung des Einpackens aller meiner Bücher und Geräthschaften, erhalte ich deinen Bericht und romantischen Bauanschlag von Friedensfelde, ich kann mir es lebhaft dencken, es war wohl so wie ein Degen ohne Klinge woran der Griff fehlt, die Scheide aber noch sehr gut, nur auf der Seite auf geschlizzt, als man nach dem Degen grub, wie glücklich wäre ich gewesen an deiner Seite, wie launig melancholisch, fatal, und doch so recht, recht viel Liebe und unendlich Vertrauen in dich. Bärwalde bleibt mir ewig unvergeßlich, besonders einige lichte Punckte, das Anschleppen des Holzes zum kleinen Kamin, von den gegen einander kabalierenden Hofleuten, der alte unglückliche Minister des vorigen Regenten mit dem Rock überm Arm, der Schulmeister mit dem Stiefelknecht, und unsre Begierde nach den Minnesängern in dem Koffer des Hofmeisters! Aber warum packe ich ein, wohin bin ich unterwegs, zuerst nach Halle, wenns geht, und sodann zu dir nach Berlin, und du räthst mir ab, so bleib ich dann in Halle bei Grimm, biß du mir wieder schreibst, waß ich thun soll, warum ich aber reiße? bei dieser tumultuarischen Zeit – weil mich das Herz treibt, weil ich mich nach Anregung, nach geistiger und liebender Mittheilung sehne, weil mich das Herz treibt, ich weiß nicht warum? Kurz – wenn ich wieder sehe, wird sich die Freude und der Irrthum zeigen. Luise hat mir neulich einen sehr rührenden und ungemein liebreichen Brief geschrieben, wie freudig Sie sein würde, wenn ich Sie in ihrer niedrigen Stube zu Giebichenstein besuchte, und wenn mir jemand von Herzen so Etwas schreibt muß ich alles im Stiche lassen und laufen, Zugleich kam der Wintergarten mit deinem Brief, worin du mich auch einludst (jezt sehe ich erst, daß er vom April ist) ich eilte sogleich nach München zu Bettinen, die mir *ernstliche* Hoffnung gemacht hatte mit nach Weimar zu gehen, bei ihr habe ich im Ganzen wenige Freude gefunden, Sie leidet an beständigem Catharr und sieht blaß aus, und lernt, wie sie meint ernstlich Composition, sie hat dich sehr lieb, sie hatte mich einstens auch sehr lieb, ich bin stets traurich neben ihr, und oft erbittert, daß so ein herrliches Wesen heut zu Tage sich versplittern muß, sie drückt mir oft das Herz ab, Sie will nicht mehr nach Weimar. Nun habe ich hier Alles eingepackt, und morgen gehe ich wieder nach München, um von dort[, wo] jezt Messe ist, mit einer Retour nach Nürnberg zu kommen, Von wo aus ich weiter gegen dich steuren will, Vielleicht hohlst du mich in Halle ab, und ich bleibe bei dir, biß du in besserer Zeit mit nach Landshut, und Rom kannst, ich will mich einstudiern, Frohreichs Stelle zu erhalten. In der Miß Lee wollen alle Menschen die Auguste im Laudon und dem Bruder mich und Christian erkennen, wenn die Geschichte ganz von dir ist, so ist sie das Trefflichste, waß du je geschrieben, ich bin erstaunt über die Haltung. Savigny ist sehr sehr erfreut über das Ganze Buch, nur damit, daß du den Schelmufsky angetastet, daß statuiren wir nicht. Hätte ich deinen Plan zu dem Leben frommer Leute, die keine Heilige waren eher gewust, so hätte ich schon Manches sammlen können, es ist ein schöner Plan, aber sollten sie nicht schon gesammelt sein? und die unbekanten, wer kennt Sie? Wir haben neulich an dem Dr Löw (dem Dichter) der unter den jungen Leuten hier ein rechter Engel war, und sich in den lezten Monaten zum Hausfreund Savignys gemacht hatte, einen schmerzlichen Todesfall gehabt, er starb am Spitalfieber, das er zum Lohn seines treuen menschenfreundlichen Fleißes gewonnen, er war einer der frommsten und sanftesten Menschen recht wie ein Lamm, sein Tod war in der Fantasie einer Schlacht, schrecklich, er kämpfte mit dem ganzen Leibe und sanck plözlich wie ein Held in die Küßen. – . erwarte mich und schreibe mir nach Halle, sollte ich irgend aufgehalten werden, so schreibe ich dir, wenn ich kam.

Dein treuer CBrentano

148 *[Halle, um den 15. August 1809]*

Mein lieber Bruder, seit 5 Tagen bin ich in Halle, und habe die Freude meinen lieben Wilhelm gesunder, gelehrter und vortreflicher als je zu sehen und zu genießen, waß nun zu thun sei, steht in deinem Willen, ich habe einen großen Lusten, dich in Berlin selbst zu sehen unter deinen Kupferstichen und Büchern, und deiner unglüklichen Nation, seelig fühle ich mich aus dem verschraubten Baiervolk weg zu sein. Doch kann ich nach deinem Briefe in Berlin ohne große Unkosten nicht lange bleiben, und wünschte es auch nicht, um deinetwillen, Betine wäre unendlich gerne mit zu dir und Göthe, Sie wünscht noch, wir möchten Sie abholen und zu Göth[en] begleiten, wo sie doch nicht lang zu bleiben begehrt, die Idee ihrer Musick wegen einige Monate bei Luisen zu sein war ihr auch sehr erwünscht Sie liebt dich doch unaussprechlich, wir thun es freilich alle, auch Göthe thut es, er hat mirs in Jena, wo ich ihn traf, gesagt, aber sie ist doch ein Weib, und ein groses Weib und ein liebes Kind. Soll ich nun zu dir kommen? wirst du mich wohl zurück begleiten? werde ich bei dir wohnen können? ich bin nicht unglücklich hier, die Leute haben mich lieber als meine ganze Familie, und nur das mindert den Genuß, daß es ein Irrthum von Ihnen ist. Ich habe auf der Reise einen Freund gewonnen, der mir ungemein achtungswerth und lieb ist, es ist der Philosoph Schubert in Nürnberg, vielleicht der reinste schuldloseste Mensch der lebt. Göthe sprach sehr theilnehmend und vortheilhaft vom Wintergarten, den alle Menschen lieben, sehr erfreut hat es mich daß sein Urtheil drüber schier wörtlich mit dem Savignys zusammen stimmt, den Kanzler Schlick hat er lateinisch und deutsch collationirt wie er mir gesagt und beschuldigt kleiner Nachläßigkeit und versäumniß einigen Schönen, Miß Lee ist beiden das trefflichste im Buche, Göthe sagte, es sei eine der besten Erzählung[en], die je geschrieben worden. Mit dem Nelson ist er nicht zufrieden, er klagte, mit den Worten: Selbst wir, die wir ihn kennen und lieben leiden in dem Genuß seiner originellen trefflichen Arbeiten recht schmerzlich an dem plötzlichen abstrusen Wahn, und Traum, der ihn uns oft boshaft aus der angenehmen Gegenwart entzieht, daßelbe hat uns den Einsiedler entzogen, der das schönste Intresse bereits erregt hatte, und von dem ein ganz neuer Geist über Deutschland hätte ausgehen sollen und können. – Mir hat der Nelson in einzelnen Romanzen ungemein gefallen. – Oken in Jena grüßt von Herzen. Von Räumer dem Jüngern sprechen alle Menschen mit so ungemeiner Achtung Schubert erwartet von keinem lebendigen Menschen mehr für die Wissenschaft, ich wünschte ihm, wenn diese Erwartungen gerecht sind, daß er sich noch nicht in den Ehestand einließ, die Rieke mag sein, wie sie will, so ist sie doch kein Weib für dergleichen Mann. Louis Grimm radirt jezt Betinen. Antworte mir gleich lieber, ich würde gern mehr schreiben, aber ich habe eine böße Hand die mir es beschwerlich macht. Von Christian wissen wir seit er wieder in Bukowan ist nichts, ich bin oft besorgt. Jordis hat sein Gut vortheilhaft an den König verkauft und ist nach Hamburg. Bald seh ich dich lieber

dein CBrentano

149 *Berlin den 19 August [1809]*

Nun wohl mir, daß Du so nahe bist! – Deinen Brief erhielt ich im Augenblicke, als ich zur Generalprobe einer Comödie ausgehen wollte, die in ein Paar Tagen vor vielen aufgeführt wird, fast hätte er mich in meiner Rolle irre gemacht, ich dachte immer, ob ich reisen könnte, ob ich Dich hier erwarten sollte? Du hast meinen letzten Brief nicht erhalten, worin ich Dir ausführlich erklärt, daß ich ein Zimmer für Dich beständig frey habe und leicht ein Bette dazu bekommen kann. Unkosten macht hier das theure Essen und Trinken, Komödie, u. s. w., es wird sich indessen einrichten lassen. Da Du den Wunsch hegst, Berlin zu sehen, so halt ichs besser, Du kommst zuerst hieher, als daß ich doppelte Wege mache, Dich hieher zu führen; dagegen könnte ich Dich von hier zurückbegleiten, wenn ich Geld auftreiben kann gehe ich auch noch weiter mit Dir. Ein übler Umstand ists, daß unsre häusliche Geselligkeit durch die nahe Niederkunft der Pistor bald ganz gestört wird, nun dafür haben wir dann Kindtaufe; La Roche ist auch verreist. – Es tribulirt immer im Kopfe herum, ob ich reise oder Dich erwarte, komm ich, so kommst du mit, kommst du, so komm ich nicht. Nun es soll vorläufig dabey bleiben, ich erwarte Dich hier. Hagen bitten Dich sehr ihm die Schwänke des Neithart in getreuer Abschrift mitzutheilen, ich habe es Dir vor einiger Zeit geschrieben und bist Du dazu willig und hast Du sie bey Dir, so vergiß sie nicht. Ferner bringe den Grimm mit, wenn es seiner Gesundheit nicht schadet, er ist einmal so nahe und muß durchaus Berlin kennen lernen, auch ihm kann ich ein eigen Schlafzimmer geben, das freilich nur ein Fenster hat, aber wegen seiner besondern Ruhe von allen früheren Bewohnern dazu bestimmt worden. Zuletzt – gutes Wetter erflehe – denn heute ist es so trübe warm, daß ich den Brief gar nicht gern abschicken mag. – Meinen Dank für alle Beurtheilungen des Wintergartens, auch für die von Savigny und Göthe, es ist mir sehr merkwürdig, daß von euch allen Bettine allein mit Sinn herausgehoben, was sich herausheben sollte. Die M. Lee, die euch gefällt, ist durch einen Proceß veranlasst, den ich in England klagen hörte, er wurde mir dort Veranlassung zu einem Schauspiele, das ich nur halb beendigte und nachher aufgab, in der wahren Geschichte wurden die beyden Gordons frey gesprochen, sie erschien ganz als eine liederliche Vettel, die Aufsehen zu machen suchte und wurde in Oxford vom Pöbel beynahe gesteinigt, sie hatte dem Laudon immer Eyerwein eingenöthigt um ihn zu ausserordentlichen Kraftäusserungen zu veranlassen. Lockhart und sein Bruder waren ein Paar verrufene Londner Rués und die Geldabsicht in ihrem Entführungsplan die Hauptsache, sie wurden aber von der Hure überlistet. Die meiste No[t] machte es mir die beyden Leut[e] mit einander zu Bett zu bringen, bis es mir einfiel, daß sie nicht allein schlafen konnte, was sich mit dem unbestimmten vollblütigen halbkindischen Charackter recht gut verträgt den ich ihr zu vindiciren suchte. Der gute Mister Lee war so weit entfernt seine Frau zurückzuholen, daß er vielmehr die Geschichte begierig ergrif sich von ihr scheiden zu lassen, er wird am meisten verwundert seyn über die Scene, die ich ihn spielen lassen, sollte die Erzählung je ins Englische übersetzt werden. Laudon warf ihr vor Gericht vor, er hätte leider zu spät erfahren, daß sie mit einem Dutzend Studenten zugehalten. – Auf nahes Wiedersehen! Leb wohl! Dienstag ist ein grosses Schiessen, vielleicht gewinne ich was, wir wollens zusammen verbitterschnapsen.

Dein Achim A.

Hat Grimm meinen Brief empfangen den [ich] ihm kürzlich geschrieben?

150 *Brln 5 Sept [180]9*

Herzbruder bist du krank oder verliebt? Ich erwarte Dich ganze Tage zu Wagen, zu Pferde zu Fuß, was vorbeyzieht, es [lies: ich] seh es an, ob Du es bist. Das Verlieben laß halt seyn, es geräth sehr selten und wo ich Dich in Argwohn habe, da würde es am wenigsten gerathen seyn, es möchte Dir gehen wie andern, ganz wie in der Geschichte der beyden Antons, die auf die Kirmes ohne Geld gingen, von denen der eine dann der Mutte[r] erzählte, er hätte keinen Kuchen b[ekommen] aber der andre beynahe. Es m[acht] mich mit einem ganzen Katal[og] von Merkwürdigkeiten, die ich Dir j[ezt] zeigen will, herumschleppen, der Kopf ist mir davon ganz dick und dunstig geworden. La Roche ist wieder hier. Bettine frägt nach Neuigkeiten von Dir, ich frage nach Dir und übrigens vergiß unterweges nicht den Grim in Wörlitz herumzuführen, wenn Du auch nicht Lust haben solltest. Wenn Raumer angekommen, bring ihn doch mit, er hat doch viel Abschiede hier zu nehmen von Bruder und Schwester. Grüß alle herzlich.

Dein Achim Arnim

151

[Halle, kurz vor dem 8. September 1809]

Theurer Herr Bruder!

Vor allem: blaue Heidelbeeren, schwarze Tinte, Bube rieche gut, Mädcher stincke. – . Vorigen Sonntag habe bereits abreisens vorgegeben, diesen Mittwoch wieder, nächsten Sonntag aber reiße ich bestimmt ab und zwar mit Grimm, und so kannst du uns, wenn der Postwagen ankömmt selbst auspacken, daß nichts wieder an mir zerbricht, waß ich hier mit vieler Bomolie und Mastix Waßer zußamengelöthet. Außer meinem zweideutigen Knie, welches auf einen Todkranken Finger kniete, hält uns ein großes Familien Epos, daß wir gemeinschaftlich unter den Pinsel haben hier gefeßelt, wir bringen unsre schönen Sommertage meistens vor der Staffelei zu, und finden einen rühmlichen Ersatz für den Verlust der erhabenen Natur in den Zaubereien unsrer Meisterhand, wir hoffen dir die schwachen Züge des besten Willens der Tebelholemehr vorzulegen, und dir ein schönes Lächeln des Beifalls abzulocken, dieses soll uns der schönste Lohn sein. – . Grüße mir die reitzende Kramfrowe (so nennt man der Tebel hole mehr die Kindelbetterinnen in Amsterdam, selbst die Notre Dame heist dort St. Kramfrowe) – Es freut mich, daß Gertraudens tag und die fröhlichen Klapperstorchs Gaben bereits vorüber. Ich bitte dich, wie gefällt dir die Rezension in der eleganten Zeitung von deinem Jardin d'hiver, sie ist von mir und Göthe, die Nuancen ins Ironische sind mir am besten gelungen, und ihm das reine Deutsch. Von Schuberts Ansichten der Natur von der Nachtseite hat ein Franzoß behaubtet, que c'estoit un assez bon ouvrage, mais pas Classique, car ce n'est qu'une traduction, du bonnet de nuit de Mercier. Hier habe ich die vergnügtesten Abende mit Lafontaine in seinem Garten genoßen ich habe ihn ungemein liebgewonnen, und ich kenne schier keinen Mann bei dem mir es so herzlich fidel wird. Lebe wohl, und schaffe eine bessere Kaffeemachine an, bei uns sind sie alle von englischem Blech, auch sehe einmahl in deine Spinde, da habe ich die Adresse des Spenglers liegen laßen, bei dem man den Levante Caffee bekommt, Adieu du süßer deine

Den 8ten also ich Freitag
ist mein Geburtstag, du kannst
daher meiner Büste gratulieren

[Aus dem Jahre 1810 liegen keine Briefzeugnisse vor.]

1811

152

[Berlin,] Sonnabends den 20 April [1811]

An Clemens

Du bist gestern so eilig entwichen, daß ich glauben muß dich durch meine sehr nothwendigen Erinnerungen gekränkt zu haben, ein weitres Nachdenken wird Dich überzeugen, daß ich recht hatte und daß ich auch darüber nicht schweigen konnte, weil ich sonst jede vertrauliche Aeußerung von unsrer Seite künftig zurückgehalten hätte, wenn wir nicht gewiß würden, daß alles, was wir in deiner Nähe sagen auch nur von Dir gehört würde. Die Ursach meiner Aengstlichkeit in Beziehung auf meine Frau wirst du natürlich finden, während ich es in Beziehung auf mich ruhig aufgenommen habe, daß du in der Roseschen Geschichte bey Ingenheim sehr hart gegen mich gesprochen, ungeachtet ich in der ganzen Sache durchaus keine Thätigkeit geäussert, sondern mich nur herzlich erfreut hatte, daß die Gesinnung für das Bessere, die sich bisher immer nur im Vorlesen gezeigt hatte, endlich in die Wirkligkeit, wie die österreichische Landnot [?] eingetreten war, diese allgemeine Theilnahme an einer Verhandl[ung], die in dem Augenblick auch das Interessanteste, Fremdartige, was vorgelesen werden konnte überwog, hatte für mich etwas begeisterndes. Doch wieder zurück auf die Ursach meiner Aengstlichkeit in Hinsicht dessen was Du von meiner Frau erzählst, so muß ich Dich an manche Erzählung erinnern, die du verschiednen von ihr gemacht und die nicht wenig zu dem fatalen Aufsehen beygetragen hat, worunter sie im Anfange ihres hiesigen Aufenthaltes hat leiden müssen und was sie von den meisten Gesellschaften zurückschreckte, ferner denk daran, daß du in dem bedeutensten Wendepunkte meiner innern Geschichte und meines Verhältnisses zu Bettinen durch eine ganz falsche Erzählung von ihr und Freyberg das Glück, was mir jezt geworden, fast gänzlich zerstört hättest; die traurigen Tage, die du mir damals damit gemacht hast, sind dir längst vergeben und vergessen, doch wirst du meine Vorsicht natürlich finden. Denk daran, wie Du Bettinen oft durch Erzählungen wie ich ausschweifend sey, wovon Du nie etwas ersehen hast, geärgert und von mir abgewendet hast, doch alles das hat sich gegenseitig erklärt, es ist vorbey, aber es darf nicht ungenutzt vorbeygegangen seyn es muß Dich überzeugen, daß die blosse Gleichgültigkeit das Heimlichere zur Unterhaltung zu machen, was einem gesagt allen zu überlassen, oft ebenso viel oft mehr als böse Absicht schaden kann, das Ungewisse nimmt den Schein der Ueberzeugung an und die Menschen lassen sich nie leichter darstellen, als wie mans gänzlich mißversteht. Genug davon für immer, was ich in dir geliebt habe und liebe ist von je an ganz unabhängig gewesen von dem, was ich nie in Dir geliebt habe. –

153 *[Berlin, vermutlich am 20. April 1811]*

Ich bin nicht gestern schnell von dir weggegangen, weil du mich gekränkt, sondern weil ich in meiner Seele so tief kranck und traurig bin, als ich es jemals in meinem Leben geweßen, ich trat schon in dein Hauß mit einer Betrübniß, die mich seit mehreren Wochen zerreißt, und deren Ende ich nicht absehe, da ich nun so still in deinem Garten stand, und die Kinder sah und dich und Betine herumhandthieren, und mich mit meiner ganzen Seele, mit meinem Leben tief traurig und erstickt fühlte, und wie ein eingeschlafenes

Glied, stieß mich deine Anrede zurück, nicht von dir, nur von der ganzen Welt, ich war ganz vernichtet, ganz zertreten, aber ich habe noch keinen Augenblick gelebt, ohne dich innig und aufrichtig zu lieben. Es war mir wie dem verzweifelten Emigranten, dem unser Vater eine Bouteille Wein schenckte, und der, da er die dunckle Treppe in seine Kammer hinauf gieng, ausglitt, und sie zerbrach, sich aus Betrübniß drüber das Leben nahm; daß dich mein Sprechen mit Radzivil betrübt, konnte nur die Folge von Unzufriedenheit mit mir biß zum Rande seyn, denn es war an sich so unschuldig, und so anständig, daß ich nie das Gegentheil begreifen werde, und es ist mir lieb, daß es geschehen, weil es mir vielleicht zu fürchterlich traurig gewesen wäre, in dem Seelen Zustand, in dem ich mich befand, durch einen Vorwurf von dir angestoßen zu werden, der mich würklich getroffen hätte, und so hast du doch endlich dein Herz gegen mich ausgeschüttet; Auf das Einzelne steht mir zu, von ganzer Seele zu antworten, das Ganze wirst du immer nehmen müßen, wie es deine Natur und deine Liebe, und dein Verhältniß kann, dagegen vermag ich nichts für mich in dir zu sagen, aber wohl in mir. Gegen Ingenheim habe ich hart von dir gesprochen? Das ist nicht der Fall, ich habe noch nie hart von dir gesprochen. Als in der Gesellschaft der verwirrte Skandal war, hatte ich bei deiner Äußerung zweierlei Empfindung, erstens war mir deine Freude und Begeisterung über das lächerliche Feuer dieser Ehrenleute und deine Passivität dabey, von Herzen erfreulich und liebenswürdig an dir, als Mensch und Freund, denn so fern bin ich dir nicht, daß ich nicht innig fühlen sollte, du könnest dich nicht über Schlechtes freuen, und ich wünschte, wenn ich dich ansah, sie möchten es noch viel ärger machen, denn du hattest ganz recht. Zweitens aber that es mir leid, daß du als Stiffter der Gesellschaft dir nur allein diese Freude machen konntest, und die andern sich unbequem dabei befanden, hättest du eine Stille begehrt, hättest du deine Ansicht ausgesprochen, es wäre jedermann klar mit sich und den andern geworden, du siehst da einen natürlichen Aufstand des Guten gegen das Schlechte, wo ich nur einen willkührlichen Aufstand des Eitlen und Partheisüchtigen gegen das ordinaire und gleichgültige sehe, und so mit sagte ich daß mir dein persönliches Vergnügen bei einem Vorfall, wo alles gegenseitig Geärgert war, leid gethan, weil du allein helfen konntest, wie es mir früher schon leid that, daß du die Gesellschaft zwar stifftetest, wie die Natur es thut, daß du sie aber nicht erhälst wie die Natur, sondern sie sich selbst überläst, und daß sie ohne eine Goldne Zeit gehabt zu haben, gleich mit der eisernen in sich ausgesezzt wurde. Uebrigens bin ich deiner Meinung.

Daß meine Äußerungen, die ich je über Betinen gethan, sie in ihrer Erscheinung beschränckt, und ihr geschadet, für diesen Glauben in dir kann Sie dich mit aller Liebe nie belohnen, wenn Sie gleich so liebenswürdig ist, daß Sie jedermann, den ihre ehemalige Art in der Welt zu erscheinen, zu falschen und harten Urtheilen verleiten mußte, leicht wieder versöhnen und zu ihrem Verehrer umschaffen kann. Ich habe nie etwas von ihr gesagt, als daß Sie sehr geistreich, sehr talentvoll sehr gut, aber in ihrer Erscheinung kindlicher und naiver sey, als dieß sich sonst wo zußammen paße. Daß die Leute verkehrt von ihr sprachen, werde ich Ihnen nie verdencken, habe ich Sie doch, seit ich sie kenne und liebe, häufiger in Gesellschaft so gesehen, daß ihr Wesen mir durch die Möglichkeit, es falsch aus zu legen, das Herz zerriß, als anders, und ich habe mich dadurch ja selbst oft geängstet gefunden, nur mit ihr auf der Straße zu gehen. Waß mir in meinem Leben Tolles nachgesagt worden, habe ich wohl selbst verschuldet, und es immer gefühlt, wenn ich als Mann doch vielleicht nie mich so auffallend betrug, als Sie es als Jungfrau gethan, ich habe niemand anklagen können, daß er mit seiner Rede von mir daran schuld sey. War Sie in München, wo ich nie über sie gesprochen, weniger auffallend und in seltsamem Lichte, als hier? – Diese Schuld nehme ich nie an, sie liegt nicht auf mir.

Daß ich dir von Freiberg und ihr sprach, habe ich damals von ganzer Seele gethan, wenn es mich gleich viele Mühe gekostet, ich wuste damals nicht, daß du Sie heurathen wolltest, du hattest dich nie drüber erklärt, sie selbst hatte mir ein mahl auf ihre Art erklärt, dich zu heuraten habe sie nie gedacht, aus allem, waß ich wußte, waß ich sah, waß ich errieth, waß ich zu glauben gedrungen wurde, und waß ich jezt gern für falsch annehme, war ich in einer großen Angst, sie stehe da, wie Sophie zwischen Bethmann und Herberstein, und wie ich einmahl zwischen der Reichenbach und der Mereau stand, und ich glaubte Gott weiß warum, sie liebe dich etwa wie den Göthe, und war fest versichert, sie werde den Freiberg heurathen, – anfangs glaubte ich, du wüstest davon, da du mir aber äußertest, daß du gar nichts davon wüstest, so sagte ich dir meine Meinung, weil ich dich mehr liebe, als Betinen, ich habe mich geirrt, du mußt es am besten wissen, sie allein konnte dich vom Gegentheil überzeugen, sie hat es mir selbst einmahl auf dem Opernplatz gesagt, daß Sie dich von Allem unterrichtet habe, und daß sie kein Verhältniß mit Freiberg gehabt, da wunderte mich mein Irthum, er war mir leid. Aber in derselben Lage würde ich dasselbe thun, ich konnte damahls nicht mehr sagen, als meine Vermuthung, die mir gewiß schien, ohne andere zu beleidigen, die in ähnlichem Irthum gegen mich standen.

Ich fuhr mit Bettinen in einer Kutsche; ihr hattet noch nie erklärt, daß ihr euch wolltet, mir schien das Verhältniß drückend in dem du als ein Fleisch und Bein mit ihr lebtest, ich fragte sie, ob sie dich nicht bald heurathen würde, sie äußerte sich auf ihre Art, da dencke sie gar nicht eigentlich dran, so sagte ich ihr, müße Sie auch nicht so handgreiflich zärtlich mit dir sein, sie fragte mich warum, ich sagte ihr, du seyst doch so ein gesunder und starker Mann, und es wäre mir fatal, daß ich dich in einer so unbefriedigten Erregtheit sehe, sie sagte, das verstehe Sie nicht, worauf ich erwiederte, wenn sie es nicht verstehe, sey sie kein Mensch, hierauf sagte sie mir: Sie glaube, du seyst gar nicht sinnlich, das kam mir übertrieben vor und darum unwahr, und als Sie mich weiter *ausholte*, ob du je ausschweifend gewesen, sagte ich ihr, daß ich das nicht wüste, daß ich aber glaube, wie ein gesunder und lebendiger und schöner Mann, der sich in edelmännischen Verhältnißen reisend in der Welt herumbewegt hätte, nicht eben eine Jungfer geblieben seyn könne, ich sey auch nie ausschweifend gewesen, wenn ich gleich von der Natur manches genoßen hätte, waß Sie mir gegeben. Vielleicht ist es unvernünftig geweßen, daß ich dies zu ihr sagte, aber sie hat mich auch dazu verführt, mit ihrer oft zu besonnenen Naivität. Dies Wäre meine Beichte, mein Freund, Sünden, die mich nur drücken, weil Sie dich gedrückt, meine Seele zu dir ist klar und rein, nimm sie, wie du kannst, sie läßt es sich gefallen, es verdient niemand deine ganze Liebe, am öftesten niemand als du. Hier die Glockenbücher, dencke doch sonst auf feste Gesetze in der Gesellschafft, ich will in allem deiner Meinung seyn von Herzen

der
deinige Clemens

154

[Berlin, nach dem 17. Juli 1811]

Lieber Clemens!

Ich habe den Brief des Zimmer eröffnet, weil ihn Böckh als etwas sehr eilig zu besorgendes erhalten hatte, ich dachte, dass etwa wegen der Hulda Vorkehrungen zu treffen, Du wirst aber sehen, dass nichts darin sonderliche Eile hat. Ich reise in diesen Tagen fort über Halle und Weimar, ob ich mich dann nach Böhmen wende, um Savigny zu repräsentiren, der wegen seiner Collegia die dringenden Bitten von Motz nicht erfüllen kann mit ihm in Bukowan zusammenzutreffen, oder ob ich an den Rhein gehe, das ist mir noch nicht ganz klar. Steffens, der Dich sehr vermisste, war hier und wollte mir aus Halle schreiben, ob ich während des Aufenthalts der Luise in Reichardts Hause in die Kost genommen werden könnte, der Mann hats aber vergessen, so komme ich wahrscheinlich um diese Freude, Louisen zu sprechen. – Meine Judengeschichte hat seit Deiner Abreise eine Katastrophe erlebt, die mir zu einem Buche, woran ich arbeite, sehr gelegen gekommen, ich wäre sonst nimmermehr herausgekommen. Ich sass im Badehause und lass in der Zeitung von den Schnürbrüsten, es war am Tage wo Du abreistest, war mit drey hundert Thalern bepackt und hundsmüde, trit ein fremder Mensch herein, springt mit erhobnem Stock auf mich schimpfend los, ich habe meinen Stock zum Glück an der Hand, pariere aus, haue nach, er taumelt und blutet, ich drück ihn an die Erde, übergeb ihn den Badeknechten in der Meinung, es sey ein Wahnwitziger, er aber schreit mir zu, er sey der Moritz Itzig, worauf ich die Sache der Justiz übergeben, die an dem Juden nach Herzenslust examinirt. Mir ist die Katastrophe das Liebste, denn die Geschichte hat mich innerlich in der Hitze durch das dumme Gerede so tief gekränkt, dass sich meine Natur endlich in einer Ruhr Luft machte, von der mich Dr. Meyer kurirte. Viele Grüsse an Christian, ich schriebe mehr, wenn ich Zeit hätte.

Dein Achim Arnim.

155

[Prag, den 3. September 1811]

Lieber Arnim!

Wie schön begeistert und für manchen Undanck deutscher Leser entschädigt, du dich jezt im geheimen Rath der Sonne sonnen magst fühle ich mit unendlicher innern Zufriedenheit, denn ich gönne dir alle Freude, du verdienst sie, und wenn ich deiner Liebe auch gar nicht mehr würdig wäre, so würde die meine dich doch nie verlaßen, die kein Mensch mehr verdienen kann, als du, über unser leztes dumpferes Nebeneinanderstehen hier kein Wort, meine Thorheiten wachsen wahrlich auf dem besten Boden meines Herzens, und wenn ich sie nicht hätte, wäre ich sehr traurig, ich kann die Herrlichkeit aller Naturen verehren, und waß mich straft ist mir heilig, aber ich kann nichts vergessen, und alle meine Sünden gehören mir an, aber es reut mich keine. Die beiden Motze sind nun in Bukowan, ich bin noch hier in Prag geblieben, wo ich in unserm Häuschen oben bei der Fräulein Georg einer aufgehobenen Klosterfrau wohne, Bettine kennt sie, nächstens gehe ich auch nach B[ukowan] zurück, deine Hierherkunft wäre gewiß von dem grösten Nutzen, aber du müstest noch während dem September hier sein, weil die Hauptsache ist, daß du mit Motz zu gleich hier bist, um nebst Ihnen durchzusetzen, waß sie bestimmt wollen, daß Christian Buckowan verläst, der sich und uns dort total ruinirt, die Motze sind recht sehr treffliche Vernünftige und ungemein ordentliche Leute, und lassen dich durch mich nochmals dringend bitten, so schnell als möglich nach Buckowan zu kommen, um mit Ihnen über unsere Lage zu conferiren. Also lasse dich nicht erwarten, und komme, denn du bist nöthig. Aufmerksam mache ich dich auf die Gedichte, welche unter dem Nahmen des Grafen Pückler herausgekommen sind, sie sind nicht von Pückler, sondern von einem jungen armen äußerst ausgezeichneten kräftigen und genialen Menschen aus Muskau nahmens Schäfer, vor dessen unschuldigem und starken Wesen ich eine grose Hochachtung gewonnen habe, ich halte ihnen für einen der Talentvollsten Jünglinge die mir je begegnet und ohne alle vorübergehende Blüthe, er ist durch und durch sehr reell. – Ich stehe jezt hier auf dem Punckt einem alten Harmonikaspieler eine kleine Kunstsammlung von einigen schönen Gemälden, mehreren schönen Elfenbein Arbeiten, und schönen Holzschnitzwercken, auch dem Pantoffel des Pabstes Ganganelli, um Etwa 200 rtl Courant abzukaufen, wenn ich die Erlaubniß erhalten kann sie accisfrei nach Berlin zu bringen, so bin ich versichert sie um das Doppelte, wonicht 3fache anzubringen denn es sind sehr schöne Sachen dabei. Ich schreibe darum an Savigny, daß er sich bemühen möge, mir einen Freipaß für meine Sammlung von Gemählden und allerlei Kunstsachen zu erwürcken, es ist gewiß manches dabei, waß dich sehr erfreuen wird, und ich werde manches für mich und freunde übrig behalten, hätte der Christian, die faule Canaille sie vor 3 Monaten als die Einlösungsscheine noch nicht im Umlauf waren sie gekauft wo sie ihm der Mann um 3000 fl bco laßen wollte, waß er blos aus faulheit unterließ, so wären sie geschenkt, es sind 2 Landschaften von Cajetan Rosa, 2 von Salvator Rosa, 2 von Orient, 1 Cranach, 1 L. Leiden, ein Christus von Screta und sonst viel schönes dabei, und die Bilder sind noch das unbedeutendste. – . Ich habe erst jezt, da ich länger hier in der Stadt lebe, die gränzenlose Verworfenheit dieses Volkes kennengelernt, und ich werde mich ewig glücklich schätzen in Preußen zu leben, denn hier sieht man nur Greul, die Leute verhungern vor der Polizei, gestern gieng ich vorüber, da wälzten sich eine ganze Familie auf dem Pflaster herum und riß das Graß schreiend aus der Erde. Dein Göthe, Schiller und Adelung, welche ich endlich bei Christian erwischt, habe ich so eben zum Heften geschickt, einer der schönsten Nachdrücke ist Schlegels Schäkspear, welchem die Eschenburgischen Erläuterungen der Stücke angehängt sind, willst du ihn etwa auch? Doch vor allem komme, es ist nicht etwa der blose Wunsch dich zu sehen, mein lieber, der mir diese Ermahnung ablockt, es ist vielmehr das klare Gefühl, daß deine Gegenwart, dein bestimmtes Urtheil über unsre Lage, deine Mitwirkung den Christian zu irgend einem Entschluß zu bringen, uns allen, und besonders mir, den man mit all seinem Hab und Gut in diese leere Mausefalle gelockt äußerst nöthig ist, du bist nun einmahl unser Bruder, nun zeige dich uns als solcher in diesem Geschäfft, erscheine bald, du könntest ja Betinen auf die Vierzehn Tage in Weimar laßen und ich reiste sodann mit dir biß auf die Gränze zurück, wenn du wüstest, wie ungemein nöthig es ist, so zögertest du keinen Augenblick, mit den Motzen noch hier zusammen zu sein, welche Ende September, abreissen. Wie soll ich es dir dringend genug machen

dein

Buckowan den 3. September 1811. Clemens.Brentano

Adresse abzugeben bei Hofrath von Altmann in Prag.

Daß der Jude das Kind mitsammt dem Bade ausschütten wollte, ist mir sehr rührend, du hast vortreflich nachgehauen, die Moritze sind uns nicht günstig, dir Itzig mir Bethmann, grüße Bettine, und bringe dem Göthe ein Vaterunser von mir, vor allem aber mache, daß du das Portrait von Dürer mit nach Berlin bringst, ich bitte dich um alles in der Welt.

156

Weimar den 14 Septem 1811.

Lieber Clemens!

Du wirst aus der späten Ankunft meines Briefes erkannt haben, daß ich nicht selbst nach Bukowan kommen kann, gern hätte ich mich den Gründen Savigny's für diese Reise gefügt, ja ich war bereit entweder hier meine Frau zu lassen, oder mit ihr nach Böhmen zu kommen, aber das alles hat Zebedeus verhindert. Schon in Halle machten mir allerley erschreckliche Zeichen viel Freude, hier entschied es sich mit entsetzlichen Uebelkeiten, daß sie gesegneten Leibes, das ist nun herrlich, aber es muß mit mancher Sorge errungen werden, sie hatte sich vielleicht hier mit Laufen und Reden, vielleicht auch bey kleinen Schrecknissen, daß ein Hund sie anbellte zu heftig angegriffen, es war ein vorzeitiger Abgang besorglich und sie muste sich einhalten, in ihrem Zustande waren ihr beynahe alle Menschen fatal, kurz sie wäre in der elendesten Einsamkeit hier geblieben, wenn ich nach Böhmen gereist wäre. Dazu kam noch, daß ich wirklich sehr wenig Gutes in Bukowan zu stiften wuste; fanden die Motz es auch zuträglich Christian von dem Geschäfte zu entfernen, weil er zu wenig Lust zu der ordinären Aufsicht über die Bestellung und zu viel Lust zu ausserordentlichen Unternehmungen hat, so gehörte doch immer sein eigner Entschluß dazu, indem wohl zu berücksichtigen ist, daß er sein ganzes Vermögen drein gesteckt hat, und jezt durch seine Geldgeschichte (in der ich seine Unbesonnenheit innig bedaure, aber den Franz in *dem* Verhältnisse, wie sich damals Frankfurt befand, kein so schreiendes Unrecht geben kann) noch auf längere Zeit gebunden ist, sowie durch die mannigfaltigen Prozesse, die vielleicht umgangen werden konnten, in denen aber sein Drang und sein eignes Interesse daran stoßweis einiges Leben bringen kann. Die ökonomischen Verhältnisse versteht Motz, der beständig in Kenntniß des Guts geblieben ist, nothwendig besser als ich, er ist in Geschäften geübt, was ich nicht bin; was konnte also mein Rath sonderlich helfen? Die Hoffnung besserer Geldverhältnisse für Oesterreich scheint so sicher begründet, in dessen natürlichem Reichthume, daß sie fast nicht ausbleiben kann, wenn Christian bis dahin nur an allen Spekulazionen gehindert werden kann, so ist alles in Ordnung. Seine Klagen über Riese scheinen gegründet, doch mit Faust spreche ich: Richtet nicht und somit wirst du auch nicht ungünstig über mich richten, wenn ich nicht nach B. komme. In Hinsicht des Kaufs der Kunstsammlung will ich Dir nur rathen, recht kaltblütig zu kalkulieren, was *Du* dabey heraus bekommst, der Du zum Kaufmann wenig geeignet bist, wie unendlich wohlfeil jezt gute Bilder überall zu kaufen, daß man an Beschädigte die

Kosten der Restaurazion gar nicht mehr wenden kann, so ist in Bremen der Hugo Grotius von Rembrandt um 30 rtl verkauft worden, in Holland sind unzählige kleinere Gallerieen feil. Ich freue mich indessen, auf alles, was du nach Berlin an kuriosen Kunstsachen mitbringst und bin versichert, wir sehen uns dann in vergnügteren Verhältnissen wieder; du hast das schöne Restaurazionstalent in dir, was die eitle Umgebung Dir abreibt oder falsch aufträgt, das vergisst du bald wieder so total, daß du wie aus Gottes Händen heimkehrst, nur glaube nimmermehr, daß das Angeklebte zu Dir gehöre, versteh mich recht; daß du deiner Geilheit den Willen gethan, an einer feilen Dirne kann mir leid thun, aber ich hätte es Dir nicht verargt, Entsagung ist nicht jedermann gegeben, daß du aber das Mädchen von unten herrauf zu bessern meintest, daß du statt das Schöne (was durch Gottes Güte selbst dem ärgsten Laster zu seiner Erweckung nicht versagt ist) aufzufassen und der unschuldigen Freude poetisch zuzuwenden, diese fatale wirkliche Geschichte mit dem Bessren Schönren in dir auszustaffieren suchtest, um auch dies in den Mist zu ziehen, daß du das schlechte und unglückliche Mädchen zu lieben glaubtest, indem du sie wie eine Gliederpuppe mißbrauchtest um allerley Experimente mit ihr zu machen, daß du deine schönere reichere Jugendleidenschaft geringschätzen konntest gegen dieses Spiel aus Geilheit und Langeweile und Wunsch nach etwas Besserem, das hat mich damals von Dir entfernt und wenn ich Dirs nie so klar ausgesprochen, wie eben jezt, so hielt mich die Rücksicht, daß du Dich gerade aus Eigensinn noch tiefer festbeissen möchtest. Noch eine Nebenbetrachtung machte mir die Geschichte verdrießlich, ich kenne deine Lust und dein Geschick so etwas in mündlicher Erzählung den Leuten, die beym Einzelnen stehen bleiben und kein Bild des Ganzen umfassen anziehend zu machen, nun wähltest Du Pistor zum Vertrauten, dessen alles nachmachende Natur oder vielmehr nachprobirende Art sicher allmälig zu einer gleichen Liederlichkeit übergegangen wäre, wenn nicht die ewige Gerechtigkeit in dem Schluß dieser Geschichte so schön bewiesen, daß kein Recht durch Unrecht kann hervorgebracht werden, eine alltägliche Wahrheit, alltäglich wie die Sonne.

Nun kein Wort mehr über die Geschichte, es möchte sonst wie mit Jakob vor dem Uebersetzen gehen, ich wollte mich Dir nur aussprechen; wenn Du mich vielleicht gleichgültiger gefunden, du must bedenken, daß bey einem lebendigen Menschen wie Du eine Berührung der Art wie das Mädchen, sich beynahe bis in den gleichgültigsten Aeusserungen zeigt, es ist wie eine falsche Bluttransfusion mit Kirschfarbenen Saft aqua lauro cerasi wodurch ein Absterben an freyer Berührung sich bis in die kleinsten Adern verbreitet, eine Haupteitelkeit versteckt sich hinter tausend kleinren, und selbst die Art wie du von Schinkels Freundschaft, deren Besitz mir ein verschwiegner grosser Schatz wäre, *redetest*, erschien einem nicht wie ein natürliches Hingeben, sondern wie eine künstliche Einrichtung, die du bey der mindesten Veranlassung, wie es einmal der Fall war, beyseite zu stellen Lust hattest. Ich habe es recht gefühlt, wie du mit dem Mädchen gebrochen, wie du auf Schinkel einmal böse gewesen, daß ihr gegenseitig zu einander in ein wirklich gutes Verhältniß gekommen, euch nichts mehr einander mit Absicht einzubilden.

– Das über alles Vergangne zwischen uns, nun wie es uns ergangen. Bey Reichardt wohnten wir vier Tage recht glücklich, Bettine gefiel allen und ihr gefielen die Mutter und die drey Töchter, es waren schöne Tage und wir benutzten sie, ich besuchte das Theater, wo der 24ste Februar gespielt wurde, eine Art Centaur, im Anfang herrlich menschlich, der schauerlichste Tragödieneingang, das Ende eine gemeine Creatur, die alles niederstampft. Auch eine Pistolengesellschaft habe ich besucht, von Stelzer, der immer vorbeyschiest, gestiftet; Steffens ist viel umgänglicher als sonst, er begrüst dich und denkt deiner sehr gern. Lafontäne war in Venedig, sonst hätte ich ihn besucht, seine Nichte hat vor mir weidlich [...]scht, Strassenkinder geküsst, sie ist aber nicht [...]ig und ich habe mir recht denken könne[n] d[aß] eine Sorte Schönheit, die dich reitzt [...], sie ist übrigens an einen D Niemeyer ver[sprochen] dem man einen Wald von Hörnern propheze[it.] Hier fand ich alles in Festen, Riemer hatte un[s] eine allerliebste Wohnung am Park gemiethet, Göthe's, des Herzogs, Wielands Geburtstag folgten auf einander, es war Vogelschiessen, ich ließ mich bey Hofe vorstellen, Bettine wollte nicht. Von Göthes Leben erscheinen Michaeli zwey Bände, nach allem, was ich davon höre, in vieler Hinsicht sehr zurückhaltend, aber doch sehr merkwürdig, auf ihn scheint dies Beschreiben seines Lebens dahin gewirkt zu haben, sein Leben aufzugeben, wenigstens sagt er es, auch nimmt er bey aller Freundlichkeit viel weniger Antheil an allem Neuen in der Welt und wehrt sich vielmehr dagegen. Die Frau macht ihm wohl manchen Kummer und entfremdet ihn von den Menschen. Der arme Wieland ist kurz nach seinem Geburtstage mit seiner Familie den Berg bey Tiefurt herabgestürzt und hat sich das Schlüsselbein[,] der Tochter Luise, die sehr gut und artig ist, das Becken gebrochen, er erholt sich, sie ist in Gefahr, er hat viel Muth und Heiterkeit in seinem Leiden und ich spreche ihn sehr gern.

Ich umarme Dich und Christian, bald gehts zur Weinlese.

Ludwig Achim v Arnim

157

Frankfurt den 26 Oktob 1811

Lieber Clemens!

Gestern sprach ich den Wisbadner Motz, der mir die Nachricht von Dir brachte, daß Du wahrscheinlich noch bis Weihnachten in Prag ausdauern würdest, nun sey guten Muths, ich dächte in dem Prag müsten auch Leute stecken, die einem gefallen können. Wie segne ich jezt meinen Entschluß nicht nach Bukowan gereist zu seyn, meine Ungedult in Geschäften hätte mehr verdorben, als mein bester Wille hätte bessern können, dazwischen die lederne Planmacherey vom Christian, nun ich denke der Herr Bothmann soll ihm die auslangeweilen. Christian hat durchaus einen schönen Trieb zum eignen selbstständigen Studium, es wird ihn sicher zu etwas führen, wenn ihn der Hochmuth nicht vor der Zeit anbohrt, aber er sollte kein Gut zu seinem Laboratorium machen, woran er selbst nur das kleinste Eigenthum hat, insbesondre nachdem alle übrige Theilnehmer sich das verbeten haben. Du glaubst nicht welche Aehnlichkeit seine erziehenden Briefe an Bettine die ich hier durchlaufen mit seinem Verfahren in Bukowan haben, einmal will er ihr alle Dinge zum Lernen aufbürden, die ihn im Augenblicke interessiren und die er eben begriffen hat, ja sogar die, welche er selbst noch nicht weiß, sondern erst erfinden will, so daß ich überzeugt wäre, wenn der Bukowaner Boden nur dem Christian zuhülfe käme und sich einmal in Bausteine, dann in Brandweinblasen, dann in Schafstall auf Rädern und zugleich in Weizen und Runkelrüben verwandelte[,] es ginge alles recht gut. Es hat mich erfreut daß Du eine künstliche Wiesenwässerung erfunden hast, wo die andern mit der Nase vorbeygegangen waren, dabey fällt mir ein, daß dies Poetenarbeit seyn muß, denn als wir vor ein Paar Tagen auf dem Johannisberg waren, den George mit einem Herrn Mumm zusammen für 32,000 fl höchst vortheilhaft in diesen Jahre gepachtet, fand sich Frau von Chezy mit ihren beyden Jungen ein, herbstete in dem Weinberge und füllte selbst ihren Strohhut (um Strohwein zu machen) mit Trauben, deklamirte von Rosen und Mirten und fing plötzlich im Keller dermassen von unten zu keltern an, in geringer Entfernung von der Gesellschaft, daß ich zur Verdeckung das Lied sang,

Ich hört ein Brünnlein rauschen in einem Keller tief und die Gesellen lauschen, wer mich so lieblich rief u.s.w. Bey den Versen fällt mir [ein], daß ich mir die Gedichte des Muskauer Schäfers habe geben lassen, aber wirklich noch nicht viel darin gefunden habe, hätte er nie den Göthe lobpreisen gehört so wäre es ihm besser gewesen, eine ehrliche Natur wie die seine ist besser monoton als nachahmend anzuhören. Crisalin hat einen Band Gedichte herausgegeben, der mich auch durch manche Nachmacherey erschreckt hat, recht artig sind seine Uebersetzungen des Horaz, so leicht hat er den schwerfälligen Alten in Reime gebracht und man lacht im Herzen, wie die alten Schulrecktoren halbe Tage an einer Strophe eines Liedes gemanscht haben, die sie in einem Taschenbuch für romantische Poesie in ihrer Muttersprache anspeien würden. Denk Dir die Schubart will noch immer ein romt: Taschenbuch herausgeben, ich glaube sie muß noch ein altes als Makulaturvorrath im Kopfe liegen haben und schlägt darin ihre Briefe ein wie Mohr und Zimmer in der Badischen Wochenschrift.

In ein Paar Tagen geh ich nach Heidelberg, wo Frau von Hellwich einen Hof um sich versammelt, Bertram noch immer Bilder zeigt, Creuzer und Voß sich anknurren. Göres hat mich in Koblenz wieder ganz in Ordnung und aufs Reine gebracht, wie es dort stehen, was sehr lächerlich ist, wenn du wo fort bist, kriegen die Leute einen Haß gegen dich, weil ihnen erst einfällt, was du ihnen gesagt, so soll es dir bey den Leuten in Heidelberg gehen. Was mir Spas machte, war die Bekanntschaft des Görres mit allen kleinen Rezensionen u.s.w., da jezt jedes Stück deutscher Journale mit Schwierigkeit hinüber kömmt, aber so entgegengesetzt wirken Verbote. Als ich zu ihm kam meinte ich, er sey wenigstens wie ein zweyter Savigny meublirt, solch ein hohes Haus mit breiter Thüre bewohnt er, dagegen aber trat er mir mit einem Nachttopf entgegen, Frau und Kinder hatten die Ruhr, ein dutzend Vögel schissen nebenbey in verschiedner Manier ins Zimmer, es lag die grüne Decke mit den Bleykügeln übern Tisch, im Schreibschranke lagen die Manuscripte übereinander, die Kinder schrieen, aber wie schön waren die beyden jüngsten geworden, der Bube ungeachtet er eben erst genesen lebendig und dabey griechisch zugeschnitten, als wär es ein Abguß (NB nicht von der Pfeife), das kleinste Mädchen wie ein lachender Engel von Albani, die älteste, wenngleich noch immer stammernd und etwas kurios, ungemein zuthulich und schmeichelnd, kurz ich kannte alles wieder und wir waren beysammen, als hätten wir nie Abschied von einander genommen. Er ging mit mir alles Bekannte in unserm Kreise durch, erzählte viel von Kreuzern, unter andern, wie den ein gewürfeltes Deckbett beynahe um allen Credit bey den Holländern gebracht hätte. Seine eignen Arbeiten gehen immer mehr ins Grosse, er denkt einen erzählenden Auszug aus dem grossen Persischen Gedichte des Ferdusi zu liefern, ausserdem hat er eine grosse Rezension von Jean Paul gemacht und bald ein Werk über das historische und mythische der christlichen Religion beendigt, das nach meiner innern Hoffnung die Juden vernichtet, die Allgemeinheit der Welterlösung beweist und den Zusammenhang mit allen Hauptlehren aller Welttheile. Wie wird sich der Scheiskerl de Wette und seine Consorten mit ihrer elenden Judenansicht schämen. Dabey treibt er fleissig Physiologie, bereitet sich zu einem Werke über die Nichtigkeit der Arzeneywissenschaft, badet sich alle Tage im Rhein, kurz ist und bleibt ein brav Kerl, der zu gut ist um angestellt oder gelobt zu werden. – Lassaulx war abwesend, seine Frau sah ich nicht, denn sie war krank und nicht ohne Gefahr, denn ihr Uebel ist ein langwieriger auszehrender Husten, den das Tanzen ihr zuerst angethan hat. – Die Mutter Lassaulx läst grüssen so wie alle andern, deine Büste steht gegen die Fliegen bronzirt unterm Spiegel bey Görres. Ich wohnte ein Paar schöne Tage in seiner Nähe, der Komet leuchtete mir hell, wenn ich Nachts, weil die Brücke nicht mehr abging, auf einem Nachen über den schwarzen Rhein nach Thal Ehrenbreitstein fuhr, wo ich aus Mangel an Pässen mein Nachtlager eingerichtet hatte. Wir wären dort recht froh beysammen gewesen, wie wir uns damals trennten im Anfange unsrer Bekanntschaft ist mir oft erinnerlich. Durch deine Briefe an Bettine, die ich durchlaufen und geordnet habe, bin ich in jene frühere Zeit sehr angenehm zurück versetzt worden, du glaubst nicht, wie viel consequenter ja wie tief vernünftig diese oft sind gegen die Ueberedlungen in deinem Umgange mit ihr, ja wie sie jede Abirrung, zu der du sie besonders im Verhältniß zu andern Leuten hineingerissen, auszugleichen und zu verbessern suchen, wo du zuweilen in Christian's Art verfällst, ihr etwas mitzutheilen, wozu ihr eigentlich die Prämissen fehlen, da bist du hingerissen, jener aber ganz hochtrabend kalt, dein Rath im Lesen und Arbeiten ist meist gut, während jener fast nichts Taugliches ihr anzurathen weiß, wenn man dir in den Briefen etwas vorwerfen kann, so ists, daß du ihr nicht öfter Bücher anrühmst, die ihr förderlich gewesen wären, und endlich, daß du so wie Christian zuletzt den Savigny fast gewaltsam in ihre Bildung hineinreisset, der sich in seiner Unbekanntschaft mit Mädchen erst gewaltig dagegen sträubt, dann aber in der Angst, was ihm zuerst in die Hände fällt, ihr zum Unterricht empfielt, unter andern Vossens mythologische Briefe, an denen wahrhaftig ein Philologe von Profession zu knaupeln hat. Für deine Briefe an Bettine bis zu deiner ersten Verheirathung habe ich Dich oft in Gedanken geküsst, deine Liebe zu ihr hat ihre Liebe erzogen und so geniesse auch ich von deiner Saat. Nachher wird der Briefwechsel ängstlich, Mißverständnisse von beyden Seiten, man fühlt daß Sophie, die mit ihrer Sanftheit alles hätte vermitteln können von Deiner Familie nicht recht aufgenommen und verstanden worden, du trittst mit ihr aus dem näheren Verkehr mit den Deinen heraus und greifst dann doch wieder aus Gewohnheit zum alten Verkehr, da findest du manches verändert, du meinst Bettinen weniger zärtlich, sie aber ist nur unabhängiger in ihrem Kreise geworden und mag ihrerseits wohl zuweilen in einen ungeziemenden Lehrton gefallen seyn, da verehrst du sie bald abentheuerlich, bald schiltst du sie unverdient aus. Der Tod deiner Frau scheint den engeren Verkehr die Vertraulichkeit mit Bettinen wieder herzustellen, da trit Frankfurt und die Eitelkeit der Welt und die Lüge der Kunst unter dem Namen Auguste zwischen euch und es hört aller Verkehr zwischen euch auf. So bin ich denn zu der Auguste durchgedrungen, von der ich Dir Nachricht geben wollte. Sie ist noch in Cassel, man giebt ihr Liebschaften mit allerley Offizieren, zur Lulu ist sie einmal in einem schlechten Anzuge gekommen, daß der Bediente sie kaum eingelassen, hat sich ganz demüthig angelassen, hat gesagt, sie wolle jezt alle ihre Extravaganzen aufgeben, es komme nichts dabey heraus, die Lulu frägt, wo sie gewesen; da erzählt sie daß sie von einer Hetzjacht komme, und begeistert sich in dem Vergnügen einen Hasen todtzuhetzen. Da keiner von allen Deinen Verwandten etwas Bestimmtes von Deiner Ehescheidung wuste, ging ich zu Euler und der sagte mir, daß das geistliche Gericht in Aschaffenburg gegen seine Erwartung die Ehescheidung nicht wegen der Desertion vollendet habe, er fand es sonderbar, mir schien es natürlich, da sie sicher erfahren, daß dies nur eine Maske gewesen, und einen defensor matrimonii angestellt hätten, der jezt die Klagschrift Eulers untersucht, er meinte aber, daß die Scheidung nicht fehlen könne. Dein Advokat Schott ist übrigens versetzt und nicht mehr in Aschaffenburg nach Eulers Aussage, darum will ich an Windischmann schreiben, wer deine Sache übernommen, es wäre doch möglich, daß in der Eulerschen Klagschrift Dinge ständen, die Du nicht tragen wolltest, ich hatte kein Recht die Klagschrift zu verlangen, aber Dein Advokat, der mit jenen den Vertrag gemacht wegen Kosten u.s.w., müste sie doch wenigstens durchsehen, daß er sie dir schickte scheint weitläuftig und kostbar, berichten muß er Dir inzwischen nothwendig. Der Bettmann war sehr artig gegen mich und gegen meine Frau, ich gab einmal eine Karte bey ihm ab, meine Frau war bey seiner Mutter, er hat uns nicht eingeladen, mir ists recht lieb, auch entschuldigt ihn vielleicht die Niederkunft seiner Frau, die von einem Knaben glücklich entbunden. Der Schwein Kelber, Hammel und Ochsenmetzger seine[s] Hauses, der Wurstbinder Hinkelmann haben am Tage der Taufe ein Fest im Sandhofe gegeben, der mit 15,000 Lampen erleuchtet über 10,000 Menschen herbeygezogen, die ihm ein Vivat gebracht, es sind ihm die Schlüssel des Sandhofs überreicht, Reden, Gedichte atlassene Kissen, weißgekleidete Mädchen, was aber ausserordentlich, waren die gedruckten Toasts, worin er der erste und edelste Frankfurter genannt wurde. Es wäre noch viel zu erzählen, doch lebe inzwischen wohl und behalte lieb Deinen

Achim Arnim

N. S. Grüß Christian vielmals. Laß meinen Brief nicht herumliegen.

158

[Frankfurt, den 24. November 1811]

Lieber Clemens!

Ich schreibe Dir zum drittenmal, ohne von Dir ein Wort vernommen zu haben, hol nach, dein Schreiben kann uns selbst über manches in Deiner Nähe Aufschluß geben, insbesondre wie es zwischen Bothmann und Christian steht. Ich habe eine Reise nach Heidelberg und von da, um Schwinks zu vermeiden, die unterdessen mit meiner Frau gute Freundschaft gestiftet haben, nach Straßburg gemacht, ich habe viel Herrliches gesehen, manchen braven Menschen gesehen, manches Lächerliche erlebt, wovon hier nicht zu reden. Vor allem muß ich dich von *Hulda* unterhalten, der ich mit zwey Kattunkleidern, die ich ihr schenkte, eine unerwartete Freude machte und doch vergaß sie sie anzusehen in der grösseren Freude etwas von Dir zu hören. Ich fand sie gar schön verändert, sie ist sehr gewachsen in den drey Jahren und gut gewachsen, sie ist gesünder hübscher, ihr Augenübel hat sie fast verloren, spricht recht ordentlich und sehr bescheiden, liebt Claviersp[iel,] ist mit ihrem Verhältniß zufrieden und gedeiht überhaupt. Als ich fortreiste besuchte ich sie wieder, sie brachte mir verschiedne Pakete stillschweigend, ich sah sie durch, es war der einliegende Brief an Dich und eine Rolle Zeichnungen, die ich Dir mitbringe nach Berlin, ein Paket war ohne Ueberschrift; ich fragte, an wen es wäre? Sie wieß auf mich. Es war ein artig gesticktes Brieftäschchen. Ich sagte ihr, daß ich das Schönste und Liebste, was ich hätte, hineinlegen wolle. Es war recht artig von ihr und that mir wohl, wir wollen ihr zum Weihnachten allerley senden. Meine Frau, die Dich grüst, wird schon rundlich, schlägt das Kindchen erst den Tackt, wenn sie singt, dann wollen wir uns auf den Reisewagen setzen und nach Berlin ziehen, etwa in vier Wochen. Hast du Göthe's Leben erster Band, ein herrliches Bild von Frankfurt, wenig von ihm und von den Seinen. Grüß Christian, gedenke mein bey Büchern und Kunstsachen, ich möchte ein schönes elfenbeinernes Crucifix für Bettinen haben, such es doch in Prag zu kaufen. Von Epp laß ich mir eine herrliche Christine aus Boisserets Sammlung kopieren. Den Dürer giebt der alte Herr nicht heraus.

Dein Achim Arnim

159 *Den 10ten December. 1811. Prag.*

Mein theurer und geliebter
Freund und Bruder!

Heute erhalte ich deinen dritten Brief, zwar wie alle ohne Datum, aber doch mit der Nachricht, daß du etwa in vier Wochen nach Berlin reißen würdest, so kann ich dann glauben, diese Antwort trifft dich in Frankfurt, denn ich schrieb allein nicht, weil ich selbst glaubte, ich würde dich vielleicht dort sehr bald sehen; ich will dir daher nicht länger vorbehalten, waß ich an vieler Liebe zu dir bis dato im Leibe zurück gehalten, und du kriegst das ganze Ziegenmolken, wie es sich verfangen. – . So sehr mich dein erster Brief durch die Wahrhaftige liebvolle Emendation meiner »Liebesaffairen zu Drecke muß werden« scharf getroffen und beschämt, so sehr hat mich die liebvolle schöne Erkenntniß meiner aus der Lecktüre meiner Briefe an Bettinen, der ganze schöne Hitzanflug der Erinnerung unsres Jugendbundes erquickt und gerührt im zweiten Brief. Dergleichen kannst nur du, und weiß nur unsereiner recht zu verstehen. Wir wollen uns wieder recht lieb haben, wenn wir zusammen kommen, ich will dir alles sagen und klagen, waß mich drückt und manchmal erstickt hat, von dir, du mußt aber auch helfen und Luft machen, wem auf der Welt kann ich denn etwas verdancken wollen und dürfen als dir; aber waß will ichs länger zurückhalten, ich will es jezt gleich thun. Ich habe einen innigen einzigen Wunsch jezt auf der Welt, von dessen Erfüllung ich allein einige Rettung für meine ganze Person auf Erden erwarte. Es ist der, wieder mit dir zußammen zu wohnen, und dein Tischgenoße zu werden. Du bist nicht eitel genug, um recht deutlich begreifen zu können, waß ich innerlich verlohren, als du von mir weg zogst; die dunckle Stube, die ich blos gern bewohnte, um dich manchmal mit deiner Hackennase am Fenster silhouettirt zu sehen, lag mir traurig auf dem Leib, und ich mochte sie in einen noch so abentheuerlichen Zauberstall umbauen, alle Zauberei war hinaus. Mir that es innerlich weh, mit der festen Ueberzeugung höchstens wie ein Thier ein eignes Leben haben zu können, dir mit allem meinem Gerümpel nachgeflüchtet zu sein, und dich wie einen blosen guten Bekannten im Luftballon der Liebe von mir abfahren zu sehen, und nichts vor mir zu haben, als die Bäncke und garstigen Füllfässer, an denen ich schon so früh mit dir selber gestanden. Ich kam mir vor, wie ein Zambekari, oder ein Claudius dem die Polizei verboten, nie wieder Unglück oder Spektackel zu machen, und meine veruchte Liebschaft, in die ich mich nun hinein warf mit allen Kräften und Schwächen hat viel Ähnlichkeit mit des lezteren Flugmaschiene. Schinkels Freundschaft hat mir viel ihm vielleicht manches genutzt, und ich setze sie parallel mit der Gesellschaft eines Herrnhuter priesters, den ich seines weisen Mantels und einfach langer Nase wegen für Kampe hielt, in der ich einmahl von Fft nach Heidelberg reißte und den ich immer lieben werde. Mein theurer Freund und Bruder! überlege doch mit Betinen, die mir und ich ihr doch auch manches gegenseitig gelehrt und genützt, ob es euch schädlich sein würde, mich armen Ausschüßling in eurer poetischen Nähe wieder zu erwärmen und gegen Gemeinheit zu isoliren, daß die Freude einem Bruder, Freund und guten Jungen etwas aufzuhelfen es nicht aufwöge, hat sie mir und dir nicht so herzlich geholfen das kleine Mädchen nebst Familie auf zu stützen, warum mir nicht selber unter die Arme greifen, dem es noch nöthiger thut. Du glaubst nicht, wie es mich in meinem Leben nach und nach erbittert und abgestumpft, bei fremden, Grimm, der Rudolphi, Pfarrer Mannel, Savigny, dir, Görres, Reichards, Pistors, Schinckels, immer mehr wirckliche Liebe, das heist thätige, als bei den meinigen zu erleben, und ich erinnere dich nochmals hier an die Minute zu Giebichenstein, wo ich dein Rechtfertigungs Memorial an die Schwincke abgeschrieben, und dir unter Thränen sagte, du wirst einstens mit Bettinen freudig durch die Welt fliegen, und ich, der dir gern die Stiefel putzte, werde das Nachsehen haben. Wozu hast du denn das göttliche Gedächtniß des Herzens, und alle die schönen Liebeserinnerungen, wie z.B. die an unsre Rheinfahrt, lieber Bruder, thue etwas für mich, hast du doch solange den dir unangenehmen Frohreich gehabt, nehme dich doch auch des Schmerzenreichs an, der dir angenehm werden wird. Wahrhaftig ich zittere vor Berlin, wenn ich

[...]

Gestern erhielt ich von Savigny die Nachricht, daß Heinrich von Kleist sich vor 14 Tagen nebst der Frau Rendant Vogel (Adam Müller's und Theremin's Buhlschaft vor der Sander) auf einem Dorfe zwischen Berlin und Potsdam nach eingenommenem Frühstück scheinbar mit gegenseitigem Verständniß erschossen. Diese Nachricht hat mich wenigstens wie ein Pistolenknall erschreckt. Der arme gute Kerl, seine poetische Decke war ihm zu kurz, und er hat sein Leben lang ernsthafter, als vielleicht irgend ein neuer Dichter, daran gereckt und gespannt. Er ist allein so weit gekommen, weil er keine recht herrlichen Menschen gekannt und geliebt, und gränzenlos eitel war. Ich habe hier seinem vertrauten Freund, dem Hauptmann von Pfuel, dem herrlichsten, unterrichtetsten, pädagogischten, mildesten, und nach allen Seiten tiefsten und geistreichsten Soldaten, dem ich jemals begegnet, die Nachricht mitgetheilt; er hat Kleist immer aufrichtig geliebt, und die politische Zeit wie die ganzen poetischen Lehrjahre desselben mit ihm verlebt. Es hat ihn bestürzt, aber nicht verwundert, er sagt mir, er habe nie etwas andres von ihm erwartet, er habe ihn einst acht Tage in Dresden wegen einer in der Liebe gekränkten Eitelkeit wahnsinnig und rasend in seiner Stube gehabt. Was wir nie erfahren, Kleist war einer der größten Virtuosen auf der Flöte und dem Klarinet. Wir haben ihn überhaupt nur ganz zerrüttet gekannt. Bei allem dem, wie ich durch viele Züge aus Pfuel's Mund weiß, ist nie einem Dichter seine persönliche Bizarrerie, und alle sein Tollfieber, und alle sein Werk und Unwerk von liebenden Freunden so nachgesehen und geschont worden. Überhaupt werden seine Arbeiten oft über die Maßen geehrt, seine Erzählungen verschlungen, aber dies war ihm nicht genug, ja Pfuel sagt mir, daß sich vom Drama zur Erzählung herablassen zu müssen, ihn gränzenlos gedemüthigt hat. Ich glaube, wer Adam Müller'n, der jetzt in Wien den vornehmen Fuchsschwanz trotz in Berlin streicht, je so toll anbeten konnte, wohl zu dergleichen Todschüssen in dessen ausgetretenen Liebespantoffeln kommen kann. –

[. . .]

die diese Messe in einer guten Uebersetzung erschienen, sie ist sehr interessant und wahrhaftig und macht einem bei der entsetzlichen Mühseeligkeit des Mannes und seiner tollen Reisen wie ein Felleisen angst und bang, aber herrlich ist sein Franzosenhaß und seine lezte schöne Liebe zu einer Stollberg, eine Deutsche wurde seine Muse. – . Ließ sie bald, hierauf lese ich jezt Marmontels Selbstleben, das auch sehr herrlich ist, 1805 Leipzig bei Hinrichs 4 Bändchen, es ist ordentlich rührend, wie es aus der Idille in das tollste Pariser Schriftstellerleben überspringt, welchem Deutschen war solch Leben gewährt, armer Kleist! Unser Vaterland ist verflucht rauh und gerecht, und thut keinem zu viel, über Verhätschelung ist nicht zu klagen! Ich habe so eben einen sehr dummen Streich gemacht, und jezt in dieser Minute läuft mir der Angstschweiß der Stirne herunter, mitten in der Beantwortung deines Briefs lese ich deine Aufforderung beim Ankauf von Kunstsachen auf dich zu dencken und für Betinen ein Elfenbein Kruzifix zu kaufen, ich laufe zu dem alten Organisten, bei dem ich die Kunst und Raritäten Samlung gesehen hatte und schon darauf geboten hatte, und in einer lächerlichen Ungeduld kaufe ich den ganzen Babel zusammen, für ohngefähr 200 rtl, jezt da ich das Zeug auf dem Halse habe, bin ich in einer Todenangst über meine Dummheit, es zittert mir Arm und Bein vor der Akzise, und dem Einpacken. Hättest du verhexter Junge mir nur wie das erstemahl abgerathen, ich bin aus der blosen Lust, das Zeug vor dir auszupacken in die Kunstfalle gegangen, und wenn du theurer Bruder mir nicht dabei unter die Arme greifst, so bin ich auf gewaltiges Fasten reduzirt, um das Geld wieder zu ersparen. Ich bin ein ganz wahnwitziger Mensch in manchen Sachen, und wenn jemand auf der Welt einen Vormund bedarf, so bin ich es, und ach! wer war mir sosehr ein solcher Vormund, als Sophie, damals hatte ich viele schöne Sachen und eine Haushaltung und Freunde und alles und jezt habe ich einen Rumpelkasten voll Sachen und bin im übrigen ein Lump. Lieber bester Bruder, nimm dich mit deiner Frau meiner ein wenig an, ich will mich eurem Willen ganz unterziehen, ich will euch nicht stören, ich will euch Freude machen auf alle Weise, ihr sollt mich rufen und schicken auf alle Weise und Wege, eine gänzliche Offenheit, eine deutliche Erklärung von beiden Seiten soll allem vorausgehen, alles was euch Unrecht scheint, will ich vermeiden, ich will beichten und bekennen, und einen Generalpardon verlangen, ich will fleißig sein, und euch meine Arbeiten, wie ein Pensum mittheilen, nur laßt mich bei Euch leben, damit ich mich wieder sammle und wieder auf die Bahn des Rechten komme, ich habe einen recht gründlichen Durst zu einer gewißen Reinheit der Seele zurückzukehren, aber ich fühle, daß ich es allein nicht vermag, daß ich Hülfe und Trost und Liebe und Aufmunterung bedarf, ihr werdet mir sie nicht versagen, da ihr nun zußammen so glücklich seid, warum wollt ihr in eurer Umarmung mich, der so lange zwischen euch stand, wie ein Janus euch beide ansah, jezt wie einen Keil heraustreiben. Keinem Menschen thut Liebe so wohl, als mir, wie schmerzt es mich noch in jedem Brief daß Savigny mich immer *Ihr* und noch nicht Du nennt, ich weiß nicht, waß ich ihm geben könnte, wenn er von selbst anfienge mich zu dutzen. – . Jezt während ich dies schreibe, bin ich in einiger Angst, wie ihr diesen Brief lesen werdet, wie ihr überlegen werdet, wie ihr mir meinen Wunsch abschlaget, und wie ihr nicht wißt, daß ihr mich ohne das ruinirt. – Doch Gott verhänge, waß er für gut hält, ich muß euch doch lieben. – . Jezt genug hievon. – Das Theater hier ist recht gut, besser wie das Berliner, der Direcktor Liebich ein Kerl so in der Art wie Lafontaine ist sehr reich und gastfrei, und ehrlich und gut, ich glaube man könnte ihn zu viel gutem Bewegen, über Kleists Tod hat er beinah geweint. Eine Berlinerin, die in Stettin, Leipzig und Dresden gespielt, nach der Bethmann, die beste Schauspielerinn, die ich in Deutschland gesehen, entzückt hier alle Welt, alles was Sitte und Urtheil hat, verehrt Sie und liebt sie, sie ist seit Jahren die treue Geliebte, des Nostitz, der beim Prinz Louis war, ich habe ihn kennen gelernt, er ist ein braver Kerl, und recht naiv und ernst. Sie heist Brede, gleich[t] der Steffens sehr, und hat in ihrem Benehmen gegen die Welt viel von Sophien, auch ich war drei Wochen ernsthaft in sie verliebt, und habe ihr viel Lieder und Briefe geschrieben, auch eine ganze Nacht unter ihrem Fenster den Kometen angeschaut. sie hat alles bescheiden und mit Grazie und vertraulich aufgenommen, ich aber habe die Passion zierlich abgebrochen, weil zu viele Leute in sie verliebt sind, und Sie allen gleich artig ist, übrigens werde ich Sie immer sehr hochhalten, sie ist eine der anmuthigsten, einfachsten, klarsten Holdseeligkeiten, die ich in der Welt begegnet habe. – . Mir ist der Boden hier glühend heiß, Christian klebt ohne Noth, und ohne ihn kann ich schwer fort, und doch sollte ich schon über alle Berge sein, denn auch hier, wohin ich von Berlin geflohen bin vor dem verruchten Liebesteufel, bin ich in eine unwürdige Schlinge gefallen, wo das Unglück umgekehrt ist, wie ich dort verliebt war, so ist man hier in mich verliebt, und ich bin verdammt schwach gewesen. Diese neue unglückliche Erfahrung überzeugt mich durch und durch, daß ich unter Aufsicht leben muß, sonst gehe ich zu Grund, und sie ist hauptsächlich mit ein heftiger Sporn, eure Hülfe anzurufen. Ich bin in der Liebe ein entsetzlicher Fantast, aber das schwöre ich dir bei Gott zu, alle meine bösen Abentheuer haben mir noch nichts gethan, ich habe mich recht gut dabei gehalten, und ich werde gewiß noch brav und eurer würdig, aber in meinem Leben gehe ich nicht mehr allein an einen Ort, meine Fantasie spielt mir verruchte Komödien. O lieber bester Bruder und Freund, wir wollen recht ernsthaft überlegen, wie mir zu helfen ist, und ich will auch pariren, wie ein Mäuschen. – Du schreibst mir in deinem ersten Brief, daß ich Pistor geschadet durch mein Vertrauen, liebe Seele, ich fühle das Gegentheil, er hat mir geschadet, er hat der geliebten Canaille immer das Wort geredet; und ich gehe recht mit Qual und Sorge in das böse Nest zurück. Aber du mußt mich draus erlösen und sollte ich auf deinem Boden heulen und Zähnklappen.

Waß du mir von Hulda geschrieben, hat mich innigst gerührt, auf dies Mädchen sezze ich die Hofnung meines Alters. Wenn ich nur mehr für Sie thun könnte! Ich habe immer in der lezten Zeit eine stille heilige Seele in ihr gespürt, sie hat gewiß mehr in sich, als wir alle sehen. Deine Güte gegen Sie lohne dir Gott und ich, das ihr ihr den Weihnachten besorgt, vergeßt ja nicht, ich will es euch wieder mit Kunstsachen ersetzen, die ich jezt alle zum Teufel wünsche, so Dummes habe ich noch nichts gethan, als dieses Zeug alle zu kaufen, bei diesen elenden schrecklichen Zeitläuften, ich habe mich in unsinnige Sorgen gesteckt, und wann ich das Zeug nicht bei dir aufstelle, weiß ich gar nicht wohin mit.

Von Christian kann ich dir nichts sagen, als daß ich ihn sehr unglücklich fühle, in ein äußerst schlechtes Geschäft mit Gewissen, Ehre und Vermögen gesteckt, von beständigen Erfindungen gequält, dabei unfähig beinahe das nothwendigste Bedürfniß zu befriedigen, durch seine Art und Weise meist unschuldig doch alle Hacken an sich, den Vorwurf an sich befestigt zu sehen, in 4 biß 5 bösen Prozeßen verwickelt, die fast alle viel Kosten werden, wenn wir sie verlieren, dazu kömmt noch Misverstanden oder gehaßt von dem schlechten und bestialischen Volk, hoch und nieder, und die Krone aller Fatalitäten, die seinem Auffenthalt hier sogar die persönliche Sicherheit raubt, hat ihn vor 3 Wochen hier im Erzherzog Carl auf die schuldloseste Weiße getroffen. Er geht Abends 10 Uhr über die Brücke, ein berauschter Subaltern Offizier fällt von dem Tritt in den Weg, ein Kutsche im Trab, ist auf dem Punckt ihn zu überfahren, er wirft sich mit Geschrei und Lebensgefahr dem Wagen entgegen und rettet dem Menschen das Leben. Voll Freude über seine That kömmt er im Gasthof an, wo oben am Tische eine Klique hiesiger braver in Zivilkleidern punscht, darunter einige Grafen, und Marientheresien Kreutze, und auch ein paar Dutzbrüder von Christian. Er erzählt einigen bürgerlichen Freunden die weiter unten sitzen, seine That, und bedient sich nur einmahl des Ausdrucks, ein junger Subaltern, er glaube nach der Uniform ein Fähnrich, der warscheinlich ein Gläschen über den Durst getruncken – in dem Augenblick springt ein Theresienritter Major von Mengen auf, und schreit ihm entgegen, woher wißen Sie, daß es ein Fähnrich war, sie reden sehr dumm, packen sie sich den Augenblick zur Thür hinaus, Christian entschuldigt sich höflich, sie drängen ihn zur Thüre er will nach seinem Mantel in dem er seine Gelder hat, sie schlagen ihm mit Stöcken auf den Kopf, sie rufen die Wache herein, die wegen Anwesenheit des Erzherzogs Anton im Hauße war, und der Korporal drängt ihn hinaus. – . Waß soll er thun soll er sich mit einem halben Dutzend Raufer schlagen, soll er alle seine Pflichten gegen uns unterbrechen, sterben, oder das Land in jedem Falle meiden müßen, er klagt beim Generalkomando, alle andern Anwesenden zeugen endlich für seine Unschuld. Die Offiziere sollen exemplarisch gestraft, und ihm das Urtheil comunicirt werden, aber sie sind die geachtetsten Offiziere bei der Armee, das Militair ist erbittert gegen ihn, und die Folgen sind nicht abzusehen, wenn ich ihn nur zur Abreise bringen könnte, hätte mich der Schelm nicht in der Langenweile an die fünf Monate sitzen lassen, ich wäre nimmermehr in das Unglück mit dem Kunstkauf gekommen; nie hat mich etwas so augenblicklich bestürzt nachdem ich es gethan, die Umstände waren aber auch recht gemacht um mich schnell zu verführen und mich sogleich nach der That in die verzweifelste Reue zu stürtzen. Ich erhielt den Brief von dir und Savigny zu gleich auf der Straße, ich lese in dem deinigen die Aufforderung, beim Ankauf von Kunstsachen dencke an mich, ich eröffne den von Savigny, ich sehe nur, daß eine Anweisung auf 4000 Gulden Bco, also etwa auf 400 fl Geld drinn ist; es schneit heftig, ich bin in der Nähe des Haußes des Kunstbesitzers, ich trete bei ihm ein, in einem wunderlichen Wahnsinn gebe ich ihm den Handschlag vor Zeugen, – ich gehe das Geld zu holen, nun lese ich erst Savignys Brief, ich lese und fühle seine Ermahnungen vor dem Kauf ganz, ich laufe nach Hauß um dem Besitzer abzuschreiben, zu spät, er hat bereits den grösten Theil in meine Wohnung schaffen laßen, ich habe alle die Sachen um mich und bin verzweifelt, ich biete i[h]m biß 500 fl Bco, wenn er zurück treten will, umsonst, ich sitze mitten unter dem Zeug, daß mich durch diesen Gefühlswechsel aneckelt, und es ist mir ganz als hätte ich ein Allrunteufelchen gekauft. Zu dem kommt es noch, daß ich jezt gleich fühlte viel zu theuer gekauft zu haben, das meiste ist Babel, von Wehrt sind nur ein Marmor in der Art wie Savignys, nur nicht so hautrelief, ein gemahltes Kreutz mit Schächern und Maria Magdalena, wahrscheinlich von Lucas von Leiden, 1½ Schuh hoch, sehr schön und edel, zwei kleine Landschaften von L'Orient, ein sehr schönes Portrait N. del Borbus, 3 schöne Elfenbein Hautreliefs, ein kleiner Christus und Samariterin am Brunnen hautreliefs Marmor 6 zoll recht schön, 3 sehr schöne Basrelief von Holz, eine biblische, eine Heiligen ein Mithologische Scene vorstellend von einem modernen trefflichen Meister, von der edelsten Zeichnung, ein Holz hautrelief Mutter Gottes, Kind, und Anna, und eine Glorie, älter, vortreflich, ein ditto nicht so gut, das Angebliche Portrait von Rubens in seinem 30 Jahr, so ziemlich. ein Ecce homo oder Schweistuch von Screta, recht ernst und brav. zwei Viehstücke mit Landschaft, angeblich von Roos, nicht übel doch ich verstehe es nicht, ein altdeutscher alter Apostel noch ziemlich schön, doch mag er vortrefflich gewesen sein. noch einige Minder gute Bilder, außerdem ein paar hübsche Dolche, Geschnitzte Kokusnüße, Elfenbeinbecher, 6 chinesische Obscoena (Holz und Beinrelief) ein schöner Elfenbeinener Sebastian, und allerlei christliche Gaukelei, 5 verschiedene altdeutsche gebildete Erdene Trinckhumpen, eine Partie hübscher Theekannen und Büchsen von Terra Sigilata, eine kleine Mariahimmelfahrt von De Vos, eine biblische Komposition von Sichem auf eine ungeheure *Steindruck* Platte, wenigstens 4 Schuh hoch 3 breit Gravirt, das Ding ist merckwürdig, aber wiegt wenigstens 1 Centner, außerdem noch allerlei Lumperei und für diesen Dreck habe ich in einer Art Wahnsinn bei meiner Armuth das Geld weggeworfen ich möchte mich zerreißen, du kannst dir noch dazu dencken, wie traurig mich meine Thorheit machte, als ich zwischen dem Kram saß, und weinte und mich dieser Thränen schämte, brachte mir ein Bekannter, die falsche Sage als gewiß, es seyen 12 Regimenter Infanterie, 6 Kavallerie Franzosen plötzlich in Berlin eingerückt und zu den Bürgern einquartirt und der König sey geflohen; ich hielt nun meine beinah thörichte Traurigkeit für lauter schreckliche Ahndungen, ja ich hatte sogar einige Minutenlang mir den Vorwurf zu machen gehabt, daß es wohl zu entschuldigen sey, daß Kleist sich erschoß, daß gestern eine Wirthin sich wegen 200 fl Bco erhängt, und ein Fleischer wegen einem unvortheilhaften Kälberkauf vorgestern hier närrisch geworden, im Hemd in die Hauptkirche gelaufen, die voll Menschen war, auf den Altar gesprungen, den Priester mit einem ungeheuren Zinnleuchter zu seiner grösten Verwunderung in Ohnmacht geworfen, und alle Schwere Leuchter nebst Monstranz und Kelch wüthend und blessirend unter die Menge geschleudert. Ueberhaubt ich kannte mich nicht mehr, Nachts konnte ich nicht schlafen, Morgens wachte ich unter Thränen auf. Aus allem diesem kann ich nur schließen, daß ich sehr thöricht gehandelt, daß ich bitter Unrecht gethan, und ich will, ich bitte dich von Herzen, daß du mir GLEICH wenn es auch nur in wenigen Zeilen schreibest, mir deine Liebe versprichst und mich ein wenig tröstest, auch melde mir so bestimmt als Möglich, wann du nach Berlin zurückkehrst. Ich möchte nicht vor dir hinkommen. Von Nachdrücken erhälst du den Ganzen Göthe und Schiller und Adelung, auch ist vom

Schäkspear ein schöner Nachdruck da, erstens alles Schlegelsche, Vossische, und Hitzigeschen Nachträge und alle die Andern Stücke nach Eschenburgs neuster Übersetzung, allen Bänden sind die Eschenburgischen Abhandlungen und 1 Kupfer beigefügt, willst du sie vielleicht, sonst sind alle Kotzebüschen Sachen schön nachgedruckt, auch die Preußische Geschichte, Adelungs Wörterbuch ist für dich auch gekauft, schreibe ob du noch Etwas willst. – Aber ich muß schließen schon wieder drängt es mich meine Thorheit zu beklagen, und ich würde dir erbärmlich vorkommen, denn ich selbst begreife diese unsinnige Traurigkeit wegen diesen Sachen nicht in mir, und grade diese Grundlose Angst ist es, die mich vermuthen läßt, meine Handlung werde auf irgend eine Weiße sehr nachtheilige Folgen für mich, da ich in meiner fatalsten Geschichte in der Liebe zu Augusten dieselbe wunderliche Angst empfand. Oder kömmt es mit daher, daß ich nun seit 6 Monaten unter trivialität, und allerlei lausiger Sorge lebe, daß ich keinen recht vortreflichen Menschen sehe, nur von Zeitlicher Noth höre, und Armuth an allen Ecken sehe, daß es mich nun in eine Art von Verzweiflung setzt, das Geld, womit ich mir und andern hätte helfen können, weggeworfen zu haben. Es muß irgend etwas in den letzten Lebensjahren sehr deprimirend auf meine Seele gewirkt haben, das ich jezt erst in seinen Folgen fühle, ich vermiße eine gewiße Einheit immer mehr in mir, mit der sich das Treffliche allein paart, ich komme mir vor wie ein Vogel Guckenkreudis, wie ein Sammelsurium, und habe einen Ekel an mir selbst. Nur die Liebe vortrefflicher Menschen kann mir wieder Vertrauen geben, aber allein darf ich nicht mehr leben, es muß mich einer ganz in die Kur nehmen, ich muß in ein ideales Hospital. Grüße und Küße Betinen, Gott segne ihre Frucht, ich habe euch immer lieber gehabt als alle Menschen

schreibe mir seelenkranken gleich dein

Cl. Brentano.

160 *[Frankfurt, den 28. Dezember 1811]*

Lieber Clemens!

Endlich ein Brief von Dir und zwar einer dem es an allerley materiellen Stempeln anzusehen, daß er mitten im Reinigen der pavagirten Kunstsammlung geschrieben, gleichsam den antiken höchst schätzbaren Rost trägt, wie er auf dem Tische in Verzweifelung über den Kauf hin und her geschoben worden, während die innere Verzweifelung in allerley Gruppen hindurchsieht, die Rale Levin schwebt mit einer Fackel hohnlächelnd über den ganzen Kram, die Offiziere aus dem Erzherzog Karl schlagen mit Stöcken drein, eine Schauspielerin schlägt aus Koketterie ihr Wasser in einem Ritterhumpen ab und eine andre stösst mit ihren verzweifelnden Aermen, daß du abreisen willst, einen Leidener Lukas mitten eine Loch, wie Du ihr gethan. Mensch, was soll mit Deinen ewigen Liebeleien aus dir werden, ich sehe keinen andern Rath, du must dich entweder kastrieren lassen, oder eine schöne reiche liebevolle, geistreiche, heitere, junge und nimmer altwerdende Frau heirathen, die statt deiner die Schwanzsterne besieht, damit du ruhig schlafen kannst. – Nun ernsthaft, den Kauf der Kunstsammlung mag ich wohl ein wenig übereilt nennen, da er dir so bald reut, aber Schaden wirst Du wahrscheinlich nicht dabey haben, ich und Savigny und Pistor und Wittich u andre Bekannten in Berlin nehmen dir sicher soviel von den Kleinigkeiten ab, daß Dir der Rest wohlfeil zu stehen kommt und Du Dir das bewahrst, was Dir am liebsten in der Sammlung ist, denk nur, wie theuer so Trinkhumpen in Berlin bezahlt werden, ferner Elfenbeinarbeit. Also deswegen sey getrost, ich dachte auch gleich, wie ich Deinen Brief las, von der Verzweifelung wird wohl bey Ankunft meines Trostschreibens keine Spur mehr seyn. Wie aber die schweren Dinge fortbringen? Ich rathe Dir, da du soviele andre Kasten noch in Böhmen bewahrst, Dir einen Fuhrmannswagen mit ein Paar Pferden zu kaufen, die ganze Musick fortzufahren, Christian mit aufzusetzen und in Dresden und Leipzig bis Berlin Ausstellungen zu machen, wobey du deklamiren, Christian über die Fortschritte der Schmiedebaukunst Vorlesungen halten kann, ich käme euch mit einem Schattenspiele entgegen, das ich bey Quaita gespielt habe, und welches den schönen Titel führt: *Das Loch.* – Nun, aber wieder im Ernst gesprochen, du kannst den Transport wahrscheinlich am wohlfeilsten Dir verschaffen, wenngleich etwas langwierig, wenn du die Sachen, ich weiß nicht, ob es schon in Prag möglich, aber von dem Orte wenigstens, wo die Elbe schiffbar wird, die schweren Kasten zu Schiffe nach Berlin durch Finowkanal, Havel und Spree transportieren läst und nur die kleineren Sachen, die Bilder und Elfenbeine u. s. w., die du gleich zu Geld machen willst mit dir nach Berlin führst, der Kasten damit wird so groß nicht seyn und die Fracht der Passagiere ist ja auf der Post ziemlich wohlfeil. – Wo Sie nun aufstellen in Berlin? Du meinst bey mir! Wo hast Du deine Einbildungskraft? Ich denke mit Schrecken, der mancherley Bücher, die ich von hier mitnehme, mancher neuen Bilder – ich verzweifle! – Und du meinst, du wolltest noch dazu einziehen? – Und das Kind im April und die Wartfrau, – ich armer Corfiz. Lieber Clemens wenn mir nicht Voß ein Paar Zimmer in seinem Hause einräumen kann, so muß ich selbst ausziehen, zwar hat er mir das vorläufig versprochen, aber wer weiß, was daraus wird. – Ja, Lieber, etwas opfert der Mensch allerdings auf beym Heirathen, aber es geschieht auch nichts Grosses und nichts Schönes ohne Opfer, manche Umgangsberührung, in die du noch mit rechter Lustigkeit eingehst, ist mir verschlossen, aber vor allem ist ein gewisses nomadisches Zusammenleben, was im Junggesellenstand mich erfreute, unmöglich, darum gräme dich nicht, wenn wir jezt nicht zusammenziehen, vielleicht läst es sich künftig einrichten, wo ich dennoch fürchte, du möchtest bald einen Ueberdruß an der Art Lebenseinförmigkeit empfinden, die mein Glück ausmacht. Denk nur daran, daß die ganze Klasse von Leuten, die dich bey Ingenheim entzückte, in meine Wirthschaft gar nicht mehr passen, und daß ich immer mehr Neigung in mir spüre meiner eignen Einsamkeit thätig froh zu werden, und den geselligen Welteffeckt zu meiden. Stelle Dir dein Wohnen bey Pistor nicht wieder so verkümmert vor, wie es damals durch die fatale Geschichte geworden, oder haftet dir ein gewisser Trübsinn an jenem Hinterzimmer, so suche das Vorderzimmer dir einzurichten, oder wähle dir eine Wohnung in der Nähe, wenn du gar nicht da ausdauern magst, ich wollte dir aber wohl zusichern, daß du schwerlich so freundliche Wirthe, die in ihrer ganzen Lebensgewohnheit *so viel Bequemes* haben, wie Pistors, finden wirst, deren Haus so angenehm nahe Savignys und uns liegt, daß du mit wenigen Schritten unter uns bist. Was sprichst du von heraustreiben aus unsrer Nähe, du bist uns willkommen, so oft du uns besuchst. Wenn wir dich in der letzten Zeit weniger sahen, so kam das von Zufälligkeiten, die zum theil aufhören; wenn du in der Hitze die Reisen nach dem Hallischen Thore und zu der Nichtjungfer gemacht hattest, so warst du nicht sonderlich aufgelegt zum Besuchen, das war natürlich; daß du ein paarmal meine Frau Deiner Laune aufgeopfert, ihr angedeutet, sie könne sich mit jener Geliebten gar nicht messen, das war eine Art Fühllosigkeit, die wir dir gern überhört haben, sie kam nicht von deinem Genius, sondern von deinem Dämon, der dich damals besetzt hielt; der ist ausgetrieben, du wirst meine Frau auch da, wo sie dir nicht ganz recht ist, achten und schonen, wirst uns die Urtheile der Leute über uns, aus denen wir nimmermehr besser geworden und oft vom Rechten abgelenkt sind, verschweigen und ich sehe nicht ein, was in der Welt das vieljährige zwischen uns bestandene Bündniß stören könnte. Vergiß doch ja nicht, daß vom Schlafen unter einem Dache, vom steten Zusammenfrühstücken, Mittagessen die vertrauliche Annehmlichkeit des Lebens Dir nie abgehangen, daß diese Einförmigkeit, der Du Dich nur ungern unterwirfst, Dir ein Haupttrübsal bey Sophieen war, daß wir selten so vergnüglich einander berührten, als da uns die die piramidale Lichterstrasse in Cassel von einander trennte und daß wir in Berlin nimmermehr mit einander frühstückten und selten mit einander zugleich zum Essen gingen, als wir Zimmer an Zimmer wohnten. Wenn du dem armen Kleist vorwirfst, seine poetische Decke sey ihm zu kurz gewesen, so ist dir deine vielmehr zu lang, oder du hast sie in der Eile verschoben und über die Augen geworfen, du machst Dir Bedingungen des Glücks, die dir niemals wesentlich waren und vergisst, daß dich gerade diese Freyheit von täglichem Lebenszwange immerdar gereitzt hat. Ich will dir noch einmal wiederholen, was ich meine, denn es ist mir lieber in meinem Rath langweilig als unpracktisch zu seyn; wenn Dir die Wohnung bey Pistors vielleicht verhasst geworden ist durch die letzte Zeit, scheue die geringe Ausgabe für ein Zimmer nicht, einzelne Zimmer sind so leicht in Berlin bey Gärten zu finden, schreib Savigny darüber, sag es Pistor, er wird es dir gewiß nicht übel nehmen, denn er hätte es nicht drey Wochen in der Dunkelheit jenes Hinterzimmers ausgehalten, sey versichert, wenn ich ein Zimmer irgendwo frey hätte, daß ich es Dir gern einräumte, daß ich dich immer als meinen vertraulichsten Freund gern sehen werde, daß aber von dem allen weder die Zufriedenheit, noch die Reinheit Deines Lebens abhängig ist, sondern von etwas, was kein Mensch dem andern seyn kann.

·/.

Die Geschichte von Christian hatte mir Motz erzählt, ich habe ihn gebeten sie geheim zu halten und er hat es mir versprochen, thu desgleichen, die Offiziere sollen sich damit entschuldigt haben, daß er sie früher durch politische Aeusserungen gekränkt habe und so wäre die gekränkte Gundel hart gerächt worden. Ich bitte Dich such ihn doch dahin zu stimmen, daß er seine eignes Interesse auch dem Bothmann anvertraut, es ist nach meiner Ansicht das einzige Mittel, wie er sich mit Ehre aus einem Geschäfte ziehen kann, dem er in keiner Art bestimmt ist und das ihn doch an allem anderen behindert. Die Oberaufsicht kann er ja immer auch aus der Ferne noch führen.

·/.

Ich denke von hier in acht Tagen abzureisen heute ist der 28 Dec 1811, wie lange ich unterweges bleibe hängt von der Gesundheit meiner Frau ab, die dich herzlich umarmt und in voraus beym Kinde zum Gevatter bittet.

Dein Achim Arnim
Prost Neujahr.

1812

161

[Berlin, den 5. März 1812]

Lieber Clemens!

Heute den 5ten März hat sich endlich durch öffentliche Bekanntmachung die Allianz mit Frankreich kund gemacht; es gab ein Paar Stunden, wo sich der König an die Spitze seines Heers stellen wollte um ihnen ⚔ entgegenzugehen, da kamen gnädige Botschaften von Napoleon. Viele Offiziere haben den Abschied genommen! So weit Politick. – Seit dem 4ten Feb: bin ich hier, unsre Reise war, ungeachtet des tiefen Schnees sehr glücklich, in Cassel einige Tage mit Grimms sehr vergnügt bey Büchern und Manuscripten. Der Ferdinand ist wirklich wahnsinnig und das ist der ganze Kummer, die beiden andern sind um so scharfsinniger und gelehrter geworden, ihre Sammlungen haben Riesenschritte gemacht und wachsen bald in ein Dutzend tüchtiger Werke zusammen. Die Auguste habe ich nicht gesehen, sie ist Kinderspott geworden, möge Gnade Gott dazu kommen. Sie hatte kurz vorher ihre Bibliothek verauktionirt, die Grimms hattens gleich entdeckt an der Vollständigkeit unsrer beyderseitigen Werke und manches erstanden. Um dich über deine Scheidungsangelegenheit ganz ins Klare zu setzn lege ich den Brief des Advokaten ein, nächstdem einen Brief von Hulda, an welchem du mehr Freude haben wirst, gleichsam zur Entschädigung und eine Rechnung von Krieger in Marburg damit du nicht übermüthig wirst –

Ich weiß nicht woher das falsche Gerücht hier erschollen, daß du in Wien, es kam aber aus dem Knoblauch, das hätte mich mißtrauisch machen sollen, dennoch hats mich am Schreiben gehindert, bis der ehrliche Ries uns beyläufig eines Bessern belehrte. Jezt erzählt der Knoblauch, du schriebest einen Roman, das erfuhr ich gerade heute, wo mir ein Roman völlig zu ende gelaufen, der mir ein Paar Jahre meines Lebens und vielleicht mehr gekostet hat, das heist ihn zu erleben, nicht zu beschreiben, denn dazu möchte ich wohl nicht kommen. Heute ist die Wißmann (sonst Schwink) von hier abgereist und denk dir, ich habe nichts andres dabey gefühlt, als eine gewisse Vorsorge, daß sie keinen Schnupfen bekommen möchte und daß ihr Mann nicht möchte die boshaften Klatschereien erfahren haben, die über die arme Frau wegen einiger fürstlichen Artigkeiten ergangen sind. Ich scheide von ihr mit der Ueberzeugung, daß sie unschuldig war wie ein Gott, und von menschlichen Gefühlen und von meinem Jammer und meinem Entzücken keine Ahndung hatte. Nichts ist mir jezt lächerlicher, als meine Furcht vor ihrem Wiedersehen und wenn sie nackt vor mir ausziehen wollte und alle Trennlieder, die ich auf sie gemacht, mir vorsingen ich gebe noch nicht das Haar darum, was in Bettinens Kamme beym Auskämmen stecken bleibt. +++. Es giebt hier viel Geschäfte, Savigny hat mir mit vielem Eifer genützt, da soviel hier von Papier(geld) bey Einkaufe die Rede ist und nicht minder bey euch, so mag hier folgende gute Geschichte stehen, Zwey Weiber, die Nachtstühle austragen begegnen sich unter dem Winterhimmel und setzen ihre Bürden einen Augenblick nieder, ich stehe in der Nähe wie der Kapuziner auf Friedrichs Landschaft, die eine sagt: Nun wie gehts ihr in jezigen Zeiten? – Ach, spricht die andre, man muß wol zufrieden seyn, so aus der Hand in den Mund. – Ne, sagt die andre, wat is es anjezo schlecht, sonst alle Woche bey Gehemeraths dreymal, anjezo einmal und wat is noch, *die Hälfte Papiere.* – Bey den Papieren fällt mir ein, daß ich mit grosser Rührung in deinem Witwersitze die Tischreden gefunden und sie der deutschen Gesellschaft überantwortet habe, in der ich ein paarmal recht delikat und vergnügt gefressen habe, wo aber ausser dem Meinigen gar nichts zur allgemeinen Unterhaltung beygetragen wurde. Der Stiftungstag soll sehr feyerlich gewesen seyn, die Trompeter und Pauker haben vierzehn Thaler gekostet und nach dem Prinz Ferdinand hat man Friedrichs Schimmel leben lassen, Stägemann hat tapfere Verse mit einer geringen Legirung alter Mythologie verfertigt. Vom Poet Schulz sind sonderbare Geschichten eingegangen, er soll nämlich mit dem verstorbnen Joh: Müller in einer Sommerlaube gesehen worden seyn, wie sie einander gegenseitig mit den Händen erleichtert haben, ferner schleicht er sich immer in Stägemanns Arbeitszimmer und legt dem die ungelegten Neuigkeiten aus, sonst ist er noch einer von den wenigen an denen ich das gute alte Berlin erkenne. – Sonst hat sich alles verändert, die Schock hat den Bertholdino abgedankt und den Cavafemino Weiß angenommen, der sie aber beynah wie die Farbenlehre ansieht. Ein jüdischer Student ist angeklagt worden bey Fichte, daß er Zähne ausreisse und Hüneraugen beschneide, er hat sich aber vertheidigt, daß er die Zähne nur putze und die Hüneraugen ausbrenne, worauf ihm Fichte geantwortet, wenn er noch ein Funken Ehre im Leibe hätte, woran er aber nach dem Vorgange zweifle, so möchte er dieser Muse entsagen. Diese harte Rede ärgerte die meisten im Senat, sie wurde aber wunderbarlich bestätigt. Der Knoblauch wurde von einem andern Knoblauch im Latein unterrichtet, dieser lateinische Knoblauch hatte Mangel an Geld, bat ihn für seine Dienste um ein kleines Darlehn. Der Zahnputzer schafft ihm sechs Thaler von einer alten Jüdin, der er die Hüneraugen beschnitten, ängstigt aber jenen in Zeit von einem Monat bis vier Thaler als Zins mit der Drohung ab, die Alte wolle ihr Geld wiederhaben. Endlich fasst sich der Lateinische Knoblauch ein Herz und spricht mit der alten Jüdin (es war dieselbe die zu dem Bauer gesagt hatte: Alterchen piß er doch hier) und diese versichert nur zwey Thaler erhalten zu haben. Der Lat: K. geht also an den Senat, [de]r Zahnputzer wird vorgefordert, er sagt auch, [a]llerdings ja, er hätte das Uebrige für Kuche[n a]usgegeben, aber wenn er nichts für sich genommen,] so hätte er ja das ganze Geschäft aus Freundschaft gemacht, und so stände er sich gar nicht mit dem Lateiner. Er bekam das Consilium wegen dieser Offenheit. – Die herrlichsten Bilder in neu, von mir erfundnen Rahmen schmücken Bettinens Zimmer, unter andern der Dürer, den wir dem Göthe abgeholt haben, eine Elisabeth, die ich nach dem schönsten Bilde von Boisserée mit Variazion von Epp habe kopiren lassen, meine Kunstsammlung ist auch eine der ersten mit[,] und in diesen Tagen bekomme ich von Pistor eine Copirmaschiene, meine Frau geht herrlich auf und sieht recht prachtvoll aus, sie grüst dich, so wie Pistor, der seit drey Monaten an einer künstlichen Schreibfeder arbeitet um deinen Brief zu beantworten, es grüssen Hinz und Kunz, nebst Cajus und Sempronius. Schinkel hat herrliche Zeichnungen aus Salzburg und Tirol ausgeführt, er hat eine zweyte Tochter. Savignys Bübchen sieht derber und kräftiger aus, als die beyden andern. Deine Kunstsammlung bring nur dreist hieher, du findest sicher Abnehmer. Schreib mir wann du kommst, schreib uns etwas von Christians Gesinnung und Planen und vergiß nicht Deinen Achim Arnim

Berlin den 5 März 1812

Ich bitte dich, wenn Du fn. must, gedenke meines ehrlichen Predigers in Göttingen – der sprach: Kinder, wenn ihrs thun müsst, so nehmt alte Weiber, wozu duldet Gott sonst die alten Weiber und ihr kommt ohne Schaden weg.

162

[Prag, etwa den 24. März 1812]

Mein lieber theurer Bruder!

Ich fange mit dem Ende deines Briefes an »vergiß nicht deinen Bruder Achim Arnim« und sage, du hättest mich nöthiger ermahnt, vergiß dich nicht selbst und sterbe nicht. So wahr mir Gott helfe, ich habe noch keinen halben Tag hier zu gebracht, ohne an dich zu gedenken, und da ich immer allein auf meiner Stube sitze und allerlei schmiere,

kannst du das ein Zeichen in allen meinen Papieren finden, Ueberal steht deine Schiffre. Waß kann ich auch andres dencken hier in diesem Schandland, dessen ganzer Vorzug vor meinem geliebten Berlin das bloße ch ist. Ich habe den ganzen Winter auf meiner Stube hier in Prag geseßen, und bin keinen andren Schritt gegangen, als Mittags zu Tisch und Abends um 7 Uhr zu Nostitz Major bei Schwarzenberg Uhlanen, dem Adjutanten von Prinz Louis, den du kennst, er liegt kranck an alten Resten des Gendarmen Lebens, seine Kameraden trinken Abends Thee bei ihm, und ich sitze still in der Ecke, und höre seinen Erzählungen zu. Er erzählt trefflich, und ist voll Geist, Unbefangenheit, Noblem Wesen, und hat aus dem Wilden Leben eine Unschuld und Naivität mit gebracht, die mich ihn sehr lieben und schätzen macht. Sonst ist das Wesen hier ein Haufen der manichfaltigsten Niederträchtigkeit. Nirgends Liebe zum Vaterland, noch zu der Wißenschaft, noch zu der Kunst, Hunger unter den Armen, die höchste Sittenlosigkeit unter den Reichen, keine Gesinnung für irgend Geschichte, keine politische Ansicht, Soldaten, die sich brav geschlagen, und die nicht wissen warum, und jezt manichfaltig ihre Rache an wehrlosen Bürgern nehmen. So oft ein groser Wind geht, erhencken sich ein paar Leute in der Stadt, vorige Woche starb eine wohlhabende Frau am Schlagfluß, weil sie 12 fl Bco verlohren. Uebrigens das Gräßlichste, die merkwürdige Justitz, mit öffentlicher Bestechung gelangst du zu allem, vor einiger Zeit nothzüchtigte ein Verheurateter Beamter hier in der Kanzlei ein 9jähriges Kind, er zahlte der Mutter 100 fl und geht frei herum, und alle dienen mit Ihm, solche Fälle sind unzähliche; ja das ganze böhmische Wesen ist gräßlich, und ich habe nie geglaubt, daß so ein Staat bestehen könnte. Unsern Waldprozeß haben wir verlohren, den Rieß hat man neulich in Ketten und Banden abholen wollen, alles ist durch einige ℔ Zucker und Schokolade wieder in beßerem Gang. Von Bukowan höre ich nichts und will ich nichts hören, da ist nichts, als Projeckte, Diebstahl, Mangel, und Unheil. Vor Vier Wochen, höre ich indireckt, habe Christian schon seine Päße nach Berlin hier holen laßen, noch weiß ich nichts von seinem Lusten wegzureißen, und es ist mir unmöglich, ihn weiter dazu zu ermahnen, ich kann ihn kaum ansehen, wenn er hieher kömmt, er [thu]t mir leid, denn er ist ohne Trost und Hülfe, und ohne Geld, und [hat se]in Talent, seine Kenntniße, sein Schicksal, sein Vermögen, [in eine]n schlechten undanckbaren Boden versenckt, der mit Dieben [vergifte]t, von Schurken regiert ist. Ich glaube, daß er seine Abreise mit deswegen verzögert, weil er nicht weiß, das Geld dazu aufzubringen, wie meine Umstände dabei stehen, kannst du dir dencken, ich lebe von einer Hand voll Zettel von Tag zu Tag, und klebe ohne Mittel fortzukommen in aller Unschuld an einem Fleck der mir verhaßt ist, und lebe in der Angst, wovon ich in Berlin leben soll, da alle meine paar Batzen in dieser Elendsgrube stecken. Die Idee von Motz den Bodmann hieher zu setzen ist ganz gut, er ist ein grundehrlicher und uneigennütziger Mann, er kann aber nicht hexen, ist entsetzlich kindisch und altweiberhaft geschwätzig. Er kann nichts anders sagen, als daß Christian, unordentlich rechnet, und sein eignes Vermögen verschleudert hat, um das zu berechnen, waß vielleicht hie und da uns zur Last fiele. Sonst ist er und Christian herzlich vertraut, er ist ihm eine Art von *Herr Schwab*, überhaupt ist dem armen Christian nichts vorzuwerfen, als daß er seine Unfähigheit Kühe, Ochsen, ehrliche Leute, gewonnene Prozesse und Geld zu machen nicht in ein ordentliches Soll und haben bringt. Waß aus diesem Elend werden wird, sehe ich nicht ein, und oft bin ich in Angst, daß ich einst das bei dir werde werden müßen, waß der Poet Schulz bei Stägemann ist, ein verarmter Schmarutzer. Längst hätte ich dich gebeten mir einige Thaler zur Rückreiße zu borgen, wenn ich nur wüßte, wovon ich in Berlin leben sollte. Nun sitze ich schon 9 Monate hier, und auch nicht eine einzige minutenlange gute Aussicht für meine Lage. Ich bin in der grösten Begierde nach Berlin zurück zu kehren. Eine innige Verachtung habe ich gegen Müller und Schlegel, die ihr Vaterland, dem Sie alle ihre Bildung verdancken verließen in der Zeit einer edlen Noth, um an den Trüfflen Wiens zu fressen, das selbst sie nicht achtet und sie wie reiche Herrn, als Mohren, Heiducken, Affen, Zwerge und Papagaien hält. Hast du Schlegel Museum die zwei ersten Hefte gelesen, ich finde sie trocken und arm. Im Februar die Merkwürdige Hochpreisung des Sigurd durch Schlegel. Im dritten Heft die lächerliche Kritick Steigenteschs über die deutsche Litteratur, wo er, mit Knaben die Fuhrmanns und Ammen lieder, als Ideale der Poesie verkünden, auf das Wunderhorn stichelt. – Sonst erscheint ein Journal in Wien, Archiv für Geographie, Geschichte Staats und Kriegskunst von Hormair, worinn allerliebste Sachen, alte Chronicken und soweiter stehn, zum Beispiel im November 1811 N°. 136 biß 39 die lustige Chronick von Herzog Albrechts Tod, diese Geschichte hättest du vielleicht sehr schön in deinen *Kronenwächtern* brauchen können, um die damalichen Aerzte zu schildern, und viele andre sehr schöne Aufsätze. Es ist mir in neuerer Zeit, das reitzendste Journal, und ich wünschte die Grimms, du, und Niebuhr und [...]

163

Berlin den 16 April 1812

Lieber Clemens!

Ich sehe Dich in diesem Augenblicke, wie Du von der Mamsell Maaß aus deinem Schlupfwinkel hinter der Kulissen herausgezogen und mit einem Lorbeerkranz, der sehr natürlich aus grünem Wachspapier geschnitten, öffentlich gekrönt wirst, ich aber stehe im Parterre, wo mir der Poet Schulz, der wegen des Gedränges nicht hinaus kommt, die Rocktaschen vollpisst, während er mir mit Beyfallschreien das Gesicht vollspeizelt. Dies als Gegenstück von Deinem Bilde, wie Du künftig gleich dem Poet Schulz zu Stägemann dich bey Savigny einnisteln willst. Von Savigny soll ich dir viel Grüsse bestellen, vielleicht schreibt er noch, er will Dir das Geld durch Anweisung von Frankfurt schicken, bey mir ist die Ebbe, sonst wollte ich Dir gern beystehen; meine Angelegenheiten haben sich überhaupt nur für die Zukunft gebessert, in den ersten Jahren muß ich noch krum liegen und bis in Kleinigkeiten einschränken. Meine nicht, daß du Berlin wiederfindest, wie Du es verlassen, der Druck von Abgaben, Einquartierungen, Theurung u. s. w. wächst mit jedem Monat, nur in einer raschen Entscheidung des Krieges liegt eine erträgliche Hoffnung. Auch ist es nicht unwahrscheinlich, daß mein Halle und Jerusalem im Grosse[n] aufgeführt werde; sobald die Russen entweder [in] Gutem oder Bösen ihren polnischen Antheil herausgege[ben] haben. Die Vernichtung des englischen Handels in der Türkei und klein Asien, die Benutzung dieser Länder und Aegyptens als Ersatz der ost und westindischen Colonieen ist [zu] wichtig, die Liebhaberei Napoleons am Morgenlande [zu] bekannt, als daß darüber zu zweifeln wäre, die Herstellung des alten franz: Königreichs in Jerusalem ein Gedanke, der i[h]n wohl schon länger beschäftigte. Mit diesem Zuge wird auch der Druck auf Europa sehr vermindert und die österreichischen Banknoten werden sehr steigen; bis dahin aber bedenke Deine künftige Lage recht genau. Auf unsre Hälfte von Bukowan haften Schulden, die mit 60,000 Gulden baar abgelöst sind, der Hauptmißgriff Christians und des jüngeren Motz bestand eben darin, daß sie gegen den ausdrücklichen Auftrag aller Theilnehmer ein Gut kauften, das so hoch über die Menge ihrer kaiserlichen Papiere stand. Diese 60,000 Gulden gehen in sechs Theile, kommen auf jeden 10,000 Gulden, einige haben nun mehr, andre weniger drin stehen, meine Frau 5600 Gulden, du siebzehn tausend, wenn also gar nichts einkommt, so sind die mit weniger einstehenden verpflichtet, den Ueberschuß über zehn tausend, dem, der ihn drin zu stehen, hat, baar zu verzinsen. Du irrst daher in deiner Rechnung, in so fern du ohne Rücksicht des Gutsertrages die Zinsen der siebzehn tausend Gulden erwartest, Savigny thut aus gutem Willen in diesem Jahre mehr, als er Dir verpflichtet, er thut es aber recht gern, weil du freilich nicht von 350 Gulden leben könntest, nur wirst du es natürlich finden, daß solche Kauflaune, wie Du an dem Kunstkabinet geübt und gebüsst hast ihn auch kränken, denn er hats in dieser Zeit auch nicht übrig. Du siehst ein, daß daraus noch nicht folgt, du hättest in dem letzten Jahre nur jene 350 Gulden gehabt, die Dir die Sozietät zu verzinsen schuldig, nein, aber Christian hat noch keine Rechnung abgelegt, wieviel auf jeden von den Einnahmen kommt, denn einige Einnahme wird doch gewesen seyn. Christians Nachlässigkeit ist um so unverzeihliger, da Motz ihm den schwersten Theil der Rechnung gemacht hat[.] Und, lieber Clemens, glaube nur nicht, daß Christian blos eine Vernachlässigung des Rechnungswesen vorgeworfen werden kann, vielmehr ist das Aufopfern aller wirklichen ökonomischen Ersparnisse und Aufsichten um allerley ökonomische Spielereien zu fördern, das Eingreifen in die Art, wie Riese die Sache betrieb, ohne irgend etwas Besseres selbst zu verstehen und durchzuführen, wodurch er jenen muthlos machte, das ärgste Uebel. Glaub mir, niemand kann in seiner eignen Natur alle Fehler Christians so erklären wie ich, aber ich würde, wenn ich sie begangen, eingestehen und zu bessern suchen und meine Schwäche zu solchem Geschäfte anerkennen. Aber sowohl seine Verantwortungen gegen Motz sind absurd, sowie seine Briefe an Savigny und es gehört Savignys Milde dazu, wenn er ihm dringend schreibt, er möchte, wenn er nicht abkommen könne, die Rechnungen schicken und jener ihm antwortet, die Rechnungen wären 60 Bogen stark, das würde zuviel abzuschreiben kosten (vielleicht eine Karolin was hoch kommt) aber er möchte selbst kommen (möchte vielleicht sechzig Karolinen kosten), daß er ihm geduldig antworten und widerlegen kann, insbesondre, da ihn zu gleicher Zeit Collegia, die sehr ernstliche Zahnkrankheit seines jüngsten Kindes, das noch nicht ganz ausser Gefahr ist und der Wille des Königs, der ihn zum Rektor der Universität an Fichtes Stelle, der seinen Abschied begehrte, einsetzte, tribulirten. Aus dem allen ersiehst Du, daß es unrecht ist, wenn Du Dich von den Bukowaner Angelegenheiten mit Ingrimm fortwendest, Du bist so gut daran gebunden mit Deinem Lebensunterhalt, wie ich an meine langweiligen Güterangelegenheiten und könntest Dir wie uns allen wenn Du mit Christian zu einem ruhigen Verkehr ohne alle Uebertreibungen kommen könntest, sehr nützlich seyn, du brauchst dazu weder Prozesse zu führen noch sonstige ökonomische Besorgungen mitzumachen, es ist nur, daß du ihn zur Beendigung des Rechnungsgeschäfts zur Uebertragung der ganzen Angelegenheit an Bothmann u.s.w. aufmuntertest, ihn von allen Fabrickplanen abhieltest, die er nicht mit eignem Gelde durchführen kann u.s.w. Ich glaube, es wäre gut, daß Du nach so langem Warten die bestimmte Einrichtung der Bukowaner Geschichte noch abwarten möchtest, hier hast du vorläufig nichts als Einquartierung aller Orten (auch Pistor wohnt deswegen in meinem blauen Zimmer) Kindergeschrei und Stickhusten bey Savigny, das erstere in wenig Tagen auch bey mir zu erleben; Du bist dort in einen Zug von Fleiß im Anfangen und Vollenden gekommen, was Dir bisher noch nirgend so glücken wollte und die Schönheit des Landes wird dich mannigfaltig erfrischen, während wir hier in dem tiefen Sand nur Franzosentritte statt des Grüns sehen. Du siehst ich spreche hier gegen meinen eignen Vortheil, aber das Gefühl, Dich vor ähnlichen ökonomischen Verwirrungen zu hüten, worunter ich so lange gelitten und in meiner ganzen Thätigkeit gestört und gekränkt wurde, veranlasst mich zu dem Rathe, der Dich noch so lange in Prag festhalten möchte, bis die Angelegenheit mit Christian und sein künftiges Verhältniß beendigt ist. Hast Du literarischen Erwerb hier im Augenmerk, oder die Bühne, so ists etwas andres, doch ist auf Iffland weniger als auf irgend einen andern Theaterdirektor zu rechnen und mit den Buchhändlern steht es so, daß sie am liebsten mit der Hoffnungsmünze zahlen, welche sie einnehmen. Den Band Erzählungen, der eben von mir erschienen, habe ich dem Reimer in der Art überlassen daß ich vom Verkauf einer gewissen Zahl Ex. ein Gewisses habe, also für jezt noch nichts, eben so mit meiner altdeutschen Bühne. Ich habe für die Urania eine wunderliche Geschichte halb in Prosa, halb in Versen geschrieben, die Savigny gut gefallen; ich fürchte aber, sie trift zu spät ein, ausserdem noch mancherley, auch dramatisches, was erst noch reifen soll, ich will mich in nichts mehr übereilen. Es thut mir leid, daß Du mir kein Wort von meiner Recension über A.W. Schlegels Gedichte gesagt, die im selben Hefte mit Görres, ich glaubte doch einige[s] Wahre darin ausgesprochen zu haben. Bleibst du noch in Prag, so schick ich [dir] meinen Band Erzählungen. Du kennst doch die Töchter [Kro]ks Boheims Fürstinnen, 2 Bände. Hamburg 1792. Hoffmann. – Die neuen Volksmährchen die du mir kaufen willst sind sehr willkommen. – Du hast doch Vossens Recension von Wolf's Wolken gelesen die *furzen* für richtiger gesagt erklärt, als von *unten dunsten*, ja über dieses letztere sich des Ekels nicht enthalten kann. – Das unlit: Journal möchte ich gern haben, aber ich meide sehr alle vermeidlichen Ausgaben, kannst du es nicht alt bekommen irgendwo bey einem erhenkten Militär. – Hier noch eine Anekdote. Ein Franzose stand in Beeskow im letzten Kriege Schildwach, sein Regiment must in der Nacht rasch weiter, er wird vergessen, ein Bürger erklärt ihm am Morgen, nachdem der arme Kerl sich fast die Beine abgestanden, daß sein Regiment längst sich die Beine abgelaufen. Der Soldat in Verzweifelung geht zum Bürger, schnapst, verliebt sich in dessen Tochter, macht sich als Tuchweber bekannt, webt und heirathet. So dauerts fünf Jahre, da kommt die Nemesis – das Regiment, der arme Kerl hat noch viel franz. Legerete, er würde gewiß nicht verheimlicht bleiben, deswegen zieht er seine alte Uniform [heraus,] stellt sich wieder auf seinen Posten und als [nun das] Regiment ankommt, schimpft er es grimmig, daß sich [lies: sie] ihn nicht abgelöst haben, er sey auf seinem Posten fast verschimmelt. Das Kriegsrecht sprach ihn von aller Strafe frey. – Noch habe ich ein Paar Judenannecdoten – auch Nachricht von Göthe's unseliger Beschneidung des Romeo, doch ich muß schliessen. Des Gärtners Frau hat ein Kind, die Ziege zwey Jungen geworfen. Was wird meine Frau bringen, wie wirds aussehen? In voraus mein Dank für die versprochenen Geschenke.

Viel Grüsse von meiner Frau. Savigny schreibt wohl noch selbst.

Dein Achim Arnim

164

[Berlin, den 5. Mai 1812]

Lieber Clemens!

Sechs schwere Stunden – ein gesunder Knabe, Bettine nach den Umständen wohl. Doch wie es in so eiserner Zeit geht, der Knabe muste wegen seines dicken Kopfes und verwickelter Nabelschnur mit eisernen Zangen zur Welt gebracht werden, doch litt die Mutter dabey weniger als an den voraus gehenden vergeblichen Wehen. Aber denk dir, wie mir die Thränen flossen, als ich mit der einen Hand den Kopf der Bettine stützte, mit der andern Hand ihren Leib drückte und etwas hervorscheinen sah, das mir wie ein zerstücktes Kind erschien. Es brachte aber das Kind auf dem Kopfe einen Glückshelm zur Welt, den ich hochgepriesen habe, sobald ich das Haupt davon befreyt war, es ist ein wunderliches Symbol. Was ich gelitten, gebetet, und daß ich mich nach all der Noth des Kindes erst nur wenig erfreuen konnte, das weiß Gott und wirds mir nicht anrechnen

Dein Achim Arnim

Berlin den 5 May 1812

165

[Berlin, etwa den 10. bis 15. Mai 1812]

Lieber Clemens!

Dich und Christian lade ich durch Gegenwärtiges förmlich, das heist mit Auslassung üblicher Formen, auf den 28ten May anni currentis Vormittags 12 Uhr zum Frühstück, daß ihr unter dem freyen Himmelslichte meines Garten Zeugniß ablegt von der Taufe meines Söhnleins, dem Gott ein freyes Herz und einen gesunden Leib verleihe und daß er fromm werde, dafür müssen die Gevattern sorgen.

Nun seyd ihr eingeladen
Und schmieret eure Waden,
[Un]d kommt zur rechten Zeit,
Damit das Kind nicht schreit;
Noch weiß ich nicht den Namen,
Die eigensinngen Damen
Verwerfen, was ich wähle,
Glückshelm, *Maylust* – und ich quäle
Mich nun mit der Ukermärkischen Adelshistorie

und andern alten Schwarten herum, etwas besonders Glückliches zu entdecken.

Dein Achim Arnim

Runge bittet in einem Briefe an Dich um die Briefe seines Bruders. Der Postersparniß wegen lege ich den sehr verbindlichen Brief nicht ein.

166 *[Bukowan, Mitte bis Ende Mai 1812]*

[...] stand zurückgelassen, als es übernommen hatte, Ries gesteht selbst ein, daß er keineswegs im Stande war es zu übersehen, aber waß er auch übersah, so hat er doch keines wegs irgendwo gethan, waß er in seinem Plan gewollt, Christian hat ihm in der lezten Zeit auch gar keine Einwendung mehr gemacht, war übrigens den grösten Theil seines hiesigen Aufenthalts in Prag und im Ausland mit der Schuldentilgung beschäftigt. Mag Ries treu, fleisig und ordentlich gewirthschaftet haben, so hat er doch durchaus meistens ungeschickt, bis ins lächerliche Kleinlich (d. h. vom nöthigen z. B. Klee etwa soviel wie für ein Gut das $^1/_{24}$ theil von Buckowann gros wäre) angebaut, ja in manchen Stücken so horrent ungeschickt, daß er uns von Manchem z. B. Wicken nicht einmahl genug zur Aussaat zurück ließ, und man jezt sogar Saatfrüchte kaufen muß. Um einen Begriff von seinem Eigensinn und seiner Indelikatesse in manchem zu machen, reichet hin, daß er sich jezt bereits seit beinah sechs Monaten mit seiner Abreiße beschäftiget, und das Meiste drüber versäumt hat, ja daß er ohne Noth mitten in der Acker und Saatzeit, da wir durch ihn selbst in allem zurück sind für die Jahrzeit, aus blosem Willen, lieber als noch 14 Tage zu warten, während wir auf 2 Tage nach Prag gefahren, sich wegbegiebt und dazu drei paar Pferde und einen Schaffer vom Klein Crastitscher Hof mitnimmt, um sich Relais biß an die Gränze zu legen, während Bodmann, der ein alter und vornehmer Mann ist, bescheiden auf dem Postwagen fährt. So daß seiner blosen Caprise wegen eine Woche lang in der dringendsten Zeit der Hof ohne Pferde und Schaffer ist, er hat übrigens zu allem diesem durch keine Art von Verdruß Veranlaßung erhalten, sondern es ganz auf seine eigne Hand gethan. Hätte Christian Ordnungsliebe und Rechnungsführung im kleinen, wie Rieß, so würde ich mein Gut niemand übergeben als Christian, denn sein Talent in allem waß Uebersicht und richtigen Vorschlag betrifft ist eminent, und ich zweifle nicht einen Augenblick daran, daß hätte er einen Menschen der ihm diese untergeordneten Eigenschaften, die so nothwendig sind, ersetzte, alles gut sein würde. Waß den Bodmann angeht, so ist er um euch ein ganz erschöpfendes Bild von ihm zu geben ein Mensch, der in seiner höchsten Blüte ganz der Herr von Biederling aus Prinz Tandi gewesen, und nun im Höchsten Grade ein Polonius aus dem Hamlet geworden, ein rüstiger alter Mann, ohne alle Thätigkeit, mit ganz toller Geschwätzigkeit, der alle fünf Schritte stehen bleibt, und jeder Magd alle seine und unsere Verhältniße erzählt, ja selbst an der Tabel dhote seinem Nachbar laut anvertraut, doch so herzlich, als wäre es seine eigene Sache, wir hätten kein Geld und kein Getreide. Dabei eine so gewaltige Unentschloßenheit, daß er eine Gans zu allen Fakultäten geleiten könnte mit der Frage ob er sie sieden oder Braten solle, er hat diesen Winter hier die Küchenrechnung geführt, sie ist richtig, aber er hat sich über dem Studium wie er sie liniiren, und waß für ein Schild er drauf kleben soll, fast kranck studirt, und diese Küchen Rechnung anzuschauen, ist eine Sache über die sich ein kranker gesund lachen könnte, sie ist unbeschreiblich komisch, sollte dieser rechtschaffene Mann, der so ordentlich und besorgt ist, daß er um einige Malter wilde Kastanien in Prag zu kaufen, die *verfroren* waren viermal ein Weg von einer halben Stunde zu mir macht, um *mir* sie zur Beurtheilung vorzulegen, (ich habe mich immer enschuldigt, daß ich kein Kenner sei) mehrere Rechnungen so schreiben, er würde sterben vor radiren und schmieren und korrigiren, doch sind sie treu und richtig, aber nicht wichtig. Während Ries, der die Aschenamtsrechnungen führte, unsre eigne Asche von den Deputatisten an den Juden verkaufen ließ, und von diesem aus Unverstand wieder kaufte, das ist eine schöne Speculation. Zu allem diesem kömmt noch, daß unser jezt etwas redreßirtes Misverhältniß mit dem Kreisamt und nahmentlich unsre Holzbeschwerde, *nach Aussagen mehrerer Kreiscujonen* meistens durch Ries, der sich unpolitisch und zu ungeschmeidig gegen die Comissionen benommen, veranlaßt worden ist. Ich bin gewiß ganz meiner alten Meinung in allem über Christian, aber ich möchte auch nicht, daß ihm Unrecht geschähe, waß den Feldbau und den Ertrag des Guts angeht ist ihm eigentlich gar nichts vorzuwerfen, ja manches Gute, waß Ries vielleicht gethan, hat er ihm angedeutet, eher als in diesem lezten Jahr hat er sich gar nicht um den Feldbau bekümmert, in diesem Jahr hat er nur das ganz unhinreichende und Kraftlose der Riesischen Wirthschaft, weil überall fehlt, und das Vieh beinah verhungern mußte eingesehn und getadelt, ein Landwirth muß sich in Nothfällen auch zu helfen wißen, daß weiß Ries aber gar nicht, und Christian hat viele Lücken noch verstopft. Die Spekulation durch den Runkelabfall das Vieh zu ernähren, und durch Brennerei Mastung Dung zu gewinnen, war gut, auch hierin war er behutsam, sein Kontrackt mit dem Hanswursten war exzellent, die Motze wollten in Compagnie mit ihm gehen, er nicht, wir haben nun eine gute Brennerei im Hauß und alle Gewölbe im Untertheil des Schloßes hängen zußammen und sind verschließbar und mit Thür und Fenster versehen, übrigens mit von uns selbst erkauften Backsteinen und Materialien auf fremde Unkosten erbaut, die Robotfuhren, die wir im Winter sehr wenig brauchten, sind ihm von dem Hanswursten nach Prag hin und her bezahlt, und die ganze Fabrick zur Deckung der Schuld bei öffentlichem Verkauf über die Hälfte hinreichend uns förmlich verkauft, so daß wir wenn er nicht nächstens bezahlt, mit machen können, waß wir wollen, welches auch nächstens geschehen wird. Die Idee einer Oelmühle muß euch gar nicht ängstigen, es wird noch gar nicht dran gedacht, und thut noch gar nicht Noth, ist ein Gedancke vom Christian, da fast alles Nothwendige dazu da war, und der gute Polonius welcher selbst eine[n] grosen Narren an Oelmühlen gefressen, hat wahrscheinlich den Motzen davon gesprochen, die darüber in die gröste Angst gerathen sind. Im ganzen ist von Christian hier noch kein Schaden geschehen, als daß er zu seinem *eignen* Nachtheil seine Ausgaben schlecht berechnet, daß er die Schmiede gebaut die einfällt, ohne zu sonst etwas tauglich zu sein, daß er einen langen Strick gekauft den Teichschlamm aus zu Maschiniren, daß er mehrere Schlüßel zerbrochen und die Thüren gern offen stehn läßt, daß er den Schutt von dem Hilmarschen Bau noch nicht hat bei Seite gebracht, daß er mit einem Barbiermesser Taback schneidet, wenig nach den Pferden sieht, seine Kutschen und Kleider schlecht im Stand hält, alle Tabackspfeifen zerbeißt, die Federn mehr in den Haaren als hinter den Ohren hat, daß mehrere Ausländische Getreide durcheinander gekommen und von den Mäusen übel sortirt worden sind, überhaubt daß er keine Liebe, keine Sorgfalt für das Nächste Umgebende hat, woraus eine unbequemlichkeit und Etwas häsliches in den Genuß des Landlebens kömmt, waß dich als ein Poet, und die Motze ja wir alle als Menschen die Haus und Gartenpflege an das Land fesslen könnte einen Unwill gegen ihn bekommen, und ihm leicht alles in die Schuhe schieben mögten, und uns um so mehr ärgern, daß er aus Schlamperei oft keine oder zerißene anhat. Diese Unordnung um ihn her entschuldigt er gern, daß es Wüst oft in Stuben und Hof und Garten aussieht, schreibt er gern der Sparsamkeit zu, aber darin werde ich ihm nie recht geben, er hat keinen Trieb zum Gegentheil, hätte er eine reine feine Frau, die dergleichen begehrte, es würde sich schon finden. Es ist etwas sehr schwehres dem Christian bei einer zu treffenden Einrichtung nicht Unrecht zu thun, ihn zu beschränken und uns nicht zu schaden, säße hier ein thätiger ordentlicher Hauswirth mit seiner Hausfrau, der das innere des Hauswesens besorgte, so daß Christian in Ausgabe und Einnahme freundschaftlich beschränckt wäre, und der das Ganze der kleinen Rechnung und Ausführung besorgte, und würde der Feldbau übrigens nach Christians Vorschlägen betrieben, so würde alles ganz gut gehen, denn waß er auf dem Feld noch gethan hat ist gediehen und war gut, auch ist er von allen Nachbarn als ein sehr geistreicher und die Sache verstehender Oekonom geachtet; Mein, der Motze und aller unser Unwill beruht blos auf mancherlei kleiner Unordnung der nächsten Umgebung, die in manchen Stücken wohl vermieden werden könnte, in vielen aber, waß das Aufräumen betrifft ohne Kosten nicht besorgt werden kann. Während ich dies schreibe höre ich die Klage, daß in den Renten nicht soviel Geld ist ein ℔ Lichter zu kaufen, so etwas klingt schrecklich, aber man kann doch kein Geld machen, und der Kaiser holt alle Augenblicke ein Paar hundert Gulden für die Armee in Polen. Daß Christian hier bleibt ist nicht Eigensinn, er sehnt sich mit ganzer Seele weg, waß soll aber ohne ihn aus dem ganzen werden, da Bodmann keineswegs der Mann ist eine so große Herrschaft bei lauter ungeschicktem, faulem, und boshaften Gesind, bei lauter stehlenden Unterthanen, bei mancherlei Prozessen, bei der niederträchtigsten Justitz allein zu bewirthschaften, auch hat er nach seinen ganz bestimmten Äußerungen gegen mich höchstens die Absicht in Prag zu wohnen und alle Vierwochen einmahl sich hier umzusehen welches ganz lächerlich ist, da kein feld hier ordentlich gepflügt und gesaet wird, wenn nicht ein Schreiber oder Christian selbst dabei ist, wie würde es ohne alle Herrschaft hergehen, da Sie uns diesen Winter da Bodmann, Ries und Christian hier waren, die Zäune ganz dicht vor dem Schloßthor, daß man Sie mit Steinwürfen hätte vertreiben können, um alle Gärtchen zwischen den unberührten Bauergärten *rein* hinweg getragen und verbrannt haben, waß weder untersucht noch bestraft worden. Haben doch in dem Dorf Kessarowitz allein die Häußler die weder Feld noch Wiese besitzen 290 Stück Vieh, da die Bauren nur 42 haben, welche deswegen mit uns klagen, alles dieses ist ganz gegen die Gesetze, aber man wird in Nichts unterstüzt, in allem betrogen, und mishandelt. Christians Idee nach Rzetsch zu ziehen, und dem Bodmann Bukowan und klein Krastitz zu übergeben finde ich jezt nach näherer Einsicht durchaus gut, ja das beste Mittel einige Ordnung in die Sache zu bringen. Rzetsch ist das Grab von Bukowan, welches nicht nur nie Etwas ertragen, sondern bis jezt alles gefressen, waß Bukowan gegeben, es ist dies ein Gut mit dem Abschaum alles Gesindels mit Dieben und Hallunken beseht, welches seit ewiger Zeit nicht einmahl ordentlich gepflügt, vielweniger gedüngt worden, er will den traurigen Aufenthalt, die häßliche Lage, Einsamkeit, den schlechten Stand, alles überwinden, um zu helfen und zu zeigen, waß er kann, zugleich dem Bodmann rathen und Rath von ihm annehmen, und in Hinsicht aller Ausgaben mit ihm consultiren. Ein Haubtfehler des Ries ist die gänzliche Vernachläßigung des Futterbaus gewesen, und jezt hat Christian gleich so viel Klee angebaut, auch haben wir soviel Regen, daß die Heu Ernde gut ausfallen kann, er will die Rzetscher Rechnung gut, ja vortrefflich führen und alles thun, waß er kann. Ich glaube, wenn dies zu Stande käme, wäre für die Zukunft vielem abgeholfen, wenn anders Bodmann im Stand sein wird, das seinige hier auszuführen, weder an Wille noch an Redlichkeit fehlt es ihm, aber er ist durchaus ein alter papplender Jaherr und Kleinigkeitskrämer, der mit jedem alten Weibe diskurirt. waß aber doch durch einen freundlichen Wetteifer mit Christian könnte beschränckt werden. Es sollte dann alle Haushaltung aufhören, Bodmann sollte seinen Tisch auf Motzische Unkosten bestreiten, Christian, der fast gar nichts braucht auf seine, wodurch gewonnen würde, da die Haushaltung nach Motzischer Ersparungs Art unter Bodmanns Direcktion ungefähr nocheinmahl soviel als vorher gekostet. Aber wann und wie soll dies zu Stande kommen, da Ries fort ist und Bodmann, wie wir hören erst im Herbst wieder kommen will, und also im Winter wo nichts zu thun ist hier sein wird, Christian ist allerdings in einer sehr üblen Lage. Er dem manche Vorwürfe kleiner Unordnung, Aufschieberei und Trägheit, zu machen sind, in dessen Nähe manche Unbequemlichkeit ist, muß alle Vorwürfe und Verantwortung tragen, daß das Gut zu theuer gekauft worden ist Motzens Fehler, der enthusiastisch in allem ist, da Christian vom Akerbau gar nichts verstand, von dem er jezt sehr viel versteht; nur ist ihm das Gut in viel schlechterem Stand, ohne Vorrath aller Art überlassen, als es von Ries empfangen worden, der Heu und Stroh u. s. w. die Scheuern voll fand. Ihm geht es durch uns und Motz wie jenem Patienten, dem der Arzt einmal, als er Äpfelschalen hinter dem Ofen fand, vorwarf, er habe zuviel Äpfel gegeßen, das andere Mal, als er ein Eselsgeschirr unter dem Bett fand, er habe einen Esel gefressen. Um Bodmann genauer zu schildern, muß ich dir auch noch sagen, daß er sein halbes Leben mit der Fantasie umgegangen nach Americka zu gehen, und daher schon alle Verbindungen angeknüpft hatte, ja daß es noch jezt ihm immer im Kopf herum geht, und jezt erst habe ich erfahren, waß eigentlich die Ursache meiner Hofnung war, als Christian vor 8 Wochen sich plötzlich seinen Paß in Prag besorgen ließ und ich glaubte, er würde abreisen, er war nach dem Verlust des Waldprozesses so traurig, daß er mit Bodmann fest entschlossen war alles im Stich zu lassen und nach Amerika zu gehen, du kannst hieraus absehen, wie gut Sie in manchen Stücken harmoniren. Wenn ich aber wieder erwäge, daß Christian mit dem

Abschreiben der Rechnungen für Savigny zuviele Kosten verbunden vorgab, während hier in Buckowan, außer dem Amtsschreiber noch zwei schönschreibende Pracktikanten in Pension bei dem Verwalter sind, so wird mir es auch kurios zu Muthe! Ich habe ihn binnen drei Tagen durch Erinnern dahin gebracht, daß sie nun und zwar ohne alle Kosten hier abgeschrieben wird. Ueberhaupt ist er seit einem halben Jahr viel milder und wenn man ihm eine Sache mit viel Bomolie beibringt nimmt er das Klistier an, doch bleibt es nicht immer lange bei ihm. Dem Vorwurf, er gebe zu viel Geld zu unnützen Maschienen aus, begegnet er damit, daß er dies aus seinem Sack thue, sonst hat er viel gute Instrumente angeschafft, welche von Nutzen sind, das einzige waß mir Leid dabei thut ist, daß er nicht sehr besorgt ist, sie zu erhalten und sorgsam zu bewahren, wie er sich überhaupt sehr wenig um allen Erhalt und Visitation bekümmert, ein schöner neuer Wagen, den er sich schon vor einem Jahr zur Wiederverkaufung in Berlin gekauft, ist durch umschmeißen nicht waschen und einschmieren, als der Kissen mit Wagenschmierstieflen der häufig drinn schlafenden Knechte, schon sehr ruinirt, unsre Pferde sind mager und abgehezzt u. d. g. Wäre nun Jemand hier der alles dergleichen Hausväterlich besorgte, so wäre vieles besser, wenn es möglich ist hier etwas besser zu machen, da man alles selbst thun müste, damit Etwas geschähe. Sonst fehlt es an keinem Unglück keiner Art, unsre Schafe haben diesen Winter manichfach gelitten der Schaafmeister, wie alle solche Leute ist hier ein Spitzbub und Dummkopf, und obendrein ist die Wolle so wohlfeil, daß der Zentner 100 fl Valuta kostet also etwa 50 fl Conventions Geld, waß gilt sie dann in Berlin, darf sie im preusischen eingeführt werden? Ich muß dir zu meinem eignen großen Erstaunen sagen, daß für die Poesie kein schrecklicherer Aufenthalt ist, als in der Landwirthschaft, wenn anders hier eine ist, ohne daß ich etwas bessern kann, muß ich den ganzen Tag von allem möglichen Unglück leiern hören, und gehe ich vor die Thüre, sehe ich nichts als Diebe, und Wüstenei, fahre ich von Prag zurück, so setz sich ein Unterthan hinten auf, der aus den Eisen kommt, und mich begleitet um von neuem zu stehlen, übrigens ist die Klage über Diebstahl und Schlechtigkeit der Einwohner nicht allein in Böhmen, sondern auch in Mähren, ja biß ins Oesterreich allgemein, sie ist wie alle Sünde in Masse eine Folge der Roheit, Dummheit, Irreligiosität, des unsinnigsten Aberglaubens, unser jetziger Verwalter ein sonst rechtschaffener nur zu gütiger Mann und Träumer steckt Korallen in die Felder gegen den Hagel Schlag. Ich wollte die Franzosen hätten diese Länder erobert statt Deutschland, diesen wäre es Gesund, und dem Himmel dancke ich, daß wir nicht statt französischer Sklaverei eine Slowakische Freiheit bekommen haben. Auf den Johannistag ist der Kaiser durch Prag nach Dresden, auch nicht ein Mensch hat ihm Vivat gerufen. Die Franzesche Kaiserin wird in einigen Tagen in Prag erwartet, der meiste Adel flieht aufs Land. Wenn du mir ein Exemplar deiner Erzählungen bald übermachen kannst, so wäre mir es sehr lieb, die beste Art ist an die Calvessche Buchhandlung für mich, sollte Reimer schon an diese Handlung Exemplare versendet haben, so laße mir eins assigniren. Waß du mir in Hinsicht meines Hierbleibens schreibst, insofern ich etwas Nutzen könnte, so ist das recht schön aber waß kann ich nutzen, ich treibe den Christian auf alle Arten an, aber wozu kann man jemand treiben, dem alle Mittel zur Ausführung fehlen. Die Hauptsache ist das Bodmann zurückkömmt, daß der Futterbau mit der grösten Anstrengung getrieben wird, da jezt auf unsrem Gut, welches ohne 400 Stück Vieh nicht bestehen kann, etwa kaum 80 beinahe verhungern. Wie wenig Futter Rieß gebaut, ist gar nicht zu verzeihen und darin liegt unser Gröster Ruin. außer dem unsinnigen Frevel. Meine Meinung ist, daß Bodmann waß alle Art von Einnahme und Ausgabe, Aufsicht, Hauswesen, und dergleichen, angeht auch für unsere Parthie angenommen werde, übrigens Bukowan und Klein Krastitz, wo er den rechtschaffenen Verwalter zur Seite hat, und die überhaubt in leidlichem Stand sind bewirthschafte, Christian aber Rzetsch, das er, weil viele Felder verpachtet sind, leicht übersehen kann, in Aufnahme zu bringen suche, zu welchem Zweck er schon vielen Klee dort angebaut, um Futter und Dung zu kriegen. Das Lustige ist, daß alle Felder, die unter Ries als nie ertragend und schlecht um ein Spottgeld verpachtet wurden, unter ihren Pachtern besser tragen, als unsre. Daß Rzetsch endlich unter eine Aufsicht und ernste Bewirthschaftung komme ist unerläßlich, denn es ist von jeher so schlecht bebaut, und bestohlen worden, daß man es immer von Bukowan aus ernähren muß, Christian will sich zu diesem Zweck nur eine kleine Stube auf dem Schüttboden bauen laßen, waß durch Ziehung einer kleinen Wand geschieht; ich finde dies sein Vorhaben durchaus anzunehmen, ja zu unterstützen, indem schon der von uns gewünschte Vortheil, daß er von Buckowan weg sey, erreicht ist, indem er dort gar keine Gelegenheit zu Fabricken und sonstigen Maschienen hat, nichts als vier Nackte Wände, und vier kahle Weltgegenden mit schlechtem Feld, er hat dort die reine Gelegenheit sich zu rechtfertigen, und kömmt nach und nach aus dem unmittelbaren Einfluß auf Bukowan heraus, hindert hier nichts, sondern befördert nur durch Rath, den Bodmann, wie ich ihn kenne mehr bei ihm holen wird als umgekehrt. Für Rzetsch, wo auch gar nichts verdorben werden kann, wird er nützlich sein, für Bukowan unschädlich. Er kömmt dadurch ganz in die Lage eines nach Südpreussen verwießenen Premierministers, oder eines nach Gumbinnen gesendeten Referendairs. Doch müste ihm gerathen werden, über alle größere Ausgaben mit Bodmann zu berathen, der überhaubt die Renten ganz unter sich haben würde. Diesen Vorschlag mache ich, der leider mehr als ein anderer bei diesem verfluchten Güterkauf in der Patsche ist, als das lezte waß uns übrig ist, und wozu ich glaube daß Christian gewiß seine Einwilligung geben wird, der im ganzen am meisten bei der Sache bis jezt gelitten. Dazu aber ist nöthig daß Bodmann sich bald einstellt, und instruirt wird. Soweit hatte ich geschrieben, als mir Christian dein und Savignys Brief mittheilte, welche ich beide durchaus nach dem Eindruck, den Christians Hiersein auf uns alle machen muß, insofern wir nicht hier sind oder nur oberflächlich hier sind, wie ich, und die Motze, rechtfertige, ja voll Schonung und Milde finde in sofern Sie ihn treffen. Die unbedingte Beschuldigung seiner Administration von Motz ist übrigens zu hart, denn nicht er, sondern Motzens Schwager *Ries*, der von diesem als ein Landwirthschaftlicher Wunderthäter geschildert und aufgestellt war, aber nichts als ein sehr kurzsichtiger gewöhnlicher, oft sehr kapriziöser, einseitiger, ehrlicher und unbedeutender, einfacher Mensch ist, hat bewirthschaftet, Christian war beständig mit Schuldentilgung beschäftigt, und verstand in den ersten zwei Jahren gar nichts von der Oekonomie, es wäre daher sehr Unrecht ihm die Folgen der Witterung und schlechten Bewirthschaftung nun in die Schuhe zu schieben, weil *Ries* auf seiner Stube ordentlicher ist und richtiger korespondirt, es ist, als suchte Motz das Thier, welches den Ochsen gefressen hat, und behauptete, es sei Christian weil Mäusedreck auf seiner Stube liegt. Daß die Bukowaner Wirthschaft nichts taugt, liegt am Viehmangel, und Futtermangel, weil die Felder gar nicht gedüngt waren, Christians Spekulation mit der Runkelfabrick war vortrefflich, da wir gar nichts dabei riskirten, wir vermietheten nur einen unbrauchbaren Theil des Schloßes, und erhielten Viehfutter, und ward die Sache einträglich, so durften wir Theilnehmen, dem Hilmer, der ein guter Narr ist, ist es übrigens gegangen, wie allen Fabrikanten, sie hören in Böhmen fast alle auf, weil kein Teufel das Zeug will, und die Regierung nichts für die Verbreitung des Fabrikats thut, verlohren haben wir noch nichts dabei, wir haben mehr als das Vorgeschoßene in Händen, und darunter eine vortreffliche Brennerey, die wir nun nebst der Bräuerey und dem Flußhauß gut verpachten können, weil der Pächter wenigstens 40 Mastochsen für unsern Dünger halten muß, der Preiß des Düngers in ganz Böhmen ist horrent. Waß Prozesse angeht, sind keine unnöthigen geführt worden, als die man führen mußte, weil man angegriffen worden, – der Waldprozess, (die Waldwirthschafft hat Motzens Bruder der Jagdjunker instruirt) ist verlohren gegangen, nachdem ihn die Motze ganz umgearbeitet, und entsetzliche Hoffnungen von ihm gehabt, die Uebeln Folgen des Urtheils gegen uns, sind übrigens durch Christians Vermittlung und kleine Präsente beim Kreisamt sehr redressirt, und so man das Kreisamt fernerhin mit böhmischer Freundschaft behandelt, kann man es ganz herum kriegen. Den Christian ganz von hier zu vertreiben, ist nicht möglich, nachdem er nun so viel gelernt, daß er nutzen kann und nutzen wird, wollt ihr einen Verwalter auf den Rzetscher Hof setzen, der euch bestiehlt und betrügt, oder wollt ihr den Hof nach wie vor Zeit, Arbeit, Geldraubend, an Bukowan hängen laßen, da Christian allen Willen, alles Talent, ja die Aufopferung hat in dieses Hundeloch hineinzugehen? Wollt ihr dem alten ehrlichen Bodmann eine Last auflegen, die er auf keine Weiße ertragen kann, er würde von den Advokaten allein schon zerrißen werden, denn ihr kennt diesen guten Mann nicht, der immer von Gemüß und Schinkenräucherung und Americka spricht, Altmann z. B. hält gar nichts von ihm, und lacht, wenn er ihn erwähnt. Doch würde er zu allem hinreichen, auf die Art wie ich gesagt, Christian wird Inspector von Rzetsch, Bodmann Administrator der Herrschaft mit Berathung Christians, der jezt alle Verhältniße des Landes genau kennt, und durchaus so gestimmt ist, wie er es sein muß, um uns zu nutzen. Somit wäre auch dadurch Motzens Begehren von seiner Seite administriren zu laßen vollkommen Genüge gethan, und zu gleich noch das sehr viele Vorzügliche des Christian in unschädlicher Beschränckung gewonnen. Von seinem gänzlichen Abtreten, von totalem Uebergeben der ganzen Last an Bodmann kann ich nach meiner jeztzigen Erkenntniß nichts erwarten, es sei denn, daß die Motze mit einem Zauberstaab zehnmahl so viel Futter herhexen und eine Herde von 400 Kühen, und das alles ohne Geld, daß übrigens die Renten und alle Geldsachen auch für uns durch Bodmann gehen ist nothwendig, damit nicht von unsrer Seite Geld in das Gut gesteckt wird, während die Motze welches draus ziehen, ich wünsche Bodmann alles Glück, Hauß Hof und Garten wird er in Stand bringen, ob er Geld herausbringt, daran zweifle ich sehr, da kein Mensch jezt von seinen Gütern in Böhmen etwas hat als das Leben auf denselben. Der Hauptfehler ist, daß man ein Gut, mit den schlechtesten Wäldern, in Stockböhmen, im schlechtesten Kreiß, von einem Spitzbuben zu theuer gekauft hat. Für das, waß man von einem Marburger Studioso medicinae erwarten kann, hat Christian in allen seinen Geschäften ungemein viel geleistet, daß Ries ein angehender Oekonom der nirgend noch gewirthschaftet hatte, als unter dem Parkanlegenden jezt im Sequester liegenden Herrn von Rothenhahn in Franken, sich in Böhmen, ohne Sprache ohne alle Kenntniße des Landes und der Verhältniße, hier gar nicht helfen konnte, und an allen Ecken so anstieß, daß ihn Bauern, Beamte, und Kreisamt verfolgten, ist ihm weiter auch nicht hochanzurechnen, um so nöthiger aber ist es, getrost von neuem anzufangen, ohne das Gute und die grose und manichfache Erkenntniß, die Christian nun besitzt, und die Bodmann in zehn Jahren sich nicht erwerben wird, welche auch so zu sagen, das einzige erworbene ist von der Hand zu weißen. Dieses ist und bleibt meine Ansicht von der Sache, und so ihr länger hier wäret, würde es auch die eurige seyn, Christian hat bereits eure Briefe gründlich zu beantworten, begonnen, es scheint eine Abhandlung werden zu wollen, ich halte ihn täglich an, daran fortzufahren, nachdem ich ihm alles dieses Geschriebene heute Morgen mitgetheilt, hat er nichts dagegen eingewendet, und ist zufrieden. Adressiret doch eure Briefe lieber direckt Bukowan bei Przibram, als an den Altmann, der sie immer ein paar Wochen aus Bequemlichkeit liegen läßt, und der überhaupt ein Mauldiener, und Schwätzer ist, der beständig geschmiert sein will, und zu den unnöthigsten Kostenmachern des Gutes gehört, der jezt in beständigem Achselzucken begriffen ist, während er uns das Gut doch aufgehängt. Er der diesen Waldprozeß als ein Non plus ultra von Recht anprieß, sagt jezt ja er habe es gleich gewußt, daß wir verlieren müßten, So oft ich ihn zu Prag begegnete, klagte er mir, er schreibe Christian alle Woche nach Prag zu diesem und jenem Geschäfte zu kommen, und er komme nicht, u. d. gl. Kömmt nun Christian herein, so muß er drei oder vier Tage mit großen Kosten im Wirthshaus liegen, ohne daß etwas besonders geschehe, oder das Altmann etwas wisse, als ein paar Advocaten Conferenzen, die auch ohne allen Erfolg und schier ohne Ursache sind. Waß soll ich von einem Manne halten, der die Administration unsers Hauses in Prag hat, und da alle Miethen in Prag um das 5fache nach den Patent gestiegen, keine unsrer Miethen erhöht, weil er das untere Stock seinem Kammerdiener und dessen Frau zu einer Bierschencke eingeräumt hat, der das reinliche gut erhalten gewesene Häußchen ruinirt und beschmiert, indem er ohne Hof zwei Schweine und zwei Hamel drinn hält, die oft biß ins dritte Stock vor meiner Thüre bettlen kamen. Auf einem Gut, wo man Butter kaufen muß, und oft nicht Geld für ein ℔ Lichter hat, ist man doch keineswegs berechtiget dergleichen Großmuth gegen wildfremde Halunken auszuüben, die überdem das Hauß behandlen, als gehöre es ihnen, und noch obendrein in der Nachbarschaft aussprengen, sie würden es nächstens Kaufen. Das wäre ungefähr waß ich über das ganze zu sagen wüßte, den schlechten Stand unsres Feldbaus Christian vorwerfen wäre eben so unbillig als ihm seine kräftigen Mittel, die er jezt ergriffen nicht zu gut schreiben, da Klee und Luzern überall Gute Hofnung geben. Wir waren gestern in Rzetsch und haben zu unsrer Freude und Verwunderung gesehen, daß unser großer Wickenmangel ziemlich gedeckt ist, indem die Aker wo er gestanden durch vorjähriges schlechtes Einärnden ganz mit übersaet sind. Für die Wiesenbesserung hat Ries auch schier gar nichts gethan, eine kleine Thalwiese, die ich in Stand bringen ließ hat er bei Motzens Hiersein in Bewäßerung gebracht, mit der Bedingung Christian sollte nichts dabei machen noch sagen, und nun findet es sich, daß die Wasserfurchen alle so falsch gezogen sind, daß sie eigentlich die Wiese mehr ruiniren als verbessern. Doch wie war mehr Eifer und Fleiß von ihm zu erwarten, da er nun schon so lange auf das Trages gedachte, und durch seine beständigen Händel mit dem Kreisamt schon seit beinah drei Jahren nicht gern hier war. Unser jetziger Verwalter ist ein sehr rechtschaffener guter Mann, und wenn sich Bodmann nur einstellte, so könnte es fortan wonicht besser, doch ordentlicher gehn, denn an besser ist nur durch consequente Verbesserung durch Futter und Vieh, wozu Zeit gehört, zu gedencken; waß war biß jezt bei Misjahren, ungedüngtem Feld, Diebstahl der Unterthanen treulosen Beamten, (Bruskys Frau hat unser leinen Geräthe und Bettwerck, Flachs neuen Linnen, selbst die Spinnräder geplündert) und bei dem gänzlichen Waldsequester einzunemen, da die Gutsbesitzer schier ganz vom Walde leben in den letzten Jahren. – Doch ich bin bereits über die maßen weitläufig gewesen. Ich habe keine Rezension von dir zu sehen gekriegt, es ist gar keine Mittheilung der Art in Prag gewesen für mich. Um deine Erzählungen bitte ich dich nochmals. Neulich fiel mir in Prag Kleists Penthesilea in die Hände. Es ist doch in allen

Arbeiten dieses Unglücklichen talentvollen Menschen eine ganz merkwürdige scharfe Rundung, eine so ängstliche Vollendung und wieder Armuth, und es wird mir immer äußerst peinlich, und doch macht es mir Freude etwas von ihm zu lesen. Ich dancke dem Savigny von Herzen, daß er mir Reisegeld geschickt, er soll versichert seyn, daß ich keinen Heller mehr zu viel davon ausgeben will, waß mich ungemein betrübt ist die Aussicht, wegen dem verfluchten Gute vielleicht nie wieder bei euch leben zu können, wenn ich mich auch noch mehr in Berlin einschräncke, als ich vorher gethan, in ein paar Monaten muß ich doch zurück, sollte ich auch zu Fuß in dies Botanybay zurückmüßen. Wenn Buonaparte nur eine Idee überhaupt von den Menschen, wie ich von den Böhmen, hat, so wundert es mich nicht, daß er sie mit kaltem Muth ins Feuer jagt. Jezt noch eins lieber herr Bruder, du hast mich in einem früheren Brief zu Gevater geladen, im späteren nichts davon erwähnt, ich laße mir diese Freude ungern nehmen, ist es zu spät, so mag das geschehene das Beste sein, ist es noch nicht zu spät, so bitte den braven Schinckel in meinem Nahmen bei der Handlung gegenwärtig zu seyn, grüße mir überhaupt diese edlen sehr geliebten Menschen viel tausendmahl, auch bitte ihn den braven Ekardstein von ganzem Herzen von mir zu grüßen. Eben so empfiehl mich Pistors herzlich und sehe manchmahl nach meiner Stube und meinen Büchern, die ich schmerzlich hier vermisse. Lebe herzlich wohl, Gott segne dir Weib und Kind, du wirst gewiß noch recht glücklich auf der Welt, denn wer verdient es so sehr als du.

Dein aufrichtiger Bruder.
Clemens Brentano

[W]enn Christian doch unter Menschen, wenn er doch in Berlin sein könnte, wo so viele geistige Mittheilung ist, er könnte unter uns allen der bedeutendste und nützlichste werden, der Mensch ist voll trefflicher origineller Gedancken. So hat er neulich auf der Reise nach Prag einen äußerst praktischen und tiefen Plan ausgedacht, die Oesterreichischen Finanzen in Zeit von einem Jahr al pari zu bringen, ohne das irgend etwas verkauft wird, ohne das Geld geschlagen wird, und daß zugleich eine Menge Geld,

Industrie, Handel und Wandel ins Land kömmt, wer noch den Plan gehört ist drüber erstaunt und hat nichts dagegen einwenden können. –

Seine vielen bis jetz erfundenen trefflichen Akergeräthschaften, die um die Hälfte wohlfeiler sind, als andere gedenckt er, so er hier einmahl ein wenig in die Ruhe kömmt, und vor Hunger, Noth und Sorge dazu kann in einem dicken Bande heraus zu geben.

Ich Trug den Brief zum Siegellacke, da kömmt ein hündischer Böhmacke, er bringt ein Brief vom Heilgen Berge darauf steht die heilge Merge, welche sich das Kind laße belieben, das in dem Brief steht geschrieben, sie mag sich ihr Röklein aufheben, und nach Voßens Garten begeben, und mag dort an meiner Stelle sich setzen still auf die Schwelle, ganz still und treu und unsichtbar, wie Lüftchen über den Blumen klar, wie ein süßes Sehnen ein heilig Träumen Thauet aus blühnden Bäumen, so falle sie auf dein Kindelein, und segne ihm die Windelein, doch soll es dann nicht hinein pissen, das wäre gegen das Gewißen, und daß die Jungfrau nicht ohn Schutz, gehe und kehre durch Krieges Schmutz, soll der lieb St. Nepomuck, der da stehet auf der Prager Bruck als Salveguardian sie geleiten, in diesen unglücklichen Zeiten. Ich sende diese zwei Gevattern und wenn die Damen zu viel schnattern, daß die Wöchnerin nicht kan schlafen, sollen diese sie bestrafen, setze ihnen auch zwei Stühle, wo es ehrbar ist und kühle, und gieb ihr Theil den armen so wird sich Gott uns all erbarmen und dem Kind geben Guten Nahmen, trotz den eigensinngen Damen
Am[en]

167

[Teplitz, etwa den 27. Juli 1812]

Lieber Clemens.

Nicht Willkommen in Böhmen, sondern ich bin gekommen in Böhmen, das alte Böhmergold aufzusuchen, wo wie, wann, das will ich noch dem Himmel heimstellen, der mir und den Meinen eine gute Badekur mit gutem Wetter bereitet. Alles zu seiner Zeit. Ich hätte Dir durch den Leitenberger Grus und Brief bestellt, aber ich hatte gemeint, weil er erst von Prag gekommen, er gehe nicht gleich wieder dahin zurück und so erfuhr ich erst am Tage nach seiner Abreise seine Richtung. Recht weh hat es mir gethan, daß Dein Rheumatismus ernstlicher geworden, nach deinem letzten Briefe schien er gehoben. Du gehst nach dem Karlsbade, sagte er, wohl dann, so rutsch ich eines heitern Tages zu dir in einer Fuhrmannskalesche hinüber. Mein Bruder ist auch dort, ich wäre auch gern hingereist, aber die Gundel war auf Töplitz gerichtet und jezt langeweilt sie sich hier. Es ist ein Gefalle, den ich Savigny that, sie hieher zu bringen, denn weder meine Kasse noch meine Beschäftigungen eigneten sich dazu. Jezt nun ich dabey, sauf ich soviel, daß mir kaum Wasser zum Bade bliebe, wenn ich nicht zum Glücke so viel schwitzte, daß das Bad voll wird. Von berühmten Männern ist ausser mir noch Beethoven und Göthe hier – und Neberich, spuck ich einmal neben mich trifft es gleich den Neberich, Neberig ist überig in der ganzen Welt, wer hier kaufet rheinschen Wein, kriegt den Kerl noch oben ein für ein Lumpengeld.

Göthe heist jezt im Moniteur der Sänger des Continentalsystems wegen der Carlsbader Verse und seine Frau die Frau Abstinentalräthin. Die Kaiserin liest Adam Müllers Elemente der Staatskunst. Kettenburg schreibt ein Trauerspiel von den Nibelungen. Der alte Prinz de Ligne macht Dramen wenn er sich die Hosen anzieht, ich habs selbst gesehen. Der Herr Gutsche bringt ökonomische Abhandlungen ins Haus, Herr Gerzabeck druckt die Badeliste, auch giebts eine kleine Leihbibliothek, aus welcher ich das langweilige Leben des Schauspieler Lange entlehnt habe. Aus dem allen mache Dir ein Bild schmeiß Berge heisse Quellen, Sonnenschein, Morgenthau, sehr delikate Kirschen, schlechten Wein, alles zu theuren Preisen dazu, so hast du Töplitz. Savigny kommt ungefähr in drey Wochen, was dann geschieht ist noch ungewiß, er will mit der Gundel nach Schlesien, vielleicht geh ich zu Fuß dahin, zum Laufen habe ich Lust und bin schon ziemlich weit hier umhergestrichen. Faul bin ich übrigens wie die Sünde und habe mir ordentlich instinktmässig ein kleines Blat genommen, um nicht viel zu schreiben. Es ist mir doch lieber von den ewig beweglichen hellen Badewellen gestört zu seyn, als von dem höllischen Tintenfluß der Geschäfte in Berlin, auf welchem jedes freudige Bild sich schwarz spiegelt. Hols der Teufel, was das Bischen Eigenthum für Noth macht, das heist nicht es zu gewinnen, sondern es allmälig untergehen zu sehen. Schlimme Zeit, schlimme Zeit, das Geld wird all und der Beutel weit. Nun ich küß dich, es grüsset dich Frau und Kind.

Achim Arnim

168

[Prag, den 28. Juli 1812]

lieber Arnim!

Gestern Abend erfuhr ich von Feuerbach und Herrn Leitenberger, daß Ihr in Töplitz seid, welches mich sehr überrascht hat, ich habe 4 Wochen hier recht elend an der Gicht krank gelegen in der rechten Hand habe ich nun das vollkomne Chiragra, und dies ist nach einiger Besserung der erste mühsame Versuch zu schreiben, weil mich die Noth dazu zwingt, da mir nun das Töplitzer Bad sehr nützlich sein könnte, und ihr dort seid. so wollte ich euch fragen, ob ihr mich dort gern seht, und ob du mich dort *ein wenig* unterstützen kannst, daß es mich nicht so viel kostet, dann [kann] ich in Acht Tagen, wo der Leitenberger nach se[inem] Gut reißt, das in der Nähe liegt, euch dort besuchen u[nd] mich etwas an eurem Kind erfreuen, wenn ihr nicht dort wärt hätte ich nicht gut hinkommen können, weil ich mir nicht recht helfen kann, und somit sehe ich euer Dortsein für einen gütigen Wink des Himmels an, der mich in Etwas unterstützen will. Ich bitte dich schreibe mir doch gleich darüber ein paar Zeilen, meine Adresse ist. Sporner Gasse in den drei Geigen, abzugeben bei Herrn Registrator Widtmann. Seid herzlich gegrüßt, von einem armen Podagrämar

dein
Clemens Brentano

Prag 28 Juli 1812.

169 *Prag den 1 August 1812.*

Lieber Bruder!

Meinen lezten kleinen Brief wirst du wohl schon haben, heute erhielt ich deinen fröhlichen Zettel, den ich mit Trähnen benetzet habe, wer seine Sorgen noch in so fröhlichen Reimen erzählen kann, der ist beneidenswerth, ich fühle mich sehr unglücklich und sehe einer elenden Zukunft entgegen, auf dem traurigen Aussichtspunckte bald ganz arm zu werden, erlahmt mir die rechte Hand, die mit den Musen würfelnd mich zerstreute, ich bin voll Sorgen, sehe einem siechen, verlassenen Alter, und der langen Weile entgegen – Leid hat es mir besonders gethan, daß du soviel von deinem Geldmangel schreibst, denn ich hoffte, du würdest mich in Töplitz, um das Bad brauchen zu können, vielleicht mit einigen Louisdors brüderlich unterstützen können, ich werde dich also in jedem Falle besuchen und dir meine sich verknöchernde Hand reichen; Ihr könnt alle die Götter noch preisen, Christian ist in tausendfacher Bedrängniß und dabei manichfach *ganz falsch* beschuldigt, ich theile seine Sorgen gern mit ihm, aber es ist doch eine Last. Er ist fest entschloßen Bukowan ganz zu verlassen, *ich gebe es sodann ganz verlohren*, mich wird er gewiß nie verlassen, ich habe große Liebe und Achtung zu ihm gewonnen, er ist ein ganz vortreflicher Mensch, dem ich manch Unrecht gethan. In dieser Woche sehe ich dein Kind und Bettine noch.

Dein Clemens Brentano

Ich habe noch viel zu schreiben aber ich kann nicht mehr mit der Hand fort. Ich habe ein wenig ausgeruht und schreibe noch ein bischen. Dein Brief an Christian ist recht wohl meinend, aber er trifft nicht ganz. Darüber mündlich mehr. Christian hat mehr und uneigennütziger bis jezt für seine Geschwister Gehandelt, als noch keiner von uns, und es wird ihm nicht gedanckt werden. Uebrigens geht alles verkehrt, Motz schreibt Bodmann wolle kommen, Bodmann schreibt er komme nicht. Christian mögte auch fort, und das beschwöre, Bodmann wird gar nichts zu Stande kriegen, denn er ist durchaus ohne allen willen, und [b]ereits [ki]ndisch vor alter.

170 *Berlin 23 Okt 1812.*

Lieber Clemens!

Ich habe alle Tage erwartet, dich mit Kunstfracht ankommen zu sehen, zwar sprach ich Bussler seit seiner Rückkehr von Prag nicht, aber ich setze voraus, daß sich nichts in Deinen Entschlüssen und in deiner Gesundheit geändert hat, sey es durch den Brand von Moskau oder durch den General Oktober, beydes letztere hat nämlich auf die Witterung viel Einwirkung gezeigt, und die Witterung ist wiederum Laune der Gichtkranken. Bring Deine Kunstschätze bald, sonst werden wir hier zu reich, als daß deine Bilder noch etwas gelten könnten. Zwey Ausstellungen stehen jezt aller unwissenden Beurtheilung offen; eine bey Sciavonetti, wo der lächerlichste Raphael zu sehen, der je durch ungeschickte Hand restaurirt worden, ein Jungfrau mit einer Haknase wie Christian, dennoch habe ich einen verehrenden Hund dabey wahrgenommen, der es nicht lassen konnte, ihn mit einigen verehrenden Versen anzuseichen ehe er davon ging. Freidhofs Bellini ist bey weitem das Beste unter dem Ausgestellten; die andre Ausstellung in der Akademie hat manches Reitzende. Kolbe zeichnet sich aus, sein christliches Bild in der Skizze hat noch sehr gewonnen, Hirt giebt sich die Mühe es in einer halben Stunde zu erklären. Die Meerfahrt kommt erst in diesen Tagen, er hat sie wunderschön beendigt und mir zu Liebe aus dem unbestimmtgelassenen Dichter einen Göthe mit dem Lorbeerkranz gemacht, der den Tackt schlägt, was ganz seine Natur ist und ausserdem ist er recht ähnlich, ohne lächerliche Begeisterung eher ein wenig lächelnd über den Gesang, kurz es ist eins der anmuthigsten Bilder und es schwebt mir darüber etwas nicht aus, sondern zu Göthes Leben vor, das ich nächstens einmal, wenn mich Domanialpfandbriefe Stempelung und Vermögenssteuer weniger kujonieren, hinschmieren will. Schinkel aus jungferlicher Scheu, weil er noch nicht als Maler, sondern immer nur als Architeckt aufgetreten, hat seine herrlichen Landschaften nicht ausgestellt, es thut mir recht leid, es hätten ihn viele und darunter vielleicht auch die rechten kennen und beschäftigen gelernt, er ist ein ungemeines Talent und ein eigner

Fuchs, der sich immer anstellt als wollte er von den Leuten lernen und weiß doch alles besser zu machen, Beuth ist ihm in einer Hinsicht recht nützlich, er hemmt etwas seine Mahlwuth, die ihn oft hindert die Zeit des Trocknens abzuwarten und ganze Stellen dadurch verschwärzt. Er hat ausser der schönen Waldlandschaft eine von Salzburg, die andre vom Traunsee ungleicher Grösse und noch ein hübsches Waldabendbild mit Kindern an einem Wasser beendigt [–] ausserdem noch eine prächtige Stadtlandschaft mit herrlichen Thürmen, einen Wasserfall, ein Meer angelegt. Genelli schmückte die Ausstellung durch eine recht schöne kühle Einfahrt in einen dunklen Wald, der gegen dem hellen Himmel fast nachtartig ihn und die Gräfin Brandenburg umfängt, die er spazieren zu fahren beliebt, alle Menschen behaupten ein Hauß in der Nähe müsse einfallen, ich meine aber, daß es in Gottes Hand steht, ohne dessen Willen kein Haar vom Haupte fällt. Wahrscheinlich ist es ein richtiges Spiel der Beleuchtung, die Leute haben aber so wenig wie ich diese Curiosität beobachtet. Das Bild im Ganzen ist herrlich, ungeachtet der Dichtigkeit des Waldes keine Unordnung oder Zweifelhaftigkeit in den Stämmen. Friedrich zeigt sich diesmal mannigfaltiger doch habe ich noch mehr bey ihm gesehen in Dresden und recht deutlich gefühlt, daß alles Absonderliche an ihm keine Ziererey sondern in seiner Ausbildung begründet, die Bedingung seiner Vorzüge ist und ein sichres Zeichen wie unbedeutend jezt die meiste schaffende Kraft der Maler ist, ist das Lermen aller über ihn, wenn irgend einer sich von ihm überrascht und gerührt findet

[...]

Welt, die darin fast untergeht, vielleicht wäre es der kürzeste Weg der Brede eine Abschrift jener Briefe zurückzugeben. Ich wünschte ungemein, daß du wieder in den Besitz der alten Handschrift kämst, denn ich fürchte die neue geht an der Varnhagenschen Geschichte zugrunde, wie jedes gute Schauspiel wenn zwischen durch grosse Kriegsereignisse verkündet werden.

Die Juden machen hier köstliche Geschichten, wäre die deutsche G. nicht zu sehr von lustigen Gesellschaftern entblöst, es liessen sich gute Spässe aufführen. Derselbe Friedländer, der vor einigen Jahren an Teller schrieb, er wolle Christ werden, wenn man ihm den Glauben an Christus ersparte, will jezt, nachdem die Juden viele bürgerliche Rechte bekommen, Jude bleiben, aber wiederum einige Procent vom Judenglauben abdingen. Dies hat er in einer gedruckten Abhandlung vorgetragen und sehr gebeten, daß doch Sachverständige recht bald das neue Judenthum einrichten möchten, nun hab ich den Plan, als Sachverständiger meine Vorschläge einzureichen, was eigentlich zu einer neuen Synagoge gehöre, was da alles getrieben werden müsse, insbesondre wünscht der Kerl eine angenehme Cerimonie zur Verherrligung der Beschneidung, es ist schade, daß Du nicht hier bist, wir wollten einige Crayon Zeichnungen machen, und sie ausstellen, ich dächte nämlich, daß eine grosse englische Hexellade zu der Beschneidung einzurichten wäre. Lichtenstein erzählte gestern, daß sich schon sechzig Familien zu der neuen Synagoge zusammengefunden haben, gewiß setzt es dabey so etwas von Sodomiterey ab.

Der Runge hat mir nochmals geschrieben wegen der Briefe seines Bruders an Dich, weist Du, wo sie hier liegen, kann ich sie finden? Auch wünscht er das Originalmanuscript seines Bruders von den beyden Mährchen, das ich Dir einst gegeben habe. Kannst du es ihm verschaffen?

Hast du den Phantasus von Tieck? Ist die Einleitung nicht ein schlimmes Beyspiel wie ein Kerl, der einst so herzlich schrieb, in das Wortgeklingel verfallen kann.

Ich habe Bussler gesprochen, und der hat leider keine Lust zum Kaufen gehabt und das hat Dir amende die Lust genommen, Deine Sachen hieher zu bringen. Bussler ist noch nicht Berlin und manches verkaufst Du sicher recht gut.

Der Neberich war schon wieder erschienen und zwar in Dresden. Er hat mir erzählt, daß Jean Paul an Deiner Philister Abhandlung grosse Freude gehabt und sie in seinen aesthethischen Vorlesungen aufführe. Das wird die Juden ärgern.

Frau und Kind sind wohl, meine Frau grüst dich von Herzen, mir liegen, da mein Bruder abwesend, so viel Geschäfte ob, daß ich kaum dazu Zeit habe.

Dein Achim Arnim

171 *Bukowan den 28ten November 1812.*

Theurer Herr Bruder Arnim!

Als ich vor Etwa 4 Wochen mit Bodmann hierher von Prag reißte fand ich deinen lieben Brief hier, und sage dir nur soviel, als ich weiß[,] um dich und Savigny meines Lebens seit unsrer Trennung in Töplitz wissend zu machen; Unser lieber Christianus hat seit Töplitz für Bukowan nichts mehr gethan, er ist dort kaum einige Tage verweilt, nachdem er bei unsrer Ankunft in Prag dort für die Langeweile 3 Wochen im Wirthshaus gelegen, wohin er auch von Bukowan wo er etwa 8 Tage war, zurückgekehrt, und annoch biß Mittag 12 Uhr im Bett und Abends beim Bierglaß anzutreffen, Bodmann kam nach Prag, wohin ihn Christian beschieden, weil Eiselt den Sequester bereits in Händen hat, und ausgemacht wurde nichts; denn kein Geld keiner Art ist da, alle unsre Knechte und Mägde, und übrige Diener haben seit langer Zeit keinen Lohn, und viele bekommen durch die Faulheit des Beamten, der ohne alle Aufsicht gewesen, ihr Deputat oft zwei Monate zu spät. Alles dies fällt dem guten Bodmann auf den Hals, der gern mit seinem Geld aushelfen mögte, wenn ihm Motz, dem er ein paar tausend Gulden *deponirt* diese herausgeben wollte, so daß er kaum soviel hat nach Prag zu reißen, Motz hat auf sein Dringen um Geld in einem traurigen Brief gemeldet, daß er nichts senden könne, und das ihm sein Antheil von Bukowan um 70000 fl 24 fus feil sey. Wir sind daher von allen Seiten im Gedräng, übrigens ist Bodmann unter meinem beständigen Sporn unermüdet, und ich habe eine grose Freude, wie sich nach und nach Ordnung organisirt, durch Fräule George, die ein Muster ist, hat das Ganze eine Wurtzel geschlagen, Unsre erste Entdeckung war, daß der gröste Dieb, den wir jemals in unsrem Dienst gehabt, der Protégé des Ries war, dessen äußerst nachläßige Wirthschaft, und gar keine Aufsicht mit Christians Schloß und Schlüßellosigkeit und Hillmereien verbunden alle Güter der Welt ruiniren könnte. George sizt bereits, und wird wahrscheinlich statt nach Trages ins Criminale nach Piseck wandern, Bodmann hat durch den Flurwächter Schaub, den Pfarrer Bang hieher geschickt, zuerst entdeckt, das er 3 Garben Haber und eine Garbe Waitzen entwendet, und mit der ungeheuersten Unverschämtheit, erklärte er sie uns ins Gesicht für Stroh, durch viele Mühe, und in dem ich selbst zwei Tag lang, Aussagen gegen ihn gesammelt und als Accusateur publique dem Verwalter vorgelegt, ist jezt der Prozeß im Gang. Er und die hiesige Wächter Familie sind in Hurengemeinschaft, und haben seit Georg[s] Vetter der in Prag ein Kaufmann um viele tausend Gulden bestohlen, endlich hier auch bei Georg aufgehoben und nach Prag gebracht worden, in beständigem Sauß und Brauß gelebt, von Prag zu Georg und Umgekehrt sind Fuhren und Träger mit Waren und Gewürtz gegangen, Georg hat zwei Goldne Uhren, und Viel silbergeld und eine Garderobe, wie keiner von uns, auch haben wir heraus, daß er das Ganze Jahr heimlich in der Scheune versperrt für sich gedroschen und Getreide verkauft, dieser Mensch der das ganze Vertrauen besaß, hat hinreichend zu leben gehabt, und hat uns so bestohlen und alle Nächte hier bei der Wächterin gelegen, daß der Schade nicht zu constatiren ist. – Da doch unsers Herrn Verwalters Alte Schwestern Wohl auch Pfeffer und Ingwer und andere Spistbuberei Waaren erhalten. so geht alles schläferig, wir werden übrigens nicht ruhen biß alles gereinigt ist, von Hillmers Fabrique, haben Herr Langbein den Vortheil gehabt den Brandwein zu Georgs und Wächters Schmausereien zu liefern, und können wir zwar nicht gerichtlich beweisen, doch ist so gut als gewiß, daß er wenigstens 2 Eimer Brandwein Maaßweiß gestohlen. Er wird also nächster Tagen auch sein Paß erhalten. Schon drei Wochen lang sind wir beschäftigt das Hauß, welches vom Boden biß zum Keller in der verwirrtesten Unordnung ist, zu ordnen, und Aufzuräumen, wir haben noch nichts gefunden waß nur lobenswehrt sei, und an allen Ecken kostet es Geld, das nicht da ist, Christian hat allein etwa 18 Schlößer an Stuben und Gängen ohne Schlüßel und etwa 10 Schlüßel ohne Schlößer zurückgelaßen. Ein ganz eignes Pröbchen ist folgendes, ein Unzahl von Papieren, Briefen, Scheinen, lagen vorigen Winter zwischen seinen Doppelfenstern plötzlich, als wir Abends bei Tisch faßt bei den stets nicht schließenden Thüren ein Sturm das ganze Fenster und schmeißt es in den Hof, nicht ein Stückchen aller dieser Papiere ist wieder gefunden, der Wind hat sie alle zum lichten Teufel geführt Gott weiß wohin? So sehr ich alles Gute von Christian nach Riesens Abreise erwartete, so sehr bin ich jezt überzeugt, daß er das Beste gethan für Bukowan, indem er es verließ, und wäre nur zu wünschen, daß er bald, den Bodmann selbst als seinen bevollmächtichten aufstellte, welches besonders vor dem Kreisamt und unserm Verwalter nöthig ist, welchen lezten unser Dringen auf Ordnung gar nicht schmeckt, wir werden ihm daher nächstens aufsagen und uns einen einzelnen ledigen Menschen suchen, der mit uns am Tisch ißt, und außer Geld kein Deputat kriegt, um das Jus Gentium, welches die Bauren Gänse gegen unser Recht beständig in der Verwalters Küche geltend machen ganz zu unterdrücken. Ueberhaupt muß Alles, sage Alles rein hergestellt, und dann unter scharfer Aufsicht fortgearbeitet werden. Bodmann will, wenn mann ihn nicht jezt im Stich läßt, alles mögliche thun, und ich finde täglich, außer seinem zu geschwätzigen Charackter unendlich viel trefliches ja eine rechte Leidenschaft für Ordnung und Aufsicht in ihm und habe die besten Hoffnungen für einen tüchtigen Ertrag in etwa zwei Jahren, denn ohne sehr vieles Futter, und wenigstens 300 Stück Vieh kann uns kein Gott helfen; er ist nicht ungeneigt selbst uns etwas Geld dazu zu leihen, sobald er es nur von Motz loskriegen kann. Mit Christian ist gar nichts mehr zu machen, er ist so unzufrieden mit sich daß er kaum auf dringende Briefe antwortet, Savigny soll doch ihn noch einmahl bitten, den Bodmann doch hier und in Piseck wenigstens Schriftlich vorzustellen, weiter ist nichts nöthig. Er sagt mir stündlich, daß er uns Etwa 6000 fl Rheinisch gerne leihen will um unsre Wirthschafft in Stand zu bringen, die er selbst führen, und auf allen möglichen Ertrag bringen will, nur kann er dies nicht eher als etwa im Merz und einiges Geld ist unumgänglich nöthig in die Renten, in denen kein Heller ist. Wenn Savigny unmittelbar an Bodmann nur Etwa 1000 fl Rheinisch, Auf ein Vierteljahr herschießen könnte, ich stehe ihm dafür gut, damit nur das nöthigste kann in Ordnung gebracht werden. Er kann es in einem viertel Jahr bestimmt wieder erhalten, so wäre uns geholfen, Bodmann versichert mich, daß er ohne noch das Ganze zu kennen gleich 3000 fl Conv[entions] Geld Pacht geben wollte, er sei in ein Paar Jahren des Ertrags versichert, wie entsezlich er vom Christian im Stich gelassen wird, ist gar nicht zu sagen, der in Prag gar nichts thut, und der Arme Mann muß hier alle Verhältniße errathen, dies ist nicht etwa Tücke von Christian, sondern blos Gränzenlose Faulheit, er hat sich Pastelfarben gekauft und mahlt allerlei Wäschermädchen, und dergleichen ganz abscheulich, eine auf die Andre drauf, und reibt wieder alle [d]urcheinander. Wir entdecken täglich, daß der Ganze Ertrag [v]on Bukowan gestohlen wurde durch Mägde, Knechte, und Alle, Alle, Vorgesezte, und werden Alles wegjagen und die genauste Controlle und Gesindeordnung einführen.

Müller hat mir aus Wien auf meine Bitte die Libussa zu verkaufen, einen beinah Submiss freundlichen Brief geschrieben und mir versichert sie gewiß anzubringen, Ich möge ihm nur das Mspt zum *vorlesen* schicken. Ich bin nun bereits an der 4ten Umarbeitung, und das Ganze Stück erscheint durchaus Gereimt, und ungemein verbessert, ich arbeite von Morgen biß in die Nacht dran, es macht mir Freude, vieles scheint mir gelungen, und das Ganze ausgezeichnet, sobald ich fertig bin und Müller sich über den Verkauf erklärt, komme ich nach Berlin.

Grüße alle besonders *Schinckel*, *Pistors* und *Bussler*. Ich schreibe nächstens mehr euer

Clemens Brentano

Bukowan. Den 29 Nov. 1812.

Keinen Brief mehr an Altmann adressirt. Sondern, wonicht Direct, an Registrator Widtmann Spornergaße bei Papierhändler Regensburger.

1813

172

Berlin den 16 Januar 1813.

Lieber Clemens!

Die Beendigung Deiner Libussa freut mich, das Werk wird Dir sicher öffentliche Anerkenntniß Deines Talents schaffen, besonders wenn du streng in der Durchsicht gewesen und einen gewissen Ueberschwang von allgemeinen poetischen Worten ausgerottet hast. Dein deklamatorischer Plan läst sich aus der Ferne nicht eigentlich übersehen, es thut mir aber im allgemeinen leid, nachdem du dich während Deines übrigen Lebens von literarischer Schreierei frey gehalten hast, dich in der Mitte der fatalsten Menschenklasse unsrer Zeit, der Deklamatoren eintreten zu sehen. Wär ein bedeutender Gewinn zu erwarten, so hätte ich nichts dagegen, in unsrer Zeit muß sich jeder etwas um das tägliche Leben gefallen lassen, was ihm sonst nicht nöthig. Die Liebhaberey an Deklamation geht aber auf die Neige, einer der besten, Seckendorf, der jezt hier liest hat ungeachtet aller höheren Verbindungen als naher Verwandter Hardenbergs, ungeachtet er eine vollständige Theorie sich ausspintisirt hat und für Bussler in der Theorie das ist, was Raphael in der Praxis[,] kaum die Ausgabe seines hiesigen Lebens gewonnen. Eine Hauptschwierigkeit hast du vielleicht nicht beachtet, selbst das unterhaltendste Shakespearesche Stück ist von einem in grosser Gesellschaft, die sich nicht regen kann, vorgetragen kaum auszuhalten, die meisten wollen entweder selbst lesen oder mimisch von vielen sich täuschen lassen. Tieck war hier und las bey mir einer Gesellschaft die neue Bearbeitung des Blaubart vor, worin vieles sehr wohl gelungen, aber die Langeweile nahm einem Lachen und Weinen von Maul und Augen fort. Die Deklamatoren kennen diese Schwierigkeit sehr wohl und helfen sich durch eine grelle Abwechselung von Stücken, die keine Berührung mit einander haben. Ich habe dir diese Schwierigkeiten nicht verhehlen wollen, ungeachtet ich dich recht gut kenne, daß du alles was deiner Lieblingsidee widerspricht für absurd halten wirst. Von Seckendorf noch ein Paar Worte. Er hat alle Glieder durchzistiert [lies: durchzitiert] und gestern erzählte er zur Grossen Freude der Damen vom begehrenden Mittelfinger, daß er der längste von allen Fünfen sey. Auch die Thiere hat er in Hinsicht der Deklamation untersucht, Austern sind die schlechtesten Deklamatoren. Jezt zeigt er sich im römischen Kostüm, macht Pilatus und Christus, läst die Damen herausgehen und zeigt sich als Apollo ohne Kleider. Der Wagen der Tante Laroche war neulich ausgeblieben, sie kommt herein, weil sie nichts ahndet, da treten ihr warnende Stimmen entgegen. Bussler hat ein Circular herumgehen lassen um beym Staatskanzler für die Anstellung des Seckendorf zu flehen, Fichte, die Bettmann, Hirt, der Schmalz und die Schmalz, Schinkel und Veits hatten sich unterzeichnet. Ich lernte ihn kennen, er sagte mir, daß er mich besuchen wolle, ich antwortete, daß ich ihm etwas vorlesen müsse, das scheint ihn geschreckt zu haben. Wirklich habe ich viel vorzulesen, ich habe meine Johanna zu ungeheurer Dicke in gereimten Jamben fertig, da mir aber Reimer gesagt hat, daß Verse keinen sonderlichen Absatz haben, so wird täglich eine gewisse Zahl in Prose zusammengezogen, aus Drama in Erzählung. Gewiß ists, es hängt sich viel Unnützes in der Reimlust an, es beschreibt sich so manches, die Leutchen singen so vieles, was andern gleichgültig ist. Dagegen bewährt sich mir immer mehr die Erfindung der unbestimmten Jambenzeilen wie in Halle und Jerusalem versucht ist und die ich auch in einer andern dramatischen Arbeit durchgeführt habe, so wie fürs Lustspiel die Prose mir immer einleuchtender wird. – Grimms Kindermährchen wirst du gesehen haben, verbreite, sie sind meinem Freymund gewidmet der sehr wohl ist. – Schinkel Pistors Alberty usw grüssen, Dein Achim Arnim.

Wirds hier zu toll, so geh ich nach Böhmen.

An Christian viel herzliche Grüsse. Was macht sein ökonomisches Werk? Ich glaube immer daß ich ihm darfür bessere Verlagsbedingungen schaffen wollte, als für das treflichste Trauerspiel

173 *[Prag, vermutlich Anfang Februar 1813]*

Dieser Brief war kurz vor den Berliner Kriegsszenen geschrieben, und blieb wegen derselben liegen!

Lieber Arnim!

Ich bin auf ein paar Tage aus langweiliger Verzweiflung von Bukowan nach Prag herein gerutscht, Christian, der auch auf drei Wochen nach Bukowan schlafen gegangen war, wollte schon 14 Tage früher hieher, und ist drei Wochen später aufgewacht, und gestern wieder hier aufs grüne Kreutz wie ein dorrer Leichnam genagelt worden, er hat mir deinen Brief mitgebracht, den ich sogleich beantworte; In deiner Angst vor meiner Declamation, welche ganz aus meiner Seele ist, ist nur etwas mir ganz unerklärlich, du schreibst, ich kenne dich sehr gut, und weiß, daß wenn du eine Lieblingsidee gefaßt, alle andre Meinung dir absurd scheint, Lieber Herr Bruder, daran seh ich wieder, daß das Zeug, womit man die Menschen kennt, das nehmliche Zeug ist, an dem man selbst verkennt wird; denn diesmal hast du herzlich unrecht, es lebt nehmlich kein Mensch, auf welchen fremdes Urtheil mehr wirckt, als ich selbst, kein Mensch, der so sehr die wiedersprechendsten Urtheile in sich rumoren fühlt, daß er seine Freunde leider meist nur als sein eignes Urtheil in Beschlag nimmt, als ich, kein Mensch der so sehr alle Urtheile und also keines, ein wahres gleich groses Soll und Haben in der melancholischen Seele hat, und du hättest mir bis jezt immer, wenn du mir rähtst, schreiben können: warum willst, denkst, oder thust du das, da es doch von jeher deine Gesinnung war, daß u.s.w. Habe nur keine Angst, liebster Arnim, daß ich Declamire, ich muß mich falsch ausgedrückt haben, in der Einsamkeit und ohne Mittheilung, meiner, *mir* sehr mühsamen Arbeit gegenüber, die deinem göttlichen Talent ein Nichts gewesen wäre, faste ich in einem in Libussa verliebten Moment die Idee sie in einigen vornehmen Zirkeln gegen Subscription vorlesen und dann auf eigne Kosten drucken zu wollen, aber alles, waß du sagst ist wahr und von mir eben sosehr gefühlt, und ich thue es nicht. –. Waß du mir übrigens hinsichtlich der strengen Durchsicht und der Ausmerzung überschwenglicher allgemeiner poetischer Ausdrücke räthst, bringt mich in nicht geringe Verlegenheit; da ich dir eines Theils ganz recht geben muß, daß dergleichen nichts taugt, wo aber das Maaß ist, weiß ich nicht, und zu solcher Correctur sind geistreiche Freunde nöthig, die ich nicht hier habe. Ich selbst bin nicht im Stande, diese Arbeit nochmals zu unternehmen, die ich nun dreimahl ganz von neuem zu Ende gebracht, erst das Brullion, das du gehört, dann ganz in gerechten Jamben und nun ganz in Reimen. Ich würde toll werden, wenn ich das Alles wieder auflösen sollte, und es muß wohl so bleiben, wenn mir kein andrer hilft, umsomehr, da man doch keinen Danck davon hat. In einer von Bran dem Hamburger nordischen Miszellisten hier mit Jammer edirten Zeitschrift Chronos findest du eine weitläufige Anzeige meines Stücks, du mußt aber etwa in den ersten 10 Zeilen *machten*, statt machte lesen. Grimms Märchen habe ich vor einigen Tagen gekauft, in der Vorrede ist recht schön gesprochen, es sind auch da viele Märchen zussammen, aber das Ganze macht mir weniger Freude, als ich gedacht. Ich finde die Erzählung, (aus Treue) äußerst liederlich, und versudelt, und in Manchen dadurch sehr langweilich, wenngleich die Geschichten sehr kurz sind, Warum die Sachen nicht so gut erzählen als die Rungenschen erzählt sind, sie sind in ihrer Gattung vollkommen. Will man ein Kinderkleid zeigen, so kann man es mit aller Treue, ohne eines vorzuzeigen, an dem alle Knöpfe herunter gerißen, das mit Dreck beschmiert ist, und wo das Hemd den Hosen heraushängt. Wollten die frommen Herausgeber sich selbst genug thun, so müßten sie zu jeder Geschichte, ein[e] psychologische Biografie des Kinds oder des alten Weibs, das die Geschichte so oder so schlecht erzählte voran setzten, und ich könnte zum Beispiel wohl Zwanzig der Besten aus diesen Geschichten auch getreu und zwar viel besser oder auf ganz andere Art schlecht erzählen, wie ich sie hier in Böhmen gehört. Die gelehrten Noten sind zu abgebrochen, und es ist in dem Leser zuviel vorausgesetzt, waß er weder Wissen, noch aus diesen Noten lernen kann, eine Abhandlung über das Mährchen überhaubt, eine Physiologie des Märchens wäre, sollte Gelehrsamkeit dabei sein, weit nützlicher gewesen, so wie es jezt ist, hat die Gelehrsamkeit ein Aussehen, als sei sie ein aus dem Nachlaß verstorbener Gelehrter abgedrucktes Sammelsurium. Ich habe bei diesem Buch recht empfunden, wie durchaus richtig wir beim Wunderhorn verfahren, und das man uns höchstens gröseres Talent hätte zumuthen können; denn dergleichen Treue, wie hier in den Kindermärchen macht sich sehr lumpicht, und der dort so sehr gepriesene Basile in seinem Pentamerone oder Cunto delli Cunti, der als Muster aufgestellt wird, zeigt sich nichts weniger als also treu, da er die Mährchen nicht allein in einen erzählenden Rahmen gefaßt sondern sie auch mit allerlei eleganten Reminiscensen und so gar mit Petrarchischen Versen bespickt. – Auf [. . .]

174

[Prag, Ende Juni bis 5. Juli 1813]

Bester Arnim!

Wie ewig, wie immer habe ich in allen Zeiten der Noth an dich gedacht, wie beneidete ich deine Landsturmscompagnie, wie gern wäre ich drunter gewesen. Schwerer können die Sorgen der Schlacht nicht auf euch gelegen haben, als auf mir. Wie glücklich ist dein Vaterland in seinem Herzen. Du kannst triumphiren, ich sehe dich noch wie du in Ziebingen mit Tieck, der es verschmähte, disputiertest, wen du liebst, guter, der verdient es. Diesen Brief nimmt ein Zuhörer Savignys, ein ganz vortreflicher Junge, Lützow mit, mit dem ich viel hier gelebt, und da er plötzlich mit der Nachricht, daß Scharrnhorst ! täglich seinen Tod erwartet, ins Hauptquartier reißt, kann ich nur kurz sein. Gundel ist seit 4 Wochen in Bukowan, heute erhält sie zum ersten zwei Briefe von Savigny zugleich, dies sagt mir Altmann mit der Nachricht, daß Sie ihm gemeldet, Sie wolle wieder nach Prag wo sie sich ein Quartier bestellt. Sie ist gesund und die Kinder auch, nur war sie bei ihrer Anlage zur Sorge in diesen Verhängnisvollen Zeiten sehr geängstet. Savigny wird gewiß ihre Briefe bald haben, grüße ihn herzlich von mir. Ich habe nach dem ich vier Wochen um einen Paß nach Wien suplizirt, ihn endlich erhalten und werde in einigen Tagen hier abreisen. Ingenheim war hier mit Brandenburg, der ein trefflicher Junge ist, acht Tage lang täglich zussammen, jezt habe ich soeben den Major Roeder verlassen, der hier ist, dem Scharrnhorst Lebewohl zu sagen, alle Preusen, die mir begegnen, sind unendlich mehr wehrt, als ehedem. Tieck und die Verückten Burgsdorfs, und die älteste Finkenstein sind auch hier, ich sehe sie täglich. Tieck ist eigentlich ein sehr guter und armer Schelm. Bei einem Glaß Wein beichtet er herrlich. Sein Wunderbares Gedächtniß gewährt ihm für alte Bekannte einen ganz eignen Reitz, es wird nie ein Mensch eine interessantere Biographie schreiben können, wenn er es will und darf. Er hat hier wieder seine Liebhaberei für das Theater erwachen lassen, ist in allen Proben und Vorstellungen. Sein Urtheil in der Poesie ist ungemein festgerannt und steifstellig, wenn er gleich mit ungemeiner Liebe von dir spricht, so versichert er doch weder deinen Beruf, noch deine Arbeiten zu verstehn, deinen Fleiß erkennt er gar nicht an, und meint du arbeitest Leichtsinnig, das Schlimmste ist, daß er kaum etwas mit Ernst von dir gelesen haben mag, in den Erzählungen den Färber nur halb. Korrigire doch darin, du hast dicht untereinander Jongetje, ge, und che geschrieben! Du wirst vielleicht wissen, daß die Rahle hier ist, und zwar bei der Schauspielerinn Brede, ich habe Sie besucht, um über Varrnhagen [...] Aufschluß zu haben, und habe an ihr ein kluges, und eigentlich recht gutmüthiges Wesen gefunden, so daß ihre Vertrautheit mit jenem verrückten das Schlechteste ist, waß mir von ihr zu dencken erlaubt bleibt. Sie hat mir versprochen, mir das Meinige zurückzuschaffen, und ich habe von neuem viele Bewei[se] [...]

Nach Wien reiße ich morgen mit der Diligence, ich werde eine Stube in dem Hauße von Franz erhalten, ich habe von der Gundel Briefe an Herberstein, Brevillier und die Perera, von Ingenheim an Humbold, von Tieck an Collin, und die Pichler, und von einem sich hier aufhaltenden sehr geistreichen Chemiker Steinmann an viele dort lebende strebende junge Dencker, so daß ich nie in eine Stadt so rekomandirt eingezogen bin, ich will auch von ganzem Herzen dort bestrebt sein, mich rein und geliebt zu erhalten. Das einzige, waß mich drückt, ist mein widerliches Verhältniß zu Schlegel, und wenn es möglich, will ich auch dieses versöhnen, um mich alles bessern erfreuen zu können. Meine Adresse, wenn du mir schreiben willst und kannst, ist bei Brentani Cimaroli. Unendlich werht wird mir ein Brief von dir sein, du warst auch in Wien, und kannst mich auf manches Aufmerksam machen. Christian ist seit 6 Wochen in Carlsbad er verspüret gute Besserung, biß auf die Schmeizlichkeit der Brust, er hat sich hier selbst curirend in einer Arznei vergriffen und Gift (Sublimat) gefressen, und ihn wieder mit entsezlichen Brechmitteln weggeschaft, das hat ihn mitgenommen, er gedenckt von dort nach Töplitz zu gehn. Scharrnhorst, der trefliche, ist vorgestern unter Anführung Chatellers feierlich begraben, ein hiesiger Superindenten, der nie einen preusischen General als den Churfürst von Hessen gesehn, hat ihm eine ziemlich Miserable Rede gehalten. Röder ist gestern abgereist, nachdem ich mit diesem liebenswürdigen kriegerischen Hasibilis durch die ganze Stadt getaumelt bin, einen Hut für seine Frau, und Stangen für seine Pferde zu kaufen. Sehr hat mich die Sendung deines Familien Pitts nach London amüsirt, er wird dort alte Caricaturen in Gang bringen. Kann ich irgend in Wien dir, oder Grimm etwas auf der Bibliotheck thun? so melde mir waß? Grüße dein herrliche und Tapfere gute Betine, deinen Jungen und den Verborgenen.

Dein Clemens!

Auch Pistor und Schinckel und Savigny in ihrer Rüstung vieltausendmal

den 5 Juli 1813. Prag.

175 *[Berlin, den 3. August 1813]*

Lieber Clemens!

Deinen letzten Brief hatte ich schon einmal aus München nur mit anderen Namen erhalten, was Tieck sagt ist mir weder förderlich noch sonderlich angenehm, was ich von ihm sage, möchte ihm auch bekommen wie dem Hunde das Gras, darum will ichs lieber nicht sagen. Die arme menschliche Seele sehnt sich nach vielerlei vergebens, vielleicht auch nach der Poesie, vielleicht ists doch nicht umsonst, Ansichten und Urtheile sind das Unbedeutendste, jeder thue, was ihm nothwendig zu seinem Heil. Hättest Du Dich so sehr danach gesehnt in meiner Compagnie zu dienen, so hättest Du so leicht hieher wie nach Wien kommen können, jezt ists zu spät, ich war schon Vize-Batallions Chef, als der Landsturm der Städte aufgelöst ward, demnach bin ich nach vieler verlornen Zeit wieder auf die Poesie reduzirt. Ausser dem Hyperion sind mir in dieser Zeit keine andern als meine eignen treu geblieben und habe mich meist aus mir selbst erfrischt, eine bessere Rezension kann mir selbst der Gehemerath nicht machen. Ein neues Werk, das zum Anschaffen der Landsturmkanonen von Stapel gelaufen erhältst du beyliegend, wenn Du mit den Theaterdirektoren dicke dran bist, so frag sie doch ob sie nicht die Befreiung von Wesel, den Jann oder die Mißverständnisse aufführen wollen, doch möglich ohne meinen Namen, und mit der Bitte mir noch viel Geld dafür zu geben, denn seit der Landsturm aufgehoben ists mein Eigenthum, will ein Buchhändler Ex[emplare] in Commission nehmen, sie stehen bereit, ich verlange nur Bezahlung in Nachdrücken. Schinkel grüst, er malt wieder recht brav, nachdem der Landsturm ihn frey gelassen, will aber auswandern, ich auch – nach schönen Gegenden – an Felsen, wo nur der seltne Sturm den Sand des zerstiebten Vaterlandes in die Augen weht. – Frau und Kind sind wohl, ich wünsch Deinem Stücke viel Beyfall bey den Wienern und Dir eine papierne Krone in den öffentlichen Blättern: Hier weiß man nicht mehr wie ein Journal aussieht!

den 3 August 1813. Achim Arnim

176

[Wien, Anfang Oktober 1813]

Lieber Arnim!

Ich habe vorgestern deine Schauspiele und dein Schreiben vom 3ten August durch Schlegel erhalten, er hat sie lange liegen gehabt und mir *erbrochen* zugestellt. Mit einer ganz wunderbaren Rührung durch die Schwühle der Zeit, die auf deinem Briefe lag, erfüllt, habe ich schnell, Wesel, Appelmänner und Auerhahn gelesen. Alle diese drei Arbeiten sind ganz ungemein vortreflich, Wesel ganz Klassisch, der einzige Lozan erscheint auf Momente zu leicht, man wünschte ihn nur einmahl im Verhältniß mit der Garnison zu sehn, waß Diego nicht lebendig genug vermittelt, sonst ist eine Stille, eine Heimlichkeit, eine Luft, eine Bescheidenheit, Originalität und Wahrheit im Ganzen, die jedermann hinreißen muß, und hinreißt. Gundel hatte mir ja gesagt, Ifland habe es angenommen, in deinen Noten sehe ich nichts davon gemeldet, wäre es nicht gedruckt, ich würde es gewiß mit kleinen Veränderungen die Religion und Croaten betreffend, auf die Bühne bringen können, aber für gedruckte Stücke erhält man nichts, auch hier ist die Bühne Geldarm, doch ist der Kreiß der Schauspiele weit größer als in Berlin, auch die höhere Gattung, ein Trauerspiel *die Schuld* von einem gewissen Müllner aus Weissenfels, im hohen Stil (Blutschuld) macht Fureur. Die Appelmänner sind ganz herrlich, sie müßten bei Beschränkung der Rede, und mit einem tragischen End von der ungeheuersten tragischen Wirkung sein, so originell sich die Kopfanleimung macht, so wird doch dem Leser der Kopf auch ein wenig mit angeleimt, und das zu entschuldigen hast du wohl allein dem lebendigsten fleischernen Stück das hölzerne Prädikat Puppenspiel gegeben, als poetisches Werk hat es mich noch mehr ergriffen und ist Goldhaltiger als Weßel. Der Auerhahn aber ist in dieser Hinsicht ganz groß, die Karacktere sind alle ganz gelungen in Hülle und Fülle, nur thut es einem leid von Franz und Albert nichts mehr zu hören, und das ganze aus der vertrauten speziellen Marburger Lokalität wie einen Fluß austreten zu sehen. Der große Lirische Drang in der Rede, der durch die höchst reitzende Ressonanz der Situationen überall für dich goldherzigen, lockichen und mündigen unmündigen Sänger überall mit angenehm überstürzenden Ueberschwemmungen schöne grüne Insellokale für die Handlungen hervorbringt, hat dies herrliche Trauerspiel zur dramatisirten Geschichte gemacht, und so reitzend, so schön, so lieber und goldener ist es, als alles andere, so möchte man es doch als Drama sehen, der Karackter des alten Heinrich will es auch mit aller Gewalt dazu hin fluchen, aber Aelius [?] Celestis führt es mit seinem Schwan den poetischen Fluß in der ebenen Gegend schön hinab, und das Tragischste in dem herlichen Gedicht ist der Untergang des Dramas als Held im Epischlyrischen Schicksal. Die Lieder sind meist wunderschön. In keiner poetischen Erscheinung der neuen Zeit habe ich das Zußammentreten des Schäckspearschen und Calderonschen Gestirns so wunderbar gefühlt, und darin mag wohl liegen, daß es dramatische Geschichte geworden. Das Maaß der Rede und sein Wechsel ist ganz in der von dir erfundenen Art herrlich gelungen. Doch ich muß aufhören, sonst werde ich nicht fertig, dich zu loben, du bist ein herrlich Mensch, und wenn dich das Schicksal je an eine Stelle stellt, die dich veranlaßt mehr zu münzen (Wesel) als zu schnitzen (Appelmann) und zu wirken, sticken, und einzulegen (Auerhahn) so kannst du dich der neuen Bühne bemeistern. Die Misverständniße stehen in diesem Kreiß, wie der Groskophta, in Göthes Werken, für den unverständigen schwach, für den Verständigen klar und bescheiden, sie liegen wie eine reine Schreibmeister Vorschrift zwischen den Skitzen, und vollendeten Zeichnungen in einer Malermappe. Das Loch scheint mir seit ich in Töplitz hineinsah, viel reicher und schöner, der zweite Akt ist voll herrlicher Erfindung und tiefer ewiger Satire. Das Frühlingsfest ist reich an schönen lyrischen Stellen, es ist ganz aus einer der süßen weichen reichen Quellen, von denen das Urgebirg deiner Poesie wie mit silbernen Bändern überströmt ist, es ist aus deiner natürlichsten Natur; deine spätere höhere und belebtere Kunst hast du erlebt, diese hat dich belebt. Die Possen sind ganz anmutig, doch ist das hineingearbeitete nicht so roh, als die alten Gerippe, und daher hie und ein Moment der Auferstehung, der nicht so künstlerisch rein ist, als das Geripp, das wieder Fleischwerden, doch fällt mir das wohl allein auf, weil ich das Alte kenne. Doch ist mein fatal kritisches Aug nie drin beleidigt, und alles ist recht schön, und noch keines deiner Werke hat mich wie dies Buch entzückt, alle Genien und alle Dämonen deines poetischen Himmels sind drinn, jene triumphirender, diese gefesselter, als irgend wo anders. Jezt noch eine Bemerkung, die mir die Lektüre aller deiner Arbeiten, ja der Umgang mit dir, der Gedancke an dich, deine Briefe, deine Nähe, alles von dir als eine stete wiederkehrende Empfindung aufdränget, es ist dies eine persönliche wunderbare bange Schwermuth – ich muß dir dies durcheinander sagen, wie ich es fühle, denn ich kann mir keine Rechenschaft davon geben, kann es in kein System bringen – und meine wirklich innige Verehrung für dich zwingt mich dazu. Manchmal war es mir schon auf

Momente in meinem Leben, als wäre es Neid gegen dein Talent, weil wir uns früh und gesellig bestrebt haben, aber Gott sei Danck, das ist es nicht, denn ich wünschte dir alle Kronen – dann war es mir wieder, als sei es Angst, die Menschen möchten die Geduld nicht haben, deine Psyche ihre Flügel nach und nach an der Sonne sich entfalten zu sehen, die Menschen möchten deinem schönen Muthe und deinem göttlichen Talente Unrecht thun – dann hatte ich wieder diese Empfindung am stärksten, wenn ich manche meiner Arbeiten, den deinen Vorziehen sah von allgemeinen Menschen – dann wieder, wenn ich fühlte, wie mir meine Arbeiten nie so lieb werden können, als es dir die deinen sind, und wie es mir doch schien als arbeite ich die meinigen ängstlicher, als du die deinen. Jezt kömmt es mir aber vor, und ist es mir beinah ganz gewiß, deine Kunst ist durchaus eine weibliche, und sie erregt in mir alle Bezauberung einer schönen Frau, in die ich mich verliebt habe, ohne den Muht und die Hoffnung sie zu besitzen, weil ich fühle ich sei ihrer nicht würdig. Vielleicht kannst du dir das Alles viel besser auslegen. – . Du siehst, daß ich es drauf angelegt hatte, dir sehr weitläufig zu schreiben, da führt mir plötzlich der Guckuck einen directe nach Berlin reisenden, der neben meiner Stube wohnt[,] zu, Hauser, der hiesige Commis von Franz geht nach Berlin auf die Caffée Jagd, und wäre die Sache nicht so plötzlich, hätte ich nicht hier den Druck meines Stücks nächstens zu hoffen, und allerlei andere Pläne entworfen, so würdest du mich statt diesem Briefe selbst sehen, ich habe nie den Druck der Nothwendigkeit so gefühlt, als da ich mir in diesem Augenblick versagen muß, meine Freunde und meine Bücher wieder zu sehen. In jedem Fall hoffe ich gewiß im Frühjahr zu kommen und zwar mit einem trefflichen und ausgezeichneten Freunde, einem Schweitzer, der alles fühlt und denckt, der aber ganz aus dem Bauerstand, wenig sprechen kann, und es von dir und Savigny lernen will, er heißt Flury und ist lang bei Pestalozz gewesen, er will von Berlin zu Görres, um sein Organ zu bilden, und ist ein ganz herrlicher Mann. Ich lebe hier sehr einfach, und ziemlich gesellig, ich habe hier einige junge Wiener gefunden, von dem reinsten Streben, und angenehm bescheiden erregten Talent, Kaufleute, Studenten, etwa sechs, sie sind der einzige hier fürs Bessere unbemerkt begeisterte Kreis. Bei meiner Ankunft empfieng mich Müller mit ungemeiner Freude, Güte und Liebe, ich habe ihn als einen durchaus lieben, sehr gutmüthigen, ja treueren Freund erfunden, als man es dencken mag, und mache dir hier eine Schilderung seiner Geschichte. Er wurde bald hier von allen regierenden elenden Partheien verfolgt, besonders von den Pfaffen, und Josephinern, die wie die Bayrischen eine Art mit modern Politischem Satanismus vermischten matten Terroristischen Illuminatism ausüben, der Oesterreichische matte Kampf mit dem Adel hatte durch das Objeckt der Ungarischen Conjuncturen einen größeren Wiederstand gegen ihn erzeugt, als er je in Berlin gefunden. Doch hatte er in dem Erzherzog Maximilian, dem Bruder der Kaiserinn, einem sehr gelehrten, tiefsinnigen, frommen, edlen, und herrlichen Fürsten, nicht allein einen begeisterten Schüler, sondern auch einen innigen Freund, und kräftigen Unterstützer gefunden, welches den äußeren Wiederstand gegen ihn noch mehr zu einer allgemeinen Staatsstimme machte. Denn die Kaiserinn sowohl, als ihre Brüder, welche durchaus aus einer anderen Geschichte, als der dieses elenden Hofes hervorgehen, welche eine Gesinnung aussprechen, die ihrer Ahnen der alten Este würdig ist, sind hier die unterdrückte und verfolgte Parthie, da der Kaiser ganz in den Händen elender Pfaffen ist, welche nicht einmahl (und wer es auch eine falsche) eine größerc Politische Tendens haben, als die in ihrem Schlendrian, ihren augenblicklichen Einfluß zu erhalten, und ihre schlechte, niedrige und unwissende Einwirkung auf Erziehung und Bildung allem Blosgeben zu entziehen. Müllers lezte Absicht war, hier bei allem Mangel öffentlicher Erziehung, eine große Öffentliche Anstalt zur Erziehung reicher und adliger Söhne vom Knaben bis zum Jünglingsalter anzulegen, der Plan war vortreflich, Maximilian ward sein Protecktor, er miethete für ihn das am Ende der Favoriten Linie liegende mit herrlichen Gärten, Höfen, Sälen, Reitthban u.s.w. versehene Carolische Sch[l]oß, welches ein Lokal in sich enthält, das ordentlich zu diesem Zwecke erbaut scheint, er bezog es, vierzig Knaben der ersten Familien des Reichs waren ihm zugesagt, Er, die Phisicker Schubert in Nürnberg (der Kindlichste Mensch) und der preusische Pfuhl (der mathematische gymnastische pedagogische) sollten seine Gehülfen werden, ein Herr v. Klingofström ein sehr tiefsinniger Kunstverständiger Mahler (der einzige Freund und Nachfolger Runges ist schon bei ihm als Lehrer der Zeichnenden Künste, drei fromme und gelehrte und liebvolle Priester vom [lies: von] dem durch die Franzosen vertriebnen (aus Warschau) Orden der Redemtoristen sind die geistlichen Führer der Anstalt, alles verspricht den herrlichsten Erfolg, ja ein Seher, konnte die göttlichste Bildung der künftigen, Ständischen Generation, dieses durchaus versunckenen und demoralisirten Staates aus dieser Quelle prophezeien. Die Anstalt erhielt den Nahmen Maximilianeum, der Kaiser hatte den Plan unterschrieben. Nun wird das nah gelegene Theresianum aufmerksam, diese Anstalt in welcher über vierhundert Söhne des Landes in Kasernen mäsiger Verlausung fortwährend von den Piaristen verstümmelt und verdummet werden geräht in Angst, die Verfolgung beginnt, das Gesetz wird herauskabalisirt, daß durch den ganzen Staat kein Erzieher selbst kein Privaterzieher erlaubt sei, der nicht allein drinn studiert, sondern auch examinirt, und approbirt sei, gegen Müller wird alles in Bewegung gesetzt, er hat nur erst drei Ungarische Magnatensöhne, man zieht sich zurück, alles stockt. In diesem Moment kam ich hieher. Ich fand ihn in dem herrlichen Gebäude mit seiner Familie, den 3 Zöglingen, Klingofström und Frau, den lieben geistlichen (im Sailerschen Styl) in einer sehr anmuthigen ungemein woh[l]thätigen Weltlich klösterlichen Zucht lebend. Seine elegant politisch philosophische Tendenz hatte eine durchaus Katholische Wendung genommen, er war im höchsten Grade liebvoll, Christlich und anmuthig, wie ich ihn nie gesehen, ohne Umgang, als mit dem Erzherzog und den Seinigen, und wenn gleich durch den Untergang seiner Pläne sehr zur Trauer geneigt, doch in schönster Erinnerung an alle, die er aufrichtig verehrt, an dich und *Savigny*, recht sehr hat mich besonders seine tiefe und wahrhafte Liebe zu diesem lezten, mit dem er sich doch schier gar nicht berührt, erfreut. Seine einst so enthusiastische Ansicht über Oestreich war durch nahe Einsicht ganz aufgelößt, und er sah den Sieg des Geistes in deinem Vaterland mit hoher Begeisterung und Verehrung an. Ich war oft, gern, und gerngesehen bei ihm und der lustige Genoße seiner vornehm vertraulichen Klösterlich pedagogischen Tisch Zucht. Einer der beiden v. Eichendorf, die du aus Heidelberg und Berlin kennst fand ich bei ihm als Unterlehrer. Ich dichtete eine Menge ziemlich gelungene Kriegslieder, die wegen der hiesigen sehr matten diplomatischen Lage nicht gedruckt werden können, ich laß sie ihm Abends vor, sie erfreuen ihn sehr, ich muß Sie ihm geben, er bittet mich auch um Lieder fürs Tirol, ich bringe sie ihm Abends, ich finde ihn im Einpacken beschäftigt, er sagt er reise für den Maximilian nach Grätz, er nimmt meine Lieder mit, er ist fort, vor wenigen Tagen sagt mir die Müller, er lasse mich aus dem Tirol grüssen. Plözlich war ihm von seinem Freund dem Herrn v. Roschmann, der nebst dem Erzherzog Johann für die Tirolische Insurection bestimmt war, der Ruf dahin geworden. Biß jezt ist in Wien ganz unbekannt, und auch in keiner Zeitung gedruckt, (wahrscheinlich wegen der noch nicht ganz vollendeten bairischen Allianz mit Östreich, die man hier täglich anmurmelt) daß die Tiroler bereits den Brenner paß, und den von Stärzen haben, daß Brixen von Ihnen genommen ist, wo sie 300 Franzosen und 2 Kanonen gefangen. Der Aufstand ist komplett, 15000 Büchsen hatten sie vergraben, 20000 Mann sind auf den Beinen, Bairen haben es ganz geräumt, dies ist schon seit 4 Wochen, und hier in der Stadt weiß kein Mensch davon, als die Freunde Roschmanns und Müllers, die deren Briefe gelesen. – . Es ist hier überhaubt ein Mistrauen in die Regierung und den Erfolg, ein so häufiges Verbreiten, der niederschlagendsten Nachrichten, eine Mattheit, die einen entpört, alle Anstalten sind so langsam, weitläufig und schwanckend, keine Reserve keiner Art ist da, Wien allein könnte, wenn es wollte in vierzehn Tagen eine Armee von 20000 Pflastertretern aufstellen, aber es ist kein Wille, kein Enthusiasmus da. Nur ein Beispiel der hiesigen Misere, 6 Stunden von hier im vollen Frieden wird an der Donau seit mehreren Monaten, von etwa 600 sich ablösenden conscribirten Bauern und hiesigen Bürgern und Tagelöhnern geschanzt, von diesen Leuten sind durch

Arschprügel, Hunger, Ruhr, Ersaufen, und ungeschicktes Baumfällen bereits an 250 Todt, und etwa 200 liegen in den Hospitälern; alles, waß hier begonnen wird, gränzt in nachläsigkeit, Betrug, Barbarei, und militärischer Dummheit ans Viehische. Die Insurrection in Ungarn ist aus Angst ihnen die Waffen zu geben, jezt wieder ganz abgesagt. Wenn Oestreich nur den Begriff hätte, von der preusischen Gesinnung, es könnte ohne sich weh zu thun, 200000 Tausend Mann in ein paar Monaten mehr haben, die mit bloßen Märschen die Sache enden könnten. Das ist die Ansicht der Einsichtsvollen selbst. Jezt weg von diesem horreur. — . Waß mir meinen Aufenthalt hier allein eigentlich heimlich macht, und ohne waß ich nicht länger hier bliebe, ist Ekstein der Buchhalter der Schaumburgischen Buchhandlung, ein alter Jenenser, er war bei Frommann, und kennt alle meine Jugendfreunde genau, er hat dich dort bei Ritter gesehen. In seinem engen Familien Kreise bin ich das tägliche Brod, bei ihm ist meine Niederlage, er ist der edelste und dienstfertigste Mensch, durch ihn allein wird mein Stück *wahrscheinlich* bei Hartleben in Pest gedruckt, der Buchhandel ist hier *durch die Subjecte*, die ihn treiben, elendest. Waß den Wesel angeht, habe ich es jezt abschreiben laßen, und die Stellen die das Lutherthum betreffen, weggestrichen, um es *vielleicht* als Mspt auf die Bühne zu bringen. Der Gewinn wird klein sein, denn die Bühnen sind durch *liederliche* Wirthschaft hier so herunter, daß dem Direcktor Lobkowitz von den Schauspielern, die seit 11 Monat keine Gage erhalten, 6 Staatskutschen, alle Möbel, aller Wein, kurz, waß er hat Konfiszirt ist, es ist ein Skandal, und doch sind 6 hiesige Theater täglich angefüllt, es ist eine Theaterwuht im Volk, das bei der gänzlichen Verbotenheit, jeder geschloßenen Gesellschaft, jedes Kränzchens und Picknicks und Gastmahls (Qua Massonerie) kein anders Vergnügen hat. Diese Polizei anstalt ist noch strenger dadurch, daß im Vorigen Sommer eine große Gesellschaft der ersten Familien des Adels, und reiche Bürger mit Weibern, Töchtern, Maitressen und Huren hier Abends zussammen gegeßen, dann *nackigt* getanzt, und sich adamitisch begangen haben, die Anzahl der Genossenschaft war über 200, sie sind endeckt und wegen Erlauchten Mitgliedern nicht gestraft worden. – . Wärst du hier, es könnte dir bei deiner Schnelligkeit der Producktion sehr leicht sein, die Stelle des bei Wallmoden gebliebenen Hoftheaterdichters Körner zu erhalten, er hatte fix 1500 fl und stand sich auf 3000 unter den angenehmsten Verhältnißen, dafür lieferte er 3 Stücke jährlich, die noch extra honorirt wurden. Man sucht einen neuen, ich bin zu ängstlich, zu persönlich, zu langsam, zu ungeschickt im Connexionensuchen, mich drum zu bewerben, ich bin versichert, ja gewiß, wenn du hier wärst, nur 6 Wochen, du hättest die Stelle schon für Wesel und die Misverständniße, willst du emigriren, so thue es hierher, ich bringe dann auch meine Bibliothek her, und arbeite mit, fürs Theater könntest du viel, hier alles thun. Aber es fodert einen baldigen Entschluß, ich bin versichert, so etwas würde dich bei deinem Character, und deinem Talent glücklich machen und ganz deine Spähre sein. Waß den Absatz deiner Schaubühne gegen Nachdruck betrifft, so will Ekstein sehn, waß er thun kann, laße durch Reimer eine Anzahl hierher an die Schaumburgische Handlung senden, meine Idee dich um die Theaterdichterstelle zu bemühen ist ein[e] durchaus nicht zu verwerfende, du könntest mit dem Ueberbringer dieses bequem in Wohlfeil hierher reisen und dich umsehen, bringe dann ein paar kleine Sachen mit, kann ich bis dahin deine Stücke, welche ich mit der Aufschrift von einem preusischen Landsturmmann einreichen werde, deine Stücke zur Aufführung bringen, so wäre dies eine herrliche Vorarbeit zum gewiß gelingenden Zweck, laße diese herrliche schöne Aussicht nicht fallen. – . Mein Stück werde ich der H[er]z[og]in von Oldenburg dediziren, Ihr Leibarzt, Bach ein Oldenburger, comiliton von mir und Winkelmann, hat mir ihre Erlaubniß verschafft. Es macht sich herrlich, sie ist die erste slavische Prinzessin die nach Libussa von dem prophetischen Berg in Prag niedersah. – . Gieb doch dem Ueberbringer bei seiner Rückreise für mich mit, etwa waß noch an Hemden von mir ganz ist, dann suche mein Mspt der Farce nach Cervantes unter meinen Papieren, weiter verkaufe sechs silberne Löffel und Suppenlöffel, die du finden wirst, und über mache ihm den Betrag, Weiter gieb ihm mit 1 Exemplar Wunderhorn, 1 Trösteinsamkeit, 1 Dolores, 1 Halle und Jerusalem, 1 Schelmufski, auch mein Schelmufski G[änse]spiel. 20 Exemplar Philister, (liegen in dem grünen Klapptisch) Ich wünschte dieses zu haben, du kannst vom Schloßer öffnen lassen. Wäre seine Abreise nicht so plötzlich, so schickte ich dir Abschrift der Kriegslieder, sie dort drucken zu laßen, ich schicke sie dir nächstens per Buchhandel. – . Christian ist vor drei Wochen hier plötzlich bei mir erschienen, und mit allerlei zerbrochenen Maschinen und dem Projeckt in zwei Jahren ungeheuer reich zu werden und groser Faulheit nach Ungarn gereißt, ich weiß noch nicht, wo er ist, und Gott weiß, wer sich jezt um Bukowan bekümmert, denn ich bin versichert, daß wir kaum erfahren werden, wo er sich aufhält, bei seiner Faulheit, er hat mir zu schreiben versprochen, und bittet alle Briefe hieher an mich, Abzugeben Ekstein in der Schaumburgischen Buchhandlung zu senden, und nicht an Brentani Cimaroli, weil diese mit den Brüdern brouillirt und im Prozeß sind. Er erwartet auch Briefe von Savigny dringend. Sollten mir von diesem, waß ich übrigens nicht bestimmt weiß vielleicht eine kleinigkeit an Intressen zu kommen, so bitte ihn, wenn es ihn nicht *sehr* schenirt, durch eine Anweisung auf Franz an den Ueberbringer zu über machen, der mir sie hier anweisen kann. Schreibe mir bald du Preuse das ist der schönste, theuerst erkaufte Nahme. Küße Weib und Kind, grüße Schinkel, Pistors, Savignis innig

euer Clemens

Die Müller läßt dich und Gundel herzlich grüßen, Gundels kleine Pathe ist ein Kind wie ein Engelselbst.

177 *[Berlin, Anfang November 1813]*
Adresse bey Herrn v Savigny
Ludwigstrasse N 3.

Lieber Clemens!

Der Reisende, welcher mir Deinen Brief überbrachte, ist uns ohne Abschied davongefahren entweder in süssen Zuckerspekulazionen vertieft, oder im Schrecken, daß ich ihm Bücher mitgeben wollte. Dein Silber habe ich für 16 rtl 6 gr verkauft, deine Hemden hat die Pistor waschen lassen, was ich von den Büchern finden konnte liegt bereit, Savigny wollte dir Geld anweisen, alles wartet auf die Rückkehr des schwarzen Colonialwaaren Mannes. Soweit Deine Aufträge. Für Deine Vorschläge nach Wien sage ich Dir herzlichen Dank, so gut wirds mir aber auf Erden nicht werden. Meine Vermögensumstände sind in hohem Grade drückend, ich bin fast ohne Einkommen und ernähre mich von der Herausgabe des Preuss: Correspondenten bis zu Niebuhrs Rückkehr, der bringt mir monatlich für unzähliges Laufen und Schmieren 30 rtl ein, dennoch kann ich ehrenhalber meine hiesigen Verhältnisse nicht aufgeben, auch muß ich auf *zwey* Söhne denken. Der zweyte Lucas *Siegmund* ist den 2ten Oktober während des Umziehens hieher in Savignys Quartiere geboren, hat schwarzes Haar, wird Bettine ähnlich, er ruft den Sieg tag und nacht aus, das ist eine von den Plagen. Dann giebt es noch viele Plagen, die in doppelten Haushaltungen wohl häufig vorkommen mögen, genug, ich sehne mich nach einem eignen Heerde und denke im Frühlinge Beerwalde zu beziehen. Eben denke ich daran, daß ich des Postgelds wegen enger schreiben muß [.] Was Du mir von Deinen Umgebungen in Wien sagst, macht mir Freude, Du wirst darin recht wohl gedeihen, vergiß uns darüber nicht ganz, schreib mir Neuigkeiten, besonders Anectoten [–] manches was dort nicht zu drucken erlaubt ist [–], nur keine satyrische Sarkasmen, denn Satyre kann mein Censor, der Policeyrath Naude gar nicht vertragen und er streicht barbarische Kreutze, daß oft meine besten Gedanken an dies Kreuz geschlagen untergehen. Eben so wenig Sinn hat der Mann für kraftvolle Beredsamkeit z. B. für folgende Anrede Blüchers an seine Soldaten in der Schlacht bey Möckern: Kinder, heute müssen wir alle dran, wenn ihr mich heute nicht aus dem Dreck helft, so sind alle unsre vorgen Siege im Arsche. Da gings denn auch sehr ordentlich, hätten alle mit gleicher Energie wie Blücher sich gehalten, so wäre es mit diesem Jahre alles zuende gekommen. Dennoch, aller Censurplage ungeachtet, würdest Du, meine ich, manches im Correspondenten finden, was Dir einige Unterhaltung gewährte, ich würde ihn dir schicken, wenn ich mir Wege wüste, seit dem 1 Oktob: bin ich damit beschäftigt und er hat sich schon in der öffentlichen Meinung gehoben. Um die schöne Zeit, die ich dabey verliere, thut es mir oft recht bitter leid, inzwischen kann man es doch nicht lassen in dieser Zeit nach Neuigkeiten herumzulaufen und so straft sich meine frühere müssige Neugierde, indem sie mir nun zur Pflicht geworden. Von den vielen Bekannten die gefallen sind, wirst du gehört haben, Alberthal als Rittmeister bey Dennewitz, Röder bey Culm, nachdem er aus einem wunderlichen Vorgefühle eine halbe Stunde vorher in einem Zettel an seine Frau von ihr Abschied nimmt, Eckardt bey Halle, es fallen mir nicht alle ein, Schubart würde aber einen Wald von Rosmarienstengeln aufpflanzen. Reimer ist gesund, er langeweilt sich vor Magdeburg, hätten mich die Herrn damals nicht aus einer Art Hoffahrt unbedacht gelassen, als ich mich freywillig zur Landwehr stellte, so hätte ich jezt gleiches Schicksal, während die andern Soldaten in Frankfurt am Mayn als Sieger herumstolzieren. Noch weiß ich nicht wie es den Unsern dort ergangen ist, Feindseligkeiten scheinen bey dem Rückzuge nicht in der Stadt vorgefallen zu seyn, Schwarzenbergs Langsamkeit scheint den Wrede bey Hanau aufgeopfert zu haben, doch fehlt uns noch der Bericht. Die guten Brüder werden zahlen müssen, wer weiß ob sie den Johannisberger gerettet haben. Daß der August Br: euer jüngster Bruder, der Leutnant unter den Würzburgern war, bey Dennewitz schwer verwundet und wahrscheinlich gestorben ist, wirst du gehört haben; es ist schändlich von Mutter und Vormund, daß sie ihn so jung in diesen unnatürlichen Krieg geschickt haben, er hätte jezt Zeit für die gute Sache zu sterben, nachdem sich Würzburg dafür erklärt hat. Einige hundert Gulden wirst Du wohl von ihm erben, da nach Cod: Nap: die Hälfte an die Mutter, die andre an alle Geschwister fällt. Mein Bruder ist noch in London, ich wünsche ihm eine reiche Lady.

Einige Tage Nachlässigkeit, daß ich Deinen Brief liegen ließ, geben mir die Gelegenheit Dir als Frankfurter Glück zu wünschen, Frankfurt ist unter den gegebnen Umständen fast unbegreiflich gut davongekommen, aber noch ists nicht ausser Schußweite, wenn sie nicht rasch über den Rhein gehen. Es scheint des Himmels Wille, daß der gemeinste aller Eroberer auch nicht einmal innerhalb seiner Grenzen geduldet werden soll. – Savigny hat von Trages noch keine Nachricht, ebensowenig von Frankfurt nur durch Umwege weiß er, daß der gute Rich, der für Trages wie geschaffen war, in einem raschen Fieber gestorben ist. – Eben kam ein Brief von George, der aber nicht einmal erzählt, wie es den Verwandten ergangen, viel weniger was die Stadt verloren hat; ich habe mich sonst wohl über dergleichen Briefe gewundert, jezt nicht mehr da ich selbst in Geschäften stecke, ich hätte Dir viel zu erzählen, aber in dem Sturzbade von aussen vergeht den Menschen Gedanke und Wahnsinn beydes zugleich, ob er dabey mehr gewinnt oder verliert sey dahingestellt. Trages ist durch einen Herrn Diest gerettet, der einen preussischen Adler aufgesteckt, einen blauen Rock mit rothem Kragen angezogen und sich bey den Kosacken für einen Preussischen Major ausgegeben hat. Für Bukowan steigen jezt die Erwartungen, es gut zu verkaufen, es ist mir für uns alle, insbesondre aber für Dich und Christian lieb, ich denke des Ungerlands soll er so bald müde werden wie des Böhmen und sich dann wieder in seinen Liebhabereien vergnügt, mit Geldsachen unbekümmert nach Marburg zu der Frau Zimmermann zurückziehen, als ob er es nur auf einige Jahre der Westphälischen Regierung wegen verlassen hätte, vom alten Churfürsten kriegt er einen dicken Zopf zur Belohnung treuer Anhänglichkeit. – Als ich neulich Deine Sachen revidirte fand ich Dein Mahag[o]nyschreibkästchen offen, ebenso den untern Theil meines Dir geliehenen Schreibeschranks, ich weiß nicht, ob etwas entwendet worden, fand aber ein offenes Kästchen mit allerlei kleinen Pretiosen Deiner Frau so daß ich mich wunderte, wenn einer etwas zu stehlen Lust gehabt, daß er dies nicht fortgenommen. Die Pretiosen habe ich der Pistor in Verwahrung gegeben, die Briefschaften aus dem Kästchen, so wie die in einem Elfenbeinkasten zu mir genommen. Da gegenwärtig Pistors Werkstädte unten ist, so hat die Untersuchung, wer soetwas gethan mehr Schwierigkeit und ein tüchtiges Schloß an dem

Schranke hätte nur unnütz Geld gekostet. – Deinen Ofen habe ich bey Voß, wo ich einen nöthig hatte, eingeflickt, ich [lies: auch] hatte ich ein Paar Thaler von Dir wegen einer Anweisung von Zimmer zu forde[r]n, da wird sich das ausgleichen, es war nicht viel werth. – Der Himmel hat recht viel für die Welt gethan, er wird uns auch nicht verlassen.

Achim Arnim

Die 20 Ex: Philister sind durchaus nirgends zu finden. Schreib mir Neuigkeiten, Anekdoten

178

[Wien, Anfang Dezember 1813]

Lieber Arnim!

Ungemein hat mich dein lieber Brief erfreut, ich lebe so einsam und schmiere so vergebens und gratis bis jezt Verse und suche etwas auf die Bühne zu bringen, daß ich oft Essen und trincken vergesse und vor entsetzlichem Sitzen einige Unpäßlichkeiten überstanden habe, wenn ich dabei täglich und stündlich die Niedrigkeit und Schlechtigkeit der Welt berühre, und mich immer mehr überzeuge, daß bei aller Lehre der Noth, bei großen Aderlaßen und Abführungen, dennoch dieser Staat bis in sein innerstes Mark infam ist, und von allen seinen Dienern verrathen, feil und übermüthig und schmutzig und faul und unwissend, so sinckt meine Freude über die scheinbare Genesung von Deutschland; Napoleons Bestimmung scheint mit der Aufstehung von Preußen vollendet, aber wie soll ohne ihn Oestreich je zur Besinnung kommen, daß nur eines Friedens von wenigen Jahren bedarf, um dummer zu werden, als je. Das ist nicht allein meine, das ist aller Menschen Gesinnung, die hier noch Menschen sind, und die Sehenden, welche fühlen dieser Staat könne nur durch äußere Gewalt wiedergebohren werden, erwarten eine traurige Zukunft. Bairen und Preußen haben sich schon durch ihrer Kronprinzen einer Zukunft zu freuen, welchen ein lehrreiches Jugendleben vergönnt ist, des hiesigen Trohnfolgers unwissend, dumpf, einsam, in schlechten Händen, denckt das Volk nie, oder nur mit Hohn. Welcher Lärm von der Ungrischen

Insurrecktion, die nicht zu Stand gekommen, welcher Spektackel von dem Eifer der Ungarn und Kroaten, wo um die Conscribirten zu bekommen, die Dörfer nachts mit Truppen umstellt die Leute in den Betten überfallen und auf Wagen gebunden abgeführt werden. Die Capitulation von Dresden, das Entwischen Bonapartes, der arme Wrede sind Muster. Muth und Freude bei ganz erträglichem Wohlstand ist keine hier, denn man hat doch nicht mehr genug zu fressen und zu saufen, um darüber den Schmutz, und die Feilheit und Niederträchtigkeit der Behörden ohne Ausnahme zu vergessen, ich habe nie etwas platteres, schlapperes, leereres, brutaleres, unwissenderes, undanckbareres gesehen, als diese Austernnation, von der man sich so viel einbildet. Die Sache ist aber recht gemacht um in Relationen und bei flüchtiger Ansicht zu blenden. Die Befreiung von Wesel habe ich, wie auch die Mißverständniße zweimahl abgeschrieben, und in ersterer was die Religion betrift verändern müßen, im zweiten muß ich die Scene vom Wurstmachen, welches hier anstößig umschreiben müßen, es ist auf der Censur zum Aufführen am Wiedner Theater, der Ertrag wird klein sein, weil es gedruckt ist, übrigens melde ich dir, sobald es aufgeführt ist. Wo ich mich noch mit dem Theater berührte, habe ich es niederträchtig gefunden. Graf Palfi, ein in Händen von Wucherern, Kammerdienern, Regisseuren, lebender verschuldeter Roué, ohne Treu und Glauben, ja selbst ohne Unterschrifts Glaubwürdigkeit, hat das Wiedner Theater, ich war mit ihm zussammen, ich habe die grösten Versprechungen und Maulverehrungen und die grösten Kränckungen durch Unwahrheit und Zerstreuung und Verlumptheit erfahren. Nachdem ich ihm ein groses Festspiel, das einen ganzen Abend füllt, voll Leben und Getümmel und in recht braven Versen auf den Leipziger Sieg in Vierzehn Tagen, mit einer Anstrengung, die ich nicht gekannt bis jezt, geschrieben, nachdem ich ihm unter der Arbeit Scene vor Scene vorgelesen, keine Zeile ohne seinen Willen geschrieben, geriethen seine Meister die Kammerdiener u.s.w. in Sorge, weil ich ihm vertrauter nahte, und dachten ich könnte dem verlohrnen Sohn ein Licht aufstecken, und es ward beschloßen, meine Arbeit zu unterdrücken, ich erfuhr es, während er mir immer zu schwor sie entzücke ihn, sie werde ihm viel Geld eintragen, und somit ward ich von ihm geprellt, daß ich nach sechs Wochen kaum mein Manuskript, das mich meine Gesundheit gekostet zurück erhielt, bei Allem dem drängt er mich um Stücke, und weiß nicht, waß er will, dein Wesel und die Mißverständniße hat er noch, nach der gemachten Erfahrung suchte ich sie ihm durch zwanzigerlei Mittel zu entreißen, da er sie nicht erkauft, sondern nur zur Ansicht hatte, jezt scheint er sie aufführen zu wollen, den Erfolg erwarte ich. Das Burgtheater welches durch den schändlichen Banquerott Lobkowitzens unter die Regierung eines Hofagenten Hartl, der auch hundertlei Spinnereien und Prozesse führt, gekommen ist, habe ich auch jezt attaquirt, mit der Bearbeitung der Libussa für die Bühne bin ich mit der des Ponce werd ich fertig, ein Festspiel die Siegsfeier Deutschlands am Rhein hab ich eingereicht, Gott weiß, waß die Hunde thun. Bei alle dem ist jezt Geld mit dem Theater hier zu verdienen, und du thust dir wohl, wenn du schnell mancherlei Arbeitest, Stücke folgender Art, werden an den vier stehenden Theatern mit 3 . 4 . bis 500 Gulden bezahlt. An der Wieden einiger Pomp, historische Parallellen, (wie dein Wesel doch mit etwas Cavallerie) auf dem Burgtheater neue leichte Lustspiele, besonders in fünf Akten, auch einfache heroische Trauerspiele im edelsten Stil, beim Kasperl und auf der Josephstadt, patriotische leichte Landwehr und sturm Anecktoden mit gemeinen komischen Bürgermilitair Karikaturen, Kleinstädtereien, Liebschaften, Spiesbürgereien u. s. w. vermischt. Hast du dergleichen, kannst du dergleichen schnell skitziren, es muß dir bei dem Troubel in Berlin viel Stoff vorgekommen sein, so sende mirs in höchster *Roheit*, ich verwienere es eben so schnell und kann dir alle Monate wenigstens so viel als der Correspondent eintragen, und habe selbst den Vortheil in schnellere Berührung mit der Bühne zu kommen, auch wenn du dort von anderen Bekannten Manuskripte der Art erhalten kannst, ja Theatralia jeder Art, nur lebendig und nicht zu übernatürlich neuschülerlisch, so sende sie mir ein, ich werde thun, waß ich kann, und ich lerne jezt die Schliche täglich mehr. Du brauchst nicht zu ängstlich wegen der Originalität zu sein, nimm altes und schneide es zu, irgend aus der Ungrischen besonders aus der Oestreichischen Geschichte thut seinen Effeckt besonders, Kunz von der Rosen Maximilians Narr, gäbe auch ein schön Spiel, wenn ich nur meine Bibliotheck hier hätte, es fehlt mir an allem. Willst du oder kannst du mir aber nichts senden, so schreibe mir wenigstens einige Sujets. Eine *elende* Befreiung Moskaus durch die Russen von den Pohlen im Vorigen Jahrhundert hat hier großen Effeckt gemacht, so etwas über Stettin oder aus alter Hamburger, Danziger Chronick wäre Herrlich, und würde dir rendiren, du hast in *Wesel* bewießen mit welcher Leichtigkeit du das Treflichste Leisten kannst, das ist eine klassische Arbeit. Wenn du nicht selbst dran gehst, arbeite ich den Apelmann und Auerhan fürs Theater, – nur bedencke, daß du in allem den Schwiegersohn nicht berührst, es muß nur heißen der Feind, von Druck, Qual und leiden, kannst du sagen, waß du willst, nur nichts von Religion, die ist hier ganz verboten. Du bittest mich um Kriegsanecktoden, aber zu unbestimmt, ich kenne die Natur deines Blattes nicht genug, von neuen Anecktoden weiß man nichts, als von Todten, in unsrer Armee ist es todt und betrübt, es war sein Lebtag kein Leben drinn, ich muß deine Zeitung haben, wenn sie mich nur das Porto kosten soll, so sende waß bereits da ist, per Postwagen an Ekstein gleich, dem kannst du den Schelmufski, das Schelmufsky Gespiel und Trösteinsamkeit beipacken und sonst alle Mögliche neuste Gelegenheitsgedichte, die du entbehren kannst, Hast du was auf Deutschland, das deklamirbar ist, so sende es, wenn es auch nur Lieder sind, ich kann dir vielleicht Geld mit verdienen. Eine Kantate auf Germania wäre anzubringen vielleicht. Sonst schicke mir deine Zeitung ferner einzeln mit der Post, ich kriege schon Freunde, die das Postgeld mittragen, und kenne ich erst ihre ganze Natur, so helfe ich dir, wie ich kann. Erfreut hat mich dein Siegmund, besonders weil ich in demselben Moment das Spiel Victoria schrieb, in welchem Siegmund Siegmuth Eiferried und Siegewalte die Haubtpersonen sind, weil Muth Eifer und Gewalt die Geschwister der Vicktoria bei den Römern sind. Eksteins liebe Frau hat am Schlachttag ein Söhnlein gebohren, das wir Siegfried getauft. Müller ist wie ich dir schrieb nach dem Tirol mit Roschmann dem Guverneur des eroberten illyrischen und italienischen Theils. Er war vorige Woche hier bei seiner Frau und sieht in der Jägeruniform aus wie ein Mönch. Ich theile dir kürzlich seine Erzählungen mit, die freilich nicht, biß auf kleine Züge nur für den Correspondenten taugen. *Speckbacher* der Tirolerinsurgent, ein schwächlicher einfacher, vielblessirter, durch Anstrengung hecktischer 36jährger Mann, lebte nach der Unterjochung und Hofers Aufopferung bei der Witwe Hofers, der der Kaiser ein kleines Bauerngut in Oberöstreich gab, er ist nach Müller eines der grösten Militairischen Talente, nach Wellingthon (wie Müller sagt) das gröste, nach der Aufkündigung des Waffenstillstands schlich er zum Insurgiren ins Landl und saß auf einer Alpe im Schnee mit Zwieback und Käß, und brachte alles in Ordnung, den 13 September nachmittag 3 Uhr sollte es angehn, Roschman und Müller und andre Lauerten an der Gränze auf zwölfhundert Mann, die den Tirolern versprochen sie geleiten sollten, Hiller schickte sie nicht, sie waren in unendlicher Angst, um das einsam verlaßene Volk, Wrede setze 1500 Dukaten auf Spekbachers Kopf und machte den Preiß selbst der Comission bekannt, diese schickten nun dem Speckbacher einen Boten mit 40 Ducaten. Speckbacher kam, in einer vom gröbsten Flaus gemachten Jägerjacke ohne Schuhe, ohne Säbelkuppel, ohne Scheide mit dem Stutzen auf dem Rücken und einem alten Säbel in der Hand trat er den zerlöcherten Hut ziehend mit schwarzen blinzelnden Augen die Röthe der Hecktick auf den Wangen vor die Comission. (o du Oestreich, du Vater deiner Völker!) Er erklärte daß es gut sei, daß er von den 1500 Duckaten nichts gehört, sonst hätte er in Versuchung kommen können, sie zum Besten seines Weibes selbst zu verdienen. Er hatte Gott sei Danck die Signale nicht gegeben, er hatte eine Botenlinie biß zur Armee organisirt, und da diese die Truppen nicht anzeigten, hatte er geruht und so tausend Familien gerettet. Da aber die Sache zu Weit gediehen war, so zogen sie mit fünf, sage fünf Husaren, in das von der 5000 Mann starken Division Bonfants besetzte Land. So zogen sie mit Lebensgefahr Nachts die Wachefeuer des Feinds um sich ohne Unterstützung in eine kleine Hütte, wo die Insurgentenanführer im tollsten Kostüm beim Wein saßen. Nun wurde die bairische Integrität und Allianz publizirt, und die Tiroler, welche gegen ihre Beamten sich erhoben hatten fühlen durch confiscation alle Rache der bairischen Regierung, so sind sie im Bairischen Theil in Verzweiflung, im italienischen, wo sie Kaiserlich sind, sind sie durch Hiller schrecklich ja bis zur Verzweiflung gedrückt, so daß sie die Hütten verlassen und herumirren. Müller erzählte mir die allgemeine Erbitterung gegen Hiller, welcher durch die Ueberschwemmungen den Vizekönig soweit hatte, daß er mit ihm capitulirte, er wollte sich sogar an Bairen anschließen und gegen den Besitz von Parma Italien räumen, Hiller aber quängelte so lang, biß er entwischte und nun bei Caldioro ihn tüchtig geschlagen hat, Während dieser Unterhandlungen kamen die Deputirten von Brescia nach Tirol und erklärten daß hinter den Etsch auch kein Mann sei, daß 400 Bürger in Mantua, und ebenso in Mailand keine Truppen sein, und foderten um Rettung auf, Speckbacher erbat sich sechshundert Schützen und 300 Husaren diese Städte zu nehmen, Hiller, der ein infamer Philister ist, schlug sie ihm ab, und alles gieng verlohren. Als die Tiroler endlich 1200 Mann ohne Kanonen unterm General Fenner hatten nebst hundert Husaren, griffen sie die 5000 franzosen, die sechs Kanonen hatten an, (den Ort hab ich vergessen) sie arbeiteten den ganzen Tag, und wurden wie natürlich geschlagen, auf der Retirade in Verzweiflung bekommen sie eine Depesche von Speckbacher, da er ein schlechter Skribent, mögen sie es gar nicht lesen, am andern Morgen weckt sie der Magistrat ich weiß nicht von Botzen oder Rovoredo, und kann gar nicht begreifen, warum sie nicht kommen, nun lesen sie Speckbachers Brief, welcher Ihnen meldet, daß er den Feind verfolge, er hatte mit dreisig Tirolern ihnen im Rücken von einer Anhöhe herab alle Ofiziere weggeschossen, so daß sie ihre sechs Kanonen auf ihn richten musten, und endlich davon liefen. So hatte der Befreier Tirols den Feind allein geschlagen, man berichtete es, aber das Kriegskollegium strich seinen Nahmen weg, und es hieß das unbezwingliche k. k. Militair u. s. w. Ist das nicht zum Rasend werden! nicht einmahl ein Schärpe darf er tragen, nicht einmahl eine Medaille erhielt er. Hiller hat als man dort den Sieg von Leipzig zuerst durch die Zeitungen erfuhr, das Tedeum und Bekanntmachung lang aufgeschoben mit der Ausrede es wäre nicht wahr, denn solche Leute wie Schwarzenberg u.s.w. könnten dergleichen Wunder nicht thun, ja er ärgerte sich aus blosem Amtsneid über das Glück Deutschlands, als er endlich doch Victoria schießen mußte! Spekbacher gab gleich Anfangs Müller seine 40 Ducaten aufzuheben, weil er ein Preuse sei! Ein andrer braver Insurgent Korporal Rott, der auf dem Brenner stand, meinte auf einmahl, er habe lange nicht Wäsche gewechselt, und gieng ruhig bei hellem Tag zu seinem Weib nach Inspruck, wo ein Preis auf seinem Kopfe stand, als er hineinkam ward er sogleich in den Kerker geworfen, dreisig seiner Leute, welche dies hörten, zogen vor Inspruck, erbrechen das Thor, schießen den versammelten Polizei und Bürgern über den Kopf mit der Drohung wenn sie nicht giengen ihnen vor den Kopf zu schießen, das machte Luft, sie holen sich ihren Korporal Rott, lassen ihn Wäsche wechseln, und setzen sich in der Stadt noch 3 Stunden ins Wirthshaus, eh sie abziehen, über diesen Exzeß soll nun die Oestreichische Comission sich verantworten! Als Speckbacher einen Auftrag ins bairische erhielt, begehrt er einen Paß, der Comissair sagt: Narr waß nützt dir ein Oestreicher Paß. Speckbacher versetzt ganz kalt: Während er ihn ließt, schieß ich ihn todt! Jezt ist Bellegarde zur Italienischen Armee, als Comandant, Hiller soll wie man sagt nach der Schweitz. Des Vizekönigs Armee ist in zwei Partheien getrennt, der Vizekönig will sich an uns anschließen, Grenier hält die Französche Parthei. Die Katholischen kleinen Kantone haben sich schon für uns erklärt. Unzähliche der aufgelösten Servischen Nation sind nach Ungarn geflüchtet und nehmen Dienste. Die von den Engländern vertriebene Nebenbuhlerinn Betinens in Gernings Herz die alte Runkunkel von Sizilien soll Groswardein als ihre Residenz erhalten. Die Grosherzogin von Oldenburg hat dem berühmten Dichter Clemens Brentano durch ein Handschreiben von 1 Nov. aus Prag erlaubt, ihr seine Tragödie die Gründung Prags zu dediziren, weil ihr die Erinnerung ihres Aufenthalts durch die dort genoßene Aufnahme aller Stände immer sehr theuer sein werde, dieses

Gedicht wird bald gedruckt werden. Weiter weiß ich nichts, bis ich den Correspondenten sehe. Müller hat den Eichendorf nach Tirol genommen, Müller sehnt sich sehr allerlei von Berliner Leuten zu hören, wenn du mir einen Brief an ihn schicken willst, so machst du ihm grose Freude, er könnte, oder auch *Eichendorf*, den du nur bitten darfst von den dortigen Anecktoden mehr verschaffen, als jemand. Weder von Ries noch August noch Eckardt wußt ich waß. Christian ist nach neusten Berichten Krankheitshalber im ungrischen Bad Trenschin, jezt im Winter! er befand sich 4 Wochen in Urmeny bei Neutra der Huniadyschen Residenz kranck, er schrieb mir, daß sein Projeckt halb Ungarn zu einem Rübsenfeld zu machen bereits angefangen, er will uns wie er sagt alle reich machen, und ich bin sehr vergnügt deswegen, von Bukowan weiß ich seit einem halben Jahr nichts. Wenn sich in dem Kästchen meiner Frau nicht ein Golduhrchen gefunden, und ein alter Demantring, so ist es bestohlen; Im Frühjahr denck ich zu kommen, und sodann mich zu besinnen ob hier oder dort. Weist du nichts von Grimms. Jezt wende ich mich an Savigny schreib mir bald Herzbruder

dein Clemens

1814

179

[Berlin, etwa den 10. März 1814]

Lieber Clemens!

Einigermassen in Besorgniß um Dich wegen Deines langen Stillschweigens schreibe ich Dir und verzeihe mir kaum daß ich es solange unterlassen habe, dennoch hatte es seinen Grund in den Verhältnissen der Zeit, wo sich Freundschaft insbesondere in Portoersparen bewähren kann. Hauser wird Dir Brief Sachen und 16 rtl 6 xr übermacht haben für das verkaufte Silberzeug, grüß ihn von uns, ich konnte ihn wenig sehen, denn damals war ich Nachts vom Kinde, Tags von der Zeitung zerstört, seit dem 1 Febr: wo ich das Blat an Niebuhr zurückgegeben habe, ist auch das Kind ruhiger geworden. Niebuhr ist jezt nach Holland, jezt hat es Woltmann, der will es auch abgeben, wäre nicht die Zeit so hoch wichtig, so möchte sich wohl schon der Absatz sehr vermindert haben, es wird mit jedem Tage langweiliger, was mir zu keinem Ruhme gesagt sey, denn die Aengstlichkeit der Censur, die Bornirtheit und das Einreden von Niebuhr gestattete mir auch nur den kleinsten Theil des Möglichen, Sorgen und Besorgnisse der eigenen Geschäfte raubte mir viel Zeit, die Verbindungen waren bey der allgemeinen Unruhe sehr schwer anzuknüpfen, ausländische

Zeitungen fehlten, – ich habe eine Art Bewustseyn, daß meine Zeitung nicht ohne Nutzen gewesen, das beruhigt mich über die verlorne Zeit. Kurios ists, daß Görres beynahe mit dem Tage, wo ich aufhörte[,] eine Zeitung den rheinischen Merkur zu schreiben angefangen hat, als wären wir zwey Wendungen derselben galvanischen Batterie, aber gewiß wird es sich wie + und – verhalten, denn es schreiben schon einige daß unser treuer Görres deutlicher seyn sollte. Jakob Grim ist als Legatrath mit dem hessischen Minister Graf Keller im grossen Hauptquartier, Wilh: mit 100 rtl Gehalt Cassel: Biblioth: Sekret:, die zwey andern Brüder sind Soldat, der gute Kupferstecher thut mir wie so manches andre mühsam entwickelte Talent leid, das jezt durch die ganz ungeschickt fortdauernde Verallgemeinerung der Kriegspflicht[ig]keit in die quieto geht. Unsre heutigen Nachrichten reichen bis zum 27ten, sie lauten gut, Wichtiges steht zu erwarten. Von Göthe empfing ich einen sehr freundlichen Brief über meine Schauspiele. Wie gehts dir mit Deinen Theaterplänen. Ich habe mit Zuversicht gedacht, als ich von dem Preisstücke bey der Rückkehr der Kaiser hörte, du stecktest bis über die Ohren in den Versen. Beynahe hätte ich auch koncurirt, aber die Arbeit ward mir nicht recht erfreulich und ich fühlte, daß insbesondre bey seinem Stücke Kenntniß des Lokals, der Sänger u.s.w gehört, ausserdem eine gewisse Allgemeinheit, die mir nicht hinlänglich gegeben ist.

Der Wunsch zu sparen treibt mich von hier mit Weib und Kind Ende dieses Monats nach Beerwalde, Savigny werde ich vermissen, der übrige Umgang hat sich immer weiter aus einander gezogen, viele sind fort, überhaupt passe ich nicht sonderlig für das eigentliche Berlin, solange ich sparen muß, denn was noch erträglich hier ist möchten allenfalls die zu geniessenden Leute [–] Zuckerbecker Pastetenbeker [–] seyn, die kritischen habe ich zum Ueberdruß.

Die Gundel ist schwanger, Schinkel hat einen allerliebsten Buben. Er ist fleissig, aber leider noch immer zuviel für den Gropius und ähnlichen Dreck. Er hat zu Ehren Flemmings einen schönen Becher giessen lassen bey der Liedertafel, er ist mit vielen andern bey einer Ausstellung hier zu sehen, die Gubitz zum besten der Armen veranstaltet hat mit grossem Erfolg. Von Bury eine neue Oranien und Gräfin Brandenburg, beyde schön, er selbst geht bald nach Cassel. – Iffland ist sehr krank, Brustwassersucht, so daß ihn die Aerzte aufgeben, ich erwarte nicht, daß ein Besserer an seine Stelle kommt. Seit Jahren hab ich kein Schauspiel gesehen – Dallach ist von einem Russen halbtodt geprügelt; er muß ihm etwas [angetan] haben. Gruß von allen

Dein Achim Arnim

Die Verzögerung um einen Posttag gestattet mir noch ein Blat Unterhaltung mit Dir. Ich habe Nachricht von Görres bis zum 5 März, er ist sehr glücklich in der Bekanntschaft und Verbindung mit Gruner und glaubt durch ihn seinem Ländchen bedeutenden Nutzen zu schaffen, ich wünsche, daß der Nutzen gegenseitig sey, und daß ihm Gruner mit seinem Leichtsinn nicht schade[.] Seine literarische Arbeiten hat er vorläufig beyseite geschoben, ich will wünschen, daß es ihm nicht geht wie mir mit meiner Landsturmzeit, in der ich vor übergrossen Erwartungen gar nichts an mir selbst erfüllte, es wäre mancher dramatische Plan nun schon beendigt, der mich mit Zweifeln noch quält. Zwey Dramen habe ich kürzlich geschrieben von sehr eigenthümlicher Art, aber das was Göthe mir dringend ans Herz legt, auf die Bühne strenge Rücksicht zu nehmen, erfüllen sie nicht ganz. Ueberhaupt ist mir aber diese Rücksicht auf unsre jezige Bühne ein eignes Ding, da ich sie gar nicht sehe und nicht sehen mag; es gehört dazu glaube ich ein Mitschauspielen; wunderlich aber ists daß einem bekannten Namen unzählige Dinge erlaubt sind, und als bühnenrecht geachtet werden, die niemand in ersten Versuchen verzeiht. Ich bleibe bey meiner alten Leyer, daß die Kritik an allem schuld ist, würde alles wohlwollend aufgenommen, es gäbe keinen Dichter, der nicht Lust bekäme, etwas Besseres zu machen, als er bis dahin leistete, niemals kann aber in der Welt zuviel geschrieben werden, denn so viel weniger wird gesündigt. Das Tollste ist jezt, daß die Schranken der Zeit auch das Theater immer weiter aus den ehemals erlaubten Grenzen zurück drängen, so schreibt Göthe, daß er die Befreiung von Wesel für ganz aufführbar halte, aber er hätte es sich zum Grundsatz gemacht, alles auf dem Theater zu meiden, was die Zeit stoffartig ergreifen könnte. Wie viele menschliche Interessen kommen aber jezt wirklich nach ihrem Wesen zur Sprache, ich wüste nicht wozu die Menschen ins Theater gingen, wenn gar nichts ihren einzelnen Standpunkt, sondern alles nur die allgemeinsten Interessen der ganzen Menschheit, um die ich mich wenig kümmere, berührte. Die Lust zu einem Puppentheater ergreift mich oft, wäre ich hier nicht ansässig und gekannt, ich hätte es längst mit dem Gropius unternommen; Gleichgültigkeit gegen einzelnes Mißlingen habe ich genug, auch habe ich beym Zeitungswesen und den Geschäften unsres Vermögens und Nichtvermögens, einige unnütze Mühe ertragen gelernt.

Unsre Nationalrepräsentanten sind jezt beysammen, Burgsdorf ist einer der klügsten.

Deine Sachen werde ich sämtlich wohleingepackt Savigny übergeben, deine B[üch]er, Kupferstiche liegen noch bey Pistor, die Kälte hat [bis]her das Ausweissen des Zimmers verhindert. Schreibe ja erst, wenn du kommst, damit die Pistor einige Ordnung stiften kann.

Bettine schriebe gern, aber die beyden Münde schreien zuviel. Sie und Savigny, die Gundel, Schinkel, Pistors grüssen herzlich

180

[Wien, den 5. April 1814]

Lieber Arnim!

Herzlichen Dank für deinen lezten freundlichen Brief, der mich um so mehr gefreut hat, als ich dir seit langer Zeit Antwort schuldig war, und er daher ganz allein aus Liebe und Sorge für mich entsprungen ist. An meinem langen Schweigen ist nichts weniger als mein Glück und Uebermuth schuldig, sondern vielmehr mein Unglück und meine Resignation. Ich bin nun am Rande aller meiner Bemühungen für das Theater, es war die gutmüthigste Thorheit von mir etwas dafür zu thun, ich habe gearbeitet, wie nie, man hat sich meiner bedient, wie eines armen Poeten, ich habe tausend Gänge gemacht, in Antichambren und vor Logen gestanden, Komödianten und Adliches Lumpengesindel kennen gelernt, und bin zu nichts gekommen, als zu Verdruß, Aerger, unsäglicher Arbeit, u.s.w, was uns einst mündlich unterhalten soll, deine Befr[eiung] v[on] W[esel] und Misv[erständnisse] habe ich dreimahl mit eigner Hand abgeschrieben und umgearbeitet, und nichts ist erfolgt, unter andern hat die Zensur in d[er] B[efreiung] v[on] W[esel] gestrichen, waß wird der Mensch in der Sklaverei, ein rechtes Vieh, statt dessen schrieb die k. Oberhofpolizeistelle, wie sincket die Würde der Menschheit unter eisernem Scepter – bei »so ist sie dumm wie ein Ochs[«], wie ein Ochs ausgestrichen, die Ganze Scene zwischen Dierecke und Peter wo von Brutus die Rede ausgestrichen u.s.w. Jezt nach langen Anstrengungen meines hiesigen Aufenthalts Müde gehe ich die Woche nach Ostern, da Ekstein auf die Leipziger Messe geht, mit diesem bis Prag, um dort noch ein Paar Monate ganz wieder in Einsamkeit und Vergessenheit mich zu sammlen und alte poetische Fäden anzuknüpfen, und zu sehen, ob aus dem angeknüpften Verkauf von Buckowan etwas wird. Christian ist seit drei Monaten hier bei mir aus Ungarn zurück, ich habe ihn bewogen, um seine Unthätigkeit zu beschäftigen, zu schreiben, und er hat theils nach von mir entworfenen Plänen 1½ Lustspiel recht brav vollendet. Er hat biß auf häufige Krankheit an der er noch laborirt, sein Leben bei Graf Huniady in Ungarn sehr magnifique geführt, geht auch den Sommer wieder hin um seine große bomolie Spekulation mit dem Ungrischen Magnaten auszuführen. Er wird auf einige Wochen mit nach Prag gehen um zu sehen, ob etwas aus dem Verkauf wird. Schwarzenberg machte Anträge, und wir wissen jezt für gewiß, daß aller erlittener Schabernack in Bukowan uns von Sr Durchlaucht Beamten zugeschantzt worden, um uns das Gut feiler zu machen. seit aber die Sachen in Frkreich so erbärmlich gehen, schweigen die Käufer wieder 130000 Gulden Conventionsgeld waren gebothen. Ich erwarte von dir einen Brief in Prag. Adresse abzugeben bei Herrn Papierhändler Regensburger Spornergasse, Kleinseite. Es ist hier Alles sehr niedergeschlagen, der Kurs ist in 11 Tagen von 200 auf 325 gefallen. Leider habe ich in den lezten drei Wochen erst meine liebste Bekanntschaft hier gemacht, die früher gefunden mir meinen Aufenthalt sehr versüßt hätte, es ist die Baron Hügel und ihre Töchter, welche unsre Familie genau kennen und Lieben, Nanny ist ein vortrefliches Mädchen, sie hat eine sehr schöne und tiefe Liebe für Betinen, ich sehe sie jezt täglich und bin wie ein Kind im Hauß, die Mutter hat viel trefliches in sich, und es ist mir dort sehr wohl. Svgys Freund der alte Dambmann hat mich hingeschleppt, er ist, als Steigenteschs Geschäftsträger, der im Hauptquartier ist, eine Art Hauswadl bei Hügels. Steigsch schreibt der Hügel wöchentlich und ich höre daher meist die Warheit vom Krieg, der nicht blühend steht, und wahrscheinlich, wegen Trennung der Alliirten. Am 26 soll eine Schlacht begonnen haben, man weiß nichts von ihr, die Depots sind über den Rhein zurück, Alexander ist in Rastadt, unser Kaiser in Lyon oder Basel, man weiß nichts rechts mehr, der gröste Skandal ist Bellegard, seine eignen Ofiziere schreiben, nur die ungeheure Uebermacht und Tapferkeit d. k.k Truppen haben gemacht, daß wir noch nicht geschlagen worden!!!!! – Gott stehe den großen Herrn bei. – Wie gescheid hast du gethan nicht bei der Friedensoper zu konkuriren, der Preis wird nie ertheilt, es ist dies nur Wind und Lüge, die eingelaufenen Mspte fahren bei adlichen Damen, Kammerjungfern und Maitressen herum, kein Mensch kriegt Antwort oder Arbeit zurück, die Misere ist hier über natürlich. Ich sezte keine Feder an. Die Anzeige hat ein guter Freund von mir um 25 fl gemacht, die noch nicht bezahlt sind. – Ich habe zwei Monate lang in einem Blatt der dramaturgische Beobachter genannt, weitläufige Theaterkriticken umsonst geschrieben, das Publickum zog sie den Lessingschen vor,!! und das Blatt ward unterdrückt durch Komödiantenfreunde und dinnen. Jezt wird bald von einer Gesellschaft trefflicher Menschen eine Art Morgenblatt hier erscheinen, unter dem Titel Friedensblätter, ich habe es projecktirt, und deine und meine Mitarbeit versprochen, das Honorar soll im Anfang 20 fl W.W für den Bogen sein, biß es besser wird, ich lade dich herzlich ein zu einfachen Erzählungen, auch bitte ich dich mir den

W. Grimm, und Görres, und womöglich Arndt *besonders aber den Fouquet, der hier Mode ist.* zu werben, und wen du sonst weißt. Kuriosa, Auszüge, kurze klare Lieder, alles ist gut. Ich dencke manches zu schmieren. Grimms Kindermärchen sind als abergläubisch hier nachzudrucken verboten. Unsre Kinderlieder sind häufig geliebt. Alle deine Bücher die ich außer Dolores habe, haben manche große Freunde gefunden. Von deinen Schauspielen ist eine in mancher Hinsicht gute im ganzen sehr empfelende Kritick in der Wiener L[i]t[er]atur Zeitung, die niemand ließt, von einem mir unbekannten Wolfram. Den 15 geht Müllers Frau nebst Kindern zu Müller nach Trient, Eichendorf der bei ihm ist, ist bereits sechsmahl als Kurier ins Hauptquartier. An meiner Libussa sind erst 3 Bogen gedruckt. Frick von Kassel, Betinens bucklichter Apelles, hat nach meiner Skizze, das Kupfer dazu gezeichnet, ich habe ihn hier gefunden, er ist arm und genial, und nährt sich von Eidexen Salamander und Kröten zeichnen bei Jatznie, er grüßt Betinen herzlich. So eben höre ich Napoleon sei in Langres, von unsern Armeen hört man nichts, Gott weiß, waß draus wird! Bist du wirklich nach Bärwalde, so suche ich dich im Sommer dort auf.

Dein C. B.

181 *Wiepersdorf*
im Ländchen Beerwalde bei Dahme
den 22 April 1814

Lieber Clemens!

Dein Brief vom 5ten ist mir durch Savigny hieher gesendet worden, ich wünsche daß sich Deine Theaternoth so rasch zerstreuen mag, wie die politische Sorge inzwischen durch Napoleons Absetzung gelüftet ist. Die Freuden über die Einnahme von Paris waren der Schluß meines Berliner Aufenthaltes, gewissermassen kann ich es als einen wohlverdienten Lohn meiner Wünsche und Sorgen annehmen, war mir keine bedeutende Thätigkeit dabey vergönnt, so hab ich doch mit Ergebenheit Zeit und Gedanken und Lieblingswünsche und Geistesspiel dem grossen Ernste dieses

Jahres geopfert und will nun auch alte Sorge von mir abschütteln. Kommt in Frankreich, wie es scheint, eine Art innrer englischer Verfassung, so müssen die andern schon nach, da dieses neue Frankreich gewissermassen ihr Werk ist, vielleicht finde auch ich dann noch eine öffentliche Thätigkeit, noch lieber aber ist mirs, wenn so viele Bessere dasind, daß ich vergessen werden kann. – Savigny habe ich leider krank in Berlin verlassen, ein rheumatisches Fieber, starker Husten und viel Medizin hatten ihn heruntergebracht, vielleicht besucht er mich hier zu seiner raschen Wiedergenesung. Die Wiederherstellung meines Hauses, worin seit jener Zeit, wo wir zusammen die Schränke mit dem Stiefelknechte und dem Katejeten aufbrachen, Franzosen, Zeit, Diebe und meines Bruders unvollendete Elegantierung viel verdorben haben, beschäftigt mich noch, ich male meiner Frau ein Zimmer, will aber die Kante noch frey lassen, wir wollen daran zusammen arbeiten, wenn Du hieher kommst. Ersparniß hat mich hieherzugehen veranlasst, ungeachtet diese Ersparniß nicht so groß seyn kann wie bey dem Leben in Bukowan, weil hier alles verpachtet ist und daher alles vom Pächter, wenn gleich zu billigern Bedingungen gekauft werden muß. Wohnung, Holz und Einquartierung, die ich hier spare, kann ich immer auf 600 rtl anschlagen, an Lebensmitteln vielleicht 200 rtl, die Erfahrung wird lehren, ob nicht ausserordentliche Ausgaben hier eintreten, ein übler Umstand ist, daß durch die Kriegsverwüstung in Sachsen die Preise der meisten städtischen Bedürfnisse zum Himmel gestiegen sind, vielleicht schafft die Leipziger Messe Rath. Möge der Verkauf von Bukowan zustande kommen, man sollte meinen, daß Schwarzenberg das Bukowan mit brillantenen Ordenssternen bezahlen könne. Nächsten Sonntag haben wir Dankfest mit Clarinetten, Waldhörnern und Meyenbehängen in der Kirche, Du würdest dich sehr auszeichnen dabey, wärest du hier. Dein theatralisches Umkippen in Wien muß dir nicht weiter zu Herzen gehn, noch vom Theater dich zurückschrecken, als ich hörte, daß es eine Bearbeitung des Ponce gewesen, war mir die Sache erklärlich, ein Völkchen wie die Wiener erträgt nichts weniger, als wenn eine Geschichte einem Scherze untergeordnet wird und dies findet sich doch gar oft darin, wenigstens im alten Ponce, es sey denn das die Valeria ihm das alles abgeputzt hat. In jedem Falle hast du da keinen gescheidten Freund gehabt, der dir einen ersten Auftrit mit einem Stücke, das so sehr auf gutes Spiel berechnet ist, widerrathen hat. Vielleicht w[irst] du um so besser fürs Theater schreibe[n je] weniger Du es vor Augen hast. Hab au[ch] allerlei Stücke verfasst, aber zum Aufführen fehlt mir die Courage, ungeachtet ich vor einigen Tagen einen tollen Hund todt geschossen. – Deine Sachen in Berlin habe ich noch in den letzten Tagen aufgeräumt, deine Manuscripte aus dem Schreibeschrank und wo sie sonst herumlagen allesamt versiegelt in einer grossen schwarzen Mappe an Savigny übergeben, deine Bücher alle in eine Kammer bey Pistors gepackt und ein Schloß vorlegen lassen. Bey dieser Gelegenheit fand ich auch das eigentliche Manuscript des wunderthä: Puppenspiels, ich gabs an Savigny, der es dir senden kann, wenn du es brauchst. Nächstens Mehr, heut in Eile Bettine grüst herzlich.

Dein Achim Arnim

182 Ad: Wipersdorf im Ländchen Beerwalde bey Dahme in Sachsen.
Wiepersdorf den 15 August [1814].

Lieber Clemens!

Ausser einem Geschäftszettel an Savigny über die Erbschaft des August habe ich seit Monaten nichts von Dir gehört oder gelesen, ich habe Dir unter zwey Aufschriften, an die Papierhandlung in Prag und an die Schaumburgsche Buchhandlung in Wien, weil ich Dich späterhin noch dort vermuthete geschrieben. Ein grösserer Brief den Du an Savigny angezeigt ist nicht angekommen. Daß Du Dich aus dem Morgenlande fortsehnst scheint mir nun wohl gewiß, wohin aber, das ist mir um so zweifelhafter, das verwundert mich nicht, gehts mir doch ebenso und ich habe 2½ Kind. Es wäre zu weitläuftig meine Zweifel Dir zu erklären, sie liegen aber in dem Zustande meines Vermögens und in einigen leisen Hoffnungen. Und mitten in der Abhängigkeit von mancherlei ganz kleinlichen Verhältnissen ist meine Seele oft stundenlang gebannt, an dem Babylonischen Thurmbau zu grübeln, wo und wie sich alle und alles vereinigen liesse, was mir innerlich noth ist von deutschen Menschen und ich habe ein mauerfestes Zutrauen, es müsse sich vonselbst ohne Zuthun irgendwo fügen, nachdem die Belehrung dieser Zeit alle Arten von niederträchtigen Eitelkeiten Neid und Pralerei, die so reichlich die gebildeten Geister neuerer Zeit begleiteten und sie aus einander schleuderten, erkannt und bestritten hat. Ich war ein Paar Tage in Geschäften in Berlin, es war schon lebendiger geworden durch die Rückkehr mancher guten Leute, aber im Ganzen ists nicht mein Gedeihen dieses kritische Nest, es sind da zu viele Mittelpunkte der gesammten Menschheit die für sich und andre auch nicht das Kleinste zu schaffen vermögen. Vom Theater ist mir wieder ein Festspiel, das sicher grosse Wirkung am 7 beym Einzuge des Königs gemacht hätte mit vielem Dank zurückgegeben, es fehle an Zeit zur Ausführung. Schinkel ist durch die Illuminations und Dekorationsspässe auf den Strassen von seiner Malerei sehr abgehalten worden, ich fürchte immer mehr, daß ihn sein Geschick zu solchen Kleinigkeiten, wenn jezt die Wohlhabenheit zunimmt, von seiner malerischen Vollendung immer mehr abbringen wird und wer seine Fortschritte beachtet, der muß das recht herzlich bedauern. Der Seulenkreis vor dem Brandenburger Thore, die beyden Seulen am Opernplatze, wovon Dir die Berliner Zeitungen bald mehr besagen werden sind von ihm angegeben, ebenso das eiserne Kreutz im Kranze, das die Victoria auf dem Thore in die Hand bekommen. Ihn selbst habe ich gar nicht zu sehen bekommen, der Schwager, der zweymal in Hauptschlachten gewesen und nachher immer mit Blutsturz hat liegen bleiben müssen und in sich einen geheimen Trotz trägt, daß er kein Ehrenzeichen bekommen, wie er es denn wohl zehnfach gegen andre wohlbeleibte verdient hat, der Schwager, der noch immer an seinen ungeheuren Probearbeiten fortarbeitet, hat mir alles auseinandergesetzt. Das Lokal hat sich bey Schinkel sehr verändert, er wohnt in der Friedrichstrasse dem Garten von

George gegenüber bey guter Aussicht sehr grau elegant, wie Du seine Zimmerdekorazionsmethode kennst mit lauter sanften Farben. Seine Gemälde werden ihm gut bezahlt und um so mehr ist es unrecht, daß er nicht dabey bleibt. Kolbe hat eine recht schöne Schlacht an der Katzbach gemalt, den Blücher nach einem Kupferstiche und da findet er sich jezt in der Natur um zwanzig Jahr jünger, als auf dem Bilde. Buri ist nach Kassel. In Kassel wurde Jakob erwartet, mehr weiß ich nicht von ihm, Wilhelm ist bey 100 rtl Bibliothekssekretär, Louis bey der Landwehr und jezt mit dem Radiren eines kleinen Bilde[s] von Buri, wie Kosacken von Berliner Jungfern gefüttert werden, gnädig beauftragt. Bey Reimer, der glücklich aus dem Felde zurück, habe ich Zeichnu[ngen] zum Nibelungen Liede von den Brüdern Cornelius gese[hen,] wenn Du noch an deine Romanzen denkst und dara[n] arbeitest, so würde ich Dir diese statt des Runge als Zeichner dazu vorschlagen, zwar haben sie noch manches Angelernte (insbesondre von Mich: Angelo) an sich, aber sie versprechen viel mehr als die Riepenhausens, ungeachtet diese sie vielleicht mit ihrer Genovefa geweckt haben mögen, als Landsleute bist Du mit ihnen noch näher verbunden, freilich sind sie aber jezt sehr fern in Rom und werden vielleicht dort durch die alte imponierende Rummelei von Trümmern und Kopiermaschienen, wie die meisten andern verdorben. Der Rheinische Merkur des Görres hat sich einer seltenen Censurfreiheit unter Gruner erfreut, Müller oder ein Mann wenigstens in seinem Tyroler Boten hat ihn auf niederträchtige Art als Jakobiner angegriffen, in Bayern ist das Blat verboten, giebts nicht durch den Frieden im September Luft, so wird überall so erstickt werden. – Wie ich hier lebe habe ich Dir in früheren Briefen erzählt, hier ändert sich nichts als Himmel und Erde, sonst sehen wir niemand. Wie lange ich hierbleibe weiß ich noch nicht, meine Frau kommt erst im December nieder, mein zweyter Junge ist ein Engel. Ich schreibe mancherlei, meist dramatisch und würde noch mehr schreiben, wenn mich nicht Vermögens und Güterangelegenheiten ungebührlich störten. Fördre den Verkauf von Bukowan! Mein Bruder ist noch in England und heirathet, wie es wahrscheinlig, ein fein englisch Lady.

Bettine grüst Dich und Christian herzlich, so auch ich, sie ist mit dem Landleben zufrieden, dennoch machen wir alle Tage neue Reisen in unsern Gesprächen, am liebsten verweilen wir in Frankfurt, es ist uns dort recht wohlergangen, ungeachtet wir recht wohl wissen, wo es dort stinkt. Vielleicht halte ich Vorlesungen, – hab sowas im Kopf! – Von Literaturzeitungen weiß ich hier so wenig wie von politischen, die bescheidne Spenersche Berliner Zeitung ausgenommen. Gieb mir bald Nachricht von Dir

Achim Arnim

1815

183

Wiepersdorf den 9 April 15.

Lieber Clemens!

Du wirst sehnlich meinen Aufträgen entgegengesehen haben, ich sah ebenso ungeduldig die Alleen herunter, ob nicht ein Wagen käme, der meinen Brief Dir überbrächte. Viel, sehr viel ist in diesen Tagen hier geschehen, Du hättest mehr gelernt als in Jahren auf der Bauchakademie [lies: Bauakademie]. Der bekannte grosse Stall liegt fast herunter, der [R]aum soll Hirse tragen, ein Thorweg mit Nebenthüre steigt am Wirtschaftshofe empor, der Wein ist verpflanzt, so auch Johannbeeren und Stachelbeeren in Reihen zwischen wohlgedüngten Beeten mit Erbsen, Salat, Spinat, Bohnen, Mohn Gurken, Mohrrüben, Zwiebeln & Petersilie, Stiele sind gehauen zum Hofzaun, auch Blumen sind gesät und gepflanzt und der berühmte Brunnen beendigt, aus der Bibliothek ist der unnütze Ofen weggebrochen und aus diesem wie aus zwey andern Ofenresten ein neuer Ofen von meiner Erfindung erbaut in dem Zimmer, wo ich und Bettine schliefen, der sich als wunderbar treflich bewährt, die Stämme, die wir absägten sind zu Brettern verschnitten und angefahren, meine Baumpflanzungen treiben alle, Du kennst aber davon nur wenige, ein siebzig Stück der besten Kastanien habe ich wie Inselgruppen auf der Wiese am See im Felde vertheilt, kurz Wiepersdorf wäre jezt ein rechtes Alttheil für unsern Herr Gott, wenn er sich zur Ruh setzen wollte, aber mehr Geld müste er mitbringen, als ich aufzuweisen habe. Was mir nun noch zu meinem bescheidnen Glücke fehlt wirst Du mir senden. Nämlich 1 allerlei Bücher, die ich im Schranke der Savignyschen Bedientenstube neben der Bibliothek wegen ihrer Schwere zurückgelassen habe, 2) jene Bücher, die in meiner Wohnung schon in einen Sack gepackt waren, aber vom Fuhrmann abgewiesen wurden, unter diesen ist besonders Caspers und Georg von Frundsbergs Leben von Reisner in folio ohne Einband mir sehr wesentlich und bitte absonderlich darauf zu vigilieren, 3) von der Masse, die theils in Schränken, theils in Kisten in der Küche des von Savignys neugemietheten Nebenhauses verpackt liegen wünsche ich soviel zu erhalten, als die Gelegenheit des Wagens zuläst, natürlich müssen sie in mässige Kisten vertheilt werden historische Sachen, altes deutsches Wesen etwas Mistiker sollen mir lieb seyn was ich nicht mag sind 1) Leichenreden auf die Arnimsche Familie, lateinische Classiker, Mathematiker und Physiker, Engländer und Franzosen, insbesondre nicht den Sarasin[?], auch Italiäner sollen von mir weichen gern hätte ich das Theat: Europ: aber es ist zu dick und ich habe doch nicht genug Zeit, es zu lesen, bin Abends so müde, daß ich mich kaum regen kann. – Grüsse Ringseis von mir und Bettinen aus vollem Herzen, ich singe hier in alle Lüfte Tahi Tschahe Tsaho ein Tschako schwimmt im See und der der ihn getragen, der wird danach nicht fragen. Wirklich ist ein Franzosentschako hier vom See ausgespieen worden, der ihn nicht verdauen konnte. Grüß Schinkel, Pistors Albertis Schocks.

Dein Achim Arnim

184 *[Wiepersdorf, bald nach dem 21. Juli 1815]*

Lieber Clemens!

Von den Todten auferstanden liegt mir nichts sosehr am Herzen als eine Nachricht über Brandtweinblasen, um die ich Pistor gebeten hatte. Schreib mir doch, ob Pistor mir diese Nachricht verschaffen kann, zum Dank schicke ich Dir auch Nachrichten vom Papst, mit dem ich durch Zufall in einen interessanten Briefwechsel gerathen bin, es ist sehr viel Prophetisches darin. Weiß hat drey Bilder von mir, den Kranach, die grosse Landschaft und den Vogelsteller, ich habe ihn gebeten dem Schinkel Nachricht zu geben, wenn sich Käufer melden, befrage doch diesen gelegentlich darum. Einliegend eine Probe neuer Morgenrothfarbe, von mir eigenhändig von den Klauen der Morgenröthe abgeschabt – Schinkel könnte wohl damit einen Versuch machen. Schinkel sollte den Blücher unter dem Pferde liegend abmalen mit einer wunderbaren Landschaft umher, über ihm ein Schilddach von allerlei guten Kriegsgeistern getragen – Es war hier seit einem Monat ein ausserordentliches Gedränge von allerlei berühmten Männern, Göthe war hier um krausen Salatsamen zu bestellen, Jean Paul wollte das Beerwalder Bier kosten, er ist mit Hinze sehr vertraut geworden, hinter welchem eigentlich ein grosser humoristischer Charakter verborgen ist. Adam Müller hat mir mit seinen Fuchsschwänzen grossen Dienst erwiesen und mein ganzes Haus rein gefegt, er flüchtete sich hieher, weil er heimlich dem Metternich einen Rosenk[ranz] in die Hosen gesteckt, woran sich [der] seine anderweitigen Heiligthüme[r] gequetscht hatte. Werner und Salpius haben hier eine Controverspredigt und darauf den Nationaltanz Kikebusch gehalten, Werner hatte dabey alte Haarlatschen an und sah durch eine doppelte Lorgnette nach einer Viehmagd, die ein Kreutz auf der Brust trug. Der Hauptmann von Kapernaum trat aber zwischen und entführte das Mädchen. Ich ließ zu aller Beruhigung die Feuerspritze probieren.

Dies sind meine Neuigkeiten: nun erzähle mir bald etwas von Dir

A. Arnim

185

[Berlin, den 29. Juli 1815]

Lieber Arnim!

Mit vieler Betrübniß rükwärts, und Vergnügen auf der Stelle erfuhr ich gestern deine Krankheit und Genesung. Ich kann mir deine Lage recht dencken, Gott sei gelobt, daß dir geholfen ist; ich meine immer, du kannst das Biertrincken nicht vertragen und fände es recht klug, wenn du dir ein Faß guten Rheinwein durch Franz schicken liesest, Savigny, der ja nach Fft geht, könnte dir es besorgen. Jezt, da sie bereits einen Wagen kaufen, habe ich ihr Reisen erst erfahren, soviel ich weiß, geht die Albertine mit. Heute hat mir Pistor deinen Brief wegen Brandweinblasen gegeben, gestern wollte ich schon zu Ekartstein gehen, der die beste Brennerei hat, um ihn zu fragen, aber der heftige Regen trieb mich zurück ich gehe morgen und melde dir nächste Woche das Mögliche. Vor etwa vier Wochen war ein englischer Buchhändler hier, der alte Drucke, und besonders Romane kaufte, ich habe ihm nach vieler Mühe vor 168 rtl etwa 20 bücher verkauft, die mich gar nicht intressirten und doch eigentlich nichts gutes weggegeben, in der Hoffnung dir ein Vergnügen zu machen bot ich ihm deinen Roman de la Rose um 100 rtl an, er wollte aber nur 50 geben und so wagt ich es nicht, ohne deine Erlaubniß. Weiß läßt dir sagen, daß er deine Landschaft verkauft habe. Seine Ausstellung wird nächstens anfangen, es ist wenig drauf, was ich möchte außer deine Lukrezia. Schinkel ist bereits seit 4 Wochen mit Berger in Merseburg um die Huldigungs Feyer zu deckoriren. Im Feldzug ist kein näherer Bekannter geblieben, als der gute Christian Stollberg in St Amand. Heute reißt Lützow, der als Courier den Einzug in Paris brachte, wieder ab, ich habe ihn sehr lieb gewonnen. Ich war mit dem Onkel 8 Tage lang auf seinem Gute Gollmenglin bei Zerbst, nichts als ein Dörfchen am herrlichsten Eichen und Buchen und Tannenwald, die ganze Verwaltung ein treuer Förster, und Jährlich 4000 rtl Revenüen, es ist dies einer der einfachsten und reinsten Gutsbesitzungen, die ich je gesehen. Der Gedancke an Bukowan kann einen dort umbringen. Es liegt 3 Stund von Zerbst. Ich habe in der letzten Zeit hier allerlei Buchhändler spekulationen gemacht, die alle Schabab giengen hiebei zwei Gelegenheits lieder. Es ist in Berlin wirklich nichts zu machen. Finck wird wahrscheinlich eine Bearbeitung der italienischen Kindermärchen von mir drucken, der junge Unzelmann hat schon drei Holzschnitte dazu gemacht. Da würde ich doch 120 rtl verdienen, sobald ich der Sache recht gewiß bin, komme ich zu euch, und schreibe das Mspt dort fertig. Ich habe hier die Bekanntschaft des Schauspielers Devrient gemacht, er ist eines der außerordentlichsten Talente, die ich kenne, auch in seinem Wesen nichts vom Komödianten, nur hat er sich leider dem Trunck inkurabel ergeben, was er selbst *beweint*, im Geschmack von den Abendbegeisterungen des Steffens. Er ist ein groser begeisterter Verehrer deiner Schauspiele, er wünscht nichts als daß du den Auerhahn für die Bühne bearbeiten mögest, um den eisernen Landgraf zu spielen. Die Befreiung von Wesel ehrt er ungemein, in Breslau ist sie dreimahl, doch ohne Glück wegen der ganz gränzenlos schlechten Besetzung gegeben, weil er krank war. Wenn er es hier dazu bringen kann, will er den Gouvernör spielen. Wenn du nur etwas an Brühl schicken wolltes, etwa das Ragusische, er gäbe es gewiß, denn er giebt sich viel Arbeiten. Sonst ist er pitoyable und miserabel, ich habe mit Schinckel den Plan zu einer Theaterzeitung vorgelegt, er hat sich fad entschuldigt, und unterstützt ein ordinaires Theaterblatt, das bei Finck herauskömmt, wahrscheinlich von Lewezow der einen zweiten Theil (Epimenides Urtheil) geschrieben. Die Berliner nennen diese Sachen, E wie menen sie des. – Eichhorn ist zu Altenstein nach Paris abgereißt, er hat sich eine Sammlung aller Ordonanzen und Proklamation[en] der Französischen Comissairs in preuschen Ländern mit genommen. Niebuhr, der sich über den Tod seiner Frau, von dem seine Freunde zu sicher den seinigen erwarten, schneller getröstet als sie erwarteten, und ist zu unserm Gesandten in Rom ernannt. Weiß möchte, wenn du es erlaubst, dein Portrait von Dürer von dem ich ihm gesagt durch Buchhorn stechen lassen. Es wäre recht hübsch wenn du es thätest und es etwa dem Görres dedizirtest, dem es viele Freude machte und der bereits ein deutscher Nationalmann geworden. Bengsdorf ist mit seiner Frau nach Schwalbach. Was du mir prophezeiht hast, ist eingetroffen, ich bin nicht im Stand, Architeckt zu werden und habe so etwa 100 rtl in Dreck geworfen. Jeder bleib bei seinem Leisten, von Ringseis haben wir ausser seinem langem ersten Brief den dir Savigny *hoffentlich* längst mittheilte, nichts mehr gehört, er schrieb aus Bamberg, und ist jezt bei der Armee. – .

Eine Idee, die mir sehr im Kopf herum geht, ist noch stets die deutsche Volksbuchhandlung, ich glaube, es wäre nach diesem Krieg, wenn sich alles ein wenig gesetzt hätte, ein herrlicher Zeitpunckt dazu, und zwar vom Rhein aus in verbindung mit Görres, der gewiß eingienge, wir müßen aber jezt noch schweigen, damit uns keiner zuvor kömmt. Die Sache müste so weit kommen, daß wir förmlich von der Regierung unterstüzt würden, der sehr daran liegen muß, daß die Lektüre des Volks tüchtiger und gründlicher würde welche jezt ganz in den Händen des lumpichten Littfas ist, der von manchem blatt 22000 Abdrücke verkauft durch sein Colportiren. Das Volk ließt nichts anders und wie wäre auf es zu wirken, wenn dergleichen gründlich und tüchtig getrieben würde. Littfas ist in wenigen Jahr reich geworden, er hatte nichts, mit ein paar Tausend rtl ist entsetzlich viel zu machen auf diese Art. Mündlich mehr hievon. Das wäre etwas für uns zu Coblenz oder Cölln! – . Unsre manichfachen Sammlungen, eignen Gaben und Grimm und Görres könnten viel, und das Ganze könnte ehrenvoll werden. Gott stelle dich ganz her, und erhalte Weib und Kind gesund. Sei herzlich umarmt, bleibe mir gut, du thust es gewiß, ich weiß, du fühlst, daß du einem armen Schelm, wie mir mehrst bist, als ich sagen kann, man schämt sich solcher Geständniße, und schiebt sie mit Vergnügen auf, um sie in Minuten seeliger zu machen dein

Berlin den 29 Juli 1815. Clemens von ganzer Seele.

186

[Wiepersdorf, den 3. August 1815]

Lieber Clemens!

O hättest du doch die 50 rtl für den Rosenroman von dem Englischman angenommen, mir ist er aufrichtig gesprochen gar nichts werth, eine der langweiligsten allegorischen

Reimereien. Das Geld für das Bild laß dir von Weiß geben und zugleich meinen Zettel mit den angesetzten Preisen zeigen, da ich nicht mehr auswendig weiß, wieviel ich dafür angesetzt hatte, hat es höher verkauft, so nehme ich es ihm nicht übel. Der Vorschlag den Dürer stechen zu lassen, hat eigentlich manches gegen sich, da das Original in einer öffentlichen Sammlung an einem Orte steht, wo geschickte Kupferstecher wie Heß wohnen, so scheint es mir unrecht es nach einer Kopie bearbeiten zu lassen. Zu einem Kalenderkupfer wäre es wohl hinlänglich, aber nicht zu einem Kupferstiche, der die Anforderungen der jezigen Zeit erfüllen soll, die sich in der Kupferstecherei bedeutend gesteigert haben. Deine Lieder sind recht lustig, besonders das vom Korporal, zu Volksliedern fehlt es ihnen ein Bischen an Ehrlichkeit. Du erneust unser altes Projekt mit der Volksbuchhandlung, damals hatte ich viel mehr Zutrauen zu der Einsicht der Regierungen, das schwindet mir immer mehr und ich sehe von der Seite nur Hindernisse, aber keine Unterstützung. Daß Görres einige Freyheit hat, etwas drukken zu lassen, was andern nicht erlaubt ist, wer weiß, wie lange es dauert, es ist ihm durch zufällige Umstände geworden; dann taugen wir beyde nicht zum Merkantilischen der Sache. Mit Brühl ist wirklich nicht viel anzufangen, sein Hauptbestreben ist, es einer Zahl miserabler Menschen recht zu machen. Und wenn ich da von Dir höre, wie meine Befreiung von Wesel, die auf so manches Zeitinteresse anspielt, in Breslau so gleichgültig aufgenommen ist, so machts mir wenig Lust, mich einem Schauspielpublico anzuvertrauen mit Arbeiten, die noch weniger von Theatergewohnheiten an sich tragen. Vielleicht kommt eine bessre Zeit, die einem die Lust wiederbringt, für sie thätig zu seyn, in diesem Augenblicke scheint die ganze Welt abgerichtet, ein grosses politisches Resultat hervorzubringen, und was darin zerstreuen könnte bringt keinen sonderlichen Segen. Vielleicht kommt eine Zeit, wo sich die Leute nach allem Edelmuth und vielen grossen Thaten dennoch etwas leer fühlen und dann mag die Kunst wieder hervortreten. Berlin ist leer und überspannt zugleich, jeder macht übermässige Anforderungen und bringt doch nichts mit zur Erfüllung; in solcher Stimmung ist Krieg wahres Bedürfniß und die

Menschen werden dadurch leidlich. Dein Wunsch hier eine Arbeit zu vollenden, ist nicht zu erfüllen, in so fern du dich noch mit wenigerm, als im vorigen Jahre begnügen kannst, denn unsre Köchin ist grundschlecht, und versaut das, was noch das Land gewährt. Zeige es mir aber vorher an, wann du kommst, damit ich dein Zimmer, wo jezt allerlei Vorräthe liegen, aufräume. Einliegend ein Malbruckslied auf den Krieg, verehre es dem Littfaß, wen[n]s ihm nicht zu lang ist. Wir umarmen Dich von Herzen.

[Dein] A v Arnim

Wiepersdorf den 5 Aug 1815
Eckardstein ist eine gute Quelle von der [Brand]weinblasen

187

[Berlin, den 5. August 1815]

Vielgeliebter Herr und Bruder!

Recht erfreut hat es mich, daß wir zu gleichen Zeit eingemaischt haben, kaum hatte ich meinen lezten Brief an dich auf die Post getragen, als ich den erhielt, worin du mich um das batst, was ich dir im abgesendeten versprochen habe. Ekardstein wieß mich an einen Kupferschmied *Albrecht Roßstraße N° 3*, der alle neuen Brennereien hier einrichtet und auch die von dir im Brief an Pistor erwähnte Pistoriussche in der Königsstraße gemacht hat, und erklärte mir den Mann, als durchaus reell, verständig und geschickt und nicht unbillig. Ich fand ihn auch sehr klar und besonnen, er zeigte mir mehrere der neuen ganz flachen Blasen, sie haben einen Maischwärmer neben sich, und dann das Kühlfaß mit Schl.Rohr. Das Ding sieht etwa so aus

Es soll besonders sehr viel feuerung erspart werden, und alle werden jezt so gebaut. Wenn der Maisch|wärmer auch Kupfer ist und alles mit dem grösten Ueberfluß gearbeitet, kostet ein solcher Aparat gegen 1400 rtl. Uebrigens kann er auch einen solchen 1 Scheffel Aparat, doch mit Hölzernem äußerem Maisch|wärmer, (was eben so gut sein soll, denn der Mai=schwärmer ist doppelt) a 600 rtl herstellen. Er fragte mich wohin die Bestellung sei, und ich sagte für einen Herrn von Arnim, da machte er mir die Versicherung, daß er sehr bitte, wenn die Bestellung würklich werden sollte, ihm für die Abnahme der Arbeit zu stehen, weil bereits zwei Herrn von Arnim, einer aus Prenzlau, woher der andre, weiß ich nicht, Bestellungen bei ihm gemacht und ihn sitzen gelassen. Er bittet dich daher, dich mit deinem ganzen Bedürfniß, und der Beschreibung des Lockals an ihn zu wenden, er will dir auf alle fragen genaue Antwort geben, dir die neue Methode beschreiben und dir Riß und Zeichnung der Maschiene und Feurung zu schicken, wie du es verlangst. Dieses wäre also das beste, Savigny reißt den Sonnabend zu dir und weiter. Sobald ich kann komme ich auch, doch schreibe ich vorher

Grüß herzlich
CBrentano

Weiß hat die Landschaft verkauft
ich werde S. das Geld mitgeben

Berlin den 5ten August. 1815

188

[Berlin, den 14. August 1815]

Lieber Arnim!

So eben liefere ich 3 Louisd'or und 42 rtl Courant, welche ich von Weiß nach Abzug seiner 10% für die Landschaft, die du 12 Louisd. angesetzt, erhielt, an Savigny, welcher einen nicht geringen Schrecken hatte, weil ein Beschlags Commissair gestern bei ihm war um alles zu revidiren, was versiegelt ist, und da, wie er sagt, auch alte Bilder aufnotirt sind, du in sehr böse Händel kommen könntest, so sie verkauft würden. Ich muß also heute dem Weiß den Verkauf, der übrigen bis auf *deine bestimmte Erklärung*, wie es mit den Bildern steht untersagen. Ich glaube 9 Alte Bilder sagt Savigny sind aufgeschrieben, aber welche? Es sieht überhaubt mit deinen Sachen nicht zum besten aus, das meiste, ist Trümeaux (Trümmer) auch ist die Kammer feucht und die Bücher laufen an. Die Portraitbücher, welche ganz feucht waren, habe ich zu mir genommen. Du hast die Bilder den Weiß zu niedrig angesetzt. Zum Beispiel den Falkonier zu 5 Louisd. er will ihn zu 6 behalten und wird ihn gewiß zu 10 verkaufen, wenn er gleich die Lucrezia, die du 25 angesetzt, darum nicht annehmen will, so steht doch 140 rtl auf ihr, als Preiß. Sie ist das beste bei ihm. Das doppelt Bild steht mit 4 Luisd. Wenn deine Bilder nicht verpönt wären, die noch da sind, getraute ich mir noch aus den Kobels, und der alten Landschaft und einem Kopf, und der kleinen altteutschen Familie, ein 12 Louisdor zu verdienen. –. Dein Geschick dauert mich ungemein, es ist kein Wunder, wenn dir dein Vaterland so misfällt. Bespreche dich doch mit Savigny wegen der Bilder, und schreibe mir genau, was ich zu thun habe. Man spricht, als gewiß, vom Frieden, und zwar, daß wir 8 Festungen besetzen und Frankreich in 4 Jahren 800 Millionen zahlt, wofür sie alles behalten, an Land und Kunstwerken. Dahin deutet, daß der Merkur, der im Blatt vom 19 Juli stark gegen dergleichen sprach, mehrere Tage verboten war, und in den lezten Blättern ganz ordinair geworden. Heut Abend kömmt Schinckel hier an. – . Er ist da, und hat mir ungemein viel Herrliches und lustiges erzählt, er hat mit Berger und wenigen Handwerkern, enorme Dinge zu Stand gebracht, auf allen Thürmen brannten Kronen und da zwischen in freier Luft das FWR. Bei der Tafel von 100 Gedecken saß Bürger Bauer, Domherr und Edelmann durch einander, Recks Tochter tanzte mit einem Merseburger Bäckermeister, die Dachdecker huldigten von den Dachzinnen herab, die Bürger, die sich von Schinckel neue Zunft Fahnen erfinden ließen, knieten auf dem Markt freiwillig und sangen das Tedeum, kurz die Sachsen haben sich umgewandt, er war in der golden Au und Mansfeld und Wittenberg nach Antiquitäten und wird drüber an die Regierung berichten. Schinkel hat Alles selbst eingekauft, und zulezt, als gar keine Verzierung der Tafeln da war, auf einer Polterkammer des Schlosses ein Dutzend uralter Kronleuchter gefunden, welche er zerstückend und mit allerlei Salatieren durch Blumenkränze verbindend, in eine Reihe von Früchtetragenden Kandelaber verwandelte, über die Alles erstaunte. Er hat beim ganzen Fest den Kavalier Serviente gemacht und am Ende selbst die

Speise zettel vertheilt, die Vermischung aller Stände, welche die Sach[s]en so sehr erfreute, haben sie ihm auch zu dancken. Das Merkwürdigste ist, daß die Geschichte so wenig gekostet und doch so prächtig war, daß man es sich zu sagen schämt. Die Sachsen haben ihn so lieb gewonnen, daß ihm Amtleute auf seinen kleinen Ausflügen vorgeritten. Ich hoffe, du wirst meinen Brandweinbrief erhalten haben. Pistor baut jezt seine Werkstatt in den Remisen, er hat von einem banqueruten Knopfmacher ein Walzwerk und Prägewerk gekauft. Uebrigens ließt er nichts als Thomas a Kempis und Bibel und Offenb. Johannis. und läßt Paris alle Augenblick unter gehn. Fr. Horn und Levezov schreiben anonym die Theaterzeitung. Neulich ist hier plötzlich eine Frau des Eichendorf in betrübten Umständen erschienen, er ist bei der Landwehr. Sehr lustig war, wie Fouquet, der zufällig in Bremen bei dem Siegsjubel in Uniform erschien, von dem Poebel als pr. Generalrepraisentant in den Dom geschleppt, und nolens *volens* in alle Zeitungen gesetzt wurde. Scenen aus seinem grosen Khurfürsten in der neulichen Ackademie haben großen Ennuis verursacht. Bei der Merseb. Huldigung haben sich die Dachdecker die auf den Thürmen mit der Beleuchtung beschäftigt waren, auf die Dachrinnen kühn hinaus gesezt und alles mitgesprochen. Hier ist jezt schier alle Abend im Theater lärmendes Begehren, nach einem Judenstück, Unser Verkehr, das einstudirt, und angekündigt, durch die Juden Jakobsohn an der Spitze von Hardenberg abgebettelt worden, Brühl ist auf der Seite des Publickums, man ist begierig, wer siegt. Der Merkur ist jezt unter Saks Censur, er war durch ein äußerst ordinaires Handbillet Hardenbergs unterdrückt. Laß dir von Sav. die Geschichte von Blüchers 20Jährigem Furtz erzählen. Die Fzosen sagen, les anglais sont des Dieux, les russes des anges, les autrichiens des hommes, les prussiens des Diables – et les francois les condamnés au Purgatoire –. Was du an meinen Liedern nicht ehrlich findest, weiß ich nicht, sie sind beinah wörtlich nach Volkssagen. An deinem Malboroug hast du die Kritick des Littfas des zu langen vorgesagt, vielleicht druckt er es doch. Der Rabiner drinn, ist hier nicht bekannt, so artig er ist, sollte er ganz ehrlich sein. Körner in Fft druckt warscheinlich meine Kriegslieder zum besten der Reichsstädtischen Frauenvereine. – . Wenn du Muse hast, schicke doch Luisen etwas politisches für Runges N. Elbischen Merkur, er erscheint wöchentlich in Heften. Der Doctor Römer ist auch in Merseburg bei der Verwaltung plazirt und ist sehr geschäftig. Ich bin manchmal bei Lichtenstein, wo es einem recht wohl wird, seine Frau ist ein gutes Kind. Sonst habe ich einen recht angenehmen lieben Bekannten, an dem bei Lützen blessirten Goetze (er hinckt) gewonnen, du hast ihn vielleicht bei Savigny gesehen. Ich wollte ich hätte 500000 rtl, bester Junge, da müstest du ein Glas Wein mit mir trinken. Gott erhalte dich und die deinigen. Behaltet mich lieb, wenn ich kommen kann, melde ich es dir

Von Herzen dein
C Brentano.

Berlin 14ten Aug. 1815.

Schinckel und Frau grüssen von *Herzen*. Du weißt doch da[ß] Malchen Seebald deren Mutter gestorben, mit dem Schackespears Krause verheuratet. Ich glaube, wenn du eine Anstellung gesucht hättest, der Radzivil sagte mir bei Schinckel, er wünschte dich sehr in Posen zu sehn!!!!. Hier wird auf allen Judenthees erzählt Göthe sei mit dem Plan des Doms in Kölln, um ihn bauen zu lassen. Eichhorn hat Stein und Göthe im Dom getroffen. Weiter passiret nichts. Luis Grimm ist wieder nach München. Durch Albertis weiß ich, daß Ringseis in Nürnberg auf der Durchreise zur Armee bei Möller war, und daß er eine gute Anstellung hat. Schreibe, was du befiehlst, ich stehe zu Diensten, bis aufs Dukaten Kaken – bei der Gelegenheit fällt mir ein (Goldne Ader), daß Staatsrath Schulz bedencklich Blut speit.

189

[Wiepersdorf, Mitte August 1815]

Lieber Clemens!

Herzlich sey begrüst für Brief und Bemühungen wegen der Bilder. Aber ich muß Dir noch einen neu[e]n Gang machen. Savignys Sorge wegen der Bilder war nämlich vergebens, als der Versiegelungskomiss: zu mir kam, waren die guten Bilder schon alle fortgeschickt, was aufgezählt ist sind die andern kleinen und grossen, verschiedne Mütter die Kobels, Adam und Eva und so weiter. Was Du mehr bekommen kannst soll mir lieb seyn. – Das Schicksal des Rh: Merkur habe ich Dir vorausgesagt, unter der niederträchtig schleichenden Herrschsucht des Hardenberg kann nichts Freyes gedeihen und du wirst sehen, unsre Repräsentazion wird ein leeres Formenspiel. Hat Schinkel in Merseburg Wunder gethan, so hat meine Frau, die jezt sehr viel webt, in Ueberziehung von Sophas und Stühlen zu Savignys Ankunft ihre Kunst bewährt, auch ich habe das Meine im Reinigen des Hofes redlich gethan. – Ich schreibe in Eile weil Savigny erst Montag Morgens um 4 Uhr hier eingetroffen ist und der Fuhrmann eilt. Viel Grüsse an alle Freunde – Was ich in Deinen Liedern nicht ganz ehrlich gefunden mag wohl berliner Volkssage seyn, wovon hier nichts vernommen.

Dein Achim Arnim

Wann kommst du?

190

[Wiepersdorf, erste Septemberhälfte 1815]

Lieber Clemens!

Du wirst mein eiliges Sendschreiben durch den Kutscher, welcher Savignys fuhr, erhalten haben, ich hatte es ihm wenigstens durch ein Zweygroschenstück ans Herz genagelt. Du wirst also wissen, daß der Verkauf der ausgestellten Bilder, in so fern sich Liebhaber finden, keinen Anstand findet, sie liegen nicht mit unter Siegel. Mit dem Kupferschmidt, um den ich dich soviel bemüht habe, ist es nichts, der Mensch muß ein entsetzlicher Betrüger seyn, wenn auch der Maischwärmer eben so viel kostet wie die Blase, ja etwas mehr, so ist der Unterschied zwischen 600 rtl und 46 rtl, sage sechs und vierzig Thaler, was mir hier Scheffelblase samt Huth und Kühlrohr neu beym Kupferschmidt kostet, allzu groß, der Vortheil endlich blieb dem Pächter, mir die ungeheure Auslage, ich hatte bey den neuen flachen Blasen in denen soviel leerer Raum gespart ist auf Kupferersparniß gerechnet und auf Wohlfeilheit. Dies zu meiner

Rechtfertigung, daß ich dich nicht ohne Grund bemüht habe. Ende dieses Monats September denke ich nach Berlin zu kommen, um Mädchen zu wechseln. Savignys waren hier einige Tage recht vergnügt, besonders den Kindern wünschte ich solche nahebefreundete Mitgespielen hier im Hause; es wird mir immer klarer, wenn ich den Bauerkindern zusehe, daß es nicht blos poetische Einbildung ist, die Kinder aus höhern Ständen schon frühzeitig unter gleichen Umständen erzogen, auszeichnet, es ist wirklich eine durch Jahrhunderte fortgebildete verschiedne Entwikkelungsreihe, die nur als Ausnahmen in die andere überspringt und so gegenseitig. Diese Verschiedenheit zeigt sich im Guten, wie im Bösen. Revoluzionen, die alle diese Entwickelungsreihen gewaltsam mischen, bringen daher nothwendig ein Geschlecht hervor, das in keiner ruhigen Beschäftigung zufrieden den Krieg nothwendig macht, um entweder gewaltsam dadurch seine Richtung zu bekommen oder unterzugehn. In den Künsten sehen wir sehr bestimmt Künstlerfamilien, so auch in Wissenschaften eine Erbfolge, ich habe in meinen Beschäftigungen viel Störung überall erfahren von verschiedenartigen Lusten bald Soldat, bald ein Geschäftsmann zu werden, bald mein Glück an Höfen zu versuchen, und du kannst die kleine Störung, die Du vom Bauwesen erlitten, dem Geschick nicht übelnehmen, das dich sonst mit seltner Milde immer Deiner Laune und eignen Beschäftigung überließ. Der Geldverlust ist durch dein sparsames Leben in der Zeit ersetzt, die Sache mit der Erbportion von dem verstorbnen Sohne der Altenstein scheint zuendezugehen, Frankreich ordnet sich auch wieder und dir ist mit dem, was du literarisch verdienst, bis Bukowan sich verkauft, ein Auskommen gesichert. Als einzelner Mann hätte [mir] noch nie die Sorge angewandelt durch die Welt zu kommen, ein[e] Familie macht aber die Schwierigkeit, daß sie nicht nur an sich das Mehr der Erhaltung fordert, sondern auch an vielerlei Erwerb hindert, der dem Einzelnen freysteht. – Gegenwärtig habe ich mich sehr aufs Tanzen gelegt, besonders auf den Zweytrit, die vielen Haus Bällen [?] geben die schönste Gelegenheit, und die Amtsmannsjungfern tanzen sehr gut in hiesiger Gegend. – Deine beyden Lieder und das Perspecktiv aus Pistors Fabrik habe ich durch Savigny in Frankfurt einführen lassen, so daß sich eure beyderseitige Ehre dort verbreitet. Grüß Pistors, Albertis und den Pinus [?], auch die Reichardt und Schinkels. Wenn ich Zeit hätte wollte ich Dir die Huldigung in Ahlsdorf beschreiben Gegen Ende dieses Monats komme ich nach Berlin, in das Babylon, wo du und Pistor die einzigen tugendhaften Männer sind[.] Lebe wohl und behalte mich lieb.

L. A. v Arnim

1816

191

[Wiepersdorf, den 28. Januar 1816]

Lieber Clemens!

Heda in Eile. Ginge mein Bote nicht so schnell ich meine so bald, so schickte ich Dir einen Brief eines Theaterdirecktors, wie er mir im Kopf liegt. Um nämlich den theatralischen Briefwechsel näher zu rücken, so müssen die Characktere erst festgesetzt werden, aus denen wir schreiben. Ich übernehme einen sehr beschäftigten Theaterdirektor, der nichts als Schwierigkeiten, Verstösse u. s. w. ahndet, Du must einen vorwitzigen Poeten darstellen, der Gott und die ganze Welt und alles was ihm ausserdem durch den Kopf geht, auf die Bühne bringen will und im Zorn, wenn so etwas nicht geht, über alles andre herfällt, dabey muß von beyden Seiten keine Grobheit geschont bleiben, doch immer so, daß man sieht, wenn die Kerls sich in Briefen recht gezankt haben, so besaufen sie sich am Abend um so derber. Zur Unterhaltung kann eine Liebschaft mit der ersten Schauspielerin eingeflochten seyn, bey der beyde nichts ausrichten, weil ein dicker reicher Jude bey ihr Hahn im Korbe [i]st, die Abentheue[r] finden sich von se[lbst,] wenn etwas probirt werden soll bey ihr[.] Nun leb recht wohl, Dein Wein schmeckt mir recht gut. Bettine grüst herzlich.

Achim Arnim

Wiepersdorf den 28 Jan 1816.

192

[Berlin, den 3. Februar 1816]

Lieber Arnim!

Der alte Baldinger schrie einem Schuster, der ihm das Jahr vorher Wurstsuppe geschickt hatte, zu Marburg über den Markt zu, Freund! Was du an mir gethan hast, soll dir Gott im Himmel vergelten. Was soll ich dir nun für einen Vergelter zitiren, da du die Wurst selbst an mir gethan hast? Wodan schencke dir einen Eichenhain, worin Schinken wachsen in Walhalla und Wanndann? bei der ersten Gelegenheit. Bei dieser Gelegenheit fällt mir das fette Schwein, der Jordis ein, ich fand ihn bei Savigny, da ich die Würste erhielt, er unterhandelt hier mit Bülow, und ist dümmer, und Trüffelgrauer als je. Schleiermachers und Larochens waren auch da, und Savigny laß den Scherbius vor. Zur Kleist gehe ich alle Freitag, Pfuhl, und Schütz Lacrimas sind immer da, das ist ein recht guter Mensch, und wenn er gleich stark nach der Tieckischen Clausur spricht, so hat er doch einen seltenen Enthusiasmus für Poesie, was einem heutzutage beinah altfränkisch vorkömmt. Er hat dich recht lieb, und läßt dich grüßen. Ich fragte ihn, ob er viele Verehrer seiner Poesie gefunden habe, er versicherte mich nur drei, Tieck, der sie die Musikalische nenne, Isidorus Orientalis, und Varnhagen! damit war er ganz zufrieden; ich gab ihm dein Interesse für den Nabelort noch zu, was ihm viele Freude machte. Wir haben Kleists Hermann dort gelesen. Bei vieler Bisarrheit finde ich es in Haltung groß, und in der Bisarrität ungemein lustig. Was den Kleist besonders kurios macht, ist sein Rezept zum Dialog, er denkt sich alle Personen halb taub, und dämelich, so kömmt dann durch Fragen und Repetiren der Dialog heraus. Es dürfte ein Schauspieler nur einmahl recht laut schreien, so käme gleich die größte Unwahrheit ins Gespräch. Uebrigens ist es recht schön und ehrlich bei der guten Kleist. Es freut mich, daß du meine Idee mit dem Theatralischen Briefwechsel lebendig aufgegriffen zu haben scheinst, und ich erwarte sehnlich deinen ersten. Ich finde es für das Leben und Interesse des Ganzen vortheilhaft, daß du eine Art Roman damit vorhast, doch verstehe ich nicht ganz, wie wir aus den beiden Charackteren, welche du vorhast, und die beiderseits das falsche wollen und müssen, das Rechte recht zu Tage legen wollen, was doch eigentlich der Zweck des Ganzen sein müßte. Es fehlt die eigentliche Person, der verständige Dichter, und nach deinem Plan dürfte zwar freilich gewiß ein Gutes lustiges Buch herauskommen, aber der vielleicht noch mehr im Unrecht seiende Direcktor würde als beatus possidens doch zulezt gewinnen müssen, das Ganze aber würde auf die Verstärkung der öffentlichen Meinung hinauslaufen, die neuen Dichter wollten das Unmöchliche, und seien nicht dramatisch. Wie der Heuchler Ifland sie schon vorzustellen wuste. Der Charackter eines solchen Dichters würde freilich, viel Komisches zur Hand liefern, aber der Wahrheit und dem guten Ziele schaden, dazu glaube ich, daß er kaum existirt. Er könnte bleiben, doch müßte noch ein Andrer eintreten. Ich hielte es für das Beste und eingreifendste, wenn wir uns eine bestimmte Lage annehmen, zum Beispiel die Brühlische der sich wehrt gegen ein Zweites Theater und ließen endlich das Zweite neben ihm entstehen, und ihn besiegen, dein ganzer Roman könnte doch zwischen durchlaufen. Du nähmst dann mehrere Characktere, und ich auch. Ich will etwa neben dem vorwitzigen Dichter, auch mich selbst nehmen, nimm du neben dem Direcktor, etwa noch einen Schauspieler, der das 2te Theater errichten will; ich bin bereit dir im Nahmen der Person zu antworten, an die du schreibst, und welche du in einer kleinen Aufschrift charackterisiren magst. Der Zufall wird vieles Lustige geben. Wir müssen Göthe und die andern Götter nicht sparen und Reisen und dergleichen vorbringen, daß es alles den grösten Schein der Wahrheit kriegt, meine Theaterverhältnisse in Wien und Prag, deine Passion für Grassini, der alte Winter, was Betine weiß, alles kann vielen Stoff geben und das ganze sehr interessant und lehrreich werden. Weber ist nach Weimar zu Göthe zitirt und schon ab mit Schadow, er holt sich eine Oper, Schadow bespricht Blüchers Rostocker Monument mit ihm, Rauch und Schinkel lachen in die Faust! Göthe schickt wöchentlich Aushängebogen über altteutsche Kunst an Schuckmann und Zelter. Wenn unser Theater Briefwechsel sich macht giebt uns Schinckel einen Theaterbauplan dazu. Fange an in Gottes Nahmen, nur halte Alles so viel möglich in einer scheinbaren Lokalität, das giebt vielen Anlaß, und reitzt ungemein. Wenn Betine auf ihre Art eine Rolle übernehmen wollte, würde das Ganze sehr gewinnen. Vor Allem aber vergiss auch den schon mit Finck kontrahirten Plan der Monatlichen Erzählungen nicht. Du hast mehr Vorrath als ich, schicke vor Allem eine Erzählung und entwerfe zugleich eine einfache Vorrede zum Ganzen. Ich bin sehr davor, daß du einen geschloßenen Auszug, eine Novelle aus den Kronenwächtern schickst. Ich werde mir alle Mühe geben, die Sache in Gang zu bringen. Ich habe neulich einen Band von den Fantasiestücken des Justitzraths Hoffmann gelesen, in welchen wirklich sehr viel vortrefliches ist, einige Sachen haben eine Ähnlichkeit mit dem Ton des *scherzhaften Gemisches*, doch ohne so vielen Duft, und fixirter. Dennoch fühle ich, daß du ihn auch in der humoristischen Manier bei weitem übertreffen könntest. Alles musikalische drinn ist ganz ungemein gründlich und zugleich einfach und lieb wie Asmus. Wenn unser Theaterbriefwexel zu Stande kommt, will er mit Vergnügen sich dann und wann als ein Kapellmeister hinein korespondiren, er kann dem Ganzen einen wirklichen Wehrtbeitrag geben, er ist ein durchaus guter, sehr seltsamer, ehrlicher Kumpan. Der Stiftungstag der d. Gesellschaft war sehr brillant, ich gieng nicht hin, aber habe Ihnen ein Blücherlied und ein Ecce quem bonum dazu geschrieben, welche Zerboni die Spossetti mit gröster Leidenschaft mit gebrüllt. Der Vers: hoch lebe der Merkurius, der von Franzosen heilet, wer alzusehr drauf schwitzen muß, der hat sich übereilet, ward dreimahl wiederholt. Schuckmann hat dem Haxthaußen, auf des Laubachs Vorschlag, den Görres zum Regierungrath des Schulwesens zu machen, erwiedert, es könne von Görres nie die Rede sein. Man spricht wieder, er gehe nach Jena bestimmt. Der König hat Sak und den Königsberger Postelius zu Bischöffen ernannt, sie kriegen violette Litzen und Generalleutnantsrang und 2000 rtl Zulage zur Equipage! Vor einigen Tagen soll dem König auf der Redoute, da er sich 5 Mahl umgekleidet, unter jeder Maske von jemand dasselbe streng vorgepredigt worden sein, er ward zulezt zornig und wollte die Maske packen, aber sie entwischte glücklich. Ein schöner Gegenstand zum Lustspiel, wäre die geheime Polizei auf dem Masquenball. Jordis ist gestern Abend abgereißt, als Comissair General d. Roi de Prusse en affaires de finances. Sein Theil der Contributionsuebermachung, die unter 8 getheilt ist, macht eine jährliche Rente von 12000 rtl, während 5 Jahren. Coreff korespondirt mit Lulu, Varnhagen war wirklich beinah verrückt aus Liebe und am Tod. Hardenberg hat ihr schier täglich ein zärtlich billet geschrieben, er sagte einst zu ihr: Liebe Frau, ach wie seelig fühle ich bei ihnen, Sie erregen mir eine Empfindung, die mich fühlen macht, daß ich doch wirklich noch nicht so ganz alt bin. – . Alexander soll den ältsten Sohn des abgesetzten Königs von Schweden zu seinem Stadthalter in Finnland ernannt haben!! Das wäre so das neuste, außer daß Ringseis einen langen Brief an Savigny geschickt in welchem er von Görres beinah nichts spricht aber von Paris durch ganz Niederland biß Fft a/m auch die kleinste Postwagen Klatscherei über das Betragen der alliirten Truppen vermeldet, wo dann die Preußen immer schlecht wegkommen, wir haben recht gelacht über diese bairische Ausdauer. Das Schwerd zwischen Baiern und Oestreich steht noch gehoben. Der Bettine dank ich nochmals herzlich, daß sie mir das Tuch bleichen will, und daß sie bei mir auf meiner Stube war. Sie ist doch recht meine Schwester geblieben, und da bist du auch dran Schuld lieber Bruder, wenn ich sterbe will ich euch auch bedenken. Lebe wohl und Schicke mir bald Manuskript.

3te Febr 1816.

Dein
Clemens

So eben höre ich von Schinckel, daß Boiserees mit ihren Bildern herkommen, der König giebt ihnen freien Transport, hier Lokal und Wohnung, und schenckt 10000 rtl zu dem Domwerk.

193

[Wiepersdorf, Februar 1816]

Lieber Clemens!

Einliegend das erste Stück des Commercii epistolici zwischen Lachmann, und Düsterhaupt, – Krumpiper sollte nur selten mitreden, er ist nur der Mittelpunkt des physischen Lebens zwischen jenen, an Unternehmungsgeist dem Düsterhaupt dafür verwandt. Du siehst nun, wie ichs gemeint habe. Was du mir vorschlugst in Berlin, einen solchen ernsthaften Briefwechsel über gegenwärtiges Theater zu führen, das mag an sich gut seyn, passt aber nicht für mich, der ich zu entfernt bin von dem augenblicklichen Zustande des Theaters, was ich davon weiß, geht nur auf die ganze Zeit. Ebenso wenig kann ich eingehen auf deinen Vorschlag, Brühl und das zweyte Theaterprojekt mit hinein zu bringen, ich habe einen entschiednen Widerwillen gegen die Motive, die in Bethmann, Weber, wirken; Brühl ist entschieden besser als beyde gesinnt. Weber ist in seinem musikalischen Fache von je ein nichtswürdiger Unterdrücker alles Guten gewesen, das nicht von ihm oder Gluck herstammte. Will Hofmann mitarbeiten, so habe ich ihm zwey Recepte aufgesetzt für Musiker, theile sie ihm mit, ob er dann noch Lust behält, an dem Spas Theil zu nehmen. Lieber wäre es mir gewesen, Du hättest zu niemand von der Sache gesprochen aber das kannst du nun einmal nicht lassen; hindre wenigstens daß kein allgemeines Geklatscht daraus wird, sonst ist der ganze Spas verdorben. Um dir nun die Richtung anzugeben, so kannst du alles, was du als verständig fürs Theater glaubst dem vorwitzigen Düsterhaupt beylegen, er soll vieles [–] alles [–] Wahre sagen und immer mit so viel Uebertreibung versetzt so ohne Rücksicht auf Zeit und Umstände, daß kein anderer davon überzeugt wird. So z.B. muß er jezt den lebenslustigen bequemen Lachmann damit hetzen, daß er den Calderon nicht einmal durchlies[t] und seine Zeit mit Kantaten auf den Puthan verthun will, er muß ihn abtrumpfen, wie er ihm so etwas zumuthen könne, das giebt einen Excurs auf die Art wie Lachmann die Poeten behandelt, die für die Bühne arbeiten oder arbeiten sollten [–] hier alles was Iffland und dem Palfy vorgeworfen werden kann. Psycharion heist eigentlich

Mamsell Schmakeduzken (eine Art Rose), sie hält aber den Namen sehr geheim sie schmeichelt allen heimlich den Juden wegen seines Geldes, der Düsterhaupt glaubt sie sehr geistreich, sie ist aber dumm. – Pomuffel heist der Jude, nächstens mehr über ihn.

Wollt Ihr beyde nicht, we[der] du noch Hoffmann, in den Plan eingehen, so quält euch gar nicht, gebt rundweg eine abschlägliche Antwort und ich schreibe das Buch gelegentlich allein, was es an Mannigfaltigkeit dann verliert gewinnt es vielleicht durch Einheit. Die Gegenstände, die darin vorkommen sind mir seit meinen theatralischen Briefwechsel mit Iffland im Jahre 1811 vollkommen deutlich und ich schob es nur auf, solange der Mann lebte, alles zusammenzubringen. Hoffmann, sowenig ich ihn kenne, ist wegen seiner musikalischen Erfahrung eine trefliche Acquisizion nur leider wird solch ein Unternehmen immer zweifelhafter, je mehr Hände daran arbeiten und verhehle ihm diesen meinen Zweifel nicht.

Herzlich Dank für alle Neuigkeiten, du bist zum Zeitungsschreiber geboren[.] Bettine dankt auch für alles Freundliche. Behalte lieb Deinen

Achim Arnim

Das Manuscript soll bald ankommen.

Viel Grüsse an die Reichardt, wir singen hier viel die Geisterinsel, viel Grüsse an Pistors und Albertis.

194

[Berlin, Februar 1816]

Lieber Herr Bruder!

Du bist zu beneiden, um den guten Muth, und das gesunde Gebiß, und den Apetit mit welchem du deinen poetischen Schinkenknochen festhältst. Ich habe gedacht, dir doch wenigstens etwas durch mein Schreiben abzugewinnen, aber du läst kein Jota nach, ja du hast dich bereits so verbissen, daß du die Aufkündigung gleich beilegst, wenn ich nicht ganz in deinen Plan eingehe. Alles treibst du mit so munterem frischem Ungestüm, daß du das, was du begehrst selbst unmöglich machst, indem du zum Gukuck mit deinem Beine fortrennst ohne zu sagen, wohin, woher, wozu, womit, was. Ich armer Teufel aber diene von Herzen gern, nur möchte ich wissen, wer der Herr ist. Also vor allem sage deutlich, was soll eigentlich das Buch für ein Licht aufstecken, das du übers Theater vorhast. Soll es blos ein Bild der jetzigen Schweinerei sein, die ist in allen Komödianten Romanen vom Skarron erschöpft, und selbst waß der W. Meister geleistet ist höchstens ein paar Ideen über Hamlet, welche Hamlets Worte über die Schauspieler nicht werth sind. Wo soll am Ende die Nothwendigkeit eines bessern Strebens sich aussprechen, da du selbst die guten Worte, einem Narren Düsterkopf in den Mund legen willst, wie er nie existirt hat, einer um so gefährlicheren Figur, als er durchaus eine Hirngeburt der Direcktoren ist, welche sie ausstecken um ihren gänzlichen Unverstand und verkehrten Willen vor der Welt zu beschönigen. Eine Gestalt, die, wenn du sie ins Leben rufst, dem Bösen ein Verfechter wird, eine Gestalt, die, wenn wir ihr einige lebendigkeit geben, manchem trefflichen Dichter einen Spottnahmen geben kann, der ihn erdrückt. Ich kann mir nicht denken, daß es dich erfreuen könnte, eine so tief versunkene Kunst auf eine Art zum Inhalte eines Gedichts zu machen, welche ihr den reinen Himmel nicht eröffnen sollte. Alles will ich dir gern überlassen, ich will dir gern den ganzen Gang der Fabel, und die Leitung und Biegung wie du willst überlassen, und mich mit aller eignen Laune in die Umstände, die du heranführst, hineinfügen, ja es soll mir eine Lust sein, nur muß mir ein Charakter erlaubt sein, wie ich ihn mir denken und wie ich ihn lieben kann. Der Düsterkopf wäre mir ganz recht, aber als ein Charackter, wie ich selbst, er dürfte vielleicht noch interessanter werden, im Conflickt mit deinen Umständen, als deine Karikatur. Vor allem muß ich wissen, ob denn bei der ganzen Sippschaft kein einziger edler Charackter sein kann. Waß soll der Jude? und hauptsächlich müste ich eine Bedingung machen, welche dem Buche allein helfen kann, die Zucht. Ohne dieße kann es nie wirklich ins Leben eingehn. Die geistreichsten Arbeiten scheitern und werden blos leckeres

Gericht für den Frevel durch die Unzucht. Der Ardinghello, Hildegard von Hohenthal, die Dolores selbst, dies herrliche Buch, haben gelitten in den Augen der Welt durch *zwar sehr verschiedene* Freiheit. Thorheit möge drinn walten, aber um Gottes willen, kein niederes Verhältniß mit Lust drinn behandelt werden. Mache aus dem Juden lieber einen keuschen Bartholdy, einen Kunstanbeter, doch das steht bei dir, ich wünsche nur, daß wir etwas bilden, was Nutzen bringe und in allen Händen unverdächtig wircken könne, sonst ist keine Freude bei.

195

[Berlin, Anfang April 1816]

Lieber Arnim!

Ich bin jezt näher mit Försters Unternehmung des Taschenbuchs bekannt, er hat sich ganz meinem Rath dabei überlassen, und ich bestimme mit ihm die Wahl aller Aufsätze. Er erhält für die Lieferung des Textes 300 rtl von dem Inhaber der Maurerschen Buchhandlung, der Gott weiß, welches auserordentliche Fiduzit zu ihm hat, und wenn ich nicht zufällig dazugekommen wäre, mit ganz unseligem Liedergeklingel wäre abgespeißt worden. Er ist jezt entschloßen, alles anzuwenden, um gute Sachen aufzunehmen, er denkt den Text 20 Bogen stark zu machen und so kommen ihm 3 Louisd'ors auf den Bogen zu honoriren, welches er gern bei dem ersten Jahrgang thut, um gute Sachen zu haben. Hofmann hat ihm auch nur um diesen Preis eine Erzählung versprochen, da jedes Taschenbuch so viel giebt, und manche nochmehr. Du bist also dringend aufgefodert, um was du nur immer geben kannst. Ein kleines Drama, *etwa der Ragusaner*, eine Erzählung, einige Lieder, ein interessantes Bruchstück deines Romans, sind willkommen, aber wir wünschen das Manuskript dringend bis gegen den 20 Aprill, wo der Druck beginnen soll. Ich ersuche dich recht sehr, versäume diese Gelegenheit nicht, mit einer Auswahl manichfaltiger Arbeiten neben andern Dichtern zu zeigen, wie Gott dich vor den meisten gesegnet hat. Ein *Bruchstück aus den Kronenwächtern* wäre mir besonders wehrt, weil ich *sicher* hoffe, daß, so es gefällt, du an Maurer einen angenehmeren Verleger für das Ganze erhalten wirst. Es geht mit dem Publikum einmahl einen Gewissen Gang, ein Allmanach wird gelesen, und wer drinn gefällt, steht fest. Ich bitte dich recht herzlich schicke uns recht viel und Manichfaltiges, Vielerlei. Antworte mir hierauf bald, und zuverläßig, wenn wir ein Kleines Drama hätten zum Anfang wäre das sehr schön. Du hast so unendlich viel Sachen, wenn du nur heraus rücken wolltest. Ist dir ums abschreiben, so laße dir einen Dahmer Studenten kommen auf 3 Wochen. Deine Hausjunfer, *Salpius* und Betine hilft auch. Ich bitte dich laße uns nicht stecken, du kannst einhundert rtl gewinnen, wie einen Schnitz. Dem König hat Schinkels Domrestauration gefallen, er soll mit Hardenberg drüber sprechen, und ist eben bei ihm. Ich denke hin und her, wie ich zu dir soll, und meine hiesigen Geschäfte nicht versäumen, ich sehne mich recht nach dem Land. Sack ist abgewießen und Görres hat gesiegt. Sack hat appelirt. Der alte Cöllner im Odenwald gefundene Domplan ist hier bei Schinkel. Er ist sehr ordinair und schlecht gezeichnet. Die Boiserees kommen nicht. Sie sind Narren. Der König hat die ersten zwei Pariser Tänzer und Tänzerinnen kommen lassen, sie haben gestern zu erst getanzt, die erste hiesige Mle *Gemmel* hat in der Probe sehr geweint, weil ihr langes Lernen nun ihr wie gar nichts erscheint. Sie macht sieben, die Französin 11 Entrechats. Sonst ist Alles dasselbe. Lasse den Lachmann nicht einschlafen und grüße Weib und Kind, und schreibe bald, was wir von dir zu erwarten haben. Dein

Clemens

196

[Wiepersdorf, wohl vor dem 20. April 1816]

Lieber Clemens!

Nachdem ich vergebens eine Gelegenheit erwartet sende ich die Einlage durch die Post, um unse[r]n theatralischen Verkehr nicht zu lange unt[erb]rechen zu lassen, Deinen Brief erhältst Du mit nächster Gelegenheit, ich halte ihn zurück um nicht das Porto zu mehren den Inhalt wirst Du wohl noch wissen. Die Geburtstagsfete ist nun von allen

Seiten vorbereitet, aber wer beschreibt sie? Ich meine der bescheidne Diestelfink in einer Art Enthusiasmus über das göttliche Künstlerleben, das er bei Krumpipen [ge]funden an einen Freund, der [mit] ihm beym Kunstpfeifer gelernt [hat]. Der Graf Pech mit seiner vornehmen Aufdringlichkeit, seiner Kunstrenomisterey wird sehr gute Spässe liefern. Aus dem Todtschiessen wird nichts vielmehr geräth Graf Pech in den höchsten Enthusiasmus für den Lachmann und verbrennt seine Stücke. – Meine Beyträge zu dem Almanache sollen gern erfolgen, ich danke Dir herzlich für deinen Eifer, ich will den Caboga noch einmal durchsehen, ein Stück aus den Kronenwächtern abschreiben. Ich habe hier Gerichtstag gehabt und mehrere hundert Bäume gepflanzt, so daß ich wenig arbeiten konnte.

Herzlich Dein Achim Arnim

197

[Berlin, vor dem 9. November 1816]

Lieber Arnim!

Soeben war der *Conducteur Treblin, Potsdam Beckenstraße N° 7.* bei mir, welcher mir empfohlen ward, mit dem Anerbieten, deine Vermessung sogleich vorzunehmen, wenn du ihm schreibest, und ihn die Art meldest wie er zu dir gelangen soll. Was den Preiß angeht, kann er ihn erst genau bestimmen, wenn er die Art der Arbeit kennt. Er ist ein ordentlicher praktizirter Mann, und erwartet deine Erklärung alsbald, damit er kein anderes Geschäft unternehme. Da Christian zum zweitenmahl geschrieben, daß man es für besser halte, wenn du erst den Frühling nach Fft kämst, da der Spleen Georgs leicht von euch noch mehr könne gereitzt werden, glaube ich ernsthafter an diese Winke, und vermuthe nun, daß ihr hier sein werdet, dann wäre dir es wohl lieb, wenn du die Vermessung jezt, da das Feld leer ist, noch vor Weihnacht abthun könntest. Ich habe dem Mann versichert, du würdest ihm in jedem Falle gleich schreiben. Ich ersuche dich um den ewigen Kalender, um das große Französche Holzschnittgebetbuch zum Darlehn, Kolbe möchte etwas draus zeichnen, was ich nirgends sonst fand, die Allegorische Litanei Umgebung der

Maria, – und um die Rockenphilosophie. Gestern schreibt man mir von Jena, nach Göthens Äußerungen, und dem Allgemeinen Gerede, scheine seine zweite Heirath gewiß. Hier heist es mit Hufelands ältster Tochter, dort weiß man nichts. Vergiss Mathesius nicht.

Clemens

[Aus den Jahren 1817 und 1818 liegen keine Briefzeugnisse vor.]

1819

198

[Wiepersdorf, den 12. Juli 1819]

An CB

C. [?] der Hohlspiegel, der wenn er sich kaum die Hände am Aergsten gereinigt hat, wo er hineingefalen, die ganze Erleuchtung d. Welt dem Segen seiner Hände zuschreibt,

Ja denk an sie und weine,
D[u] kannst nichts bessres thun
Ja denk an sie alleine
Und laß die andern ruhn.

1820

199

[Dülmen, Ende April bis 26. Mai 1820]

Mein lieber edler Freund und Bruder!

Ich habe heute deinen liebvollen Brief vom 24ten April aus Berlin erhalten. Deinen frühern sehr kindlichen treuen Brief, der nach dem höheren und allgemeineren Tackt deiner Freundschaft Alles wahrhaft und schonend berührt, was du glaubst, daß einen armen unvollkommnen Menschen wie mich wohl schwer betrübt hat, habe ich auch erhalten und zwar mit einer einsamen Feier deines menschlichen und getreuen Herzens und meiner steten Treue und Verehrung gegen das selbe. So oft du mir schriebst, seit wir uns kennen, habe ich dasselbe Gefühl gehabt, daß ich mich nie irrte, indem ich dich liebte, ja lieber Bruder, ich habe immer gefühlt, es sey Gutes und Göttliches in uns, das gern beißammen seyn möchte, aber das keine Form finden könne, in der es sich würdig opfern könne, keinen Altar, keinen Gott. So haben wir dann lange manichfaltig mehr oder weniger irrend allerlei Götzen geschmückt, mit Gedanken, Wort und Werk, aber wir haben uns doch geliebt und lieben uns noch. Das ist die Geschichte aller Freundschaft und Liebe der durch die erste Sünde zerstreuten Menschen, wenn sie sich nicht vereinen in dem einen, der sie alle gesammelt, Jesus Christus, durch seine heilige Katholische Kirche. Lass dich den Beinahmen nicht stören, ich bin viel zu schwach und unwissend um mit diesem Beinahmen polemisch auf den Tisch klopfen zu wollen, ich habe nur keinen anderen Weg gefunden, der meinen Unglauben, meine Sünde, meine Verderbtheit und alle meine verirrten Fähigkeiten gesammelt gerichtet und geführt hat, auf daß ich sagen kann, ich habe nichts verlohren, nichts vergeudet, denn ich habe die Kirche gefunden, in welcher Alles ganz und unvergänglich ist, und in der selbst der Tod geheilt wird. Alle meine ehmalige und jetzige Unbefriedigung in allen Versuchen des Menschen das Zerstreute zu sammeln, in dem er von neuem zerstreut habe ich verstehen gelernt, ich weiß, warum die Menschen elend sind, und weiß wie sie seelig werden im einzigen Opfer, dem Unerschöpflichen heilenden des Erlösers. Die Gnade Gottes an mir, kann ich gar nicht aufhören zu bewundern, er thut fortwährend Alles für mich, er hat mir alle meine Irrwege zu Wegen bereitet, nichts habe ich aufopfern müssen, was Etwas wehrt war, denn nur mit allen ewigen Gütern beladen (sie sind ein Ballast von Flügeln und Segeln und der volle Wind des heiligen Geistes) kann man zu ihm. Lieber Bruder, was giebt der auf, der sich entblöst von den Kleidern des Falls, und der der Schmach der Nacktheit entkleidet zu werden eingeht in die Heilsanstalt der Herstellung. Ja mein Freund, Gott ist wohl barmherzig gegen mich geweßen, da ich zu ihm geschrieen, als der Eckel, der mich immer begleitete den irdischen Hunger in mir erwürgt hatte. Ich habe nie Wiederstand gezeigt und war nie eigensinnig, und bin immer hingeschleppt worden durch allen fremden guten Willen in die Unbefriedigung, als ich aber anfieng zu beten, habe ich den einzig treuen Freund gefunden, Jesum Christum, der hat am besten gewußt, was er mit mir sollte. Es geht mir nun immer gut, und ich habe kein Leid als sein Leid, die Last des Lammes, welches trug und noch trägt die Sünden der Welt, welche von meinem Standpunkt der Reue, und des Mitleidens in Jesu Christo aus, auch meine Sünden sind. Ich habe nach allen Richtungen meines Geistes und meines Herzens eine weitere Aussicht, einen größeren Spielraum, und Arbeitsraum, seit ich durch Gotteserbarmung in die Mitte seiner Verheißungen, in seine Kirche zurückgekehrt, sie ist der Triumphbogen durch welchen alle Geschichte durchmuß zum Gericht. Ich habe gar nichts aufgegeben, ich bin nur näher zur Quelle alles Guten und Schönen getreten, ich bin allen Menschen näher gekommen, denn ich bin so eins mit ihnen im Leibe Jesu, als ich mich von Sünde und Eigenheit trenne, ich bin aller Kunst und Weißheit näher gekommen, denn ich weiß, daß alle Werke, wie selbst das vergebliche Wort *weßentlich* und *leibhaftig* vor den Richterstuhl Gottes kommen werden, als die Sphäre oder der Kometenschweif eines Menschen, und so verdamme ich auch keine Kunst in Bezug auf den Menschen von dem sie aus oder durch den sie durchgieng, denn ich soll nicht richten, solange ich ein Glied des Leibes des lehrenden, heilenden, genugthuenden, erlösenden Gottmenschen bin in der Kirche, so er mir aber seine Gnade giebt, daß ich seelig werde, wird mein Leib auch der Finsterniß entkleidet werden am Ende der Zeit, und dann werde ich richten in ihm, wenn ich gerecht worden bin durch sein barmherziges Gericht an mir selbst. Daß ich aber meine Augen und meine Thätigkeit von den Künsten wende mit Thränen, wo sie das verdorbene, verirrte, verderbende, verführende Scheinleben, wo sie die Verwesung, das Gericht Gottes über der Sündenleiche der Geschichte verhüllen wollen, wo sie die Toilette der Lüge sind, ist das Wenigste was Jesus von mir fodern kann, der die Reiche der Welt nicht annahm von dem Versucher in der Wüste. Deine Rührung bei der Auction meiner Mühsam gesammelten Bücher ziert dein mildes und alles gute Streben gerecht würdigendes Herz, denn diese Rührung hat eine tiefere Basis, sie entspringt aus dem Gefühl, welches mich in den Tempel, in die Freistätte, zum Altar, dem Zufluchtsorte vor dem Gerichte der Zeit getrieben hat, aus der Wahrheit des Gefühls, daß wir kein Bleiben haben auf Erden, und daß wir uns auf die Achse stützen müssen, denn die Räder gehen um, schleudern uns, zerschmettern uns, wenn sie den Weg messen. Wie fremd mir alle diese Bücher waren, kannst du daraus ermessen, daß ich den Katalog nicht einmahl gelesen, ich habe die Empfindung der Ertrag des Verkaufs sey mir geschenckt, ein Kind, das sich die

Mütze voll Hasselnüsse pflückt, hat sie theurer erkauft, als ich dies Geld mit dem ich allerlei Gottessegen stiften kann. Könnte ich alle unnütze, vergebliche Gedanken und Worte, die in ihre[r] Art eben so kostbar und kurios und leider noch viel theurer und mühsamer und unter ebenso täuschenden schönen Strebungen gesammelt sind, auch so gut los werden, ich wäre der glücklichste reichste und noch dazu einer der vollkommensten Menschen. Einen offenbaren Vortheil habe ich bei dieser Auktion, daß ich sie überlebt habe, welches andern Besitzern nicht passirt, möge mir Gott verleihen, daß ich auch meine Sünden und Verkehrtheiten und mich selbst überlebe, dann will ich dir erst einen schönen Verkaufpreiß zeigen. Vergessen habe ich die Meinigen nicht, ich kann nicht mehr vergessen, da ich den liebe, der allein geliebet und in dem alle Liebe ist, da ich in der Kirche bin und oft des Tages für euch bete, Gott möge euch seinen heiligen Geist geben und die volle Erkenntniß seines Sohnes und seiner heiligen Braut, und möge euch Leiden geben in Jesu und Geduld sie zu tragen in Jesu, daß sein Kreuz verherrlichet werde in euch, indem ihr euch nur eines ewigen Lebens theilhaftig fühlet, als Glieder seines Leibes, die sich in Schmerzen glorifiziren, welche aus seinen Schmerzen in Liebe genugthuend werden durch den Gnadenverband seiner heiligen Kirche. Nein ich kann nicht mehr vergessen, seit ich die Arme des glaubenden und wissenden Gebetes ausstrecken kann zu allen heiligen Brüdern und Schwestern im Himmel und zu den geliebten Armen Seelen im Reinigungsorte, welche gebunden liegen und nicht sich selbst helfen können. Ich fühle mich jezt erst als einen erlößten Menschen, der durch Jesum empfangen und spenden kann, seine Ausgespannten durchbohrten Hände haben die Meinen ausgestrekt und geöffnet, welche in der Sünde des ersten Menschen gefesselt und verschlossen waren. Wie glücklich bin ich, daß ich für meine lieben Eltern, denen ich ein verlohrner Sohn war, für meine verstorbenen Geschwister, denen ich kein gutes Beispiel gegeben, daß ich für die Seelen meiner armen Frau und Kinder, welche großentheils durch meine damalige Verblendung außer der heiligen Kirche und ohne die Theilnahme der Gnaden und Gnadenmittel und des Schatzes der Verdienste ihrer heiligen Glieder aus diesem gefallnen durch Jesum in der Kirche allein sich herstellenden Leben geschieden sind, beten kann. Außer der Kirche ist der Tugendhafte wenigstens ein Geitzhals und der Schwache ein Schuldenmacher und Schmarotzer, in der Kirche ist er ein freigebiger Wohlthätiger der für sich und andre zahlen kann aus dem ewigen Schatze der Mutter. Nein, mein lieber, Alles, worin mich sonst die entstellte, verwischte, Blindgemachte, Karikirte, oder parodirte oder vergiftete, ja besessene, vom Teufel besessene Bedeutung, ich möchte sagen auch im gelungensten Kunstwerke etwas desperat elegisch rührte, habe ich als Wesentliche Speiße seit ich ein Catholischer Christ bin, und empfange es je täglich mehr, so ich treuer werde, nein ich bin nicht verdrießlich, ich bin viel glücklicher, als ich war. So ich aber mitleidiger werde, wachsen auch die Schmerzen um die Brüder, welche auf Irrwegen wandlen, und um die Leiden der Mutter, welche treuloses Gesinde hat und von entflohenen Kindern, welche sie beraubten, mishandelt wird, während sie für sie betet. – Sieh, lieber Herzbruder! ich schreibe euch nicht, denn ich bin voll Unaussprechlichem und mein Sinn ist ganz gegen den der Welt, die ihre Weisheit nicht aus der Erfüllung der Verheißung, sondern aus einer Geschichte holen will, welche sich zur ewigen Wahrheit wie der Traum eines Gefräßigen zur Offenbarung Johannis verhält, auch habe ich vielerlei Beschäftigung, die mir lieb ist, ja die Einzige, welche mir je lieb war. Nichts, was ich je Tieferes und Wahreres erkannt und gedacht ist todt geworden. Alles lebt erst, denn von ihm Allein fließen die Wasser des Lebens. Sonst habe ich auch viele Schmerzen und Leiden, weil ich ein sündiger Mensch bin und noch nicht ganz in den Willen Gottes ergeben, aber es sind würdigere Leiden und ich weiß womit hin. Uebrigens bin ich frei von vieler Beschwerde der Unwissenheit geworden, ich mußte mir sonst Alles aus einem falschen Zentrum fragmentarisch erklären, und hatte keinen Maasstab für das Ebenbild Gottes, als die Analogie aus der Disharmonie eines KrüppelKörpers, der sich aus dem Gnadenverband gerissen, ich meine der unkatholischen Wissenschaft, Geschichte, Kunst un[d] so weiter, welche auch Ketzer sind, jezt verstehe ich Vieles, und kann mir das

Meiste erklären und gründen auf lebendige Wurzel, schon die Bitte, dein Wille geschehe wie im Himmel, also auch auf Erden lehrt mich unendlich vieles, und ich brauche keine Abhandlung über das Fegfeuer zu lesen, weil es Zuchthäußer und Besserungs Anstalten und tausend reinigende Strafen auf Erden giebt, ja die Ruthe in der Hand des Schulmeisters und die Ruthe hinter dem Spiegel schlägt mir allen jenen auf die Finger, welche den Menschen um die barmherzige Gerechtigkeit Gottes belügen wollen. Seit ich an den Fall der Geschöpfe glaube, ahnde ich die Bedeutung des ganzen Lebens und aller Verhältniße und Beziehungen und Rührungen und Genüsse, und der Natur und der Kunst, und alle Bedeutung ist mir Wesenheit geworden, und ich strebe zur Wesenheit zu gelangen, in dem ich durch die Heilmittel, welche der Menschgewordene Schöpfer der Kirche gegeben, zu genesen strebe von dem Tod und Tödtenden der Sünde. Nichts mehr ist mir zufällig und willkührlich und gleichgültig, ob so, oder anders, seit ich mich fühle als das zerstreute Glied eines Leibes, der gesammelt werden muß in der Kirche durch Jesum, oder ins ewige Feuer geworfen. Daß aber die Katholische Kirche die Kirche ist haben mich die Wunder und Gnaden derselben nach allen Seiten augenscheinlich belehrt, Ich weiß, daß sie die Hand Jesu Christi ewig hat, und daß Alle ihr Segen und ihr Fluch die Natur zwinget und verwandelt vor dem Glaubenden. – . Übrigens, mein Lieber, fühle ich wie du, das niederdrückende in der Zeit, nur nicht so direckt in der Weltlichen Verfassung, aber in dem Undank und der Mishandlung des Sohnes gegen die Mutter, und das bleibt nicht ohne Gottes Strafe. Oft danke ich in meinem Herzen Gott, daß ich dem politischen Leben fremdgeblieben bin, ich schaudre schon, wenn ich es von fern ansehe, ich hätte nach meiner manichfachen Theilnahme und Empfindlichkeit den Verstand verlohren. Zwar hat ein Herz an seiner und aller Schuld immer schwer zu tragen, wenn es nur einmahl von der Liebe Jesu einen Augenblick gerührt war, aber im Mitleid und Wirken mit den Seelen zu Christus, ist doch ein sichrer Grund, es ist doch da eine Ernde und nichts verlohren. Hätten die Unglücklichen, welche durch falschen Eifer, menschlichen Dünkel, und

Selbstmachenwollen verleitet ein bürgerliches Heil hervor zu bringen hofften, ein Weltliches Reich, einen Juden Messias, hätten sie sich zum Kreuztragenden gewendet, der wohl auch über den Schlachtfeldern stand, sie hätten sich und ihr Vaterland weitergebracht. So aber, wie es jezt ist, wollte einer mehr, als der Andre von der Geschichte gelernt haben, und die Jugend wollte zu eilig praktiziren, welches immer moderntragisch und verdrießlich ausfällt. Tröstlich bleibt es, ja herzerhebend in aller Geschichte, daß das Kreuz erhöhet steht über aller Geschichte, und daß kein Erlößter, der sich zum Kreuze wendet, auf irgend eine Weiße gebunden wird, tröstlich bleibt es, daß in der Gemeinschaft der Heiligen, welches die lebendigen Glieder der Kirche sind, Alles Leiden in Jesu Leid gelitten wird, denn sie sind Glieder seines Leibes, und daß alle Leiden der einzelnen den allgemeinen Schatz der Sühnung in der Kirche, dem Leibe des Herrn, mehren, bis sie vollbracht hat, auferstehen und zum Himmelfahren wird. – . Mein lieber treuer Bruder! in Allem dem, was und wie ich es sage, und empfinde wirst du immer den alten armen Menschen wieder finden, nur von einer besseren Kraft bewegt, an mir selbst ist immer dieselbe Schwachheit, aber ich denke an Dinge, welche besser gegründet sind und bessere Frucht bringen. Daß ich das Kunsttreiben habe seyn lassen, reut mich nicht einen Augenblick, die Kunst, wie sie so ein einzelner jezt treibt, macht nur die Eigenheit, Selbstheit des Künstlers für Augenblicke ihm weniger drückend, indem sie sich mit den Farben einer allgemeinen Einheit anschminckt, aber sie füttert nichts als eine ewig hungernde Schlange in der Brust des Künstlers und der genießenden Welt, mit einem Leben, das *der* geopfert werden muß, welche der Schlange allein das Haupt zertritt, Maria, der Mutter, der Braut, der Kirche, damit die Schlange getödtet werde. Aber ich habe bei diesem Aufgeben des Dichtens kein Verdienst, es überfiel mich schon lange ein Eckel davor, ich mußte mir eingestehen, daß mich diese Beschäftigungen manichfach schlechter machten, sie amüsirten mein Gewissen und hielten es von Tag zu Tag hin, an Besserung zu gedenken, sie rissen meine verderbte Einbildungskraft fortwährend in eine Welt, welche durch und durch vergiftet ist, und machten das Sündigen mit Gedanken zu einem scheinbar unschuldigen Studium. Ach Mancher der ein schuldloses Gartenhäuschen zu bauen glaubt, baut einen Tempel des Teufels, während dieser die Materialien dazu aus dem Tempel Gottes im Dichter abbricht und ihm hinreicht. Alles Schaffen des Menschen ist nothwendig vom Fluche tingirt, der ihn traf, als er wie Gott seyn wollte, wenn er nicht eingegangen in Jesum Christum, der wie die armen Menschen seyn wollte, um uns den Segen lehrend, sühnend, und auferstehend wiederzubringen. Ich habe drum gern abgelassen von einem Treiben, mit welchem ich nie Gott gedient, denn ich hatte keinen heiligen Geist, ich hatte den bösen Geist der Welt. Manches hätte mir besser gedient, ich wollte lieber, ich hätte ein wenig mahlen oder Bildhauen gelernt, ich könnte dann den armen Bauern die Kreuzwege flicken. – . Wenn gleich alles wegsam geworden, und wenig Schutz der Einöde mehr ist auf Erden, so ist doch dieses Wegbereiten für weltliche Intressen, insofern es also nothwendig mit Zerstörung verbunden ist, für das Heiligere, Geheimere oft erhaltend, das es mit seinem Schutte für die Zukunft begräbt. So steht auch hier in diesem manichfach versudelten und fortwährend verflacht werdenden Land manch rührendes Ueberbleibsel von lebendigem Zussammenhang mit einer göttlichen Regierung, welche den Menschen vertrauter in die Herzkammer tritt, als die sublimste Absicht einer eitlen Aufklärerei. Ich meine manche tief fromme Bauerseele, auch frommes Gesinde schier durchaus, und es ist dies ein Adel trotz der besten Gesellschaft, und man kann ein geringes geistliches Allmosen zu hohen Prozenten loswerden. Aber auch das geht zu Ende. Merkwürdig ist der Segen des alten Overbergs in Bildung durchaus lieblicher armer Landschullehrer und Lehrerinnen. Mit seinem Tod, er ist sehr alt und hinfällig, wird das zerbrechen, statt der Muttermilch, wird man dem Kind Weiße Maasregeln eines Pupillen Collegiums reichen, und es wird, so es die Uebergabe überlebt, sicher an Klugscheisserei sterben.

Gütig zeigst du mir die Zeitlichen Werke der Berliner Mahler an, du erinnerst dich, daß ich manchmahl an ihren Geburten mitlitt, ohne doch irgend eine Freude dran zu haben. Schinkels gedenke ich oft mit großer Liebe und Rührung, er ist ein edles Herz, eine eigentlich Einsame Seele, ich habe nicht leicht unter seinen Verhältnissen einen frommenderen Menschen gesehen, jedoch bewegt mich ein inniges Mitleid mit ihm, denn was dem Menschen fehlt kann er sich weder im Münster noch in der Peterskirche erbauen, jedes Werk des Menschen wird endlich ein Babilonischer Thurm, so er nicht gesammelt ist in Jesum durch die Kirche, in die Kirche durch Jesum, alle Kunst will sammeln, aber auch das scheinbar Gesammelte wird ein Zerstreuen, so der Künstler nicht selbst in dem Gesammelt ist, welcher der Ekstein ist, den die Bauleute verworfen haben. Er füttert viel Hunger mit seinem Theater, ich möchte so kein Haus bauen in keiner Zeit. Gott gebe den Hungernden ein andres tägliches Brod. Daß er der Kirchengeschichte mit einer Legende im Conzertsaal nachgeholfen, beweißt seine Unschuld an der ewigen Wahrheit, eine Zeit, welche fortwährend mit der Anticke der scheinbar schuldlosen Larve des Teufeldienstes (denn auch dies ist die Abgötterei mit der gefallnen Menschenform) sich prahlend begeht, muß so über dem Christenthum erhaben seyn, daß sie im Comödienhaus dergleichen bequeme Erfindungen wohl anbringen kann. Wenn Kolbe einen Cyklopen aus Ambrosius gemacht hat, hat er nur im Style fortgearbeitet, das sind die Künstler, welche von ewiger innrer Bedeutung sprechen, da Gott selbst eine Lilie mußte werden lassen, als das auf Erden wuchs, was im Paradies die Lilie war, was sie in der Gefallnen Sprache und Poesie, was sie in der Prophezeihung und dem Gesicht noch ist – aber der Mensch kann sie doch den Schweinen vorwerfen. Du erzählst mir so freundlich, was alle die guten Leute mahlen, und ich sehe, in dem ich es lese, deine flüchtige Handschrift gerührt an, in wohlbekannter Unleserlichkeit, die ich auflösend dich immer redlich liebe. Deine Handschrift gefällt mir besser, als Alle jene Mahlerei, obschon sie nicht eigentlich schön ist, aber du hast schon allerlei wohlgemeintes mithingeworfen, und dein Herz meint es noch viel besser. – . Ich habe, mein lieber Bruder seit Jahren ungemein innerlich gelitten und gerungen, mein ganzes Leben war voll Schmerzen, die hat Gott geschickt, weil ich Glaube, Hoffnung und Liebe zu den Kreaturen haben wollte und hatte, es ist immer mehr gerissen in mir, ach wer hätte gedacht, daß so viel an einem Menschen zu zerreißen ist, da bin ich nun ganz zerlumpt und zerfetzt recht ein Bettler und flehe zum Heiland um Heilung, der giebt oft Trähnen und Trost und Erquickung. oft lässt er mich dürr stehen und verschmachten, dann gedencke ich aber, wie ich es mit ihm gemacht habe, der mich doch immer mit Schmerzen verfolgte, wo es nicht gut für mich war; dennoch kann ich nicht sagen, daß ich mich jemals besser befunden hätte, als grade jezt. Obschon ich nie neben schwererem Leid gestanden, so ist meine Aufgabe zu trösten und zu lindern doch auch nie würdiger gewesen, ja ich muß oft beschämt der wunderbaren Wege Gottes gedencken, welche er mich geführt. Meine Beschäftigung ist mir viel lieber als meine früheren, sie hat alle Schönheiten und Genüsse, die jene hatten, und ist außerdem unverfänglicher, denn sie ist mehr zum Ewigen und Reinen gewendet. Ich habe auch noch nicht ein einziges Buch meiner verkauften Sammlung vermißt, ja ich habe schier noch viel zu viel behalten. Je länger ich alles äußere und innere was die Kirche der Betrachtung darbietet betrachte, je mehr bedaure ich, daß ich mich nicht früher schon allein nach ihr gewendet, ja es scheint mir Alles andre nur hohl, usurpirt, und misbrauchtes Diebsgut, was keinen Segen bringt, in Kunst und Wissenschaft. Daß ich in einem katholischen Lande leben mußte, nach dem ich Barmherzigkeit in der Kirche gefunden, wirst du mir gern zugestehen, aber wirst du wohl deinem schwachen Freunde verzeihen, wenn er dir eingesteht, daß ein frühstes Jugendgefühl eine Angst und Fremdheit gegen die von der Kirche getrennten in ihm wieder erwacht ist, und daß ich mit Verwunderung und Betrübniß dran denken kann, wie dieses Gefühl so in mir erloschen war, daß ich protestantische Ehe Verhältniße eingieng, ja meine Kinder außer der heiligen Kirche taufen ließ, und ein elendes Leben freiwillig in der Fremde von der Kirche führte. Ich kenne dich zu gut, und du hast mich von jeher so schonend behandelt, daß du dir gewiß das Gefühl in mir wirst erklären können, und es mir nicht zum Bösen anrechnen, und doch muß ich gestehen mit Freuden gestehen, daß ich zuerst wieder durch Protestanten in ein äußerliches religiöses Interesse gekommen bin. Auch bin ich versichert, daß die menschliche Theilnahme mancher Prot. Gemeinde am Wort der Bibel viel verständiger ist, als bei uns hie und da, aber Alle Gnadenmittel, alle der Kirche gegebenen Arcana des Heils fehlen nicht nur, sondern werden auch nicht verstanden und geläugnet in ihrer Wesentlichkeit. Auch im glaubendsten Protestanten wird nie der Verstand oder vielmehr das Hoffärtige Verstehen wollen sich ganz unter den Gehorsam geben können, welchen die Krankheit dem Heilmittel darbieten muß, um zu geneßen, und in jedem wird eine andre Spaltung erscheinen, welche die Trennung, das Zerstreuen ins Unendliche fördert, die Einheit ist eine allgemeine Lauigkeit, oder eine Zuflucht zu heidnischer Moral, in der sich Pietismus und Aufklärerei durchdringen und einem allgemeinen sinnlichen Behagen Platz machen, welches ein von allem Zeitlichen Hoffart bestellter Akker wird, der bald mit Jubel bald mit Thränen sein politisches Erndefest begeht. Diese Lauigkeit und Toleranz ist das Gemeinsame, ist die Vulgata, der lateinische Gottesdienst aller außer der Kirche irrenden Brüder. Ich bitte dich, lieber, lieber Freund, vergieb mir, daß ich so hinschreibe, was ich eigentlich im Herzen fühle, ist nicht so, wie es da steht, man kann es nicht schreiben, nicht aussprechen, Gott muß es einem geben. Alles geschriebene, gesprochene macht sich verkehrt und hart, denn die Sprache ist auch in Sünden empfangen und gebohren, aber ich wollte doch gern schreiben, und ich weiß nichts Anderes. – . Gebe dir Gott ein langes Leben, gebe er dir seinen Segen, gebe er dir seinen heiligen Geist, lasse er dich lernen von dem Weltgeschick, das dich mahnend umgeben wird. O Möge deine gutherzige geistreiche Frau erwachen aus der äußerlichen weltlichen Zerstreuung, und aus der inneren persönlichen Sammlung, möge sie das vergebliche Spiel mit der zerstreuten Äusserlichkeit, und dem einzelnen Innern aufopfern, und ihres heiligen Taufbundes, ihrer erkauften Seele durch Jesu Blut in der heiligen Kirche gedencken, möge sie sich in Liebe unterwerfen und mit allen ihren schönen menschlichen Gaben ein lebendiges Glied des Heiligen Leibes Jesu Christi werden, denn alles Thun und Denken und Schaffen und Gebähren, welches aus der gefallenen Creatur allein, und nicht aus der in Jesu wiedergebohrenen, gekreuzigten, gestorbenen, begrabenen, aufferstandenen Creatur und zwar in seiner heiligen Gnadenordnung der Kirche, in dieser vollkommnen weihend und wirkend wiederherstellenden geistlichen Naturordnung, gewirkt wird, wird wenigstens einem theilweisen Tode nicht entgehen. – . Herzlich freue mich, daß Gott dich und die Deinigen erhalten hat, und deinen Keichhusten hat vorüber gehen lassen, möge er dir Schicksale und Führungen bereiten, welche dich ganz in der Fülle seiner Gnade zerrinnen lassen, daß nichts von dir selbst übrig bleibt, als ein vollkomner Anspruch auf die Seeligkeit durch das Eingehen in den Leib des Erlösers am Tage des Gerichtes. Du weißt wohl nicht, weil du nicht davon schreibst, daß Christian seit Weihnachten hier in Düllmen lebt, ich bitte ihn, dich hier selbst zu begrüssen.

[Christians Hand:] Es bedürffte dieser Bitte nicht, lieber Arnim, mit welcher Bruder Clemens mich bey dem Schluße seines Briefes an dich auffordert, dich zu begrüßen. Ich darff nur dem Zug der Liebe folgen, die ich zu dir ungeheuchelt im Herzen trage, die mahnte mich wohl von selbst, dir alle erdenkliche Freundlichkeit zu bezeigen, wenn ich nicht besorgen müßte wegen der Armuth und Unwürdigkeit meiner dürffte sie allzu unschmackhaft ausfallen, als daß sie erquicklich für dich seyn könnte. Indeßen mach's wie der liebe Gott und nimm mit der guten Meinung vorlieb, und zwar nicht allein in Ansehung meiner sondern auch in Ansehung des guten dich sehr sehr liebenden Clemens, deßen Brief ich eben durchlesen, und wohl fühle daß er dich nicht besonders ansprechen wird. Zwischen *dem* was er in der lezten Zeit erfahren hat, und *dem* was dich in Umkreißung behalten hat, ist mehr Unterschied als Berührung, so kann es ja nicht anders seyn, als daß sich eure Mittheilung nun mehr Befremdendes als Verständigendes darzubieten hat. – Weislich hat Gott Allem seine Zeit bestimt, die wollen wir denn auch für jeden von uns vertraulich abwarten.

Ich war 3/4 Jahr in der Schweitz, wo ich manches Rührende erfahren habe, unter welchem ich die wunderbare Geistes-Erweckung einiger protestantischen Gemeinden nicht unter das Mindere zählen darff, an welchen ich zuerst gewahr worden bin, was der Geist in einer Gemeinde wirken, und was er daraus machen kann. Das rührendste und zugleich überzeugendste Zeugniß, daß es nicht Menschenwerk ist, sind die erweckten Kinder (biß zum Alter von 3 Jahren hinab) welche in extatischen Zuständen dem Herrn Loblieder singen, und mit kindlichen Worten zur Einkehr in seine Arme einladen. Die Weise wie sie der Geist in alle Wahrheit leitet, wäre mir eine weitere Bestätigung der Aechtheit des katholischen Glaubens gewesen, wenn ich noch eine weitere bedurfft hätte. So aber habe ich alle Freude meines Herzens dem einen Troste zugewendet, daß der Geist wehet wo er will, und die Gnade eine Heimsucherinn der kindlichen Herzen sey, wo sie sich immer befinden. Gott segne sie für und für: ich bete täglich für sie. Von der Schweitz bin ich über Strasburg zurückgereist, wo ich mit Görres zusammen traf, der dort ziemlich guten Humors war. Er hat mir deinen freundschaftlichen Vorschlag erzählt, und einen ganzen Abend von eurem früheren Zusammenleben in Heidelberg, wobey er bey Gelegenheit der Herausgabegeschichte der Einsiedler Zeitung sich in alle Erinnerungen ergoß, und so tapfer zerlachte, daß man den Exiliirten nicht hätte vermuthen sollen. Ich stellte ihm vor wie schade es sey daß er sein Pfund auf so trübseelige Wechselbank gegeben habe, als die der politischen Verkehrswelt. Er gestand es selbst, daß der Vorwurff nicht ohne Grund sey, indeßen, meinte er, er hätte sich nicht mehr halten können, und es sey doch auch nicht recht, bey solchem Anlaß ganz zu schweigen, wenn man durch Lebensfügung einmal zum Organe berufen gewesen sey. Er übersezt dort an einem Perßischen Buch, daran er schon in Koblenz gearbeitet – und will sich vor der Hand von aller Einmischung ins Politische Unwesen enthalten. Seit Weihnachten bin ich hier, vornehmlich dem Klemens zu lieb. – Er ist durch Umgang übrigens in dem seinigen so mild und nachgiebig geworden, daß ich wünschte Gott möchte mir zu gleicher Beßerung helfen, aber bey mir fehlts noch stark. – Von Herzen grüße ich auch deine Frau und Gundel und Savigny und eure Kinder und Alle Freunde.

Gottes Liebe und Hilfe für uns Alle Christian.

Ich bin nicht ganz einig mit dem, was Christian wohlmeinend von einem befremdenden Geist in unserer Mittheilung sagt, der nothwendig eintreten müsse bei verschiedener Richtung, er kennt dich nicht, wie ich, denn ich habe alle redliche Liebe und Treue an dir erlebt und habe ein gegründetes Vertrauen auf deinen reinen und guten Willen, der mich immer liebvoll angeschaut hat, selbst auf manchem Irrweg, du wirst mich auch jezt wohl verstehen und schonend bei dir selbst und allein bewahren, da ich des Heilenden bestrebe theilhaft zu werden, für viele Wunden, welche ich meiner Seele geschlagen habe. Ich weiß wohl, daß mich alle Wunder der Ueberzeugung nicht zum Chatolischen Christen machen können, so mein Herz nicht ganz in Liebe zu meinen Brüdern zerrinnt und davon bin ich weit, ach weit entfernt; doch sollst du auch in meinem Brief keine Härte lesen, nein es ist keine Härte drinnen, nur Betrübniß, daß das Heiligste uns nicht in gleicher Wesenheit erscheint, und daß dir als zufällige, ja hie und da vielleicht verkehrte Form erscheinen dürfte, was ich als Wesenheit auf sehr manigfaltige Weiße erkannt habe, daran habe ich aber kein Verdienst, auch gar Keines, nur an den Sünden habe ich Theil, die Angst und den Kampf sendete Gottes Barmherzigkeit, das Bekenntniß, die Reue, die Demüthigung gab der heilige Geist und die Lossprechung gab mir die geliebte Mutter, die Kirche aus den Verdiensten des Erlösers – Ja mein Erlöser, dessen ich lange nicht achtete, der mir schier dem Nahmen nach fremd geworden war, hat mich geliebt und ist für mich gestorben und hat mir wunderbare Wege bereitet, denn ich war in verwickelten Wüsten, ach daß freut dich auch gewiß recht für mich, denn alle meine Schmerzen und Freuden haben einen reineren Grund erhalten, ja mein Bruder, ich fühle viel mehr Solches in mir, was ich sonst immer von Anderen wünschte und nicht selbst that. – . Als mir Christian deinen Brief brachte, meinte er, du würdest vielleicht zu uns kommen, etwa über hier mit deiner Frau nach Frft reißen, welche Reiße er dort als versprochen gehört zu haben glaubte. Wir haben Hoffnung den guten Sailer künftigen Herbst bei Bockholt auf dem Gute von Bostels Schwiegervater Diepenbrock zu sehen, er hat es versprochen, der junge Diepenbrock war bei ihm in Landshut.

Diese Familie ist so Freund mit mir, wie ich noch keine Familie in meinem Leben gefunden, der alte Vater ist mein Dutzbruder geworden und Sohn und Töchter sind wie meine Kinder oder Geschwister, es sind sehr liebe Menschen. Und Vater und Mutter und Kinder haben mich hier schon besucht, Sailer war 8 Tage das letztemahl bei ihnen. Christian ist auf seiner Herreiße über Bonn gekommen, wo er an Windischmann einen lieben Freund hat, die Professoren waren alle betrübt, daß sie so oft Wischer erhielten, meint er. Von Litteratur höre ich Gott sey Dank gar nichts mehr, als Monatlich aus Mastiaux katholischer Münchner Litteraturzeitung manch tüchtiges Wort. Einmahl schickte mir Neumann wohlmeinend ein paar Blätter vom schlechten Gesellschafter, worin Gubitz sich mit dem H Probst Taube unterhielt, der Aufsatz den Gubitz mittheilt, ist so dumm und niederträchtig, daß er das Publikum karakterisirt, welches ihn geniessen kann, ich habe mich aber dennoch mehr an dem Anblick dieses betrübten Blattes geeckelt, als an dieser Abgeschmacktheit. Der hiesige Postmeister, eine gute einfältige Seele, welcher in diesen Tagen einen Befehl oder Reskript erhalten, keinen altteutschen Rock zu tragen, hat sein Lebtage noch kein solches Habit gesehen und fragte mich sehr bedenklich darum was das für ein Rock sey, der Stadtrichter, der in Haderwick (frage doch Savigny, wo das liegt.) promovirt hat, sagte, als er von diesem Befehl an den Postmeister gehört: latet anguis in herba. Ich weiß nicht, wie das hierher passt. –. Die meisten Einwohner sind sehr arm und zwar bettelarm, doch sind sie genügsam und nicht undankbar und viele sind einfältig fromm. So sehr uns Wissern die Unwissenheit meist verwerflich erscheint, habe ich doch viele Gemüther kennen gelernt, die in einfältiger Kirchlicher Andachtsübung, in der herrlichen Landessittlichen leider sehr zerfallenden Andacht des Kreuzwegs, in häufigem Erwerb der mit Beicht und Abendmahl bedingten Ablässe und durch fromme Wallfahrten reicher und reiner und unschuldiger vor Gott und der Welt dastanden, ihr schweres Elend und Armuth ergebener und freudiger tragen konnten, als manche geübte lebendige Biblische Spruch und Liederkasten, und es ist eine Frage, welche ich nach meinem Privatgefühl mit Nein beantworte, ob die jetzige Jugend dieser Landleute, welche recht sittlich und redlich in der Religion unterrichtet wird, je den fortwuchernden Kern der Gottesfurcht mancher ihrer einfältigen Eltern erhalten wird, dessen lezter Ausschlag in ihnen emporsteigt. Es gehört etwas zum Leben des Christen, was keine Schrift, keine Lehre geben kann, ja was nothwendig oft durch dieselbe, in dem sie das Wissen in uns überreitzen, von dem Wissen verletzt und getödtet wird, jener einfältige Glaube im Empfang aller übernatürlichen Gnaden und Heilmittel, das kindliche lebendige Gefühl der persönlichen Gegenwart des Erlösers, seiner heiligen Mutter und der lieben Heiligen, der vertraute Kinderumgang mit dem Schutzengel, die unaussprechlich Liebebewegende, und das Herz verschönende innige Theilnahme und Sorge für die armen geliebten Seelen, die Ehrfurcht vor dem Heiland in seinen Priestern und die vertrauende Begierde nach dem Segen und der Hülfe seiner Hand, welche sie nicht figürlich sondern in der Kraft weßentlich tragen. Alles dieses sind zarte Gemüthszustände, welche eben, weil sie den aus dem Falle übriggebliebenen leisen Zügen der Menschlichen Vollkommenheit so sehr entsprechen, häufiger durch die Wissenschaft ganz verwischt oder falsch aufgefrischt, als ernährt werden, sie sind, wie das Geheimnisvolle Familienband, mehr durch Blut und Milch der Mutter, als durch ein auswendig gelerntes viertes Gebot, bestehend. Wie es eine Kirchliche Tradition giebt, weil das ganze Geheimniß des Lebens eine physische Tradition ewig bleiben wird, so giebt es auch eine sittliche, Alle nakte Wissenschaft aber wird nothwendig am Ende zu Kurz kommen und ausgelacht oder beweint werden, denn es fehlt ihr das α und ω. Alpha und Omega. Ich meine hiermit nur soviel, daß da alle Lehre des Herrn und selbst der Genuß seines Heiligen Leibes, und sein Martertod, und seine Auferstehung die Jünger erst bei dem Ausguß des heiligen Geistes vollendete, so giebt es auch nothwendig in der Vollendung jedes Christen etwas Wesentliches, ein Wesen (keinen Begriff), welches keine Lehre geben kann, kein Wissen, sondern welches in die allein unverschloßene Hand des dem Wissen entgegengesetzten Glaubens durch geheimnisvolle Wege Gottes, die jedoch die Schöpfung von Anfang an alle in sich enthält, durch den Erbarmer gereicht wird. Aber, lieber Bruder, wie lang wird meine Schreiberei, auch das ist eine Ursache, warum ich nicht schrieb, und lieber im Gebet und bei allem Guten und Schönen deiner gedachte, weil ich eine unendliche Aufgabe habe, kann ich nur in *der* Form der Mittheilung genügen, welche den endlichen Menschen von dem Besieger des Todes Jesu Christo gegeben ist worden, das Gebet, die Erhörung, der Danck. Ich habe Alles mein Gefühl und meine Ueberzeugung und meine Demüthigung alle meine Sammlung und jeden genügenden Begriff von jedem Ding durch die Kirche erhalten, wie sie mir Gott täglich und stündlich fortzeigt, und ich weiß auch, daß man schwer etwas sagen kann und erklären, wenn man glaubt, man kann auch die Gabe der Liebe schwer anders geben, als durch Jesum im Gebet, alles andre Geben wird ein Verzettlen. –. Ich freue mich, daß unser gemeinschaftliches Intresse für die Ebenbürtigkeit der Volkspoesie mit der zeitlich Courfähigen sich als ein wahrhaftes Streben in mir bewährt hat, denn mit derselben Liebe entdecke ich und fühle ich täglich die allein hinreichenden die Zeit überlebenden ewigen Formen und Gefäße der christlichen Gottesverehrung, und des Empfangs der Göttlichen Gnaden in allen Gründen und Gipfeln und Dimensionen der heiligen Kirche. Ja mein Lieber, alle Kunst, und Wissenschaft, alle Freude, aller Genuß ist nur in ihr und aus ihr. Ach könnte ich nur sagen, wie das so Herrlich ist, und wie es jenseits erst sein wird, wenn alles hergestellt wird, was in und an uns und um uns verfinstert, wenn alle Bilder, Gestalten, Formen Verhältniße, wieder Wesentlich werden und Unverweslich. Christian kam um Weihnachten, als ich ihn noch in der Schweitz vermuthete plötzlich hier an, er wohnt nicht bei mir, er wohnt auf der Post, wo er auch ißt, bei rechtschaffnen wohlhabenden Leuten, ich lebe etwas ländlicher, patriarchalischer bei Ackerbürgern. Es ist zwischen unsren Hauswirthschaften der Unterschied, wie zwischen Feuer an der flachen Erde, worüber ein Kessel für Menschen und Vieh nebst einer Pfannekuchen Pfanne, und einem Kochheerde von Gußeißen mit allerlei Casserollen. Ich sitze Abends am Feuer und erzähle Knecht und Magd, was ich eben von Gott für sie weiß. Christian, dessen Umgebung etwas städtischer ist unterhält sich zu Haus nach dem dortigen Bedürfniß auch mit Nutzen für die Leute. Außerdem ist er angestrengt fleißig, von frühstem Morgen bis in die Nacht, arbeitet er die Bibel und die Concordanz vor sich an seinem Buche über das Sakrament der Firmung. Da es kein Lesebuch sondern ein Werk der Betrachtung, und Erbauung, und Erwekung im ganzen kirchlichen Umfange des Wortes ist, so habe ich kein Urtheil drüber zu sprechen. Es ist ungemein kindlich, tief, und neu belebend, es ist große Ordnung, eine vortreffliche Sprache, ja oft etwas bezwingend überzeugendes und hinreißendes drinn. Er ist an der Ueberarbeitung, ich zweifle nicht daß es sehr einsam, und angefeindet in seiner Erscheinung und gesegnet in seiner Wirkung seyn wird. Was ich davon kenne, kann ich nicht blos als Menschenwerk bezeichnen, es trägt überal die Spuren eines lebendigen Berufs und einer höheren Erleuchtung und ist zugleich Kirchlich in einem solchen Umfange des Worts, als er wenig gefasst wird. Ich zweifle nicht, daß es auch dir einige Achtung abgewinnen wird. Bedeutender, reicher und gesättigter ist ein anderes Werk von ihm, welches er geschrieben in einem wunderbaren Zustand geistlicher Erregung, als Sailer eine Darstellung seiner Glaubensfassung von ihm verlangte, es ist die Arbeit von kaum einem Monat, und macht den Eindruck der Ausbeute eines halben contemplativen Menschenlebens. Es ist eine Philosophische und Theosophische und Theologische und Kirchliche Auseinandersetzung des Geheimnißes des Heiligen Kreuzes, ein ganz ungemein tiefes und wunderbares Licht verbreitendes Buch, mit einem Segen in Schriftnachweisung und Schriftverstand, dem ich früher nie begegnet bin, doch eignet sich dießes Werk der Schwachen und der Frevler wegen nicht zur Bekanntmachung. Alles was er schreibt hat eine grose Sprachgewalt und hat die Bewegung der heilig begeisterten Rede, und während er sich immer ungeschickt auszudrücken glaubt, theilt er einen Schatz neuer Ansicht und Andacht in einer durchaus einfachen und wohlgebrauchten Sprache mit, welche durch die Bequemheit, mit der sie wenig in den lezten Zeiten ausgesprochene Wahrheiten mittheilt, ein Zeugniß für diese Wahrheiten giebt, daß sie nehmlich keine

Hirngespinnste, sondern Früchte jenes Wortes sind, von dem alle Sprache erwachsen. Er hat viel Gnade von Gott erhalten, er hat eine große Gabe des Unterrichts und eine Gesegnete Gewalt des Gebets, er stiftet viel Gutes, erweckt viel Laugewordenes ohne Aufzufallen, er gewinnt überall Freunde und selbst Achtung, welches Lezte ich nie werde verdienen können. Bei Allem dem ist er, Gott sey Dank, demüthig und von starkem guten Willen, auch bescheiden und jedes bessern Unterrichts begierig, giebt es vielleicht irgend eine Art von Geduld, welche er noch nicht besitzt, so werden die Prüfungen, welche seinem geistlichen Weg nicht fehlen können, ihm auch dieses Rüstzeug der Diener Gottes verleihen. Ja, mein lieber Bruder! ich darf wohl mit Freude sagen, Gott hat den guten Christian auf eine Weiße entwickelt und in seiner Seele bezeichnet, daß man der Erfüllung seiner Aufgabe mit Achtung entgegensehen darf. Ich darf das um so unbefangner von ihm sagen, als ich keineswegs von ihm befangen bin und das Unbequeme was jede bedeutende Erscheinung in ihrer Entwicklung für die naheliegenden immer haben wird sehr oft empfinde. Die große Eigenthümlichkeit, Gewalt, und die gedrängte Folge seiner in lebendiger Andacht empfangenen und gebohrenen Arbeiten drücken mich oft mehr mechanisch als dinamisch nieder, und ich habe in einer Zeit, wo ich von schweren Leiden und Verletzungen mich mit leiser und getreulicher Auffassung und Forschung unter einfachen, einfältigen, vielbegnadigten Gefäßen des Lebens aus Gott, erholte, oft harte Gemüthsbedrängniß erlitten, daß ich ihm die Blumen nicht immer ohne Gefahr des Zerreissens darbieten durfte, welche ich am Tage auf meinem mühsamen Weg vom Untergange durch Sturm und Wetter errettet hatte. Wäre das nicht, ich könnte ihm nichts in Rechnung bringen, und wie sollte ich unwerther ihm seine Duldung und seine so reichhaltige Mittheilung und sein Gebet vergelten. Eine rührende Versicherung von Gottes weißer Führung habe ich für mich, daß mir unter seiner ganzen Ausbeute der Spekulation, nichts eigentlich mehr fremd war, ich trug alles dasselbe, wie ein Botanicker in allerlei Kräutergestalt in meiner Blechbüchse. Er aber schien meine schönen Exemplare nicht so zu verstehen, wie ich seine vollendeten Systeme, an ihm freudig alle vorgefühlt hatte. Lieber Bruder, ich habe an allem guten und wahren Freude gewonnen, insofern ich es in Gott finde und genießen kann, aber ich erstaune nicht mehr viel. Betrübt bin ich über große Blindheit und Verstocktheit in der Welt und über viele Erstorbenheit und Lauheit in mir. Wie der Herr der Geschichte der Menschen aufhelfen wird, steht in seinem allerheiligsten Willen, die Strafe aber der mit freiem Willen gerüsteten Geschöpfe, welche undankbar sich selbst wollen, und also jeder einen andern, und nicht ihn, in dem allein eine Vereinigung ist, steht allein und nothwendig in seiner Gerechtigkeit. Für menschlichen Scharfblick liegen wenige Bedingungen sanfter Genesung vor uns, aber es giebt eine Stellung, die unterm Kreuze des Herrn, da hat die ganze Welt Raum und ewigen Frieden! –

Jezt sey schließlich noch herzlich und fest an mein Herz gedrückt, geliebter, treuer Bruder und Freund, lass dich nichts an mir verdriessen, ach! könnte ichs besser meinen, ich wollte es gern. Zürne nicht mit mir, daß ich so katholisch bin, ich konnte nicht anders, Gott hat mich dahin geführt und führt mich täglich in schönere und ernstere Wege, ich konnte nicht anders, da ich mich bessern wollte, und zum Herrn schrie, führte er mich durch die Wüste in das gelobte Land, möge er mich bis zum himmlischen Jerusalem führen. Ich könnte immer fortfahren so zu schreiben, und doch habe ich eine kleine Angst, die Betine möge es in aller Güte leßen, und wieder von sich hören lassen, bei Andern und so könne aus meiner Herzlichkeit gegen dich, ohne daß sie den Faden seines Ursprungs verfolgen kann, ein Ärgerniß werden. Verhüte das lieber Bruder, ich weiß du bist selbst kein Freund davon, ich weiß das von mir her, der am gleichen Fehler stark gelitten. Die Schwermuth, welche dich jezt in deinem Lande anwandelt, ist mir sehr rührend, du sprichst von Würtemberg, wenn du frei wärst, und in Würtenberg sprechen sie von Americka, und wovon mögen sie in Americka sprechen! – Es giebt wahrhaftig kein Ort, wo eine gute Seele es aushalten kann, außer dem himmlischen Jerusalem, weil man aber auf tausend Wegen dahin kann, und auch auf dem Weg, den man Gott aufopfert für die, welche keine Ruhe in den Füßen haben, so opfre ich alle Reiselust Gott auf, der giebt dann denen die Wegegelder wieder davon, welche mit bewegten Beinen oder Rädern den Weg dahinmessen, und unterwegs erbaulich werden müssen. Ich habe, wiewohl ganz unwürdig dazu, aber dennoch aus einem an sich nicht schlechten Prinzip im Menschen, überal das Bessere zu wünschen, seit lange oft mit einem Antheil auf deine Lage geblickt, welches immer wiederkehrte, wenn ich es gleich mit dem Gefühl des Balkens in meinem Auge niederzuschlagen suchte. Du gehst zwischen der Sorge und der Muße, in einer Zeit, deren Muße die Sorge ist. Geliebter Bruder, hast du dich nie gefragt, ob du wohl viel von den deiner Seele vertrauten göttlichen Feuer verlodert hast, um die Asche der Welt vergeblich zu einem Opfer zu entzünden, ist dein Werk, das du so aufrichtig und kindlich freudig nachsiehst, wohl je in dein Herz, wie von einem Ritterzug zurückgekehrt, und hat dir einen besiegten Satan zu Füssen geworfen, oder hat dir eine gerettete Seele nach dem Brunnen des Lichtes durch deine Arbeit mit Blitzesschnelle stürzend den Siegerkranz theilend niedergeworfen. Es ist wahr, die Wege sind unendlich, wer Gutes will, der ist im Gloria in excelsis gegrüßt, der gute Wille aber ist nicht stark im schwachen Fleische – und doch und doch, was ist es, lieber Bruder, das mich hier bindet in der Rede, ich hatte noch viel zu sagen, aber ich sah diesem Vielen entgegen und es stand am Ende wieder die Kirche, und daß ich kein Geschäfft, kein Werk, keine Kunst, kein Gedicht, kein Leben, kein Sterben, kein Diesseits, kein Jenseits im vollen Maaße im Unermeslichen erfüllt werden sehen kann, als in der Kirche – nicht wie sie in und durch die Sünder erscheint jezt oder je – sondern wie sie in und durch Vater, Sohn und heiligen Geist und siegende, streitende und leidende Gemeinde *wesentlich* durch Zeit zur Ewigkeit aus Zerstreuung in Sammlung zurückkehrt. – . Ich danke somit dem gütigen Vater im Himmel, daß er dir Ungenügen sendet in dem Elemente, das dich umgiebt, der gute Wille, der unermüdet zum einzigen Trost ringt, muß endlich zum Ziele gelangen, das ihm gesetzt ist, mit den Gipfeln, welche sich innerlich und äußerlich entgegenstellen, wachsen die Kronen. Gelobt sey Jesus Christus!

Christian findet dein Urtheil über Cornelius sehr richtig, ich entsinne mich nur aus dem, was ich von ihm gesehen, und was doch wohl erst die Manschetten, die Schuhschnäbel, die Geweihe seiner Aufgabe seyn mußten, welche man sich abstößt, bis man baarfuß eingeht, daß seine Werke mehr die Philisterei in der Kunst studentikos renomirend insultirten und den breiten Stein einnahmen, aus solchem kann leicht endlich selbst ein Goliath werden, dem die Hirtenschleuder droht. Wenn er kein Kind ist, nicht voll Einfalt, wenn er sich nicht für sehr arm und ungeschickt hält, so wird sein Werk ein Golem, das ihn todt schlägt. Gott gebe ihm nur einen unbefangenen Blick in das Herz Jesu und dann in sein Herz, wann er dann noch mahlen soll, wird es ihm zum Segen gelingen. Der junge Veit sagst du habe geglaubt, eine bessere Farbe im Weihewasser gefunden zu haben, und das würde mir gefallen. Wahrhaftig, mein liebster, ich nehme dich beim Wort, ja, so er einfältig glaubend seinen Pinsel ins Weihewasser taugt, und zu Gottes Ehren nach seinem Heiligen Willen mahlt, wird seine Arbeit allen guten Seelen und dem ganzen Himmlischen Heer gefallen und der Teufel wird sich mit seiner Farbe nicht schminken, die meisten Bilder, ohne Segen, ohne Glauben, bleiben ewig ein Babilonischer Hurenspiegel. Ich kenne den Menschen gar nicht, so ihm aber seine Religion ernst ist, und ihn zum Mahlen oder nicht Mahlen führt, wird in jedem Fall sein Werk oder sein Unterlassen in der großen Kunstausstellung der Werke am jüngsten Tag eine Krone gewinnen. Es ist mir leid, daß der Mensch, so er lebendig in der Kirche ist, in der Fremde in Berlin leben muß, jeder soll bei seiner Gemeinde bleiben, wenn er nicht den Missions Beruf hat, und der Katholick der sein Brod unter der Kirche ärmlich verdienen kann, muß es nicht unter Wiedersachern reichlich suchen, Dulder aber sind mir noch gefährlicher scheinend als Wiedersacher, denn es ist der Seele gefährlicher, aus Höflichkeit und Furcht vor der eleganten Welt die Wahrheit zu verschweigen, oder lästern zu hören, als aus Furcht vor Tod und Verfolgung. – . Nimm mir meine Offenheit nicht übel, lieber Bruder, ich soll ja schreiben, du wünschest es ja. Es klingt alles dieses hart und dürfte auch vielen Chatolicken so klingen, welche besser sind, als ich, und in der Fremde leben müssen, aber ich selbst habe den Kultus in seinem ganzen Umfang mit allen seinen Segnungen und Weihespendungen, als so *wesentlich* erkannt, ich habe das Nahewohnen mit gleichglaubenden und gleicher Gnade theilhaftigen Weiheträgern, und mit den verklärten Gebeinen so wesentlich erkannt, daß ich die verschloßenern ungefühligeren Brüder dennoch in der Fremde um große Schätze der Kirche, die sie verlieren beklagen muß. Wo dieses nicht mehr gefühlt und geglaubt wird, da ist kein Leib, keine Familie, kein Vaterland, keine Kirche, (Welche dies Alles allein vollkommen ist.) mehr und die Sachen stehen, wie sie jezt stehn in der Natur, und Geschichte, ich bin aber nicht ein Christ, um mit der schlechten Natur und Geschichte zufrieden zu seyn, ich bin es mich ihnen zu entziehen, und sie zu beherrschen u.s.w. Du sollst mich wegen allem, was ich sage nicht verurtheilen und nicht bemitleiden, du sollst mich lieben und eingestehen dir seyen diese Wege nicht geebnet, aber die deinen kämen dir noch seichter vor, und du habest in guten Stunden Alles das besser geträumt, als ich es sagen kann. – .

Morgen ist Himmelfahrt, heut sahen die einfältigen Jünger und die liebenden gerührten Frauen den Schöpfer der ihr Bruder geworden zum lezten mahl auf Erden, o diese Herzen voll Ahndung, diese Augen voll Wunder, und alles verstehen sie noch nicht, das ganze Leben sprach anders, und doch durchrinnt sie unendlich Angst und Trauer – o wer doch nie den Heiland gekreuziget hätte, von wem er nie hätte scheiden müssen, gieb uns Reue, Herr, und Buße, und Gebet, und sende uns deinen heiligen Geist den Tröster, auf daß wir verstehen, was du gabst, und gebrauchen lernen, was wir haben. – .

Wie viel habe ich geschrieben, ein Druck der Hand, eine Umarmung, ein Segen wäre mehr, und liebender und Heilender, es geht kein geschrieben Wort durch Fleisch und Bein, es kann keine Schrift die Welt verwandeln, nur Leben, nur Handlung, nur die Hand, kann wandeln und wirken, das Andre ist eine Arme Beschreibung davon. Drum lieber viel [lies: will] ich heute besonders deiner im Gebete gedenken, und nur mit diesem Entschluß kann ich glauben, daß ich hier schließen darf, wer nicht so thut, wird nie fertig, ja fängt nie an.

Dein
Cle Bren

Umgang habe ich hier gar keinen
als mit einer beständig Sterbenden
Dieser Brief blieb liegen bis 26 Mai. Gott gebe uns seinen Segen. –

1821

200

[Berlin, Anfang 1821?]

An Cl:

So kann ich nun ohne Sorge an Dich denken. Unbestimmt wie das sonst vor mir lag, was du eingelöst für so manches, was Du von dir geworfen, kam mir ein Grauen, es sey nur ein Kosten, ob es noch etwas gebe, was dich höher reitzen könne. Und was bleibt ihm da, wenn auch dieser Geistige Reitz erschöpft ist? Du hast deine Thätigkeit gefunden und bey der Ausdauer deiner Arbeit einen so reichen Genuß, als ein Mensch ihn sich nur träumen ließ. Bewahre rein und unvermischt mit dem Deinen was du von ihr erhältst.

201

[Berlin, April 1821]

An C. B.

Wie oft ich nach deinem stillen Lande die Hände ausstrecke. So wunderlig gehts nach höherem Willen. Du bist von der Welt geschieden, die in alles Augen Hände und Nase gesteckt, ich der ich die ganze Welt wie ein zerbrechlig Ey säuberlich von fern betrachtete werde mit allen Welthände[ln] verflochten, daß ich mich der Thränen über meine Zerstückelung nicht erwehren kann.

[Aus den Jahren 1822 und 1823 liegen keine Briefzeugnisse vor.]

1824

202 *Dülmen den 9ten Januar 1824.*

Ich habe dir, Geliebter und getreuer Bruder! eine große äußerliche Mittheilungsschuld zu zahlen, innerlich und vor Gott ist täglich treu deiner gedacht worden seit Jahren. Mein Schweigen auf deine so liebvollen Briefe (ich meine zwei) hierher an mich entstand weder aus Absicht noch aus Nachläßigkeit, ein stets fortlaufendes sehr in Anspruch nehmendes manche Nachforschungen (bei meiner Unwissenheit.) erforderndes Geschäft, das den ganzen Tag raubt und dabei noch unverzeihlich im Rückstand läßt, zwang mich zu stätem Aufschieben, indem es zugleich mich in eine so verschiedene Sphäre enrolirte, daß mir zu einer herzlich ergießenden Mittheilung gegen dich alle Orientirung untergieng, und so blieben mir dann keine Sachen zu melden, und ich korespondirte in Gedanken und Gebet stets besser als anders mit dir. Ich hätte dir nichts, als Kummer und Leiden und Marter mittheilen müssen, die ich sah, und selbst theils erlitt und Alles das kann man nur verstehen und das kaum, wenn man es selbst 4 Jahre ausgehalten. Dann ist es auch gar entsetzlich betrübt, durch Religion geschieden zu seyn, und zugleich in liebender

Mittheilung. Ich bin aber so zu der Katholischen Welt hingewendet in meinem Gefühl, daß ich mich alle Augenblicke in der Mittheilung Hülf und Mittellos finde, in andrer Richtung und in einer Beschränkung, welche bei geliebten Freunden um so schmerzlicher ist. Dazu kömmt ferner meine Unwissenheit und Schwäche in Theologischen Gründen und allen Tugenden und allem Guten überhaubt, so daß ich nicht streiten und überzeugen kann und doch erfüllt mich eine große Sehnsucht Alle Geliebte mögten die Wahrheit erkennen und zur Kirche zurückkehren, ich vermag aber nichts, als Gott drum anzuflehen. Weiter betrübt mich oft tief die gute Betine, deren reiche und schöne Seele ohne Stärkung der heiligen Sakramente ohne Theil an den unendlichen Gnaden der Kirche, in der sie durch die Barmherzigkeit Gottes, seelig zu werden, gebohren und erzogen ist, in zeitlichem Tand und endlichem Gauckelwerk blos sinnlicher Rührungen, sich verwirrt und verwildert. Auch da vermag ich nicht zu helfen, was vermag das Wort eines Würdelosen wenig gebesserten unnützen Menschen gegen die lebendigen Ansprüche des Lebens an ein reiches Herz und überfruchtbare Seele. Wahrhaftig, liebster Bruder, ich habe dich keinen Tag vergessen, alle meine Erinnerung an dich ist beschämend für mich, wie kann ich denken, ich hätte deine Liebe, deine Treue verdient, schon früher habe ich oft diese Empfindung gehabt und mußte oft glauben, Gott wolle es so, daß du mich liebest, er müsse wissen, warum, ich fühlte immer, daß ich es nicht verdiene. Da es aber so ist, so seyen seine allerheiligsten Absichten mit innigem Danke auch hierin erkannt. Was war dein Besuch bei mir allein schon für ein Beweiß der Treue und des innigen Antheils, wer von den meinigen hätte das gethan? – Leider war ich damals durch Christian an vertrauter Mittheilung gehindert. Dieser gewaltige überwiegende Mensch nimmt oft Raum und Muße. Die Kranke hat deiner immer mit vieler Liebe gedacht und auch für dich gebetet und für die deinen, daß ihr zum besten Ziele gelangen möget, grade um die Zeit, da du mir schriebst, du habest sie für dein Töchterlein zu Gevatter bitten wollen, hatte sie unter Gebet Nachts ohne Licht im e[k]statischen Zustand ein Häubchen für dies Kind genäht. Es wurde aber wie die

Einladung nicht fertig und ein Stückchen von der Garnirung hieng unvollendet daran herab. Ich habe das Häubchen als ein Wahrzeichen bewahrt, da es an dich gesendet zu unnützen vielleicht schädlichen Mittheilungen hätte Veranlassung geben können. –

Meine Reise nach 17jähriger Abwesenheit nach Frankfurt war auf ihr Anrathen während sie mehrere Monate ohne alle Mittheilungsfähigkeit in steter Todesnähe war. Ich fand dort unter einigen neuen Moden, an die ich mich bald gewöhnte, alles beim Alten so Gutes, als böses Herangewachsen, und Manches am bösen Ziel angelangt, was ich unterwegs verlassen. Das Haus in der Sandgasse traurig und öde, nur der fester gewordene Anton beinah ehrwürdig seine stillen Wege wandelnd, und den bis zum Brandwein gesunknen Docktor berauscht und bisarr und kupfericht wie einen versengte[n] Schmetterling seine letzten Kreiße um die tödliche Flamme flatternd. Diese zwei Erscheinungen wandeln drinn herum, wie zwei Zentral Geister der in diesem Hause verkrüppelt gewordenen und abgeschiedenen guten Naturen worunter ich auch mich fühle. – In dem schönen neuen Haus des Franz fand ich ihn den armen treuen trefflichen rührenden Diener seiner ganzen Familie mit so manichfachem gründlichen Kummer belastet, daß ich ihn ohne Trähnen nicht ansehen konnte. Was wird aus dieser Familie werden, wenn der Vater stirbt, der älteste Sohn ist so kalt und roh und hart und ganz ohne Gemüth und Barmherzigkeit, der jüngere ein gutmüthiger sehr verzogener großes Mitleid erregender Krüppel, die Töchter sind unverheurathet, und der Kreis der Familie ist so, daß Gelegenheiten zu guten Verbindungen ganz fehlen, obschon die Mädchen ganz angenehm sind. Die arme Toni hat für alle ihre Eigenthümlichkeiten vieles sehr vieles gelitten. Georg fand ich wie immer, durch Alter etwas mürber, durch Eigenherrichkeit und Vaterschaft gegründeter und sicherer in einem sehr flachen eleganten, geheim Trostlosen, sehr unglücklichen und ganz unerquicklichen Wesen, ohne klaren Begriff von irgend etwas Würdigem, Ewigen. Er hat mich mit außerordentlicher Liebe und Freude empfangen und nach zwei Tagen war alle Mittheilung zu Ende. Ich kann nicht sagen, daß ich ein inniges Gespräch mit ihm haben konnte in den 2–3 Monaten. Sein Wesen, sein Umgang, seine Bedienten, Alles machte mir das so scheinbar reitzende Rötelheim sehr wiederwärtig. Mit Franz habe ich manche trauliche angenehme Stunden gehabt, und seine[n] rührenden Eifer für die Schulen und die Gemeinde giebt seinem treuen Dienerleben, in dem etwas Unwandelbares weil Wahres liegt, einen Glanz, der wärmt und erbaut. Seine Tochter Fina hat etwas Dienstfertiges, Flinkes, Gewisses und einen einfachen anmuthigen Sinn, ihre Pflege und Geduld mit dem Kranken Karl ist sehr achtungswehrt und schmückt sie wie eine Tugend. Sie ist von Natur mit der seltnen Feindschaft gegen Alles harte Urtheil begab[t], entschuldigt andre und auch sich gern. Manchmal wird es einem in ihrer Nähe, als liege die Fruchtbare Erde nicht tief, es kömmt etwas steinernes und hartes ins Gefühl. Die Max kam später von Paris, sie ist auch gut, aber kömmt mir etwas Haspelich, witzelich, singelich, dichterlich, u. s. w. wie eine geniale Prinzessin von Schaumburg Lich vor. Es blieb mir nur Spaßerei von ihr. – Georgs Kinder erschienen mir in ihrer Erziehung von Claudine, die in conservation ganz erstarrt ist mit einem lezten Wiederschein von einer Jugendgluth, in der sie verkohlte, unbedeutender geworden, als nöthig. Sie werden viel unterrichtet, aber ohne besondere Frucht, und die große religiöse Kälte des Vaters, die sie fühlen und nicht ahnden dürfen, verdirbt ganz die Temperatur, in der sie gemüthlich gedeihen könnten, so daß keine lebendige Fluth sondern ein gelübbertes Meer in ihnen ist, etwas Wächsernes der Mutter, und des Vaters. Sonst sind sie einfach und gutmüthig. Die schönen Miniaturen habe ich flüchtig gesehen, sie liegen sehr verletzlich in Servietten eingeknüpft in Claudins Comode. Ich konnte mich dem freudigen Gefühl an ihrer Schönheit und Wahrheit nicht hingeben. Ich hatte die tragische Empfindung dabei, wie solches entstanden, wie es nun ein Bote ist deßen Sprache man nicht versteht, und über dessen schönen Heroldsrock man großes Erstaunen bezeigt. An diesen Bildern allein könnte sich eine ganze Familie vom Tode erwecken. Sie haben hier gar nichts gewirkt und wirken noch nichts. Vielleicht sind sie der Zukunft bestimmt. Sie waren mir keineswegs unbekannt, ich kenne das mächtig rührende Wesen dieser Darstellungen so ziemlich, und auch sein Schicksal auf der Erde. – Einmahl ließ ich mich in das Theater zerren, des Famosen Freischütz wegen, ich hatte Weber in Berlin das Wilde Heer, den Wilden Jäger, und den Zug der Frau Venus als Gegenstand angegeben und oft mit Kolbe an einem Wilden Heer skizirt, ich meinte in den berufenen Ding etwas von der innern und äußern Macht dieses Gegenstandes, und fand mich gleich von meinem ganzen alten Theatereckel wie zerrissen. Es ist die elendeste aller Anstalten auf Erden. – . Sehr liebvoll und mit einer mir rührenden Jugendtreue und Vertraulichkeit empfingen mich die Wilmerischen Töchter und ihre Männer Rosette, Thomas, und Max. André, lezte besonders welche eine der glücklichsten harmonischsten Naturen ist, und einen grundehrlichen angenehmen Mann hat. Thomas hat ein sehr mildes, sinnvolles, geselliges Wesen, und sein Umgang hat etwas angenehm studentisches. Sein christlicher Sinn ist erquicklich, aber in die Länge ohne Frucht und Körper, er gehört zu den im Irrgarten der Liebe herumtaumelnden Kavalieren, die auf dem Thau, Nebel und Düfte Feld *vor* dem Garten der Braut, wo ihnen von Gott leibhaftig zu leben verstattet ist, auf deren Unsichtbarkeit schwören. Im Winter selbst, wo doch die Seufzer schon sich als Reif im Bart sichtbar niederschlagen. – . Einen sehr sinnvollen und gelehrten äußerst gefälligen regsamen jungen Mann habe ich an einem Doctor Juris Friedrich Böhmer gefunden, manche anmuthige vertraute Stunde auf seinem Stübchen zugebracht, und ihn bei den Brüdern und Quaita eingeführt, was er jedoch nicht besonders sucht. Er wollte mich bis hieher begleiten, ward aber in Koblenz krank und kehrte zurück. Er pracktizirt nicht, wohnt zwei Häußer von Göthens Haus bei seiner Mutter im alten Familienhaus, und hat sich ganz dem Studium der Kunst und zwar gründlich ergeben, er war ein Jahr in Rom und Alle die neuen dortigen Mahler und die neuen jungen deutschen Künstler sind seine ergebenen Freunde, er steht in lebhafter Corespondenz mit ihnen, und ist ihre Hülfe und ihr Rath, daher ist seine Stube, die viel, wie der ganze Mann vom Wesen der Grimm (nur mehr Milde und weniger Schärfe) hat, voll Mappen, Skitzen, Probedrucken,

Erinnrungsblättern er redigirt außerdem die Herausgabe von historischen Scriptoribus, und hat eine große Freude an den Gedichten seiner poetischen Freunde, besonders Rückerts, die er meist handschriftlich besitzt. Er hat dich und deine Werke lieb, und wenn du wieder nach Fft kömmst, wirst du einen Freund an ihm finden, der dir ungemein viel Freude machen wird. Er ist bei dem Stedelschen Institut und der noch immer in der Hand ribelnde Kästner sein Collega, ich sah dieses wohlgetrocknete Weisheits Exemplar mehrmals zur ledernen Consultation bei ihm. Böhmer kennt ihn, weiß sich in Achtung bei ihm zu halten, und benutzt ihn als Stimme bei Vorschlägen. Böhmer ist Freund von Schlosser. – . Ich fand bei Böhmer einen geistreichen sehr tüchtigen Rheinländer D. Steingass künftigen Mann von Sophie Görres, und habe ihn zum Lehrer der Geschichte für die katholischen Gymnasiasten vorgeschlagen. Franz schreibt mir, daß er die Anstellung erhalten habe. Es ist viel Gutes für die Stadt von diesem Menschen zu erwarten, der vieles vom Wesen des Görres, nur mehr bestimmtes und Kindliches hat. Er ist auch Freund von Windischmann. Bei diesem habe ich mehrere Wochen in seinem sehr freudigen und christlichen Haus in Bonn in inniger Freundschaft zugebracht. Er ist einer der liebvollsten, redlichsten und ernstlichst strebendsten Männer, die mir je begegnet. Er hat neulich ein in vielen Theilen von einem höheren Geist zeugendes Buch: Etwas, was der Heilkunst noth thut, Leipzig. Reklam. 1823. herausgegeben, das dir hie und da gewis große Freude machen wird, wenn du es lesen willst. So du ihm aber etwas drüber schreiben willst, macht es ihm die Gröste Freude. – . Besonders große Freude, und in vielen Punkten wie wenige Bücher haben mir die Werke des Grafen Maistre, vom Pabst, von der Gallikanischen Kirche, über Constitution gemacht, welche Windischmanns Schwiegersohn Doctor Lieber übersetzt hat. Frft. Andreae. Die Soirées de Petersbourg kommen noch. Ich habe immer beim Lesen denken müssen, dir und auch Betine müsse sehr vieles, ach! wenigstens die Genialität und edle, adlige, und doch fromme Gewandheit dieses großen Menschen Freude machen. Ich habe ihn sehr lieb. – . Savigny schien nicht viel auf ihn zu geben. Aber die Geister sind selten, welche in ihrer Rundung zu einer unendlichen Kugel werden, die meisten bringen es nur zum Rad, und die 5 Speichen sind die einzigen Berührungen mit dem Reif der die einzige Erfahrung aufnimmt den selbst zurückgelegten Weg, was zwischen die Speichen kömmt, wird gerädert. – . Einzelnes in einem andern Buch, besonders im 2ten Theil Geschichte und Lehren aller Religiösen Sekten der Juden von Peter Beer. Brünn bei Traßler, wird dich sehr interessiren und besonders Betine, denn sie wird hier, wie ich, mit Ueberraschung die Ganze Geschichte jener Polacken in Offenbach, deren Aufzüge sie als Kind gesehen, kennen lernen, und daß der so genannte Baron Frank, der mit unsern Groseltern auf einem Kirchhof liegt niemand Anders ist, als der neuste Messias einer Sekte aus der Moldau. Es stehen sehr schöne Sachen in dem Buch. – Bei diesen Insekten fällt mir ein, daß ich in Frankfurt den Doctor Molitor einen Jugendbekannten einmahl und nicht wieder besucht habe, denn es ward mir angst und bange, als ich ein rothes Brettchen mit Transparenten hebräischen Buchstaben neben dem Bett in dem er lag sah im ehemaligen servierschen Haus, worin schon Joseph Servier zu einem Alchimisten, 100 Jahrleber, und Torfgräber geworden, und wo Pauline von ihm gezwungen worden ist eingesperrt auf dem Abtritt das Geheimniß der eßbaren Schminke zu bekennen. Dieser arme Molitor nervenzuckend und elend, als rupfe ihm Gott den Arm aus, ihn vom verkehrten Weg abzuziehen, prezeptorirt in der katholischen Knabenschule und bei den englischen Fräulein, und ist Meister vom Stuhl in Fft, und Heermeister von Kreuzenach und hat den Juden ein Loge in Fft gegründet. Außerdem studiert er sich mit dem Stadtbibliotheckar Doctor Göntchen und einem alten Juden an der Cabalah ganz zu Grund. Man sagte mir, hoffentlich scherzhaft, sie seyen nicht weit von der Zauberei, und glaubten nicht lange zu leben, weil kein Kenner der Cabalah lang lebe. – Der Arme Mensch wie eine gichtische Heuschrecke ist in eine jämmerliche Perücke verwickelt, Gott gebe ihm ein klares und ruhiges End, und in den lezten Tagen leuchte ihm das ewige Licht.

Du schriebst mir, daß du zulezt in Leipzig bei A. Müller, einen Convertiten Ohlsen gesehen, der mich hier besucht, und daß er dir nicht besonders gefallen, er hatte auch für mich keine Anmuth. Er brachte eine Schwester Neumanns in eine Ursulinerschule und reißte hier durch und war mir von Neumann adressirt. Er ist übrigens aus Ueberzeugung übergetreten zur Kirche, und das ist eine unausprechliche Gnade, ja eine der grösten auf Erden für einen Unterrichteten, und obschon mit halbsichern Manieren eines langjährigen Berliner Praeceptors, und mit den Epaulet achselziehenden Muthatitüden eines freiwilligen Jägers, und der Allwissenschaft eines modernen Candidaten protestantischer Theologie und Philologie kämpfend und zerrend, nicht nur von jedem einzelnen Professor in eine andre unsichtbare Kirche eindozirt, sondern auch von den Freimaurern in ihre Babilonische Thurmbaukarre geheimschmiedet, und von den Pietisten magnetisirt, und den Herrnhutern mit Thee bewirthet, hat es Gott wohl gefallen dem guten Menschen die Thüre zu öffnen, er ist, wie ich höre nun bei den Redemptoristen in Wien. Was nicht angenehm an ihm ist, sind die Schalen aller ausserkirchlichen Eier in denen er angebrütet worden, und seine linkische Sicherheit, die er in unsichern Gegenden, sich angewöhnt. Alles dieses geht aber nicht in den Himmel ein, und dort wollen wir hoffen, ihn viel liebenswürdiger wieder zu sehen. Er ist im Sich häuten begriffen. –. In Fft ward vieles von einer Vortrefflichen Zeichnung Betinens erzählt, die Alle Berliner Mahler in großes Erstaunen gesetzt habe. Der Gegenstand nur schien mir zu endlich, und unsre arme verblendete Zeit Charackterisirend, welche ihre Helden in Allen Ohnmächtigen Auflehnungen gegen Gott und seine Heilanstalten anbetet, unter der niederdrückenden, noch segnenden, kaum drohenden Hand Gottes schaut sie durch ihre geballte Faust in den Teufelstraum des schönen bunten Sinnenlebens. Mit einer wunderbaren aber schauerlichen Rührung denke ich noch oft an die wunderbaren Gesänge deiner Frau, welche vielleicht nie Jemand so gerührt haben, als mich, ach! hätte Sie die Leiden der heiligen Jungfrau unter Kreuz, die sieben Worte des sterbenden Heilandes so rührend, und nichts anders als dieses gesungen, ich wäre vielleicht früher von Gottes Gnade gerührt worden. Aber ich verstehe jezt jene meine tiefe

Empfindung bei ihren Tönen und weisen, dies Töne sangen alle wie verirrte in der Wüste, diese Weisen wollten die Hülflose Sehnsucht nach der verlohrnen Heimath in den Tönen einwiegen, aber sie schrieen immer wieder aus dem Schlafe auf, nach dem verschwindenden Traume der gefundenen Heimath, und waren wieder in der Wüste. Ach daß Gott deine liebe Frau, die gute Mutter deiner Kinder, meine so innig geliebte Schwester ganz an sich reißen und zum Erlöser in seiner heiligen Kirche mit Demuth und Gehorsam zum ewigen Lichte führen möge. – . Mit vieler Freude habe ich, geliebtester Bruder, durch Gundel vom Gedeihen deiner Lieben Knaben und von ihrer großen Redlichkeit und Einfachheit gehört. Die Frau von Savigny sprach mir mit einiger Sorge von dir, du dichtetest nicht mehr, und meintest du müßtest das Land bauen und versauertest dadurch, und ich sollte dich besuchen, und dir das ausreden (mit dem schmeichelhaften Zusatz, ich vermöchte etwas über dich!) Mir kam der Vorschlag vor, als jener, da sie in Frankfurt den Christian zur Lichtzieherkunst bereden wollte. Es ist doch etwas eingetroffen, er wird wohl einst Kirchenlichter ziehen, und auf den Leuchter stellen. – . Ist es wahr, daß deine Seele eine andre Richtung genommen, als sie weltlichen Societaetsaugen gefällt, so führe sie Gott auf seinen Wegen. Du bist immer in meinem Herzen und in meinem Gebet, was brauchst du zu dichten, es ist alles dicht genug, um drinn hängen zu bleiben. Hast du Kinder, so sey ihr Vater, Erde ihr Sämann, Diener ihr Herr, Gott sein Knecht – er ist uns, seiner Erde, seinen Dienern das ja auch, ja sein Sohn, unser Herr und Heiland ist ja selbst unser Knecht geworden. Da sey Gott vor, daß ich zum Dichten rathen sollte, wird man nicht gelesen so ärgerts einen, wird man sehr gelesen, so wirkt man vieles theils Böses, theils Unnützes, illuminirt den schwarzen Teufel, und seinen eignen Schatten und bringt mans hoch, so legt man sich am Ende doch außer Land und Leut auf den Westöstlichen Divan schlafen, und Zelter zeigt in der Spenerschen Zeitung an, der alte Nestor befinde sich noch ganz leidlich. – Ja, wenn einem das Herz so brannte, wie dem David, dann gebe es Gott, daß man nicht stumm sey. Einen Dichter, der still wird, zum singen bringen wollen, ist nicht besser, als den Nachtigallen mit einem glühenden Strickdrath, die Augen blenden, damit sie immer singen, dort wäre es das Geistesauge, das auch oft stille macht. – . Ich hörte von Savignys, daß sie fast keine Berührung mehr mit Schinkel haben, und daß ihnen dessen Künstlerlotterie nicht recht gefällt, es mag bei ihm geworden seyn, wie es will, so bleibt mir eine grose Verehrung für ihn, ich kannte ihn sehr lang, einfach, fleißig, bescheiden, und andern behülflich, ich wollte nicht leicht einen finden, der ohne die Stütze der Katholischen Kirche und aller ihrer Führung und Gnadenmittel aus den Gillyschen Pyramiden labyrinthen in die Fichtische Lichtfolterkammer, dann durch die pappendeckelne Ritterzeit auf die Gotische Schwindelspindel und durch die Fantasmagorie des Gropius über das Kunstbordel des Theaters zu dem alten Schaden Anticker Steinschmerzen mit weniger Verkehrtheit gekommen wäre. Ein untreuer, unedler Geist wäre in der steten Beschäftigung die bedeutsamen Formen eines ihm ganz fremden innern heiligen Geheimnißes der Dinge für den kitzelgierigen Luxus zu konstruiren aus dem Instinckt allein, längst ein Thor geworden, er war immer liebenswürdig, selbst da noch, als man ihn lobte. Ich habe eine steete Liebe und Verehrung für ihn, Gott hat ihm viel versiegelte Kundschaftsbriefe gegeben, wenn er sie auch nicht lesen kann, so hält er sie doch reinlich, und wird sich sehr verwundern und demüthig seyn, wenn sie ihm einst hier oder dort geöffnet werden. – . Ach, wie viel muß so ein Mann im Meere der Welt, Wasser einschlucken, innen Wasser außen Waßer, oben und unten Wasser, und soll nicht naß werden. Dem Jonas allein gelang es in der Tiefe im Trocknen zu singen, und der Erfüllung dieses prophetischen Abentheuers, dem Auferstandenen, und uns am Gericht. – Ich war von Fft auf vierzehn Tage in Regensburg bei Sailer, und reißte mit ihm gen Frankfurt, Worte reichen nicht hin, die Demuth, Heiterkeit, Liebe, Unschuld und Weisheit dieses frommen Greises zu schildern. Regensburg selbst machte mir, wie immer ganz Baiern einen sehr Wiederwärtigen Eindruck, es hat durchaus etwas von dem böhmischen Bierwesen an sich, wie abscheulich häslich sind die Meisten Menschen, und wie hübsch werden sie gleich in Franken, auch ist der Ort so todt, und es stinkt in den engen Gassen, wo unten wenige Leute wohnen, und das Ufer ist so häßlich. In Nürnberg freute mich Alles, besonders aber die allerliebste ganz im alten Geschmack wiederhergestellte katholische Frauenkirche am Markt, man glaubt sich in eine Zeit gesetzt, wo Heilige die Messe laßen, selbst Sailer, der es hier that, war ganz von dem angenehmen Eindruk begeistert. Am Rhein, in Rüdesheim und auf dem Ostein und den Burgen dachte ich lebhaft unsrer ersten Fahrt dort zussammen, wo du so ein langes Gedicht machtest. Ich hörte von der Wirthin, einer Schwester der damals so hübschen Walpurg Akermann, daß diese in Geißenheim bei einem Verwandten unverheuratet wohnt. Ich meine gehört zu haben, daß das arme Mädchen durch eine verrätherische Liebschaft in der Franzosenzeit, andern unwehrt geworden. – . Die Hensel lebt in Wiedenbrück bei Paderborn und hat eine Art Schule, ich höre schier nichts mehr von ihr. Aus der Zeitung laß ich, vom Hofmaler Hensel in Rom, der die Hochzeit von Cana mit der Hochzeit von Berlin maskirt in ein Stammbuch gemahlt hat, ich hoffe, er wird zu dem wasserfüllenden Speisemeister das Portrait eines Douaneninspecktors genommen haben, der den Wein gleich vermauthen konnte. Ich dachte mir dich sehr vergnügt bei dem Einzugsspecktakel herumspazierend, die Fahne von Hobelspähnen gefiel mir am Besten, sie macht nicht so viel Mühe, Noth, und Kummer, und Ärger ins Haus der Bürger, als das viele Uniformen Wesen, wo Frau und Tochter sich die Nägel mit Zuknöpfen zerreißen. Ungemein betrübt hat mich das Unglück der Leute die von der Brücke gefallen, so etwas mußte die Brautleute sehr erschüttern. Gott gebe ihnen seinen Segen!

Was mich selbst betrifft lebte ich ein stilles, ernstes, oft betrübtes Einerlei, habe gar keinen verstehenden Freund, gar keine Mitteilung, und bin immer Allein, mein Umgang sind die Bettelkinder, die mir auf der Straße die Hände geben, doch finde ich es anderwärts nicht besser. Auch in Fft erhielt ich keinen erweckenden Eindruck keiner Art, und sollte immer die Leute amüsiren, die doch Alle wie in einer Pastete saßen. Immer invitirte man mich und den Wangenheim zussammen, eine gute alte Studentenhaut mit diplomatischen Aneckdoden, wie jene Hobelspänfahne, benäht. Ich würde als Monarch ihm keine andre Stelle geben, als die Sprecherstelle an deiner deutschen Tischgesellschaft in Berlin, dazu wäre er einzig. Er ist übrigens eine edle Natur, die einen lieben Eindruck macht, aber ein Herz auf seiner Laufbahn wird oft durch die Gossen geschleppt. Es ist Schade, daß dir deine Verhältnisse nicht erlauben, ganz in Fft zu leben, wo es dir als Bürger (durch eine Bürgertochter) sehr leicht seyn würde, in ein öffentliches Amt zu kommen, oder auch auf andere Art der Stadt nützlich zu werden. Es regt sich doch allerlei dort, aber es ist Niemand dahinter her. Den frommen Bülow sah ich mehrmals in Fft, er wohnte Melinen gegen über. Er ist ganz in der Brüdergemeinde versenkt, und erzählte mir auf Spaziergängen eine ganz neue Kirchen und Ketzergeschichte worunter auch die Belowsche. Merkwürdig ist, daß die Ganze Hermetische Jünglings Gemeinde nach dessen Tod sich in viele andre Kreise getheilt zu haben scheint. Die Gesunden Belows sollen ja nun Gichtelianer geworden seyn und allen Cultus verlassen haben. – Aber ich muß schließen, den Brief und dich herzlich in meine Arme.

Dein treuer Bruder Clemens.

Herzlichen Gruß an Betine, wenn sie mir ein Geschenk machen wollte, so nähte sie mir die *Klödensche Charte* von Palästina 4 Mahl so gros in Barelief mit allen Bergen und Thälern ganz kräftig mit ausgestopften Lappen auf ein Tuch in Nebenstunden. –

Sage Savigny Dank für seine Anweisung, ich habe gar nicht gewußt, daß er Geld von mir hat. Empfehle mich Herrn Holweg und Ritter.

Liebster Bruder, wenn dir es Freude machen kann, so besuche mich einmahl wieder und bringe Betine mit, und so viel Kinder als du willst, und sey mein Gast.

203

[Wiepersdorf, Anfang 1824]

An C. B.

Aufgeschoben den Brief, weil es eine Lieblingsarbeit; auch fürchtete ich die Mauern des geistigen Klosters zu verletzen

Lobsprüche der Lewi [?]. Damals in Böhmen [?] hätte ich Dich nicht halten sollen

Nichtdichten. Die Kinder der schlechten Freundin sind nun groß geworden, klein Kotzebue, Schlegel, Merkel in jeder Schreibstube

Sie loben den ungenießbaren krausen Pastetenteig und verachten die Rebhüner, die den Mittelpunkt füllen und sind.

S. Die Befreiung von aller äußeren Sorge hat ihn nicht verhärtet, aber er denkt doch nicht, ob ein andrer bis auf die Haut durchgeregnet wird, weil er ausser einem wasserdichten Ueberrock mit einem Regenschirm versehen, worauf ein Wetterableiter.

Die Erfahrung der Welt mag meine Kinder erziehen, sie ist besser als ein Gestreite der Aeltern. Es fehlt doch endlig daß der Respekt gegen die unartige Natur der Kinder blos eine Phantasie der Bequemligkeit ist, die sich dem Ernst der Aufsicht entziehen möchte.

Baggesse[n]. Alles hackt, weil die Engel auf der Wagschaale des Fleisches nicht viel wiegen

Die Hoffärtigen unter dem neuen Geiste finden sich immer unbequem sie sehen auf andre mit dem Gesicht der Katoliken herab und haben doch keine irdische Kirche, die mit ihrem Umfange diese Ansprüche einigermassen deckt, sie sind Revolutioners, so wenig sie es selbst glauben und nur eine andre Seite der sogenannten Aufklärer. S. ist zu umfassend, als daß er sich solchen ausschließlichkeiten übergeben könne, er hat es gefunden daß Wissenschaft und Kunst dem Herrn nicht fremd ist

[Aus den Jahren 1825 bis 1827 liegen keine Briefzeugnisse vor.]

1828

204

[Frankfurt, den 7. Dezember 1828]

Lieber Arnim!

Herzlichen Dank für Alle alte Liebe und Vertraulichkeit, die dein Brief aus Wiepersdorf enthält. Böhmer, der deine Sendung erhalten wird dir nächstens schreiben. Was den Philister angeht, so kann ich für seinen Wiederabdruck in Berlin meine Einwilligung nicht geben 1tens weil ich selbst mein Gewissen dadurch neuerdings durch meine Beistimmung würde belastet fühlen, indem er in geselliger Vertraulichkeit ausgelassen, manches allgemeine und speziell einzelnen Heilige mit einer schwächere Gemüther verletzenden Ironie behandelt, ich will aber mit Einwilligung kein Ärgerniß mehr geben, wo ich es verhindern kann, zweitens ist er ja in Berlin damals verboten und bei Mittich durch die Polizei gesucht worden, drittens will Görres ihn mit der gehörigen Durchsicht, und Ergänzung und Besserung in München herausgeben, wo dann ohne Mühe alle Lusttragen sich befriedigen können.

Thomas ist jüngerer Bürgermeister geworden, *Hoch* älterer,

Guaitas sind ganz entzückt von Berlin, besonders aber von Schinckel. Dein Bruder ist hier und erzählt, wie den

Tänzerinnen in Mailand die Beine gestellt werden, ich habe ihn nicht gesehen. Zimmer, der Pfarrer hier ist, besucht mich manchmal, ich laß ihm aus der Passion in meinen Mspten vor, es rührte ihn zu Thränen. Die guten Leute sind erstaunlich unwissend, aber nicht alle ohne ehrlichen Hunger. Das Tedeum, und große Hallel der ultra Rabiner hat sich mit den Jubelchören der liberalen vereint, diese singen daß Don Miquel die Rippen verbrochen, jene daß dem jüdischen Tapezier, der im hiesigen deutschen Tempel der Israeliten den Vorhang trapierte, die 2 Tafeln Moses vergoldet von Eichenholz, von der Höhe auf den Kopf gefallen und ihm den Schedel eingeschlagen, dazu klingt's auf der Moldau Schöne Minka ich muß scheiden unter türkischer Musick. Gott segne deinen Acker und Pflug; und erhalte mir deine Liebe.

Dein
Clemens

Glückliches neues Jahr, es bleibt beim Alten hier wird nichts ausgegeben.

Frft. 7. Dec. 1828.

1829

205

Berlin den 26 Januar 1829

Liebster Clemens!

Der Tod von Adam Müller und Fr: Schlegel erinnert mich lebhafter an die Vergangenheit, als an die ungewisse Zukunft, der wir entgegenschreiten. Beide sahen wir in schöner Thätigkeit, beiden waren äussere Umstände günstiger als ihr eignes störrisches widerstrebendes Gemüth, das sie aus ihren angemessenen und angebornen Lebensverhältnissen hinaustrieb und zu Thätigkeiten schraubte, welchen beide nicht bestimmt waren. Der Müller besonders rührt mich, denn wenn man mit ihm sprach, fühlte es sich durch[,] das ihm tausend Kleinigkeiten seiner früheren Jahre wichtiger waren als alle Jesuiten zusammengenommen, denen er seine Seele zu verkaufen, für eine schöne Pflicht gehalten hatte. Nichts ist ihm gelungen, seinem [...], hat er mehrmals sehr wehe gethan durch diplomatische Hetzereien und doch konnte er keine seiner Absichten erreichen. Wie er jezt mit der Politik stand, weiß der Himmel, aber noch in neuester Zeit wird ihm wieder vieles [?] schuld gegeben. Doch gehörte er zu den Menschen, denen man gut bleibt bei aller Verschiedenheit von Ansicht und Streben, es hatte sein Haushalt etwas durchaus Gutes und das

Gespräch befreite ihn von der unseligen Abgeschlossenheit seiner Theorieen. Ein kleines Vertrauen von Seiten Hardenbergs hätte ihn von alle der eitlen Thorheit retten, uns einen tüchtigen Arbeiter an ihm gewinnen können, hier war sein Boden; dort in Wien muste er verkommen wie Schlegel und Genz und alle, die sich aus der Fremde dahin wandten.

Schinkels erfreuen sich Deiner Erinnerung und reden oft von Dir, meinen, zuweilen, Du seyst wohl gar nahe vor der Thüre. – Hensel heirathet die Mendelssohn und hat 10,000 rtl für seine zwei Bilder vom Könige bekommen. Ich hätte es nicht dafür gegeben, obgleich beide besser, als ich je erwartet hätte. Zu meiner Verwunderung habe ich vernommen, daß jener stille Prof Mösler [?] aus Düsseldorf Verfasser der niederträchtigen Kritiken über Schadows Schule gewesen ist. Wie leise der neidische Schleicher auftrat, wenn davon die Rede war. – Viel Grüsse an Böhmer, an Christian von Deinem

L A v Arnim

Erläuterungen
von Hartwig Schultz

Abkürzungen

AM	Die Andacht zum Menschenbild. Unbekannte Briefe von Bettine Brentano. Hg. v. Wilhelm Schellberg † und Friedrich Fuchs, Jena 1942
Arnim, SW	Ludwig Achim's von Arnim sämmtliche Werke, hg. v. [Bettine von Arnim und] Wilhelm Grimm, Berlin 1839ff.
Arnim, Werke	Achim von Arnim: Werke in sechs Bänden, hg. von Roswitha Burwick, Jürgen Knaack, Paul Michael Lützeler, Renate Moering, Ulfert Ricklefs und Hermann F. Weiss, Frankfurt 1989–1994
Arnim-Bibl.	Nachweis zur Arnim-Bibliothek, die sich bis zum Ende des Zweiten Weltkriegs in Wiepersdorf befand und heute als geschlossene Bibliothek in der Herzogin Anna Amalia-Bibliothek der Stiftung Weimarer Klassik aufbewahrt wird. Ein Katalog dazu von Ulfert Ricklefs ist in Arbeit und konnte bereits eingesehen werden.
Arnim-Kat.	Achim von Arnim 1781–1831, Ausstellungskatalog des FDH, bearbeitet von Renate

	Moering und Hartwig Schultz, hg. v. Detlev Lüders, Frankfurt a. M. 1981
Bettine-Kat.	Herzhaft in die Dornen der Zeit greifen. Bettine von Arnim 1785–1859. Ausstellungskatalog des FDH, hg. v. Christoph Perels, Frankfurt a. M. 1985
Betz	Bettine und Arnim. Briefe der Freundschaft und Liebe, hg. von. Otto Betz und Veronika Straub, 2 Bde., Frankfurt a. M. 1986 f.
Brentano, Werke	Clemens Brentano: Werke. Studienausgabe in vier Bänden, hg. v. Wolfgang Frühwald, Bernhard Gajek und Friedhelm Kemp. Zweite, durchgesehene und im Anhang erweiterte Auflage, München 1978
Brentano-Bibl.	Bernhard Gajek: Reprint der Versteigerungskataloge von Brentanos Bibliothek, Beihefte zum Euphorion, 6. H., Heidelberg 1974
Brentano-Kat.	Clemens Brentano 1778–1842, Ausstellungskatalog des FDH, hg. v. Detlev Lüders, Frankfurt a. M. 1978
Burwick	Rowitha Burwick: Exzerpte Achim von Arnims zu unveröffentlichten Briefen, in: Jb FDH 1978, S. 298–395
Chronik	Konrad Feilchenfeldt: Brentano Chronik. Daten zu Leben und Werk, München 1978
D	Druckvorlage
ED	Erstdruck
Eichendorff, Werke	Joseph von Eichendorff: Werke in sechs Bänden, hg. v. Wolfgang Frühwald, Brigitte Schillbach und Hartwig Schultz, Frankfurt 1985–1993
Enzensberger	Requiem für eine romantische Frau. Die Geschichte von Auguste Bußmann und Clemens Brentano. Nach gedruckten und ungedruckten Quellen überliefert von Hans Magnus Enzensberger, Berlin 1988
Erl.	Erläuterung(en)
FBA	Frankfurter Brentano-Ausgabe. Clemens Brentano: Sämtliche Werke und Briefe.

	Historisch-kritische Ausgabe. Hg. von Jürgen Behrens, Konrad Feilchenfeldt, Wolfgang Frühwald, Christoph Perels und Hartwig Schultz, Stuttgart 1975ff.
FDH	Freies Deutsches Hochstift – Frankfurter Goethe-Museum
Görres, GS	Joseph Görres: Gesammelte Schriften, Bd. 3: Geistesgeschichtliche und literarische Schriften I (1803–1808), hg. von Günther Müller, Köln 1926
Goethe, HA	Goethes Werke, Hamburger Ausgabe in 14 Bänden, Hamburg 1952ff.
Goethe, WA	Goethes Werke. Hg. im Auftrage der Großherzogin Sophie von Sachsen (Weimarer Ausgabe), Weimar 1887–1912
GSA	Goethe und Schiller-Archiv, Stiftung Weimarer Klassik; Arnims Briefe an Brentano finden sich unter der Signatur GSA 03/1050
Hg./hg.	Herausgeber/herausgegeben
Hs/hs	Handschrift/handschriftlich
Jb BvA	Internationales Jahrbuch der Bettina-von-Arnim-Gesellschaft, hg. v. Uwe Lemm, Berlin 1987ff.
Jb FDH	Jahrbuch des Freien Deutschen Hochstifts, hg. v. Detlev Lüders, seit 1984 v. Christoph Perels, Tübingen 1962ff.
Lyr.-Reg.	Ulfert Ricklefs: Arnims lyrisches Werk. Register der Handschriften und Drucke, FDH, Reihe der Schriften 23, Tübingen 1980
Mereau-Bfw	Lebe der Liebe und liebe das Leben. Der Briefwechsel von Clemens Brentano und Sophie Mereau. Mit einer Einleitung hg. v. Dagmar von Gersdorff, Frankfurt a. M. 1981
Minor	Ludwig Achim von Arnim: Ariel's Offenbarungen. Hg. v. Jacob Minor, Weimar 1912
Novalis, HKA	Novalis: Schriften. Die Werke Friedrich von Hardenbergs, hg. v. Richard Samuel † in Zusammenarbeit mit Hans Joachim Mähl und Gerhard Schulz, 2. Auflage, Stuttgart 1960 bis 1988

Riley	Helene M. Kastinger Riley: Ludwig Achim von Arnims Jugend- u. Reisejahre, Bonn 1978
Sav.-Br	Arnims Briefe an Savigny 1803–1831, hg. und kommentiert von Heinz Härtl, Weimar 1982
Schelmuffsky	Christian Reuter: Schelmuffsky, hg. v. Eberhard Haufe, Bremen 1972
Schlegel, KA	Friedrich Schlegel: Kritische Ausgabe, hg. v. Ernst Behler, Darmstadt 1956ff.
Schnack	Der Briefwechsel zwischen Friedrich Carl von Savigny und Stephan August Winkelmann (1800–1804) mit Dokumenten aus dem Freundeskreis. Hg. von Ingeborg Schnack, Marburg 1984
Schwinn	Holger Schwinn: Kommunikationsmedium Freundschaft. Der Briefwechsel zwischen Ludwig Achim von Arnim und Clemens Brentano in den Jahren 1801 bis 1816, Frankfurt a. M. / Berlin / Bern / New York / Paris, Wien 1997
Steig I-III	Achim von Arnim und die ihm nahestanden. Hg. v. Reinhold Steig und Herman Grimm. I: Achim von Arnim und Clemens Brentano, Stuttgart 1894; II: Achim von Arnim und Bettina Brentano, Stuttgart/Berlin 1913; III: Achim von Arnim und Jacob und Wilhelm Grimm, Stuttgart/Berlin 1904
Tendenzen	Neue Tendenzen der Arnimforschung, hg. v. Roswitha Burwick und Bernd Fischer, Bern / Frankfurt a. M. / New York / Paris 1990
UB	Universitätsbibliothek
UL	Das unsterbliche Leben. Unbekannte Briefe von Clemens Brentano. Hg. von Wilhelm Schellberg † und Friedrich Fuchs, Jena 1939
Vordtriede	Achim und Bettina in ihren Briefen, hg. v. Werner Vordtriede, 2 Bde., Frankfurt a. M. 1961
ZfE	Zeitung für Einsiedler [fotomechanischer Nachdruck der Zeitung vom 1808]. Mit einem Nachwort zur Neuausgabe von Hans Jessen, Stuttgart 1962

Zur Textgestalt

Die Texte erscheinen nach den Handschriften ohne orthographische Normierungen oder Veränderungen des Zeichensatzes. Zusätze des Herausgebers sind durch eckige Klammern [ ] gekennzeichnet, fragliche Lesungen durch ein folgendes Fragezeichen in Klammern [?] markiert. Durch eingeklammerten Gedankenstrich [–] werden Passagen abgegrenzt, die Arnim nachträglich in den Text eingefügt hat, sofern sie sich nicht bruchlos in den syntaktischen Zusammenhang einordnen lassen. Maßgeblich für die Einfügung dieser und anderer Satzzeichen ist allein die Absicht, dem Leser zu helfen und ihn vor Fehldeutungen des Textes, die sich bei der sparsamen und oft ungewöhnlichen Interpunktion leicht ergeben, zu bewahren.

Vergessene Umlautzeichen und Trennstriche (am Zeilenende) werden stillschweigend ergänzt; Kürzel wie *H* für »Herr(n)«, *u* für »und« sowie *d* für »den« (bei Datumsangaben), die oft in der Handschrift graphisch besonders gestaltet sind, werden aufgelöst. Vokalverdoppelungen durch waagerechten Strich sind ausgeführt, die Bezeichnungen für Kreuzer (xr), Reichstaler (rtl) und Florin (fl) vereinheitlicht. Bei Textverlusten (etwa durch Siegelabriß oder Verlust von Blättern) erscheinen drei Punkte in Klammern [...].

Ort und Datum der vom Herausgeber numerierten Briefe erscheinen jeweils kursiv am Briefanfang, wobei die Angaben des Briefschreibers ggf. vom Herausgeber mit eckigen Klammern ergänzt werden. Die Briefe Brentanos erscheinen in dessen Lieblingsfarbe amaranth-rot, Arnims Texte tintenblau. In den Handschriften unterstrichene Wörter und Briefpassagen sind *kursiv* oder (bei mehrfacher Unterstreichung) in Kapitälchen gesetzt.

Im Kommentar wird der Fundort der Druckvorlage (D) genannt und auf überlieferte handschriftliche Entwürfe und Exzerpte sowie ggf. auf textkritisch interessante Publikationen hingewiesen. Auf eine vollständige Verzeichnung der Erst-, Teil- und Nachdrucke der Briefe ist jedoch verzichtet. Entwürfe, Exzerpte und Drucke von Briefen werden im Textteil nur wiedergegeben, wenn die entsprechenden Briefe nicht in der Handschrift überliefert sind. Der Text der Entwürfe ist jedoch im Kommentar berücksichtigt und wird ggf. zitiert.

In den Erläuterungen zu den einzelnen Briefen werden Seite und Zeile des kommentierten Textes (im *Kursivdruck*) angegeben und die Bezugswörter aus dem Brieftext genannt. Alle Texte und Titel von Arnim, Brentano und ihren Zeitgenossen erscheinen *kursiv*. Auslassungen bei Zitaten sind durch [...] gekennzeichnet.

Die Kommentierung bietet Verständnishilfen und Hinweise auf die erwähnten Werke, Personen und den geschichtlichen Hintergrund. Dabei wird die Vollständigkeit und der gelehrte Apparat historisch-kritischer Ausgaben nicht angestrebt; auch bei der Datierung der Briefe wird auf umfangreiche Recherchen und Begründungen verzichtet, denn es schien vordringlich, die Texte in größtmöglicher Vollständigkeit und richtiger Reihenfolge darzubieten, um den Briefwechsel einer breiteren Öffentlichkeit bekannt zu machen. Insbesondere von der Arbeitsstelle der Weimarer Arnim-Ausgabe sind hier Präzisierungen bei der Datierung und Lesung der außerordentlich schwer zu entziffernden Arnim-Handschriften zu erwarten. Die Weimarer Arbeitsstelle half insofern bei dem Projekt, als das elektronische Verzeichnis der überlieferten Briefe von und an Arnim zur Verfügung stand. So war es möglich, zwei an entlegenen Stellen gedruckte Briefe Arnims einzubeziehen, die in der Brentano-Arbeitsstelle noch nicht bekannt waren. Ulfert Ricklefs, der das Projekt nachdrücklich förderte, stellte seine Datei zur Weimarer Bibliothek Arnims zur Verfügung.

Die Materialien und das Know-how der Frankfurter Brentano-Ausgabe standen im vollen Umfang zur Verfügung. Bei der Identifikation von Personen und Werken wurden in Zweifelsfällen auch die noch ungedruckten Kommentarbände von Lieselotte Kinskofer und Heinz Härtl konsultiert, wobei übernommene Erkenntnisse jedoch im Kommentar besonders gekennzeichnet sind.

Bei der Entzifferung der Arnim-Briefe, dem Zusammenfügen von Briefbruchstücken und beim Kollationieren der Originalhandschriften in Frankfurt, Heidelberg und Weimar war die tatkräftige Mitarbeit von Holger Schwinn wesentlich. Er erhielt dafür ein Stipendium des Freundeskreis Schloß Wiepersdorf und der Stiftung Weimarer Klassik. Holger Schwinn und Rainer Wieland sahen die Erläuterungen durch und ergänzten sie. Ohne ihre Hilfe hätte die Edition nicht in so kurzer Frist mit der nötigen Gründlichkeit realisiert werden können.

Die Anregung zu dieser Leseausgabe ging von Konrad Feilchenfeldt und Hans Magnus Enzensberger aus. Die Hauptherausgeber der historisch-kritischen Arnim- und Brentano-Ausgabe förderten die Edition, und Jochen Golz (GSA Weimar), Christoph Perels (FDH Frankfurt), Volkmar Hansen (Goethemuseum Düsseldorf) sowie der Handschriftenabteilung der Universitätsbibliothek Heidelberg ist für die Genehmigung zum Druck der Briefe zu danken, Alexander Schweikert vom Kohlhammer-Verlag für die wohlwollende Unterstützung der Edition, die sich im Falle der Brentano-Briefe (trotz erneuter Durchsicht der Handschriften) weitgehend mit den im Kohlhammer-Verlag erschienenen Briefbänden (FBA 29, 31 und 32) deckt.

Wesentliche Ergänzungen zu einzelnen Erläuterungen steuerten Konrad Feilchenfeldt, Sabine Gruber, Michael Grus, Hans Grüters, Kristina Hasenpflug, Uwe Heckmann, Petra Maisak, Renate Moering, Holger Schwinn und Rainer Wieland bei. Beim Korrekturlesen halfen Marianne Iden und Regina Seidler. Der Herausgeber dankt für diese mannigfache Unterstützung, ohne die das Projekt wohl erst nach Abschluß der Briefabteilungen in den historisch-kritischen Ausgaben – und das heißt etwa im Jahre 2020 – möglich gewesen wäre.

Erläuterungen zu den einzelnen Briefen

1. An Brentano
Regensburg, 8. Dezember 1801
D: Hs FDH

1,2 Godwy: Der Roman Brentanos trägt den Titel *Godwi oder Das steinerne Bild der Mutter. Ein verwilderter Roman von Maria* (2 Bände, Bremen 1801; zur Entstehungsgeschichte vgl. FBA 16, S. 582–614).

1,4 Dedikation: Brentano stellte dem zweiten Teil (= zweiten Band) des *Godwi* die Widmung an seine Schwester Bettine (1785 bis 1859; die spätere Ehefrau Arnims) voran: *An B., unabhängige Dedikazion* (vgl. FBA 16, S. 259–271).

1,10 in Göttingen: In der Universitätsstadt hatten sich Arnim und

Godwi
oder
Das steinerne Bild der Mutter.

Ein verwilderter Roman
von
Maria.

Bremen
bei Friedrich Wilmans 1801.

Godwi
oder
Das steinerne Bild der Mutter.

Ein verwilderter Roman
von
Maria. Clemens Brentan
Zweyter und letzter Theil.

Bremen
bei Friedrich Wilmans 1801.

Brentano Ende Mai/Anfang Juni als Studenten kennengelernt. Immer wieder erinnern sie sich gegenseitig an die gemeinsame Zeit im Juni und Juli 1801 in Göttingen, so daß dieser Ort – neben der »fliegenden« Brücke in Koblenz und dem Ostein (einem Jagdhaus oberhalb von Rüdesheim) – zum Topos des Freundschaftsbriefwechsels wird. Ein Billett Brentanos stammt möglicherweise – wie Heinz Härtl annimmt – aus jener Zeit (21. oder 22. Juni 1801, als Brentanos Bruder Christian [1784–1851] zu Besuch war) und soll an Arnim gerichtet sein: *Schicke mir doch zwei Laubthaler, und habe mich lieb, so will ich auch heute Mittag nicht bei dir essen, und nach Tisch mit Kristian spazieren gehen oder reiten. Clemens* (FBA 31, S. 616; dort einem anderen Adressaten zugeschrieben und mit abweichender Datierung; vgl. ebd., S. 711).

1,17–19 meine Schützenrede ... die Elegie auf Winkelmann: Der Schluß des *Godwi* erhielt den Titel *Einige Nachrichten von den Lebensumständen des verstorbenen Maria [Pseudonym Brentanos]. Mitgetheilt von einem Zurückgebliebenen.* Entgegen der urspünglichen Planung nahm Brentano nur Beiträge von Stephan August Winkelmann (1780–1806) auf, einem befreundeten Medizinstudenten, der Brentano auch beim Korrekturlesen half. Arnims für den *Godwi* vorgesehener Beitrag *Charackteristicken des seligen Maria, sämtlich vom Freunde A. auf dem Schützenfeste zu G. ohne Vorbereitung ausgestellt* (Titel der ersten Niederschrift: *Unvorbereitete Rede auf dem Schützenfeste zu G. gehalten vom Freunde A.*) hat sich in der Handschrift erhalten (FBA 16, S. 602 bis 605). Der fortgelassene Text an Winkelmann ist vermutlich Brentanos Sonett *Kann je um dich sich fremde Oede ziehen* (FBA 29, S. 243).

1,20f. Romulus und Remus: Das Zitieren mythologischer Brüder- und Freundespaare (wie Kastor und Pollux, Orest und Pylades) hat Tradition in der Freundschaftsdichtung. Im Arnim-Brentano-Briefwechsel dient es sowohl der Deutung als auch der Stilisierung von Freundschaften (vgl. Schwinn, S. 132–140).

2,2 Markscheide: Grenzscheide, Grenze

2,12 Heyer: Konrad Friedrich Heyer (1778–1810), während Arnims und Brentanos gemeinsamer Studienzeit Kommilitone in Göttingen

2,14f. von der unpoetischen Leine: Leine ist der Name des Flusses, der durch Göttingen fließt.

2,18–22 Tieck ... Keiser Octavianus ... die Romanze im Musenalmanach: Ludwig Tiecks (1773–1853) historisches Drama *Kaiser Octavianus. Ein Lustspiel in zwey Theilen* erschien 1804. Im *Musen-Almanach für das Jahr 1802* (hg. v. A.W. Schlegel und L.Tieck, Tübingen 1802) veröffentlichte Tieck die Romanze *Zeichen im Walde.*

2,34 Die Priesterin des höchsten Liebesopfers: Wohl Sophie Mereau (vgl. FBA 16, S. 560 und 779), mit der Brentano gerade entzweit war (vgl. Erl. zu 4,18)

2,40 Görz: Johann Eustach Graf von Görtz (genannt: von Schlitz; 1737 bis 1821), preußischer Gesandter am Regensburger Reichstag, war der Vater von Arnims Tante Louise Caroline Gräfin von Schlitz (1773 bis 1832).

2. An Arnim
Marburg, 11. Januar 1802
D: Hs FDH; vgl. FBA Nr. 167

3,5 Rede auf meinen Tod: Vgl. 1,17–19 mit Erl.

3,20 Schmolles: »Schmolles trinken« ist in der Studentensprache die Bezeichnung für »Brüderschaft trinken«; hier im Sinne von: Hast Du nicht einen »Bruder« in einer Stadt?

3,20 Stadt, nicht die des Romulus: D. h. nicht Braunschweig, denn Winkelmann, den Arnim *Romulus*

nannte (1,20 f.), stammte aus Braunschweig.

3,20f. gehe auch du in meine Idee ein: In ihren Briefen entwickelten die »Liederbrüder« Arnim und Brentano den Plan einer Werkgemeinschaft. Brentanos Vorschlag, ein *Comisches Theater zu errichten*, steht am Anfang einer Reihe von Plänen der Zusammenarbeit. Er wurde ebensowenig ausgeführt wie einige weitere im Briefwechsel entworfenen Projekte der Freundschaft.

4,16f. Veit ... Liebestribunal: Dorothea Veit, geb. Mendelssohn (1763 bis 1839; seit 1804 Ehefrau Friedrich Schlegels). Seine Liebeserfahrungen verarbeitet Schlegel (1772–1829) in seinem Roman *Lucinde* (1799), der von den Zeitgenossen wegen seines freizügigen Charakters und biographischen Hintergrunds vielfach bespöttelt wurde. Das Werk, in dem eine »universelle«, »romantische« Liebe dargestellt wird, erhebt zugleich den Anspruch, die in den Aphorismen und Aufsätzen der frühromantischen Programmzeitschrift *Athenäum* (1798–1800) geforderten neuen Formen von Poesie und »poetisiertem« Leben darzustellen. Die *Lucinde* ist Schlegels Versuch, die geforderte neue Literatur mit einem neuen Typus von »Roman« zu verwirklichen.

4,18 Mereau: Sophie Mereau, geb. Schubart (1770–1806), die bis 1803 unglücklich mit einem Juristen verheiratet war und ein Kind (Hulda) hatte, stand in Jena im Zentrum einer Reihe von Verehrern (darunter auch Friedrich Schlegel). Der sieben Jahre jüngere Student Clemens Brentano, der von ihr fasziniert war – u. a. weil sie dem Bild seiner verstorbenen Mutter ähnelte, wie er behauptete –, heiratete sie 1803 (vgl. Erl. zu 102,27).

4,19–22 Ritter ... Schelling: Johann Wilhelm Ritter (1776–1810) war ein – auch von Goethe – anerkannter Physiker; wie Friedrich Wilhelm Schelling (1775–1854) befaßte er sich mit naturwissenschaftlichen Experimenten zu den damals weitgehend unerforschten Phänomenen der Elektrizität und des Magnetismus, wobei im Bereich des sogenannten »tierischen Magnetismus« (Erfahrungen, die man heute unter psychologische Begriffe wie Hypnose faßt) die Grenzen zu Naturphilosophie und Psychologie fließend waren.

4,27 Mein Stück ist Göthe eingesandt: In der Zeitschrift *Propyläen* hatten Goethe und Schiller Ende 1800 einen Wettbewerb *im Feld der Intriguenstücke* ausgeschrieben. Brentano sandte sein im Sommer 1801 in Göttingen entstandenes Werk, das hier noch einen Titel in Anlehnung an Shakespeare trägt und 1804 als *Ponce de Leon* veröffentlicht wurde, gleichzeitig mit dem Brief an Arnim, am 8. September 1802 (vgl. FBA Nr. 202), an Goethe. Da keines der eingesandten Stücke den Vorstellungen der Klassiker entsprach, wurde der Preis nicht vergeben (vgl. 79,17 f. mit Erl.).

4,33 bei Herrn v. Savigny: Friedrich Karl von Savigny (1779–1861), der später zu einem berühmten Rechtshistoriker und einflußreichen Politiker in Preußen wurde, studierte und promovierte in Marburg, wo Brentano sich von Anfang Januar bis Ende März und dann wieder vom 3. August bis Anfang Oktober 1802 aufhielt. Im Jahre 1803 wurde Savigny in Marburg zum Professor ernannt, am 17. April 1804 heiratete er Brentanos Schwester Kunigunde (1780 bis 1863).

3. An Brentano
Regensburg, 21. Januar 1802
D: Hs FDH

5,25 Botanybey: James Cook entdeckte die Bucht an der Australischen Ostküste 1770 und nannte sie wegen der reichen Vegetation Botanybai. Seit 1785 ist sie englische Kolonie und Sträflingsbucht, die Schlagzeilen machte. So berichtet das *Journal des Luxus und der Mo-*

den im Jahre 1803: *Man besitzt seit einigen Wochen eine Zeitung die in Botany-Bay herausgekommen ist. Es erweist sich durch sie, daß diese Kolonie seit den 18 Jahren die sie erlebt hat, wirklich gute Fortschritte machte [...]. Die Botanybay'schen Damen [...] haben ihr Theater* (S. 640 f.).

Für Arnim, der Cooks Reisebeschreibungen kannte (vgl. Erl. zu 312,2 f.) und vielleicht von der Theatergründung gehört hatte, ist sie Sinnbild einer abgelegenen, exotischen Welt (so auch in der Erzählung *Die Ehenschmiede*, Werke 4, S. 926).

5,32 Pandeckten: Die Pandekten bilden den Hauptteil des Zivilrechts. Arnim spielt indirekt auf die Aktivitäten Savignys an, die seiner Ansicht nach einem »falschen« Objekt, der Jurisprudenz, gewidmet sind.

6,6 des Dir wohlbekannten Weimarschen Hofzentauers: Vermutlich ist Gottlieb Hufeland (1760–1817) gemeint, der Professor der Rechte in Jena war; Brentano verspottet ihn auch in seiner Satire *Gustav Wasa* (Werke 4, S. 29) und läßt dort ebenfalls einen Hofzentauren auftreten (ebd., S. 95).

6,19 Seckendorf: Leo von Seckendorf (1775–1809), Hg. mehrerer Weimarer Almanache, seit 1801 Legationsrat in Regensburg

6,23 Gilberts Annalen: Ludwig Wilhelm Gilbert (1769–1824), Professor in Halle, gab die *Annalen der Physik* heraus, eine Zeitschrift, in der Arnim und Ritter veröffentlichten.

4. An Arnim
Anfang bis Mitte Februar 1802
D: Hs FDH; vgl. FBA Nr. 168

8,3 f. meine Schwester Betine: Brentano hatte seine sieben Jahre jüngere Schwester erst als Student bei einem Besuch in Frankfurt 1801 »entdeckt«. Beide waren voneinander fasziniert (Bettine: *als Du zum erstenmal hierherkamst [...] ich statt der Puppe Dich umhalste*; FBA 30, S. 47). Clemens versuchte mit Erfolg, das junge Mädchen dem Einflußbereich der Frankfurter Kaufmannsfamilie zu entziehen und als schöpferisch-genialisches Naturkind (wie Mignon aus Goethes *Wilhelm Meister*) auszubilden. Der Jugendbriefwechsel, in dem die intensive Geschwister-Beziehung dokumentiert ist, wurde 1844 von Bettine unter dem Titel *Clemens Brentanos Frühlingskranz* bearbeitet herausgegeben (FBA 30).

8,4 du kennst sie: Brentano hatte Arnim bereits in Göttingen von Bettine erzählt. Darüber hinaus war sie ihm – vor seinem ersten Besuch Ende Mai/Anfang Juni 1802 in Frankfurt und Offenbach am Main – lediglich aus dem *Godwi* bekannt: als *die Rabenschwarze* und als *Annonciata* (vgl. FBA 16, S. 229 und 407).

5. An Brentano
Wien, 6., 7. und 15. März 1802
D: Hs FDH

8,36 Johannes Müller: Johannes von Müller (1752–1809), Schweizer Historiker und Diplomat (zunächst in österreichischen Diensten), mit dem Arnim auch später in Kontakt blieb (vgl. Sav.-Br, S. 38).

9,22 der Dichter Haber oder Gries: Unter dem Namen Haber hatte Brentano im *Godwi* den Dichter und Tasso-Übersetzer Johann Diederich Gries (1775–1842) als Anhänger der sogenannten *verliebten Freundschaft* verspottet (vgl. FBA 16, S. 285 ff.). Die Romanfigur Maria, die Brentanos romantisches Ideal eines *Kunstwerkes der Geselligkeit* vertritt, entgegnet Haber im *Godwi: Die verliebte Freundschaft [...] ist nichts anders, als entweder erbärmliche, süßliche Schwäche, völlige Unmännlichkeit des einen Theils, oder Täuschung. [...] Das Wesen der eigentlichen Freundschaft [...] besteht nicht in Auswechslung, in Vermischung und Durchdringung, es besteht in bloßer Geselligkeit* (FBA 16, S. 289).

9,23 f. Jordanus Bruno: Giordano Bruno (1548–1600) gilt als einer der ersten neuzeitlichen Denker.

6. An Brentano
Kahlenberg bei Wien, 17. April 1802
D: Hs FDH; zum Brief hat sich ein Entwurf (FDH) erhalten.

10,15–18 einen Roman geschrieben ... Hollin's Liebeleben: Anonym 1802 in Göttingen erschienen (vgl. Arnim, Werke 1, S. 9–99 mit Erl.)

10,16 Dietrich: Heinrich Dieterich (1761–1837), Göttinger Verleger

10,30 Prinz de Ligne: Charles Joseph Fürst von Ligne (1735–1814)

11,2 pollutio: Vgl. Erl. zu 16,13 f.

11,7 Io von Corregio: Die Beschreibung von Gemälden in Gedichtform (hier eines in Wien aufbewahrten Bildes von Antonio Allegri da Correggio; 1489–1534) gehört zu einer von den Brüdern Schlegel begründeten Tradition der Frühromantik. Arnim veröffentlichte den Text unter dem Titel *Dichterliebe* in *Ariel's Offenbarungen* (Minor, S. 161) (vgl. Erl. zu 17,2 f. sowie Werke 5, S. 1062 f.).

7. An Arnim
München, 12. Februar
und 4. Mai 1802
D: Hs FDH

12,1 München den 12 Feb: An diesem Datum begann Arnim möglicherweise seinen Brief, der dann zum Teil eines fiktiven, aus der Perspektive einer Frau geschilderten Briefes wurde, den Arnim am 4. Mai 1802 an Brentano richtete. Darauf deutet Brentanos Antwort, in der er einen *Maivollen Brief vom 4ten seinerselbst aus München* erwähnt, den er von Arnim erhalten habe (vgl. den folgenden Brief Nr. 8). Das Datum muß in einem nicht überlieferten Schlußabschnitt des vorliegenden Briefes gestanden haben, in dem Arnim auch seine Ankunft ankündigte, denn bei Steig heißt es: »Am 4. Mai 1802 sandte er aus München die Meldung voraus, er werde am 1. Juni in Frankfurt sein« (Steig I, S. 33, vgl. dazu 15,40–16,1). Der hier abgedruckte *Maivolle Brief* aus München ist demnach Beilage oder Teil des Schreibens aus München, an das Brentano noch 1808 im Briefwechsel mit Arnim erinnert (vgl. 561,5 f.).

Steigs Angaben zufolge war Arnim im Jahre 1802 zweimal in München, im Februar und im Mai (vgl. Steig I, S. 31 und 33). Ohne Datum oder Quelle zu nennen, veröffentlichte Steig einen weiteren Text Arnims über München, bei dem unklar ist, ob es sich um einen Auszug aus einem Brief an Brentano handelt (Steig I, S. 31): *Es weht ein wohlthätiger Geist in allem Thun, alles wird hier noch und treibt und wächst wie in der Natur. Noch ist kein todter Stillstand im Schlechten. Alles sehnt sich nach etwas Höherem und findet es, indem es danach strebt. Selbst in der Spielerei mit Soldaten und mit einer gewissen politischen Wichtigkeit im Gleichgewichte der Welt äußert sich Muth und Regsamkeit. Das Neue und Alte streitet herrlich mit einander und beschränkt sich wohlthätig. Alles, wie in einer gehenden Uhr, bewegt sich rasch im Innern, und doch sieht man kaum den Zeiger fortrücken.*

12,12 Florpelze: Gewebte »Pelze«, also falsche (wie der Brief ein »falscher« ist)

12,20 Mänade: Die Mänaden sind in der griechischen Mythologie die wilden Gefährtinnen des Dionysos.

13,18 Wettstreit vom Wasser und vom Weine: Brentano verarbeitete das Lied, das ihm Arnim offensichtlich übermittelte, im zweiten Band des *Wunderhorns* 1808 (vgl. FBA 7, S. 38). Die im Brief mitgeteilte Schlußstrophe übernimmt Brentano wörtlich, der eingesandte Text ist verschollen (vgl. FBA 9,2, S. 74).

8. An Arnim
Marburg, bald nach dem
4. Mai 1802
D: Hs FDH; vgl. FBA Nr. 178

13,31 f. ihr seid die Dualität ... und kennt euch nicht: Thema des Briefes. Brentano knüpfte das Band der Liebe zwischen Bettine und Arnim vor allem mit seinen Briefen.

14,31-34 eine immergrüne, Schattenlose, stechende Krone aufzudrükken ... in eigner Qual: Anspielung auf die Dornenkrone Christi; vgl. Mt 27,29.

15,2 die schöne Hexe in Jena: Sophie Mereau, mit der sich Brentano vorübergehend zerstritten hatte

15,35 Kotzebues Hund: August von Kotzebue (1761–1819), ein erfolgreicher Theaterschriftsteller, der auf allen deutschen Bühnen (auch in Weimar und Bad Lauchstädt unter Goethes Leitung) viel gespielt wurde, war eine bevorzugte Zielscheibe der Frühromantik, die mit ihren satirischen, illusionszerstörenden Märchendramen neue Formen des Theaters zu schaffen suchte. Die Stücke von Tieck *(Der gestiefelte Kater [1797], Prinz Zerbino [1799], Die verkehrte Welt [1799])*, August Wilhelm Schlegel (*Ehrenpforte und Triumphbogen für den Theaterpräsidenten von Kotzebue*; 1801/1802) und Brentano (*Gustav Wasa*; die »Fortsetzung« eines Kotzebue-Stückes gleichen Titels; 1800; vgl. FBA 12), in denen Kotzebue selbst immer wieder erwähnt wird, kamen jedoch auf den zeitgenössischen Bühnen nicht zur Aufführung.

16,13f. eine polution ... realisirt hast: Pollution: unwillkürlicher Samenerguß im Schlaf. Vgl. das Gedicht *Io von Corregio* (11,7ff.).

16,20f. heute am jüngsten Tag bist du ... mein Jesus: Die Stilisierung des Freundes zur Erlöserfigur (bzw. die Darstellung der Ankunft eines Briefes als Erlösung) findet sich wiederholt im frühen Briefwechsel.

9. An Brentano
Zürich, 9. Juli 1802

D: Hs FDH; zum Brief hat sich ein Entwurf (FDH) erhalten.

16,30 unsre Rheinreise: Arnims Besuch in Frankfurt liegt zwischen dem vorigen Brief Brentanos (Nr. 8) und diesem. Von Frankfurt aus unternahmen beide gemeinsam eine Rheinreise, die durchs Rheingau bis nach Koblenz führte; dort blieb Brentano etwa fünf Wochen, weil ihn Liebeshändel (über die der *Frühlingskranz* berichtet) mit Gritha Hundhausen und Johanna Kraus zurückhielten. Seine Briefe an Johanna begann er – wohl auch zur Spurenverwischung (da sie *von Vater und Tante eingesperrt* sei; vgl. 26,9) – mit der Anrede *Mein Arnim* und unterzeichnete sie als *Sophie* (vgl. FBA 29, S. 457–482). Arnim reiste weiter nach Düsseldorf, kehrte jedoch noch einmal nach Koblenz zurück, um dann seine Kavalierstour (mit dem Bruder Pitt) fortzusetzen. Auf der »fliegenden Brücke« – einer Fähre, die an einem Seil geführt wurde – trennten sich Arnim und Brentano für längere Zeit. Der Abschied wird für beide zum »unvergeßlichen Erlebnis«, zur »Ikone« ihrer engen, brüderlichen Freundschaft.

17,2f. Ariel Wunderkind's Offenbahrungen: Unter dem Titel *Ariel's Offenbarungen* erschien Arnims Werk 1804 in Göttingen. Die Gedichte des Briefs sind (in abweichenden Fassungen) in dieses Werk integriert (Minor, S. 78, 193 und 194).

19,33 Novelle vom Ritter St Georg mit der Schelle: Vgl. das Erzählfragment *St. Georg und sein Knappe* (Arnim, Werke 3, S. 9).

19,34-20,18 Ritter ... Steffen ... Knappe: Hinter diesen Namen verbergen sich Friedrich Wilhelm Joseph Schelling, Henrik Steffens (1773–1845) und Johann Wilhelm Ritter (vgl. Arnim, Werke 3, S. 1022 f.).

21,11 grossen Lebensplan: Vgl. *Die große Arbeit, eine Lebensaussicht* (Arnim, Werke 6, S. 122–124).

21,12 Frankfurter Mark[t]schiffe: Mit einem solchen Schiff fuhren Arnim und Brentano den Main hinab, als sie zur Rheinfahrt aufbrachen.

21,18 Ludwig Heß: Maler und Kupferstecher in Zürich (1760–1800)

22,5 Regulus: Marcus Atilius Regulus, römischer Konsul, der sich seinen Feinden ausliefern ließ

22,13f. Kotzebuischen Mehltau und Lafontainischen Honigthau: Neben Kotzebue, der hier mit der Rosenkrankheit Mehltau in Verbindung gebracht wird, nennt Arnim August Lafontaine (1758–1831), den Verfasser von etwa 160 Erzählungen und Romanen, als zweiten Erfolgsschriftsteller, den die neue Dichtung übertreffen soll.

22,15 kalte Schlegelsche Kritikluft: Arnim setzt sich hier bereits von der Frühromantik ab, die insbesondere in den Aphorismen des *Athenäum* scharfe, oft satirische und persönlich beleidigende Kritik an den etablierten Philosophen und Dichtern geübt hatte. Arnim tritt demgegenüber für eine positiv wirkende Kritik ein, die den Kritisierten nicht verletzt, sondern »aufbaut« und ihm damit weiterhilft.

22,16 Böhme's Morgenröthe: Vgl. Erl. zu 163,10.

22,27 Keiser Octavianus: Arnim bezieht sich auf das Lustspiel Tiecks (vgl. Erl. zu 2,18–22).

22,31f. Melodien von Schulz, Reichardt: Neben Mozart nennt Arnim hier die Komponisten Johann Abraham Schulz (1747–1800) und Johann Friedrich Reichardt (1752–1814), mit dem er befreundet war.

23,9f. gedruckt in diesem Jahre: Übliche Formel der Einblattdrucke, der sogenannten »Fliegenden Blätter«, die eine der Hauptquellen des *Wunderhorn* wurden

23,11f. Streit zwischen ihren Fürsten: Die Utopie einer allgemeinen deutschen Dichter- und Sängerschule verbindet Arnim mit dem politischen Ziel einer Vereinigung der deutschen Kleinstaaten.

23,20f. Dein ganzes Hauß ... construirt: Vgl. die *Charakterisierung der Brentano-Familie* (Arnim, Werke 6, S. 119–121).

23,24f. mit deiner Schwester Kunigunde entzweyt ... Brüder und Deine Schwägerin: Arnim hatte, bevor er seine Reise in die Schweiz antrat, noch einmal in Frankfurt Station gemacht und übermittelt nun Grüße der Brentano-Brüder an Clemens. Vermutlich sind es die beiden Geschäftsführer der prosperierenden Firma Brentano im »Haus zum Goldenen Kopf«, Franz (1765 bis 1844) und Georg (1775 bis 1851), die grüßen lassen. Franz hatte kurz zuvor Antonia Birkenstock (1780 bis 1869) aus Wien geheiratet, die *Schwägerin*, die für Clemens' poetische Ambitionen mehr Verständnis hatte als die geschäftstüchtigen Brüder. Arnim spielt auf die mannigfachen Spannungen im Familienverband der großen Familie Brentano an: Mit der Schwester Kunigunde, die 1804 Brentanos Freund Karl Friedrich von Savigny heiratete und sich zur biederen, aber repräsentativen Ehefrau des erfolgreichen Juristen und späteren Ministers mauserte, konnte Clemens wenig anfangen. Nach seiner Meinung zeigte sie Neigung zur Hypochondrie; in einem späteren Brief spricht er von *Histerie* (vgl. 26,2).

10. An Arnim, Marburg
Anfang bis Mitte August 1802
D: Hs FDH;
vgl. FBA Nr. 199

24,10–18 Subjektivitaet ... Muthwille ... dich kennen: In der frühromantischen, durch Friedrich Schlegel in der Programmzeitschrift der Jenaer Romantik, dem *Athenäum*, und der *Lucinde* entworfenen Ästhetik (die in dieser Hinsicht dem Sturm und Drang verpflichtet ist) wird dem Subjekt des Dichters und seiner »Willkühr« große Bedeutung beigemessen. Brentano betont allerdings, daß die Verse Arnims erst ganz verständlich werden, wenn man den Autor kennt; sie sind allzu »subjektiv«, ihnen fehlt »Objektivität«.

24,19 Gedicht nur historisches Bruchstück: Brentano nimmt Schlegels im *Athenäum* formulierte Idee von der »progressiven Universalpoesie« auf. Danach erscheinen die einzelnen Kunstwerke als Bruchstücke einer unendlichen Reihe, die als Ganzes erst die Poesie ausmacht und eine »höhere Geschichte« darstellt.

24,20f. Genie ... Bürgerkarte aus jener höheren Geschichte: Das Genie (ein zentraler Begriff der Ästhetik des Sturm und Drang) ist in dieser unendlichen Geschichte der Kunst zuhause, es hat dessen *Bürgerkarte* (Ausweis).

24,21f. der Künstler der Prophetische Historicker: Einen »rückwärtsgewandten Propheten« hatte Friedrich Schlegel den Historiker genannt. Grundlegend für solche Formulierungen ist das triadische Geschichtsmodell der Romantik, das eine goldene Vergangenheit, eine bedrükkende Gegenwart und eine Zukunft annimmt, die aus den Erfahrungen der Vergangenheit prophetisch gewonnen wird. Nur der Künstler kann diese Utopie entwerfen und damit die Lähmungen der Gegenwart aufheben.

24,22f. Kriticker ... Gesezzgeber: Nach Schlegels Auffassung ist auch die Kritik eine Form der Kunst, die in den unendlichen Prozeß der Kunst eingreift und damit Bestandteil der »progressiven Universalpoesie« ist.

24,34 ein Luftzug von Ironie: Die »romantische Ironie« (um deren Definition die Germanistik bis heute streitet) gehört ebenfalls zur frühromantischen Ästhetik Schlegels.

24,37 hinaus retiren: Retirieren, sich zurückziehen

25,1f. Mathissoniana: Die Gedichte Friedrich von Matthissons (1761–1831) hielten die Romantiker für allzu empfindsam, für »kitschig«.

25,9f. Göttinger Musenallmanach ... Mereau: Sophie Mereau verfaßte Gedichte und Romane, trat jedoch auch als Herausgeberin von »Taschenbüchern« (Musenalmanachen) hervor, die hauptsächlich für das weibliche Publikum konzipiert wurden. Zahlreiche Dichtungen der Klassik und Romantik erschienen als Erstdrucke in diesen Almanachen. Sophie Mereau gab den *Göttinger Musenalmanach für das Jahr 1803* heraus.

25,11 Schelling, Bruno: In der an Plato geschulten Gesprächsform – wie wesentliche Beiträge des frühromantischen *Athenäum* – veröffentlichte Schelling 1802 *Bruno, oder über das göttliche und natürliche Prinzip der Dinge.*

25,13 Osiris und Apis: Nach dem griechischen Tierkult gilt Apis als Inkarnation von Osiris (dem ägyptischen Fruchtbarkeitsgott).

25,16f. Fichte ... seinen Gabriel: Über die Philosophie Johann Gottlieb Fichtes (1762–1814) hatte Brentano sich bereits in seinem *Godwi* lustig gemacht (vgl. FBA 16, S. 324f. und 665f.). Vielleicht bezieht er sich hier auf die anonyme Schrift *Schreiben eines Vaters an seinen Sohn über den Fichteschen und Forbergschen Atheismus* im Zusammenhang mit dem sogenannten Atheismusstreit (der zur Entlassung Fichtes in Jena geführt hatte).

25,27 Benedicktchen Korbach: Benedikte Korbach war »Schwester seiner [Brentanos] früheren Koblenzer Jugendliebe Anna Maria Korbach und seines Bonner Studienfreundes Edmund Korbach« (Chronik, S. 36).

25,28 Laßaux: Franz von Lassaulx (1781–1818), Schriftsteller und Jurist in Koblenz

25,31–34 auf einer einsamen Insel der Lahn ... einem Mädchen ... dir ... gleicht den Nahmen, Arnim: Johanna Kraus; vgl. Erl. zu 16,30.

25,40–26,2 Gundel ... Histerie: Vgl. Erl. zu 23,24f.

26,2 Adamit: Angehöriger einer Sekte (der Adamiten), deren Mitglieder sich nackt zum Gottesdienst versammelt haben sollen

26,36 Nothgottes: Bezeichnung für ein Kloster im Rheingau

26,37 Volz: Binger Freund Brentanos

11. An Brentano
Bern, Mitte August 1802
D: Hs FDH; zu dem Brief haben sich im FDH ein Entwurf, eine Abschrift Varnhagens und ein Exzerpt erhalten.

29,38–30,10 Lieb' und Leid ... singenden Schwänen: Arnim stellt eine Strophe aus einem Lied Brentanos, das in mehreren Fassungen überliefert ist (z. B. im Brief an Savigny vom 22. Juni 1802, FBA 29, S. 448 f.), einer Strophe gegenüber, die leicht abweichend von Odin im *Ariel* (Minor, S. 14) gesprochen wird.

30,12 Dioptern: (griech.-lat.) Zielvorrichtungen

30,15–31,9 mancherley gedichtet ... Dichterweihe: Die Texte verarbeitete Arnim in *Ariel's Offenbarungen.* Die zitierten Strophen stehen am Schluß des ersten Teils und sind Odin in den Mund gelegt (Minor, S. 141); der *Kiltgang* ist vermutlich als *Waffentanz* und *Nordländertanz* (Minor, S. 84 ff.) in das Werk eingegangen. In *einer Art von gereimten Hexameter[n]* sind längere Passagen im ersten Teil geschrieben. Arnims Beschreibungen lassen sich hier nicht ohne weiteres bestimmten Passagen des Buches zuordnen.

31,22 Blutschuld: Teil des *Ariel*, vgl. 55,22 mit Erl.

31,23 mein St. Georg: Vgl. Erl. zu 19,33.

31,30 Woldemar: Seine Rezension von Friedrich Heinrich Jacobis (1743 bis 1819) Roman *Woldemar* hatte Friedrich Schlegel 1796 in Reichardts Zeitschrift *Deutschland* veröffentlicht und in den *Charakteristiken und Kritiken* (1801; gemeinsam mit dem Bruder) nachgedruckt (vgl. KA II, S. 57–77).

31,30 William Lovell: Tiecks Roman von 1796

32,2 Richardsonschen Felde: Samuel Richardson (1689–1761) begründete mit seiner *Pamela* die Tradition des Briefromans, die auch Goethe mit dem *Werther* aufgenommen hatte.

32,3–7 Heinrich von O[f]terdingen ... Mährchen: Der 1802 erschienene unvollendete Roman von Novalis (eigentl. Friedrich von Hardenberg; 1772–1801), der neben Tiecks *Franz Sternbald* die romantische Sonderform des Entwicklungsromans, den Künstlerroman, begründete. Am Schluß des veröffentlichten ersten Teils, im neunten Kapitel, erzählt Klingsohr sein Märchen (HKA I, S. 290).

32,12–15 Sammlung der Minnesänger ... die Millersche: Sammlung deutscher Gedichte aus dem XII., XIII. und XIV. Jahrhundert, hg. von Christoph Heinrich Myller, 2 Bde., Berlin 1783–1785

12. An Arnim
Marburg, 6. September 1802
D: Hs FDH; vgl. FBA Nr. 200

32,32 7ber: Geläufige Abkürzung für September

35,14–28 der alte Ritter und die seinigen ... ein kleines Lied: Die Erzählung erhielt später den Titel *Aus der Chronicka eines fahrenden Schülers* und erschien erst 1818 im Druck (vgl. FBA 19, S. 85–225, 603). Bereits die erste Fassung enthält das Lied »Es sang vor langen Jahren« (ebd., S. 96 f.), dem Brentano später den Titel *Der Spinnerin Nachtlied* gab. Schlichter Volksliedton verbindet sich hier mit artistischer Klangkonstruktion; das Gedicht gehört zu den am häufigsten interpretierten Brentano-Gedichten (vgl. FBA 19, S. 556–558).

35,19 Fortunatus mit seinem Wunschhütlein ... alte Ausgabe: Eine Bearbeitung dieses Volksbuchs (vgl. Brentano-Bibl., S. 40) aus Brentanos Feder ist nicht bekannt.

36,29 f. Robinson und Christian sind hier: Clemens' jüngerer Bruder Christian reiste gemeinsam mit dem befreundeten englischen Publizisten Henry Crabb Robinson (1775 bis 1867) und traf am 18. August in Marburg ein. Robinson schrieb ein Buch über die deutschen Universitäten.

13. An Arnim
Marburg, 8. September 1802
D: Hs FDH; vgl. FBA Nr. 201

38,8 verarbeitet er das Leben zur Poesie: Die »Poetisierung« des Lebens gehörte zu den Forderungen der frühromantischen Philosophie, die davon ausging, daß alle Äußerungen des Lebens zur Kunst gesteigert werden könnten. So taucht bei Schleiermacher und Schlegel der Begriff vom *Kunstwerk der Geselligkeit* auf.

39,2f. in einem Jahre bin ich ganz mein eigner Herr: Clemens war noch nicht »majorenn« (mündig) und konnte nicht frei über seinen beträchtlichen Erbteil aus der Frankfurter Firma verfügen. Sein Vormund war der ältere Bruder Franz.

39,23–25 mishandelt von ihrer Familie ... ich ihr allein nahe: Vgl. Erl. zu 8,3f. und Brief Nr. 72 mit Erl.

40,4 an der fliegenden Brüke zu Coblenz: Vgl. Erl. zu 16,30.

40,11–14 der flinke schüzze ... Der 3 Hammer: Vermutlich Bezug auf das Tell-Lied Arnims im Brief Nr. 9 sowie die *Dichterruhe* aus dem *Ariel* (vgl. Werke 5, S. 57 und 1067). Dieses Gedicht beginnt: *Es walten drei Hammer in lustigem Schlag;* weitere Beilagen aus diesem Brief scheinen verloren.

40,21–23 Winkelmann ... Phisiologie: Die *Einleitung in die dynamische Physiologie* erschien 1803.

40,34 Succurs: Unterstützung

41,9 Kästner: Theodor Friedrich Arnold Kestner (1779–1841), Sohn der berühmten Lotte Kestner (Vorbild von Goethes Lotte im *Werther*)

41,22 Huttens schriften durch Wagenseil: Die Schriften von Ulrich von Hutten (1488–1523), die Christian Jakob Wagenseil (1756–1839) herausgeben sollte, wurden von Dieterich nicht ins Verlagsprogramm aufgenommen (Steig I, S. 351).

41,23 Hoier: Heyer (vgl. Erl. zu 2,12) hatte in Jena und Göttingen Medizin studiert und wurde am 19. Juli 1802 zum Professor in Braunschweig ernannt (Schnack, S. 301).

41,25 Willmans: Bei Friedrich Wilmans (1764–1830) in Bremen erschien der *Godwi.*

41,27 Kupfer zu Godwi: Ein Kupferstich in Friedrich Wilmans' *Taschenbuch für das Jahr 1803* (vgl. FBA 16, Abb. 1 und 2).

41,28f. Eberlein ... Harzkupfern: Nach Härtl Christian Eberhard Eberlein, ein Zeichenlehrer in Göttingen, der 1802/1803 Ansichten des Harzes veröffentlichte

41,30 Sophie Bernhardi ... Mährchen und Traumbilder: Sophie Bernhardi (1775–1833), die Schwester Tiecks, veröffentlichte *Wunderbilder und Träume in eilf Märchen* (Königsberg 1802).

41,32 Alarkos: Drama von Friedrich Schlegel, das 1802 erschien

41,35 Dalton ... Buch: Der vielseitige Eduard Joseph d'Alton (1772 bis 1840) trat durch anatomische und archäologische Forschungen hervor, machte sich jedoch zugleich als Maler und Kupferstecher einen Namen. Der Mitreisende ist vermutlich Johann Jakob Casimir (1778–1851), Sohn des Frankfurter Apothekers Buch.

41,40–42,1 Manessische Lieder: Im Verlag von Hans Conrad von Orell, Johann Heinrich Füssli und Salomon Gessner erschien die berühmte mittelhochdeutsche Sammlung mit Texten von etwa 140 Minnesängern. Brentano besaß eine Ausgabe von 1758/59 (Bibl., S. 84).

14. An Brentano, Wellenblinkerburg, 14., und Genf, 23. September 1802
D: Hs FDH; der Brief mit dem Datum 23. September schließt auf gleichem Blatt an, so daß der folgende Brief (Nr. 15) mit dem Zwischendatum 22. September nicht integriert werden kann.

47,4 Zahlen von Lalande: Joseph Jérôme Lalande (1732–1807) war Astronom und Mathematiker.

47,8f. vom Scharrenden Hahn oder von St Preux tintografischen Briefen an Julie vor seinem Abtrit: Fiktion von Arnim, denn er selbst bietet dann ein *Tageblat zur Probe.* St. Preux und Julie sind Namen aus Rousseaus *Julie oder Die neue Heloise.*

47,18 In Aberlischer Manier: Vom Schweizer Maler Johann Ludwig Aberli (1723–1786) stammen Kupferstiche der bekanntesten Schweizer Landschaften.

48,17 Treille: (Franz.) Treppengeländer, Brüstung (Tralje)

48,33 Ich möchte gerne klagen: Unter dem Titel *Dichterschmerz. Der Dichter in der Fremde* leicht abweichend in *Ariel's Offenbarungen* (vgl. Werke 5, S. 58 f.)

49,23 Das sterbende Fräulein: Abweichend im *Ariel* (vgl. Werke 5, S. 28 f.)

50,19f. Romanze von dem Sänger Eunom: Arnim zitiert nur die Strophen 20–22 aus dem Text, der im *Ariel* unter dem Titel *Wahre und falsche Sänger. Eunom und Arist* steht (Minor, S. 165; vgl. Werke 5, S. 49–53 und 1064 f.).

51,2f. Mihi est propositum in taberna mori: Lat. Trinklied (»Mir ist vorgeschlagen, in der Kneipe zu sterben«)

51,4 Liebesspiegel: In Form und Inhalt abweichend (in achtzeiligen Strophen) in *Halle und Jerusalem* (vgl. Werke 5, S. 735)

53,13 Der Traum: Unter dem Titel *Nacht keines Menschen Freund* abweichend in einem hs Gedichttaschenbuch Arnims (Werke 5, S. 78)

55,4 aus dem matrimonio poeto: (Lat.) Aus der poetischen Ehe

55,5 Abendstille öffnet Thüren: Erweitert und verändert im *Ariel* (Werke 5, S. 18 f.).

55,22 Trauerspiel Herrmann und seine Kinder: Das *Heldenlied*, das Arnim abwechselnd als *Trauerspiel* und *Liederspiel* bezeichnet, nennt Renate Moering ein »lyrisches Drama« (vgl. Arnim-Kat., S. 30). Es ist die erste Einlage von *Ariel's Offenbarungen.*

56,4f. die bedeutendsten Stellen aus meinen Briefen abzuschreiben: Briefexzerpte aus eigenen Briefen sind Bestandteil der hs »Taschenbücher« (Sudelbücher) Arnims, die sich erhalten haben und heute im FDH Frankfurt und GSA Weimar aufbewahrt werden. Oft sind es nur einzelne Sätze, die Arnim herausschreibt, um sie als Formulierungen in seine Werke einzubringen.

56,24 Lacedämonier: Die Bevölkerung der Talebene von Sparta, die Spartaner

15. An Brentano
Genf, 22. September 1802
D: Hs FDH; es ist nicht auszumachen, ob Arnim diesen Brief tatsächlich abschickte, denn das Datum dieses Briefes liegt zwischen den beiden Daten des letzten.

Zum Brief hat sich ein Entwurf mit einer Zeichnung und stark abweichendem Text erhalten (FDH):

Der kuröse Wellenblinkerbürger
oder
der scharrende Hahn.

In van der Werfs Manier
Es hat sich die Nachricht verbreitet daß die Frau Stael die Delphinenburg in einem Roman schildern wolle wir wünschen daß es besser geräth als ihr Bild der Literatur sie sollte schwächlige Neckereyen lassen und sich zu etwas Grossem stählen. Das Schiff was so lange gearbeitet ist vor einer Stunde von Stapel gelaufen, die Mastbäume sind mit flimmernden Kronen geschmückt und singen

Auf Wolken hoch ich wohne
Die Freundschaft meine Braut
Am Mastbaum hängt die Kron[e]
Dein Herz hineingebaut

aber sie tragen nicht mehr ihr eigenes Laub, sie stehen kek vor mir im rothen

Kleide und haben sich noch in keinem Sturme bewährt, auch wissen sie gar nicht, daß das Schiff unter ihnen Wasser zieht und daß man es nur durch stetes Auspumpen oben erhält. Die Schifferleute erlustigen sich darauf mit Spiel und Tanz, da es doch hohe Zeit ist bald auszulaufen denn der Winter wird kommen wie der Feind über Nacht und sie werden bestürzt fragen, wenn sie eingefroren: Ist es denn Sommer gewesen? Darum wollen wir nicht blos tanzen und musiciren unter dem Schatten der Liebe und Freundschaft sondern Ausfahren zu Thaten welche die Nachwelt rühmt. Die Bretter sind fest zusammngefügt, kein anderer Vertrag, dem Bundbrüchigen keine andre Strafe als das Scheitern, im Leben ausser uns herrscht das Schicksal in uns das Genie, ein Quälen in Sorgen für etwas, das nicht da ist, wenn es nur mit Sorgen bewahrt wird, eine Feyerlichkeit für eine Feyer des Lebens, das wollen wir andern überlassen, die es nöthig haben, wer täglich zum Tische des Herren geht braucht nicht zum Abendmahl zu kommen und wer in dem unendligen Meere der Gnade schwimmt, braucht keine Taufe, denn wäre der Teufel nicht ausgetrieben nie hätte ihn das selige Meer eingeschluckt

der scharrende Hahn: Vgl. Erl. zu 47,8 f.

van der Werfs Manier: Nach Art des holländischen Malers Adrian van der Werff (1659–1722)

Frau Stael . . . Roman: Vgl. folgende Erl.

57,15 Delphinenburg: Anspielung auf den Wohnsitz der franz. Schriftstellerin Anne Louise Germaine Baronne de Staël-Holstein (1766–1817), die 1802 den Roman *Delphine* publizierte, nach der Französischen Revolution zum erstenmal emigrieren mußte und unweit von Genf in Cappet lebte. Zum Roman verfaßte Arnim eine Kritik, die als »frühes Beispiel seines Wirkens gegen destruktive Literaturkritik« gilt und auf Anfang 1803 datiert wird (Werke 6, S. 1121; Text: S. 125 ff.).

58,1 Auf Wolken hoch ich wohne: Arnim nimmt die letzte Strophe aus dem Gedicht in Brentanos Brief vom 8. Sept. 1802 (Nr. 13) variiert auf.

58,13 f. Savigny erst kennen und ehren lernen: Savigny hatte Brentano – vermittelt durch die Großmutter Sophie von La Roche – erst Ende Juli 1799 kennengelernt, zu weiteren Kontakten kam es im April 1800. Auf einen Aufenthalt Brentanos auf dem Gut Savignys (Trages in der Nähe von Hanau) im Juni 1800 geht die Beschreibung der an ein Dorf erinnernden Gutsanlage im *Godwi* zurück (vgl. FBA 16, S. 344 u. 729 f.). Ein Porträt des Gutsherrn fehlt jedoch im Roman, lediglich ein Gedicht Winkelmanns im Anhang richtet sich an Savigny; Arnim war daher zunächst auf Beschreibungen des Juristen in Gesprächen und Briefen angewiesen, die im Falle Savignys z.T. recht negativ ausfielen. Von »Studiermaschine« sprachen Clemens und Bettine mehrfach in ihren Briefen und beklagten sich damit indirekt über Fleiß und Gründlichkeit des Freundes, der sich von der Quirligkeit der Brentano-Geschwister nicht ablenken ließ und zielstrebig wissenschaftlichen Arbeiten nachging.

58,17 f. Godwi, Annonciata, Maria, Violette: Figuren aus Brentanos Roman *Godwi*, die Vorbilder in der Brentano-Familie haben (Godwi: Clemens; Annonciata: Bettine; Maria: Meline vgl. FBA 16, S. 596 f.). Vorbild der Violette ist die Schauspielerin Caroline Tourmont, »eine jugendliche, offensichtlich etwas leichtfertige Offizierswitwe, um deren ›Rettung‹ sich Brentano, unterstützt von Freunden, eifrig bemühte« (FBA 16, S. 736).

16. An Arnim
Frankfurt, 8. Oktober 1802
D: Hs FDH; vgl. FBA Nr. 206

59,20 Meierotto: Nach Härtl Heinrich Friedrich Meierotto (1779 bis

1803), Sohn des Rektors vom Joachimsthalschen Gymnasium in Berlin, das Arnim besucht hatte

59,26–28 ein Mädchen ... den Nahmen neue Arnim: Johanna Kraus (vgl. Erl. zu 16,30)

60,4–6 Tiek und Schlegel ... mich ... lächerlich gemacht: In Tiecks Satire *Der neue Hercules am Scheidewege* wird Brentano als »Bewunderer« lächerlich gemacht, der in gereimten Tieckschen Kurzversen spricht und alles zur »Religion« erklärt. Offenbar empfand die Schlegel-Tieck-Gruppe den jungen, begabten Studenten Brentano, der bei der Jenaer Gruppe Anschluß und Anerkennung suchte, als Konkurrenz. Rasch hatte Brentano nach dem Vorbild von Tiecks satirischen Märchendramen den *Gustav Wasa* produziert und Schlegels Forderungen nach einem neuen »subjektiven« »verwilderten« Roman mit seinem *Godwi* umgesetzt. Im Gegensatz zu den Brüdern Schlegel war Brentano in der Lage, die Theorien von einer neuen »romantischen« Poesie zu realisieren.

61,7 Apendix: Appendix, Anhängsel

61,16 Farobanck der Freundschaft: Der Hinweis auf die zerknickten Spielkarten (61,17) verdeutlicht, daß Brentano auf das beliebte Kartenspiel Pharo Bezug nimmt.

61,27 Herbstlied: Abweichend auch im Brief an Johanna Kraus (FBA 29, S. 515–519)

65,20f. der Mistpudel auf der Burg: Brentano schildert das Leben im Grüneburgpark, einem Ausflugsziel der Frankfurter, das auch Arnim kannte. Es liegt heute im Stadtgebiet Frankfurts, und die *Burg* existiert nicht mehr.

65,23 drei Schwesterchen von Offenbach: Meline (1788–1861), Gunda und Bettine wurden nach dem Tode der Mutter zeitweise von der Großmutter in Offenbach erzogen. Die Großmutter Sophie von La Roche wurde dafür von der Brentano-Familie finanziell unterstützt.

65,24 Toni: Antonia Brentano, die Frau von Franz Brentano

66,10 deine Aberlische Manier: Vgl. Erl. zu 47,18.

66,30 Lafontaine: Vgl. Erl. zu 22,13 f.

67,1 Oktavianus: Tiecks Schauspiel (vgl. Erl. zu 2,18–22)

67,2 Ofterdingen: Novalis' Roman *Heinrich von Ofterdingen*

67,7 Kristian ... mit Robinson: Vgl. Erl. zu 36,29 f.

67,12 Löwenstirn: Nach Härtl Katharina Jakobine Auguste von Löwenstern (1785–1860)

67,15f. Folz in Bingen: Der Freund Volz

67,20 Ostein: Jagdschloß oberhalb von Rüdesheim, das auch im *Godwi* geschildert wird

17. An Brentano
Genf, 18. November 1802
D: Hs FDH; vgl. Jb FDH 1934/35, S. 398–406

68,32f. Serlo ... Aurelia ... im Wilhelm Meister: In Goethes Roman *Wilhelm Meisters Lehrjahre* der Theaterdirektor und seine Schwester

69,8 changent Taft: Changeant, changierender Stoff

69,26 Winkelmann ... schrieb: Es folgen Zitate aus Briefen Winkelmanns vom Januar und März 1802 (Schnack, S. 261 und 265).

69,30–70,14 ein neuer Herkules am Scheidewege ... Schlegels Pasquille ... Tiek ... nicht dabey: Arnim zitiert mit dem Brieftext den Titel einer Schmähschrift des Schlegel-Tieck-Kreises, an der gerade Tieck beteiligt war (vgl. Erl. zu 60,4–6).

70,6f. Heldengedicht über die Schweiz: Die Erzählung *Aloys und Rose. Französische Miscellen aus Wallis. Aus dem Tagebuche eines hipochondrischen Reisenden*, die zuerst in den *Französischen Miscellen* (3. Bd., Tübingen 1803; hg. v. Helmina v. Hastfer, spätere v. Chezy; vgl. Werke 3, S. 11–49) erschien, ist ein Text mit aktuellem historischen Hintergrund.

70,15 Veitstanz nach Paris: Als Veitstanz bezeichnete man eine Gehirnerkrankung. Zugleich spielt Arnim auf den Nachnamen von Schlegels Gefährtin an (Dorothea Veit); Friedrich Schlegel war mit ihr aus Jena nach Paris gegangen, wo Arnim die beiden später besuchte.

70,16 Ankunft mit der Mediceischen Venus: Die von Napoleon geraubte Venusfigur – nach den ursprünglichen Besitzern, den Medici, benannt – traf erst am 16. August 1803 aus Rom in Paris ein. 1815 wurde die antike Figur zurückgegeben und gelangte in die Uffizien von Florenz.

70,22f. zweyter Theil des Heinrich von Ofterdingen: Das Projekt von Novalis blieb Fragment, und zu einem zweiten Teil haben sich nur Notizen erhalten.

70,31 Agnes von Lilien: Roman von Frau von Wolzogen, Berlin 1798

70,32 Sternbald: Titelfigur in Ludwig Tiecks Roman *Franz Sternbalds Wanderungen*, Berlin 1798

71,18 Diderot ... seine Religieuse: Der Roman *La Religieuse* des französischen Enzyklopädisten Denis Diderot (1713–1784)

71,34 diesen Bogen von Winkelmann: Den letzten, von Winkelmann stammenden Teil aus Brentanos *Godwi* (vgl. Erl. zu 1,17–19)

72,21 Heymar's Dichterschule: Der zweite Teil des *Ariel* (Minor, ab S. 143)

72,36f. Don Diego Godewi ... eines Herrn Ohnesorge ... Schlegels Pasquill: Unter dem Titel *Godvi, Don Diego etc.* erschien (nach Steig I, S. 351) bei Köhler in Leipzig eine Publikation. Mit dem Pasquill Schlegels (vgl. Erl. zu 60,4–6) hat dieses Werk nichts zu tun.

73,2 cazzo senza pensieri: Obszöne italienische Bezeichnung: Schwanz ohne Kopf.

73,3 Schicksel: Steig und Beutler (Jb FDH 1934/35, S. 403) lesen Schicks*a*l; jedoch ist das »e« der Handschrift möglicherweise kein Verschreiber, denn »Schickse« ist ein Schimpfwort für jüdische Frauen, und Arnim, der nicht frei von Antisemitismus ist, spielt auf die jüdische Herkunft von Dorothea an.

73,6–27 Tasso von Gries ... dem Gries (vulgo Haber genannt): Vgl. Erl. zu 9,22.

74,5 Mascarilo: Maskarill, Figur der älteren Komödie: ein Bedienter, der sich als Marquis verkleidet; übertragen: Bürgerlicher, der sich den Adelstitel beilegt

74,22f. Wilh: Meister ... Offenbahrung Johannis: Wörtliches Zitat (Off 19,17) nach *Wilhelm Meisters Lehrjahre* 3,9 (vgl. Schwinn, S. 74 f.)

74,34f. Uebersetzung des armen Landpredigers von Lafontaine: In 2 Bänden 1800 erschienen

75,4 Hofmeister: Privatlehrer in adligen und gutbürgerlichen Häusern

75,14–17 Frau von Krüdener ... Valerie: Der Roman *Valérie oder Briefe Gustavs von Linar an Ernst von G. Ein Gegenstück zur Delphine* von Juliane Krüdener (1764–1824) erschien 1804 auf deutsch.

75,19–30 den alten Necker und seine Tochter die Frau von Stael ... Delphine ... gegen Bonaparte geschrieben: 1803 untersagte Napoleon der Schriftstellerin, sich in Paris oder Umgebung aufzuhalten, sie ging daraufhin erneut ins Schweizer Exil nach Coppet. Arnim blieb mit ihr in Briefkontakt, lehnte es aber 1808 ab, ihr in die Schweiz zu folgen (vgl. Arnim-Kat., S. 24 f.).

75,32f. Faß der Danaiden: Ein durchlöchertes Faß, in das nach der Mythologie die Töchter des Königs Danaos Wasser schöpfen müssen, als Strafe, weil sie die ihnen zur Ehe versprochenen Männer ermordeten.

75,35 die verdammte Bettscene: Vgl. FBA 16, S. 526 f.

76,8 ein Liedchen: Es jagen sich zwei Knaben munter (aus dem *Ariel*; Minor, S. 11)

18. An Arnim
Düsseldorf, 24./25. Dezember 1802
D: FDH, vgl. FBA Nr. 214

78,5–37 ein Objekt der Kunst ... Objeckt der Poesie: Schon im *Godwi*

schreibt Brentano (in Anlehnung an die Ideen von Wackenroder, Tieck und Friedrich Schlegel): *Bin ich doch selber ein Gedicht, und meine ganze Poesie* (FBA 16, S. 112; vgl. auch Erl. zu 141,5).

79,5f. Winkelmanns Nachrede: Vgl. Erl. zu 1,17–19.

79,17f. Göthe hat mir mein Intriguenstück zurükgeschickt: Das zum Wettbewerb eingeschickte Stück mit dem endgültigen Titel *Ponce de Leon* (vgl. Erl. zu 4,27) hatte Goethe auf Anforderung von Brentano mit einem Brief vom 16. Oktober 1802 zurückgeschickt. Brentano gibt Goethes allgemein lobende Worte zutreffend wieder. Darüber hinaus heißt es in Goethes Brief: *Eine öffentliche Rezension* [die Brentano im Brief vom 8. September entsprechend der Ausschreibung angemahnt hatte] *unterblieb, weil keine der eingesendeten Arbeiten eine Darstellung auf dem Theater zu vertragen schien* (vgl. Brentano, Werke 4, S. 920–922).

79,27 Ostein: Reminiszenz an die gemeinsame Rheinreise (vgl. Erl. zu 16,30)

80,5 unter allen diesen Marianen und Philinen: Schauspielerinnen in Goethes *Wilhelm Meister*

80,7 Lüders: Anna Lüders (1780 bis 1809), Schauspielerin in Köln

80,13f. in vier Tagen eine kleine Oper: Die lustigen Musikanten (FBA 12, S. 797–877), ein Werk, das aus einem Gedichttext im *Godwi* mit Elementen der Commedia dell'arte entstand und 1804 veröffentlicht wurde. Eine Aufführung in Düsseldorf kam nicht zustande, weil der Konzertmeister Johann August Franz Burgmüller (1766–1824) die versprochene Komposition nicht lieferte: *er verschob die Vollendung, von einem Tag zum andern, bis ich ermüdete und abreiste*, schreibt Brentano in der *Vorerinnerung* seiner Publikation (ebd., S. 801). Später schrieb E.T.A. Hoffmann Musik zu dem kleinen Singspiel, das unter anderem in Warschau aufgeführt wurde.

80,14 Kupferstecher Heß: Der Kupferstecher Karl Ernst Christoph Heß (1755–1828) in Düsseldorf

80,15f. Langer: Johann Peter von Langer (1756-1824), Historienmaler und Galeriedirektor in Düsseldorf

80,19 Maria Stuart: Schauspiel von Friedrich Schiller

80,21 Stüber: Niederrheinische Münzwährung

80,30 Fromann: Karl Friedrich Ernst Frommann (1765–1857), Verlagsbuchhändler in Jena

80,35 Möller: Nikolaus Möller (1777 bis 1862), norweg. Naturforscher

81,15 Wie auch Walte: Distichen, ein für die Romantiker ungewöhnliches antikes Versmaß mit Wechsel von Hexameter und Pentameter

81,32f. Göthes Lustspiel bei Eröffnung des Lauchstädter Neuen Theathers: Vgl. WA 13/1, S. 37–88.

81,35 Dein Schönes Lied: Vgl. Erl. zu 76,8.

82,12 Aus Köllen war ein Edelknecht: Abweichender Text dieses Liedes im Brief an Bettine im *Frühlingskranz*, FBA 30, S. 227–230

19. An Brentano, Lyon, 12., und Paris, 26. Januar 1803

D: Hs FDH; vgl. Jb FDH 1934/35, S. 415–425; zu dem Brief hat sich ein Konzept erhalten (FDH), das dem Text des ersten Briefteils bis *Propheten* (88,25) fast wörtlich entspricht, dann jedoch – abgesehen von der unten zitierten Passage – nur das Gedankengerüst des ausformulierten Briefes ohne die Verseinlagen umfaßt und nach dem Hinweis auf den Aßmannshäuser (93,18) mit dem Entwurf des Gedichts zum Palais royal endet.

88,21–25 im gewesenen Kloster ... Petrark ... wie Propheten: Petrarca wurde in der Frühromantik verehrt. Es war insbesondere die Form des Sonetts, die vom Schlegel-Tieck-Kreis im Deutschen nach dem Muster von Dante und Petrarca wieder eingeführt wurde. Während Goethe und Schiller sich in der »klassischen

Periode« an der Antike orientierten, bevorzugten die Romantiker die gereimten oder assonierenden Formen der italienischen und spanischen Tradition. So ist es also kein Zufall, daß Arnim Petrarca und seine Schüler als Muster für das erträumte gemeinsame Wirken mit Brentano nennt und ein Sonett anschließt. Bei der Freundschafts-Utopie spielt auch die Vorstellung von einer »geistigen Fortpflanzung« eine Rolle, die zur Idee des humanistischen Freundschaftskults gehörte, der klösterliche Lebensformen verweltlichte.

88,25 Propheten: Im Briefentwurf, der bis zu dieser Stelle im wesentlichen mit dem Brief übereinstimmt, fährt Arnim fort:

Die Sterne siehst du schiessen
Zwey Quellen siehst du fliessen
Die Sterne geben Zeichen,
Im Quell die Hand zu reichen:
Wo Spiegelquellen fliessen
Die Sterne sich begrüssen;
Und sinken Sterne denk ich Dein,
Ich denke, daß du denkest mein
·/.

Ein alter Franzose erzählte mir neulich, wenn er jezt eine Prise Taback nehmen und niese so mache ihm das ebensoviel Freude, wie sonst der Augenblick der höchsten Durchdringung beym Mädchen so ist auch mein Plan, so ist mir auch jezt die Erinnerung an unsern Aufenthalt am Rhein. Ich nenne jezt den Ostein, Owehstein, Izt wo ich nicht mehr dort bin

Zwey Ströme siehst du fliessen
Die Sterne siehst du schiessen
Die Ströme geben Zeichen
Die Aerme sich zu reichen
Wo Spiegelquellen fliessen
Die Sterne sich begrüssen
Und schiessen Sterne denk ich dein
Ich denke, daß du denkest mein.

O Weh ich muß ... (vgl. Fortsetzung im Brieftext 88,31)

Ulfert Ricklefs, der die erste Strophe nach diesem Briefkonzept in Werke 5, S. 87 publiziert, führt dazu im Kommentar aus (ebd., S. 1078): »Im zweifach vorliegenden Briefentwurf 2 Fassungen«. Die beiden in *einem* Entwurf zum Brief enthaltenen Strophen sind jedoch nicht zwei Fassungen eines Gedichts, von denen die zweite die erste ersetzt, sondern die Strophe wird in variierter Form zum zweitenmal in den Prosakontext eingebracht.

89,12f. Atala von Chateaubriand: François René Chateaubriand (1768 bis 1848) veröffentlichte 1801 *Atala, oder die Liebe zweier Wilden in der Wüste.* Der in Amerika spielende Roman der franz. Romantik schildert die Liebe der Christin Atala zu einem Indianer. Atala ist jedoch der Heiligen Jungfrau versprochen, entsagt und scheidet schließlich freiwillig aus dem Leben.

89,14–20 Delphine ... Leonce: Der vierbändige Roman *Delphine*, zu dessen *Lobsprüche[n] der deutschen Literatur* (vgl. 90,3f.) Arnim selbst bei seinen engen Kontakten mit der Autorin in Coppet bei Genf einiges beigetragen hatte (vgl. Werke 5, S. 1077). – Das Sonett mit dem Titel *Leonce*, das dem Liebhaber Delphines gilt, nahm Arnim später verändert in die Sonett-Beilage der ZfE auf (vgl. Werke 5, S. 83f. und 657f.).

90,14 so hat es die Revoluzion mit den Franzosen gemacht: Der Vorwurf der »Gleichmacherei«, der in diesem Bild vom Heckselschneiden (Stroh zu kurzen gleichlangen Halmen schneiden) steckt, ist von den Deutschen oft erhoben worden. Es ist nur eine kurze Phase der Jenaer Romantik, in der die Französische Revolution als eine der »größten Tendenzen des Zeitalters« (so Friedrich Schlegel in einem Aphorismus) gesehen wird. Auch Arnims Vergleich der revolutionären Vorgänge mit Gärungsprozessen gehört zu den zeitgenössischen Topoi. Brentano spricht z. B. in seinem Brief vom 20. Dezember 1798 an den Bruder Franz von *der izzigen Zeit [...] der Revolutionen [...] der grosen jezzigen Gärung* (FBA 29, S. 147).

90,20 Ehle: Elle

90,22f. die Biebel sagt: Vgl. Mt 10,30.

91,13f. Insel Pantataria ... Sancho: Bezug auf den Schelmenroman *Don Quijote* von Cervantes, ein Lieblingsbuch von Arnim und Brentano. Im Roman heißt die fiktive Insel, zu deren Statthalter Sancho Pansa ernannt wird, Barataria.

92,1f. den falschen Waldemar: Die Dramen *Der echte und der falsche Waldemar* erschienen als Band 18 der von Bettine besorgten Nachlaßedition 1846.

92,6 Hochzeitlied: Vgl. Werke 5, S. 84 sowie die erweiterte Fassung ebd., S. 85f.

93,20 Die Zeiten steigen nieder: Der Text steht in einem hs Gedichttaschenbuch unter dem Titel *Orestes und Pilades.* Er spielt einerseits auf die griechische Mythologie an und stellt andererseits Parallelen her zur abgetöteten Beziehung zu Sophie Mereau (Klytämnestra) sowie zum Freundschaftsbund Arnim-Brentano (Pylades-Orest) und Bettine (die Schwester; in der Mythologie ist es Elektra, die dann Pylades heiratet, oder Iphigenie). Brentano geht darauf in seiner Antwort ein (vgl. 98, 38f. und 99,1-18). Nach der antiken Überlieferung tötet Klytämnestra im Bund mit dem Liebhaber ihren Ehemann Agamemnon, worauf sie von ihrem Sohn Orest getötet wird. Danach flüchtet er, von Furien verfolgt. Wichtig für die persönliche »Aktualisierung« des Mythos ist jedoch die Tröstung nach dieser Tat. Es ist der Busenfreund Pylades (Arnim), mit dem Orest gemeinsam aufgezogen wurde, der gemeinsam mit Orest (Brentano) weint. Ob Arnim die Parallele weiterdenkt und erwägt, wie Pylades nach der Rückkehr ins Vaterland die Schwester des Freundes zu heiraten, steht dahin. Im Brieftext geht es insbesondere um die Anspielung auf den mythischen Freundschaftsbund Orest-Pylades.

96,4-14 Gardel ... Vestris: Die Strophen zu Ballettänzern sind mehrfach überliefert und erscheinen auch in den *Erzählungen von Schauspielen* (vgl. Erl. zu 131,11f., Werke 6, S. 166f. sowie Lyr.-Reg. Nr. 437). Dort erwähnt Arnim auch das in Paris auftretende Tänzerpaar Pierre Gabriel Gardel (1758-1840), einen »unsterblichen Fußvirtuosen« (vgl. den Bericht im *Journal des Luxus und der Moden*, August 1802, S. 476), und seine Frau Maria Elisabeth Anne Boubert (1770-1833). Auch der aus einer ital. Familie stammende Marie Jean Augustin Vestris (1760-1842), der als Erfinder der Pirouette gilt, war seit 1772 an der Oper in Paris (vgl. Werke 6, S. 159-167 mit Erl.).

96,34 Il mio fratello banda, banda: (Ital.) Mein Bruder! Er tanzt, er tanzt! (obszöne Anspielung, die von der Schwester nicht beabsichtigt ist).

97,6 Der Bienenkorb, das Palais royal: Das Palais royal, während der Französischen Revolution zunächst Versammlungsstätte für politische Veranstaltungen, entwickelte sich später zum Freudenhaus. Darauf spielt Arnim in seinem Gedicht an, und die Prostituierten werden – wie umgangssprachlich noch heute – mit Bienen verglichen.

20. An Arnim
Marburg, um den 6. Februar 1803
D: Hs FDH; vgl. FBA Nr. 275

98,9 Mausethurm: Der Mäuseturm, auf einer kleinen Rheininsel bei Bingen gelegen, entzündet Brentanos Phantasie auch in den *Mährchen vom Rhein*, in denen er eine Verbindung der Hatto-Sage mit der (im *Wunderhorn* verarbeiteten) Rattenfängersage aus Hameln herstellt.

98,38f. an Klytemnestra ... schreiben: An Sophie Mereau

99,1-18 Und Pylades erscheinet ... seit ich Klytemnestren erschlug: Brentano bezieht sich auf Arnims Gedicht *Die Zeiten steigen nieder* (93,20 mit Erl.) und erhofft sich Tröstung, nachdem die Beziehung zu Sophie Mereau »gestorben« war.

101,16 die Poesie des Volkes wieder hervorzurufen: Früher Beleg für die Intentionen der Freunde, die dann mit der *Wunderhorn*-Edition teilweise verwirklicht wurden

102,27 Mein Nächster Brief wird eine Mausefalle sein: Tatsächlich gelang es Brentano, mit Sophie Mereau »wieder anzuknüpfen«; der erwähnte Briefwechsel mit ihr begann mit seinem Brief vom 10. Januar 1803 (FBA Nr. 269); nach der knappen Antwort vom 20. Januar (Mereau-Bfw, S. 115–117) spricht Brentano in seinem Werbebrief vom 10. Februar (FBA Nr. 277) dann von einer *freie[n] poetische[n] Existens [...], die fern von dem Abentheuer ist, und fern, von dem Häuslichen Tod, ich kenne diese Existens, ich lebe sie, aber ich bin einsam, und kein Mensch lebt mit dem ich freudig theilen mag, Leib und Leben, und Gedanken* (FBA 31, S. 49). Am 29. November 1803 werden die beiden in Marburg getraut, am 11. Mai 1804 kommt der Sohn Achim Ariel Tyll zur Welt, der jedoch nur einen Monat am Leben bleibt.

102,29–31 Mein Lustspiel ... mit deinem Buche zu gleich: Brentanos *Ponce de Leon* und Arnims *Ariel's Offenbarungen* erscheinen 1804 bei Dieterich in Göttingen.

102,32–35 Winkelmann ... Schellings Journal ... schmählich ... mishandelt: Winkelmanns Buch *Einleitung in die dynamische Physiologie* war im *Kritischen Journal der Philosophie* (hg. v. Schelling und Hegel) 1802 rezensiert worden. Dabei verspottete Schelling auch »die ›Verherrlichung‹ von Ritter und Arnim: ›Wir waren sehr geneigt, dergleichen Zurückgebende [...] in die verschiedenen Rubriken der lebhaften Frösche und ernsthaften Affen einzutheilen‹, und er zieh ›den jungen Weisen‹ des Plagiats, weil dieser die ›Entdeckung von den beyden Principien, dem Positiven und Negativen‹ ›kühnlich‹ seinen Gedanken nenne« (Schnack, S. 375 f.).

103,3 Canonicus: Vorsänger bei Choralgesang

103,5–7 Bonaparte ... zwei Barons von Arnim ... vorgestellt: Die Quelle Brentanos konnte bisher nicht ausgemacht werden, und die Tatsache, daß Arnim und sein Bruder Carl Otto (genannt »Pitt«) in Paris Napoleon vorgestellt wurden, wird allein durch den Bericht in Pitts Reisebeschreibungen bestätigt. Im *Journal des Luxus und der Moden* steht unter dem Datum *Paris, im Dec. 1802* (im Jan.-Heft 1803, S. 108) lediglich: *Wir haben jetzt unzählige deutsche Gelehrte hier, von denen die berühmtesten dem Consul vorgestellt werden.*

103,13 der blinde Herzog von Ahremberg: Dem erblindeten Herzog Engelbert Ludwig von Arenberg (1750–1820), den Brentano in Düsseldorf kennengelernt hatte, widmete er den *Ponce.* Vermutlich ist auch der blinde Piast in Brentanos Singspiel *Die lustigen Musikanten* eine Würdigung des Freundes.

103,21f. mio fratello ... ob er auch das Organ: Vgl. 96,34 mit Erl. Das nicht identifizierte, offenbar anzügliche Zitat lautet vollständig: *Ob er auch wohl das Organ noch haben mag.* Brentano zitiert es bereits Anfang September 1801 in einem Brief an Savigny (FBA 29, S. 371).

103,39–104,3 Jean de Paris ... Bibliotheque bleue ... Mons[ieur] de Castillon: Jean Castillon hatte 1770 in vier Teilen die französische Sammlung von alten französischen Volksromanen herausgegeben, von denen Savigny für Brentano eine große Zahl, darunter auch *Histoire de Jean de Paris* erwarb (vgl. Brentano-Bibl. S. 34 und 36).

104,23f. premieres editions des Digestes et des Codes ... vieilles Editions: Während Savigny Erstausgaben von Gesetzen und Gesetzesauszügen sammelt, geht es Brentano um alte Editionen von Romanen und Gedichten aus dem 13. bis 15. Jhd.

104,32–40 der zweite Band vom Novalis ... Tiek schreibt ... Urtheil

über Göthe: Nach dem Tode von Novalis, der zum Jenaer Schlegel-Tieck-Kreis gehörte, veröffentlichte Tieck dessen Werke und berichtete mit Textproben von der geplanten Fortsetzung des *Heinrich von Ofterdingen.* Der zweite Band der Ausgabe enthält zugleich eine Auswahl von Aphorismen, darunter auch das Urteil über Goethe: *Goethe ist ganz praktischer Dichter. Er ist in seinen Werken, was der Engländer in seinen Waaren ist: höchst einfach, nett, bequem und dauerhaft. Er hat in der deutschen Literatur das gethan, was Wedgewood in der englischen Kunstwelt gethan hat. Er hat, wie die Engländer, einen natürlich-ökonomischen, und einen durch Verstand erworbenen edeln Geschmack. Beides verträgt sich sehr gut, und hat eine nahe Verwandtschaft im chemischen Sinn* (zit. nach der Auflage von 1820, S. 213).

105,18–106,11 Ohstein ... auf der fliegenden Brükke ... Thurm bei Rüdesheim ... spielte Guitarre: Reminiszenzen an die gemeinsame Rheinreise; neben dem Jagdschloß Ostein und dem Koblenzer Abschied (vgl. Erl. zu 1,10 und 16,30) erwähnt Brentano einen Ausflug zum Turm bei Rüdesheim und sein Gitarrenspiel. Über die Faszination, die von Brentanos Vortrag von Gitarrenliedern (nicht nur der eigenen Lyrik) ausging, berichten viele Zeitgenossen. So notiert etwa Joseph von Eichendorff (1788–1857) in seinem Tagebuch: *Im Februar [1810] besuchte uns einmal der herrliche Brentano. Sein Weltauslachen und sogenannte Grobheit bis zum göttlichen Wahnsinn. Er spielte Guitarre. Sein Bettler, blau, blau, König v. Thule etc. himmlisch* (Werke 5, S. 285).

106,26 Heldengedicht: Eine Fortsetzung zu dieser Strophe, die noch einmal auf die Rheinreise des *braunen* (Brentano) mit dem *blonde[n]* anspielt, schrieb Arnim nicht. Zur Interpretation vgl. Schwinn, S. 55 f.

21. An Brentano
Paris, 17. Februar, 1. und 7. März 1803
D: Hs FDH; zum Brief hat sich ein Konzept erhalten (FDH)

107,12 Kripe: Grippe; vgl. die andere Schreibung 110,10.

107,24 f. Reichardt: 1799 war Arnim zum erstenmal bei dem Kapellmeister und Komponisten Johann Friedrich Reichardt (1752–1814) in Giebichenstein (bei Halle) zu Gast. Vom 4. November 1802 bis 9. April 1803 hielt Reichardt sich in Paris auf und veröffentlichte über diese Zeit *Vertraute Briefe aus Paris.* Als Pollini bildet Arnim den Freund bereits in seinem Roman *Hollin's Liebeleben* ab (vgl. Arnim-Kat., S. 33).

108,11 Frühlingsbefreyen: Abweichend als Lied eines Finken im *Ariel,* Minor, S. 244 f. Das Konzept des Briefes endet mit einem Entwurf des Gedichts, der ebenfalls abweicht.

109,4 f. Jacques le Fataliste: Romanfigur von Denis Diderot (1713–1784). In dem 1773–75 entstandenen Werk (1792 in deutsch) reist der Diener Jacques mit seinem adligen Herrn durch Frankreich und diskutiert mit ihm über seine amourösen Abenteuer und philosophische Fragen.

110,1 Nationaldiligencen: Die französischen Postkutschen (Eilwagen)

110,12–14 Friedr: Schlegel ... in seinem Beutel den Grund: Friedrich Schlegel war ständig in Geldnot und auf der Flucht vor Gläubigern; er verfügte nicht über Vermögen und fand keine feste Anstellung an der Universität. Auch bei dem Studenten aus reichem Hause in Jena – bei Brentano – lieh er Geld aus.

110,16 flectere si nequeo superos, Acheronte movebo: (Lat.; Vergil: Aeneis 7,312) Wenn ich die Oberen (die Götter) nicht beeindrucken kann, werde ich den Acheron (die »Hölle«) in Bewegung setzen.

110,24 f. einen literarischen Thee: Über den Salon Schlegels in Paris berichtet Irina Hundt ausführlich in ihrem Beitrag: Geselligkeit im Kreis von Dorothea und Friedrich Schlegel in Paris in den Jahren 1802–1804 (in: Salons der Romantik, hg. v. Hartwig Schultz, Berlin 1997, S. 83–133).

110,26 Irstedt: Vermutlich ist der Däne Hans Christian Oersted (1777 bis 1851) gemeint, der zu Schlegels Hörern und Stammgästen der Teerunde in Paris gehörte.

110,30–32 Wasser Weltsystem ... Grenadierkompagnie von Planeten: Die Kritik Arnims trifft insofern den Nagel auf den Kopf, als Ritter und Schelling von einzelnen naturwissenschaftlichen Experimenten und Beobachtungen ausgehend vorschnell einen naturphilosophischen Gesamtentwurf entwickelten. Durch Analogieschlüsse (z. B. vom Magnetismus zum »tierischen Magnetismus«, der als Grundgesetz der organischen Welt angenommen wurde) hofften die Vertreter der romantischen Naturphilosophie zur Formulierung von Weltgesetzen zu kommen, obwohl die Untersuchung der neu entdeckten physikalischen und chemischen Phänomene noch in den Anfängen steckte.

110,36 die beyden Mütter vor Salomo: Das Urteil Salomos zur Kreidekreisthematik (Streit der Mütter um ein Kind)

111,2f. Stein in Brod verwandeln: Vgl. Mt 4,3, die Versuchung Jesu, ein Bild, das Brentano häufig in seiner Lyrik an Luise Hensel verwendet.

111,21f. musculus extensor: Vermutlich meint Arnim den Schließmuskel.

111,23 Alkahest: Nach Paracelsus das Universallösungsmittel für alle Stoffe

111,36f. Gelenkmann: Hampelmann

112,15 Vehme: Femegerichte, heimliche Gerichte

112,27f. Wartburg ... Lustspiel: Das Sängerfest auf Wartburg ist der abschließende Teil des *Ariel* (Minor, S. 218–276).

113,13 Hyeroglyphen: Geheimnisvolle Schriftzeichen. In der Ästhetik und Geschichtsphilosophie der Frühromantik spielt der Begriff eine zentrale Rolle: Dabei geht es primär nicht um dichterische Bilder, sondern um Relikte einer vergangenen goldenen Zeit, die in der Natur verborgen sind. Der Dichter hat die Aufgabe, diese geheimen Botschaften aus alter, paradiesischer Zeit – in der Götter, Riesen und Menschen noch harmonisch miteinander lebten – den Zeitgenossen der kargen Gegenwart zu vermitteln. Arnim phantasiert auf dieser Grundlage von einer neuen Sprache der Dichtung, die aus etymologischen Deutungen entstehen soll und insofern auch auf den Ursprung der Sprache, auf jene vorgeschichtliche Urzeit zurückweist.

113,38f. nothzüchtigt wie Männerliebe die nichts hervorbringt und überdies ekelhaft ist: Deutliche Stellungnahme Arnims gegen Homosexualität. Man wird deshalb bei dem Brentano-Arnim-Verhältnis von allenfalls homoerotischen Komponenten ausgehen können und nicht von ausgelebten homosexuellen Praktiken im heutigen Sinne.

113,40–114,1 Hellenick und Romantick: Zeitgenössische Begriffe, um die Hinwendung zur griechischen Antike (Hellenik) und deutschen (oder christlich-europäischen) Tradition (Romantik) begrifflich zu fassen. Arnim sieht – wie alle Romantiker, die stets auf der Suche nach der »Urmythe« waren – die Verwandtschaft der verschiedenen nationalen Mythen. Hier verbindet er Elemente der französischen, deutschen, griechischen und römischen Tradition, die mit den Helden Roland, Herkules, Odysseus (Ulysses) und Jean de Paris bezeichnet werden.

114,8–11 Jean de Paris ... blaue Bibliothek: Vgl. Erl. zu 103,39–104,3.

114,14 Calderone: Die Verehrung der Romantiker für den spanischen Dichter Don Pedro Calderon de la Barca (1600–1681) begann in der Frühromantik (bei den Brüdern Schlegel) und führte zu Übersetzungen zahlreicher Dramen. 1803 und

1809 gab August Wilhelm Schlegel (1767–1845) zwei Bände *Spanisches Theater* heraus. Joseph von Eichendorff ließ 1846 und 1853 *Geistliche Schauspiele* folgen (vgl. Werke 4, S. 1061–1076).

114,24 Manessischen Codex: Die in der Heidelberger Bibliothek aufbewahrte Manessische Handschrift mit Texten der Minnesänger Sonnen- und Mondfinsternisse erklärt. Kurios ist an Arnims eschatologischem Bild, daß in der paradiesischen Zeit Goethes Schriften gelesen und Haydns Oratorium *Die Schöpfung* gesungen werden. – Ein Teil der Mythologeme wiederholt Arnim in seinen *Gesprächen über Schauspiele*, wobei die *Würfel* als *Kunst* identifiziert werden (vgl. Werke 6, S. 163).

22. An Brentano
Paris, 4./5. April 1803
D: Hs FDH

115,4–21 Graf Schlabrendorf ... Stereotypenkunst ... kehr[t] vielleicht bald nach Deutschland zurück: Gustav Graf von Schlabrendorf (1750 bis 1824) lebte seit Beginn der Französischen Revolution in Paris. Als Freund der Girondisten entging er 1793 nur knapp der Guillotine. Der phantasievolle und begabte Mann beschäftigte sich mit verschiedenen Erfindungen, darunter mit einer Spracherzeugungsmaschine und neuartigen Verfahren der Satztechnik (Stereotypen). Zur Zeit der Befreiungskriege wurde der glühende Patriot von Napoleon an der Rückkehr nach Deutschland gehindert.

115,40–116,11 Harpyen ... Braga ... Fenrir: Die Harpyen sind bei Homer die Götter des Sturmes und Todes; in griechischen Sagen treten sie auch als Ungeziefer (gottgesandte Plagen) in Erscheinung, die Nahrung wegfressen oder verunreinigen. Arnim bringt sie mit nordischen Mythen in Verbindung, denn in seinem mythischen Bild nagen sie an den Wurzelfasern der von den Germanen als Sinnbild von Freiheit und Kraft verehrten Eiche. Der gleichen mythologischen Tradition der Edda sind Braga (Bragi), der Gott der Beredsamkeit und Dichtkunst, und seine Gattin Idun(a), die Göttin der Unsterblichkeit, zuzuordnen. Fenrir ist der Wolf, der beim Weltuntergang Odin verschlingt; riesige Wölfe verfolgen nach der nordischen Mythologie auch Sonne und Mond, was

23. An Arnim
Frankfurt, 30. April 1803
D: Hs FDH; vgl. FBA Nr. 287

116,29f. Briefe und Lieder in Wolken: Felsen und Wolken liegen zwischen uns, heißt es am Anfang vom *Tagebuche eines hypochondrischen Reisenden* (*Aloys und Rose*; Arnim, Werke 3, S. 11), das sich nach Arnims Angabe (141,29f.) an den Freund Brentano richtet.

117,17 Toni und Gundel: Antonia geb. von Birkenstock (1780–1869; Ehefrau von Clemens' Bruder Franz) und Kunigunde Brentano (1780 bis 1863), ab 1804 mit Savigny verheiratet

117,25–27 Die Mereau ... hat mir geschrieben, sie wolle mich sehen: Der kurze Brief vom April 1803 (Mereau-Bfw, S. 125) beginnt: *Ich will Sie sehn – Sie werden mir eine neue Bekanntschaft sein. Wie kann ich wissen, was ich für Sie fühle, da ich Sie nicht mehr kenne?* Vgl. auch Erl. zu 102,27.

118,37 Meßkatalog: Zur Frankfurter Messe erschien ein Verzeichnis der Buchneuerscheinungen (vgl. 125,20).

119,4 Braut von Messina (Alarkisch): Brentano sieht (wie andere Zeitgenossen) eine Verwandtschaft von Schillers Drama mit Friedrich Schlegels *Alarcos* (1802), einem Trauerspiel, das nach Schlegel sowohl an die griechische wie an die spanische Tradition anknüpfte. Die Romanze vom Grafen Alarcos hatte bereits Lope de Vega dramatisiert.

119,7–124,35 Eugenia Trauerspiel von Göthe ... so weit hat Betine geschrieben: Brentano übermittelt eine

Inhaltsangabe von Goethes Trauerspiel *Die natürliche Tochter*, das am 2. April 1803 in Weimar uraufgeführt wurde. Er war selbst nicht zur Aufführung in Weimar und läßt Bettine die Inhaltsangabe aus einem Brief des befreundeten Ludwig von Wrangel (1770–1811) an Savigny abschreiben. – Goethes Plan war es, in seinem Trauerspiel *alles, was ich so manches Jahr über die Französische Revolution und deren Folgen geschrieben und gedacht, mit geziemendem Ernst niederzulegen.* Er führte jedoch nur den ersten Teil, die Exil-Tragödie Eugeniens, aus. Seine Hauptquelle waren die 1798 erschienenen Memoiren von Stéfanie-Louise de Bourbon-Conti, ein Werk, das Arnim und Brentano ebenfalls lasen, um Goethes Umgang mit dem Stoff zu studieren (vgl. 141,16–25).

119,21–124,35 angegeben ... wird: In der Handschrift Bettines

125,35 Lacrymas: Das Werk von Wilhelm von Schütz (genannt Schütz-Lacrimas; 1776–1847) wurde 1803 von Schlegel hg.

125,36 Heinse: Wilhelm Heinses (ursprünglich Hein(t)ze; 1746–1803) Roman *Ardinghello* war bereits 1787 erschienen und hatte Einfluß auf Brentanos *Godwi*; als Neuerscheinung des am 22. Juni 1803 verstorbenen Heinse wird *Anastasia und das Schachspiel. Briefe aus Italien* (Rom 1803) angekündigt.

126,8 Majorenn: Erst im Alter von 25 Jahren wurde Brentano mündig; vorher verwaltete sein Vormund, der Bruder Franz, sein Erbteil.

127,24–29 Baggesen ... Gozzi, Holberg: Die genannten Dichter sind: Der dänische Autor Jens Baggesen (1764–1826), Herausgeber einer Sammlung deutscher Gedichte, der Italiener Graf Carlo Gozzi (1720 bis 1806), der in der Tradition der Comedia dell'arte schrieb, und der norwegisch-dänische Ludvig Holberg (1684 bis 1754), Verfasser zahlreicher Komödien.

128,24 Unzelmann: Friederike Bethmann-Unzelmann geb. Flittner (1760 bis 1815), eine vielseitig begabte Berliner Schauspielerin

129,3 Rafaelische Einfachheit: Raffaelo Santi (1483–1520) wird schon in in der frühromantischen Programmschrift von Wackenroder und Tieck *Phantasien über die Kunst* (1799) als Vorbild der zukünftigen Kunst genannt.

129,4 Göthens erstes Sonett: Gemeint ist das Sonett der Eugenie im Kontext des Stückes, das Brentano nur durch den Aufführungsbericht Wrangels kannte.

24. An Brentano
Paris, 5. Mai 1803
D: Hs FDH; zum Brief hat sich ein Entwurf erhalten (GSA; vgl. Tendenzen, S. 123 f.), von dem ein letzter Teil mit politischen Überlegungen nicht in den Brief eingeht. Der Vergleich mit der Wippe (vgl. 133,24) wird im Entwurf folgendermaßen ausgeführt:

Das Unglück ist frevelhaft
Das Glück aber Laster schafft.

So sitzen wir auf der Wippe der Glücklige bekommt von dem Unglückligen einen Stoß, wenn dieser zur Erde sinkt, der eine furzt und der andre muß es riechen. So wipt die ganze Welt jezt mit den Franzosen, so furzen die Franzosen und die Deutschen müssen es riechen. Sie werden nicht lange den heiligen deutschen Boden betreten ohne unter den Opfermesser zu fallen. Die Welt muß umgerührt werden, damit jedem die Erinnerung bleibt, was oben schwimmen muß, daß für Akten nicht der oberste sondern der unterste Plaz gehört und daß oben ein einiger kräftiger Wille zu leben herrschen muß nichts aber soll leben, was nicht die Kraft zum Leben hat. Eine Reichsverfassung muß nicht auf dem Papier, sondern in der That stehen, sonst fällt sie wie eine Papierne Wand beym ersten Anstoß.

Aber wer wird die Kastanien aus dem Feuer heben?
Ich werde weinen, wie die Kinder, bis ich sprechen kann, denn darum weinen sie, weil sie ihre Fantasieen gern aussprechen möchten

129,19–21 Du bist Moses … eine Quelle: Vgl. 2 Mose 17,6.

129,26f. Meyer … Namenvariationen: Arnim denkt u.a. an den sogenannten »Kunst-Meyer«, Johann Heinrich Meyer (1759–1832), einen Maler und Kunsthistoriker, der Goethes Auffassungen zur Kunst entscheidend mitbestimmte und insbesondere für die »anti-romantische« Tendenz der deutschen Klassik im Bereich der bildenden Kunst verantwortlich war.

130,29 Eugenie … der lieben Schreiberin: Es war Bettine, die den Plan von Goethes Trauerspiel aus einem Brief Wrangels abgeschrieben hatte (vgl. 119,21–124,35 mit Erl.).

131,2 Körner: Bernhard Körner, Verleger in Frankfurt

131,5f. Calderon und Ion und Ariel durch die Diligence: August Wilhelm Schlegels Calderon-Übersetzungen (vgl. Erl. zu 114,14) und den *Ion* des Bruders Friedrich sowie Arnims *Ariel* soll Brentano mit der Schnellpost versenden, die offenbar zuverlässiger ist als die reguläre (»ordinäre«) Post.

131,9f. im ersten Theile des Ariel: Den projektierten zweiten Teil (vgl. 131,15f.) veröffentlichte Arnim nicht; der erschienene Band enthält die aufgelisteten Abschnitte.

131,11f. In Schlegel's Europa … Dialog: Unter dem Titel *Erzählungen von Schauspielen* (Werke 6, S. 129–167) erschien Arnims Beitrag in der Zeitschrift *Europa.* Das Gespräch leitete der Herausgeber Friedrich Schlegel mit einer *Vorerinnerung* ein.

132,1 Godwi an eine keusche Jungfrau: Unter dem Titel *Hundelust* findet sich eine abweichende Fassung des Gedichttexts auch in einem hs Pergamentband Arnims (vgl. Lyr.-Reg. Nr. 833).

25. An Arnim
Frankfurt, 11. Mai 1803
D: Hs FDH;
vgl. FBA Nr. 290

133,10f. hierbei … lauter Gedruktes: Die lustigen Musikanten und *Claudia*, vgl. 135,8f. mit Erl.

26. An Arnim
Frankfurt, 11. Mai 1803
D: Hs FDH; vgl. FBA Nr. 291

134,30 Invitation in Spe: In Aussicht gestellte Einladung. Sophie hatte ihren lakonischen Brief vom April 1803 (vgl. Erl. zu 117,25–27) mit der Bemerkung abgeschlossen: *Es ist nötig, daß ich jetzt eine kleine Reise tue […]. Schreiben Sie mir unterdessen, wo mein nächster Brief Sie findet. S.* (Mereau-Bfw, S. 125).

135,7 Doctor Fries: Jakob Friedrich Fries (1773–1843), Dozent der Philosophie in Jena, dann (u. a. durch Vermittlung Brentanos) ab 1805 in Heidelberg

135,8f. mein Singspiel … Geburtstags Gedicht … für Claudine Piautaz: Das Singspiel *Die lustigen Musikanten* und das als Privatdruck erschienene Gedicht *Claudia*, zugleich Teil eines Schattenspiels, das zur Aufführung im Frankfurter »Haus zum Goldenen Kopf« vorgesehen war (FBA 12, S. 879 bis 908), aber nicht zur Aufführung gelangte. Claudine Piautaz (1772 bis 1840), die am 19. März Geburtstag hatte, war Haushälterin und eine Art »Ersatzmutter« für die Brentano-Geschwister. Brentano bezeichnete sie auch als »Klausner« und schrieb der nur sechs Jahre älteren Frau weitere Gedichte.

135,14–21 einen Sing Decameron … Roman in 12 Romanzen: Brentano denkt an eine Verbindung der einzelnen Lieder durch eine Rahmenhandlung, ähnlich wie die einzelnen Erzählungen in Boccaccios Sammlung miteinander verknüpft sind.

Dazu wäre episch angelegte Lyrik (»Romanzen«) am besten geeignet. Das Projekt der *Liederbrüder* kam jedoch nicht zustande, nur einige der frühen »Romanzen« Brentanos (nicht zu verwechseln mit den *Romanzen vom Rosenkranz*) sind in einheitlicher Reinschrift überliefert und zeugen von diesem Plan.

135,24 Merkel: Garlieb Helwig Merkel (1769–1850) lebte in Weimar, stand in engem Kontakt mit Herder, Wieland und Kotzebue und publizierte literaturkritische Zeitschriften (*Ernst und Scherz*, 1803; *Der Freymüthige*, ab 1804).

135,32f. Nina Wahnsinn: Bernhard Christoph d'Ariens Sück *Nina oder Wahnsinn aus Liebe*

135,34–36 Marianne Jung ... Willmer: Eine Begegnung mit der Schauspielerin Jung, der späteren Marianne von Willemer (1784–1860), schildert Brentano auch in seinem Stammbucheintrag für sie (vgl. Clemens Brentano: Gedichte. Nach kürzlich entdeckten Handschriften und Plänen des Dichters hg. von Hartwig Schultz, Aschaffenburg 1979, S. 243 und 306 f.). Marianne, die vor allem durch die Mitarbeit an Goethes *West-östlichem Divan* Eingang in die Literaturgeschichte fand, gilt auch Brentanos Zueignung des *Märchens von Gockel, Hinkel und Gackeleia.* Er hatte sie im Jahre 1800 kennengelernt und ihr Gitarrenunterricht gegeben.

27. An Brentano
Paris, 6. Juni 1803
D: Hs FDH; ein Blatt des Briefes (vermutlich durch Mäusefraß) stark beschädigt

138,24f. Gedichten der Klotilde ... problemas de amor ... Jean de Paris: Nach Ausweis von Arnims Bibliothek handelt es sich bei dem ersten genannten Werk um die *Poésies* von Marguerite Ellonore Clothilde de Vallon-Chalys, dame de Surville, Paris 1803 (B 1748). Vgl. ferner 148,5 und 103,39–104,3 mit Erl.

138,27 Alberthal: Ludwig Alberthal (gest. 1813), Kommilitone von Arnim und Brentano in Göttingen

139,1 Sind wir nicht froh?: Das Gedicht bezieht sich auf Brentanos Singspiel *Die lustigen Musikanten*, in dem alle genannten Personen vorkommen. Arnim hat es in ein Trauerspiel *hinübervariirt*, wie er schreibt.

140,10 Angelegenheiten mit Hannover: Napoleon provozierte 1803 England mit der Besetzung von Hannover, die zum Wiederausbruch des Krieges zwischen England und Frankreich führte.

140,24 Fortunatus: Eines der sogenannten »Volksbücher«, das in einem Druck von 1509 überliefert ist und 1816 von Tieck in seinem *Phantasus* bearbeitet wurde

141,5 halten sie d[ich für eine] poetische Figur: Der Vergleich einer Person mit einer Dichtung gehört zu den Topoi der Frühromantik (vgl. Erl. zu 78,5–37). Hier bemüht sich Arnim, die äußerst zwiespältigen Voten des Ehepaars Schlegel durch den Vergleich mit einer dichterischen Figur (pars pro toto: ein Teil steht für das Ganze) abzumildern.

141,16f. Memoires ... Stéphanie-Louise de Bourbon: Arnim ist richtig informiert: Goethes Hauptquelle der *Natürlichen Tochter* sind ihre Memoiren.

141,18f. Mad: Gàchèt in Laubenheim: Brentano lernte die französische Emigrantin Louise de Gachèt (die nicht mit Stephanie identisch ist) persönlich kennen, korrespondierte mit ihr und bat sie auch, Bettine einen Besuch abzustatten (FBA 30, S. 64–72). Er beschreibt sie der Schwester als *liebenswürdigste Frau [...] die durch ihr Geschick schon über den gewöhnlichen Kreis der Menschen hinausragt [...] Sie allein kann Deine Ideen über Revolution und Volksglück aufklären* (ebd., S. 64). Bettine berichtet von dem amazonenartigen Auftritt des »Jugendlich schönen Mannjünglings«

(ebd., S. 69) in Offenbach, reagiert aber distanziert: *ich will wohl mit der Gachet umgehen [...] aber mich ihr hingeben, von ihr mich leiten lassen, was fällt Dir ein? – Ich brause vor Zorn, daß einer etwas über mich vermögen soll was nicht ich selber bin* (ebd., S. 72).

141,28 Aloys und Rose: Vgl. Erl. zu 70,6 f.

142,1 Dein Bruder Freytag mit seinem Robinson: Scherzhafte Bezeichnung für Brentanos Bruder Christian, der mit einem Engländer namens Robinson reiste (vgl. 36,29 f. mit Erl.)

142,9–11 Odysseus ... fremden Freyern: Anspielung auf Homers Schilderung von Odysseus' Heimkehr. Um dessen Frau bewarben sich zahlreiche unverschämt auftretende Freier.

142,20 Philoctet: Der Bogenschütze Philoktetes wurde auf Odysseus' Rat nach einem Schlangenbiß auf der Insel Lemnos ausgesetzt. Im Krieg gegen Troja war man jedoch auf seine vergifteten Pfeile angewiesen und befreite ihn aus der Verbannung. So konnte er Paris mit einem Pfeil töten und den Kampf entscheiden.

142,30–143,3 Marmorbildern ... farbigen Lappen ... Melpomene ... Okeanos ... Albion: Arnim spielt vermutlich auf die Anregungen an, die er durch die Sammlungen des Louvre in Paris erhalten hat, wobei die »Lappen«, die ins Zimmer blicken wie Kinder ins Gesellschaftszimmer, eine Umschreibung von Ölgemälden (auf Leinwand) sein dürften. Die Erwähnung von Melpomene spielt wohl auf Probleme beim Dramenschreiben an (Melpomene ist die Muse der Tragödie), während der freundliche Blick des Okeanos auf die kommende Schiffsreise nach England (dichterischer Name: Albion) vorausweist.

28. An Brentano
London, 5. Juli 1803
D: Hs FDH; zum Brief hat sich ein Entwurf erhalten (GSA); vgl. Tendenzen, S. 124 f.; eine Nachschrift (148,8–31), die bislang dem sogenannten »Weihnachtsbrief« (Nr. 23) zugeordnet wurde, dürfte (u. a. wegen den Ulmenmotivs, das auch im Entwurf auftaucht) zu diesem Brief gehören.

143,29 f. mal au coeur: (Franz.) Übelkeit, Reisekrankheit

144,14 f. Pflanze ... Lebensluft: Arnim meint offensichtlich Blasentang, der kleine Luftkissen aufweist und mit den luftgefüllten Blasen den Blättern im Wasser Auftrieb verleiht; da auch die Dichter die »Lebensluft« in sich tragen, nennt er die Meerespflanze »Meerdichter«.

144,28–30 eine Art von Sternen ... von Schneckenrüsseln bedekt: Seesterne

144,34 Mese: Möse; vulgär für weibliche Geschlechtsorgane

145,13 Condon: Nach dem englischen Erfinder Conton benanntes Verhütungsmittel, Kondom

145,22 Die eine heisset: Vgl. das *Wunderhorn*-Lied *Müllers Abschied*: »Da droben auf jenem Berge« (FBA 6, S. 96), dessen 5. Zeile lautet: *Die eine, die heisset Elisabeth.*

146,1–5 Vauxhall ... Dichter ... versteint: Bis 1835 war Vauxhall ein beliebter Vergnügungsort in London (nahe der Vauxhall-Brücke). Dort gab es vermutlich Büsten der englischen Dichter.

146,12 f. Schakespeares Gallerie ... Füsslys Hamlet: Arnim besuchte die in London seit 1789 in der Pall Mall existierende Shakespeare Gallery mit Darstellungen zu Werken des Dichters. Johann Heinrich Füssli (1741–1825) hatte bei der Einrichtung geholfen; von ihm war u. a. das beschriebene Bild zum *Hamlet* (I 4) ausgestellt, das seit 1796 auch in einem Kupferstich von Robert Thew verbreitet war.

146,25 auf dem Nigger: Gemeint ist wohl der afrikanische Fluß Niger (und nicht »Migma«; griech. »Mischung, Mixtur«, wie Härtl nach dem Entwurf annimmt). Dem fraglichen

Wort folgen am Schluß des Entwurfs zwei Gedichte, die die Atmosphäre des englischen Sommers einfangen und zugleich die labile Stimmung Arnims ausdrücken:

An grünen Quästen hohe Ulme[n]-
äste,
Kastanien mit ihrer Blütenreste,
Der Uebergang zum glühen
Sommer,
Doch frisches Grün auf jeder Bahn,
Daran erscheint des Englands
Sommer,
Der dich zerknirscht mit heissem
Spahn

[Blattrückseite:]

Jeder sucht und jeder ringet,
Jeder flucht und jeder singet
Was der Frühling früh dir bringet,
Was dem Flüch[t]ling Jugend
schlinget,
Ist kein Zügel für die Zeit
Leid Leid
Leitet nur weit und breit.

Steige Berge um zu fallen,
Dich verberge zum Gefallen.
Kärglich spare was dich freuet,
Daß dein Ende dir gestreuet
So gewinne Dir die Zeit
Leid Leid
Nimmt das Maul sonst breit.

Oder giesse in das Feuer,
Allzugleich die Geister freyer,
Laß den Frühling Winter holen,
Lebe du ganz unverhohlen
So gewinnest du die Zeit
Leid Leid
Ist der Weg nicht breit.

146,27 Löwen im Tauer: Im Londoner Tower wurden Löwen gehalten.

146,31f. mein Libanon ... meine Cedern: Vgl. Hohes Lied.

147,35f. Scott Minstrelsy of the Scottish Borders: Sir Walter Scott (1771–1832) hatte 1802 in drei Bänden *The minstrelsy of the Scottish border* veröffentlicht. In einer Rezension der Teilübersetzung von Henriette Schubart (1817) würdigt Arnim Scotts Liedersammlung als *eine der mancherlei Veranlassungen zur Sammlung des Wunderhorns* (Werke 6, S. 537).

148,5f. Preguntas de amor ... Clotilde: In Brentanos Bibliothek (S. 99) findet sich das Werk *Preguntas ansi de Amor como Naturales y açerca del vine, por Juan Jarava. [1]544*, das vermutlich gemeint ist. Zum zweiten Buch vgl. Erl. zu 138,24f.

148,15f. Böttiger ... London und Paris: Der Weimarer Gymnasialdirektor Karl August Böttiger (1760 bis 1835) gab im Weimarer Industrie-Comptoir u. a. das Journal *Paris und London* heraus, in dem offensichtlich eine Meldung über die entlaufene Kuh in London erschienen war.

29. An Brentano
Tooting, 19. August 1803
D: Hs FDH

149,24 Solawechsel: Ein nur in einem einzigen Exemplar hergestellter Geldwechsel

151,4 Stix: Der Fluß Styx in der griechischen Mythologie, der die Unterwelt abtrennt und nur mit einer Fähre überquert werden kann.

151,19f. Voltaires Erzählung ... Candide: François-Marie Arouet de Voltaire (1694–1778) veröffentlichte 1759 anonym seinen philosophischen Roman *Candide ou l'optimisme*, in dem neben den abenteuerlichen Reisen Candides auch die Unterweisungen des Lehrers Pangloss eine große Rolle spielen.

151,38 Paolino: Arnim entnahm seine Erkenntnisse vermutlich dem Buch *Des Fra Paolino da San Bartolomeo Reise nach Ostindien*, Berlin 1798.

152,3 Insel Whigt: Die südliche englische Insel Wight, die aufgrund des Golfstroms z.T. tropische Vegetation aufweist

152,25 Gisellas Thurm: Erinnerung an den Aufenthalt in Rüdesheim. Das Schloß der Gisella ist die Brömserburg (vgl. *Godwi*, FBA 16, S. 567 und 785). Im *Frühlingskranz* ist vom *Schloß der Gisela Brömserin* die

Rede, *das dicht am Rhein steht* (vgl. FBA 30, S. 50).

152,36 Monte cavallo: In den *Erzählungen von Schauspielen* heißt es: *Der Mensch bewahrt alle Kunst in sich und schaut endlich über die Erde, wie die Kolossen des Monte Cavallo in Rom, als das vollendetste aller Kunstwerke, als Künstler, der alle vor ihm erschienenen vernichtet und wieder durch die nachfolgenden verdunkelt und endlich auch vernichtet wird* (Werke 6, S. 162). Die Kolosse von Monte Cavallo vor dem Quirinal in Rom stellen Kastor und Pollux mit ihren Pferden dar (vgl. folgende Erl.).

153,1 Kastor an Pollux: Vgl. die abweichende Fassung Werke 5, S. 228. Es sind die heroischen Zwillingsbrüder (Dioskuren) der römischen Mythologie (zugleich Sterne im Sternbild der Zwillinge), die Arnim hier zum Muster der Freundschaftsbeziehung wählt (vgl. Erl. zu 1,20 f.).

154,21 Ich lag in stillem Brüten: Vgl. die abweichende Fassung Werke 5, S. 168.

155,30 Aus der Stille erwacht: Diese Distichen hat Arnim mehrfach verarbeitet, vgl. Lyr.-Reg. Nr. 166 sowie das auf sechs Zeilen erweiterte Gedicht *Die Laute* (Werke 5, S. 497).

156,29 Volti subito: In der (ital.) Sprache der Musik: Sofort wenden! (Die Nachschrift Arnims steht auf der Rückseite des Blattes.)

156,3f. Weg ... jezt gesperrt: Die militärischen Interventionen Napoleons hatten zur Sperrung bestimmter Routen geführt.

30. An Arnim
Weimar, 23. August 1803
D: Hs FDH; vgl. FBA Nr. 324

160,5–7 Georg ... Tochter von Bergen: Georgs Ehefrau wurde am 26. Juni 1803 Marie Schröder (1781 bis 1815), die nicht aus den Schweizer Bergen sondern aus einem Ort dieser Bezeichnung nahe Frankfurt am Main stammte.

160,19 enuiyrten: Gelangweilten

160,25 Piquenique: (Franz.) Picknick

160,32f. Sie willigte ungern mit Trähnen ein: Die Geschichte dieser Beziehung wird in den edierten Briefwechseln (Mereau-Bfw und *Frühlingskranz*) deutlich. Sophie empfindet es als verletzend, daß Brentano keine klare Linie verfolgt und sich bei seinen Entscheidungen ganz der Familie unterwirft. Zunächst hatte er seine Schwester Bettine um Zustimmung zu seiner Verbindung mit Sophie gebeten. Dann schalteten sich die Geschwister Christian und Kunigunde ein und wandten sich gegen die Heirat mit der sieben Jahre älteren Sophie Mereau, die geschieden und Mutter eines Kindes war. Als sich herausstellte, daß Sophie ein Kind von Brentano erwartete, schlägt die Stimmung jedoch um, und der Ruf der Brentano-Familie verlangt nun eine offizielle Verbindung. Sophie Mereau reagiert in ihrem Brief an Brentano vom 23. September schließlich zornig und zweifelt an Brentanos Selbständigkeit: *Die Zucht Deiner Geschwister, der Ruf Deiner Schwester! – erst erfodert ihre Ruhe daß ich nicht heurate – jetzt will ihr Ruf das Gegenteil! – Clemens, erinnere Dich daß ich für Dich lebe, für niemand anders als für Dich! – Deine Familie würde nichts dagegen haben! – mein Blut kocht, wenn ich mir das sage. Diese Menschen, die mir nichts sind, die mir ewig fremd sind – o, Clemens bist Du wirklich mündig?* (Mereau-Bfw, S. 201).

160,40 Consilium: Beratung

161,25 ist das Alles: Zitat aus *Hollin's Liebeleben.* Der Schriftsteller Roland *sagte mir, in dem ersten vollen Genusse der Liebe eines Mädchens habe er in sich ausgerufen: Ist das alles!* (Werke 1, S. 28).

161,38–162,2 Freundschaft mit dem Bildhauer Tieck ... meine Büste für Betinen: Es ist der Bruder des Dichters Ludwig Tieck, Christian Friedrich Tieck (1776–1841), der eine

Büste Clemens Brentanos schuf. Der Bildhauer versorgte Brentano bei den Sitzungen im Atelier mit Insider-Nachrichten zur Schlegel-Tieck-Gruppe, so daß Brentano nun *in das Wesen der Clique* (162,2) schaut. Abgüsse der Büste werden heute bei der Familie von Savigny (auf Gut Trages), im FDH Frankfurt, im Schloß Wiepersdorf und in der Nationalgalerie Berlin aufbewahrt.

162,12–14 Ludwig Tiek ... Burgsdorf ... maecenirenden Modemann: Wilhelm von Burgsdorff (1771–1822) erwies sich für Tieck wirklich als Mäzen: Auf seinem Gut in Ziebingen (vgl. 163,25) lebte Tieck seit 1803.

163,10 Jakobböhmische Naturansichts Rezepte: Die Mystik des philosophierenden schlesischen Schuhmachers Jakob Böhme (1575–1624) hatte großen Einfluß auf die Schlegel-Tieck-Gruppe. Brentano ließ ihn in seiner Satire *Gustav Wasa* auftreten, Arnim schrieb 1818 einen kurzen Beitrag zu seinem Leben (vgl. Werke 6, S. 624 f.).

163,36f. Aug. W. Schlegel ... Taschenbuch mit Uebersezzungen: Titel: *Blumensträusse italiänischer, spanischer und portugiesischer Poesie von August Wilhelm Schlegel*, Berlin 1804. Das Bändchen mit Vignetten von Friedrich Tieck bietet Musterbeispiele der mediterranen Verskunst u. enthält neben Sonetten auch Terzinen, Sestinen, Madrigale und Canzonen. In der Auflistung Brentanos fehlt Dante als bedeutender Autor der übersetzten Gedichte. Mit Camoens ist der span. Lyriker Luís Vaz de Camões (1524/25–1580) gemeint.

163,39–164,4 Seine Spanischen Comoedien ... Eugenie: Vgl. Erl. zu 114,14 und 119,7–124,35.

164,13–15 Trauerspiel ... Klinge und Heft ... Lustspiel ... Jäger ... Hirte: Der Titel des Trauerspiels gab Anlaß zu der irrtümlichen Vermutung, Brentano habe hier ein neues, bereits entworfenes Trauerspiel annonciert. Ebenso wie das »Lustspiel« auf die freundschaftliche Beziehung zu Arnim gemünzt ist und also nichts anderes als einen scherzhaften Hinweis auf das folgende Gedicht *Der Jäger an den Hirten* bedeutet (als Keimzelle jenes Dialogs der *Liederbrüder*), so spielt der Titel des vermeintlichen Trauerspiels auf die Tatsache an, daß Brentano auch die spannungsreichen Komponenten dieser Beziehung dichterisch in dieser Zwiesprache verarbeiten wollte. Die Klinge bleibt jedoch im Heft, das Werk wird nicht geschrieben.

164,32 Falliments: (Franz.) Zahlungsunfähigkeit, Bankrott

164,36f. In Kozebues Zeitung ... dein Hollin heilloß herunter gemacht: Die Rezension erschien 1803 in der von Kotzebue hg. Zeitschrift *Der Freimüthige* (Band 1, Nr. 67).

165,10 Der Jäger an den Hirten: Zur Interpretation vgl. Schwinn, S. 141 bis 150.

31. An Arnim
Frankfurt, 12. Oktober 1803
D: Hs FDH; vgl. FBA Nr. 340

168,25 Sein oder nicht sein: Anspielung auf den berühmten Monolog Hamlets

168,38 den langen Liebeskrieg: Mit Sophie Mereau

169,14 Wischnu: Brentano spielt auf die Götterwelt an, die Arnim in seinem Brief vom 19. Juli beschworen hatte, und führt den indischen Sonnengott Wischnu ein.

169,16 Laterna Magika: Frühe Form eines Projektionsgeräts, bei dem mit Hilfe einer Kerze Bilder an die Wand geworfen wurden

169,19–22 die Braut von Korinth ... die Bayadere ... Mahadöh: Anspielungen auf Goethes Gedichte *Die Braut von Korinth* und *Der Gott und die Bayadere*

171,29 den Ponce: Der Hinweis belegt, daß Brentanos Stück *Ponce de Leon* (mit der Jahreszahl 1804) bereits Anfang Oktober 1803 ausgedruckt war. Da dieses Bändchen bei Dieterich erschien, erwiesen sich die Befürchtungen zur Insolvenz des

Verlegers (vgl. 164,25f.) als unbegründet.

171,39–172,2 Winkelmann ... an Roosens Stelle ... Paramythe: Zur Nachfolge von Theodor Georg August Roose (1771 bis 1803) schreibt Winkelmann selbst Ende März an Savigny: *Ich bin sehr verwirrt u. betrübt, weil Roose, der liebenswürdigste Mann, mein bester Lehrer, der zärtlichste Freund, meine einzig Stüzze in Br[aunschweig] schnell gestorben ist. Heyer ist auch krank gewesen u. bessert sich langsam: ihn zu unterhalten u. bei seinen Patienten zu vertreten, muß ich nach Braunschweig* (Schnack, S. 157). Die *Paramythe. Entwurf eines Lehrgedichts* erschien 1803 in Braunschweig als Winkelmanns erste größere literarische Veröffentlichung.

172,5–7 Georg geheuratet: Vgl. 160,5–7 mit Erl.

172,23 je cede: (Franz.) Ich trete ab, gebe nach

175,6 O Mutter halte dein Kindlein warm: Den Gedichttext verarbeitet Brentano auch in der zweiten Fassung seiner *Chronicka eines fahrenden Schülers* (vgl. FBA 19, S. 193–196).

177,36 libationen: Trankspenden für die Götter

178,8f. ein Allmanach ... zwölf Monate die Auftritte: Diese Idee verwirklichte Brentano erst 1818 als *Hochzeitsgedicht für Herrn Dr. Förster und Fräulein Focke* (vgl. *Die Monate*; Gesammelte Schriften, Frankfurt 1852, Bd. II, S. 575–603), wobei er jedoch nicht im einzelnen dem hier entworfenen Plan folgt.

179,5–10 Vollkommenheit der ersten Werke andrer Dichter ... das Unglück, an dem die meisten meiner Arbeiten scheitern werden: Brentano wird – in stärkerem Maße als Arnim – durch den eignen hohen Anspruch an seine Dichtung daran gehindert, seine Pläne, die eine überfließende Phantasie entwickeln, zu verwirklichen. Nur ein Bruchteil seiner Werke wird er vollenden und publizieren, immer quälen ihn Zweifel, ob er die angestrebte artistische Perfektion der Kunst auch erreicht. Diese Entwicklung sieht er bereits hier voraus.

32. An Brentano [?]
Schottische Grenze, Herbst 1803
D: Hs GSA; vgl. Riley, S. 98f.; vermutlich Briefentwurf

180,22 an der Grenze von Schotland: Die Erkenntnisse über die Reiseroute Arnims faßt Margret D. Howie in ihrem Beitrag *Achim von Arnim and Scotland* (in: MLR 17, 1922, S. 157–164) zusammen. Von dem berühmten Grenzort Gretna Green (einem möglichen Absendeort des Briefes) handelt Arnims auf 1830 datierte Erzählung *Die Ehenschmiede* (Werke 4, S. 882–946).

180,30 Kohlenmienen der Unterwelt: Arnim besichtigte offenbar Kohlebergwerke in England oder Schottland.

33. An Brentano, London
24., 26. und 27. Dezember 1803
D: Hs FDH

181,15–182,16 O Christnacht du flimmerndes Frühbrod der Kinder ... Es säuseln leiser ... Hier hoch die Zeit gesehen: Rhythmus und Reime nähern den Brieftext der Gedichtform an; Arnim hat diese Texte zum Teil in Versform mit Titeln in seine hs Taschenbücher eingetragen und auch publiziert; zu den Einzelheiten vgl. Ricklefs, Werke 5, S. 1094–1099 sowie das Gedicht *Wanderung* (ebd., S. 198).

183,21 Der Wilddieb: Vgl. Werke 5, S. 107 und 1099: »Das Gedicht wird von Arnim selbst gedeutet als Allegorie auf den Zustand des Künstlers«. Es antwortet auf Brentanos *Der Jäger an den Hirten.* Durch das Ketten an einen Hirsch wurden Wilderer bestraft (vgl. den Bericht im *Freischütz*).

184,15f. Lieder, die besten verträum ich: Später von Arnim in das Gedicht *Die Laute* integriert (Werke 5, S. 108, 497 und 1099).

188,27 Ich Traum zu Dir du That: Nach Ricklefs »das zentrale Gedicht des Weihnachtsbriefs«, dessen »Entstehungs- und Verwendungsgeschichte [...] etwa ein Jahrzehnt« umfaßt (vgl. Werke 5, S. 109-111 und 1100-1104).

190,36-210,20 Morgenlied ... Wie die Menschen zu Göttern wurden ... Sonne fühlt glückauf: Die gesamte Gedichtfolge zu dem (nicht weiter verfolgten) Plan eines *Polterabends der Mythen* ist in den Werken 5, S. 111-131 publiziert und S. 1104-1112 kommentiert. Ergänzte Verse sind (wie schon bei Ricklefs) nach anderen Überlieferungen eingefügt, da die Handschrift an diesen Stellen so stark beschädigt ist, daß nur einzelne Worte und Buchstaben in den Zeilen übriggeblieben sind. Die Verse 200, 10-12 sind in Arnims Hs gestrichen.

207,17f. Von Liebe ... ihrer galvanischen Natur: Das Analogiedenken der Romantiker führte dazu, daß physikalische Phänomene und menschlich-psychologische Erscheinungen miteinander in enge Beziehung gesetzt wurden. Zugrunde liegt nicht die Suche nach neuen Metaphern, sondern die Annahme, daß alle Erscheinungen der organischen und anorganischen Welt auf bestimmten Grundgesetzen beruhen, die man in physikalischen und chemischen Erscheinungen suchte. Mit Galvanismus hatte sich Arnim bereits in seiner ersten Buchveröffentlichung *Versuch einer Theorie der elektrischen Erscheinungen* (1799) beschäftigt. In seinem Gedicht läßt er die Männerfreundschaft als das Bleibende (Kathode und Anode) erscheinen, während die Frauen dem Flüssigen bei der Elektrolyse entsprechen.

34. An Arnim
Marburg, 1. März 1804
D: Hs UB Heidelberg;
vgl. FBA Nr. 361

212,1-3 Abhaltungen ... Brief der verwirrteste ... undeutlichste: Während Arnim seine Kavalierstour fortsetzte und einen Abstecher nach Schottland unternahm, lebte Brentano mit seiner Frau in Marburg. Abgesehen von einem kurzen Besuch bei den Geschwistern in Frankfurt (16.-25. Januar) gibt es kaum »Abhaltungen«, die als wirkliche Gründe für die Korrespondenzlücke gelten könnten. Offensichtlich ist Brentano mit Arnims Weihnachtsbrief nicht zurechtgekommen, der eine versteckte Kritik an seiner plötzlichen Heirat enthält und bei ihm Ängste auslöst, ob die Freundschaft mit Arnim angesichts seiner Bindung an Sophie Mereau auch hält.

212,33 tingirt: Eingefärbt

213,2f. Savigny heuratet ... meine Schwester Kunigunde: Die Hochzeit von Karl Friedrich von Savigny mit Kunigunde Brentano fand am 17. April 1804 statt.

213,28f. Göthens Sammler ... wie eine Malz oder Schnizzen Dörre: Brentano vergleicht Goethes Werk *Der Sammler und die Seinigen* (1799) mit Zwischenprodukten der Bier- und Zuckerproduktion, die sich durch Trockenheit auszeichnen, aber sehr gehaltreich sind: Aus der Gerste wird durch Trocknung (Darren) die Malzdarre zur Bierherstellung gewonnen. Bei der Zuckerherstellung werden aus den Zuckerrüben »Schnitzel« hergestellt; auch diese werden, nachdem der größte Teil des Zuckers entfernt ist, getrocknet; Rübenschnitzel dienen dann als gehaltvolles Viehfutter.

213,34f. in der Armseeligen Europa ... dessen Vorredner: Vgl. Erl. zu 131,11f.

35. An Brentano
London, 2. März 1804
D: Hs UB Heidelberg; zum Brief hat sich ein (vermutlich nicht abgeschickter) Entwurf (UB Heidelberg) erhalten, der noch ausführlicher Arnims Entwicklungsgeschichte in rhythmisierter Prosa (Distichen angenähert) schildert. Er hat folgenden Wortlaut:

Lieber Clemens!
Ich schrieb nicht gleich nach dem Abgange meines längsten aller Briefe, weil ich nicht konnte. Mein Vater ist gestorben, ich habe ihn wenig gekannt, aber darum schmerzte es mir tiefer, mir ist nichts von ihm geblieben – als vielleicht etwas Vermögen, ich weiß nicht wieviel. Eigentlig hat er mir nichts gelassen als Wohlthaten und ich habe sie mit nichts verdient. Ein dauerhaftes Blut, soviel ich davon habe danke ich wohl ihm, er war vier und sechzig und starb wie ein Jüngling am hizigen Fieber und hinterließ vier Mädchen mit Kindern oder schwanger, jetzt läßt er mir eine bestimmtere Zukunft als ich erwarten konnte so früh. – Wunderbar ist es wie alles was du dir erdichtet, alles ist wirklich in mir. Um zu erblicken die Sonne zerschlug ich die Form in die ich gegossen wie das Riesenkind berstet den Leib der menschligen Mutter, also auch schloß sich ihr Aug, als ich das meine erhub. Wie ein reinliges Leben sie war wie heilig entflammt sah ich nur als ich sie irrend erlöscht, sie mir nicht brannte nicht schwärzte die Hand. Milde und sorgsam mich aufzog das Hauß der Mutter der Mutter. Ungleich war mein Gemüth von ihrem vom Bruder was ich im Innern geliebt, riß aus den Armen der Streit. Mochte ich tauchen und schwimmen, wie nach dem Leib des ertrinkenden Freunds. Kaum noch war ich dem nah, hob ihn die Welle schon fort. Fremde mir blieb das Vertrauen, nirgend ich fand es erwiedert, blosse Geschwäzigkeit war schon als Kind mir verhasst. Viele der süssesten Töne die hatte ich nimmer vernommen. Schwestern die kannte ich nie, den ich unendlig geliebt den Oheim ihn trieben Geschäfte wie ein Traumbild mir fort. Und wie die Magd im Wirthshaus so must ich dem herrligen Fremden selbst oft wecken zur Reise die ewig ich gerne entfernt. Wie ich auf Schulen verfolgt für glückligen Fortschritt, wie mich die Wuth da noch höher gereizt als Liebe zur Weisheit, das ist ein trauriges Bild, doch die Welt so besteht. Als ich zur Fr[e]yheit da kam, ich war in Jahren des Wachsens schon im Kriege der Welt ausgedienet an That. Nur die Gedanken mich reizten ich mochte nichts Wirkliges leiden und ein Schauspiel mir ward aller der Inhalt der Welt und was ich wirkte sollte mein Inhalt da werden. Doch nur im Kessel des Lebens dem heimligen, blize hellauf dir da Freundschaft und Liebe, daß dein eigner Geist und dein eigenes Werk, alles dir wüste gestaltlos erscheint. Wirf dich dem sinkenden Bilde nicht nach verlierst sonst b[e]yde. Wellen sie tragen wohl eins aber sie tragen nicht zwey. Schrecken und hoffen erhebet die wogen wie wechselnde Berge, hast du den Gipfel erreicht sinkt er zum Abgrund hinab, Schrekken und Hoffen erstarren die Wogen, grüne[n]d erscheinen sie mild, sanft sich erhebend zu Höh. Göttergebilde die tragen unendlig in ewigen Formen, die Verschiedenheit schwelgt in dem einigen Sinn. Rosen des Morgens das waren, könnt ich sie theilen, aber zerflossen sie nicht, wie der Schnee auf dem Mund. Marmorne Arme sie streuten, was winden wir uns, wenn ein lebender Arm öffnet den himmlischen Kreis + [vermutlich Arnims Zeichen für die Übernahme in den endgültigen Text; vgl. 215,8 ff.] *Da stand Kronion ruhig die Heiterkeit aller Welt erdenkend neben dem dunkel wütenden Satyr, den die Nimfe nur reizt drückend zurück ihn am buschigen aufgesträubten Haar. Das runzlige Pergament rollet von der Homerstirne aus der Vergangenheit in die Zukunft über wie ein ferner Donner der trunkene Bachant zwischen seine Füsse gelagert kennet sie beyde nicht, er kümmert sich nicht seines Ernstes, wie die Stiere beym schreckligen Feuer muthig hinein wüthen, so schüret er die Flamme in sich durch neue Flamme an, er schämt und grämt sich nicht, ist sein Becher nur voll, mag neben ihm Adonis verschleiert zur Unterwelt herab-*

schleichen, Antinous nieder in die ausgebreiteten Arme des Nils sehen. Proserpina läst neben ihm die Blumen aus den welkende[n] Händen wie der Morgen fallen, er freut sich des Duftes und lachet des schmerzlige[n] Scheidens, aber mehr noch der vollen Schale die unbesonnen sich über ihn ergiest. Ihn stört nicht meine lästige zuschauende Gesellschaft, ich bin ihm ein tragender Träger in der Architectur seines Hauses. Merkurius kann sanft schlummern, er braucht keinen Ruf der Fernen kaum hört er das nahe [-] da Diskuswurf der Jugend die ihn zum Ziel macht [-], möchte alle Welt so leben und ich wäre der Alterthümer nicht mehr neugierig. O ihr ahndungsvollen Ahnenbilder vergebens möchte ich meine Haare zu Locken ausbohren die Augen feststellen, des Ernstes mich befleissigen weil das Lachen mir nicht einkömmt, ich sehe euch nicht mehr, ihr habt euch in euren Himmel zurückgezogen, könnte ich wohl bleiben, wenn ich wäre wie ihr, oder könnte ich zu euch?

214,15f. Götterburg Karl Townley's ... aus Winkelmann: Arnim besuchte die Antikensammlung von Charles Townley in Lancashire und meint, Brentano kenne diese Götterwelt aus den Publikationen von Johann Joachim Winckelmann (1717 bis 1768).

214,30–32 Nachricht ... von dem Tode deines Vaters, ehe du ihn gekannt: Arnims Mutter (Amalie Caroline von Arnim; 1761–1781) war bei der Geburt von Ludwig Achim gestorben (vgl. Briefentwurf). Er wuchs in der Obhut seiner Großmutter Caroline von Labes (1730–1810) auf Gut Zernikow (südöstlich von Rheinsberg) auf. Sein Vater, Joachim Erdmann von Arnim (1741 bis 1804), der von Friedrich dem Großen zeitweise als Gesandter, zeitweise als »Directeur des Spectacles« (Intendant) angestellt war, lebte auf seinem Gut Friedenfelde. Obwohl sich Achim als Kind in rührenden Briefen an den Vater wandte (vgl. Arnim-Kat., S. 10f.), kümmerte dieser sich nicht um die beiden Söhne in Zernikow. Im Briefentwurf schildert Arnim die Charakterschwächen des Vaters noch deutlicher.

215,9–21 Kronion ... Satyr ... Bachanten ... Adonis ... Antinous ... Proserpina ... Merkurius: Arnim setzt seinen *Polterabend der Mythen* fort und entwirft unter Einsatz seines Bildungsguts ein Göttergewimmel, das ein pralles sorgloses Leben kennzeichnet. *Möchte ich so leben können*, ist seine Hoffnung, die eine innere Leere und Verzweiflung überdeckt.

36. An Brentano
London, nach dem 21. März 1804
D: Hs FDH (bis 217,11 *Hand*) und GSA Weimar; Fragment eines vermutlich nicht abgeschickten Briefes (vgl. 229,24 mit Erl.); vgl. Riley, S. 100–103 (mit falscher Seitenfolge); zum Brief hat sich ein Exzerpt erhalten (GSA Weimar)

216,3 aber innen da sieht es dunkel aus: Entwurf zu einem Teil des Ameisengedichts, das Arnim im Kontext seines folgenden Briefes übermittelt (*Selbstbetrachtung*; vgl. 225,25 mit Erl.). Anfang und Überschrift fehlen.

217,19 Taufkantate: Für das Kind Brentanos, das am 11. Mai geboren wurde (vgl. 232,13 mit Erl. sowie Arnim-Kat., S. 29f.)

218,7–13 Italiäner Rossi ... Abentheurer ... Schulz: Von der Arnim-Forschung noch nicht identifiziert

218,18f. Ströhling aus Düsseldorf ... Grassini: Peter Eduard Ströhling (1768–1826) malte nicht nur die italienische Sängerin Giuseppa Grassini, die von März bis Juli 1804 in London auftrat, sondern fertigte auch Zeichnungen und ein Ölporträt von Achim von Arnim an (vgl. Riley, S. 100 und 103f.). Im Brief erwähnt Arnim dieses Projekt vermutlich deshalb noch nicht, weil es als Patengeschenk für Brentanos Kind und Überraschung für den Vater gedacht war. Nach seiner Rückkehr von der

Kavalierstour schickte er das (heute im FDH Frankfurt aufbewahrte) Porträt am 12. August 1804 an Brentano und erfuhr erst aus der Antwort vom Tod des Kindes.

218,21-24 Welteroberer Bonaparte ... das Hauß Oesterreich: Napoleon hatte sich schon in Feldzügen 1796 (nach Italien) und 1798 (nach Ägypten) als »Welteroberer« gezeigt; 1796 und erneut 1800 besiegte er die Österreicher und schloß am 9. Febr. 1801 mit ihnen den Frieden von Lúneville. Wenn Arnim im März 1804 von den politischen Ereignissen derart bewegt schreibt, so reagiert er vermutlich auf die gerade bekannt gewordenen Brutalitäten Napoleons. Am 15. März 1804 ließ Bonaparte den Herzog von Enghien, einen Bourbonen, aus dem badischen Ettenheim entführen und nach einem Kriegsgericht am 21. März hinrichten. Dieser demonstrative Mord an einem Abkömmling des französischen Königsgeschlechts wird in England (das seit 1803 erneut gegen Napoleon im Krieg war) besonderes Aufsehen erregt haben. (Der Brief ist deshalb vermutlich nach dem 21. März geschrieben.) Am 27. März beantragt der französische Senat, die höchste Gewalt in Napoleons Familie erblich zu machen, am 20. Mai wird er zum Kaiser der Franzosen proklamiert. Arnim sieht also die Zeichen der Zeit richtig: Napoleon ist auf dem Weg, ganz Europa zu beherrschen. Zur Begegnung mit Napoleon vgl. Erl. zu 103,5-7.

218,30 Walzerlied: Eine andere Fassung des Lieds in Werke 5, S. 144 bis 148. Die Zuschreibung an die Grassini bezweifelt Ricklefs.

220,1 Recension ... Edinburgh Review: Scherzhafte Kritik, die Arnim einem schottischen Journal zuschreibt. Edinburgh gehörte mit Sicherheit zu seinen Reisezielen. Reiseroute und -daten konnten von der Arnim-Forschung jedoch noch nicht rekonstruiert werden. Zwischen Weihnachten 1803 und Juli 1804 hielt sich Arnim offenbar wieder in London auf.

220,5 Lord Bacons Regeln: Francis Bacon (1561–1626) nahm eine Einteilung der Wissenschaften vor und formulierte Regeln für die Methoden einer Natur-Wissenschaft.

220,11f. Illuminatismus ... Freymaurey: Geheimbünde, die in Europa zeitweise großen Einfluß hatten. Arnim schrieb dazu eine Abhandlung, die als »Freimaurer- Fragment« in die Forschung einging (vgl. Werke 6, S. 180).

220,17 verzweifelnden Academicus: Vgl. Erl. zu 226,35–228,34.

220,18f. das Leben der Marie Antoinette von Weber ... Milchbruder: In Arnims Bibliothek befindet sich nur eine spätere Auflage der *Memoires sur la vie privée de Marie-Antoinette* von Mme. Campan, Paris 1823.

37. An Arnim
Marburg, 3. April 1804
D: Hs UB Heidelberg; vgl. FBA Nr. 364

222,24-26 Tieck ... Herausgabe der Minnelieder: Durch Ludwig Tiecks Bearbeitungen mittelhochdeutscher Gedichte, die 1803 unter dem Titel *Minnelieder aus dem Schwäbischen Zeitalter* erschienen, wurden Brentano und Arnim zu ihrer Sammlung *Des Knaben Wunderhorn* angeregt, ein Projekt, bei dem sie dann auch an eine Mitarbeit von Tieck dachten. Dazu kam es jedoch nicht.

222,32-36 Tristrand und Isote ... ohne Pedanterei: Zu den in der Romantik wiederentdeckten mittelhochdeutschen Texten gehört auch Wolfram von Eschenbachs Epos *Tristan und Isolde.* Von vornherein grenzt Brentano – ganz auf der Linie von Tieck und Arnim – die Bemühungen um die alten Texte von den »pedantischen« Verfahren der aufkommenden Philologie ab. Ziel der Heidelberger Romantiker war es, die Texte für das zeitgenössische Publikum so aufzubereiten, daß sie bei breiten Leserschichten Resonanz finden. Textkritische Skrupel, wie sie heute bei wissenschaftlichen Editionen selbstverständlich sind und schon im 19. Jahrhundert bei Mediävisten rasch aufkamen, kannten Brentano und Arnim nicht. Alle »herausgegebenen« Texte wurden von ihnen modernisiert, verändert und ergänzt. Die präzise Wiedergabe aufgefundener Bruchstücke galt ihnen als »pedantisch«. So waren für Brentano weniger die Handschriften als die älteren Bearbeitungen von *Tristan und Isolde* interessant, von denen sich einige in seiner Bibliothek befanden (vgl. Brentano-Bibl., S. 26 und 54).

223,8f. mein Kind unter ihrem Herzen: Joachim Ariel Tyll, geb. am 11. Mai 1804, gest. am 19./20. Juni 1804

223,13f. Savigny ist mit Gundel öffentlich aufgerufen: Vgl. Erl. zu 213,2f.

38. An Brentano, London, Ende März bis Mitte April 1804

D: Hs UB Heidelberg; Fragment eines vermutlich nicht abgeschickten Briefes (vgl. 229,24 mit Erl.)

224,2f. Pio Clemente ... valeo: Mit einer lateinischen Grußformel beginnt der Brief, wobei S. D. P. für »Salutem dicit plurinam« steht. Sinngemäß ist die erste Zeile wiederzugeben: Achim Arnim grüßt den frommen Clemens herzlichst. Die zweite Zeile bedeutet: Wenn es Dir gutgeht, geht es mir gut.

224,32f. Gilbert strich ... weg: Arnim bezieht sich auf seine in den Jahren 1799–1803 erschienenen naturwissenschaftlichen Aufsätze in der von Ludwig Wilhelm Gilbert hg. Zeitschrift *Annalen der Physik*. Mit Gilbert korrespondierte er noch aus England.

224,34 Sancho Pansa: Tragisch-komische Figur aus dem *Don Quijote* von Cervantes. Der Titelheld ernennt den Bauern aus einem benachbarten Ort zu seinem »Knappen« und zieht gemeinsam mit ihm in die Welt.

225,13 Purganzen: Abführmittel

225,14 Mienen: Minen, Bergwerke

225,25 Selbstbetrachtung: Stark abweichende Fassungen dieses Textes (ohne das Nachtigall-Motiv) in der ZfE (Sp. 269) unter dem Titel *Die an der Arbeit Verzweifelten* und in den SW 22 (S. 196) unter dem Titel *Staatsdauer* (vgl. Lyr.-Reg. Nr. 568)

226,35–228,34 Schaffe dir ... Academicus ... Lied daraus ... Ixion ... Ach nur die Wolke: Gegenüber dem Briefentwurf Nr. 36 wiederholt Arnim seine Aufforderung zur Anschaffung des Buches mit der Veränderung von *mir* zu *dir*. Das könnte darauf hindeuten, daß er sich inzwischen selbst ein Exemplar beschafft hatte, zumal er eine »Abschrift« daraus anfügt. Tatsächlich hat sich das Buch in seiner Bibliothek erhalten: *Dramatische Spiele von J[ohann] F[riedrich] von Meyer. Piast. Ixion. Der Feuerlärm. Wintergemählde.* – Frankfurt am Mayn 1801 (Arnim-Bibl. B 1062). Brentano kannte Autor und Texte (vgl. 278,11–18). Das *tragische Spiel* mit dem Titel *Ixion* behandelt Arnim in seinen Versen frei, denn die überlieferten Texte variieren stark; dabei scheint er sich selbst zum *verzweifelnde[n] Academicus* zu stilisieren. In der griechischen Mythologie ist Ixion ein Königssohn, der von Zeus an die Göttertafel gerufen wird (vgl. hier 227,20–24). Dort verliebt er sich in Hera, die sich ihm entzieht, so daß er ein Wolkengebilde (Nephele) umarmt (vgl. 228,34). Sie brachte daraufhin einen Zentauren zur Welt. Zeus ließ Ixion für seinen Frevel strafen und auf ein ewig rollendes feuriges Rad binden (vgl. 227,3–6). Der folgende Brief (Nr. 39) bietet eine Art Fortsetzung mit Schlußpointe; die lyrischen Texte beider Brieftexte sind in einer überarbeiteten Fassung zusammengefügt, die Arnim in der ZfE veröffentlicht (der Brieftext entspricht etwa Sp. 212f.). Auch in der *Päpstin Johanna* (SW 19, S. 323) greift er noch einmal auf den Stoff zurück (vgl. Lyr.-Reg. Nr. 1277).

229,16 Denn was das höchste: Vgl. 232,20 mit Erl.

39. An Brentano
London [?], Mitte April 1804
D: UB Heidelberg

229,24 langer Brief an Dich in meinem Schranke: Die vorhergehenden Bruchstücke Nr. 37 und 38, die vermutlich nicht abgeschickt wurden

230,5f. Schlacht von Culloden ... Hochländer: Der letzte Aufstand der Anhänger der Stuart-Prätendentschaft wurde 1746 im Culloden Muir im schottischen Hochland niedergeschlagen.

230,17 Ixion: Vgl. Erl. zu 226,35 bis 228,34 sowie die Passage aus dem gleichen Gedicht 227,1–228,34. Nachdem *die Bedienten* den Text des *Ixion*-Gedichts *heruntergeworfen* haben, wie Arnim schreibt, setzt er nun nach der Zeile *Ach nur die Wolke* (228,34) fort und schließt das Gedicht ab. Der Vergleich mit der Fassung in der ZfE zeigt jedoch, daß vermutlich ein Zwischenstück (die Vorlage zu *Schon mich erweckte* bis *Waltender Götter*; ZfE, Sp. 213 f.) verlorenging.

232,13 Taufdrama: In Nr. 36 hatte Arnim von einer *Taufkantate* (vgl. 217,19 mit Erl.) gesprochen. Hier verrät er zum erstenmal die Idee dieses Textes, den er Brentano nicht übermittelt. Nach Erkenntnissen von Renate Moering hat sich die Hs im GSA Weimar erhalten.

232,20 Denn was das Höchste: Das Gedicht ist nur im Briefkontext überliefert (vgl. Lyr.-Reg., S. 32 sowie den Entwurf 229,16).

40. An Arnim
Marburg, 23. Mai 1804
D: Hs UB Heidelberg; vgl. FBA Nr. 370

232,34 mein Kind ein Knabe: Joachim Ariel Tyll, der bereits am 19./20. Juni 1804 wieder starb, wurde am 11. Mai geboren.

233,10 beiliegendes Sonnet: Vgl. Erl. zu 238,14.

233,14–22 Drama von Herrmann ... Gedichte über die Gemählde ... Prosaische Einleitung an den Frühling: Den ersten Teil des *Ariel* bildet das *Heldenlied von Herrmann und seinen Kindern in zwey Gesängen* (Minor, S. 3–142). Daran schließt sich *Heymar's Dichterschule. Erster Gesang. Unterricht nach Gemählden und Erzählungen* an (ebd., S. 143). Mit diesen Beschreibungen von Gemälden in Gedichtform (meist Sonetten) setzt Arnim die Tradition des Schlegel-Tieck-Kreises fort. Bei jedem Gedicht gibt er das beschriebene Bild und seinen Standort an (ebd., S. 152–154, 156–164). *Heymar's Dichterschule* beginnt (ebd., S. 145–151) mit einer *Zueignung an die Sänger der Nacht: Nie werde ich den Klarenberg vergessen, wie da der Frühling sein Himmelblau über die Erde und alle ihre heimlichen Knospen ausspannt [...].*

233,24 Sängerfest: Der vollständige Titel des letzten Teils des *Ariel* lautet: *Das Sängerfest auf Wartburg. Der lustigen Vögel Nachspiel zur ersten Aufführung von Herrmann und seinen Kindern am Weihnachtabend. Schlußgedicht zu Heymar's Dichterschule* (ebd., S. 218–276). Das Sängerfest beginnt mit einem Wechselgesang von *Dichter* und *Chor der Greise.*

233,27f. Libation: Vgl. Erl. zu 177,36.

234,2 Manequin: (Franz.) Gliederpuppe, an der Gewänder (*Gewande*) vorgeführt werden

41. An Brentano
Düsseldorf, 12. August 1804
D: Hs UB Heidelberg; zum Brief hat sich ein Entwurf erhalten (UB Heidelberg)

234,29 dem lieben Pathen: Achim Ariel Tyll Brentano

234,29f. mein mitgehendes Bild: Das Porträt Arnims, das Ströhling in London angefertigt hatte (vgl. Erl. zu 218,18 f.). Auf der Adresse heißt es ausdrücklich: *Hiebey ein Paket in Wachsleinwand signirt Cl: Brentano Francfurt a/m.*

234,32f. Leberenzündung wie Prometheus: Die schwere Leberentzündung, die Arnim daran hinderte, die Heimreise anzutreten, bringt Arnim mit der Prometheus-Sage in Verbindung. Danach soll Prometheus zur Strafe an den Kaukasus gekettet worden sein. Dort fraß täglich ein Adler an seiner Leber. Im Entwurf zum Brief wird die Todesangst deutlich, die Arnim bei dieser Krankheit erfaßte, denn es heißt: *Ich verzweifelte sie [die Welt] wiederzusehen und vertheilte meine Güter denen, die meinen Gedanken treu geblieben. Deinem Kinde vermachte ich mein Bild, Dir meine Papiere, da ich nun lebe und genese, so brauchst Du meiner Papiere nicht denn Du hast mich, aber mein Bild bleibt Deinem Kinde, denn es lebt ein Geschlecht tiefer hinaus als ich.*

42. An Arnim
Heidelberg, 28. August 1804
D: Hs UB Heidelberg

235,10f. mein Kind ist nur fünf Wochen alt geworden: Vgl. Erl. zu 232,34.

43. An Brentano
Zernikow, 20. September 1804
D: Hs UB Heidelberg

237,23–33 dein Lustspiel ... ganz sich vereinigen mit uns ... Gebete ums täglige Komische: In der *Vorerinnerung* seines 1804 veröffentlichten *Ponce de Leon* beklagt Brentano sich, wie *weit wir aber von dem Komischen entfernt sind.* Er verlangt: *so müssen wir selbst von dem Komischen im höchsten Grade durchdrungen seyn [...] wir müssen selbst der einzige Gegenstand des Komischen seyn* und spricht vom *fromme[n] Mann [...], welcher in der Bitte um das tägliche Brot Gott auch um das Komische bittet* (FBA 12, S. 353 und 355).

237,34 Zugabe an mich: Unter der Überschrift *Zugabe* ist dem Stück ein Epilog der Valeria angefügt, der dem *fernen Freunde* Arnim gilt und seine Rolle bei der Entstehung des Stückes würdigt: *Dir dank' auch ich, Valeria, das Leben. / Du hast nach uns am Rheine ihn gefragt.* Am Schluß spielt Valeria auch auf Arnims gleichzeitig entstandenes Werk *Ariel's Offenbarungen* an: *Und zu derselben Zeit geht in die Fremde / Von dir ein frohes, liederreiches Kind; / So sind wir dann zur Wanderschaft Gesellen, / Und wollen uns wie uns're Väter [Brentano und Arnim] lieben, / O liebe mich, wie ihn, der dich nur liebt!* (FBA 12, S. 634–636).

238,14 Ihr Sonnet: Auch das Sonett von Sophie Mereau bezieht sich auf den *Ariel*; Brentano hatte es als Beilage zu seinem Brief vom 23. Mai 1804 (vgl. 233,10) zunächst vergessen und dann der Sendung mit dem *Ponce* beigefügt. Später veröffentlichte Sophie Mereau das Gedicht in der *Bunten Reihe kleiner Schriften* (1805, S. 45):

Ich sah das schönste Thal voll Frühlingsleben
In Blüth und süßen Farben rings entbrennen,
Und eine Herrlichkeit, die nicht zu nennen,
Schien es in ew'ger Jugend zu umschweben.

Kann die Natur wohl Schöneres erstreben
Als solchen Reiz, dies selige Entbrennen?
Der Frühling ist von Allem, was wir kennen,
Die Lust der Welt, das Göttliche im Leben!

Da las ich, was ein Gott dir eingegeben,
In dunkler Ahndung, wunderbare Lichter,
Bei tiefem Ernst, erfreuliche Gesichte.

O! dacht' ich, zarthe Blüthen, glüh'nde Früchte,
Wie seid ihr hier vereint! Nein! nur der Dichter
Ist Lust der Welt und Göttliches im Leben!

(zit. nach Steig I, S. 112)

44. An Arnim
Heidelberg, 3. Oktober 1804
D: Hs UB Heidelberg; vgl. FBA Nr. 383

240,17f. mit einem kalten Wesen täglich zusammen zu sein: Während der Reise nach Berlin schrieb Brentano wenig später wieder Liebesbriefe an Sophie (vgl. Mereau-Bfw, S. 314–342), die seine Projektionen jedoch durchschaut: *Soll ich weinend oder lachend auf Deinen letzten Brief antworten? [...] Deine Begierde nach mir ist eben das, was Du oft bei mir empfunden, was Dich jetzt zu mir zieht, zog Dich oft von mir weg, es ist ein allgemeines Gefühl, ein stetes Sehnen nach dem entferntem, das mich eigentlich ins besondre gar nichts angeht. Ich bitte Dich, lieber Fremdling, kom doch endlich einmal nachhause, Du bist stets nicht bei Dir* (ebd., S. 324).

45. An Brentano
Berlin, 3. Oktober 1804
D: Hs UB Heidelberg

242,13 Tieks Octavian: Vgl. Erl. zu 2,18–22.

242,24 Pistor: Carl Philipp Heinrich Pistor (1778 bis 1847) war seit 1793 im Postdienst und konstruierte physikalische Instrumente (ab 1813 auch kommerziell in der Firma Pistor & Martins). Seit 1803 war er mit Charlotte Hensler, einer Stieftochter Reichardts, verheiratet. Arnim und Brentano, die später im Haus der Pistors Maurerstraße 34 wohnten, schlossen mit dem Ehepaar enge Freundschaft. Arnim zeigt seinem Freund hier die Geburt des Sohnes an.

242,31 Wissenschaftlehre: Es war Fichtes *Wissenschaftslehre* (1794 bis 1798), die in Deutschland große Resonanz gefunden hatte und bereits von Friedrich Schlegel in einem *Athenäums*-Fragment als eine der »größten Tendenzen des Zeitalters« (neben Goethes *Wilhelm Meister* und der Französischen Revolution) genannt wurde.

46. An Arnim
Heidelberg, 25. Oktober 1804
D: Hs UB Heidelberg; vgl. FBA Nr. 384

243,13f. unter der schönsten Situation: Vermutlich Anspielung auf das Kapitel *Dithyrambische Phantasie über die schönste Situation* in Schlegels *Lucinde*

243,21 Tristant: Vgl. Erl. zu 222,32 bis 36.

243,24 Scherzii Glossarium: Johann Georg Scherz: *Glossarium germanicum medii aevi, potissimum dialecti Suevicae, ed. J. J. Oberlin*, 2 Bde., Straßburg 1781/1784

243,30 Leue von Bourges: Nach der Brentano-Bibl. (S. 31): *Der weis Ritter, wie er so getreuwlich beistund ritter Leuwen, des Herzogen sun von Burges*, Straßburg 1514

243,36–244,2 Ariel ... die Offenbahrung: So auch der Titel von Arnims Publikation: *Ariel's Offenbarungen*

244,4 Aufsatz von dir in der Europa: Vgl. Erl. zu 131,11f.

244,15 Schadow: Der Konkurrent (und Lehrer) des Bildhauers Friedrich Tieck war Johann Gottfried Schadow (1764–1850), der seit 1788 in Berlin die Hofbildhauerwerkstatt leitete.

244,29–35 Ritter ... Metamorphosen in Novalis 2ten Band ... für die Mutter Gottes gehalten: Bei der Wahl der Braut (der Haushaltshilfe Johanna Dorothea Münchgesang) hat Ritter (vgl. Erl. zu 4,19–22) nach Brentanos höhnischer Bemerkung die Aufwärterin und »Gassenhure« als Reinkarnation der Maria verklärt. Dabei bezieht Brentano sich auf Novalis' *Geistliche Lieder*, in denen Erotik und Religiosität untrennbar verbunden sind (vgl. etwa: *Ich sehe dich in tausend Bildern, / Maria, lieblich ausgedrückt, [...] Und ein unnennbar süßer Himmel / Mir ewig im Gemüthe steht*; Schlußgedicht XV).

244,31–36 nach München gegangen ... Roman: Ritter war 1804 als ordentliches Mitglied an die Akademie in München berufen worden. Der Roman *Die Kirche und die Götter* (1804) stammt von Gotthilf Heinrich Schubert (1780–1860).

244,37 Chronicka: Vgl. Erl. zu 323,36 f.

245,4 8bre: Übliche Abkürzung für »Octobre« (Oktober)

47. An Brentano
Berlin, Ende Oktober 1804
D: Hs UB Heidelberg

245,6 Was brüderlig sinke: Vgl. die abweichende Fassung des Liedes nach einem hs Taschenbuch Arnims in Werke 5, S. 1127 sowie Lyr.-Reg. Nr. 1780.

245,17 zu erfragen n 2 hinter der Katolischen Kirche: Arnim antwortet auf Brentanos Bitte um eine Kontaktadresse und sendet seinen Brief, wie Brentano verlangt hatte, an die Adresse von *Regierungsrath Geisler* in Gotha (vgl. 243,6–8), einer geplanten Reisestation Brentanos.

48. An Arnim
Gotha, 26. Dezember 1804
D: Hs UB Heidelberg; vgl. FBA Nr. 395

245,21 Gotha: Nach seinem Berlin-Aufenthalt vom 13. November bis 19. Dezember 1804 macht Brentano auf der Rückreise über Weihnachten in Gotha Station.

245,26 f. Hund ... mein Junger: Für den ehemaligen Kommilitonen Bartholdy nahm Brentano einen Hund mit nach Heidelberg.

246,2–5 Madam Alberti bei Vogt, Ludewig ... Knorring: Ludwig Tieck war seit April 1798 mit Amalie Alberti verheiratet. Bei seinem Bruder, dem Bildhauer Friedrich Tieck hielt sich seine Schwägerin Maria Agathe Alberti (1767–1810) auf. Während Frau und Kinder Ludwig Tiecks im *Sandloch* (dem Gutshof Ziebingen; daher spricht Brentano von der *verlaßenen Ziebingerin*; 246,11) sitzen, reist *Ludewig [...] der Schalk* seiner Schwester Sophie Tieck (1755–1833) nach, ohne seiner Frau auch nur Nachricht zu geben. Sophie und Ludwig Tieck waren als Geschwisterpaar in den ersten Studienjahren Tiecks ähnlich eng verbunden wie Clemens und Bettine Brentano. Das spätere Leben Sophie Tiecks ist von abenteuerlichen Umständen und rasch wechselnden Partnern bestimmt. Brentano berichtet hier von der Beziehung zu Karl Gregor von Knorring (1769 bis 1837), mit dem Sophie ab 1810 in zweiter Ehe verheiratet war. Er trifft die Gruppe *bei Vogt*, d. h. bei dem Weimarer Regierungsrat Christian Gottlob von Voigt (1774 bis 1813) und seiner Frau Amalie.

246,15 f. Heldenb[uch] und Nibelungen: Wichtige Handschriften zum Nibelungenlied und dem sogenannten Heldenbuch werden in München aufbewahrt. Tieck soll sie auswerten und plant nach einem früheren Brief (vgl. 163,16–24) eine baldige Veröffentlichung. Arnim besaß die Edition *Heldenbuch / darinn viel seltzame Geschichten und kurtzweilige Historien / von den grossen Helden und Rysen / [...] Und wies inen zu Wormbs im grossen und kleinen Rosengarten ergangen ist*, 4 Teile, Frankfurt a. M. 1590.

246,34–36 Monatliche Unterredungen ... 1691 und ... 1697: Ein zehnbändiges Werk, Leipzig 1689 bis 1698

246,38 Blankenbergs Zusäzzen zu Sulzers Theorie: Bei der Suche nach älteren deutschen Texten geht Brentano Quellen-Hinweisen nach, die in der zeitgenössischen Sekundärliteratur zu finden sind. Johann Georg Sulzer (1720–1779) hatte eine Ästhetik verfaßt, die *mit Zusätzen vermehrt herausgegeben von Chr. Fr. Blankenburg* in 4 Teilen 1792–1799 erschienen war.

247,3 Frohreich: Name von Arnims Diener, der zahlreiche Texte für das *Wunderhorn* abschrieb

247,5 Beiträge zur bunten Reihe: Unter dem Titel *Bunte Reihe kleiner Schriften* veröffentlichte Sophie

Mereau 1805 einen »romantischen Almanach« (so ihre ursprüngliche Bezeichnung, vgl. Brentano-Kat., S. 37). Darin erschienen u. a. Sonette von Sophie Mereau zu Arnims *Ariel* (vgl. Erl. zu 238,14) und zur Brentano-Büste Tiecks (vgl. Brentano-Kat., S. 46); Arnim und Bartholdy sind jedoch in Sophie Mereaus Sammelbändchen nicht vertreten.

247,7 Ossiana: Lieder im Stile des *Ossian*, einer Fälschung des Schotten James Macpherson (1736–1796), die 1760 unter dem Titel *Fragments of ancient poetry* erschienen war und großes Aufsehen erregt hatte. Mit ihrer düsteren Weltschmerzstimmung kam die Dichtung dem Lebensgefühl der Empfindsamkeit entgegen. Goethe bietet eine Teilübersetzung des *Ossian* im *Werther* und beschreibt die Stimmung der Generation rückblickend in *Dichtung und Wahrheit.* Eine Ossian-Dichtung Arnims findet sich im *Wintergarten* unter dem Titel *Das Lied von der Jugend* (Werke 3, S. 397 bis 407). Nach Renate Moering meint Brentano dieses »Epos« (ebd., S. 1071).

49. An Arnim
Heidelberg, um den 5. Januar 1805
D: Hs UB Heidelberg; vgl. FBA Nr. 396

250,16 Kreuzer und Daub: Georg Friedrich Creuzer (1771–1858), ein Altphilologe, der sich mit Mythenforschung beschäftigte, und der Theologe Karl Daub (1765–1836), die beide ihre wissenschaftliche Karriere in Marburg begonnen hatten und Savigny kannten, standen den romantischen Ideen aufgeschlossen gegenüber. Sie bildeten gemeinsam mit Joseph Görres (1776–1848), Arnim und Brentano die Gruppe der Heidelberger Romantiker, die von einer Reihe etablierter Universitätsprofessoren unter Führung des aus Weimar nach Heidelberg berufenen Johann Heinrich Voß wenig später bekämpft wurde.

250,27–35 das wunderschöne Erdbeermädchen ... von 15 Jahren ... dem Pfarrer Bang übergeben: Der gutgemeinte, aber auch nicht ganz uneigennützige Versuch, das junge Mädchen aus einfachen Verhältnissen als zukünftige Frau von Christian zur »Tugend« zu »erziehen«, gelang den Brüdern nicht, denn bei dem befreundeten Pfarrer Johann Heinrich Christian Bang (1774–1851; Pfarrer von Goßfelden bei Marburg) hielt es das Mädchen, das von Clemens und Christian zur *Himmelsgestalt* verklärt wurde, nicht lange aus (vgl. 328,40).

250,37 Herr Bruder Graf: Reminiszenz an den barocken Schelmenroman von Christian Reuter: *Schelmuffskys warhafftige curiöse und sehr gefährliche Reisebeschreibung zu Wasser und zu Lande* (1696). Brentano und Arnim besaßen die Ausgabe von 1750 (Brentano-Bibl., S. 71; Arnim-Bibl. A 711). Herr Bruder Graf ist der Freund Schelmuffskys, der ihn bei den ersten Abenteuern begleitet. Das Buch wurde zu einem »Kultbuch« der romantischen Generation; der Briefwechsel ist mit einer Reihe von Topoi (wie »der Tebelholmer«, »Saperment«) aus diesem Werk durchsetzt.

251,7 Bunte Reihe: Vgl. Erl. zu 247,5.

251,11f. Bartholdys Hund: Vgl. Erl. zu 245,26f.

252,1f. Mahler Müller ... nach welchem Tieck die Genofeva schrieb: Tieck hatte das Manuskript zu einem Stück *Golo und Genofeva* von Friedrich Müller (1749–1825; genannt »Maler Müller«) erhalten, der seit 1788 in Rom lebte, und benutzte das Werk als Quelle seiner eigenen Bearbeitung des Genofeva-Stoffes, was ihm den Vorwurf des Plagiats einbrachte. Tiecks Trauerspiel *Leben und Tod der heiligen Genoveva* erschien im Frühjahr 1800 als zweiter Teil der *Romantischen Dichtungen.*

252,3 Bruns in Helmstädt: Der Literarhistoriker Paul Jakob Bruns (1743–1814)

252,11f. das Königstöchterlein und der Falke: Das Lied *Es gieng verirrt im Walde*, das Brentano in seinem Brief vom 8. September 1802 (vgl. S. 42–45) übermittelt hatte.

252,19 Ungers Tod: Der Buchhändler Friedrich Unger (1751–1804) war gestorben.

50. An Brentano
Berlin, 14. und 19. Januar 1805
D: Hs UB Heidelberg. Aus dem Text eines von Holger Schwinn identifizierten Briefexzerpts (GSA 03/174, Bl. 22,23) geht hervor, daß es sich bei den bislang getrennt archivierten Hs vom 14. und 19. Januar um einen Brief handelt.

253,7f. Schleyermacher ... Plato: Der protestantische Theologe Friedrich Daniel Schleiermacher (1768 bis 1834) zählte zu den Stammgästen der Berliner Salons und war eng mit Henriette Herz befreundet. Er hatte die *Lucinde* seines Freundes Friedrich Schlegel mit einer kleinen Verteidigungsschrift gerechtfertigt und den *Versuch einer Theorie des geselligen Betragens* (1799) geschrieben. Vermutlich brachte Schleiermachers Projekt, Plato ins Deutsche zu übertragen, Arnim das von ihm zitierte Lied von Opitz in Erinnerung, das dann im *Wunderhorn* unter dem Titel *Ueberdruß der Gelahrtheit* erschien (FBA 6, S. 53f.).

253,17f. Simpl: Springinsfeld und die Dame Kourage: Anspielung auf Figuren im Werk von Hans Jacob Christian von Grimmelshausen (1621 bis 1676): *Der Abentheurliche Simplicissimus Teutsch* (1668), *Lebensbeschreibung Der Ertzbetrügerin und Landstörtzerin Courasche* (1670) und *Der seltzame Springinsfeld* (1670). Courage und Springinsfeld treten bereits im *Simplicissimus* auf, und Arnim las vermutlich diesen Schelmenroman, der neben dem *Schelmuffsky* zur Lieblingslektüre der beiden Freunde wurde.

253,19 Gachet ... Eugenie: Reale Personen (wie die Gachèt) verbindet Arnim mit fiktiven (der Eugenie aus Goethes *Natürlicher Tochter* und der Courage aus Grimmelshausens Werk). Alle drei setzen sich in schwerer Zeit unter den Bedingungen von Krieg und Revolution durch.

253,27–38 Sammlung von Compositionen, le Troubadour ... Die Rose: Zu Ostern 1805 erschien *Le Troubadour italien, francais et allemand. Par Jean Frédéric Reichardt* bei Frölich in Berlin. Darin finden sich Vertonungen von 11 Gedichten mit dem Vermerk *Poesie von L. A. von Arnim*, sowie *Die Rose* (*Von einem alten deutschen Dichter*), ein Text nach *Christian Weisens drei klügsten Leute. Leipzig 1684*, wie in der *Wunderhorn*-Version vermerkt ist (FBA 6, S. 236). Brentano und Arnim sind durch den Text Christian Weises (1642–1708) zu einer Reihe von Gedichten angeregt worden (vgl. Lyr.-Reg. Nr. 383 sowie FBA 9,1, S. 430f.).

253,29–31 Widertäufer ... mein Johann von Leyden hat den Waldemar ... zurückgedrängt: Arnim beschäftigte sich lange Zeit mit der Wiedertäufer-Thematik, ohne jedoch ein Werk dazu zu vollenden. Johann von Leyden (1509–1539) gehörte zu den Wanderpropheten der Wiedertäufer.

253,34f. Zukerfabrik in der Harnblase: Zuckerkrankheit

254,19 Deinen Tante: Friederike von La Roche, Ehefrau des Geheimen Oberbergrates Karl von La Roche in Berlin

254,22f. desinit in piscem mulier formosa superne: Horaz, *Ars Poetica* 4: »Eine oben schöne Frau läuft als Fisch aus« (eine Nixe mit Fischschwanz). Von Horaz als Beispiel einer grotesken Kunst benutzt, die von der klassizistischen Ästhetik verworfen wird.

254,30 homo sum humani nihil a me alienum puto: Terenz, *Heauton timorumenos* I 1: »Ich bin ein Mensch, nichts Menschliches ist mir fremd.«

255,8f. Volks-Sagen von Otmar: Das 1800 in Bremen erschienene Werk hat sich in Arnims Bibliothek erhalten (B 1251). Mit dem *Aufsatz* meint Arnim vermutlich seinen Beitrag *Von Volksliedern*, in dem er mit ähnlichen Worten wie im Brief über das Werk berichtet (vgl. FBA 6, S. 420 f.).

255,24 Homers Hymne an Hermäs: Unter dem Namen Homers sind eine Reihe von Hymnen auf griechische Götter überliefert, darunter auch der Hermeshymnos, der mit drastischen Worten den Werdegang des göttlichen Wunderknaben Hermes schildert. Aus einer Schildkröte formt er die erste Leier, seinem großen Bruder Apollon stiehlt er die Rinder. Danach zeigt er sich seinem Vater Zeus wieder als Kleinkind in Windeln. So wird das mythische Material als lustige Geschichte für ein bäuerliches Publikum (des 6. Jhds.) aufbereitet. Die von Arnim beobachtete Verwandtschaft mit dem barokken *Schelmuffsky* ist daher nicht von der Hand zu weisen. In dem in seiner Bibliothek erhaltenen Exemplar des *Schelmuffsky* finden sich jedoch keine Eintragungen.

255,28 Cupidoren: Von Cupido, dem Gehilfen Amors

255,37 Brief an Deine Frau: Brief vom 3. Januar 1805, publiziert v. Hermann F. Weiss, Unbekannte Briefe von und an Achim von Arnim, Berlin 1986, S. 33 ff.

256,6-11 Deines Bruders Heirathserziehung … Brombeeren: Arnim bezieht sich auf die Geschichte mit dem Erdbeermädchen (vgl. 250,27 bis 35 mit Erl.). *Die schweren Brombeeren* ist Titel eines *Wunderhorn*-Liedes (FBA 7, S. 203), in dem von einem Mädchen berichtet wird, das beim Brombeersammeln geschwängert wird.

256,22f. keinen Brief vom Zerbino: Anspielung auf Tiecks Märchensatire *Prinz Zerbino oder die Reise nach dem guten Geschmack* (1799). Hier steht »Zerbino« für den Autor, denn es ist Tieck, der seiner Frau die Reise mit seiner Schwester verschwiegen hatte und keinen Brief schrieb (vgl. Erl. zu 246,2-5).

256,24 Saperment: Häufiger Ausspruch im *Schelmuffsky* (vgl. Erl. zu 365,6)

256,34 Falkonierliede: Vielleicht der dem *Wunderhorn*-Lied *Der Falke* zugrunde liegende Text (vgl. FBA 6, S. 59, 9,1, S. 149-152).

256,35 die Rose: Vgl. Erl. zu 253, 27-38.

257,2 Iudas Ischariot: Gemeint ist Jakob Ludwig Salomon Bartholdy (1779-1825).

257,12 Menscher: Abfällige Bezeichnung für »Menschen« im *Schelmuffsky*

51. An Arnim
Heidelberg, 15. Februar 1805
D: Hs FDH (bis 259,28 *Wasser*) und Hs UB Heidelberg (Fortsetzung); vgl. FBA Nr. 399

258,3 Anabaptister Notizen: Bibliographische Angaben zu den Wiedertäufern, um die Arnim gebeten hatte

259,5-8 Gesangbuch der Wiedertäufer … woraus Winkelmann die Pura Fabrizirte: Titelangabe des Gesangbuchs von 1583 FBA 9,1, S. 287. Arnim bearbeitete das Lied *Pura* für das *Wunderhorn* (FBA 6, S. 137-140), Winkelmanns Gedicht findet sich im *Göttinger Musenalmanach auf das Jahr 1803.*

259,35f. beiliegendes Bild Bonapartes: Karikaturen Napoleons waren sehr verbreitet; Arnim gab das Bild nach Brentanos Wunsch als *Präsent* an Reichardt weiter, es fehlt bei dem in Frankfurt und Heidelberg erhaltenen Briefteilen.

259,38f. cio e veramente la fisionomia di buona parte: Wortspiel mit dem Namen Bonaparte. Wörtlich wäre der ital. Text zu übersetzen: Das ist wirklich das Aussehen des guten Teils.

260,7-21 Des Helden Aug … Sturm umwehter Klippe … Liebhaber Theater: Nach Ricklefs (Lyr.-Reg. Nr. 322) ein Text, der in einem Schülerheft Arnims unter dem Titel *Aus dem Liebhabertheater* notiert ist. Demnach handelt es sich vermutlich um einen satirischen Text auf Napoleon, den Arnim und Brentano aus Drukken abschrieben, vielleicht aus einer Serie von Karikaturen unter dem genannten Titel.

260,17f. Streber nach dem Polarstern: Anspielung auf die Literatengruppe um Karl August Varnhagen von Ense (1785–1858), die sich den Namen »Polarstern« gegeben hatte (vgl. Erl. zu 407,36–408,8)

261,18 Bokkatz ... novella: Novellen des italienischen Dichters Boccaccio (vgl. Brentano-Bibl., S. 100 bis 102)

261,30 Collnische Chronik: Die Chronika von der hilliger Stadt von Cölln (Brentano-Bibl., S. 29)

262,5 Kennst du das Land: Lied der Mignon aus Goethes *Wilhelm Meisters Lehrjahre*

262,6f. die Rose vor langer Zeit ... zugestuzt: Vgl. Erl. zu 253,27–38 sowie die Fassung, die Brentano im September 1802 für Johanna Kraus schrieb (vgl. FBA 29, S. 523).

262,29–36 Romanzen ... Erfindung des heiligen Rosenkranzes: Frühes Zeugnis für Brentanos Arbeit an dem Romanzenzyklus, den er nie vollendete (vgl. FBA 10)

262,36–39 Die Musikanten ... in Mannheim ... Auftrag: Die *Lustigen Musikanten* wurden mehrfach in Mannheim aufgeführt, eine weitere *kleine Oper* schrieb Brentano jedoch nicht.

263,1–18 Vorschlag ... Wohlfeiles Liederbuch ... die bessern Volkslieder ... neue hinzugedichtet: Brentano entwickelt den Plan des *Wunderhorn*, dessen erster Band bereits im Herbst 1805 (mit der Jahreszahl 1806) erschien. Das Werk soll sich von dem 1799 in Gotha veröffentlichten *Mildheimische[n] Liederbuch, gesammelt von Rudolf Zacharias Becker* abheben. Von vorneherein ist nicht daran gedacht, alte Texte nach mündlichem Vortrag zusammenzustellen. Vielmehr geht es um eine Auswahl der *bessern* Lieder, die den *Bedingungen des jezzigen Volksliedes entsprechen*. Die Texte sollen *zwischen dem romantischen und alltäglichen schweben*, dürfen bearbeitet und durch Eigendichtungen ergänzt werden. Dieses Programm von *Restaurationen und Ipsefakten* (vgl. 376,26) wird bei der Publikation allerdings nicht erläutert, und die Leser der (keineswegs »wohlfeilen«) *Wunderhorn*-Bände wurden durch den Untertitel *Alte deutsche Lieder* eher in die Irre geführt.

263,32 Wittich vom Jordan, und der Herzog Ernst: Später erwarb Brentano einige »Heldengedichte«, so daß sich die Abschriften, die er in der Gothaer Bibliothek angefertigt hatte, erübrigten (vgl. Brentano-Bibl., S. 26 und 40). Die *Abschrift des Goth. Codex* gehört zu seiner versteigerten Bibliothek (S. 85).

264,1f. der alte Schwab: Georg Joseph Anton Schwab (1735–1814), ein Buchhalter im Haus zum Goldenen Kopf, den Clemens Brentano als Märchenerzähler verehrte. Dessen Bruder Franz war am 17. November 1804 in Miltenberg gestorben.

264,15 Bode ... Burlesken: F. A. Bode: *Burlesken*, Leipzig 1803

52. An Brentano
Berlin, 27. Februar 1805
D: Hs UB Heidelberg

264,23f. Ellwert ... Und wenn zwey Liebercher scheiden: Eine der wichtigsten Quellen für den ersten Band des *Wunderhorn* wurde die Publikation *Ungedrukte Reste alten Gesangs nebst Stücken neurer Dichtkunst. von A. Elwert. Giesen und Marburg bey Krieger dem jüngeren 1784* (vgl. FBA 9,3, S. 732f.), von dem sich ein Exemplar mit hs Notizen in Arnims Bibliothek erhalten hat (B 1220). Arnim zitiert zwei Zeilen aus dem Lied *Müllers Abschied* (FBA 6, S. 96), das auf dem Text *Ein Volkslied* von Elwert basiert.

264,26 Herder: Johann Gottfried Herder (1744–1803), der Goethe in Straßburg zum Volksliedsammeln und Dichten im Stile von Volksliedern angeregt hatte, veröffentlichte 1778 und 1779 zwei Bände *Volkslieder*. Zahlreiche Lieder im *Wunderhorn* gehen auf diese Sammlung zurück (vgl. FBA 9,3, S. 739).

264,27 Bragur: Ein *Litterarisches Magazin der Deutschen und Nordischen Vorzeit*, das von Böckh und Gräter (die späteren Bände allein von Gräter) hg. wurde. Die Bände I–III (1791, 1792 und 1794), VI.2 und VII wurden zu wichtigen *Wunderhorn*-Quellen (vgl. FBA 9,3, S. 726f. und 809f.).

264,28–265,24 Gassenhauer ... 1571 ... der Guckuck ... an den Tag ... Glaube Liebe und Hoffnung: Der genaue Titel der *Wunderhorn*-Quelle FBA 9,1, S. 275. Bei der Verarbeitung des Liedes *Frühlingsblumen* (FBA 6, S. 225; die zweite Strophe entspricht Arnims *Der Guckuck...*) benutzen Arnim und Brentano jedoch eine Fassung des Liedes aus der Zeitschrift *Bragur* (vgl. vorige Erl. sowie FBA 9,1, S. 417–420). Das Lied *Drey Schwestern, Glaube Liebe, Hoffnung* (FBA 6, S. 130) dagegen geht auf die genannte Quelle zurück, in der es den Titel trägt *Es wolt ein Jäger jagen / von dem Glauben / hoffnung / vnd liebe / Christlich verendert.*

265,28f. Bette / Glauben: Alternativ zu lesen. Steig (I, S. 133) druckt auch im dritten Vers die in der Hs fehlende Alternative aus: »Oft betet / tut es nur allein das Maul«. Der Text gehört nicht zum Lied von den drei Schwestern (vgl. vorige Erl.).

266,1–10 Greflinger ... in liebliger Ruh: Der Vierzeiler *Verlobung* im dritten Band des *Wunderhorn* (FBA 8, S. 74) geht zurück auf *Georg Greflingers / Gekröhnten Poeten und Notarii P. Poetische Rosen und Dörner / Hülsen und Körner*, Hamburg 1655. Aus dem umfangreichen Text mit dem Titel *Zweyer Personen Liebes Gespräch / mit der Mutter Einrede* zitiert Arnim nur die im *Wunderhorn* verarbeitete erste Strophe (vgl. FBA 9,3, S. 122–125).

266,15 Der die Sonne viel besieht: Nicht im *Wunderhorn* verarbeitet

266,34 Tieks Büste: Clemens Brentano darstellend, vgl. Erl. zu 161,38 bis 162,2.

267,3f. Deine Schwester: Bettine, um die sich Brentano Sorgen gemacht hatte, weil er keine Briefe bekam

267,15 mit klarem Sinter inkrustirt: Sinter sind mineralische Stoffe, die sich als Kristall-Krusten in Quellen absetzen.

267,23–25 Chatonbriand ... lauter schöne Bücher: Lesung fraglich; nach Fertigstellung des ersten Bandes gelang in der Weimarer Arbeitsstelle eine überzeugende Entzifferung. Zu lesen ist *Ollapatrida*, ein Stück, das früher Stranitzky zugeschrieben wurde und in Ausgaben von 1711 und 1722 (Hg. R. M. Werner) bekannt ist. Brentano besaß neben der Ausgabe von 1722 *(von Schalk Jerrä)* eine von 1728 (Bibl., S. 63). *Speculum mundi* ist eine Komödie von Bartholomäus Ringwaldt (um 1530–1599).

267,26 Gar vieles kann ein Wort besagen: Text Arnims, den er später in ein Gedicht mit dem Titel *Allmacht der Freude* integrierte (vgl. Lyr.-Reg. Nr. 658)

267,35 Tscherning: Der Barockdichter Andreas Tscherning (1611–1659) trat mit Lyrik und einer Poetik hervor. Brentano besaß eine Edition von 1634 (Bibl., S. 65).

267,35–268,7 die beyden Gryphius... Cardenio und Celinde ... Piast: Neben Andreas Gryphius (1616–1664), dessen Stück *Cardenio und Celinde* Arnim in *Halle und Jerusalem* (1811) verarbeitete, kennt er auch die Werke von dessen Sohn Christian Gryphius (1649–1706). Dieser brachte in einer Edition von 1698 zum erstenmal das Singspiel *Piastus* heraus.

268,13 Meinen Aufsaz über Volkslieder: Arnims Aufsatz *Von Volksliedern* wurde zunächst Anfang 1805 in Reichardts *Berlinische[r] Musikalische[r] Zeitung* veröffentlicht und dann in erweiterter Form als Anhang zum ersten Band des *Wunderhorn* (vgl. FBA 6, S. 406–442 und 9,1, S. 706–733).

268,27 Lieder der Liederbrüder: Während das *Volksliederbuch* in Heidelberg rasch realisiert wurde, kam die gemeinsame Publikation der *Liederbrüder* nicht zustande (vgl. Schwinn, S. 152–158).

269,11 f. aus Göthes Müllerromanzen ein Liederspiel ... Markgraf Otto: Arnims Liederspiel *Markgraf Otto von Brandenburg* wurde erst 1986 in der *Aurora* zum erstenmal veröffentlicht (S. 188–261).

269,24 der verw: Königin Tod: Friederike Luise (aus Hessen-Darmstadt), seit dem Tode von Friedrich Wilhelm II. (1797) Witwe, war gestorben.

269,26 f. Oper von Naumann: Arnim sah eine Oper des erfolgreichen Johann Gottlieb Naumann (1741 bis 1801).

270,11 Bearbeitung des Piast zur Vermählungfeier: Arnim empfiehlt eine Bearbeitung des *Piastus* von Gryphius (vgl. Erl. zu 267,35–268,7).

270,33 f. Tiecks Aufzug der Romanze: Um auf die neue, aus dem Spanischen von den Romantikern eingeführte Form der Romanze hinzuweisen, ließ Tieck seinem *Kaiser Octavianus* einen *Prolog. Der Aufzug der Romanze* vorausgehen, in dem eine personifizierte Romanze *in fremder Tracht* dem Dichter gegenübertritt.

270,37 beym Pruter Grafen: Vgl. Erl. zu 250,37.

53. An Brentano
Berlin, 25. März 1805
D: Hs UB Heidelberg; zum Brief konnte ein bislang unbekanntes Exzerpt (GSA 03/174, Bl. 22,23) ermittelt werden.

271,10 auf einem fahlen Pferd betroffen: Nach dem Sprichwort: Laß dich auf keinem fahlen (= blassen, tückischen) Pferd betreffen.

271,10–272,22 Von Schmidt's Gedichten ... weil Göthe mir ... miserabel vorkam: Arnim zitiert Gedichte von Friedrich Wilhelm August Schmidt (gen. Schmidt von Werneuchen; 1764–1838). Das erste (von Reichardt vertonte) Lied trägt den Titel *An den Mond.* Parodiert wurde der Hg. des *Kalender[s] der Musen und Grazien*, der im Stile von Vossens *Idyllen* dichtete, von Goethe und A. W. Schlegel (im *Athenäum*). Vermutlich hat Arnim Goethes Gedicht *Musen und Grazien in der Mark* gelesen und ist mit der Verspottung nicht einverstanden.

272,23 Eunomia: Vgl. Erl. zu 292,6 f.

273,1 Zur Wiedereröffnung des Theaters: Vgl. Erl. zu 269,24.

273,8 Iffland: August Wilhelm Iffland (1759–1814), erfolgreicher Schauspieler, Theaterschriftsteller und -direktor in Berlin

273,13 Durchsicht des zweyten Bandes von Ofterdingen: Im zweiten Band der von Tieck hg. Novalis-Ausgabe waren Entwürfe und Pläne zur Fortsetzung des Romans *Heinrich von Ofterdingen* erschienen. Sie lassen keine klaren Perspektiven für den Werdegang des Helden erkennen.

274,5 die Hausfreunde: Titel eines Stückes von Iffland

274,7 f. Kotzebue ... drey Bände italiänischer Reisen: Kotzebues 1805 erschienene dreibändige Reisebeschreibung mit dem Titel *Erinnerungen von einer Reise aus Liefland nach Rom und Neapel*

274,21 f. Rosmonda: Oper von Reichardt nach Filistri (1801)

275,23 f. Bartholdinischen ... Silberlinge: Bartholdy (vgl. Erl. zu 257,2) veröffentlichte in Reichardts *Berlinische[r] Musikalische[r] Zeitung* in Heft 5 einen Aufsatz unter dem Titel *Über den Volksgesang der Sicilianer.*

275,30 f. Gall ... Modevorlesungen: Der Schädelforscher Franz Joseph Gall (1758–1828) unternahm Vortragsreisen, und es gibt kaum einen Intellektuellen der Zeit, der nicht einmal einen seiner Vorträge gehört hätte.

276,4 Franz Horn: Franz Horn (1781–1837) war seit 1803 Lehrer am Gymnasium zum Grauen Kloster in Berlin und machte sich nicht nur mit effektvollen Vorlesungen einen Namen, sondern auch mit literarhistorischen Arbeiten, Romanen und gewagten Shakespeare-Interpretationen. 1805 ging er ans Lyceum in Bremen.

276,10 f. Gryphius ... Piast: Vgl. Erl. zu 267,35–268,7.

276,14 Luna: Horn veröffentlichte ein Taschenbuch mit dem Titel *Luna* zu den Jahren 1804 und 1805.

276,20 Adelungs Magazin: Neben der Zeitschrift *Bragur* (vgl. Erl. zu 264,27) wurde auch das von Johann Christoph Adelung (1732–1806) hg. *Magazin für die Deutsche Sprache* als Quelle für das *Wunderhorn* benutzt; nur eine einzige Ballade daraus (*Der Graf im Pfluge*) wurde jedoch aufgenommen (vgl. FBA 6, S. 320 und 9,1, S. 564).

276,24 des feinen kleinen Almanach: Aus den 1777 und 1778 von Friedrich Nicolai (1733 bis 1811) hg. Bänden *Ein feyner kleyner Almanach* entnahmen Arnim und Brentano mehr als zwanzig Lieder für das *Wunderhorn* (vgl. FBA 9,3, S. 750 f.).

277,2 die drey Reiter: In *Hollin's Liebeleben* führt Arnim *das altdeutsch Lied: Es ritten drei Reiter zum Tor hinaus* ein (Werke 1, S. 60); im *Wunderhorn* wurde der Text nach Nicolais *Almanach* aufgenommen (vgl. FBA 6, S. 238 und 9,1, S. 434 bis 436).

54. An Arnim
Heidelberg, 2. April 1805
D: Hs UB Heidelberg; vgl. FBA Nr. 405

277,11 troubadour: Reichardts Publikation (vgl. Erl. zu 253,27–38) erschien in mehreren Lieferungen.

277,29–34 Frühlingslied, aus der Truznachtigal, des Jesuiten Spee ... will ich ihn heraus geben: Den Plan, das Werk von Friedrich Spee von Langenfeld (1591–1635) zu veröffentlichen, hat Brentano mit der Bearbeitung der *Trutznachtigal* 1817 zum Teil verwirklicht. Im Original lautet der Titel *Trutz Nachtigal / Oder Geistlichs-Poetisch Lustwäldlein / deßgleichen noch nie zuvor in Teutscher Sprach gesehen* (3. Auflage 1660; vgl. FBA 9,1, S. 326). Das erwähnte Lied wurde unter dem Titel *Frühlingsbeklemmung* in den ersten Band des *Wunderhorn* aufgenommen (FBA 6, S. 162) und trägt in der Auflage von 1660, die als Quelle im *Wunderhorn* angegeben ist, die Überschrift *Liebgesang der Gesponß Jesu / im anfang der Sommerzeit.* Möglicherweise ist aber auch das Gedicht *Eine Ecloga oder Hirtengesang von Christo dem Herrn im Garten / vnter der Person deß Hirten Daphnis* gemeint, von dem sich im Heidelberger Material eine Abschrift Sophie Mereaus erhalten hat (vgl. FBA 9,1, S. 487–489 sowie die *Wunderhorn*-Bearbeitung FBA 6, S. 276: *Der Herr am Oelberg und der Himmelsschäfer*).

277,37–278,1 Göthe ... Schmidt parodirt: Vgl. Erl. zu 271,10–272, 22.

278,5–10 ein paar Scenen aus dem vortreflichen Cardenio ... in ihrer Vorrede gemeldet: In der *Bunte[n] Reihe kleiner Schriften* hatte Sophie Mereau nicht nur einige Szenen aus Gryphius Trauerspiel *Cardenio und Celinde* abgedruckt, sondern in der (an Sophie von La Roche gerichteten) Vorrede auch auf die zukünftigen Pläne Arnims, Gryphius zu bearbeiten, hingewiesen. Arnim wird als *junger und mächtiger Dichter unserer Zeit* vorgestellt und namentlich genannt.

278,11–20 Maier, der Verfasser des Epos Tobias ... Leo Arminius: Johann Friedrich von Meyer (der sog. »Bibel-Meyer«; 1772–1849) veröffentlichte 1800 ein Epos zur Bibel (*Tobias*) und 1802 *Dramatische Spiele* (darin: *Ixion, Piast* und *Feueralarm*; vgl. Erl. zu 226,35–228,34). Seine Bearbeitung von Gryphius' Trauerspiel *Leo Arminius* ist jedoch nicht veröffentlicht; vielleicht fungierte der Text *in seinem Pulte* nur als Bühnenmanuskript, denn Meyer war seit 1803 Leiter des Frankfurter Theaters.

278,25 Herders Bibliothek versteigert: Die Auktion war am 18. Februar 1805 im *Intelligenzblatt* der *Jenaischen Allgemeinen Literaturzeitung* angekündigt worden. Über Erwerbungen von Arnim und Brentano ist nichts bekannt (vgl. Tendenzen, S. 159 sowie FBA 9,3, S. 740).

279,7–9 Savigny ... in Pariß ... zur Welt zu bringen: Bettina von Savigny wurde am 11. April 1805 in Paris geboren.

279,12 Lancelot du Lac folio: Brentano-Bibl., S. 28: *Le roman de Lancelot du Lac*, Paris 1533

279,20f. Zirkular ... zur Einsendung der Sagen: Um Material zur Fortsetzung des *Wunderhorn* zu gewinnen, ließen Arnim und Brentano einen Zirkularbrief drucken, den sie an Freunde und Bekannte verteilten, und publizierten Zeitungsaufrufe. In der ersten *Aufforderung* wird nicht nur um Lieder, sondern auch um *alte mündlich überlieferte Sagen und Mährchen* gebeten (FBA 8, S. 348).

279,37 König von Thule: Anspielung auf die Ballade von Goethe, zu der Brentano eine Parodie schrieb.

279,39 Gottsched Vorrath: Johann Christoph Gottsched (1700–1766): *Nöthiger Vorrath zur Geschichte der deutschen Dramatischen Dichtkunst*, 2 Bde., 1757/1765

280,6f. die ehrliche Frau zu Plissine: Christian Reuter veröffentlichte 1695 die Komödie *L'honnete Femme oder die ehrliche Frau zu Plissine.*

281,3 christliche Ekloge von ... Spee: Vgl. Erl. zu 277,29–34.

281,16f. Mein Freund Dotzen und Kochs Dozeececeen: Bernhard Joseph Docen (1782–1828) war in der Münchner Bibliothek als »Akzessist« (Lehrling) angestellt und beschäftigte sich mit Recherchen zur mittelhochdeutschen Literatur. Er veröffentlichte einen Aufsatz *Entdeckung über das sogenannte Heldenbuch des Heinrich von Ofterdingen* in Johann Christian von Aretins *Beyträge[n] zur Geschichte der Literatur.* Erduin Julius Koch (1764–1834) hatte den *Grundriß einer Geschichte der Sprache und Literatur der Deutschen von den ältesten Zeiten bis auf Lessings Tod* in zwei Bänden (Berlin 1795 und 1798) verfaßt, in der er auch ältere Volkslieder aus seinem Besitz auflistete (vgl. 282,4–6).

281,34f. Salomon und Markolph: Ein Volksbuch, das Görres nach Brentanos Bibliothek (S. 40) unter dem Titel verzeichnet: *Der visirliche Marcolphus, bestehend in einem abentheuerlichen Gespräch zwischen dem König Salomon und diesem unberichtsamen und groben Menschen.*

282,4f. In Koch litteratur II Band: Vgl. Erl. zu 281,16f.

282,9 Manuskript des Renners: Vgl. Brentano-Bibl., S. 23: *Der Renner des Hugo v. Trimberg.* 262 Blatt in Folio, mit 91 illum. [= handkolorierten] Handzeichnungen, auf Papier

282,19 noch ein Lied des Spee: Cedron's Klage (vgl. die *Wunderhorn*-Bearbeitung FBA 6, S. 157 sowie die Wiedergabe der Mischhandschrift Brentano/Mereau aus dem Heidelberger Material FBA 9,1, S. 323f. und 487–489)

282,22–283,4 Histörchen vom Teufel ... Narratur ... apparuit: Die Geschichte, die Arnim auch in seiner *Geschichte des Predigers Tanner* verarbeitet (vgl. Werke 3, S. 429f. mit Erl.), berichtet von einem Priester, der sich mit einer verheirateten Frau eingelassen hatte und vor der aufgebrachten Dorfbevölkerung in den Wald fliehen mußte. Dort begegnete ihm der Teufel in Gestalt eines frommen Gelehrten, der ihm sein Glied wegzaubert. Der Geistliche kehrt ins Dorf zurück und will seine Unschuld beweisen. Doch da schwillt sein Glied an wie zuvor.

55. An Brentano
Berlin, Anfang April 1805
D: Hs UB Heidelberg; zum Brief konnte ein bisher unbekanntes Exzerpt (GSA 03/174, Bl. 22,23) ermittelt werden.

283,15 Himmelsschäflein: Arnim spielt auf Sophie Mereaus Abschrift von *Cedron's Klage* an (vgl. Erl. zu 282,19).

283,23 Endymion: In der antiken Sage ein schöner, von Zeus mit ewiger Jugend beschenkter Jäger, der von seiner göttlichen Geliebten, der Mondgöttin Selene, in ewigen Schlaf versetzt wurde

283,29–285,1 Ein feste Burg ... Jesaia dem Propheten ... Sie ist mir lieb: Die Lieder Martin Luthers wurden unter den Titeln *Kriegslied des Glaubens*, *Jesaias Gesicht* und *Die Mutter muß gar seyn allein* mit Verfasserangabe in den ersten Band des *Wunderhorn* aufgenommen (FBA 6, S. 105–107, 18 und 214 f.).

286,12 Gemeinen: Doppeldeutig, da unter »Gemeine« auch die »Gemeinde« verstanden wird

286,13 f. dieses alte Porstische Gesangbuch ... gegen das Lutherische ... Weiß: Die ersten beiden Ausgaben des pietistisch beeinflußten Gesangbuchs von Johann Porst (1688–1728) erschienen anonym 1707 und 1711; 1713 folgte eine Ausgabe unter Porsts Namen. Arnim meint vielleicht das 1791 erstmals von J. G. Lorenz zusammengestellte *Kleine Porstische Gesangbuch, mit Anmerkungen zum Gebrauch in Schulen.* – Als Quelle für die Luther-Lieder nennt das *Wunderhorn* ein Gesangbuch mit dem Titel *Aus dem J! neu-eröffneten (herrlichen) Schatze der Kinder Gottes. Zittau (bey David Richtern) 1710*, das Heinz Rölleke nicht ermitteln konnte (vgl. FBA 9,1, S. 87 f.). Arnim schrieb die Lieder aus diesem Gesangbuch ab und schätzte es höher ein als das *Porstische* und das von Michael Weiße (ca. 1488–1534), das erstmals 1531 unter dem Titel *Ein New Geseng/buchlein* erschienen war und Übersetzungen aus dem Tschechischen und eigene Lieder Weißes enthielt. Paul Gerhards *Sommerlied* wurde im *Wunderhorn* nach einem evangelischen Gesangbuch von 1732 aufgenommen (vgl. FBA 9,3, S. 150).

286,18–20 Koch ... aus dem deutschen Museum, aus Kanzlers Quartalschrift, aus Gottscheds Büchersaal: Erduin Julius Koch war seit 1786 Lehrer an der Realschule in Berlin und später auch als Prediger tätig. Für Arnim und Brentano wurden nicht nur sein *Compendium der deutschen Literaturgeschichte* (Bd. 1: 1790) wesentlich (vgl. 281,16 f. mit Erl.), sondern auch die persönlichen Hinweise, denen Arnim bei der Suche nach »alten deutschen Liedern« für das *Wunderhorn* nachgeht. Aus den Jahrgängen 1778, 1780 und 1781 der von Heinrich Christian Boie (1744 bis 1806) hg. Zeitschrift *Deutsches Museum* entnahmen Arnim und Brentano Lieder für das *Wunderhorn* (vgl. FBA 9,3, S. 750). Bei der von Canzler und Meißner hg. *Quartal-Schrift für Aeltere Literatur* waren die Jahrgänge 1783 und 1784 wichtige Quellen (vgl. FBA 9,1, S. 757 f.). Gottsched dagegen ist im *Wunderhorn* nicht vertreten (vgl. jedoch Erl. zu 279,39).

286,25–287,4 Blühende Herzen ... Greflinger: Zu Greflinger vgl. Erl. zu 266,1–10. Die Vorlage bei Greflinger hat Ricklefs nicht ermittelt (vgl. Werke 5, S. 203 mit Erl.).

287,5 f. Aufsatz über Volkslieder ... zum Schluß eine Aufforderung: Vgl. Erl. zu 268,13 sowie die Aufforderung am Schluß des Aufsatzes in einer Anmerkung: *Diese Sammlung* [der erste Band des *Wunderhorn*] *sey dem Leser eine Probe von dem, was wir wünschen. Wer der Gelegenheit und Lust ermangelt, was er entdeckt bekannt zu machen, dem erbiethen wir uns, mein Freund Clemens in Heidelberg und ich in Berlin (abzugeben im Viereck n. 4.) zur schnellen Herausgabe* (FBA 6, S. 440). In der ersten, bereits gedruckten Fassung des Aufsatzes fehlt diese Aufforderung noch.

Zum Zeitpunkt des Briefes dachte Arnim an eine Veröffentlichung des erweiterten Aufsatzes in den *Liederbrüdern.*

288,5 Reiselied meiner Laute: Von diesem Lied sind zahlreiche hs Fassungen überliefert (vgl. Lyr.-Reg. Nr. 487).

56. An Brentano, Berlin, 8. April 1805
D: GSA Weimar

289,9–15 Tieck ... Finkschen Familie ... Ruf der Schwester ... zu bewachen: Über das komplizierte Beziehungsgeflecht der genannten Personen berichtet Härtl (Tendenzen, S. 158): »Auf Einladung seines Freundes Wilhelm von Burgsdorff (1771–1822) lebte Tieck seit 1802 auf dem Landgut Ziebingen in der preußischen Neumark, dessen Bewirtschaftung 1807 Burgsdorffs Onkel Friedrich Ludwig Karl Graf von Finckenstein (1774–1847) übernahm. Während Tieck sich mit Henriette von Finckenstein (1774–1847), einer Cousine Burgsdorffs, eng befreundete, war dieser der Liebhaber von Tiecks Frau Amalie, geb. Alberti (1769–1837). Seine Schwägerin, die Malerin Marie Agathe Alberti (1767 bis 1812), soll Tieck verführt und dann, um sie von sich abzuwenden, seinem Schwager, dem Berliner Pädagogen und Schriftsteller August Ferdinand Bernhardi (1769–1820), zugeführt haben. Bernhardi war mit Tiecks Schwester Sophie (1775–1833) verheiratet, die ihren Mann mit August Wilhelm Schlegel (1767–1845) und dem estländischen Baron Karl Georg von Knorring (1769–1841) betrog, wobei sie ihre Liebhaber gegeneinander ausspielte.«

289,18 Albertis: Karl Alberti (1763 bis 1829), preußischer Staatsrat, Geheimer Kriegs- u. Oberfinanzrat beim Zolldepartement in Berlin, Direktor der Generalsalzdirektion, seit 1803 mit Wilhelmine Hensler, einer Stieftochter Reichardts verheiratet.

289,22f. Gesicht in einen Rettig geschnitten: Anspielung auf die Rede Falstaffs in Shakespeares *König Heinrich IV.* (Teil 2; III 2)

289,29–290,1 Opitz ... Wolfsbrunnen bey Heidelberg ... Nimfe Hercynie: Arnim besaß drei Opitz-Ausgaben, Brentano eine vierteilige Gedichtausgabe von 1690 (Tendenzen, S. 159f.). Im *Wunderhorn* wurden fünf Gedichte von Opitz verarbeitet (vgl. FBA 9,3, S. 752f.), jedoch nicht das Gedicht *Vom Wolfsbrunnen bey Heidelberg*, aus dem Arnim zunächst die erste Zeile zitiert. Auch die *Schäfferei von der Nimfen Hercinie* in den *Weltlichen Poemata*, die Arnim in einer Ausgabe von 1644 besaß, wurde nicht aufgenommen, dagegen der zweite zitierte Text, der im *Wunderhorn* unter dem Titel *Unerhörte Liebe* steht (vgl. FBA 9,1, S. 260f.).

290,2 Campanerthal: Jean Pauls Werk *Das Kampaner Thal oder die Unsterblichkeit der Seele* (1797)

290,5 Fig 1: Am unteren Rand des Netzes hat Arnim den Namen *Opitz* eingetragen, oben steht vermutlich *Miller* (vgl. Erl. zu 32,12–15).

291,7–9 Deine Frau ... mit Glückwünschen: Zum Geburtstag von Sophie Mereau am 28. März

57. An Arnim
Heidelberg, um den 8. Mai 1805
D: Hs UB Heidelberg; vgl. FBA Nr. 411

291,17f. mein Kind ... in 14 Tagen: Bereits am 13. Mai 1805 wurde Joachime Elisabeth Brentano als zweites Kind der Ehe geboren und am 23. Mai, bevor Arnim eintraf, getauft. Es starb einen Monat später (am 17. Juni) an Scharlach.

291,24f. Polischinelltheater ... in welchem Schelmufski und der Teufel nach Ticks zeichnung: Die »geschnittenen« Personen deuten auf ein Schattenspieltheater; Polichinelle ist eine Figur der Commedia dell'arte. Über die Zeichnungen zum *Schelmuffsky* in Ziebingen hatte Brentano in einem Brief Savigny berichtet und einige Proben geboten: *Schelmufski hat zuerst Arnim, und dann Tiek ganz begeistert, wir haben oft Scenen draus gezeichnet. Dieses sind drei Portraite draus, von Tiecks und Arnims erfindung* (FBA 31, S. 407)

Herr Bruder Graf – *Schelmufski* – *Groß Mogul*

291,27 f. Gundel ... ein Mädchen in Paris geboren: Bettina von Savigny, geboren am 11. April 1805. Die Taufe mit Bettine Brentano als Patin und zahlreichen Gästen (darunter Arnim und Brentano) fand aber erst am 13. Oktober 1805 auf Trages, dem Gut Savignys bei Hanau statt, wo sich noch heute Wandzeichnungen befinden, die zum Teil bei diesem Anlaß entstanden. Sie sind nicht verschollen, wie Ricklefs annimmt, und sind mit Bruchstücken von Arnims Gedicht versehen, das er in einem hs Taschenbuch unter dem Titel *Inschrift bei dem Gemälde von der Riesentaufe in Trages* notiert: *Kein Tropfen zu viel, / Wie hell und wie kühl, / Der Wasserfall gelind, / Tauf mich arm Riesen Kind!* (vgl. Werke 5, S. 209 und 1156 f. sowie Brigitte Schad: Quellenanverwandlung beim frühen Brentano, Diss. Frankfurt 1983, S. 141–145).

58. An Arnim
Heidelberg, Juli/August 1805
D: Hs UB Heidelberg; vgl. FBA Nr. 417

292,6 f. Eunomia ... über Volksschulen: In der Zeitschrift *Eunomia*, hg. v. Feßler und Fischer erschienen 1805 in zwei Teilen *J. G. Schummels Briefe an den Herrn Ober-Consistorial-Rath Zöllner.*

292,10 Nikolai feiner Allmanach: Vgl. Erl. zu 276,24.

292,29 f. Volksliedditirambe: Arnims Aufsatz *Von Volksliedern* (vgl. Erl. zu 268,13). Eine Dithyrambe ist eigentl. ein Weihelied auf Dionysos.

293,3 Noth und Hülfsbüchlein: Bücher dieses Titels, die praktische Lebenshilfen enthielten, waren weit verbreitet. Hier bezieht sich Brentano auf das *Noth- und Hülfsbüchlein oder lehrreiche Freuden- und Trauer-Geschichten der Einwohner zu Mildheim*, hg. v. Rudolf Zacharias Becker, Gotha 1798.

59. An Brentano, Frankfurt, vermutlich 1. September 1805
D: Hs UB Heidelberg; Datierung nach der Angabe *Sontags*

293,12 den Orlando: Das Liederheft (für eine Diskantstimme) von Orlando di Lasso (1520–1594) gehört zu den wenigen Buchvorlagen des *Wunderhorn*, die sich im Heidelberger Material erhalten haben (Hs 2110, 45). Das Lied *Von Hofleuten*, das Arnim noch in den ersten Band des *Wunderhorn* einfügte, stammt aus dieser Quelle (vgl. FBA 9,1, S. 573), die noch bei zwei weiteren Liedern herangezogen wurde (vgl. FBA 9,3, S. 753).

293,19 aus den frischen Liedlein: Georg Forsters (um 1510 bis 1568) *Frische Liedlein* sind die »ergiebigste Quelle« des *Wunderhorn* (vgl. FBA 9,3, S. 735 f.).

293,22 f. die Schlacht bey Sempach ... die Fischpredigt: Beide *Wunderhorn*-Lieder – das zweite trägt den Titel *Des Antonius von Padua Fischpredigt* – hat Arnim bearbeitet (vgl. FBA 9,1, S. 578–594).

293,25 vier vorläufige Anzeigen: Drei Texte (FBA 8, S. 343–345) erschienen in der *Jenaischen Allgemeinen Literatur-Zeitung*, im *Kaiserlich privilegirten Reichs-Anzeiger* und in der *Zeitung für die elegante Welt*; ein vierter ist nicht bekannt (vgl. FBA 9,3, S. 649–651).

293,33 f. zwey Monate in einem Zimmer mit Dir: In Heidelberg

294,18 f. Bettine hat mir ... Liederchen gebracht: Bettine bekam früh Kompositionsunterricht und vertonte u. a. Texte von Arnim, Brentano und Goethe (vgl. Bettine von Arnim: Lieder und Duette für Singstimme und Klavier, hg. v. Renate Moering, Kassel 1996; hier S. 52).

60. An Brentano
Frankfurt, Anfang September 1805
D: Hs UB Heidelberg; nachträglich (vermutlich von Bettine) datiert: *Frankfurt am Main 1804 oder 05*

295,3 Guten Morgen Spielmann: Anspielung auf das *Wunderhorn*-Lied *Hier liegt ein Spielmann begraben* (vgl. Erl. zu 303,17–19)

295,4f. Feldberg: Höchster Berg des Taunus bei Frankfurt

295,12–14 Bettine … Lied aus dem Ariel … Hoffmann: Philipp Carl Hoffmann (1769–1842), ein Bratschist und Musikdilettant, unterrichtete Bettine in den Frankfurter und Offenbacher Tagen (vgl. Bettine-Kat., S. 179). Zu den Vertonungen von Texten aus Arnims *Ariel's Offenbarungen* vgl. Renate Moering (Erl. zu 294,18 f.), S. 53.

295,21f. Die Manschettenblumen: Das Lied geht vermutlich auf ein Fliegendes Blatt zurück und trägt im *Wunderhorn* den Titel *Die gefährliche Manschettenblume* (vgl. FBA 6, S. 344 und FBA 9,1, S. 603–606).

295,22 der Stauffenberger: Im *Wunderhorn* unter dem Titel *Ritter Peter von Stauffenberg und die Meerfeye* (FBA 6, S. 392); nach Rölleke die »späteste Arbeit zu *Wunderhorn I* überhaupt« (FBA 9,1, S. 700).

295,25 Seyd fröhlig: Dieses Gedicht erscheint erst im zweiten Band des *Wunderhorn* und trägt dort den Titel *Kerbholz und Knotenstock* (FBA 7, S. 381). Zu einer Bearbeitung durch Arnim kam es jedoch nicht (vgl. FBA 9,2, S. 593).

61. An Arnim
Wiesbaden, 7. September 1805
D: Hs UB Heidelberg; vgl. FBA Nr. 426

296,4 Lichtenberg: Ludwig Christian Christoph von Lichtenberg (1737–1812), der Bruder des 1799 gestorbenen Georg Christoph, ein Archivar und Legationsrat aus Gotha, der Verhaltensmaßregeln bei Gewittern veröffentlicht hatte.

296,22f. Walpurgis … von Rüdesheim: Über die Begegnung mit der Wirtstochter Walpurgis Ackermann in Rüdesheim auf der Rheinreise mit Savigny im Oktober 1801 berichtet Brentano ausführlich in Briefen an seine Schwester Bettine (vgl. *Frühlingskranz*, FBA 30, S. 50–63).

298,4 Geschichte Karl des zwölften: Ernst Ludwig Posselt: *Geschichte Karls des Zwölften, Königs von Schweden, nach Voltaire*, Karlsruhe 1791

62. An Brentano, Frankfurt
Nach dem 7. September 1805
D: Hs UB Heidelberg; nachträglich (vermutlich von Bettine) datiert: *1804 oder 5*

298,18f. Kunze hat den kleinen Jungen … radirt: Arnim bezieht sich auf den gestochenen Titel zum ersten Band des *Wunderhorn*, der einen Reiter mit einem Horn in der Hand zeigt. Nach Rölleke könnte es sich bei dem Künstler um Johann Christian Kuntze (1761–1832) handeln (FBA 9,1, S. 68).

63. An Arnim, Heidelberg, Anfang bis Mitte September 1805
D: Hs UB Heidelberg; vgl. FBA Nr. 427

298,28 vier schöne Lieder von Grimm: Gemeint ist der Pfarrerssohn Albert Ludwig Grimm (1786 bis 1872), der zunächst Hauslehrer beim Kirchenrat Schwarz, dann (ab 1804) Professor in Heidelberg war. Grimm lieferte Arnim und Brentano zahlreiche Lieder, von denen die meisten in den ersten Band des *Wunderhorn* eingingen (vgl. FBA 9,3, S. 810f.). Die vier hier übermittelten kamen jedoch für den bereits erschienenen ersten Band zu spät.

299,2-6 Blumenkopf statt topf ... Pfeffel: Brentano, dem Druckfahnen oder Aushängebogen vom 24. Bogen des ersten Bandes vorlagen, ist im *Wunderhorn* ein vermeintlicher Druckfehler aufgefallen. Er bezieht sich auf die Strophe: *Gott grüß euch Alter, schmeckt das Pfeifchen? / Weißt her! – Ein Blument(k)opf / von rothem Thon mit goldnem Reifchen: / Was wollt ihr für den Kopf?* (FBA 6, S. 371). Arnim hatte das Lied Gottfried Konrad Pfeffels (1736–1809) mit dieser Eingangsstrophe wohl einem Fliegenden Blatt (Einblattdruck) entnommen (vgl. FBA 9,1, S. 661), das verloren ist. Er folgt mit seiner Lesart dem Erstdruck des Liedes, das ebenfalls »Blumentopf« hat. Da es sich jedoch um einen Pfeifenkopf handelt, verlangt Brentano trotz des identischen Reims »kopf« – wie es auch in den meisten Fassungen des Liedes steht.

64. An Arnim
Heidelberg, Ende September 1805
D: Hs UB Heidelberg; vgl. FBA Nr. 428

299,35f. Franzosen ... durchmarschirt: Die Franzosen marschierten (im sogenannten Dritten Koalitionskrieg) gegen die Verbündeten Österreich und Rußland, die von Schweden und England unterstützt wurden.

300,1 Piquet: Eine Truppenabteilung (Pikett), die Vorposten unterstützt.

300,7f. der Studente Grimm ... Dichter: Albert Ludwig Grimm (vgl. Erl. zu 298,27) hatte den Almanach *Persepone. Ein Jahrbuch auf 1806* veröffentlicht.

300,13 Aufgebot der Engelhard: Die junge Schriftstellerin Karoline Engelhard (1781–1855), die Brentano und Sophie Mereau in Marburg kennengelernt hatten, war im Mai 1805 nach Heidelberg gekommen, um Sophie bei der Geburt des Kindes zu unterstützen. Obwohl Brentano mehrfach Beiträge von ihr erhielt, »hat sich weder ein Ms. von ihrer Hand gefunden, noch läßt sich ein *Wunderhorn*-Lied auf ihre Beiträge zurückführen« (FBA 9,3, S. 804f.).

300,17–19 Blühe liebes Veilchen ganz von dir verwandelt ... alte deutsche Lieder: Arnim hatte das in zahlreichen Fliegenden Blättern verbreitete Lied radikal gekürzt und verändert (*Knabe und Veilchen*; FBA 6, S. 319). Er hielt es für ein altes Volkslied und wußte nicht, daß Christian Adolf Overbeck (1755–1821) das Lied geschaffen hatte. Es erschien im Voßschen *Musenalmanach auf das Jahr 1778* zum erstenmal. Brentano ist in Sorge, weil der Untertitel der Sammlung *alte deutsche Lieder* verheißt.

300,35f. Baden ... Truppen den Franzosen: Außer Baden schlossen sich auch Württemberg und Bayern Napoleon an.

65. An Brentano
Frankfurt, Ende September 1805
D: Hs UB Heidelberg; zum Brief hat sich ein Entwurf erhalten, der vermutlich von Bettine mit der Überschrift *Aus Frankfurt* versehen ist.

302,25 Fest verschränket: Der Text ist auch in einem Pergamentband mit Arnim-Handschriften überliefert und steht dort unter dem Titel *Abreise nach der Heirath* (Lyr.-Reg. Nr. 607).

303,13 Hochzeitlied auf Leopold: Der vollständige Titel des von Arnim bearbeiteten Liedes von Matthias Abele (1617–1677) lautet im *Wunderhorn*: *Hochzeitlied auf Kaiser Leopoldus und Claudia Felix* (vgl. FBA 6, S. 383).

303,17–19 Veilchen ... guten Morgen Spielmann: Der Text mit dem Titel *Hier liegt ein Spielmann begraben* (FBA 6, S. 318), an dem beide Bearbeiter mitgearbeitet haben (vgl. FBA 9,1, S. 559 f.), geht unmittelbar dem Lied *Knabe und Veilchen* voraus.

303,22 Pr. Froriep: Der Mediziner Ludwig Friedrich Froriep (1779 bis 1847) war seit 1802 außerordentlicher Professor in Jena, ab 1804 in Halle.

303,25f. Göthe's Epilog auf Schiller: Vgl. Erl. zu 309,15 f.

66. An Arnim
Heidelberg, Anfang Oktober 1805
D: Hs UB Heidelberg; vgl. FBA Nr. 429

305,27 Wortwechsel über Schäfer: Nach den Erkenntnissen von Lieselotte Kinskofer hatte Christian Brentano versucht, Gottfried Heinrich Schäfer zu einer Professur zu verhelfen, was am Widerstand von Friedrich Creuzer scheiterte.

306,35 das unseelige Meßgeräusch: Wohl auf das Getriebe der Frankfurter Messe zu beziehen.

308,5 Küßen: Kissen

308,38 seit der Rheinreiße: Nach der Kur in Wiesbaden war Brentano mit Sophie und Arnim an den Rhein gereist.

309,5 Trages: Die gemeinsame Reise zum Gut Savignys in der Nähe von Hanau kam zustande. In großem Kreise wurde dort die Taufe von Savignys in Paris geborener Tochter gefeiert (vgl. Erl. zu 291,27 f.).

309,13–25 Voß war gestern bei mir ... Nibelungen ... Homer ... einen Saustall einem Pallast vergleichen: Das Verhältnis von Arnim und Brentano zum Hofrat Johann Heinrich Voß (1751–1826), der zunächst in Jena als Privatgelehrter und Berater Goethes in metrischen Fragen gelebt hatte und seit 1805 in Heidelberg wirkte, war zunächst sehr freundschaftlich. Der Bericht Brentanos läßt jedoch die grundlegenden Differenzen, die in einen Streit über das *Wunderhorn* und die *Zeitung für Einsiedler* mündete, bereits erkennen. Für Voß galten nur das griechische Altertum (und die griechischen Versmaße) als vorbildlich, mit der germanischen Tradition (wie dem hier genannten Nibelungen-Epos) und den Formen aus dem mediterranen Raum (dem Sonett und anderen gereimten Versformen) konnte er nichts anfangen. So kam es später zum »Sonettenstreit« und zu einem polemischen Schlagabtausch über das *Wunderhorn* (vgl. FBA 8, S. 357–364 und FBA 9,3, S. 665–707). Das Verhältnis wurde auch durch Brentanos scherzhaften Versuch belastet, Voß ein Gebäude in Heidelberg, das zum Verkauf stand, (im Juli 1806) »vor der Nase wegzuschnappen«.

309,15f. lezte Strophe im Epilog auf Schiller: Im *Epilog zu Schillers Glocke*, wie er im *Taschenbuch für Damen auf das Jahr 1806* erschien: *Doch jetzt empfindet sein verklärtes Wesen / Nur Einen Wunsch, wenn es hernieder schaut. / O möge doch den heil'gen letzten Willen / Das Vaterland vernehmen und erfüllen* (HA I, S. 532). Das weitere Zitat in der vierten Strophe: *Und hinter ihm, in wesenlosem Scheine, / Lag, was uns alle bändigt, das Gemeine* (ebd., S. 257).

67. An Brentano
Frankfurt, Anfang [?] Oktober 1805
D: Hs UB Heidelberg

310,6f. Hünerloch: Vermutlich sind der Hünerberg und die Hünerbergwiesen am Taunushang bei Kronberg gemeint, zu denen Arnim einen Tagesausflug unternahm.

310,9 Allvater Okeanos: Das Landschaftsbild geht hier – wie bereits bei der Beschreibung der *Sonnen-*

stadt – ins Phantastisch-Allegorische über, denn der Ozean ist weit entfernt.

310,10 die Englischen Schiffe blokiren: Am 21. Oktober schlug Nelson die französisch-spanische Flotte bei Trafalgar, und England hatte erneut die absolute Vorherrschaft auf den europäischen Meeren.

310,15 Klotilde: Vielleicht die Haushälterin des Goldenen Kopfes, Claudine Piautaz (vgl. Erl. zu 135,8 f.), die auch »Klödchen« genannt wurde

68. An Brentano
Gotha, Anfang Dezember 1805
D: Hs UB Heidelberg

311,30 Meinungen: Mitte November brach Arnim von Frankfurt nach Berlin auf (Sav.-Br, S. 222), er fuhr jedoch nicht den direkten Weg über Hanau, sondern stattete zunächst Friedrich David Gräter (1768–1830), der in Schwäbisch Hall Gymnasiallehrer war, einen Besuch ab und reiste dann über Ansbach, Nürnberg, Erlangen, Coburg und Meinungen nach Gotha.

311,37–312,1 Züge närrischer Kriegsgefangner: Das österreichische Nordheer war im Dritten Koalitionskrieg von Napoelon in der Schlacht bei Ulm am 17. Oktober 1805 besiegt worden.

312,2 f. Cooks Reisebeschreibung von den Diebsinseln: Die Reisebeschreibungen zu den zahlreichen Entdeckungsreisen James Cooks (1728–1779) kannte Arnim vermutlich aus den Übersetzungen Georg Forsters. Als Diebsinseln bezeichnet man die bereits 1521 entdeckte Gruppe von 15 Inseln im Stillen Ozean, die Marianen (mit Guam).

312,5 Händedruck wie Falk Vossen gegeben: Anspielung auf die Beziehung zwischen dem Weimarer Satiriker Johannes Daniel Falk (1768 bis 1826) und Johann Heinrich Voß (vgl. Erl. zu 309,13–25), die offenbar ebenso problematisch war wie die »Freundschaft« der Deutschen mit den Besetzern aus Frankreich.

312,9 Gräter: Vgl. Erl. zu 311,30 und 264,27.

312,34 v Schulz: Vgl. Erl. zu 415,33.

313,1–4 Murr ... Gedichte: Christoph Gottlieb von Murr (1733–1811) hatte Sinngedichte (zuerst 1773) und 1804 ein Lehrgedicht *Die jetzige Welt* veröffentlicht.

313,9 Stromer: Freiherr Christoph Friedrich von Stromer (1757–1828); vgl. FBA 9,3, S. 840.

313,21 Lechner: Johann Leonhard Sixtus Lechner

313,23 f. Attila flagellum dei: (Lat.) Attila, die Geißel Gottes. In Brentanos Bibliothek (S. 103): *In rima per Rocho de Gli Ariminesi Padouano. Venet. [1]583.*

314,17 Geisler: Von einem Besuch bei Johann Georg Geißler und seiner Familie berichtete Brentano seiner Frau Sophie Anfang November 1804 ausführlich (FBA 31, S. 350–353). Im *Wunderhorn* spielen die abgeschriebenen Lieder zur Schlacht von Navarra und Pavia jedoch keine Rolle. Lediglich die Angabe *im Ton der Schlacht von Pavia* begegnet (vgl. FBA 7, S. 336).

314,22 f. Becker ... zerschneidet alte Bücher: Der Buchhändler Rudolph Zacharias Becker (1759–1822) bereitete »seine 1808 bis 1816 erschienenen Lieferungen von ›Derschaus Holzschnitten alter Deutscher Meister‹« vor (Steig I, S. 150).

314,24 Fierabras: In Brentanos Bibliothek (S. 28 und 54): *Eine schöne kurzweilige Histori v. e. Riesen aus Hispanien, Fierabras genannt. Mit Holzschn. Simmern [1]533.*

314,29 Kries: Hat der zärtliche Kries noch nichts von sich hören lassen, fragt Brentano Sophie Mereau in einem Brief vom 16. August 1805 (FBA 31, S. 447). Demnach dürfte es sich um den Studienfreund aus Jena, den Übersetzer Johann Diederich Gries (1775–1842) handeln, der sich um Karoline Engelhard bewarb.

314,33 Apollonius von Thirland: Vermutlich eine Bearbeitung des unter dem Titel *Apollonius von Tyros*

überlieferten griechischen Romans (3. Jhd. n. Chr.)

314,34–36 Aufforderung für den Reichsanzeiger ... auch eine Nachfrage: Neben der *Aufforderung*, alte Texte zur Verfügung zu stellen, die am 17. Dezember 1805 im *Kaiserlich privilegirten Reichsanzeiger* erschien (vgl. FBA 8, S. 347 f.), veröffentlichte Arnim eine Anzeige unter dem Titel *Bücherkauf*, in der Bücher *zum Leihen oder Ankauf* gesucht werden (ebd., S. 349). Sie wurde einen Tag später in der gleichen Zeitung veröffentlicht.

69. An Brentano, Jena, 16. und 17. und Weimar, 20. Dezember 1805
D: Hs UB Heidelberg

315,23 das Paradies: Bezeichnung für einen Park am Rande Jenas (heute im Stadtgebiet), wo die Romantiker oft Spaziergänge unternahmen. 1799 kam es dort zu einem Treffen mit Goethe, an dem Brentano aber nicht beteiligt war.

316,2–5 Deine Schwägerin ... Sammlung schottischer Romanzen: Henriette Schubart (1769–1831), Schwester von Sophie Mereau-Brentano. Henriette übersetzte die Sammlung von Scott (vgl. Erl. zu 147,35 f.). Zwei Balladen publizierte Arnim in ihrer Übersetzung in der ZfE (Sp. 146–148 und 233 f.), eine weitere Übersetzung erschien im *Wintergarten* (vgl. Werke 3, S. 385 f. und 1175–1177).

316,17–33 Göthe ... dankt für unsre Sammlung ... einige Worte darüber in der Jenaer Literaturzeitung ... Er wünschte unsre Sammlung ... ausgedehnt: Goethe stand dem *Wunderhorn* sehr positiv gegenüber. Er veröffentlichte in der *Jenaischen Allgemeinen Literaturzeitung* am 21. und 22. Januar 1806 eine ausführliche Rezension des (ihm gewidmeten) ersten Bandes, in der er sämtliche Lieder einzeln charakterisiert und die Herausgeber auffordert, weitere Bände zu veröffentlichen. Zahlreiche Formulierungen in der Kritik lassen erkennen, daß Goethe wußte, wie stark die Herausgeber in die Texte eingegriffen hatten, und dieses Verfahren als »Recht« des letzten Bearbeiters anerkannte. Bereits in der Straßburger Zeit, als Goethe selbst auf Anregung Herders Volkslieder »gesammelt« hatte, war ihm bewußt geworden, daß es künstlerischer Anstrengungen bedurfte, um die überlieferten Texte wieder lebendig zu machen. So hatte er selbst begonnen, »volksliedartig« zu dichten, und versucht nun in seiner Kritik, diesen Stil zu kennzeichnen. Philologische Kritiker des *Wunderhorn* – meint er – hätten kein Recht, die »Echtheit« dieser Lieder zu prüfen.

317,5–10 Nostiz ... Prinzen Ludwig ... dem Herzog ... und Jagemans: Louis Ferdinand, Prinz von Preußen (1772–1806) und sein Adjutant von Nostitz, Carl August, Herzog von Sachsen-Weimar-Eisenach (1757–1828) und Caroline Friederike Jagemann (1777–1848), Schauspielerin und Sängerin in Weimar, die Geliebte des Herzogs

317,8 den grossen Codex: Das Meistersingerbuch des Valentin Voigt, ein hs Codex aus dem Jahre 1558, den Goethe eigens für Arnim aus der Bibliothek in Jena angefordert hatte (vgl. FBA 9,3, S. 264). Der Band bot die Vorlage für das Lied *Schnelle Entwicklung* im dritten Band des *Wunderhorn* (FBA 8, S. 144).

317,26–34 feindlichen Kantonirungen ... Waffenstillstand: Die österreichisch-russischen Truppen hatten am 2. Dezember bei Austerlitz gegen Napoleon verloren. Daraufhin schloß Preußen am 12. Dezember mit Frankreich einen Vertrag, in dem Preußen das zu England gehörige Hannover zugesprochen wurde.

317,37 seinem Sohne ... Schritschuh: Es war August von Goethe (1789 bis 1830), von dem Arnim Schlittschuhlaufen lernte (damals Schrittschuhe genannt).

318,6–8 Weidenbaum Sphinx Sprudel: Die von Gottlieb Martin Klauer geschaffene Sphinxskulptur befindet sich im Norden des Parks an der Ilm in einer künstlichen Grotte zwischen Sternbrücke und »Stern«. Dort befinden sich auch heute noch eine Quelle (die Läutraquelle) und ein Weidenbaum.

318,10 kalten Küche, Sterne: Das Rätsel ist nur bei Kenntnis der Weimarer Topographie zu lösen. Goethe überblickte von seinem Gartenhaus »westwärts schauend, ein Stück des Ilmtals, von dem damals nur ein ganz kleiner Teil, der ›Stern‹ gärtnerisch gestaltet war. [...] Wenn Goethe aus der Stadt kam, um sein Gartenhaus aufzusuchen, gelangte er, am westlichen Talhang hinabsteigend, in die Wildnis der ›kalten Küche‹, wo außer Flößern, Zimmerleuten, Jägern und Fischern kaum ein Mensch anzutreffen war« (Wolfgang Vulpius: Die Nachbarn von Goethes Gartenhaus, 2. Aufl., Weimar 1975, S. 4).

318,13 Genio almo: (Lat.) Dem segenspendenden Genius. Anspielung auf den sich bei Goethes Gartenhaus befindlichen sogenannten Schlangenstein von Gottlieb Martin Klauer mit der Inschrift Genio huius loci (dem Geist dieses Ortes).

70. An Arnim
Heidelberg, 23. Dezember 1805
D: Hs UB Heidelberg; vgl. FBA Nr. 433

318,23 Todengeburt: Eine Fehlgeburt, sechs Monate nach der Geburt des am 17. Juni gestorbenen Mädchens

319,2–18 Radlof ... Lampe ... Adelung: Der Sprachforscher Johann Gottlieb Radlof (1775 bis nach 1827) klagt über Johann Caspar Lampe (1766–1817), den Inhaber eines Leipziger Handelshauses, über Johann Christoph Adelung (1732–1806), der ein Lexikon und ein *Magazin für die Deutsche Sprache* hg. hatte, und über Voß, der den Plan eines neuen Lexikons entworfen hatte, aber für Radlof kaum mehr als die Vermittlung eines Freitisches (kostenlose Verpflegung für Studenten) bieten wollte.

320,23 bößen Stollen: Fachausdruck für die besonderen metrischen Einheiten beim Meistergesang; der »Aufgesang« besteht aus zwei Stollen. Brentano hatte Aversionen gegen das gekünstelte Regelwerk des Meistergesangs.

320,30–32 Wo soll ich mich hinkehren ... aus einem Faßnachtspiel: Im *Wunderhorn*-Lied *Das dumme Brüderlein* (FBA 7, S. 214), einem weitverbreiteten Schlemmerlied, blieb die von Albert Ludwig Grimm übermittelte Fassung unberücksichtigt (vgl. FBA 9,2, S. 653).

320,35 Koelle: Zur Mitwirkung des Tübinger Privatdozenten und Hofgerichtsadvokaten Christoph Friedrich Karl von Koelle (1781–1848) am *Wunderhorn* vgl. FBA 9,3, S. 822 sowie den einzigen erhaltenen Brief Brentanos an Koelle vom 20. August 1806 (FBA 32, S. 578).

320,39 Sekkendorf: Dem von Leo von Seckendorf hg. *Musenalmanach* von 1808 entnahmen Arnim und Brentano fünf Lieder im zweiten Band des *Wunderhorn* (vgl. FBA 9,3, S. 765 f.).

321,2 der Tebelholemer: Formel aus dem *Schelmuffsky* (vgl. Erl. zu 250,37 und 365,6): »der Teufel hole mich«.

321,29–31 mein Dócen ... der Stoff des Heldenbuchs, wenigstens Rosengartens: Docen berichtete 1804 in Aretins *Beyträge[n] zur Geschichte und Literatur vorzüglich aus den Schätzen der pfalzbaierischen Centralbibliothek zu München* über den Fund des sogenannten »Heldenbuchs«, das Heinrich von der Hagen und Alois Primisser in zwei Bänden 1820 und 1825 veröffentlichten. Es besteht im wesentlichen aus dem »Rosengarten«, einer Dichtung aus der Mitte des 13. Jahrhunderts, und gehört zum Umfeld des Nibelungenstoffes. Berichtet wird über den von einem Seidenfaden umfriedeten Rosengarten Krimhilds, um den Siegfried und Dietrich einen Kampf ausfechten.

Brentano hat den Stoff in einem erst kürzlich entdeckten Gedichttext verarbeitet (vgl. Hartwig Schultz: »Rosengarten überm Rhein«. Zwei unbekannte Gedichte Clemens Brentanos, in: Jb FDH 1995, S. 22–34).

321,34–38 Voß sagte mir neulich … ein Schlegel macht mir durch einen Heine ein Geschenck: Die abfällige Äußerung über Heinrich Heine gehört zum Voß-Zitat, das bis »Banden schlagen« reicht.

321,36–322,22 A. W. Schlegels Elegie Rom … Übergang auf die Stael … Nekers Todenlampe: Brentano bezieht sich auf die 1805 separat veröffentlichte Elegie *Rom*, die August Wilhelm Schlegel *Anne Germaine Baronin von Stael-Holstein gebohrnen Necker zugeeignet* hatte. Am Schluß der Elegie (S. 19) wendet sich Schlegel an Frau von Staël und spielt dann auf den Tod ihres Vaters Jacques Necker (gest. 1804) an:

Mit vielfarbigem Zauber umgiebst du den Dichter: es hemmt nicht,
Was Nationen entfernt, deinen geflügelten Geist.
Lass denn lauschen mich dir, Mittheilerin grosser Gedanken,
Wann das beredte Gespräch siegenden Lippen entströmt!
[…]
Wir aufsuchen ein Bild mildester Väterlichkeit,
[…]
Dann sei dessen Gedächtniss geheiliget, welchen zu kennen
Nicht mir gegönnt war, ach! welchen du ewig beweinst.

322,26 Fierrabras: Vgl. Erl. zu 314, 23f.

322,28 der Panzerschen Bibliothek: Die Bibliothek von Georg Wolfgang Panzer (1729–1805), der die *Annalen der älteren deutschen Literatur* veröffentlicht hatte. Brentanos Bibliothek enthielt die Bände 1788, 1802 und 1805 (S. 85).

322,36–323,5 Der spanischen Novellen zweiter Band … Anzeige … ich habe sie freier gehalten … Fiametta: Unter dem Titel *Spanische und italienische Novellen herausgegeben von Sophie Brentano. Zweiter Band* war der Band mit der Jahreszahl 1806 erschienen. Er enthält die Fortsetzung der *lehrreichen Erzählungen und Liebesgeschichten der Donna Maria de Zayas und Sotomayor* (also ausschließlich die Übersetzung spanischer Texte). Der Anteil von Brentano und Sophie Mereau an dieser Arbeit ist nicht geklärt; im vorliegenden Brief reklamiert Brentano das Werk für sich, das dementsprechend als Bearbeitung Brentanos in die Brentano-Editionen einging. Vermutlich ist es eine Gemeinschaftsarbeit der Eheleute. – Eine Anzeige Brentanos ist nur zu Sophie Brentanos Übersetzung von Boccaccios Erzählung *Fiametta* bekannt. Sie erschien am 10. Mai 1806 in der *Zeitung für die elegante Welt.* Bei der Vermittlung eines Verlegers für die *Fiametta* hatte Arnim seine Hilfe angeboten; darauf spricht ihn Brentano an (vgl. Erl. zu 405,3f.).

323,8 die arme Schubert: Henriette Schubart; vgl. Erl. zu 316,2–5.

323,9f. den Räumers: Vermutlich sind Georg Andreas Reimer (1776 bis 1842), Inhaber der Realschulbuchhandlung in Berlin, und seine Frau gemeint. Mit ihnen pflegte Arnim engen Kontakt. Die *Fiametta* erschien tatsächlich in der Realschulbuchhandlung Reimers.

323,18 Robert Levi: Ludwig Robert, eigentlich Markus Levin (1778 bis 1832); Bruder von Rahel (spätere Varnhagen)

323,22f. den armen Heinrich, und die Ro[m]anzen: Das erstgenannte Werk ging in die *Chronicka eines fahrenden Schülers* ein und wurde als Fragment 1818 in der *Sängerfahrt,* hg. v. Friedrich Förster, veröffentlicht (vgl. FBA 19, S. 85–225 und S. 502–622), während der Romanzenzyklus *Romanzen vom Rosenkranz* unvollendet und zu Lebzeiten Brentanos ungedruckt blieb (FBA 10).

323,26f. auf Michälis … die Italiänischen Kindermährchen: Auch die Bearbeitung der Märchen, die Brentano hier zum erstenmal erwähnt, blieb ein Projekt, das Brentano nie abschloß. Zu Michaelis (dem 29. September) erschien keine Bearbeitung der von Brentano hochgeschätzten Märchen von Giovann Battista Basile (um 1575–1632). Lediglich das *Märchen von Gockel, Hinkel und Gackeleia*, das auf einer knappen Vorlage von Basile beruht, veröffentlichte Brentano 1838 in einer Spätfassung als Einzelbuch.

323,38f. der Doktor ... seinen Prozeß: Brentanos Halbbruder Dominikus (1769–1825), promovierter Justizrat, wurde in der Familie als »Doktor« bezeichnet; über den erwähnten Prozeß ist jedoch nichts bekannt.

323,40–324,3 Fries ... Friedr. Heinr. Jakobi ... Horstig: Jakob Friedrich Fries (1773–1843), Dozent der Philosophie in Jena, der 1805 durch Vermittlung Brentanos nach Heidelberg berufen wurde, der bekannte Philosoph und Wegbereiter der Romantik Friedrich Heinrich Jacobi (1743 bis 1819) sowie Carl Gottfried Horstig (1763–1835), Konsistorialrat in Heidelberg

71. An Arnim
Heidelberg, 1. Januar 1806
D: Hs UB Heidelberg; vgl. FBA Nr. 435

326,11 Waffenstillstand, und wohl Friede: Am 25. Dezember 1805 wurde der Friede von Preßburg zwischen Frankreich und Österreich vereinbart; Preußen hatte sich bereits am 12. Dezember mit dem übermächtigen Frankreich arrangiert.

326,26 dem deutschen Kaiser: Noch war Franz II. als Kaiser im Amt; das Heilige Römische Reich Deutscher Nation war jedoch schon lange keine real-politische Macht mehr, und am 6. August 1806 legte Franz seine Kaiserwürde nieder.

326,38 erschaffene schaffende Seele: Ähnlich im *Godwi* und der *Chronicka eines fahrenden Schülers* (vgl. FBA 16, S. 109 und 19, S. 145 f. mit Erl.)

327,18f. Anton einen Regenschirm einen Wellenbaum genannt: Brentanos ältester Halbbruder Anton (1763 bis 1833) *war den Menschen blödsinnig, mir war er Geist- und Herzensrichter, mehr als alle. Er hatte nichts als Gott*, schreibt Clemens nach Antons Tod (UL, S. 9). Nach einem Brief Bettines an Savigny vom 6. Juli 1806 wurde der »Wellenbaum« Antons zu seinem Namenstag geschmückt aufgespannt (AM, S. 44). Anton ist das Urbild für die Figur des *alten Anton* im *Godwi* (vgl. FBA 16, S. 342 f. mit Erl.).

328,2 Rammler: Karl Wilhelm Ramler (1725–1798) galt als »deutscher Horaz« und leitete 1790–1796 das Berliner Nationaltheater.

328,12f. Reichard in der gütigen Rezension des Wunderhorns: Die Rezension war 1805 in der von Reichardt hg. *Berlinische[n] Musikalische[n] Zeitung* erschienen (I/100, S. 395–397).

328,39f. Das schöne Erdbeermädchen: Vgl. Erl. zu 250,27–35.

329,15f. Herausgeber des nordischen Merkurs: Brentano bezieht sich auf die Rezension Varnhagens in den *Nordischen Miszellen* v. 24. 11. 1805.

329,20–22 Anzeige im Reichsanzeiger ... Anfrage ... auch von dir?: Vgl. Erl. zu 314,34–36.

329,23f. Nechstens ... eine Anzeige: Erst nach dem Versand eines gedruckten Zirkularbriefs (FBA 8, S. 350–352) kam es Ende 1807 zu einer erneuten Anzeigenaktion. Eine von Brentano formulierte *Aufforderung, altdeutschen Volksgesang betreffend* erschien in vier Zeitschriften, darunter in der *Badische[n] Wochenschrift* (vgl. FBA 8, S. 353 f. sowie FBA 9,3, S. 663 f.).

329,25 Hebel: Ein Brief Brentanos an Johann Peter Hebel (1760–1826) ist nicht bekannt.

329,26–28 Eschenburg ... Körte: Der Kontakt mit dem Braunschweiger Professor für Literaturgeschichte und Philosophie Johann Joachim Eschenburg (1743–1820) kam zustande (vgl. FBA 9,3, S. 805f.) und ergab einige Hinweise, während Wilhelm Körte (1776–1846) keinen nennenswerten Beitrag zum *Wunderhorn* liefern konnte; das gilt auch für die Publikationen seines Onkels Johann Wilhelm Ludwig Gleim (1719 bis 1803).

330,1f. Undeutlichkeit ... deiner Abhandlung: Kritik an Arnims Aufsatz *Von Volksliedern*

330,9–13 Der Thedel von Walmoden ... durch Wilken: Des edlen Helden Thedel Unverfehrden von Walmoden Thaten erscheint im zweiten Band des *Wunderhorn* (FBA 7, S. 301). Eine Abschrift wurde jedoch nicht von Friedrich Wilken, sondern von dem Naturforscher Lorenz Oken (eigentlich Okenfuß; 1779–1851) angefertigt (vgl. FBA 9,2, S. 474).

330,14f. Redel ... Raumer ... deinen Prediger ... Burgsdorf: Alle vorgeschlagenen Gewährsleute erwiesen sich als unergiebig: Carl Friedrich von Redtel (Göttinger Kommilitone), Karl Georg Ludwig von Raumer (1783–1865), der Bärwalder Pfarrer Johann Christian Heinrich Salpius (1761–1834) und Wilhelm von Burgsdorff (Tiecks Gönner) vermittelten keine Beiträge zum *Wunderhorn.*

330,15–20 Göthe ... die kleine Schrift mit Seitenhieben auf Tieck: In einen Aufsatz von Heinrich Meyer hatte Goethe eine Passage eingeschoben, die in der Frage gipfelte: *Wem ist in diesen Phrasen die neukatholische Sentimentalität nicht bemerklich, das klosterbrudrisirende, sternbaldisirende Unwesen, von welchem der bildenden Kunst mehr Gefahr bevorsteht als von allen Wirklichkeit fodernden Calibanen?* (WA I/48, S. 122).

330,23f. Briefwexel Gleims, Heinses, und Johann Müllers: Briefe Teutscher Gelehrten, aus Gleim's literarischem Nachlasse, hg. von Wilhelm Körte, 3 Bde., 1805/1806.

330,30f. an der Seite der Pirmonter Wasser trinken und pissenden Veit: Eine der bizarren Vorstellungen Brentanos, mit der er hier an die Begegnungen mit Dorothea Veit in Jena erinnert. Offensichtlich trank Friedrich Schlegels Geliebte Pyrmonter Heilwasser.

330,31f. In diesem Paradieß ... meine Frau ... Savigny: Das Paradies, der Park am Rande Jenas, war bevorzugtes Gebiet für Spazierwege. Sophie Mereau lernte Brentano kurz nach seiner Ankunft in Jena im Juni 1798 kennen, Savigny durch Vermittlung der Großmutter Sophie von La Roche ein Jahr später.

331,1 Coll: Der Jurist Ludwig Hermann von Coll (1767–1811), ein Freund von Henriette Schubart, hatte in Jena und Göttingen studiert und wurde 1810 Privatdozent und 1811 Professor in Jena.

331,6f. am armen Heinrich und den Romanzen: Vgl. Erl. zu 323,36f.

331,24 die Fries: Die Frau von Christian Adam Fries

331,35–332,28 Quadrio nella ... in ottava rime: Abschrift aus einer italienischen Literaturgeschichte, die Brentano bereits in seinem Brief Nr. 70 (320,24) angekündigt hatte.

72. An Brentano
Berlin, 26. Januar 1806
D: Hs UB Heidelberg; zum Brief hat sich ein Auszug Arnims (Hs FDH) erhalten, der in Einzelheiten stark vom Brieftext abweicht und unter der Überschrift *Bettine. (Aus dem Briefe an Clemens, Januar 1806.)* steht (vgl. 334,30 bis 336,19):

Betinens Klage thut mir weh, sie fühlt sich jenseit des Todes und lebt unter uns, ein schmerzliches Beziehen aller Welt auf sich, es zieht die Decke ab, worunter das gesunde Weltleben nackt und warm schlummert. Ergebung ist in dieser Gewalt, keine Frömmigkeit, es ist kein Uebel aber ein Unglück. O du goldner Kopf, wärst du doch von Fleisch und Bein gewesen, ihr hättet Fleisch und Bein eher kennen als verachten gelernt. Jetzt ist euch nur lieb, was ihr darüber gedacht, was euch absondert, das Sonderbare, was auch genial und fantastisch in eurem Hause genannt wird. Du hast dich losgearbeitet davon in schon erfindender Arbeit recht wohlig sprichst du darüber in Ruhe und Klarheit, aber nie allen zusammen in Geselligkeit, du tauchst unter und recensirst die Einfälle des guten Morgens und Bostels Ideen. Du hast Bettinen einmal die Hände gereicht und sie reichte sie dir weit entgegen, was ist zwischen euch gekommen, oder wurdet ihr beyde müde. Zeige ihr, was dir lieb, das älteste Blat deiner Bücher, daß sie nur einen sieht, der mit Herzlichkeit etwas ergriffen ohne es wissenschaftlich construiren zu wollen. Zeige ihr die menschlichen Dinge recht nahe und treu, so werden sie die nicht in ihren Beschäftigungen stören. Ein Lied aus c dur ist besser als das Gesetz aller, eins rein aufgeschrieben besser als zehn in den Wind componirt, und der Scamander der mit silbernen Wellen vor unsern Augen fliest ist mehr werth als den Okeanos zu kennen, den niemand gesehen, auch die weibliche Beschäftigung hat etwas sehr Schönes, sie giebt ihr vielleicht die Kraft zu diesen, denn das was uns mit allen verbindet, daß giebt uns diese Anhänglichkeit diese Zutraulichkeit, worauf die Künste und die Menschen ihr Haus bauen. Es giebt eine gleichschwingende Leidenschaft, die da lauert etwas zu ergreifen, ohne diese verliert sich die schönste Leidenschaft in Mißton und Ueberdruß. Sie muß nie dieses lesen, ich kann nicht einmal wissen, wie sie es aufnehmen würde, und doch kenne ich sie lange und sie hält etwas auf mich, in jedem Falle würde sie den Eindruck nicht empfangen sondern messen, sie würde sagen was sie dabey gedacht und wie ich darauf gekommen.

333,5 deiner Frau einliegenden Trost: Vermutlich das Gedicht *Als sein Kind gestorben* (Hs FDH; Werke 5, S. 151–153 und 1123 f.), das aus Brentanos Perspektive formuliert:

Mein süßer Knabe ward von weißen Tauben
Am goldnen Wagen gleich gespannt,
Hinauf geführt durch Blumenlauben
Und jede schien vom Glanz entbrannt, [...]
O Kind mit krausen braunen Haaren
Du bist schon Engel scheidest leicht im Wind

An Sophie als Trostverse gerichtet sind dann (nach Ricklefs):

Nun weine nicht, dein Erstling ist geworden,
Ein Engel blau geflügelt [...]

Ricklefs nimmt jedoch als Entstehungsdaten 28. 8. bis 3. 10. 1804 und als Absendedatum für dieses Gedicht den 20. 9. 1804 an (»falls es abgesandt wurde«). Dem widerspricht, daß Arnim hier eindeutig auf seine Anlage hinweist und Brentano in seiner Antwort deutlich darauf Bezug nimmt. Auf demselben Blatt notiert Arnim einen weiteren (vermutlich als Fortsetzung gedachten) Text, der mit seinem Goethe-Bezug Brentano möglicherweise zu seiner Behauptung verleitet hat: *das erste Gedicht aus Göthens Schule, das den Meister erreicht und übertrifft* (343,9 f.):

In Mond und Wasser scheint des Mondes Doppelbild
Ein Fischer suchet schlau im Schein nach Fischen
(Werke 5, S. 153).

333,7 Magenmorsellen: Magenmorsellen bestehen aus einer Mischung von Zucker, Zimt, Gewürznelken, Muskatnuß, Zitronenschalen, Zitronat, Pomeranzenschalen und Mandeln.

333,29 mit gewässerten Taftnen Unterröcken: Vgl. im zweiten Band der *Spanischen und italienischen Novellen* (vgl. Erl. zu 322,36–323,5): *Die Dame war über dem Hemde mit einem Unterröckchen von fleischfarbenem gewässerten Taft bekleidet, dessen silberne Stickerei wie Sterne schimmerte* (Spanische und Italienische Novellen übertragen von Clemens Brentano, Reprint; Karlsruhe und Leipzig 1910, Bd. II, S. 27); zur abgebildeten Frauenfigur vgl.: *die schöne Nachtwandlerin trug in der einen Hand einen silbernen Leuchter mit einem brennenden Wachslicht* (ebd., S. 28).

334,2f. Ungläubig ... Fromm: Arnim bezieht sich auf Gedichteinlagen in der Novelle, darunter auf die Sonette mit den Anfangszeilen: *Ungläubig war ich, kühn und fest mein Wille* (ebd., S. 49) und *Fromm trug ich meine Liebe in dem Herzen* (ebd., S. 12).

334,5 Flämmelein gegen ... Schlangenflamme: Arnim hebt hervor, daß der Text der Boccaccio-Novelle *Fiametta*, die ähnlich wie die Novellen Maria de Zayas Liebesabenteuer schildert, noch freizügiger und drastischer ist. Dabei bezieht er sich vermutlich auf das Billett von Don Juan, das bei de Zayas eine Rolle spielt und in der Übersetzung lautet: *Es flehet meine Lieb um Mitleid, und glimmt noch ein Fünkchen jener angebeteten Flamme, o laßt es nicht ersterben, mich zu töten* (ebd., S. 53).

334,22f. Erbbeermädchen ... Appelrose: Arnim parodiert hier Brentanos hessische Aussprache: »Erbbeer« statt »Erdbeer« und »Appel« statt »Apfel«.

335,8 Bostels: Hans Christian von Bostel (1779–1839), befreundeter Student aus Wetzlar

336,29–31 Louise die älteste Tochter ... Musik zu einem Liede des Ariel: Louise Reichardt (1780–1826), älteste Tochter Reichardts aus erster Ehe. Zu ihren Kompositionen und den freundschaftlichen Kontakten Arnims mit der Reichardt-Familie vgl. Renate Moering: Arnims künstlerische Zusammenarbeit mit Johann Friedrich und Louise Reichardt, in: Tendenzen, S. 198–288.

336,34 Rieke: Friederike Reichardt, erste Tochter aus der zweiten Ehe Reichardts

337,19f. Lenz ... der neue Menoza: Die Werke von Jakob Michael Reinhold Lenz (1751–1792), dem engen Freund des jungen Goethe, der auch im Zentrum von Büchners Erzählung *Lenz* steht, waren für die Romantiker eine Entdeckung. 1828 gab Tieck seine *Gesammelten Schriften* heraus; *Der neue Menoza. Oder Geschichte des cumbanischen Prinzen Tandi. Eine Komödie* war 1774 zum erstenmal erschienen.

337,23–32 Sterndreherlied ... St Georg: Eine Liste von Liedern, von denen die meisten im zweiten Band des *Wunderhorn* berücksichtigt werden: *Sterndreherlied* (FBA 8, S. 267), *Die Magdeburger Fehde* (FBA 7, S. 104), *Vom Buchsbaum und vom Felbinger* (FBA 6, S. 35), *Heimlicher Liebe Pein* (FBA 8, S. 19), *Zucht bringt Frucht* (*Es flohen drei Sterne ...*; FBA 7, S. 207), *Von dem Hammen von Reystett, wie ihn der Peter von Zeytenen gefangen hat* (FBA 7, S. 172), *Dorothea und Theophilus* (FBA 7, S. 322), *Der Bremberger* (FBA 7, S. 227), *Die Herzogin von Orlamünde* (FBA 7, S. 229). *Des Sultans Töchterlein und der Meister der Blumen* war bereits im ersten Band erschienen; auf einen nochmaligen Abdruck der 30strophigen Fassung wurde verzichtet (vgl. FBA 6, S. 13 sowie FBA 9,1, S. 79). Auch ein Lied zu St. Georg war bereits im ersten Band erschienen, und der neue Text fand keine Berücksichtigung (vgl. FBA 9,1, S. 298).

338,15 Robinson: Vgl. Erl. zu 36,29 f.

73. An Arnim
Heidelberg, um den 15. Februar 1806
D: Hs UB Heidelberg; vgl. FBA Nr. 438

339,13 Rezension Falks: Die Rezension war am 8. und 12. Januar 1806 in dem von Falk hg. Periodikum *Elysium und Tartarus, Zeitung für Poesie, Kunst und neuere Zeitgeschichte* erschienen.

339,20–22 Göthe ... Rezension ... das Wort Kapital: Das *Wunderhorn*-Lied *Die Prager Schlacht* charakterisiert Goethe in seiner Rezension mit den Worten: *Rasch und knapp, eben als wenn es drey Husaren gemacht hätten*, bei Falk dagegen hieß es: *Wie leer sind nicht die Verse der Soldaten vor Prag* (FBA 9,1, S. 417). Das Wort *kapital* benutzt Goethe bei der Charakteristik des *Gesellschaftslieds*, das er mit Till Eulenspiegel in Verbindung bringt; er nennt das Lied *in Tillen-Art kapital* (ebd., S. 629).

339,30–340,8 in der Aurora ... von Dozeeen ... mit seinen vielen alten Liedern ... Miscellanien: Die Rezension von Docen war in *Aurora, eine Zeitschrift aus dem südlichen Deutschland*, hg. v. Johann Christoph Freiherr von Aretin und J. M. von Babo (München) am 25. und 28.10. 1805 erschienen. Docen veröffentlichte seine besten Funde selbst, und nur ein Lied im zweiten Band des *Wunderhorn* geht auf eine Handschrift von ihm zurück (vgl. FBA 9,3, S. 803 f.). Seine *Miscellaneen zur Geschichte der teutschen Literatur*, in denen er erneut eine Kritik des *Wunderhorn* publizierte, folgten 1806.

340,29 f. eines Briefs im Bragur ... Röther: In der Zeitschrift *Bragur* war 1794 über die umfangreiche Volksliedsammlung von Johann Wilhelm Röther (1766–1817) berichtet worden. Der Kontakt führt zur Übernahme einer Reihe von Liedern ins *Wunderhorn* (vgl. FBA 9,3, S. 834).

341,9 f. Liedersammlungen die Tschudi ... gemacht: Aus der *Chronicon Helveticum* des Aegidius Tschudius (1505 bis 1572) (Arnim-Bibl. B 622 a–b) entnahmen die *Wunderhorn*-Herausgeber zwei Lieder. Auch Abschriften von Tschudis Biographen Ildefons Fuchs (1765–1823), dessen Werk Arnim tatsächlich anschaffte (Arnim-Bibl. B 436), erhielt Brentano auf Anfrage. Sie fanden jedoch keine Verwendung (FBA 9,3, S. 771 und 808 f.).

341,17 Dietmarsischen Kronick: Aus Anton Viethens *Beschreibung und Geschichte des Landes Diethmarschen* (1733) wurden im zweiten Band des *Wunderhorn* alle drei Lieder übernommen (vgl. FBA 9, S. 771).

341,19–24 ach in Trauren, durch Horstig von dem Bergjungen ... es Ritt ein Ritter wohl durch das Ried ... Ullrich und Aennchen: Brentano zitiert zunächst den Anfang des Lieds *Abschiedsklage* (FBA 8, S. 77), das im dritten Band des *Wunderhorn* nach einem Text der Zeitschrift *Bragur* (übermittelt durch eine Abschrift Wilhelm Grimms) aufgenommen wurde (FBA 9,3, S. 131). Das zweite genannte Lied war bereits unter dem Titel *Der vorlaute Ritter* im ersten *Wunderhorn*-Band erschienen (FBA 6, S. 34). Zur Mitarbeit des Konsistorialrats Carl Gottfried Horstig (1763–1835) und zu dem »Bergjungen« vgl. die Darstellung FBA 9,2, S. 326–329. Mitschriften von mündlich vorgetragenen Liedern sind im *Wunderhorn*-Material äußerst selten. Die beiden Herausgeber zogen schriftliche Quellen vor, doch hat sich eine Aufzeichnung Brentanos nach dem Gesang des »Bergjungen« erhalten. Sie beginnt mit dem zweiten Teil von *Ulrich und Aennchen* (vgl. FBA 6, S. 266 sowie FBA 9,1, S. 474–476 und Abb. 5 A/B) und enthält auch eine Vorlage zum Lied *Weltlich Recht* (FBA 7, S. 210). In beiden Fällen wurde der Text nicht nach der lückenhaften Aufzeichnung Brentanos, sondern nach gedruckten Quellen wiedergegeben. Beim letztgenannten Lied führt die Spur allerdings zu dem »Bergjungen« zurück, denn als Quelle diente eine Publikation Horstigs in Reichardts *Berlinische[r] Musikalische[r] Zeitung* (1806), und eine Erläuterung weist auf den *gefällige[n] Knabe[n] vom Berge* hin, *auf dessen Stimme und Lieder mich [Horstig] der Herausgeber des Wunderhorns aufmerksam gemacht hatte* (FBA 9,2, S. 326–329).

341,35–38 das Wunderhorn ... nennt er ... auf grade wohl von Herrn Brentano: Wer das Titelgedicht im ersten Band bearbeitet hat, ist nicht ganz sicher; die wirkliche Quelle (*Un-*

gedruckte Reste alten Gesangs von A. Elwert) wurde jedoch erst 1877 entdeckt (FBA 9,1, S. 76 f.).

341,39 Soldans Töchterlein ganz: Vgl. Erl. zu 337,23–32.

342,15 Kartofflen mit samt der Montur: Kartoffeln mit Schale; ein Bild Brentanos, das erneut bekräftigt, daß es den *Wunderhorn*-Bearbeitern darum geht, die Lieder in »schmackhafter«, für die Zeitgenossen genießbarer Form zu bieten und auf eine präzise Wiedergabe der jeweils gegebenen »historischen Form« keinen Wert zu legen.

342,18 Pastor Witte: Die Spur ergab nichts Brauchbares.

342,28 f. waß das wissenschaftliche angeht in München: Zur Wissenschaftsmisere in Bayern, die heftig diskutiert wurde, vgl. Wolfgang Bunzel: Patriotismus und Geselligkeit, in: »Der Geist muß Freiheit genießen...!«, Bettina von Arnim-Studien 2, Berlin 1992, S. 26–48

342,35 Irmensäule: Zu Ehren des göttlichen Stammvaters Irmin (auch Ermin) errichtet, den der westgermanische Stamm der Erminonen verehrte. Irmin ist vermutlich identisch mit dem Himmelsgott Ziu (altnordisch Tyr).

342,40–343,10 Das Gedicht ... das du meiner Frau gesendet ... aus Göthens Schule, das den Meister erreicht und übertrifft: Vgl. Erl. zu 333,5.

343,8 f. Loder mit der silbernen pincette: Brentano spielt auf den Anatomieprofessor in Jena, Justus Christian von Loder (1753–1832) an.

344,9 f. Meline ... Nervenfieber: Mit Nervenfieber bezeichnete man Infektionskrankheiten mit starkem Fieber wie Typhus. Meline Brentano (1788 bis 1861) war eine jüngere Schwester Brentanos; sie war nicht ernsthaft erkrankt.

344,22–30 Der Mahler Runge ... ein paar Märchen in Prosa: Es waren das *Märchen vom Fischer und sine Fru* und *Der Machandelboom*, die Philipp Otto Runge (1777–1810) übermittelte. Die Texte gingen in die Sammlung der Grimms ein; den *Machandelboom* veröffentlichte Arnim in der ZfE.

344,34–36 von der ... schwäbischen 80jährigen Amme ... die Schlangenköchinn: Im *Godwi* Brentanos erschien das Gedicht mit folgendem Kommentar: *Wir sangen dies Lied immer, wenn es uns recht traurig war, meine Schwester sang die Worte der Mutter, welche das Kind fragt, und ich sang weinend die Worte des Kindes; in dem Liede lag uns Trost, wir trösteten uns mit der Liebe der Mutter und des Kindes Tod* (vgl. FBA 9,1, S. 85 f. sowie das Gedicht FBA 6, S. 16).

345,3–346,15 Den neuen Menoza ... ein Verhältniß zu Göthens Geschwistern ... Werke heraus zu geben: Vgl. Erl. zu 337,19 f. Brentano vergleicht das Stück mit Goethes frühem Drama *Die Geschwister* (1787). Mit Johann Georg Schlosser, der 1773 Goethes Schwester Cornelia geheiratet hatte und dem Sturm und Drang nahestand, war Lenz in engeren Kontakt gekommen. Vom Ehepaar Schlosser in Emmendingen wurde Lenz gepflegt und nach Art der Zeit »behandelt«, als sich bei ihm Zeichen geistiger Verwirrung einstellten. Goethes Verhältnis zu Lenz war zum Schluß nicht ungetrübt. Lenz hatte sich, als Goethe in Weimar noch nicht fest etabliert war, dort eingefunden und gehofft, daß sein großer Gönner und enger Freund für seine dauerhafte Beschäftigung am Hofe sorgte. Nachdem ihm eine (bis heute nicht geklärte) »Eselei« unterlaufen war und er die Weimarer Hofgesellschaft beleidigt hatte, wurde er des Landes verwiesen. Goethes Darstellungen in *Dichtung und Wahrheit* sind nicht frei von Tendenzen der Selbstrechtfertigung und schildern Lenz einseitig als skurrilen, intriganten Menschen. Anfangs wurden einige Werke von Lenz (wie *Der Hofmeister*) Goethe zugeschrieben, so auch hier (fälschlich) von Brentano die Plautus-Bearbeitungen. Eine Edition von Lenz' Werken veranstaltete Ludwig Tieck 1828.

346,34f. Aestetiker Schreiber: Aloys Wilhelm Schreiber (1763–1841) war in Heidelberg seit 1804 Professor der Ästhetik; ihm verdankt das *Wunderhorn* zwei Lieder (vgl. FBA 9,3, S. 839 sowie Erl. zu 409,11).

346,37–347,1 Sophie ... eine Antwort ... im Drechseln: Das Gedicht von Sophie Mereau nimmt auf Arnims Bericht über den Kauf einer Drehbank Bezug (vgl. 338,19) und trägt den Titel *Arnim, ein Dreher.* Es beginnt:

Emsig sah ich bemüht, an zierlicher
Drehbank sitzend,
Einst einen Künstler, er war jung
und von hoher Gestalt.
Mit verständiger Hand verfertigt er
Pfeile der Liebe,
Waffen und blankes Geräth, was nur
das Leben bedarf.

(Steig I, S. 162)

74. An Brentano
Berlin, 17. Februar 1806
D: Hs UB Heidelberg

347,12 Funf Bogen: Vermutlich meint Arnim seinen langen Brief vom 26. Januar (Nr. 72); die Antwort Brentanos (Nr. 73) war noch nicht eingetroffen.

347,22 in dieser Kimmerischen Nacht: Nach dem fabelhaften Volk der Kimmerier bei Homer spricht man von kimmerischer Finsternis.

347,25–36 Cosmolog ... Humboldt: Arnim beschreibt spöttisch Alexander von Humboldt (1769–1859), dessen Lebenswerk *Kosmos* allerdings erst 1845–1862 erschien.

348,4–8 Brief von Savigny erhalten ... En pro ... sanitas: Der Brief Savignys, den Brentano weitergeleitet hatte, ohne an Arnim zu schreiben (vgl. FBA 32, S. 488), ist nicht erhalten (Sav.-Br, S. 223). Die lateinischen Worte bedeuten übersetzt: Da ist was für Liebesangelegenheiten, ein Gegenmittel für den Schmerz, hoch hoch lebe, hoch hoch lebe die ewige Gesundheit!

348,8 Ich freue mich des Kaufs: »Aus dem Nachlaß des am 2. Januar 1804 in Marburg gestorbenen Ernst Gottfried Baldinger [1738–1804], der seit 1786 Professor der Medizin war, hatte S[avigny] im Auftrag A[rnim]s Kupferstiche um das Doppelte der A[rnim]schen Kommission ersteigert [...]. S. war selbst an den Stichen interessiert und hätte sie gern behalten [...], ließ sie aber schließlich [...] abgehen. A. erhielt sie jedoch nicht mehr in Berlin, das er im Juni 1806 schon wieder verließ. Bis Ende 1806 hatte er keine Möglichkeit, sich die Stiche wirklich anzueignen« (Sav.-Br, S. 223 f.).

348,13 Hagen: Friedrich Heinrich von der Hagen (1780–1856) war zwischen 1801 und 1807 Referendar im Berliner Staatsdienst, promovierte 1808 in Philosophie und lehrte ab 1810 als Professor; er übermittelte Arnim die »Bergreihen« in der Edition von 1547, die bei einer Reihe von *Wunderhorn*-Liedern herangezogen wurden (vgl. FBA 9,3, S. 725), und trat als Hg. mhd. Texte in Erscheinung (vgl. Erl. zu 321,29–31).

348,20f. Bemerkungen von mir über das Frankfurter Theater: Unter dem Titel *Etwas über das deutsche Theater in Frankfurt* erschien Arnims Beitrag 1806 im 2. Heft der *Berlinische[n] Musikalische[n] Zeitung* (vgl. Werke 6, S. 184 und 1139).

348,27f. Lother und Maller: Eine Rittergeschichte aus einer ungedruckten Handschrift. Herausgegeben und bearbeitet von Friedrich [in Wahrheit: Dorothea] Schlegel, Frankfurt am Main 1805

348,32–37 Von Schleiermacher ... Weihnachtsfeyer ... von der Kanzel herabfallen: Schleiermacher war Prediger in Berlin; seine Predigt deckte sich offensichtlich zum Teil mit der Schrift *Die Weihnachtsfeier. Ein Gespräch*, Halle 1806.

349,2–8 nach Strelitz ... meine Tante ... mein Onkel: Hans Graf von Schlitz, eigentlich Baron von Labes (1763–1831), Besitzer des mecklenburgischen Gutes Karsdorf, und seine Frau Louise Caroline Gräfin von Schlitz, geb. Görtz von Schlitz (vgl. Erl. zu 2,40)

349,8 Frohreich: Der Diener Arnims, der zahlreiche Texte für das *Wunderhorn* abschrieb (vgl. FBA 9,3, S. 807f.)

349,26f. zweyten Theil ... nach Göthes Aufforderung: Goethe hatte in der Rezension des *Wunderhorn* nachdrücklich eine Fortsetzung des Sammelwerks verlangt.

75. An Brentano
Berlin, 12. März 1806
D: Hs UB Heidelberg

349,34–350,2 Krönung durch ... Falk ... Dozeen ... mich einen armen Schelm nennt: Zu den Rezensionen vgl. 339,13–22 und 339,30–340,8 mit Erl. Arnim erliegt einem Mißverständnis, denn der »arme Schelm«, von dem Brentano in seinem Brief spricht, ist im Text der Rezension Docen selbst.

350,13f. Hagen ... von Nikolai ... Bergreihen: Vgl. Erl. zu 348,13 und 367,34.

350,33 Pompadur: Kleines Damentäschchen

351,6–10 Der Blaubart ... die Eugenie: Arnim hatte vermutlich das Stück von Ludwig Tieck (erschienen 1799 als *Ammenmährchen in vier Akten*) empfohlen, in dem ein weiser Narr Claus vorkommt. Als Ersatz wird nun *Die natürliche Tochter* von Goethe gewählt.

351,11 Doktor Beckendorf: Wahrscheinlich handelt es sich um Georg Philipp Ludolph von Beckendorff (1778–1858), der später Erzieher des Kurprinzen von Hessen und des Erbprinzen von Anhalt-Berneburg wurde, bevor er im preußischen Staatsdienst aufstieg.

351,33 Ramlers Tod Jesu: Der Text war seit 1760 als Kantate von Karl Heinrich Graun berühmt.

352,1 Spaniol: Feiner spanischer Schnupftabak

352,22 Geschichte von Seckendorf: Vgl. Erl. zu 6,19.

354,11 Cid ... von Herder: Herders Romanzyklus *Der Cid* von 1803/04 stellt eine freie Nachdichtung einer französischen Prosafassung des spanischen Nationalepos dar.

354,22f. Weimaraner Wochenschrift ... aus dem Leben Schillers: Nach Steig ist Johannes Falks *Elysium und Tartarus* gemeint; die Wochenschrift »erschien von Neujahr 1806 bis zur Schlacht von Jena. Seinen Beziehungen zu Weimaraner Persönlichkeiten verdankte Falk eine Reihe wichtiger Nachrichten, z. B. gleich zu Anfang diejenigen über Schiller« (Steig I, S. 165).

355,14–22 kleine Elegie ... eure kleinen Streitigkeiten ... mit rückprallenden Pfeilen: Vielleicht *Beruhigung in der Ehe* (Werke 6, S. 273, Lyr.-Reg. Nr. 193), das gemeinsam mit *Im Forste rang mit Todesängsten* (Lyr.-Reg. Nr. 859) auf einem Blatt überliefert ist (FDH Hs G 72).

76. An Arnim
Heidelberg, 18. März 1806
D: Hs UB Heidelberg; vgl. FBA Nr. 440

356,1 ein wahrer Bötticher: Anspielung auf Karl August Böttiger (vgl. Erl. zu 149,15f.), den Redakteur des weitverbreiteten *Journal des Luxus und der Moden*, über den sich Brentano bereits in seiner Satire *Gustav Wasa* lustig gemacht hatte (vgl. Erl. zu 15,35)

356,14 Langwied: Spezialbezeichnung für das Holz, das – wie auf der Zeichnung der Leib Brentanos – Vorder- und Hintergestell eines Langholzwagens verbindet.

356,20 an Leon: Gottlieb von Leon (1757–1832), Kustos an der Wiener Hofbibliothek und Redakteur des *Wienerische[n] Musenalmanach*, der selbst Volkslieder in diesem Almanach und in der Zeitschrift *Bragur* publiziert hatte, »sagte Brentano am 29. März [...] Mitarbeit zu, tat sich aber offenbar schwer, den Geschmack Brentanos zu treffen« (FBA 9,3, S. 824). Nur eine Übernahme aus dem Musenalmanach des Jahres 1782 ist belegt (ebd., S. 44).

356,26 St. Gallner Meier ... Bartholdy kennt ihn: Die Spur scheint keinen Erfolg gebracht zu haben, denn als Vermittler von *Wunderhorn*-Liedern tritt kein Meier aus St. Gallen in Erscheinung. Zu Bartholdy vgl. Erl. zu 257,2.

357,10 Krapp: Safranfarbenes Pulver, das aus einer Pflanzenwurzel gewonnen wurde und als roter Farbstoff diente.

357,12f. Savigny ... von den Kupferstichen: Vgl. Erl. zu 348,8.

358,13–15 diese Briefe sind in Bezug auf Heinse ein schöneres Buch als Ardinghello: Heinses Roman *Ardinghello* (1787) hatte Einfluß auf Brentanos Roman *Godwi* (vgl. FBA 16, S. 600). Zum Briefwechsel vgl. Erl. zu 330,23f.

358,23 Bergkreyen: Bergreihen; vgl. Erl. zu 348,13.

359,10f. wegen der Volkslieder ein Zirkular drukken lassen: Der Plan wurde verwirklicht; vgl. FBA 8, S. 350–352 sowie FBA 9,3, S. 653–662 mit Adressenlisten zum Versand.

359,29 Wenn ich zwei Flüglein hätt: Anspielung auf das *Wunderhorn*-Lied *Wenn ich ein Vöglein wär* im ersten Band (FBA 6, S. 217).

359,33 arme Hulda: Sophie Mereaus Tochter aus erster Ehe: Hulda Mereau (geb. 1797).

359,34 englischen Gedult: Engelartigen Geduld

360,7–12 Chemiker Kastner ... Arkana: Karl Wilhelm Gottlob Kastner (1783–1857), Professor der Physik und Chemie in Heidelberg, der mit Geheimmitteln (Singular: Arcanum; Geheimmittel der Alchemie) handelte.

360,16–18 Veit ... Veitstanz: Vgl. Erl. zu 70,15.

360,20 Spaziers Wanderungen: Das Buch von Karl Spazier (1761–1805) *Wanderungen durch die Schweiz* ist Quelle für das genannte *Wunderhorn*-Lied *Des Hirten Einsamkeit* (*Isch äbi ä Mensch uf Erde*) im dritten Band (vgl. FBA 8, S. 135 und FBA 9,3, S. 243–248).

360,28 Bettelmann aus Ungarn: Im ersten Band des *Wunderhorn* unter dem Titel *Der Pilger und die fromme Dame* (FBA 6, S. 382)

360,33 wo du deinen Tell abgeschrieben: Vgl. die Erl. zum *Wunderhorn*-Lied *Tell und sein Kind* (FBA 9,1, S. 83f.) mit dem Text von Arnims eigenhändiger Abschrift aus der Tell-Kapelle.

360,38f. von deinem Rausch in Weimar bei Prinz Louis: Vgl. S. 317 mit Erl.

361,11f. die Geschichte von dem Hündlein zu Bretten: Von Brentano am 18. Juli in der *Badische[n] Wochenschrift* veröffentlicht (vgl. Werke 2, S. 1019–1024).

362,5f. Stolberg sich ... entschloß, katholisch zu werden: Die Konversion von Friedrich Leopold Graf zu Stolberg (1750–1819) im Jahre 1800 wurde von Voß, der ihn aus dem Dichterbund Göttinger Hain kannte, scharf kritisiert.

362,20 nächstens die Fiametta: Vgl. Erl. zu 322,36–323,5.

77. An Brentano, Neustrelitz, 18. und Karsdorf, 22. April 1806
D: Hs UB Heidelberg

362,29 Doktor Hinze in Waldenburg: Der schlesische Arzt Dr. August Heimbert Hinze (1765–1832) übermittelte Arnim Beiträge, die er aus der Zeitschrift *Der Breslauer Erzähler* (1801) gewonnen hatte. Drei dieser Abschriften wurden für den zweiten Band des *Wunderhorn* herangezogen (vgl. FBA 9,3, S. 817).

363,8–18 von Göthe ein sehr gütiger Brief ... Consilius ... in orbe: Goethes Brief vom 9. März (vgl. WA IV/19, S. 113–115). Übersetzung des lat. Hexameters, den Arnim auch in der ZfE (Sp. 7) zitiert: Durch die Beschlüsse der Menschen wird der Frieden auf Erden nicht wiederhergestellt.

363,31–33 alles sich berührt in der Welt, durch Magnetismus Elekricität und den Willen Gottes: Nach dem Analogie-Denken der Romantiker gehören auch menschliche Bindungen (mit Abstoßung und Anziehung) und hypnotische Abhängigkeitsverhältnisse zum sogenannten »tierischen Magnetismus«. Auch die gerade erst entdeckte *Electricität* mit Funkenbildung wird mit dem »Funken« der Liebe in Beziehung gesetzt. Dabei geht es nicht um dichterische Bilder, sondern um vermeintliche Naturgesetze, die Organisches und Anorganisches beherrschen. Im einzelnen weicht Arnim allerdings von der seiner Meinung nach allzu spekulativen Naturphilosophie Schellings und Ritters ab.

363,34f. Schwarzes Haar und schwarze Braunen: Bei der Beschreibung des Mädchens geht Arnim in rhythmische Prosa über; es ergibt sich eine Annäherung an vierhebige Trochäen, das Versmaß der spanischen Romanze. Unter dem Titel *Die Fürstin* ist der Text auch in einem hs Pergamentband Arnims (FDH) als Gedicht überliefert (vgl. Lyr.-Reg. Nr. 1297).

365,6 »geschissen vollen« sic. Schelmufsky: Als Schelmuffsky nach einem Schiffbruch mit Herrn Bruder Grafen ausgehungert beim Bürgermeister von Amsterdam angekommen war und rasch eine Schüssel Sauerkraut verzehrt hatte, kommt es zu dem Unglück: *ey sapperment! wir fingen an zu speyen / und spyen der Tebel hohlmer den Burgemeister die Hölle geschissene voll* (*Schelmuffsky*, S. 98).

365,10 Vertheidigung vom General Mack: Karl, Freiherr Mack von Leiberich (1752–1829), österreichischer General, der mehrfach große Erfolge gegen Napoleon errang, 1805 aber in Ulm kapitulieren mußte

365,13–18 Oehlenschläger ... ein Freund von Steffens ... Baggesen: Arnim nennt eine Reihe von Skandinaviern, die mit den Romantikern in enge Verbindung traten. Den dänischen Schriftsteller Adam Gottlob Oehlenschläger (1779–1850), der von 1805 bis 1809 durch Deutschland, Frankreich und Italien reiste, führt er als Freund seines Landsmanns Henrik Steffens (1773–1845) ein, der sich als Naturphilosoph der Romantik einen Namen gemacht hatte und seit 1804 Professor in Halle war. Noch in seinen Memoiren *Was ich erlebte* berichtete der mit einer Tochter Reichardts verheiratete Steffens begeistert von der Aufbruchsstimmung der Jenaer Romantik. Der Däne Jens Immanuel Baggesen (1764–1826), den Arnim 1803 in Paris persönlich kennengelernt hatte, entwickelte sich zu einem Gegner der Romantiker und griff sie mit seinen Sonett-Parodien im satirischen *Klingklingel-Almanach* (1809) scharf an (vgl. Arnim-Kat., S. 55).

365,20–26 Karschin ... bekannt mache: Anna Louisa Karschin (1722 bis 1791) verehrte Arnims Großvater Hans Baron von Labes (1731–1776). 1819 gab Arnim ihre in Gedichtform an den Großvater Labes gerichteten Briefe heraus und beschreibt die gleiche Episode, die er hier seinem Freund mitteilt, in der Einleitung (vgl. Arnim-Kat., S. 13f.).

365,31f. Trauerspiel ... Hacon Jarl: Die auf Oehlenschlägers Europareise entstandene Tragödie *Hakon Jarl*

365,35 Schwanzgeschichten: Vgl. Brentanos Brief 361,9–362,7.

366,8 Pater im Godwi: Vgl. FBA 16, S. 533f.

366,11 unter meinen Papieren: Ein Entwurf zu dem folgenden Gedicht unter dem Titel *Führe uns nicht in Versuchung* hat sich tatsächlich in einem hs Pergamentband Arnims erhalten (FDH; vgl. Lyr.-Reg., Nr. 1107 sowie den Abdruck Werke 5, S. 300).

367,26 Baggesen oder das Labyrinth: In seinem Werk, das 1792 als *Labyrinten* erschienen war, schildert Baggesen seine Reise von Dänemark in die Schweiz, bei der er den bekannten deutschen Dichtern einen

Besuch abgestattet hatte (vgl. Arnim-Kat., S. 55).

367,30 Kramer: Vermutlich Karl Friedrich Cramer (1752–1807), ein Mitarbeiter des *Wandsbeker Boten*, der auch über Klopstock publizierte.

367,34 Nikolai: Christoph Friedrich Nicolai (1733–1811) war als einflußreicher Schriftsteller und Verleger der dt. Spätaufklärung ein beliebtes Angriffsziel der Romantiker.

368,12 Die elegante Zeitung, Spazier: Vgl. Erl. zu 360,20.

368,36 Abt Resewitz: Wohl der Berliner Geistliche und Schriftsteller Friedrich Gabriel Resewitz (1725 bis 1806).

369,6 Monserate: Vulkaninsel in der Karibik

369,14–34 Mein Onkel ... Tante ... Tochter: Vgl. Erl. zu 349,2–8. Steig identifiziert die Tochter als »Adele, spätere Gräfin von Bassewitz« (Steig I, S. 171).

78. An Brentano
Karsdorf, 1. Mai 1806
D: Hs UB Heidelberg

372,28f. Liebhabertheater bey dem Grafen Hahn: Karl Friedrich, Graf von Hahn (1782–1857), genannt der »Theatergraf«, gründete auf seinem Gut Remplin ein Liebhabertheater großen Stils und opferte fast sein gesamtes Vermögen der Theaterleidenschaft.

79. An Brentano, Karsdorf
Kurz nach dem 11. Mai 1806
D: Hs UB Heidelberg

372,32 Drey Briefe von mir sind unterweges: An Bettine richtet Arnim am 11. Mai aus Karsdorf (noch vor seinem Unfall) die Frage, *warum Clemens mir auf drei Briefe nicht antwortet* (Steig II, S. 24).

373,14 die Periode: Bezeichnung der Rhetorik für eine Satzeinheit

373,26–29 Denon ... Voila: Voilà un savant de moins (Sieh da, ein Gelehrter weniger), ruft der Soldat aus. Dominique Vivant Denon (1747 bis 1825) war führendes Mitglied von Napoleons Kunstkommission, die in den eroberten Ländern Kunstschätze aussuchte, um sie nach Paris zu überführen. Er begleitete das französische Heer auch beim Ägypten-Feldzug.

374,5–22 Nachricht von Winkelmanns Tode ... Vergißmeinnicht: Winkelmann war bereits am 21. Februar gestorben (Schnack, S. 85f.). »1804 vereinte Winkelmann altes und neues in der Sammlung *Gedichte. Vergißmeinnicht* unter dem Pseudonym A. Hermann (Druckjahr 1805)« (ebd., S. 62).

374,34f. die nachfertigenden Drukker und Lichtpunkte um das Auge zu mahlen: Umschreibung für eine differenzierende Darstellung in der Kunst, die das Originelle und Seelische eines Menschen einschließt

375,34f. die beyden Klingsberge und der Gefangene: Kotzebues Lustspiele *Die beiden Klingsberg* (1801) und *Der Gefangene* (1800)

80. An Arnim, Heidelberg
Kurz vor dem 20. Mai 1806
D: Hs UB Heidelberg; vgl. FBA Nr. 442

376,5 Ausschnitt aus einer Meister (Wilhelm Meister) Welt: Bezieht sich auf das von Arnim geschilderte Theaterwesen, das für eine bestimmte Phase in der Entwicklung von Goethes Held in *Wilhelm Meisters Lehrjahre* wesentlich ist, ursprünglich (in der Urfassung, der *Theatralischen Sendung*) sogar das Endziel von Wilhelm Meister war.

376,9 dein Bild: Vgl. Erl. zu 234,29f.

376,16–27 der alte Elwert ... seine Sammlung: Anselm Elwert (1761 bis 1825) war Amtmann zu Dornberg (Hessen-Darmstadt). Vgl. Erl. zu 264,23f. sowie FBA 9,3, S. 732f.

376,22 en Wikse: »In Wichs«: Studentische Bezeichnung für »festliche, den gesellschaftlichen Formen angemessene Garderobe«

376,28 Restaurationen und Ipsefacten: Berühmte Formulierung, aus der die starken Eingriffe der beiden Bearbeiter in die *Wunderhorn*-Lieder deutlich werden. Daß die beiden mit ihrem Untertitel *alte deutsche Lieder* die Frage nach dem »Echten« provozieren, ist ihnen bewußt, und sie lachen sich ins Fäustchen, als man ihnen nicht sogleich auf die Schliche kommt. Elwert ist dabei in bester Gesellschaft: Auch Heinrich Heine und selbst Germanisten der Gegenwart haben echte und künstliche Patina nicht unterscheiden können und schwärmten für vermeintliche Volkslieder, die nichts anderes als artifizielle romantische Produkte sind.

376,29 dein Verlohrner Schwimmer: Das *Wunderhorn*-Lied *Der verlorne Schwimmer* (FBA 6, S. 222) mit dem Motiv von den zwei Königskindern; zu den 12 Zeilen der Quelle dichtete Arnim 20 hinzu (vgl. FBA 9,1, S. 412). Zweifel an der Echtheit tauchen auch bei den Rezensenten nicht auf (ebd., S. 415).

376,39–377,1 Sammlungen ... durch Mozler: Joseph Matthias Mozler (1761–1817), Antiquar und Verleger in Freising, der Brentano »neben der Liederhs. des 18. Jh.s [...] u. a. die Werke Procops, Orlando di Lassos und Werke Spees« vermittelte (FBA 9,3, S. 828)

377,3 Grimm: Vgl. Erl. zu 298,28.

377,4f. Romanze von der alten Frau Hose: Gattin eines 1806 verstorbenen Registrators Hose, deren *Wunderhorn*-Beitrag bisher nicht sicher identifiziert werden konnte (FBA 9,3, S. 818f.)

377,22f. Jung (Stilling): Die in 6 Teilen zwischen 1777 und 1817 erschienene Autobiographie von Johann Heinrich Jung (1740–1817) ist vom Geist der Empfindsamkeit geprägt.

377,26–28 unser alter Churfürst ... Bonapartes ... Vermählung mit ... Stephanie: Stéphanie, Louise Adrienne (1789–1860), Tochter des Grafen Claude de Beauharnais und Nichte der Kaiserin Josephine wurde 1806 von Napoleon adoptiert, zur »Fille de France« erklärt und am 8. April mit Karl Ludwig Friedrich, Erbgroßherzog von Baden, vermählt.

377,34–37 Winkelmanns Tod ... Nervenfieber ... Aufsätze von ihm für die Vesta: Vgl. Erl. zu 374,5–22 und 344,9f. Die Aufsätze sind nicht erschienen (vgl. Schnack, S. 87).

377,35 Wilken ... Bouterweck: Friedrich Wilken (1777–1840), Verwalter der Heidelberger Universitätsbibliothek, hatte die Nachricht von dem bekannten Schriftsteller und Professor der Philosophie Friedrich Bouterwek (1766–1828) erhalten, der – wie Winkelmann bis zu seinem Tode – in Göttingen lebte.

378,23 Thedel von Wallmoden: Vgl. Erl. zu 330,9–13.

378,25f. deine baldingerischen Bilder: Vgl. Erl. zu 348,8.

378,37f. Vetus und novum testamentum: Altes und Neues Testament

379,5 Ridingers zwölf Blätter vom Paradies: Illustrationen von Johann Elias Ridinger (1695–1767) zu einzelnen Szenen der Genesis

379,13 Werkeltags: Alte Bezeichnung für Werktag

379,35–39 Falk ... deine Apotheose ... die Schneider: Falk hatte in seiner Zeitschrift (vgl. Erl. zu 354,22f.) mehrfach auf das *Wunderhorn* Bezug genommen und die *Romanze von den Schneidern* (FBA 6, S. 316) abgedruckt.

380,8 Fernov: Carl Ludwig Fernow (1763–1808), seit 1802 Professor in Jena, seit 1804 Bibliothekar in Weimar. Arnim würdigte ihn in den *Berliner Abendblättern* (vgl. Werke 6, S. 356).

380,19–23 Chemie ... Wissenschaft auch um deinetwegen ... mit Ritter: Arnim und Ritter hatten sich mit Elektrizität und Galvanismus beschäftigt, also mit Phänomenen aus dem Grenzbereich von Chemie und Physik.

380,26f. Ritters Rede ... gelesen: Johann Wilhelm Ritter: *Die Physik als Kunst; ein Versuch, die Tendenz der Physik aus ihrer Geschichte zu deuten*, München 1806

380,30 Müller ... Briefe an Gleim: Vgl. Erl. zu 330,23 f.

380,36–381,11 Worms ... welche elende Statt ... die Sieger von Austerlitz ... die Dounaniers: Mit dem Sieg in der Schlacht von Austerlitz (am 2. Dez. 1805) war Napoleon noch mächtiger geworden. Die linksrheinischen Gebiete mit Worms waren ihm im Rheinbund gefügig, und von Heidelberg nach Worms passierte Brentano Grenzbeamte.

380,39–381,19 Worms genüber ... der Rosengarten ... der Helden Grab ... ein Tempel noch aus Drususzeiten: Die Flurbezeichnung für das rechtsrheinische Gebiet Worms gegenüber heißt noch heute »Rosengarten«. Brentano stellt in der Folge eine vage Beziehung zu Krimhilds Rosengarten her (zu dem er ein kürzlich erst entdecktes Gedicht verfaßt hat). Die steinernen Särge befinden sich auf der Wormser Rheinseite. Im Zentrum von Worms stand die von ihm skizzierte Johanniskirche, die tatsächlich 1807 *auf den Abbruch verkauft* und abgerissen wurde, jedoch nicht aus der Zeit des Drusus (um Christi Geburt) stammte (vgl. Erl. zu 321,29–31 mit dem Literaturhinweis). Görres berichtet darüber auch in der ZfE (Sp. 168).

382,37 Maire: (Franz.) Bürgermeister

383,4 Krappfries: Vgl. Erl. zu 357,10 und 323,40–324,3.

383,32 f. Meine Lieder ... dir abzuschreiben: Für die geplante gemeinsame Publikation *Die Liederbrüder*

384,3–8 Troubadour ... deine Lieder daraus ... so bist du nicht verlohren: Arnims Lied *So bist du nicht verloren* erschien zunächst in einer Vertonung von Reichardt in dessen Zeitschrift *Troubadour* (vgl. Erl. zu 253,27–38), dann (mit einer Vertonung von A. E. Büchner) in Arnims Roman *Armuth Reichthum Schuld und Buße der Gräfin Dolores* (1810).

384,22 der Freimüthige: Zeitschrift, die von August von Kotzebue und Garlieb Helwig Merkel (1769–1850) seit 1803 hg. wurde

385,31–386,5 Koelle von Tübingen ... soll alsbald eine Sendung folgen ... ich habe ihm geschrieben: Christoph Friedrich Karl von Koelle (1781–1848) studierte Geschichte und Staatswissenschaft und war von 1803–1806 Privatdozent und Hofgerichtsadvokat in Tübingen. Brentano übermittelte er am 24. Juli 1806 »Aufzeichnungen Uhlands, Kerners und Fliegende Blätter, die er sämtlich zurückverlangte« (FBA 9,3, S. 822). Bei vier Liedern des zweiten Bandes wurden diese Materialien herangezogen (ebd.). Der Brief Koelles an Brentano vom 17. Mai 1806 hat sich erhalten und enthält alle von Brentano aufgelisteten Bedingungen, Brentanos Antwortbrief ist jedoch unbekannt.

386,6–8 Thedel ... Staufenberg: Vgl. Erl. zu 330,9–13 und 295,23.

386,20 Erziehungsinstitut (Rudolphi): Vgl. Arnims Berichte darüber in den späteren Briefen, als Hulda Mereau dort erzogen wurde (475,22–35 und 501,24–32).

386,21 Thiebaut: Anton Friedrich Justus Thibaut (1772–1840) war seit 1806 als Jura-Professor in Heidelberg.

386,24 f. Rottmann ... Abbildung: Wohl die 1806 erschienenen *Ansichten von Heidelberg und Umgebung* von Friedrich Rottmann (1786–1817), einem Heidelberger Zeichenlehrer

386,31 f. Bilder illuminiren: Die Stiche in Büchern (bzw. separat gedruckte Stiche) wurden in der Regel handkoloriert (»illuminiert«).

386,32 Primavesi ... Ansichten von Heidelberg: Georg Primavesi (1774 bis 1855) veröffentlichte 1806 zwölf Blätter zum Heidelberger Schloß.

386,35 Taschenbuch von Heidelberg: Das Projekt wurde nicht verwirklicht.

386,38 Cornuopiae: Das unerschöpfliche Füllhorn der Amalthea

387,19 Apollonius von Tyrus: Vgl. Erl. zu 314,33.

387,25 Theophrast: Der Arzt und Naturforscher Paracelsus (1493 bis 1541)

387,27 emballirt: in einem Ballen sorgfältig verpackt und verschnürt

387,28f. Wochenschrift für Baden: Vgl. Erl. zu 409,11.

81. An Arnim
Heidelberg, 1. und 14. Juni 1806
D: Hs UB Heidelberg; vgl. FBA Nr. 445

388,8 der Tebelholemer: Der Teufel hole mich (nach dem *Schelmuffsky*; vgl. Erl. zu 365,6).

388,15–23 Thal nach Nekersteinach ... Vier Landschaden in Stein: Von einem entsprechenden Ausflug berichtet Joseph von Eichendorff in seinem Tagebuch unter dem 18. Oktober 1808. Er spricht angesichts der Burgen von einem *ächtromantischen Anblik* und erklärt »Landschadt« ähnlich wie Brentano: *Landschadt heißen sie, weil sie Raubritter waren* (Werke 5, S. 245).

388,32 Thurn: Alte Form von »Turm«

389,1f. in der Art der Unerhörten Schuknechtshochzeit: Nicht im *Wunderhorn*

390,11 persuadirt: Beredet, zu überreden versucht

390,18f. Paulus ... Paula: Heinrich Eberhard Paulus (1761–1851) war bis 1802 Professor der Theologie in Jena, danach in Würzburg; seine Frau bezeichnet Brentano scherzhaft als *Paula.*

390,38–391,1 Louise Piautaz ... Madame Levi: Luise Piautaz, Schwester von Claudine (vgl. Erl. zu 135,8f.) war Erzieherin in Polen, dann (ab 1806) »Gesellschafterin der Fürstin Talleyrand« (UL, S. 546). Offensichtlich hatte Brentano von ihr im Salon der Rahel Levin (spätere Varnhagen; 1771–1833) gehört.

391,7 Jette Schubart: Henriette Schubart (vgl. Erl. zu 316,2–5)

391,32f. Romanze von der Hofnungsvollen Fürstin ... Geschichte des Gefangnen: Vgl. 363,31–365,11.

391,35 Zirkular: Zum Zirkular und den verschiedenen Anzeigen in Publikationsorganen vgl. Erl. zu 359,10f. und 329,23f.

392,12–17 Freund Kohler ... Fragment vom Einsiedel Kutt in die Höh: Bei dem Fragment handelt es sich vermutlich um die vier Zeilen, die Arnim in seiner Abhandlung *Von Volksliedern* zitiert: *Da droben am Hügel / Wo die Nachtigal singt, / Da tanzt der Einsiedel, / Daß die Kutt in die Höh springt* (FBA 6, S. 436). Verarbeitet wird dieser Text in zwei Liedern des dritten *Wunderhorn*-Bandes (*Der Einsiedler* und *Der verwandelte Einsiedler*; vgl. FBA 8, S. 26 und 141 sowie 9,3, S. 39 und 258).

393,9–394,22 Vaters Klage ... eine einfache Melodie für das Lied: Arnim nahm Brentanos Anregung auf und ließ das Lied Elwerts vertonen (vgl. 405,15–23 mit Erl.).

394,25f. Sohn des Kriegsrath Merk ... Götheschen Briefe: Johann Heinrich Merck (1741–1791) hatte zum Darmstädter Sturm und Drang-Kreis gehört und war mit dem jungen Goethe eng befreundet; sein Sohn Wilhelm Christian Jakob (1782–1820) schickte Brentano das Material aus dem Nachlaß (vgl. FBA 9,3, S. 826); sein Bruder Karl Rudolph (1786–1835) suchte ihn wenig später auf (vgl. FBA 31, S. 554).

394,28 Kosegarten: Die 1804 von Ludwig Gotthard (Theobul) Kosegarten (1758–1818) hg. *Legenden*, die Arnim besaß (Bibl. B 1273), blieben ohne Einfluß auf das *Wunderhorn* (vgl. FBA 9,2, S. 514); über Kontakte Arnims oder Vermittlung von Material ist nichts bekannt.

395,8 a la Ugolino: Nach Ugolino di Prete Ilario, der im 14. und 15. Jhd. die Fresken im Dom von Orvieto malte

395,14–20 Tieck katholisch ... Beichtvater wird ... Schnupftücher verehrt: Tieck hat den Schritt der Konversion möglicherweise erwogen, aber nie vollzogen. Brentano spielt erneut auf die Passage im *Godwi* an (vgl. 366,8 mit Erl.).

395,24–31 Heldenbuch ... Apolonius: Zur Identifikation des *Heldenbuchs* vgl. Erl. zu 246,15 f. Brentano besaß die *Histori des Königs Apollonius*, Augsburg 1471 (Bibl., S. 28); mit *Fischards Hexenbeschwörung* ist Johann Fischarts (1546–1590) Übersetzung von Jean Bodins *Daemonomania* gemeint, die unter dem Titel *Vom ausgelaßnen wütigen Teuffelsheer / der Unsinnigen Rasenden Hexen und Hexenmeister* [...] *und sons allerley Zauberer geschlecht* erschien; zwei weitere Bände sind in der Bibliothek Arnims zu identifizieren: Friedrich Dedekind: *Grobianus. Von groben sitte und unhöflichen geberden. Deutsch von Caspar Scheid von Worms*, Frankfurt 1554 (A 188) und eine deutsche Ausgabe des Boccaccio mit Holzschnitten, Straßburg 1519 (A 93).

396,11 Knopf: Der Jurist Johann Peter Knopf, ein Studienfreund Winkelmanns (vgl. Schnack, S. 88)

396,27 f. Pendant zu Göthes Winkelmann: Der Band *Winckelmann und sein Jahrhundert. In Briefen und Aufsätzen herausgegeben von Goethe* (Tübingen 1805) war dem Altertumsforscher Johann Joachim Winckelmann (1717–1768) gewidmet. Wenn Brentano nun vorschlägt, den befreundeten Arzt und Schriftsteller Stephan August Winkelmann entsprechend zu würdigen und die Publikation als witziges Pendant anzulegen, so ist dies kaum ernst zu nehmen (zu Arnims und Brentanos problematischem Verhältnis zu Winkelmann vgl. Schnack, S. 87–94).

397,1 haltersman: halter's man (engl.): Mann des Stricks, Henker

397,6 dem Kurfürsten: Die 1806 erschienenen Übersetzungen *Des Quintus Horatius Flaccus Werke* und *Hesiods Werke und Orfeus der Argonaut* hatte Voß Karl Friedrich von Baden übermittelt.

397,7 f. Murr ... Wallensteins Ermordung: Christoph Gottlieb von Murr: *Die Ermordung Albrechts, Herzogs von Friedland*, Halle 1806

397,10 Podagra: Gicht

397,20–22 in Wallthürn ... Miltenberg bei Herrn Schwaab: Über Walldürn war Brentano nach Miltenberg in die Heimatstadt des ehemaligen Buchhalters aus dem »Goldenen Kopf« gefahren, den er als Märchenerzähler schon als Kind geschätzt hatte (vgl. Erl. zu 264,1 f.).

397,28 Pfarrer Rother: Zu den Beiträgen Röthers vgl. Erl. zu 340,29 f.

82. An Brentano
Berlin, 14. Juni 1806
D: Hs UB Heidelberg

398,3 f. Weiberehre von Ziegler: Friedrich Wilhelm Ziegler (1750 bis 1827) gehörte neben Iffland und Kotzebue zu den erfolgreichen Theaterschriftstellern der Zeit. Sein Stück *Weiberehre. Ein Sittengemälde des 18. Jahrhunderts* wurde bereits 1793 veröffentlicht.

398,10 Policinelle: Vgl. Erl. zu 291,24 f.

398,15 Engel so hart: Wortspiel mit dem Namen Engelhard (vgl. Erl. zu 300,13)

398,35 f. Bologneser Steine: Bologneser Leuchtsteine wurden aus Schwerspat vom Monte Paterno bei Bologna hergestellt.

399,12 f. Haugwitz: Christian August Heinrich Kurt Graf von Haugwitz und Freiherr von Krappitz (1752 bis 1831) war ab 1802 preußischer Außenminister. Als Napoleon 1803 Hannover besetzte, verlangte er vom preußischen König, den Rückzug der Franzosen zu fordern oder eine Kriegserklärung auszusprechen, konnte sich mit seiner Auffassung jedoch nicht durchsetzen und zog sich im August 1804 ins Privatleben zurück – Hardenberg wurde sein Nachfolger. 1805 wurde Haugwitz – von Napoleon mißtrauisch beobachtet und verfolgt – wiederberufen und versuchte in den Verträgen von Schönbrunn (Rückgabe von Hannover an Preußen) und Paris ein

Arrangement mit Frankreich zu treffen, was jedoch zu einer Isolation Preußens in Europa führte und den Ausbruch des Krieges nicht verhindern konnte. 1806 flüchtete er – wie auch Arnim – mit dem Hof nach Ostpreußen. Im November 1806 nahm Haugwitz seinen Abschied.

399,25 Göthes Spruch: Vgl. Erl. zu 363,8–18.

399,36 von ganzer Leber: Anspielung auf Arnims Lebererkrankung in London (vgl. Erl. zu 234,32 f.)

400,14 Liederaccouchement: Franz. accouchement: Entbindung

400,22 Lerchenlieder: Lieder Arnims in Falks Zeitschrift sind nicht bekannt.

401,1–9 Doktor Luther … Lermen gemacht auf dem Theater … Machwerk von Werner: Was Lärm verursacht ist ein Stück von Zacharias Werner (1768–1823): *Martin Luther oder die Weihe der Kraft.*

401,2 Bury: Vermutlich der Maler Friedrich Bury (auch Büri; 1763 bis 1823), der nach längerem Italienaufenthalt in Berlin ansässig war

401,3 Bou: Abkürzung für bouteillen (franz.): Flaschen

402,34 Rack: Vorrichtung im Segelboot, welche die Raa in der Mitte des Mastes festhält

83. An Brentano
Giebichenstein, 1. Juli 1806
D: Hs UB Heidelberg

404,28 Giebichenstein: Nahe der Burg (bei Halle) hatte sich Reichardt mit seiner Familie seit 1795 niedergelassen. Der malerische Ort mit dem Garten unmittelbar hinter den Burgruinen an der Saale wurde zum Treffpunkt der Romantiker.

404,30 Kramer: Es ist unklar, zu welchem Cramer die Anekdote gehört, vielleicht zum Bremer Buchhändler Johann Heinrich Cramer oder zum Romanschriftsteller Carl Gottlob Cramer.

405,3 f. der Rest der Fiammetta … die Reale Handlung: Sophie Mereaus Übersetzung *Fiametta* hatte Arnim an die Realschulbuchhandlung in Berlin vermittelt (vgl. Erl. zu 322,36 bis 323,5). Das Werk erschien 1806 und ist in Arnims Bibliothek erhalten (A 94).

405,12 Ettersburger Theater: Schloß Ettersburg bei Weimar war eine Zeitlang Schauplatz der Theateraufführungen der Weimarer Gesellschaft, bevor Anna Amalia Schloß Tiefurt bezog. Goethes *Iphigenie* wurde dort uraufgeführt.

405,15–23 das Lied von Elwert … das Sträußlein … Nach Sevilla: Sowohl Elwerts Lied *Vaters Klage* (vgl. 393,9–394,22 mit Erl.) als auch die Texte aus Brentanos *Ponce de Leon* (*Ich wollt' ein Sträußlein binden*; FBA 12, S. 454) und *Nach Sevilla* (ebd., S. 567) wurden 1818 von Louise Reichardt in den *Zwölf Gesänge[n]* veröffentlicht.

406,33 f. Arndts Geist der Zeit: Ernst Moritz Arndts (1769–1860) *Geist der Zeit* erschien ab 1806 in vier Teilen (bis 1818).

406,36 f. meine … Abhandlung: Vermutlich der Aufsatz *Von Volksliedern* (vgl. Erl. zu 268,13)

407,36–408,8 Varnhagen, der mit Chamisso … Musenalmanache … meiner V. L. Abhandlung … testimonia auctorum de Merkelio … Sonett … in sein Stammbuch: Vgl. die vorige Erl. sowie die Erl. Konrad Feilchenfeldts in seiner Edition der *Denkwürdigkeiten* Varnhagens (Bd. 1, Frankfurt 1987, S. 336). Mit Adelbert von Chamisso (1781–1838) und Ludwig Robert (vgl. Erl. zu 323,18) gab Varnhagen in den Jahren 1804 bis 1806 Musenalmanache heraus. Sein Werk *Testimonia Auctorum de Merkelio, das ist: Paradiesgärtlein für Garlieb Merkel. Kölln, bei Peter Hammer* erschien 1806 anonym und wird fälschlich auch August Wilhelm Schlegel zugeschrieben (vgl. Steig I, S. 357). Das Sonett ist *Offenbarung* überschrieben und beginnt: *Wer mag wohl die holde Jungfrau kennen, / Der ein gar lieb Männlein Briefe weihte? / Gebt mir doch Bescheid, ihr lieben Leute; / Kann mir keiner ihren Namen nennen?* Arnims Stammbucheintrag ist bei Steig (I, S. 185) und (abweichend) in den Werken 5, S. 360 veröffentlicht.

408,10 Von Hendel ... Hallorenlieder: Hendel ist nach Steig (I, S. 372) ein Buchhändler in Halle. Ein »Hallorenlied« (Lied der Arbeiter in den Hallensischen Salinenwerken) ist im ersten Band des *Wunderhorn* (nach anderer Quelle) unter dem Titel *Die hohe Magd* aufgenommen; bereits dort ist unter der Überschrift vermerkt: *Hallorenlied in Halle [...]. Herr Buchhändler Hendel soll mehrere derselben haben* (vgl. FBA 6, S. 37 und 9,1, S. 114).

408,10f. auch Varnhagen hat mir ein Paar Sachen gegeben: Varnhagens Abschriften aus Zaupsers *Idiotikon* (FBA 9,3, S. 841) werden im dritten Band des *Wunderhorn* verarbeitet (ebd., S. 224–228).

408,16 Als die kleine Galathe: In einem hs Taschenbuch Arnims sind weitere Strophen notiert, die Ricklefs mit den Strophen des Briefs kontaminiert (vgl. Werke 5, S. 306 sowie Lyr.-Reg. Nr. 71).

84. An Arnim
Heidelberg, 16. Juli 1806
D: Hs UB Heidelberg; vgl. FBA Nr. 456

409,11 Schreiber: Schreiber (vgl. Erl. zu 346,34f.) war Professor am Lyzeum in Baden-Baden gewesen und hatte 1805 ein Buch mit dem Titel *Baden in der Markgrafschaft mit seinen Bädern und Umgebungen* publiziert (vgl. 410,15f.). Deshalb empfiehlt ihn Brentano als »Zizerone« (Fremdenführer). 1806 gab Schreiber (mittlerweile in Heidelberg tätig) die *Badische Wochenschrift* heraus, in der Brentano publizierte (vgl. Erl. zu 422,20f.).

409,27 Kriegssekretair Grimm: Jacob Grimm (1785–1863) hatte vorübergehend diese Position inne. Zu seinen Beiträgen zum *Wunderhorn* vgl. FBA 9,3, S. 811–813.

409,30 Pfarrer Bang: Der befreundete Pfarrer in Goßfelden bei Marburg (vgl. 250,27–35 mit Erl.) hatte bereits am 15. März 1806 Beiträge an Brentano geschickt (vgl. FBA 9,3, S. 796f.).

409,33f. Gall ... den Akermann: Gall (vgl. Erl. zu 275,30f.) hatte sich offenbar in seinen Vorträgen zur Schädellehre gegen den Professor der Anatomie in Heidelberg, Jacob Fidelis Ackermann (1765–1815), gewandt.

410,4 den Brief von mir mit den vielen kleinen Kupfern: Die ersteigerten Kupferstiche, die Brentano erst viel später erreichten (vgl. Erl. zu 348,8)

410,15f. Baden und seine Umgebungen: Vgl. Erl. zu 409,11.

410,27 Feierlichkeiten des Churprinzen und der Stephanie: Vgl. Erl. zu 377,26–28.

410,29 Mahlmann: Siegfried August Mahlmann (1771–1826), Schriftsteller

410,33f. das entsezliche libell gegen Preusen: Nach Steig (I, S. 357) die *Bittschrift der Einwohner des Markgrafthums Anspach an Sr. Majestät den König von Preußen, nebst Bemerkungen eines Anspachischen Beamten über diese Schrift*, Petersburg 1806. Ansbach wurde 1806 von Preußen an Bayern abgetreten.

411,12 Ernst Wagner: Der Roman *Die reisenden Maler* von Johann Ernst Wagner (1769 bis 1812) war mit der Jahreszahl 1807 erschienen. Arnim rezensierte ihn 1809 in den *Heidelbergische[n] Jahrbücher[n] der Litteratur* (vgl. Werke 6, S. 266).

411,27–29 Garten, den Franz ... gemiethet ... Zukerbecker Pren ... Bildergallerie: Bei diesem Garten handelt es sich noch nicht um das Gelände in Rödelheim (heute »Brentano-Park«), das Georg Brentano 1808 vom Hofrath Baße erwarb und dann zu einem repräsentativen Landsitz ausbaute.

85. An Brentano
Braunschweig, 30. Juli und Göttingen, 16. August 1806
D: Hs UB Heidelberg

412,4-10 Heyer ... Arzt der Prinzeß ... Frau, die Schwester des Volkmar: Konrad Friedrich Heyer (vgl. Erl. zu 2,12) war seit 1802 Professor in Braunschweig und hatte die Schwester zweier Kommilitonen geheiratet: Christiane Dorothea Eleonore Volkmar (Schnack, S. 301 und 401).

412,16 Tropf in Heidelb.: Arnim setzt nachträglich den Namen ein und verballhornt ihn wohl absichtlich. Gemeint ist der Jurist Knopf, von dem Brentano berichtet hatte (vgl. 396,11 mit Erl.).

412,17f. keinesweges toll ... Tiphus: Vgl. Erl. zu 377,34-37, 374,5-22 und 344,9f.

412,22f. Ritterisch ... Leben: Leben nach dem Vorbild des Physikers Ritter (vgl. Erl. zu 4,19-22), dessen genialisch loser Lebensstil vielfach Anlaß für Klatschereien war, an denen sich auch Arnim und Brentano beteiligten (vgl. Schnack, S. 9-94).

413,1f. Steffens ... Frau: Eine Tochter Reichardts aus zweiter Ehe: Johanna (1784-1835)

413,5 Beireis: Gottfried Christoph Beireis (1730-1809) war seit 1762 Professor der Medizin und seit 1803 Leibarzt des Herzogs von Braunschweig.

415,3f. Thedel von Wallmoden: Vgl. Erl. zu 330,9-13.

415,5 Kampes Haus: Joachim Heinrich Campe (1746-1818) war durch seine kindgerechte und weit verbreitete Bearbeitung des *Robinson Crusoe* in Deutschland sehr populär.

415,7 Eschenburg: Bei dem Material, das Arnim von dem Braunschweiger Professor für Literaturgeschichte und Philosophie Johann Joachim Eschenburg (1743-1820) erhielt, handelte es sich vermutlich »um Abschriften aus älteren Sammlungen oder Fl[iegenden] Bl[ättern]« (FBA 9,3, S. 806).

415,33 Kriegsrath von Schulz: Nach Steig (I, S. 188 und 375): Ludwig von Schultze

415,35 Indemmnitäten: Straflosigkeiten (Immunität bei Politikern); hier wohl mit Bezug auf die politischen Fehler preußischer Politiker, die nicht geahndet wurden

416,10 Redtel: Der Kommilitone aus Göttinger Zeit (vgl. Erl. zu 330,14f.) war seit 1802 Referendar in Berlin.

416,32 Anspacher Klageschrift: Vgl. Erl. zu 410,33f.

417,3-9 Neufchatel ... das Clevische ... privilegirte Provinzen: Die Grafschaft Klewe am Niederrhein war seit 1614 mit Brandenburg vereinigt und fiel in den Koalitionskriegen an Frankreich, 1815 wieder an Preußen. Neuenburg (franz. Name Neufchatel) im Grenzgebiet von Frankreich und Deutschland ging 1805 an Baden.

417,16f. sechs Dialogen ... Raumer: Der Geschichtsschreiber Friedrich von Raumer (1781-1873) veröffentlichte 1806 *Sechs Dialoge über Krieg und Handel.*

418,11 Oken: Vgl. Erl. zu 330,9-13.

418,14 Forkel: Johann Nikolaus Forkel (1749-1818) war Organist und Musikwissenschaftler. Zu dem gefundenen Material heißt es bei Rölleke: »Es ist ehestens mit Auszügen aus alten Musikbüchern zu rechnen; Bestimmtes läßt sich nicht ermitteln« (FBA 9,3, S. 806).

418,15 Blumenbach: Johann Friedrich Blumenbach (1752-1840), Medizinprofessor in Göttingen, betrieb seit 1799 eine eigene Volksliedsammlung, die er später August von Haxthausen zur Verfügung stellte (FBA 9,3, S. 799f.).

418,26 Heinses Briefwechsel: Vgl. Erl. zu 330,23f.

418,29f. Götter Helden und Wieland: Frühe Satire von Goethe

419,3f. Mons Veneris ... Braut von Bessa: Das Lied wurde im zweiten

Band des *Wunderhorn* nach der genannten Quelle von Henricus Kornmann aufgenommen (FBA 7, S. 252, 9,2, S. 421 und 9,3, S. 743 f.).

419,9 f. Schlosser, aus Frankfurt, ein Vetter: Vermutlich Johann Friedrich Heinrich (1780–1851), Stadtgerichtsrat in Frankfurt und Christian Friedrich (1782–1829), Mediziner und Schulmann (vgl. UL sowie Steig I, S. 375)

419,14 f. Riepenhausens ... die Genovefa: Franz (1786–1831) und Johannes (1788–1860) Riepenhausen veröffentlichten 1806 die Serie von Kupferstichen *Leben und Tod der heiligen Genoveva.*

419,32 f. aufwixt: Sich vornehm kleidet (vgl. Erl. zu 376,20)

419,35 sich karnipeln: Vermutlich von »karniffeln« (vgl. Grimm, Deutsches Wörterbuch 11, Sp. 221): stoßen, stechen; hier als Beschreibung für den Begattungsvorgang der Schnekken

420,31–35 im Wernerschen Stücke Weihe der Kraft ... Klingemanns miserablem Luther: Vgl. 401,1–9 mit Erl. Auch Ernst August Friedrich Klingemann (1777–1831) schrieb ein Stück *Martin Luther.*

86. An Arnim
Heidelberg, um den 20. August 1806
D: Hs UB Heidelberg; vgl. FBA Nr. 462

421,8–17 schwerer Ganimed, den der preusische Adler nicht Himmelan zu tragen vermag ... werde kein Soldat: Brentano bezieht sich auf Arnims Überlegungen, Preußen militärisch zu dienen, und deutet dabei den antiken Mythos vom Götterjüngling Ganymed, den Zeus durch einen Adler entführte, auf das preußische Wappentier um.

421,27 Hufen Land: In der älteren Dorfgemeinschaft stand jedem einzelnen Bauern sein Hufen Land zu. Die Größe konnte von Dorf zu Dorf unterschiedlich sein.

422,6–10 Günterrode ... am Rhein erstochen ... Kreuzers wegen: Karoline von Günderrode (1780–1806) hatte ein Verhältnis mit dem Heidelberger Professor Georg Friedrich Creuzer (1771–1858), der unglücklich mit der Witwe seines Professors verheiratet war. Der Selbstmord, dessen Anlaß (nicht unbedingt tiefere Ursache) Brentano schildert, hatte sich in Winkel am Rhein ereignet. Dort besaßen einige Frankfurter Familien Weingüter, neben den Brentanos auch die Servières (Besitzer einer Parfüm- und Likörfabrik). Karoline von Günderrode war mit Lotte Servière (1773–1862) befreundet.

422,20 f. Beikommendes Lied ... für unsre Wochenschrift, die Gegend ist Heidelberg: Das erzählende *Lied von eines Studenten Ankunft in Heidelberg und seinem Traum auf der Brücke* erschien am 1. August 1806 in der *Badische[n] Wochenschrift zur Belehrung und Unterhaltung für alle Stände*, die Aloys Schreiber unter Mitwirkung von Brentano herausgab (vgl. Werke 1, S. 173–184).

87. An Brentano
Göttingen, 8. September 1806
D: Hs UB Heidelberg; die *Vorläufige Anzeige* in Schreiberhs. mit Korrekturen Arnims; vgl. Werke 6, S. 186–189 (abweichender Text nach der Publikation des *Allgemeinen Anzeigers der Deutschen* vom 5. 10. 1806)

423,4 Schlif: Schilf

423,33–36 Deine Erzählung ... Ich habe sie an Göthe geschickt: Das *Lied von eines Studenten Ankunft in Heidelberg* (vgl. Erl. zu 422,20 f.), auf das Arnim im folgenden eingeht.

423,35 die ohlen Pälzer: Mundartlich für: »die alten Pfälzer«

423,37 drey Stadt--Zeichen auf dem andern Thore: Im Gedicht (vgl. Erl. zu 422,20 f.) heißt es: *Sah ich zwei künstlich Bild von Stein, / Frau Pallas schaut' ernst grün ins Tal, / Mit vier Fakultäten allzumal, / Ich tat sie höflich salutieren / Und meinen Säbel präsentieren, / Steckt' ihn doch wie-*

der ein gar schnell, / [...] Beim zweiten Bild, gleich an dem Tor, / Dem verstorbnen Fürst, Karl Theodor (Werke 1, S. 175). Die beiden Steinbilder führen dann zum Abschluß des Gedichts ein Traum-Gespräch.

88. An Brentano
Göttingen, 6. Oktober 1806
D: Hs UB Heidelberg

427,16 Aus einem Briefe Deiner Schwester: Bettine hatte am 26. September Arnim geschrieben: *Tieck war mehrere Tage hier mit Clemens, ersterer war mir schnell recht gut geworden, und hat die Gutmüthigkeit gehabt, es mir zu sagen, mir gleichsam mit dieser Andeutung ein Geschenk zu machen. Clemens war wie eine Meernymphe, halb Fisch und halb Mensch, halb liebenswürdig und halb unerträglich. Wir waren fast alle Tage bei der Frau Göthe, welche auf Tieck einen sehr angenehmen Eindruck machte* (Steig II, S. 45 f.).

427,26f. aus der Keule des Herkules: Das Kasseler Denkmal mit über neun Meter Höhe entstand 1713–1717.

428,8 Rüchels und Blüchers Corps: Der preußische General Ernst Philipp von Rüchel (1754–1823) erhielt 1806 den Befehl über ein Armeekorps, mit dem er am 14. Okober bei Jena zur Schlacht zu spät eintraf. Auf der Flucht wurde er schwer verwundet. Gebhard Leberecht Blücher (1742–1819), der Held der Befreiungskriege, befehligte bei der verlorenen Schlacht von Jena/Auerstädt die Vorhut.

428,12f. Ich habe Lieder austheilen lassen: Die anonym erschienenen *Kriegslieder. Erste Sammlung*, nach Otto Mallon (Arnim-Bibliographie, Berlin 1925, Nr. 28) »anscheinend Unikum, bei Arnims Erben in Wiepersdorf [...]. Arnim ließ auch Flugblätter mit je einem Gedicht drucken [...] hiervon kein Exemplar ermittelt«. Steig bietet den vollständigen Text der neun Lieder (I, S. 197–206).

428,15f. die Jordis: Lulu (Ludovica) Brentano (1787–1854) war seit dem 22. 7. 1805 mit dem Bankier Johann Karl Jordis (1781–1839) verheiratet; die Ehe blieb kinderlos.

428,16 Kestner: Vgl. Erl. zu 41,9.

428,37 Kamisol: Kurzes jackenartiges Kleid, das über dem Hemd getragen wird

429,16 die verschiedenen Kunstsammlungen und Gärten: Die Kasseler Landschaftsgärten im englischen Stil hebt Brentano bereits in seinem *Godwi* hervor. Die berühmten Gemäldesammlungen gehen auf den Landgrafen Wilhelm VIII. zurück und können sich mit der Dresdner Sammlung durchaus messen. Unter den etwa 1000 Gemälden ist der Bestand an Niederländern besonders bemerkenswert.

429,38 An allem Ort und Ende: Bearbeitung eines Lieds aus dem 17. Jhd., das unter dem Titel *Familiengemälde* in den zweiten Band des *Wunderhorn* einging (FBA 8, S. 14 und 9,2, S. 28).

89. An Arnim, Heidelberg
Mitte bis Ende Oktober 1806
D: Hs UB Heidelberg; vgl. FBA Nr. 466

430,29 dem Hannövrischen Rumor: Karl Friedrich von Rumohr (1785 bis 1843), Kunsthistoriker und Schriftsteller, der später drei Bände *Italienische Forschungen* publizierte

430,30 Loos: Johann Jakob Loos (1776–1838), Medizinprofessor in Heidelberg

430,35 Lavater: Der Pfarrer und Schriftsteller Johann Kaspar Lavater (1741–1801) war durch seine physiognomischen Studien (mit Schattenrissen bekannter Zeitgenossen) berühmt geworden. Um seine Freundschaft bemühten sich die Dichter der Empfindsamkeit und des Sturm und Drang.

431,3–9 Tieck ... seine folgenden Unternehmungen: Tiecks Publikationspläne wurden nur zu einem kleinen Teil umgesetzt. Gegenüber den ersten Bemühungen der Romantiker, die mittelhochdeutschen

Texte einem breiteren Publikum durch Bearbeitungen zugänglich zu machen (wie in Tiecks *Minneliedern aus dem schwäbischen Zeitalter* von 1804) setzte sich die Tendenz zur genauen, »wissenschaftlichen« Edition der alten Texte mehr und mehr durch. Tieck übergab dem Verleger Zimmer zunächst den Anfang eines Manuskriptes, lieferte jedoch keine Fortsetzung. Später übergab er sein Material zum Heldenbuch von der Hagen, der es publizierte (vgl. Erl. zu 321,29–31).

431,32–432,2 Mahler Müller ... neue Ausgabe aller Müllerschen Werke ... Schrift Müllers gegen Kotzebues Geschwätz: Vgl. Erl. zu 252,1f. Die Edition von Tieck erschien 1811, die genannte Schrift mit der Jahreszahl 1807 unter dem Titel *Schreiben von Friedrich Müller Königlich Bayrischem Hofmahler über eine Reise aus Livland nach Neapel und Rom von August von Kotzebue.*

433,8f. die traurige Güntherrods Geschichte: Über den Selbstmord der Freundin (vgl. Erl. zu 422,6–10), die sich zuvor von ihr losgesagt hatte, berichtet Bettine auch unmittelbar Arnim: *So steht auch die unglückliche Günderode in ihrem schrecklichen Schicksal da, sie wollte den Feind vernichten, der ihre Freiheit einengte, und mit dem einzigen Versuch, mit dem einzigen Dolchzucken traf sie ihr eigen Herz und warf das, was ihr wert sein sollte, weit von sich und traf mich auch mit dieser Untat, ich werde den Schmerz in meinem Leben mit mir führen* [...] *Sie wissen wohl gar nichts von allem, wie sie sich am Rhein auf einer grünen Wiese unter Weidenbüschen Abends um zehn Uhr mit lustiger Miene das starke Messer durch die Brust gestoßen, so nah am Rhein, daß ihre aufgeflochtne Haare in das Wasser hingen; die ganze Nacht blieb sie da liegen, bis Morgens der kühle Tau ihr auf die Brust fiel in die tiefe, tiefe Wunde hinein, die gleich im ersten Moment dem Leben so großen Raum gab, schnell zu entfliehen. Ich war grade auf einer Rheinreise begriffen, den Tag, nach dem es geschehen war, warf man mir die schreckliche Nachricht ins Herz, ich fuhr in dem kleinen Nachen an der Stelle dicht vorbei, wo es geschehen war. Wie mir es da ergangen, wie ich gegen alles ein ganz ander Gefühl gehabt, und wie ich die Natur mit einem eignen Blick betrachtet habe – davon sprechen wir, wenn wir uns sehen* (Betz I, S. 73).

433,10–12 Betine ist jezt täglich ... bei der alten Göthe ... Anecktoden: Nach dem Bruch der Freundschaft mit Karoline von Günderrode suchte Bettine nach eigenem Bekunden den Kontakt mit Goethes Mutter: *ich habe mir die R[ätin] Göthe statt ihrer [der Günderrode] zur Freundin gewählt,* berichtet sie am 8. Juli Savigny (AM, S. 45). Der »Frau Aja«, die das Haus im Großen Hirschgraben samt Inventar und Bibliothek verkauft hatte und in einer kleinen Wohnung am Kornmarkt lebte, entlockte Bettine Geschichten zu Goethes Kindheit, die sie zunächst zu einer *geheimen Biographie* (433,14) zusammenfügen wollte, später aber an Goethe weitergab, der sie in der Autobiographie *Dichtung und Wahrheit* verarbeitete.

433,28–36 Trauerspiel ... Cevennenkriegs ... Krösalin ... v. Sinclair ... Glauben und Poesie: Isaak von Sinclair (Hölderlins Freund und Gönner in Homburg; 1775–1815) veröffentlichte unter dem Pseudonym Crisalin 1806 die Werke *Der Anfang des Cevennenkrieges* und *Das Ende des Cevennenkrieges.* 1807 folgte als dritter Teil *Der Gipfel des Cevennenkrieges.* Den Almanach *Glauben und Poesie* (Berlin 1806) gab er gemeinsam mit Johann Erichson heraus.

434,12 Weichselzöpfen: Bezeichnung für verfilztes und verlaustes Haar

434,14–16 den wahnsinnigen Hölderlin ... einem gewißen Autenrieht in die Kur gegeben: Aus (Bad) Homburg, wohin Sinclair seinen Freund im Sommer 1804 geholt und pro forma als Bibliothekar beschäftigt hatte, war Hölderlin (nach Auflösung der Landgrafschaft Homburg) nach Tübingen in die Klinik von Johann Heinrich Ferdinand von Autenrieth gebracht worden. Es gelang Sinclair, die Romantiker für Hölderlins Dichtungen zu begeistern; Bettine besuchte ihn angeblich, Brentano schrieb eine *Fortsetzung zu Hölderlins Nacht.*

434,31 Siegfried Schmidt gar nicht mehr verrückt: Siegfried Schmid, ein Freund Sinclairs und Hölderlins, wurde später österreichischer Offizier.

435,12f. Kritick deines Volksliederaufsatzes: Im *Journal des Luxus und der Moden* (August 1806; vgl. FBA 9,1, S. 732). Die Ausführungen Bertuchs sind jedoch nicht ohne Ironie und Skepsis: *daraus sehen Sie nun klar und baar, was Volkspoesie ist, die Lieder der Handwerksburschen, der Fischer, der herrlichen Studenten, die uns aus den Wachtstuben herschallen, und in der Bauern alten Gesangbüchern stehen, welche sie mit aller Gewalt gegen neue nicht vertauschen wollen. Wie viel Stoff zum Spott [...] jetzt ernsthaft: diese Klagen des Hrn. von Arnim, sind sie gerecht? sind sie billig? Stand es besser um Volk und Land, als man jene schöne Poesie noch sang? Wollen wir im Ernste nicht vorwärts, sondern rückwärts schreiten?* (ebd.).

90. An Brentano
Königsberg, 2. Dezember 1806
D: Steig I, S. 210 f. (Gedichttext korrigiert nach Ricklefs in Arnim, Werke 5, S. 1256)

435,19 Königsberg: Der Ausbruch des Krieges mit Napoleon hatte dazu geführt, daß der preußische Hof aus Berlin in den äußersten nordöstlichen Zipfel Preußens nach Königsberg geflohen war. Arnim hatte von ursprünglichen Reiseplänen Abstand genommen, wandte sich zunächst nach Berlin, um dann dem Fluchtweg des preußischen Hofes zu folgen: »Zwischen Arnim und Brentano schwand jede Möglichkeit einer Verbindung. An die Ausführung ihrer gemeinsamen Pläne war vor der Hand nicht zu denken. Um den entscheidenden Bewegungen der Hauptarmee nahe zu sein, hatte Arnim die Absicht nach Halle zu gehen, als die Kunde der am 14. October [1806] verlorenen Schlacht von Jena durchdrang. Mit fast unkenntlichem, verstörten Antlitz floh die Königin Luise durch Göttingen. Es war nutzlos für Arnim, länger hier zu verweilen: er entschloß sich, so schnell als möglich nach Berlin zurückzukehren. [...] Seine Großmutter war gefaßt und entschlossen, in der Hauptstadt zu bleiben. Er selbst begab sich auf seine ukermärkischen Lehnsgüter, um dort außerordentliche Befehle des Königs zu erwarten. Am 23. October kam er in Prenzlau an, wohin von den Franzosen verfolgt das preußische Corps Hohenlohe sich flüchtete.

Die größte Verwirrung, Rath- und Thatlosigkeit herrschte in der Stadt.« (Steig I, S. 207). Auf den Krieg mit den Napoleonischen Truppen war man nicht vorbereitet, und Arnim schildert in den folgenden Briefen rückblickend, was er auf seiner Flucht erlebte. Aus Danzig hatte er seiner Familie bereits am 17. November 1806 berichtet, wenig später ging er nach Königsberg: *Vier [gefallene] Fürsten, Prinz Ludwig, Herzog von Braunschweig, Eugen von Würtemberg und Hohenlohe, umfassen [...] den ganzen Umkreis des Unglücks. [...] Mit des Prinzen Ludwig Tode hörte für mich jede mögliche Wirksamkeit auf* (ebd., S. 208). Ein weiterer Brief vom Ende des Jahres beschreibt die sinkende Moral in Königsberg: *alles flüchtet sich, als wenn die Stadt wie Sodom untergehen sollte* (ebd., S. 210; zum Kreis, in dem Arnim in Königsberg Aufnahme fand, vgl. ebd., S. 209).

435,21-36 Der Vater vom Himmelreich ... Taulers Nachfolge: Das Gedicht erschien wenig verändert unter dem Titel *Zweifel an menschlicher Klugheit* im zweiten Band des *Wunderhorn* (FBA 7, S. 5). Arnim gibt die Quelle mit korrekter Seitenzahl an. Es handelt sich um *Doctor Johan Taulers Nachfolgung des Armen Lebens Christi*, Frankfurt 1621, ein Buch, das »Arnim in Königsberg leihweise von Wilhelm Dorow erhalten« hatte (FBA 9,2, S. 10).

91. An Brentano
Königsberg, Mai 1807
D: Hs UB Heidelberg

437,4 Schulfreundes von Tieck: Nach Steig (I, S. 211) ist v. Wißmann gemeint (vgl. Erl. zu 569,26).

437,6-8 Graf Benzel Sternberg ... das silberne Kalb: Karl Christian Ernst Graf von Bentzel-Sternau (1767 bis 1849), satirisch-humoristischer Dichter in wechselnden Staatsdiensten (seit 1806 war er in Baden Direktor der Generalstudienkommission) hatte 1802-1804 in vier Bänden *Das goldene Kalb* veröffentlicht.

437,13f. 4 Bände neuen Volksmährchen ... 1791: Von Benedicte Naubert (1756-1819) erschienen 1789-93 insgesamt 5 Bde. *Volksmärchen der Deutschen.*

437,21-438,7 Hippels Leben aus Schlichtegrols Nekrolog ... sein Buch über die Ehe: Adolf Heinrich Friedrich Schlichtegroll (1765-1822) hatte sich mit dem 1790-1806 in Gotha erschienenen 28bändigen *Nekrolog der Deutschen* einen Namen gemacht. Arnim empfiehlt den Artikel über Theodor Gottlieb Hippel (1741 bis 1796) und dessen Werk *Über die Ehe* von 1774.

438,11 Klinger: Friedrich Maximilian von Klinger (1752-1831), Goethes Freund aus der Zeit des Sturm und Drang, hatte 1798 *Geschichte eines Teutschen der neuesten Zeit* und *Der Weltmann und der Dichter* veröffentlicht.

438,17 Roman comique: Unvollendetes Werk des französischen Dichters Paul Scarron (1610-1660), das in zwei Bänden 1651/1657 erschien; Brentano besaß die 2. Aufl. von 1752 (Bibl., S. 114).

438,24 Laukhardts Leben: 1798 veröffentlichte Friedrich Christian Laukhard (1758-1822) *Leben und Thaten des Reichsgrafen Carl Magnus*. Vermutlich meint Arnim dieses Buch.

438,27 Bülows Feldzug von 1805. sein Kriegslehrbuch: Der jüngere Bruder des preußischen Feldherrn Friedrich Wilhelm Freiherrn von Bülow (1755-1816) Adam Heinrich Dietrich von Bülow (1757-1807) publizierte 1805 das militärtheoretische Werk *Die Taktik der Neuern, wie sie sein sollte* und 1806 *Der Feldzug von 1805 militärisch und politisch beleuchtet*. Die kritischen Bemerkungen im zweiten Buch führten zu seiner Verhaftung.

438,28 Hamanns Schriften: Das Werk *Kreuzzüge des Philologen* von Johann Georg Hamann (1730-1788) war bereits 1762 erschienen. Aus dessen Kapitel *Aesthetica in nuce* zitiert Arnim auch in der ZfE (Sp. 54 f.). Hier erwähnt er an weiteren Schriften Hamanns: *Neue Apologie des Buchstabens H* (1773), *Vettii Epagathi Regiomonticolae hierophantische Briefe* (1775) und *Fragmente einer apokryphischen Sibylle über apokalyptische Mysterien* (1779).

438,39 Heinses: Die genannten Werke von Heinse (vgl. Erl. zu 125,36) sind *Laidion oder die Eleusinischen Geheimnisse* (1774) und *Begebenheiten des Enkolp. Aus dem Satyricon des Petron übersetzt*, 2 Bde., 1773; das Werk *Fiormona, oder Briefe aus Italien* (Kreuznach 1803) wird ihm irrtümlich zugeschrieben.

439,2 Söhne des Thales: Das Doppeldrama von Zacharias Werner war bereits vor dem Lutherstück 1803/1804 entstanden.

439,7f. physiognomischen Reisen, von Musäus: Johann Karl August Musäus (1735-1787) hatte 1781/82 vier Bände *Physiognomische Reisen* veröffentlicht.

439,15-20 Acheron und Antiacheron ... Scheffner: »Über den Acheron des Herrn von Eelking in Bremen und Scheffners Antiacheron vergleiche man [Joh. Georg] Scheffners ›Leben‹ 1816« (Steig I, S. 359).

92. An Brentano
Königsberg, 17. Juni 1807
D: Hs UB Heidelberg; zum Brief hat sich ein Exzerpt erhalten (GSA Weimar); der Anfang ist vermutlich früher geschrieben, als das Datum am Schluß angibt, da zunächst noch nicht von der Besetzung durch französische Truppen die Rede ist.

440,15 von andern gelesen: Hinweis auf die Briefzensur

440,21-24 Der verstorbene ... Schlosser ... von dem Tode deiner Frau ... Wir sind hier von allem abgeschnitten: Sophie Brentano war am 31. Oktober 1806 bei der Totgeburt eines Kindes in Heidelberg gestorben. Durch die Kriegsereignisse war der Kontakt zwischen dem französisch beherrschten Heidelberg und dem noch von den Preußen (mit russischer Unterstützung) gehaltenen Königsberg unmöglich. So hatte Arnim die Nachricht nur durch Eduard Schlosser (Sohn von Johann Georg) gehört, der als Militärarzt gestorben war.

441,3 vor Ackermanns Thüre: Reminiszenz an den gemeinsamen Aufenthalt in Rüdesheim und Clemens' Romanze mit der Wirtstochter Walpurgis Ackermann

441,20-28 Commerzie[n]rath Schwink ... liebe Tochter Auguste ... gleichgültig: Unter der unerwiderten Liebe zu Auguste Schwinck (1792 bis 1831), der ältesten Tochter von George G. Schwinck, hat Arnim sehr gelitten.

442,15f. Eylauer Schreckenszeit: Am 7. und 8. Februar 1807 fand in Eylau bei Königsberg eine blutige Schlacht zwischen Franzosen auf der einen und Russen und Preußen auf der anderen Seite statt. Die Alliierten zogen sich nach der unentschiedenen Schlacht nach Königsberg zurück.

442,37 mein Freund Troubadour: Johann Friedrich Reichardt

443,8 Schlacht von Friedland: Am 14. Juni 1807 schlug Napoleon die Russen und Preußen (unter Bennigsen) in Friedberg bei Königsberg.

93. An Brentano
Königsberg, 5. Juli 1806
D: Hs UB Heidelberg

444,1 müde kalten Marmor zu erwärmen: Vgl. 441,20-27 mit Erl.

444,21-25 In einem Journale Vesta ... von den hiesigen Schlegeln ... über Frau von Krüdener ... von Fichte ... ein Aufsatz: Zu dem Artikel von Arnim, der unter dem Titel *Frau von Krüdener in Königsberg* im zweiten Band der Zeitschrift *Vesta. Für Freunde der Wissenschaft und Kunst* erschien (Text: Werke 6, S. 216), heißt es in der Erl. der Werke: »Während seines Aufenthalts in Königsberg lernte Arnim den Schriftsteller Max von Schenkendorf (1783-1817) kennen, der dort einen poetischen Männerbund gegründet hatte, dem Arnim auch beitrat. Schenkendorf gab zusammen mit Ferdinand von Schrötter die Zeitschrift ›Vesta‹ heraus, von der jedoch nur zwei Bände mit insgesamt 25 Beiträgen erschienen, darunter auch zwei von Johann Gottlieb Fichte, der zu der Zeit auch Zuflucht in Königsberg gesucht hatte« (ebd., S. 1157). Die Formulierung *von den hiesigen Schlegeln* bezieht sich auf die beiden Hg. der Zeitschrift.

444,33f. Winkelmanns ... Vergißmeinnicht: Vgl. Erl. zu 374,5-22.

94. An Arnim
Frankfurt, 14. Juli 1807
D: Hs UB Heidelberg; vgl. FBA Nr. 476

445,26 Gatterer: Christoph Wilhelm Jakob Gatterer (1759-1838),

Professor der Cameralia, Technologie und Forstwissenschaft in Heidelberg

445,31–33 die alte Lassaulx ... Görres mit seiner Frau: Joseph Görres (vgl. Erl. zu 250,16) hatte die Befugnis erhalten, an der Heidelberger Universität zu lehren. Er traf mit seiner Frau Katharina (1779 bis 1835) und deren Mutter Maria Christine Clementine de Lassaulx (1761 bis 1814) per Schiff in Heidelberg ein.

446,31 Dämon, freilich kein Damon: Von einem »Dämon« in seinem Innern hatte Brentano selbst in einem früheren Brief gesprochen (299,22) und »Dämonisches« nahmen auch Zeitgenossen in seinem Wesen wahr. So schrieb Joseph von Eichendorff über die Geschwister Brentano (Clemens und Bettine): *Wir [...] möchten diese verlockende Naturmusik, diesen Veitstanz des freiheitstrunkenen Subjekts, kurzweg das Dämonische nennen, womit eine unerhört verschwenderische Fee beide Geschwister, Bettina wie Clemens, an der Wiege fast völlig gleich bedacht hatte.*

Bettina jubelt noch heute [1847] eigensinnig fort in ihrer Eigenmacht, während Clemens, jene Eigenmacht vielmehr als eine falsche Fremdherrschaft erkennend, mit dem Phantom gerungen bis an sein Ende (Eichendorff, Werke 6, S. 181).

Auch Arnim spricht in einem kritischen Rückblick von Brentanos Dämon (vgl. 630,18).

Damon und Phintias sind ein berühmtes Freundespaar aus Syrakus. In einer kritischen Situation setzte Damon dem Tyrannen Dionysus gegenüber sein Leben als Bürgschaft für den Freund ein und wurde nicht betrogen. Die Geschichte verarbeitete Schiller (mit anderen Namen) in seiner *Bürgschaft*.

447,16 f. der Herr steht auf deiner Zinne: Vgl. Mt 4,5 und Lk 4,9.

447,38 Akkoucheur: Franz. accoucheur: Geburtshelfer

448,10 Schwarz: Friedrich Heinrich Christian Schwarz (1766–1837), seit 1804 Professor der Theologie und Pädagogik in Heidelberg

448,17 f. man schickte mir den Docktor Schloßer: Nach UL war es der Frankfurter Stadtgerichtsrat Johann Friedrich Heinrich Schlosser (1780–1851), den man aus Frankfurt schickte (ein Verwandter überbrachte die Nachricht Arnim; vgl. 440,21–24 mit Erl.). Dazu berichtet Meline Brentano in einem Brief an Savigny vom 3. November 1806: *Savigny, seit ich Dir nicht geschrieben habe, ist viel, sehr viel vorgefallen. Den Samstag [1. 11.] erhielt ich Deinen Brief, der mir herzlich innige Freude gemacht hat. Aber wir erhielten zugleich die Nachricht, daß Clemens' Frau eine schreckliche Niederkunft gehabt hat und daß sein Kind wieder starb. Erschrecket Euch nicht, auch seine Frau ist während der Entbindung an einem Blutverlust gestorben. Man schrieb uns, wir sollten den Clemens in Darmstadt abholen lassen. Nun, wer sollte hin? Der Franz ist noch nicht zurück. Also wurde der gute [Friedrich] Schlosser in den Wagen gesetzt und am Mittag 4 Uhr nach Darmstadt gefahren. Gestern um 10 in der Früh kamen sie zurück, der Clemens weint und schreit immer überlaut weh weh o weh und das zehnmal hintereinander. Er tobt ganz unvernünftig, weiß nicht, was er mit sich und der Hulda anfangen soll. Die Bettine ist nun immer bei ihm und ich fürchte, es wird ihr nicht wohl tun [...]. Denke Dir, daß Görres, der Cati Lassaulx ihr Mann, zufälligerweise nach Heidelberg kömmt mit seiner Frau und Mutter. Er hat Clemens beigestanden, ihn erhebt er wie einen Gott* (UL, S. 365).

448,25 Göthens Fischer der hinab sinckt: Anspielung auf Goethes Ballade *Der Fischer*

448,34 f. wenn ich mein Brod in Thränen aß: Abgewandeltes Zitat aus dem Lied des Harfners in Goethes *Wilhelm Meister*

449,16 Huldas Vater: Der Universitätsbibliothekar und Professor der Rechte in Jena Friedrich Ernst Karl Mereau (1765–1835) war von 1793 bis 1801 Ehemann von Sophie Mereau; 1802 hatte er erneut geheiratet.

449,26f. auf dem politischen Leichnam Hessen: Hessen-Kassel war von Napoleon dem neugeschaffenen Königreich Westphalen einverleibt worden.

449,38–450,4 Betine ... schöne Anticke von Göthen: Anfang Mai hatte Bettine dem Bruder Clemens über ihren Besuch in Weimar berichtet: *Aber jezt kommen wir zu Göthe. Ey preiße mich glücklich Guter Clemens, nur erst einmal auf die Treppe, die zwei freundliche Marmorbilder die Dir entgegen winken, und so still und würdig ist das Hauß – Ich wartete in einem Zimmer daß voll kleiner Holzschnitte und Zeichnungen hängt, [...] in dem tratt er herein, grüßt mich, führt mich auf sein Zimmer, nach dem ich saß, rückt er sich einen Stuhl herbey. Nun da sind wir ja, jezt wollen schwäzen bis Nacht ist, er sprach mir viel von Arnim, den hat er wirklich lieb, auch über Dich sagte er mir mancherlei gutes und schönes, was mir sehr lieb ist, [...] ich sagte ihm dass ich seine Lebensgeschichte schreiben wollte, dieß freut ihn, er eiferte mich ordentlich dazu an [...] als ich weg ging, steckte er mir einen Ring an den Finger, und erinnerte mich nochmals an seine Biografie* (Bettine von Arnim, Werke und Briefe in vier Bänden, hg. v. Walter Schmitz und Sibylle von Steinsdorff, Bd. 2, Frankfurt 1992, S. 828 f.).

450,30f. Görres ... Buch über die Volksbücher: Das kleine Buch mit dem Titel *Die teutschen Volksbücher* (Heidelberg 1807; GS 3, S. 167–293) ist Clemens Brentano gewidmet und basiert auf dessen Bibliothek. Gedacht war es als Pendant zum *Wunderhorn* im Bereich der Prosa. Das Bändchen kann jedoch die Texte der Volksbücher selbst nicht bieten und listet die einzelnen Stoffe lediglich auf – was Arnim zu Recht kritisierte; er nannte es deshalb *überflüssig* (vgl. 462,5).

450,33–40 Göthens Gespräche mit Bettinen ... hat ihr erlaubt sein Leben nach den Aussagen seiner Mutter zu schreiben: Vgl. Erl. zu 433,11 f. und 499,38–450,4.

451,1 Heimonskinder: Unter dem Titel *Schöne Historie von den vier Heymonskindern Adelhart, Ritsart, Writsart und Reinold, samt ihrem Roß Bayard* in Görres' Verzeichnis der Volksbücher (vgl. Erl. zu 450, 30 f.)

451,36–452,1 Maihn Sohn hat Ufträg ... Schpahuwasser: In Frankfurter Mundart, die auch in den Briefen Frau Ajas durchschlägt; *Schpahuwasser:* Wasser aus dem belgischen Kurort Spaa

95. An Brentano
Königsberg, 21. August 1807
D: Hs UB Heidelberg; zu dem Brief hat sich ein Exzerpt erhalten (GSA Weimar); Datierung nach dem Exzerpt und dem letzten Teil des Briefes.

453,27 Gemeine: Alte Form von »Gemeinde«

454,33 Bredow: Vermutlich Gottfried Gabriel Bredow (1773–1814), ein Schulfreund Arnims, der unter Napoleon wegen seiner patriotischen Gesinnung von der Polizei verfolgt wurde

455,3 Bastion: Die über die Zeile geschriebene Bezeichnung ist nicht sicher lesbar. Für Friedrichsburg spricht, daß es eine auf einer Insel gelegene Befestigungsanlage dieses Namens in Königsberg gab.

455,21 Memnonsäule: Steinbild des Memnon (Sohn von Eos und Thitonos) bei Theben, das eine sitzende Statue darstellt. Dem Steinbild wird nachgesagt, daß es bei den Strahlen der aufgehenden Sonne (der Mutter Memnons) einen Ton von sich gibt. Arnims Vorstellung vom weinenden Steinbild ist vielleicht auch durch die Deutung des Taus als Träne der

Eos, die ihrem Sohn Memnon nachtrauert, entstanden.

455,34 Schiller und seine poetische Freundschaft für deine Frau: Schiller hatte sich zunächst für Sophie Mereau eingesetzt und Texte von ihr in der *Thalia* (1791–1793), den *Horen* (1796 und 1797) und den *Musen-Almanachen* (1796–1799) veröffentlicht. (Zu den Einzelheiten und dem Briefwechsel vgl. Dagmar von Gersdorff: Dich zu lieben kann ich nicht verlernen. Das Leben der Sophie Brentano-Mereau, Frankfurt 1984, S. 30–34 und 100–140) – *Das Mädchen aus der Fremde* ist ein Gedicht Schillers.

457,3f. Görres ... noch nicht angekommen: Gemeint ist sein Buch, auf das Brentano Arnim hingewiesen hatte (vgl. 450,30 f. mit Erl.).

457,4 Büschings und Hagens Sammlung: Die von Johann Gustav Gottlieb Büsching (1783–1829) und Friedrich Heinr. von der Hagen (1780–1856) 1807 hg. *Volkslieder* wurden zu einer wichtigen Quelle für den zweiten und dritten Band des *Wunderhorn* (vgl. FBA 9,3, S. 728–730).

457,23f. Niobe von Lacrimas Schütz: Die Tragödien *Niobe* und *Der Graf und die Gräfin von Gleichen* von Wilhelm von Schütz (vgl. Erl. zu 125,35) erschienen 1807.

457,31 Calirrhoe, die Aitolier: Die Trauerspiele *Kallirrhoë* und *Die Aitolier* (beide aus dem Jahre 1806) stammen von Johann August Apel (1771–1816), nicht von Siegfried.

457,40 Pörschke: Nach Steig (I, S. 359) wird die Episode auch von Wilhelm Dorow (1790–1846) in seinen Memoiren *Erlebtes aus den Jahren 1790–1827* geschildert.

458,11 General Rüchel: Der preußische General Ernst von Rüchel (1754–1823) wurde am 11. Juli 1807 auf Druck von Napoleon als Leiter des Kriegsministeriums entlassen und betätigte sich als Publizist.

458,16 von deiner Hochzeit: Arnims Gewährsmann (vgl. folgende Erl.) berichtet von der unmittelbar bevorstehenden Hochzeit (wie Brentano später in seinem Brief bestätigt; vgl. 465,31 f.), denn diese fand genau an dem Tag statt, an dem der letzte Teil von Arnims Brief und das Exzerpt dazu datiert sind. Am 21. August 1807 heiratete Brentano in Fritzlar die 16jährige Auguste Bußmann. Zur Vorgeschichte vgl. Brentanos Bericht S. 463 ff.

458,33 Firnhaber: Offensichtlich wurde die Nachricht von der Neuvermählung von Clemens nicht durch einen Brief Bettines übermittelt (Steig I, S. 221), sondern persönlich durch einen Korporal Firnhaber (vgl. 459,15), einen *fremden Mann*, wie Arnim in einem Brief an Bettine schreibt (Steig II, S. 64). Georg Rudolf Christian Firnhaber von Eberstein-Jordis (1797–1848), der Stiefbruder von Johann Karl Jordis (mit ihm war Lulu Brentano verheiratet und lebte in Kassel; vgl. Erl. zu 428,15 f.), kann der Übermittler der Nachricht kaum gewesen sein, wenn das Geburtsjahr, das Härtl angibt, stimmt. Eher war es dessen Onkel, der kurhessische Rittmeister und Kammerherr Johann Konrad Firnhaber von Eberstein, zu dem nur das Sterbejahr 1849 bekannt ist (vgl. AM, S. 358). Bettines Bericht über Brentanos Heirat war nach Giebichenstein adressiert und erreichte Arnim in Königsberg nicht. Aus der Sicht Bettines hatte Clemens' *Schicksal sich gedreht [...] wie ein Wetterhahn. Sie haben den Brief von ihm, worin er Ihnen über seine Frau schreibt, vielleicht noch nicht in den Händen gehabt, da er durch eine andre schon wieder seinen Verlust ersetzt hatte, Gott weiß eine Liebesgeschichte von acht Tagen, die sich mit einer Entführung nach Hessen-Cassel endigte. Seit dem 20. August ist er verheirathet mit einer Nichte von Moriz Bethmann, Sie kennen Sie vielleicht, Auguste Busmann* (Steig II, S. 60 f.). Clemens selbst hatte mit einem *Marburg 29 Juli Mittag 11 Uhr* datierten Brief an Karl Jordis geschrieben:

Daß ich mit Augusten geflohen bin, kann Ihnen nicht mehr unbekannt sein, diese Flucht selbst war von so unendlicher Raschheit, und so unvermuthet, als die heftige Liebe, die uns zwang [...]. So hinausgetrieben von einer Leidenschaft, die mir und jedem Trefflichen stets achtungs werth sein soll, wenn sie hier gleich unbesonnen erscheint, schreibe ich ihnen hier von Marburg, [...] ich habe mich daher entschloßen, Mit Augusten Schutz und Trost in ihrem Hauße zu Kassel zu suchen (FBA 31, S. 615; weitere Informationen zu der kurzlebigen zweiten Ehe Brentanos in Hans Magnus Enzensbergers *Requiem für eine romantische Frau. Die Geschichte von Auguste Bußmann und Clemens Brentano*, Berlin 1988).

460,2 Fahr und fahr auf der Post: Vielfach variiertes Volkslied, das Brentano auch in seinem *Schattenspiel* zitiert (FBA 12, S. 894)

96. An Brentano
Giebichenstein, 8. Oktober 1807
D: Hs GSA Weimar; vgl. Tendenzen, S. 127; zum Brief hat sich ein Exzerpt (GSA Weimar) erhalten.

460,24f. im Königreiche Westphalen: Gründung Napoleons, der als König seinen Bruder Jérôme einsetzte (vgl. Erl. zu 449,26 f.).

460,33 Klebermeere: Anspielung auf den *Schelmuffsky*, der eine ausführliche Beschreibung des klebrigen »gelübberten Meeres« bietet, in dem die Schiffe auf dem Wege nach Indien festkleben (*Schelmuffsky*, S. 120 f.). Es handelt sich um eine »aus der Antike stammende und bis ins Mittelalter verbreitete Vorstellung von einem geronnenen Meer (›Lebermeer‹), in dem die Schiffe nicht mehr von der Stelle kommen, im Nordatlantik oder im Orient lokalisiert« (ebd., S. 274).

461,17 Redtels Braut ... Püttmann: Arnims Kommilitone Carl Friedrich Redtel, Referendar an der Kurmärkischen Kriegs- und Domänenkammer in Berlin, heiratete am 18. April 1808 Maria Helene Püttmann, Tochter eines 1806 gestorbenen Hildesheimer Arztes (Tendenzen, S. 161).

461,18 Fr Wolfs Tochter: Nach Härtl (Tendenzen, S. 161) Wilhelmine, Tochter von Friedrich August Wolf, ab 1811 verheiratet mit Wilhelm Körte

461,18 Louise: Reichardts Tochter Louise, die komponierte und sang (vgl. Erl. zu 336,29–31)

97. An Brentano
Giebichenstein, 19. Oktober 1807
D: Hs UB Heidelberg

461,28 Herzbruder: Reminiszenz an den *Simplicissimus* von Grimmelshausen

462,2–5 Görres Buch ... überflüssig: Vgl. Erl. zu 450,30 f.

462,23f. Hagen hat das Lied der Niebelungen bearbeitet: Von der Hagen veröffentlichte 1807 das Nibelungenlied.

463,3f. Gedicht ... Rüdiger: Das beigefügte gedruckte Gelegenheitsgedicht, das Arnim aus einer Zeitung ausgeschnitten hat, stammt von Johann Christian Christoph Rüdiger (1751–1822), einem Professor für Kameralwissenschaft und Sprachkundler in Halle. Es ist *Halle, den 15ten August 1807* datiert, feiert die goldene Hochzeit von *Herren Schaller und seiner Gattin* und ist von *J. C. C. Rüdiger mit Frau und Kindern als getreue Nachbaren* unterzeichnet. Von den üblichen Gelegenheitsgedichten weicht der Text insofern ab, als sich Rüdiger bei den überlegenen Feinden anbiedert: *Hoch leb auch Napoleon, / Mit dem gnädigen Gemahle, / Hoch die ganze Nation [...] Hoch Franzose, Preusse und Westphale, / Alle brüderlich vereint, / Jeder der es redlich meint.*

98. An Arnim
Kassel, 22. Oktober 1807
D: Hs UB Heidelberg; vgl. FBA Nr. 480

463,24–27 mit einem Adjutant des Königs von Holland ... ebenso ge-

waltsam versprochen ... durch einen Fußfall vor der Königinn: In einem Brief Simon Moritz von Bethmanns (1768–1826) an Auguste Bußmann vom 3. August 1807 wird die Affäre so dargestellt: *Vor ohngefähr einem Jahr, machte sie mir das Geständniß sie sei von einer heftigen Leidenschaft für einen wackern Krieger ergriffen, ohne ihn wohl tadlen zu können, rieth ich ihr Prüfung ihrer selbst und des Gegenstandes ihrer Liebe an. Ihre Mutter, ihr Stiefvater [Flavigny] geben dem edlen Manne, der gerade und offen um ihre Hand wirbt, zu erkennen, daß sie die Seine werden soll, sobald er dem Weib und den Kindern eine Existenz zusichern kann. Die Pflicht militarischer Ehre ruft ihn zu seiner Fahne, und im Schlachtgetümmel, seiner Liebe für Auguste treu eingedenk, kämpft er mit Muth und Talent, in der Hofnung sein künftiges häusliches Glük beim Frieden durch Augustens Besitz begründet zu sehen.*

Der Thor, er hatte das Sprüchwort vergeßen Les absents ont tort. In dem Augenblick wo die Rükkehr Napoleons nach Frankreich, dem festen Lande Europens den Frieden verkündet, in demselben Augenblik umflattert Auguste ein bunter Schmetterling. Scheu wie dieses Ephemerische Wesen ist er geblendet von dem Licht ihres blitzenden Geistes, wie bald wird er mit verbranten Flügel unter ihren Füßen zertreten werden, und dieses Loos hatte er doch nicht verdient, denn er war nicht treulos, wie Auguste (Enzensberger, S. 15 f.).

463,31f. Auguste (Brede herr Bruder): Die Anrede *herr Bruder* entspricht dem *Herr Bruder Graf* des *Schelmuffsky*, und wie in diesem Buch wird über amouröse Abenteuer berichtet. Dabei vergleicht Brentano scherzhaft Auguste Bußmann mit der attraktiven Schauspielerin Auguste Brede, zu der er selbst später in Prag in engere Beziehung trat.

464,2f. im Taxischen Hof ... Napoleon: Der Hof zum Palais Thurn und Taxis unweit der Frankfurter Hauptwache, dessen repräsentatives Eingangstor den Zweiten Weltkrieg überstanden hat. Napoleon hatte am 24. Juli 1807 auf der Rückkehr von Tilsit im Frankfurter Palais die Huldigungen der deutschen Fürsten entgegengenommen.

464,40–465,1 Moriz war nur freundlich mich auszulocken: Meline berichtet dazu in einem Brief an Savigny am 4. August 1807: *Die Bethmanns sind sehr bereitwillig alles was zur rechtmässigen Trauung nöthig ist, zu thun, um nur den Eklat der Sache zu vermeiden.* In einem Brief von Moritz von Bethmann an Brentano vom 7. August heißt es jedoch: *Gesetze und Blutsverwandtschaft haben mir auf Auguste Vaterrechte ertheilt, Sie haben mir mein unmündiges Kind geraubt, während Sie kein Hinderniß fanden, ihren Besiz als Gattin rechtmäsig zu begehren und zu verlangen. Diese Handlung ist nach bürgerlichen, und moralischen Gesetzen strafbar und inkonsequent* (Enzensberger, S. 18).

465,14 nach Kassel, zu Jordis: Vgl. Erl. zu 458,33.

465,31f. als Firnhaber abreißte[,] noch unkopulirt, doch honoris causa dafür erklärt: Firnhaber, ein Verwandter von Jordis in Kassel, reiste nach Königsberg und übermittelte Arnim die Nachricht von Brentanos neuer Ehefrau (vgl. 458,33 mit Erl.). Zum Zeitpunkt der Abreise war die Trauung in Fritzlar noch nicht vollzogen; »der Ehre wegen« gab man die beiden jedoch als verheiratet aus.

465,34 Consenzen: Lat. Consensus: Einwilligung, Genehmigung

466,2f. Familie Bethmann dringt in mich einen Stand zu ergreifen: Moritz von Bethmann hatte Brentano bereits in seinem Brief vom 7. August ermahnt: *Die Fähigkeit ein nützliches, achtungswerthes Glied, in der menschlichen Gesellschaft zu werden, ist Ihnen von der Natur nicht versagt, [...]. Ergreifen Sie einen Stand, worin Sie sich durch Neigung, und Vorkentniß auszuzeichnen wißen, ich verwerfe keinesweges Eigenschaften, weil ich sie nicht in hohem Grade besitze, auch die poetische Phantasie erscheint mir als ein Mittel, welches zu einem edlen Zwek führen kann* (Enzensberger, S. 19).

466,13f. an dich heimlich nach Giebichenstein geschrieben, mich von Ihr zu trennen: Auguste hatte Arnims Brief vom 21. August gelesen und nimmt auf den letzten Abschnitt (S. 459f.) Bezug: *mich ängstigt dabey nur daß Clemens es nicht wissen soll, daß ich zum erstenmal etwas heimlich vor ihm thue. Das muthwillige Ende Ihres Briefes hat mich tief geschmerzt. Sie glauben ich hätte ihn in eine sogenannte glänzende Lage gebracht – und haben nun nur noch Scherz für Ihren Freund. Wie werden Sie ihn bedauren wenn Sie mich besser kennen. Er glaubte mich lieben zu können – er liebte mich – und fühlt sich nun in allen seinen Erwartungen getäuscht, an ein Geschöpf gekettet das ihn nicht versteht. Fühlen Sie wie schwer solch ein Verhältniß ihn dünkt? Was mir begreiflich an ihm ist, wird mir es durch die Liebe – und so begreife ich daß er schnell mich verlassen muß um sich vor Unmuth, Ekel zu bewaren. Ich habe ihn schon oft darum gebeten zu Ihnen und Reicherdts [...] nach Halle zu gehen [...] ich beschwöre Sie, reißen Sie ihn von hier weg – gehorcht er nicht Ihren Briefen, so kommen Sie selbst hieher, nehmen Sie ihn mit sich fort – nach Rom etwa, wohin er sich sosehr sehnt* (Enzensberger, S. 31f.).

467,2f. Wiederbellerinn ... Schäkespear: Der Titel zu Shakespeares bekanntem Drama *The Taming of the Shrew* wurde in der Übersetzung Wielands mit *Der Widerbellerin Zähmung* wiedergegeben.

467,13 vertraute Freunde Grimm: Jacob (1785–1863) und Wilhelm (1786–1859); zu ihrer Beteiligung am *Wunderhorn* vgl. FBA 9,3, S. 811 bis 815. Brentano kannte sie aus Marburg, wo sie bei Savigny studiert hatten.

467,21 Frömmigkeit: Fleiß

467,24f. ihr jüngerer Bruder: Ferdinand Grimm (1788–1845) wurde Buchhändler bei Reimer in Berlin (vgl. FBA 9,3, S. 812 und 815).

99. An Arnim
Kassel, um den 12. Januar 1808
D: Hs UB Heidelberg; vgl. FBA Nr. 486

469,5 zu Hauße: In Kassel. »Arnim hatte Weihnachten 1807 bei Brentano in Kassel verbracht und reiste nach dem 3. Januar von dort über Frankfurt nach Heidelberg« (FBA 32, S. 437). Brentanos Brief ist nach Frankfurt gerichtet und erreichte ihn dort nicht mehr.

469,6f. Laroche und Alberti: Brentanos Onkel, der preußische Obergrat Karl von La Roche (1766 bis 1839) und der preußische Geheime Kriegs- und Finanzrat Karl Alberti (1763–1829), der mit einer Stieftochter Reichardts verheiratet war

469,16–20 Reichards Glück ... der König: In den Jahren 1807 und 1808 war Reichardt Hofkapellmeister des von Napoleon eingesetzten Königs Jérôme in Kassel. Vor Napoleon war er zunächst nach Königsberg geflohen, mußte sich jedoch nach der Niederlage der Preußen wieder in den Einflußbereich Napoleons begeben und entging nur durch die Verpflichtung in Kassel der Verhaftung, die ihm wegen seiner kurz zuvor veröffentlichten Schrift gegen Napoleon (vgl. Erl. zu 470,14f.) drohte. Jérôme Bonaparte (1784 bis 1860), der jüngste Bruder Napoleons, herrschte von 1807 bis 1813 als König von Westphalen.

470,1–3 Monsieur ... volonté: (Franz.) Mein Herr, wir haben von Ihnen noch nichts Würdiges als den guten Willen.

470,14f. seine Geschichten: 1794 hatte sich Reichardt für die Ideen der Französischen Revolution begeistert und war deshalb vom preußischen König Friedrich Wilhelm II. entlassen worden. Durch eine 1806 mit

Schlabrendorf (vgl. Erl. zu 115,4–21) veröffentlichte kritische Schrift *Napoleon und das französische Volk unter seinem Consulat* hatte er sich erneut in eine gefährliche Situation gebracht.

470,16 Talma: François Joseph Talma (1763–1826), bedeutender französischer Tragöde, der 1791 das Théatre de la République gründete und später von Napoleon gefördert wurde

470,27 solidiren: »Solider machen«

470,39 den dritten Theil: Vermutlich *Heymar's Dichterschule*, den dritten Teil von Arnims Werk *Ariel's Offenbarungen*

471,6 der Herr Geheemde Rath: Goethe

471,30 Hammerstein: Hans Graf von Hammerstein (1771–1841) war nach einem abenteuerlichen Leben in die Dienste des Königs Jérôme getreten.

471,40–472,1 Dimission ... Müller: Johannes von Müller (1752–1809) war 1807 als preußischer Hofhistoriograph zurückgetreten und wurde im gleichen Jahre von Napoleon zum Generaldirektor des Unterrichtswesens in Kassel ernannt.

472,10f. Wunderhorn ... mit dem Titel: Der Brief Brentanos mit einem Entwurf zur Titelseite des zweiten Teils (vgl. Erl. zu 477,13–21) ging noch vor dem 25. Januar an Johann Georg Zimmer (vgl. FBA 32, S. 13).

472,20 deiner verlornen Kupferkiste: Die Kiste mit ersteigerten Kupferstichen (vgl. Erl. zu 348,8)

473,2f. mit dem Goldfaden fange ich gleich an: Eine Bearbeitung von Georg Wickrams Werk erschien 1809 unter dem Titel *Der Goldfaden eine schöne alte Geschichte wieder herausgegeben von Clemens Brentano. Mit Vignetten.*

100. An Brentano
Frankfurt, 12. Januar 1808
D: Hs UB Heidelberg

473,9–11 Marianum epithalamium ... Familienbild: Das Liederbuch von Johannes Kuen (1606 bis 1675) aus dem Jahre 1669 wurde zur Quelle für zwei Lieder im dritten Band des *Wunderhorn*, das *Siegslied* und *Eine heilige Familie* (vgl. FBA 9,3, S. 314–323 und 744).

473,11f. unter den Beförderern: Die vorgesehene Auflistung der Beförderer des *Wunderhorn* kam nicht zustande, und am Schluß des dritten Bandes wurde lediglich pauschal *Sr. Excellenz dem Herrn Geheimerath von Göthe, und allen Förderern dieser Sammlung unser Dank zum Schluß* ausgesprochen (FBA 8, S. 236). Eine hs Liste Arnims, in der auch Savigny erwähnt wird, hat sich jedoch erhalten (vgl. FBA 9,3, S. 406 f.).

473,12 Schilling: Von Diebold Schilling (um 1445–1485) besaßen Arnim und Brentano die *Beschreibung der Burgundischen Kriegen* in einer Edition von 1743 (Arnim-Bibl. B 620; Brentano-Bibl., S. 29). Das Kriegslied ist *Schloß Orban* (vgl. FBA 7, S. 133 und FBA 9,2, S. 232).

473,14f. Klagred des Gott Bachus: Mit dem fast wörtlich übernommenen Titel im zweiten Band des *Wunderhorn* nach einem Fastnachtsspiel des 16. Jhds. veröffentlicht (FBA 7, S. 41, 9,2, S. 80)

473,25f. dem Wahrheitsliede: Unter den *Kinderliedern* wurde *Ein Wahrheitslied* auf der Grundlage einer Abschrift Bettines, die Brentano stark bearbeitet hatte, abgedruckt (vgl. FBA 9,3, S. 455–457). Brentano zögerte die Übersendung von Bettines Fassung dieses seit dem 16. Jhd. überlieferten Textes jedoch lange heraus, so daß Arnim Bettines Version noch einmal in der ZfE veröffentlichte.

474,3 meine opera omnia in Heidelberg als eine Zeitung: Der Plan einer Zeitung wurde verwirklicht; die 1808 erschienene *Zeitung für Einsiedler* entwickelte sich jedoch mehr zu einer *Probe- und Musterkarte der neuen [romantischen] Bestrebungen* (Eichendorff, Werke 5, S. 433) als zu einer Ausgabe »sämtlicher Werke«

Arnims oder einem patriotisch-politischen Blatt, wie es Arnim unter dem Titel *Der Preusse* angekündigt hatte (vgl. S. 424–427 mit Erl.).

474,11 wie das verhungernde Kind: Anspielung auf das *Wunderhorn*-Lied *Verspätung* (FBA 7, S. 10) mit den Anfangszeilen *Mutter, ach Mutter! es hungert mich / Gieb mir Brod, sonst sterb ich.*

474,12 bei Bettmann: Arnim ist die komplizierte und undankbare Aufgabe zugefallen, mit der Frankfurter Familie Moritz von Bethmanns über eine mögliche Trennung Brentanos von Auguste Bußmann zu sprechen, wobei die Verhandlungen mit ihrer Familie zur Zusammenführung der beiden in einer Ehe kein halbes Jahr zurücklagen (vgl. S. 463 ff. mit Erl.). Währenddessen hat sich Brentano (wie sich zeigte: vorübergehend) mit seiner Frau wieder versöhnt, wie sein Brief (Nr. 99) belegt, der sich mit dem Arnims kreuzte.

474,32 die beyden Meistersänger Codices: Nach den Recherchen von Heinz Rölleke zeigte Brentano »offenbar kein Interesse, so daß Arnim die Bände nach Abschluß der *Wunderhorn*-Arbeiten der Berliner Bibliothek schenkte« (heute Staatsbibliothek zu Berlin). Aus dem zweiten Band dieser hs Codices stammen die Vorlagen für die *Wunderhorn*-Lieder *Der Traum*, *Das vierte Gebot* und *Die schwäbische Tafelrunde* (vgl. FBA 9,3, S. 790), die im zweiten Band erschienen (FBA 7, S. 221, 267 und 444).

474,35 Mahler Frick: Nach Härtl Cornel Frick aus Kassel, ein Bekannter Bettines.

475,4 Bürgerlust: Bei der Bearbeitung des Gedichts *Die Wahrheit* (FBA 7, S. 5) zog Brentano das Buch aus seinem Besitz heran. Es trägt den Titel *Ergötzlicher aber lehrreich und sittsamer auch zuläßiger Burgerlust, bestehend in sehr lustigen Begebenheiten* (vgl. FBA 9,2, S. 11).

475,6 f. Hans Pfriem einer neuen Ausgabe sehr werth: Mit dieser Nachschrift, die quer auf den Rand der ersten Seite geschrieben ist, reagiert Arnim auf Brentanos Plan, (bearbeitete) Neuausgaben älterer Texte zu veröffentlichen. Offensichtlich nimmt er dabei auf Diskussionen in Kassel Bezug, denn Brentanos Brief mit der Erwähnung seines Plans hatte ihn in Frankfurt nicht mehr erreicht. Die Komödie *Hans Pfriem* besaß Arnim in der Ausgabe *Drey newe, schöne und Lustige Comoedien / 1. Almansor [...] 2. Captivi, Der gefangenen leute Trew. 3. Hanso Framea, Hans Pfriem / oder master Kecks. Jetzo newlichst Aus dem Latein verdeutscht von Martinus Hayneccius*, Leipzig 1582 (Arnim-Bibl. B 947, vgl. auch Brentano-Bibl., S. 44).

101. An Brentano
Heidelberg, 25. Januar 1808
D: Hs UB Heidelberg; zum Brief hat sich ein Exzerpt erhalten (GSA Weimar)

475,9 Nehrlich: Beiträge des Eisenachers Johann Carl Nehrlich (1773 bis 1849), der in Jena bei Fichte studiert hatte und später als Hofzeichnungsmeister in Schwaben und Lehrer an der Hoftheaterschule in Karlsruhe hervortrat, wurden bei mehr als hundert Liedern des zweiten und dritten Bandes vom *Wunderhorn* herangezogen (FBA 9,3, S. 830 bis 832).

475,9–12 Pattberg ... Prager Jesuslied: Auguste von Pattberg (1769 bis 1850), die Tochter eines Odenwälder Forstmeisters und Ehefrau eines Beamten in Neckarelz, gehört zu den wichtigsten Einsendern des *Wunderhorn:* Bei etwa 30 Liedern des zweiten und dritten Bands spielen Vorlagen von ihr eine Rolle (vgl. FBA 9,3, S. 832 f.). »In den Einsendungen der Frau von Pattberg halten sich eigene Dichtungen nach volksläufigen Motiven und relativ getreue Aufzeichnungen aus dem badischen Neckarelz etwa das Gleichgewicht. Brentano hat die Lieder fast alle unverändert aufgenommen« (ebd.). Die von Arnim erwähnte Vorlage zum *Wunderhorn*-Text *Das Prager Lied* ist verschollen (vgl. FBA 7, S. 183 und 9,2, S. 301).

475,22 Rudolphi: Caroline Rudolphi (1754–1811), Erzieherin und (mit Klopstock befreundete) Schriftstellerin, die in Heidelberg ein Mädchenpensionat leitete. Brentano übergab ihr Hulda zur Erziehung.

476,7 Krapfries: Vgl. Erl. zu 357,10 und 323,40–324,3.

476,12 Voß ... den streitigen Thurm: Beim Verkauf des Turmes hatte Brentano – vermutlich im Scherz – ein Gebot abgegeben, so daß Voß befürchtet hatte, die erhoffte Immobilie in Heidelberg nicht zu bekommen, und seither den Romantikern nicht mehr wohlgesonnen war.

476,21 Finkenstein: Die Liederabende der Töchter von Friedrich Ludwig Karl Finck von Finckenstein (Barmine, Henriette und Karoline) waren berühmt.

477,13–21 Zimmer hat den Titel ... Kupferstecher Weise ... feineren Arbeiten am Horne: Der Titelkupfer des zweiten *Wunderhorn*-Bandes zeigt ein fein ziseliertes Oldenburger

Trinkhorn. In der Beuge ist (als Hintergrund) eine Darstellung von Heidelberg zu erkennen. Da das Schloß auf diesem Bild nicht als Ruine sondern als rekonstruiertes (»restauriertes«) Gebäude zu sehen ist, enthält die Darstellung zugleich das ästhetische Programm der »restaurierten« *Wunderhorn*-Lieder. Der Stecher war Adam Weise (1776 bis 1835), er konnte auf eine heute verschollene Zeichnung Brentanos zurückgreifen (vgl. 481,16–19 mit Erl.).

477,24f. Kaleeckomanier etwa wie die Wächterschen zum Wallenstein: In Kaligo-Manier (mit brauner Tinte, heute Bister genannt) wie die Wallenstein-Illustrationen von Georg Friedrich Eberhard Wächter (1762 bis 1852), einem Mitbegründer des deutschen Klassizismus. Seine acht Zeichnungen gelten als verschollen, jedoch sind die darauf basierenden Stiche aus der Publikation im *Taschenbuch für Damen* (1808) bekannt.

477,32 O Weyele Weh: Refrain des *Wunderhorn*-Liedes *Die traurig prächtige Braut* (FBA 7, S. 13 f.)

477,32f. Görres ... Schriftproben: Joseph Görres veröffentlichte 1808 eine Satire unter dem Titel *Schriftproben von Peter Hammer*, in der die einzelnen Textabschnitte mit Bezeichnungen von Schriftarten und -größen überschrieben und auch entsprechend gesetzt sind (vgl. die Faksimilewiedergabe GS 3, S. 337). Der letzte Teil des Werks trägt den Titel *Tollgewordener Epilogus.*

479,11 Anzeige gegen den Rheinbeck ... von Görres: Im Namen von 18 Professoren war Joseph Görres im *Rheinischen Bundesblatt* (Nr. 98) gegen Georg Reinbecks Publikation *Heidelberg und seine Umgebungen im Sommer 1807* zu Felde gezogen.

102. An Arnim
Kassel, um den 25. Januar 1808
D: Hs UB Heidelberg; vgl. FBA Nr. 489

479,32f. keine Zeile ... von Reichards Ernennung: Der nach Frankfurt adressierte Brief (Nr. 101) hatte Arnim, der nach Heidelberg weitergereist war, nicht erreicht. Zur Ernennung Reichardts vgl. Erl. zu 469, 16–20.

480,28f. Lage der Violin im Garten der Poesie: Schauplatz in Tiecks satirischem Märchendrama *Prinz Zerbino* (1799); unter den riesigen duftenden Blumen kann sich die Violine wie im Paradies fühlen.

480,35f. Pasquillist: Schreiber eines verunglimpfenden Spottgedichts

481,10 Batt ... oder Wedekind: Philipp Anton Batt (1775–1839), Erzieher der Söhne des Freiherrn Lambert von Babo in Mannheim und F. Wedekind (vgl. FBA 9,3, S. 842 f.) vom Mannheimer Theater

481,11 das Original des Wahrheitslieds: Vgl. Erl. zu 473,25 f.

481,14 die böse Königinn: Die Quelle zum Lied *Albertus Magnus. Von den Geheimnissen der Weiber* (ein Fliegendes Blatt) trägt den Titel *Die Falsche Königin* (vgl. FBA 7, S. 234 und 9,2, S. 389–401). Das von Brentano bearbeitete Lied handelt von einer Königin, die junge Liebhaber hereinlockt und nach dem Liebesgenuß umbringt. Ihr zehntes Opfer ist der hochgelehrte Student Albertus Magnus, der ihr mit seinen magischen Kräften entkommt, die Morde bekanntmacht und die böse Königin schließlich bekehrt. Beim Untertitel greift Brentano auf ein Werk von Albertus Magnus (um 1200 bis 1280) zurück (*Alle Heimlichkeiten des weiblichen Geschlechts*), das er in deutscher und lateinischer Ausgabe besaß (Brentano-Bibl., S. 315 f.). – Die Parallele, die er im Brief zu seiner Begegnung mit Sophie Mereau zieht, ist bemerkenswert.

481,16–19 den Titel wird Zimmer erhalten haben, das Gothische Fenster ... wegradirt: Eine eigenhändige grobe Skizze mit dem Entwurf zur Anordnung der Schrift auf dem Titelblatt für die Folgebände des *Wunderhorn* enthält Brentanos Brief an den Verleger Zimmer vom 25. Januar (vgl. FBA 32, S. 13). Zu einer beigefügten detaillierteren Zeichnung, die nicht erhalten ist, heißt es: *Es hat ein guter Freund von mir hier nach meiner Angabe mit groser Mühe gezeichnet, und wenn es nicht ganz nett geworden, so ist blos vieles Ausradiren daran schuld, welches der oft veränderte Plan veruhrsachte, die alte Ansicht vom Schloß und Stadt Heidelberg aus Zinkräpf Emblematen, das Trinckhorn ist gegen über hinter eine Weinbergsmauer gestellt zwischen Reben und Epheu, die einen Bogen drüber machen* (ebd.). Vgl. Erl. zu 477,13–21 mit Abb.

481,24–28 Hüschen in Fft ... Catalog raisoné ... in Mspt: Heinrich Sebastian Hüsgen besaß eine umfangreiche Sammlung von Kupferstichen Dürers und hatte auch ein kritisches Werkverzeichnis angelegt, das Goethe kannte. Brentano wußte von den Schätzen und dem hs Verzeichnis, das mitversteigert wurde, und hoffte, seine eigene Sammlung durch Hinzukäufe zu ergänzen.

481,29f. Kinderlieder ... mit dem Vogel A.b.C anzufangen: Zum Zeitpunkt des Briefes gehen die beiden Freunde davon aus, das *Wunderhorn* mit einem zweiten Band abzuschließen, der einen Anhang mit Kinderliedern enthalten sollte. Als sich die Erweiterung auf drei Bände als notwendig erwies, wurden die Kinderlieder dem dritten Band hinzugefügt (und auch separat broschiert vertrieben). Das Alphabet erschien unter dem Titel *Das Federspiel, A.B.C. mit Flügeln* als Einleitungsgedicht (FBA 8, S. 243).

481,30f. Müller ... Director: Vgl. Erl. zu 471,40–472,1.

481,38 Belagerungslied von Frft: Im zweiten Band des *Wunderhorn* unter dem Titel *Von der Belagerung der Stadt Frankfurt, ein Lied im Ton: Frisch auf in Gottes Namen. 1552* (FBA 8, S. 333)

103. An Arnim, Kassel
Kurz nach dem 25. Januar 1808
D: Hs UB Heidelberg; vgl. FBA Nr. 490

483,7f. die Rungischen Bilder: Der Zyklus von Kupferstichen zu den vier Zeiten

483,34f. en Wix: Vgl. Erl. zu 376,22.

484,4 Dietz von Schaumburg und die Belagerung von Fft: Vgl. Erl. zu 481,38 und 485,37–486,2.

104. An Arnim, Kassel
Kurz nach dem 25. Januar 1808
D: Hs UB Heidelberg; vgl. FBA Nr. 491

485,20 Schützens Graf von Gleichen: Vgl. Erl. zu 457,23f.

485,23f. Werther ... mit der Luzinden ergäntzen: Goethes Briefroman *Werther* erschien 1774 und wird als Werk der Empfindsamkeit, bzw. des Sturm und Drang angesehen. Schlegels Roman *Lucinde* von 1799 gehört zu den programmatischen Werken der Jenaer Frühromantik. Der stark allegorisch geprägte Text Schlegels, der zugleich neue Formen der Liebe und der Kunst darzustellen versucht, ist mit Goethes Frühwerk trotz der Übereinstimmung in der Liebesthematik nicht verwandt, und Brentano betont zu Recht, daß beide Werke nicht zu einem verarbeitet werden könnten.

485,37–486,2 Diez ... H Sachs Tod: Brentano kritisiert zwei Bearbeitungen Arnims, von denen nur die zweite, *Hans Sachsens Tod* (FBA 8, S. 229), ins *Wunderhorn* einging (vgl. FBA 9,3, S. 403).

487,8f. mit dir einen Prozeß anfangen ... wie man nach unsrer Art restauriren dürfe: In skurrilen Bildern beschreibt Brentano seine Vorstellung vom »Restaurieren« alter Texte. Wenn er betont, daß der Bearbeiter behutsam vorgehen und die Eigengesetzlichkeiten eines Zeitalters oder einer Gattung sorgfältig beachten muß, so ist seine Auffassung von dem Vorgehen heutiger Restauratoren (im Bereich der Bildenden Kunst) und Editoren (im Bereich von Germanistik und Volkskunde) doch unterschieden. Zum einen fehlen ihm jegliche wissenschaftlichen Skrupel (im modernen Sinne): es liegt ihm beispielsweise fern, seine Eingriffe zu kennzeichnen. Zum andern hat er stets den zeitgenössischen Leser im Blick, dem er einen vollständigen, abgerundeten, metrisch geglätteten, verständlichen Text bieten will. Arnim wirft er vor, ohne Feingefühl nach Gutdünken und von Begeisterung getragen weiterzudichten. Dabei ist die Tatsache des Eingreifens für Brentano nicht bedenklich, sondern allein die stilistische Inkonsistenz der bearbeiteten Texte, die – wie er meint – lediglich Bettine, Sophie Mereau und er selbst mit Mühe und Einfühlung verstanden hätten. Brentano ist auch in Sorge, daß die Leser die Eingriffe in die historischen Texte erkennen könnten. Seine eigenen Bearbeitungen zeichnen sich dadurch aus, daß einzelne metrische und syntaktische Rauheiten belassen werden und oft durch archaische Wendungen die Patina künstlich aufgefrischt wird.

487,11f. ohne deinen Gesellen: Brentano verlangt Mitwirkung und ist dennoch über das eigenmächtige Vorgehen Arnims, der zur Satzüberwachung nach Heidelberg gegangen war, ungehalten.

487,32f. Hypocrene: Hippokrene, in der griechischen Mythologie die Quelle der Musen

487,36 Sirocco: Warmer Wind aus der Wüste, der in den Mittelmeerländern die Vegetation fördert

487,37f. Goldne Zeit: Die Vorstellung einer goldenen Urzeit (oder *Vorzeit*) gehört zu dem triadischen Denkmodell der Romantik. Die Gegenwart erscheint dagegen als Zeitalter der Vereinzelung, der Lieblosigkeit, der Kritik.

488,6 die Fränz: Franziska Breitenstein, Brentanos Magd

488,19 o weyele weh: Vgl. Erl. zu 477,32.

488,25 Luise: Reichardt; vgl. Erl. zu 336,29–31.

105. An Arnim, Kassel
Kurz nach dem 25. Januar 1808
D: Hs UB Heidelberg; vgl. FBA Nr. 492

488,33 Weinheimer Grimm: Albert Ludwig Grimm, Lehrer in Weinheim

489,5–7 des Wahrheitslieds … zu den Kinderliedern: So wurde verfahren (vgl. Erl. zu 473,25 f.).

489,11–14 Du kleiner Mann … Rum bum bidi: Kontrafaktur zum *Kriegslied gegen Karl V.* aus dem ersten Band des *Wunderhorn.* Dort ist es der Kaiser, der die Trommel schlägt, denn der Refrain lautet: *Es geht ein Butzemann im Reich herum, / Didum, Didum, / Bidi, Bidi, Bum! / Der Kaiser schlägt die Trumm / Mit Händen und mit Füßen, / Mit Säbeln und mit Spießen! / Didum, Didum, Didum.* (FBA 6, S. 91 f.). Brentano wendet den Text gegen Napoleon und ermutigt den »kleinen Mann« zum Widerstand.

106. An Brentano
Heidelberg, 6. Februar 1808
D: Hs UB Heidelberg; zu dem Brief hat sich ein Exzerpt erhalten (GSA Weimar)

490,16 f. Iliade … Wolf: Wolf (vgl. Erl. zu 559,20) hatte sich mit der *Ilias* Homers befaßt und 1795 *Prolegomena ad Homerum* veröffentlicht.

490,39 wie ich genaturet was: Scherzhafte Imitation mittelhochdeutscher Formen (»was« statt »war«); im Sinne von: »wie ich von Natur veranlagt war«. Das Wort »naturet« entnahm Arnim vermutlich dem *Wunderhorn*-Lied *Albertus Magnus* (vgl. FBA 7, S. 236).

491,2 Hans Pfriem: Vgl. Erl. zu 475,6 f.

491,32 Macpherson: Die *Ossian*-Dichtungen des Schotten James Macpherson (1736–1796) wurden noch im *Werther* als Übersetzungen gälischer Dichtung angesehen.

491,36–38 Schlußgesang vom Schneider … von der Hagen das alte Lied von den drey Beginnen: Arnim hält das von Brentano nach Georg Forsters *frische[n] Teutsche[n] Liedlein* bearbeitete Lied *Des Schneiders Feyerabend und Meistergesang* für besser als die Quelle Forsters (vgl. FBA 9,1, S. 704) und verspottet zugleich die präzise Wiedergabe unbearbeiteter Texte bei Büsching/von der Hagen (vgl. Erl. zu 457,4).

491,40 dem Wettstreite zwischen Wein und Wasser: Vgl. Erl. zu 13,18.

492,12 Cicero de officiis: Philosophische Schrift Ciceros in drei Büchern

492,32 Thümchen: Nach Steig (I, S. 360) der badische Archivar Carl Georg Dümge (1772–1845)

494,2 f. Grimms … Romanzen aus dem Dänischen: Arnim, Brentano und Wilhelm Grimm verfaßten gemeinsam eine Ankündigung der *Altdänische[n] Heldengesänge*, die 1810 anonym in den *Heidelbergische[n] Jahrbücher[n] der Literattur* erschien. Eine Probe druckte Arnim in der ZfE (Sp. 82) ab. Der Band selbst erschien erst 1811 unter dem Titel *Altdänische Heldenlieder, Balladen und Märchen.*

107. An Arnim, Kassel
Spätestens um den 6. Februar 1808
D: Hs UB Heidelberg; vgl. FBA Nr. 493

495,3 f. Dietrich bleibt ein Lump: Heinrich Dieterich (1761–1837), der Göttinger Verleger Arnims, der die Publikation von Arnims Werken verzögerte. Brentano hofft darauf, daß der Heidelberger Verleger Zimmer sich weiterhin der Projekte der Romantiker annimmt und stellt Überlegungen zu einer *Filial Handlung* Zimmers in Kassel an.

495,5 Levrault: Nach FBA 32 möglicherweise Louis-Charles Levrault

108. An Arnim, Kassel
Kurz vor dem 12. Februar 1808
D: Hs UB Heidelberg; vgl. FBA Nr. 494

495,25f. Ouvertüre zu dem begonnenen blauen Ungeheuer: Vgl. Erl. zu 511,27–30.

495,30 Golmick: Friedrich Karl Gollmick, ein bekannter Tenorsänger, der unter Jérôme in Kassel die Opernregie übernahm

495,31f. Lieb und Treue, oder vielleicht Järi und Bäteli: Zwei Opern von Reichardt

496,12 Stelzer: Christian Julius Ludwig Steltzer (1758–1831), Justizrat und Schriftsteller, der 1806 eine Professur in Moskau innehatte

496,16 Estafette: Eilbote

496,16 Bülow ... Tresorier: Hans Ludwig Friedrich Victor Graf von Bülow (1774–1825) war zwischen 1808 und 1811 westphälischer Finanzminister.

496,30–35 Kinderlieder ... Titel ... voll Thieren und Vögeln:

496,39 Adams Erschaffung: Im *Wunderhorn* unter dem Titel *Construction der Welt* mit der Quellenangabe *Mündlich* (FBA 7, S. 398); zu den tatsächlich benutzten Quellen (zwei eingesandte hs Liederbücher) und der Mitwirkung der Allendorfer Pfarrerstochter Friederike Mannel (1783–1833) vgl. FBA 9,2, S. 617–621 und 9,3, S. 824 f.

496,39f. Drei Mörder kamen: Im *Wunderhorn* unter dem Titel *Inkognito* und dem Anfang: *Es kamen drey Diebe aus Morgenland / Die gaben sich für drey Grafen aus* (FBA 7, S. 197; vgl. Erl. FBA 9,2, S. 320–322).

497,5 Tiroler Sammler: Im Text des *Wunderhorn* gibt Arnim in einer Anmerkung den Hinweis auf das Buch, das bei den Tanzreimen der Sammlung gar keine Verwendung fand: *In dem schätzbaren Tyroler Sammler Innsbruck 1807. II. B. finden sich S. 57–96 allerley Tyroler Tanzreime abgedruckt mit Erläuterungen, die Sprache liegt der unsern sehr fern, und bedarf daher dieser Erläuterungen sehr; und doch liegt der größte Reitz gerade in dieser Sprache. Dies wäre zu weitläuftig geworden für den Umfang unsres Buchs; Freunde dieser Liedergattung verweisen wir daher auf jenes Buch selbst* (FBA 8, S. 129; der genaue Titel: FBA 9,3, S. 232).

497,9 die Reisse ist von Graf Spauer: Von Friedrich Franz Joseph Graf von Spaur (1756–1821) war eine *Reise durch Oberdeutschland, in Briefen an einen vertrauten Freund* (Marburg 1800) erschienen.

109. An Brentano
Heidelberg, 12. Februar 1808
D: Hs UB Heidelberg; zu dem Brief hat sich ein Exzerpt erhalten (GSA Weimar)

497,18f. von Nehrlich ... Romanze: Wegen der großen Zahl der Einsendungen Nehrlichs (vgl. Erl. zu 475,9) nicht zu identifizieren

498,29 Bayrischen Hiesel: Das Gedicht im zweiten Band des *Wunderhorn* (FBA 7, S. 154) ist ein Musterbeispiel dafür, wie eine mundartliche Vorlage dem Hochdeutschen angenähert wurde. Heißt es in der Quelle (einem Fliegenden Blatt) auf Bayrisch: *Ey du mein lieba Drösel, / ich bin a wiedrum do, / über Nacht sollst du mi b'halten, / und gelt schlog mirs nit oh*, so wird nach der Bearbeitung, an der beide Freunde schließlich beteiligt waren (vgl. FBA 9,2, S. 266–271) im *Wunderhorn*: *Ey du mein liebe Thresel, / Ich bin nun wieder da, / Zu Nacht sollst mich behalten, / Gelt schlag mirs nicht ab.*

499,1 Dactylen: In der antiken Metrik die Folge: Länge – Kürze – Kürze; beim dynamischen Akzent ein Dreiertakt. Hier meint Arnim das Einführen einer zusätzlichen Senkung, die »Freiheit«, in alternierendem Rhythmus eine überzählige Senkung einzuführen.

500,18 Hündlein in Bretten: Vgl. 361,11 f. mit Erl.

500,34 den Seckendorfschen Almanach: Der von Leo von Seckendorf hg. *Musenalmanach* auf das Jahr 1808 enthielt eine Reihe von Volksliedern; fünf von ihnen dienten als Vorlage für Lieder im zweiten Band des *Wunderhorn* (vgl. FBA 9,3, S. 765 f.). Im Vorwort des Almanachs wies Seckendorf auf das *Wunderhorn* hin: *Was A. v. Arnim von dem Wunderhorn gesagt hat: es war der letzte Bienenstock, er wollte eben wegschwärmen, es hat uns wol Mühe gemacht, ihn im alten Hause zu sammeln, bewahrt ihn, stört ihn nicht, genießt seines Honigs wie recht – das möcht' ich gedenken bei diesem Nachtrag Spätlinge zu jenem herrlichen Stock* (zit. nach Steig I, S. 360).

500,37 f. Chronik der Hohenstaufen ... Conradin von Schwaben: Das Lied erschien im zweiten Band *Nach der Chronik der Hohenstaufen. S. 492*, wie es im *Wunderhorn* heißt (FBA 7, S. 142). Nachforschungen von Heinz Rölleke nach der Quelle blieben jedoch ergebnislos: »Es spricht dafür, daß Arnim die Vorlage unter Papieren fand, die Voß aus Volksliedinteresse gesammelt hatte. Weder die hs Vorlage, noch die *Chronik der Hohenstaufen*, auf der sie angeblich beruht, haben sich ermitteln lassen« (FBA 9,2, S. 247).

501,1 f. Jachin und Boaz ... Seulen der Freymaurerey: Die beiden Säulen am Eingang des Tempels von Jerusalem (vgl. 1 Kön 7,21), werden als Jachin (=Weisheit) und Boas (=Stärke) bezeichnet. Die Freimaurer erhoben diese beiden Tugenden zum Ideal.

110. An Brentano
Heidelberg, 18. Februar 1808
D: Hs UB Heidelberg; zu dem Brief hat sich ein Exzerpt erhalten (GSA Weimar)

501,32–34 Einlage ... Zeitungsschreiber: Arnim legte seine in zahlreichen Zeitschriften erschienene *Ankündigung* zu der geplanten *Zeitung für Einsiedler* bei, in der ironisch auf die langweiligen etablierten Zeitungen Bezug genommen wird: *Auf Befehl der großen Langeweile vieler sonst unnütz beschäftigter Leute, welche die Veränderungen der letzten Jahre aus ihrem Amte, Familien-Kreise, Ueberflusse herausgerissen, erscheint wöchentlich diese wunderliche Zeitung. [...] wir versprechen euch im voraus Eulenspiegels Nachtblat [...] Um unserm Institute einiges Ansehen zu geben nennen wir als unwillkührliche Mitarbeiter an unsrer Zeitung [...] den Freymüthigen, das Morgenblatt, das Sontagsblatt, den Anzeiger der Deutschen* (vgl. im unpaginierten Reprint der ZfE vor dem Anhang sowie 505,13 f. mit Erl.).

502,11–22 Anzeige von Schelmufskys Reise ... Ankündigung vom Goldfaden: In der ZfE verarbeitet Brentano die Ratten-Episode im *Bärenhäuter*, (vgl. Nr. 25 vom 25. Juni, Sp. 195 f.). In einer Anmerkung (ebd.), die vermutlich von Arnim stammt, ist von der *herrlichen Biographie des komischen deutschen Halbgottes Schelmufski, welche leider zu lange unter der Bank gelegen*, die Rede. Später verarbeitete Arnim den *Schelmuffsky* in der Novellensammlung *Der Wintergarten* in gemilderter, von Zoten gereinigter Form und machte ihn damit »salonfähig«, was nicht nur bei Brentano Kritik auslöste (vgl. 581,6 f. mit Erl.). Als selbständige, von einem der Freunde hg. Edition erschien der Text jedoch nicht. – Zum *Goldfaden* (vgl. Erl. zu 473,2 f.) erschienen Verlagsanzeigen in den *Heidelberger Jahrbüchern* (1809) und der *Jenaische[n] Allgemeine[n] Literatur-Zeitung* (1810).

502,18 Maria: Unter diesem Namen waren Brentanos Satire *Gustav Wasa* und sein Roman *Godwi* erschienen.

502,24 Reise des Sporers: Vgl. Erl. zu 497,9.

503,12 freue Dich aber über die Ordnung: Die Versuche, das *Wunderhorn*-Material wie bei Lyrik-Anthologien in zyklischen Einheiten durchgehend zu ordnen, konnten die Bearbeiter nicht durchhalten, da immer wieder neue Lieder nachgeschoben wurden. Zum Zeitpunkt des Briefes geht Arnim noch davon aus, daß er mit dem zweiten Band die Edition abschließt. »Weil der Druck sich so lange hingezogen hatte, war die Menge des nachträglich – vor allem von Brentano – eingebrachten Materials erst spät zu übersehen: Auch in dieser Tatsache gründet sich die oft beklagte Unordnung der Sammlung« (Rölleke, FBA 9,1, S. 22). Erst im August ist dann von einer Unterteilung in mehrere Bände die Rede. »Dennoch lassen sich gewisse Gruppierungen nicht ubersehen, die durch übergreifende Themen, aber auch durch Einzelmotive und -wendungen gegeben sind; das gilt z. B. für die Trinklieder am Ende von *Wunderhorn II* wie für die seltsame Mischung von Cupido- und Schneiderliedern (Wh II 344 bis 383) sowie von Abenteuer- und Marienliedern (Wh II 161–189)« (ebd., S. 23).

Im vorliegenden Brief geht es um den Anfang des zweiten Bandes. Von der *Trüglichkeit der Literatur* handelt das Gedicht *Würde der Schreiber* (FBA 7, S. 7). *Glück und Unglück* treten in den folgenden Gedichten *Letzter Zweck aller Krüppeley*, *Verspätung*, *Urlicht*, *Sub Rosa*, *Die traurig prächtige Braut* und *Familiengemälde* (FBA 7, S. 9–14) hervor, um *Kriegsunglück* geht es in *Der Churmainzer Kriegslied* (FBA 7, S. 21) und einigen der folgenden Lieder, um einen *literarischen Krieg* in dem *Grosse[n] Kriegshymnus in der Gelehrten-Republik* (FBA 7, S. 33), um Prosa und Poesie in dem folgenden *Wettstreit des Kukuks mit der Nachtigal* (FBA 7, S. 34). Danach streiten Buchsbaum und Felbinger (FBA 7, S. 35) und Wasser und Wein (FBA 7, S. 38). Es folgt die *Klagred des Gott Bachus, daß der Wein edel worden ist* (FBA 7, S. 41) sowie *Hoffart will Zwang haben* mit der Anfangszeile *O du verdammtes Adelleben!* (FBA 7, S. 46), darauf *Zierlichkeit des Schäferlebens*, *Des Schäfers Tageszeiten* und – mit einigem Abstand *Aus der Zeit, wo die Schäfereyen überhand nahmen* (FBA 7, S. 59). Demnach hat Arnim den ersten Teil von Band 2 (bis FBA 7, S. 61) geordnet.

504,37–505,6 Kindermythen ... durch das Revoluzionswesen durchgearbeitet ... Physiologie: Joseph Görres war als Wortführer der rheinischen Republikaner aufgetreten, hatte 1799 *Das rothe Blatt* und *Der Rübezahl* gegründet und war zwischen November 1799 und März 1800 eigens nach Paris gereist, um die Errungenschaften der Französischen Revolution vor Ort zu studieren. Er kam allerdings enttäuscht zurück und wurde zum Kritiker der französischen Verhältnisse. In seiner Zeit als Dozent in Heidelberg entwickelt er sich zum führenden Kopf der Heidelberger Romantik. Während der französischen Vorherrschaft in Europa entfaltet er seine publizistisch-demagogischen Fähigkeiten als Hg. des *Rheinischen Merkur* (1814 bis 1816), den Napoleon als »fünfte Großmacht« bezeichnete. Arnim erwähnt seine im *Taschenbuch für das Jahr 1806* publizierten *Kindermythen* (GS 3, S. 129) und die *Exposition der Physiologie* von 1805.

505,12 Beförderer der Volksliederey: Vgl. Erl. zu 473,11 f.

505,13 f. Censurschwierigkeiten über die Anzeige: Bezieht sich auf die Anzeige der ZfE (vgl. Erl. zu 501,32 bis 34).

111. An Arnim
Kassel, um den 24. Februar 1808
D: Hs UB Heidelberg; vgl. FBA Nr. 495

505,20–25 Görresischen Schriftproben ... Tollheit ... auch eine Kunstform: Mit *Schriftenproben von Peter Hammer* (vgl. Erl. zu 477,32 f.) und der von Brentano und Görres gemeinsam verfaßten *wunderbare[n] Geschichte von BOGS dem Uhrmacher* (1807; vgl. Brentano, Werke 2, S. 873) nimmt die Heidelberger Romantik die Satirentradition der Jenaer Frühromantik auf. Anstelle der satirischen Märchendramen, die zu einer Auflösung der konventionellen Dramen- und Theaterformen führen, treten nun Prosastücke. Wiederum werden die überkommenen Formen gesprengt und hohe Anforderungen an den Leser gestellt.

505,34–506,1 Görres ... ein tief treuer wahrer herrlicher Mensch ... seine starre Gestalt ... die Augen: Ähnlich beschreibt Eichendorff Görres, den er als Dozenten in Heidelberg kennengelernt hatte, in seinem Memoirenkapitel *Halle und Heidelberg: Es ist unglaublich, welche Gewalt dieser Mann, damals selbst noch jung und unberühmt, über alle Jugend, die irgend geistig mit ihm in Berührung kam, nach allen Richtungen hin ausübte. Und diese geheimnisvolle Gewalt lag lediglich in der Großartigkeit seines Charakters, der wahrhaft brennenden Liebe zur Wahrheit und einem unverwüstlichen Freiheitsgefühl, womit er die einmal erkannte Wahrheit [...] verteidigte; [...]. Sein Vortrag war monoton, fast wie fernes Meeresrauschen schwellend und sinkend, aber durch dieses einförmige Gemurmel leuchteten zwei wunderbare Augen und zuckten Gedankenblitze beständig hin und wider [...] überall gewaltig, weckend und zündend fürs ganze Leben* (Werke 5, S. 431).

506,6 f. drei Aushängebogen ... bösten Druckfehler: Dreimal 16 Seiten; bis S. 48 (entspricht: FBA 7 bis einschließlich S. 50 *Des Schäfers Tageszeiten*). Die monierten Druckfehler konnten nicht mehr beseitigt werden, da der Umbruch bereits vollzogen und die Aushängebogen nur zur Information für Autoren und Setzer dienten. So blieb für die zeitgenössischen Leser der Sinn der dreimaligen Formel *Was bat(t) mich ein schöner Garten* (bzw. *... die schönste Rose / ... ein jung frisch Leben*) in dem Gedicht *Abschied für immer* (FBA 7, S. 33) dunkel, und eine Verwechslung mit *bat* von *bitten* irritiert. *Batten* bedeutet frühneuhochdeutsch »nützen, helfen«. Der zweite Fehler betrifft das Lied *Einquartierung* (FBA 7, S. 23) mit der Zeile *Was kommen denn dort für ruff?* (gereimt auf *mach mir uff*). Das Wort bedeutet nicht *Ruf(e)*, sondern ist die mundartlich verkürzte Form von *herauf.*

506,27 f. o lege ich bei dir, du liebe tode: O läge ich bei Dir, Du liebe Tote (an Sophie Mereau gerichtet).

506,30 für die Einsiedler: Für die ZfE

506,33 Fausts Portrait, das Louis Grimm nach Sichem so radirt hat: Dem zweiten Heft der ZfE wurde beigefügt (nach Sp. 20) *Faust und Mephistopheles*, signiert *C. v. Sichem Inuen sculp. et excudit.* Die Vorlage ist C. v. Sichem: *Het Toonel Der Hooft-Ketteren*, Middelburg 1677, Bl. 19.

Faust und Mephistophiles

506,35 f. den Eulenspiegel, den Wagner ... den Knipperdolling: Die angebotenen Stiche und der vorgeschlagene Begleittext erschienen in der ZfE nicht.

507,20 Betine dabei: Von Bettine verarbeitete Arnim in der ZfE in Nr. 7 einen Text in der Rubrik *Scherzendes Gemisch von der Nachahmung des Heiligen* (Sp. 49–56); in Nr. 12 erschien ihr Gedicht *Seelied* (Sp. 96).

507,24–27 Voß hat ... Wappen der Schneider: Der Hinweis auf das Wappen in den Materialien von Voß steht auch in einer hs Liste mit Titelvorschlägen zur Zeitung (vgl. Arnim-Kat., S. 49 f.); Voß leugnet jedoch den Besitz (vgl. 528,10).

507,37 f. das Hohe Lied ... das Badwännelein: Brentano schickt *Ein hohes Lied* (FBA 8, S. 154) nach einem Fliegenden Blatt und *Der Staar und das Badwännlein* mit der Quellenangabe *in der Spinnstube eines hessischen Dorfs aufgeschrieben*, hinter der sich eine Dichtung Brentanos verbirgt, die er nach Motiven eines Textes aus Seckendorfs *Musenalmanach für das Jahr 1808* geschaffen hatte (FBA 7, S. 276 und 9,2, S. 459).

112. An Brentano
Heidelberg, 24. Februar 1808
D: Hs UB Heidelberg

508,8 f. Räuber, der die Todtenköpfe immer als Rosenkranz schüttelte: Vgl. 513,19–24 mit Erl.

508,11 Apollonius: Nach der Brentano-Bibl. (S. 28): *Histori des Apollonius*, Augsburg 1471

508,12 f. Rückkehr von Wallthüren: Die Reise nach Walldürn war Brentanos letzte Unternehmung mit Sophie Mereau (vgl. S. 397).

508,14 Frau von Krüdener: Vgl. Erl. zu 444,21–25.

508,20 Wilkens Kreutzzüge: Von Friedrich Wilken (1777–1840), seit 1805 Professor für Geschichte und orientalische Sprachen in Heidelberg, war der erste Band einer *Geschichte der Kreuzzüge* erschienen.

508,20 f. Beaumont und Fletschers Theater von Kannegiesser übersetzt: Die Edition hat sich in Arnims Bibliothek erhalten (B 62): Francis Beaumont und John Fletcher: *Dramatische Werke*, hg. v. Karl Ludwig Kannegießer, Berlin 1808.

508,27 Franz Horn: Vgl. Erl. zu 276,4.

113. An Brentano
Heidelberg, 27. Februar 1808
D: Hs UB Heidelberg

509,2 die Platte: Die Kupferplatte für den Stich des Faust (vgl. Erl. zu 506,33 und Abb. oben).

509,12 holländisch Bild: Nach diesem Bild ist die zweite *Bärenhäuter*-Illustration der ZfE gestaltet (vgl. Abb. S. 245). Es trägt die Angabe *Beschey pinx.* (gemalt von Balthasar Beschey [1708–1776] oder einem seiner Brüder), ferner nimmt Brentanos Skizze im Brief Nr. 115 (S. 515) offenbar auf das holländ. Bild Bezug.

509,31 Weltconstruction: Das Gedicht *Construction der Welt* im *Wunderhorn*; vgl. Erl. zu 496,39.

509,33 Die Mörder: Vgl. Erl. zu 496,39 f.

509,34 f. Streit zwischen Leib und Seel und dem Liebhaber: Im *Wunder-*

horn unter dem Titel *Vision. (Mündlich.)* (FBA 8, S. 15) nach einem Fliegenden Blatt von Brentano bearbeitet

510,4-6 Reise in Salzburg ... im schlechtesten nachbürgernden Style: Die Dichtung im Stile von Gottfried August Bürgers (1747-1794) populärer *Luisen*-Dichtung wurde im *Wunderhorn* nicht aufgenommen.

510,24-26 Geschichte vom Faust ... eine für [?] das Kupferstich vom Faust: In der ZfE erscheint eine aktualisierende Deutung des Bildes von Faust und Mephistophiles (vgl. Abb. S. 890), die möglicherweise auf Brentano zurückgeht. In einer Anmerkung Arnims heißt es zu den klein dargestellten Szenen im Himmel (am oberen Bildrand): *Fama zieht oben im Drachenwagen zum Mephistopheles, dem Verleger aller höllischen Zeitungen, ihm verschreibt sich Faust der Verfasser, er deutet mit den Fingern: Es ist nichts mit der Literatur, nimm mich hin, wozu ich tauge, wenn mir nur wohl dabey wird! – Fauste, Fauste, rufe ich dir zu, bekehre dich da es noch Zeit ist, siehe dein Haus hinten in Flammen, so wird deine Seele einst brennen müssen! – Mephistopheles fragt ihn aber ruhig und zeigt gen Himmel: Ob er auch Gott nicht mehr fürchte? – Faust bleibt dabey: Es ist nichts mit der Literatur, also auch nichts mit Gott! – Wehe, wehe, wehe! ruf ich dir durch die verschlossene Thüre zu, wie wirds dich noch unter Gottes freyen Himmel treiben und du wirst da keine Luft kriegen* (Sp. 21 f.). Weitere Materialien zum *Faust* bietet die ZfE nicht.

114. An Arnim
Kassel, 1. März 1808
D: Hs UB Heidelberg; vgl. FBA Nr. 496

510,36 la prude von Moliere: Kein Komödientitel von Molière (Jean Baptiste Poquelin; 1622-1673); Brentano meint: Sie ziert sich wie eine Prüde (vielleicht nach Molières Stück *La mariage forcé*, 1664).

511,15f. Zustand an Bethmann geschrieben: Der Brief ist nicht bekannt und gehört vermutlich zu den 56 Briefen (»Briefwechsel mit Auguste, geb. Bußmann, nebst den auf die Scheidung von dieser bezüglichen Briefen«), die von der Preußischen Staatsbibliothek Berlin im Jahre 1911 an die Familie Brentano übergeben wurden (vgl. Martin Goes: Die intimen Clementinischen Papiere, in: Brigitte Schad [Hg.]: Die Aschaffenburger Brentanos, Aschaffenburg 1984, S. 142-157; hier S. 149 und 157).

511,21f. Laroche und Alberti ... mit Bülow den Salzcontrackt abgeschloßen: Vgl. 483,2-6.

511,26 Dohm: Christian Wilhelm von Dohm (1751-1820), politischer und historischer Schriftsteller, der seit 1773 in wechselnder Funktion in preußischem Staatsdienst war. Joh. v. Müller bewog ihn, in westphälische Dienste zu treten und als Gesandter von Jérôme nach Dresden zu gehen. 1810 trat er zurück.

511,27-30 dem Reichardschen Blauen Ungeheuer ... er schreibt es selbst aus dem Gozzischen Stücke heraus: Der Titel des als Singspiel bearbeiteten Stückes von Gozzi ist *Il mostro turchino.*

512,1 Mozart Paer Winter: Brentano nennt drei Opernkomponisten, nämlich Wolfgang Amadeus Mozart, Ferdinando Paer (1771-1839), der über 40 Opern komponierte, und Peter von Winter (1754-1825), den Münchener Lehrer von Bettine.

512,15 Spiegel: Nach FBA 32 Franz Wilhelm von Spiegel zum Desenberg

512,25-513,11 zu den Kinderliedern ... eigentlichen Titel ... Bretzel geschichte: Dem Titelbild ohne Schrift (vgl. 496,30 mit Erl.) folgt der gestochene Titel mit dem Wort *Kinderlieder* in Brezelbuchstaben, einem nach Runges Stich *Der Abend* gestalteten Knaben, der eine Brezel an einer Stange trägt, und zwei Spalten Text (*Oblonga a und b*). Das linke

Titelgedicht (a) geht auf Spees *Trutznachtigal* zurück, das rechte (b) ist von Brentano hinzugedichtet (vgl. FBA 9,3, S. 415–426).

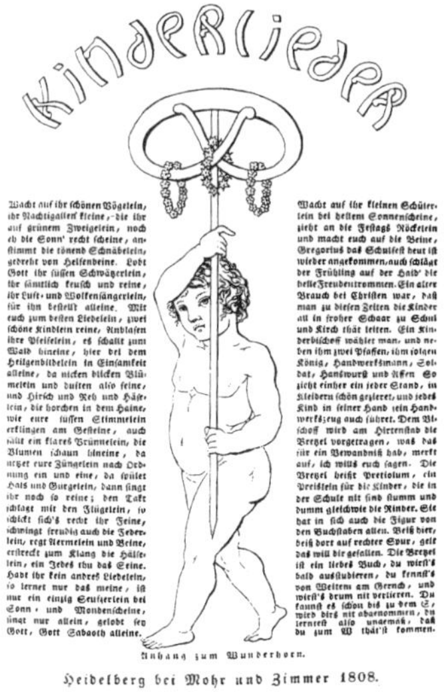

Kinderlieder

Wacht auf ihr schönen Vögelein, ihr Nachtigallen kleine, die ihr auf grünem Zweigelein, noch eh die Sonn' recht scheine, anstimmt die tönend Schnäbelein, gedreht von Helfenbeine. Lobt Gott ihr süssen Schwäzerlein, ihr sämtlich keusch und reine, ihr Luft- und Wolkensängerlein, für ihn bestellt alleine. Mit euch zum besten Liedelein, zwei schöne Kindlein reine, Anblasen ihre Pfeifelein, es schallt zum Wald hineine, hier bei dem Heilgenbildelein in Einsamkeit alleine, da nicken blicken Blümelein und duften also feine, und Hirsch und Reh und Häselein, die horchen in dem Haine, wie eure süssen Stimmelein erklingen am Gesteine, auch fällt ein klares Brünnelein, die Blumen schaun hineine, da netzet eure Züngelein nach Ordnung ein und eine, da spület Hals und Gurgelein, dann singt ihr noch so reine; den Takt schlagt mit den Flügelein, so schickt sich's recht ihr Feine, schwingt freudig auch die Federlein, regt Aermelein und Beine, erstreckt zum Klang die Hälselein, ein Jedes thu das Seine. Habt ihr kein andres Liedelein, so lernet nur das meine, ist nur ein einzig Seufzerlein bei Sonn- und Mondenscheine, singt nur allein, gelobt sey Gott, Gott Sabaoth alleine.

Wacht auf ihr kleinen Schülerlein bei hellem Sonnenscheine, zieht an die Festags Röckelein und macht euch auf die Beine, Gregorius das Schulfest heut ist wieder angekommen, auch schlägt der Frühling auf der Haid' die helle Freudentrommen. Ein alter Brauch bei Christen war, daß man zu diesen Zeiten die Kinder all in froher Schaar zu Schul und Kirch thät leiten. Ein Kinderbischoff wählet man, und neben ihm zwei Pfaffen, ihm folgen König, Handwerksmann, Soldat, Hanswurst und Affen. So zieht einher ein jeder Stand, in Kleidern schön gezieret, und jedes Kind in seiner Hand sein Handwerkszeug auch führet. Dem Bischoff wird am Hirtenstab die Bretzel vorgetragen, was das für ein Bewandniß hab, merkt auf, ich wills euch sagen. Die Bretzel heißt Pretiolum, ein Preislein für die Kinder, die in der Schule nit sind stumm und dumm gleichwie die Rinder. Sie hat in sich auch die Figur von den Buchstaben allen. Beiß hier, beiß dort auf rechter Spur, gelt das will dir gefallen. Die Bretzel ist ein liebes Buch, du wirst's bald ausstudieren, du kennst's von Weitem am Geruch, und wirst's drum nit verlieren. Du kannst es schon bis zu dem E, wird dirs nit abgenommen, du lernest also ungemak, daß du zum W thät'st kommen.

Anhang zum Wunderhorn.

Heidelberg bei Mohr und Zimmer 1808.

513,12 Fränz: Franziska Breitenstein, die Magd

513,19–24 Büchlein über Todentänze … der Vers, danzet … in Otmars Volksagen: Brentano verweist auf das Büchlein von Hilscher in Schreibers Besitz und auf Otmars Volkssagen (vgl. Erl. zu 255,8 f. [dort S. 277]). Arnim erzählt die Geschichte in der Beilage zur Buchausgabe der ZfE (*Tröst Einsamkeit*, Sp. XI f.): *Zwischen Hamburg und Lübeck soll in einem Gehölze eine Grube seyn, daselbst vordem einer mit Namen Pape Döne sich bettlersweise aufgehalten und viel Leute, so vorübergegangen, mit List um ihr Leben bracht, derer Hirnschädel er an einer Schnur reihenweise zusammengehenkt, und wenn er einmal sich eine Freude machen wollte, hat er die Schnur gezogen, daß sich die Hirnschädel daran beweget und aneinander geschlagen haben, dabei er gesungen: »Tanzet meine lieben Söhne, das heißt euch der Pape Döne! Eine recht traurige Musik, doch geht es auch beim Todtentanz nicht lustiger zu, und wird dabei kein andrer Klang als von Knochen und Hirnschädeln gehört.* Auch das Sonett Nr. 31 in der Beilage *Geschichte des Herrn Sonet und des Fräuleins Sonete* (Sp. 14) handelt von Pape Döne.

513,31–33 das verruchte Blatt … Reinbeck: Vgl. Erl. zu 479,11.

115. An Arnim
Kassel, kurz nach dem 1. März 1808
D: Hs UB Heidelberg; vgl. FBA Nr. 497

514,10 f. Engelmannsche deutsche nonpareille: Bezeichnung für die vom Setzer Engelmann verwendete Schrifttype. Brentano empfiehlt eine lateinische Schrift der *Schriftproben von Peter Hammer* (vgl. Erl. zu 477,32 f.).

514,29 f. Idee einer Karrikatur: Brentanos Skizze (S. 515) wurde in der ZfE nicht verwendet. Vgl. jedoch die zweite Illustration zum *Bärenhäuter* in der ZfE (Erl. zu 509,12) und Abb. S. 900.

514,33 der steife sächsische Phöbus: Die von Heinrich von Kleist (1777 bis 1811) und Adam Müller seit Januar 1808 hg. Zeitschrift *Der Phöbus*, in dessen Prolog es heißt: *Wettre hinein, o du, mit deinen flammenden Rossen* (vgl. Darstellung und Vers in der Karikatur).

514,34 Prometheus den die Schnecken fressen: Bezug auf Seckendorfs Zeitschrift *Prometheus* (vgl. Erl. zu 578,9)

516,1 f. Bruder Graf, die Charmante, der bucklichte Tanzmeister: Personen aus dem *Schelmuffsky* von Reuter, dem »Kultbuch« der beiden Freunde

516,7–9 Einsiedel auf dem Weltball … Motto, da droben auf dem Hügel: Auf die Idee einer Vignette mit dem Vierzieler (vgl. Erl. zu 392,12–17) ging Arnim nicht ein (vgl. 519, 28–30); Brentano verwendet ihn am Schluß seiner *Bärenhäuter*-Geschichte selbst und stellt auch dort einen satirischen Bezug zum *Mor-*

genblatt her, indem er die Namen des Verlegers Cotta und des Redakteurs Reinbeck (vgl. *Die schöne Reinbeckerinn* in der Karikatur) verballhornt: *Messalinus Cotta und Eudoxia Rinbeckia fanden das Testament*, heißt es nach dem Einsiedler-Vierzeiler im *Bärenhäuter* (Sp. 198).

516,13 Göthens Prometheus: Die Hymne in freien Rhythmen aus der Sturm und Drang-Zeit Goethes

516,15–20 kurze Ode über den grosen Einsiedler ... Einsiedlerlegenden ... Darstellung von Bruder Claus und von St Meinrad: Die ZfE bot eine Reihe von Geschichten und Gedichten zum Einsiedler-Thema, darunter (in Heft 32, Sp. 249–56) das Gedicht *Bruder Claus* und *Von Sante Otilien Leben.* Brentano faszinierte das Einsiedler-Thema; er besaß die Sammlung *Silvae sacrae* (München 1594), ein Werk mit drei Serien von Stichen zum Leben von Eremiten und Eremitinnen von Iohanes und Raphael Sadeler und Adrian Collart nach Martin de Voß. Auf dem Bild Nr. 22 ist die Legende von St. Meinrad, die Brentano auch im *Wunderhorn* verarbeitet hat (vgl. FBA 8, S. 169), abgebildet (vgl. Brentano-Kat., S. 182–184, 188 und Abb. 16). Das Werk hat er jedoch offenbar später angeschafft, da er Arnim hier lediglich die zwei separaten Stiche anbietet. Zu einer Prometheus-Dichtung zum Einsiedler-Thema oder einer Ode über den *großen Einsiedler* Goethe kommt es nicht, nur die Nacherzählung einer *Jugendarbeit des Meisters* Goethe erscheint als Motto von Nr. 4 (Sp. 25 f.).

516,27f. Grimm ... dänische Romanzen: Vgl. Erl. zu 494,2 f. In der ZfE erscheint eine Reihe von Romanzen der Sammlung als Vorabdruck.

516,29–31 aus dem Simplizissimus Stellen ... Geschichte des ersten Bernhäuters: Nur die letztgenannte Idee wurde verwirklicht, wobei Brentanos Text u. a. auf Grimmelshausen zurückgeht.

516,34f. Epigram auf uns: Im *Morgenblatt für gebildete Stände* war am 12. Januar 1808 unter dem Titel *Proben der neuesten Poesie* ein Gedicht gegen die beiden *Wunderhorn*-Herausgeber erschienen: *Es gehen zwey Butzemänner im Reich herum, / Mit der kleinen Kilikeia, mit der großen Kumkum. / Der eine klimpert um den Brey herum, / Bidibum auf der Trumm, bidibum, bidibum. / Der andre schaut sich nach dem Fräulein um, [...] Sie drehn sich beide recht artig herum, [...] Gute Nacht Butzemänner, dreht euch weiter um, / Mit der kleinen Kilikeia, mit der großen Kumkum.* Die Verse werden Friedrich Schlegel zugeschrieben (vgl. Rölleke, FBA 9,1, S. 219 f.).

517,8–13 Tanzverschen ... der Krieg mit dem Winter: Arnim folgte dem Vorschlag und versammelte unter dem Titel *Tanzreime* im dritten Band des *Wunderhorn* 16 Lieder aus unterschiedlichen Quellen (FBA 8, S. 120 bis 129). Das zweite genannte Lied steht bereits im zweiten Band und trägt den Titel *Alte Prophezeihung*

eines nahen Krieges, der aber mit dem Frühling endet (FBA 7, S. 65). Zugrunde liegt von Sachs *Der Krieg mit dem Winter*, den Brentano zuvor bereits für die *Badische Wochenschrift* (17. Oktober 1806) bearbeitet hatte. Im *Wunderhorn* wird daher die *Badische Wochenschrift 1806* als Quelle angegeben (vgl. FBA 9,2, S. 134).

517,18 Rezension in der Manier der ersten: Zur Enttäuschung von Arnim und Brentano veröffentlichte Goethe nach der ausführlichen euphorischen Besprechung des ersten Bandes (vgl. S. VII f.) keine weitere Rezension zum *Wunderhorn*. Ursache dafür war nicht eine mangelnde Qualität der gebotenen Lieder, sondern die auf beiden Seiten polemisch geführte Auseinandersetzung der Romantikgegner mit der Heidelberger Gruppe, bei der Goethes Berater in metrischen Fragen, der von Weimar nach Heidelberg übergewechselte Schulmeister Voß eine zentrale Rolle spielte. Beide Gruppen kämpften um die Anerkennung durch Goethe, der sich neutral im Hintergrund hielt und nur in den Prolegomena zum *Faust II* einige scharfe Verse gegen Voß formulierte. Arnims Bemühungen, Goethe zur Mitarbeit an der ZfE zu bewegen, blieben ohne Erfolg.

116. An Brentano
Heidelberg, etwa 15. März 1808
D: Hs UB Heidelberg; zum Brief hat sich ein Exzerpt erhalten (FDH)

517,28–30 Nachricht ... von Bettine: Der Brief ist auf den 14. März datiert (Betz I, S. 183).

518,20–36 Zeichnung zu den Kinderliedern ... Grim ... von Weise radiren: Zur Entstehungsgeschichte des Titels vgl. FBA 9,3, S. 411–415, zu Weise Erl. zu 477,13–21.

519,5 f. Mein Einsiedlerbild ... richtig ausgelegt: Vgl. S. 514 f. mit Erl.

519,20 f. vom heiligen Meinrad ... Streit zwischen blau und grün: Das Gedicht *St. Meinrad* (FBA 8, S. 169) hat Brentano nach einer Prosalegende geschrieben (vgl. FBA 9,3, S. 289). Arnim bezieht sich hier auf eine nicht identifizierte versifizierte Fassung sowie auf einen verschollenen Text, den *Streit zwischen blau und grün* (FBA 9,3, S. 296).

117. An Arnim, Kassel
Spätestens am 15. März 1808
D: Hs UB Heidelberg, vgl. FBA Nr. 501; Datierung nach dem Poststempel, der von Brentanos Angabe abweicht

520,23–29 die Zingara ... übersetzen ... auf Sarkophagen ... Sannazaro del Parto della Vergine: Am 30. April 1808 erschien in der ZfE Brentanos Übersetzung *Die Zigeunerin* und (als Kupferstichbeilage) *die alte Vorstellung von Christi Geburt welche schon im Kinderliedertitelkupfer benuzt ist.* Dazu schreibt Brentano in der ZfE (Sp. 68): *Ich habe geglaubt, den Einsiedlern eine fromme Freude zu machen, wenn ich ihnen die Uebersetzung des schönen italienischen Volkslieds, la Zingara, mit der Abbildung einiger der ältesten und kindlichsten Kunstwerke begleite, welche die Geburt unsres Heilands darstellen. Das oberste und unterste Basrelief, die Anbetung der Weisen und der Hirten vorstellend, sind später entstanden, wie aus ihrer größeren Gebildtheit hervorgeht. Sie sind beyde Basreliefs altchristlicher Särge, und in der Roma Sotteranea Cap. XXII. 615 und 617 abgebildet. Die Gemme zwischen beyden [...] war um das Jahr 1740 in Rom, wie wir es allein aus der Ausgabe des Sannazar del parto della Vergine von Ant. Franc. Gori, Florenz 1740 wissen, die uns diese Abbildungen an die Hand geben.*

520,40–521,16 klaren und ernsten Aufsatz ... Morgenblatt gegen die Einsiedler: Als Reaktion auf Arnims Anzeige (vgl. 501,32–34 mit Erl.) erschien am 7. März im *Morgenblatt* eine kurze Notiz, die vermutlich von Voß formuliert wurde: *Eine Gesellschaft (von zwey Personen, wie Fama raunt) ist Willens, eine wunderliche Zeitung für Einsiedler herauszugeben. Sie beginnt (sehr ominös) mit dem 1. April [...]. Damit aber ja niemand den abenteuerlichen Prolog als ein bloßes Kindermährchen betrachte, mußte die Buchhandlung Mohr und Zimmer in Heidelberg feyerlich bescheinigen, daß es mit der Herausgabe dieser Zeitung wirklich Ernst sey. – Ernst? – Wirklich?* (zit. nach Arnim-Kat., S. 50). Brentano schlägt daraufhin einen ernsten Einleitungsaufsatz vor und rät Arnim, Verbindung mit Goethe aufzunehmen. Arnim druckt statt dessen *Denksprüche aus einer Friedenspredigt an Deutschland von Jean Paul Fr. Richter* und schreibt in einer Anmerkung: *des Verfassers Erlaubniß dazu [zum Abdruck] war gewiß ein gutes Zeichen für unsre Zeitung, möge diese Friedenspredigt wie das Oehlblat der Taube ihr auch Frieden bringen von dem Morgenblatte.* Anschließend zitiert er mit einigen Änderungen (wie der Auslassung des Namens Voß und der Hinzufügung von Fichte [nach Schlegel] und den *Merkelumpen* unter den Gegnern) den Abschnitt aus dem Brief des *lieben Freunds*: *Laß der lustigen Zeitungsanzeige einen ernsten Aufsatz folgen, der dir alle treflige Gemüther gewinnen muß, zeige klar, herzlich und warm die Mishandlung, unter welcher [...] Anzeige im Morgenblatte gegen den Einsiedler.*

521,21f. Lichtenberg dreht sich im Grab herum: Brentano spielt auf den berühmten Satiriker und Aphoristiker des 18. Jhds. Georg Christoph Lichtenberg (1742–1799) an, dessen Bruder die beiden persönlich kannten (vgl. Erl. zu 296,4).

521,23f. des Kunstfeiffers Cotala ... dies närrsche Büchelchen, das ich habe: Vgl. Erl. zu 516,7–9; auf welches *Büchelchen* Brentano anspielt, ist jedoch unklar.

521,25f. Haug (ein griechisches Aspirations Zeichen): Vermutlich Anspielung auf Johann Christoph Friedrich Haug und Wortspiel mit »Hauch«

521,30 Voß mit seinem Sonett an Göthe: In einem Sonett hatte Goethe auf die Schwierigkeiten hingewiesen, die italienische Gedichtform im Deutschen zu realisieren: *Sich in erneutem Kunstgebrauch zu üben / Ist heil'ge Pflicht, die wir dir auferlegen. [...] Doch weiß ich hier mich nicht bequem zu betten, / Ich schneide sonst so gern aus ganzem Holze, / Und müßte nun doch auch mitunter leimen.* Voß hatte im *Morgenblatt* vom 8. März diesen Text veröffentlicht und ein eigenes Sonett angeschlossen, in dem er als Verfechter einer am Griechischen orientierten Metrik und einstiger Berater Goethes die Bemühungen der Romantiker um Einführung der Sonettform im Deutschen verhöhnte: *An Goethe. [...] Du hast, nicht abhold künstlender Beschränkung, / Zwey Vierling' und zwey Dreyling' uns gereimet? [...] Laß, Freund, die Unform alter Truvaduren, / Die einst vor Barbarn, halb galant, halb mystisch, / Ableierten ihr klingendes Sonetto; // Und lächle mit, wo äffische Naturen / Mit rohem Sang' und Klingklang' afterchristisch, / Als Lumpenpilgrim, wallen nach Loretto* (zit. nach Arnim-Kat., S. 50 f.). Damit war der Startschuß zum sogenannten »Sonettkrieg« gefallen, der von den Romantikern in der ZfE geführt wurde.

Karikatur der ZfE: Voß zielt mit zerbrochenem Bogen auf das Sonett.

521,33f. das Bild des ersten Bernhäuters: In der ZfE als Beilage zu Nr. 22 vom 15. Juni 1808 (vgl. Abb. S. 897)

522,4 Riepenhausen: Vgl. die Erl. zu 419,14 f.

522,13 Wiederbeller: Widerbeller, vgl. Erl. zu 467,2 f.

522,20f. Lieder, die mir Karl Bertuch von Weimar geschickt, sein Vater: Es sind zwei *Wunderhorn-Lieder*, bei denen Materialien von Carl Bertuch (1777–1815) Verwendung fanden. Carl Bertuch studierte in Jena Kunstgeschichte, Geographie und Naturwissenschaften und unterstützte seinen Vater Friedrich Justin Bertuch (1747–1822) bei der Herausgabe des *Industrie-Comptoirs*, der *Jenaische[n] Allgemeine[n] Literatur-Zeitung* und des *Journal des Luxus und der Moden* (vgl. FBA 9,3, S. 798 f.). Beim *Trinklied* vermeldet die Quellenangabe *Mitgetheilt von H. C. Bertuch* (FBA 7, S. 416).

522,32f. Surintendance: (Franz.) »Überintendanz«, Generalintendanz

523,2 Fiat: (Lat.) Es sei.

523,7f. Christian Kern[er]: Vorlagen von Justinus Kerner (1786–1862) gelangten zunächst über Nehrlich und Koelle an Brentano, dann auch direkt. Zwei von ihnen fanden im *Wunderhorn* Verwendung. »Später trug sich Kerner mit dem Gedanken, eine Fortsetzung des *Wunderhorn* zu schaffen« (FBA 9,3, S. 820 f.).

118. An Brentano
Frankfurt, 18. März 1808
D: Hs UB Heidelberg

523,24 Claudine: Claudine Piautaz (vgl. Erl. zu 135,8 f.).

523,29 Briefe von ihr an Moritz, an Savigny: Die Briefe gehörten vermutlich zum eingetauschten Bestand und sind verloren (vgl. Erl. 511,15 f.).

523,34f. was Gott verhüte, der die Ehen segnet: Die Auffassung vom Sakrament der Ehe wird hier von dem Protestanten Arnim dem katholisch getauften und getrauten Brentano vorgetragen. An dieser grundsätzlich positiven Haltung zur Institution Ehe hat Arnim festgehalten; davon zeugt u. a. seine Darstellung in der Dichtung, besonders im Roman *Dolores*.

524,5 M. Bettmann: Moritz von Bethmann

525,16 zur alten Lassaux: Zur Schwiegermutter von Joseph Görres vgl. Erl. zu 445,31–33.

525,34f. eheligen Unheiligkeiten ... Bettine schrieb mir davon: Die Äußerungen Bettines wirken gegenüber Arnims Rigorismus recht moderat und enthalten keine Einzelheiten über die *eheligen Unheiligkeiten*. Im März berichtete sie zunächst: *Claudine schreibt auch von Clemens und seiner Frau, daß es unerträglich wäre etc.* (Betz I, S. 176), am 11. März heißt es: *Ich glaube, das Beste wäre, wenn sie eine Zeit lang von einander kämen* (ebd., S. 182), am 14. März: *Heut morgen ist der älteste Grimm von Cassel hier angekommen wieder mit neuen Briefen von Clemens an Moritz Bethmann und Savigny, die auf eilige Trennung dringen u. s. w.* (ebd., S. 183).

526,1f. Uebersetzung, aus der ich eine Probe in den Einsiedler rücke: In Nr. 6 der ZfE (15. April 1808, Sp. 47 f.) publizierte Arnim *Des Löwen und König Dieterichs Kampf mit dem Lindwurm [...] aus dem Dänischen übersetzt von Wilhelm Grimm in Cassel.* Am 7. Mai (Nr. 11; Sp. 81 f.) folgt eine *Romanze*, am 23. Juni und 12. Juli schließt er weitere Proben an.

526,5 Missehagen: Alte Form von »Mißbehagen«

526,16 Chambo: Vermutlich Kürzel für Champagner

119. An Arnim
Kassel, kurz vor dem 22. März 1808
D: Hs UB Heidelberg, vgl. FBA Nr. 503

526,22f. Malespini ... Dück de Foix ... Bärnhäuter: Die Beiträge erschienen in der ZfE: *Malespini. Nacherzählt von C. B.* am 20. April (Sp. 41 bis 46), die Nacherzählung (nach Jean Froissarts Chronik der Jahre

1326 bis 1400) *Von dem Leben und Sterben des Grafen Phöbus von Foix und von dem traurigen Tode seines Kindes* (ab 4. Mai 1808, Sp. 74; vgl. Werke 2, S. 809) und *Geschichte und Ursprung des ersten Bärnhäuters* nach Grimmelshausen (ab 15. Juni, Sp. 169; vgl. Werke 2, S. 931).

der erste Bärnhäuter

120. An Brentano
Heidelberg, 22. März 1808
D: Hs UB Heidelberg;
zum Brief haben sich ein Exzerpt und eine Teilabschrift Varnhagens (beides FDH) erhalten

528,3 Anfang meines Einsiedlers: Arnim überrascht Brentano mit dem Briefzitat; vgl. Erl. zu 520,40–521,16.

528,9 Hüschens Auction: Vgl. Erl. zu 481,24–28.

528,10 Voß leugnet das Schneiderwappen ganz ab: Vgl. 507,24–27 mit Erl.

528,13 Veesemeyer: Materialien von Georg Veesenmeyer (1760–1833), einem Ulmer Lehrer, der zahlreiche Arbeiten zur Kirchengeschichte veröffentlicht hatte, wurden bei zwei *Wunderhorn*-Liedern herangezogen (vgl. FBA 9,3, S. 841 f.).

528,20 meine Elegie Genua: In der ZfE unter dem Titel *Elegie aus einem Reisetagebuche in Schottland* in Nr. 9 am 30. April (vgl. Werke 5, S. 560). Arnim beginnt mit Anspielungen auf Fingals Höhle (nach Ossian), die man in einer vom Wasser zugänglichen Basalthöhle der schottischen Insel Staffa lokalisierte, um dann zu Reminiszenzen an die italienische Hafenstadt überzugehen (*Wie führt mich Petrarca zu Fingal...*).

528,22 f. Adam und Eva: Vgl. die Karikatur Brentanos S. 515.

528,40–529,1 weil im Morgenblatte grob gestanden: Vermutlich Bezug auf die im *Morgenblatt* veröffentlichten satirischen Bemerkungen über die »Gesellschaft« zur Herausgabe der Zeitung und die Versicherungen des Verlags zur Ernsthaftigkeit in der Vorankündigung (vgl. Erl. zu 520,40 bis 521,16)

529,5 f. etwas aus dem armen Heinrich: Vgl. 323,36 f. mit Erl.

121. An Arnim
Kassel, 8. April 1808
D: Hs UB Heidelberg, vgl. FBA Nr. 504

529,23–35 Platte des Bärnhäuters ... von Schelmufski zur Bekanntmachung ... Citat ... historia naturalis: Die Stelle aus der Naturgeschichte des Plinius, die auf die Gänse-Motive im *Bärenhäuter* Bezug nimmt, druckt Arnim als Motto von Nr. 24 der ZfE (22. Juni; Sp. 185 f.) ab. Die Übersetzung des lateinischen Zitats: *Fest steht jedoch, daß Messalinus Cotta, der Sohn des Redners Messala [Marcus Valerius Messale Corvinus; 64 v. Chr. bis 13 n. Chr.], ein Gericht erfand, das aus gebratenen Gänsefüßen bestand, die in der Schüssel mit Hahnenkämmen angerichtet wurden.* (Werke 2, S. 1208).

530,4 Anecktoden von Dante: Unter dem Titel *Zur Geschichte der Poesie. Dante und der Schmied, der die divina Comedia sang, und wie er den sperrbeinigen Reuter dem Richter empfahl* in Nr. 17 der ZfE vom 28. Mai (Sp. 135 f.)

530,4f. Zingara mit einem Kupferabdruck: Vgl. Erl. zu 520,23–29.

530,8f. Scene aus Orbella und Frontalbo einem meiner kleinen Romane: In der ZfE unter dem Titel *Frontalbo und die beyden Orbellen. Organisches Fragment eines Romans vom Ende des 17ten Jahrhunderts* (in Nr. 11 vom 7. Mai, Sp. 85–88). Nach Hans Jessen bedeutet die Chiffre *G–A*: »Jacob Grimm und Arnim, der zu dem durch Brentano am 8. April übersandten Stück die Verse hinzudichtete. Die Quelle ist Veriphantors ›Betrogenes Frontalbo‹, das Wort ›Organisches Fragment‹ stammt aus dem ›Phöbus‹. Jg. 1808, Stück 1« (Anhang zum ZfE-Reprint, S. 12).

530,11f. Brief von Lich sendet dir Auguste: Nicht überliefert (vgl. Erl. zu 511,15 f.)

530,15 Brief einer Apfelhüterinn: Der Text wurde in die ZfE nicht aufgenommen und zum erstenmal 1894 von Steig gedruckt (vgl. Werke 2, S. 1031 und 1219).

530,18f. die drei ersten Blätter, Danck für die herzliche Erwähnung meines Briefs: Vgl. Erl. zu 520,40 bis 521,16.

530,23–26 die Lieder ... verbunden ... der dritte Verß des Kranken Königs: Die ZfE begann mit einem Liederzyklus Arnims, der den Titel trägt *Der freye Dichtergarten* und mit den Zeilen beginnt: *Kranker König laß nicht schließen / Mit der Eisengitterthür / Deinen Garten.* Brentano bezieht sich auf die 3. Strophe (vgl. Werke 5, S. 539 und 1343), die Arnim daraufhin ändert (vgl. 533,6–16).

530,28–33 König Rother ... strenge Gebrüder Vater mörder: In Nr. 3 der ZfE (9. April, Sp. 22) begann der Abdruck *König Rother zieht einer Jungfrau die Schuhe an. Fragment aus einer alten Handschrift, bearbeitet von Ludwig Tieck.* Das Urteil der »Gebrüder Vatermörder« ist das der Brüder Grimm (vgl. 507,32–34).

531,20 Verse die der Orbella singt: Im Druck erscheinen Verse Arnims; vgl. Erl. zu 530,8 f.

531,23 folge von Liebesklagn: Die ersten neun Gedichte im dritten Band des *Wunderhorn*, die unter dem Titel *Liebesklagen des Mädchens* stehen (FBA 8, S. 5–9)

122. An Brentano
Heidelberg, 12. April 1808
D: Hs UB Heidelberg

532,11–13 Lied ... vom Jäger und ... vom Hirten: Den Text hatte Brentano seinem Freund zweimal brieflich mitgeteilt (vgl. S. 165 und 173); er erschien in der ZfE am 15. April (Nr. 5, Sp 33 f.) unter dem Titel *Der Jäger an den Hirten.* Die Ankündigung: *Die Melodie wird in der Folge nachgeliefert* wurde allerdings nicht realisiert.

532,24f. Alte deutsche Bühne angekündigt, mit einer Auswahl aus Andreas Gryphius eröffnet: Die Ankündigung erschien im VI. Intelligenzblatt der *Heidelbergische[n] Jahrbücher der Litteratur*, 1808, S. 61–63. Der Plan wurde jedoch (in der ursprünglichen Form) nie verwirklicht. Die Absicht, in Kürze *Alte deutsche Lustspiele, welche künftig den ersten Band meiner Alten Deutschen Bühne bilden sollen*, zu veröffentlichen, kündigt Arnim noch einmal in einem Brief an die Brüder Grimm am 4. März 1812 an, um ihn nach Erscheinen des *Deutschen Theaters* von Ludwig Tieck endgültig aufzugeben. Statt dessen veröffentlichte er 1811 den Band *Halle und Jerusalem. Studentenspiel und Pilgerabentheuer* (nach Andreas Gryphius' *Cardenio und Celinde*) und 1813 einen Band mit dem Titel *Ludwig Achim von Arnim's Schaubühne*, der eigene Dramentexte (unter Benutzung älterer Vorlagen) enthält.

532,26f. Jakobis Rede ... rezensirt: Arnim rezensierte gemeinsam *Ueber gelehrte Gesellschaften, ihren Geist und Zweck. Eine Abhandlung bey der feyerlichen Ernennung der könig-*

lichen Academie der Wissenschaften zu München, von dem Präsidenten der Academie [=Friedrich Heinrich Jacobi], München 1807 und *Kritik der Abhandlung F. H. Jakobi's über gelehrte Gesellschaften, ihren Geist und Zweck. Von Karl Rottmanner, Landshut* in den *Heidelbergische[n] Jahrbücher[n] der Litteratur* (1, 1808, S. 362–372; vgl. Werke 6, S. 235).

532,31 meine Großmutter: Caroline Labes, die Arnim an Mutter Statt erzogen hatte. Sie bestimmte mit ihrem Testament durch die Fideikomißregelung Arnims weiteres Leben entscheidend. Nach dem geschilderten Schlaganfall lebte sie noch bis Anfang August 1810.

532,38 f. mit der Bürste abgeklatscht: Der sogenannte »Bürstenabzug« (= Aushängebogen)

533,1 Görres's Untersuchung: Unter dem Titel *Der gehörnte Siegfried und die Nibelungen* erschien in Nr. 5 der ZfE (15. April, Sp. 36–49) der Anfang eines Aufsatzes von Joseph Görres, in dem er eine Übersicht zum Nibelungenstoff in den nordischen Sagen und Dichtungen entwickelt, soweit seine Forschungen bis dahin gediehen waren.

533,18 Tieck: König Rother; vgl. Erl. zu 530,28–33.

123. An Arnim
Kassel, 18. oder 19. April 1808
D: Hs UB Heidelberg; vgl. FBA Nr. 505

534,17 Harpie: Die Harpyen sind in der griechischen Mythologie (z. B. bei Homer) die Göttinnen des Sturmes und Todes, sie wurden den Menschen als Plage gesandt.

535,1–11 Görres Aufsatz über die Niebelungen ... hier liegt ein Fragment ... von 800 ... die Note von dir: Brentano verweist auf das *Hildebrandslied*, das Görres noch nicht kennt. Zur Publikation von Görres (vgl. Erl. zu 533,1) verfaßte Arnim eine Anmerkung, in der er fordert, *alle Denkmale alter deutscher Kunst, sey es in Abschrift oder gedruckt, in einem deutschen Fürstensitze* zu sammeln (ZfE Nr. 5 vom 15. April 1808, Sp. 36 f.).

535,13–15 Abdruck des Kupfers ... Bärnhäuter ... Thierackademie: Der Schluß von Brentanos *Geschichte und Ursprung des ersten Bärnhäuters* mit dem beschriebenen Stich erschien in Nr. 25 am 25. Juni 1808 (Sp. 193–198 und Beilage; vgl. auch Abb. S. 900).

124. An Brentano
Heidelberg, 20. April 1808
D: Hs UB Heidelberg

535,25 Verse zum Frontalbo: Vgl. Erl. zu 530,8 f.

535,28 Nompareille statt Petit: Unterschiedliche Schriftarten; der Wechsel in Schriftgröße und -dichte fällt beim Durchblättern der ZfE auf. Oft ist es jedoch nur die räumliche Beschränkung, die einen Wechsel am Schluß eines Fortsetzungstextes erzwingt.

536,1–3 die Zuschriften ... dem Style des Werks fremdartig ... Schelmuffsky: Vermutlich ist Brentano dem Rat der Freunde gefolgt, denn in der Publikation *Geschichte und Ursprung des ersten Bärnhäuters* in der ZfE (Nr. 22 vom 15. Juni, Sp. 169 bis Nr. 25 vom 25. Juni 1808, Sp. 198) sind keine Zuschriften in fremdem Stil. Eine Anspielung auf die Rattenepisode des *Schelmuffsky*, die mit einer Anmerkung zur Quelle identifiziert ist, enthält Abschnitt VII (*Geschichte von der Ratte*; Sp. 195 f.).

536,18 f. Kreutzer zu bereden gesucht, eine Mythologie zu schreiben: In der ZfE erschienen keine Beiträge von Creuzer, jedoch veröffentlichte er 1810–1822 seine vierbändige *Symbolik und Mythologie der alten Völker, besonders der Griechen.*

536,31 f. Biethe auf die Dürersche Sammlung: Von Hüsgen; vgl. Erl. zu 481,24–28.

537,5–7 Kreutzer ... in den Heidelberger Jahrbüchern ... Einleitung über Mythologie: Creuzers Aufsatz

Philologie und Mythologie, in ihrem gegenseitigen Verhalten erschien 1808 in den *Heidelbergische[n] Jahrbücher[n] der Litteratur.*

537,8 Rostorfs Dichtergarten: Von Karl Gottlob Albrecht von Hardenberg (1776–1813), einem Bruder von Novalis, stammt der unter dem Pseudonym Rostorf hg. *Dichter-Garten*, der neben eigenen Beiträgen auch Gedichte v. Sophie Bernhardi-Tieck, Friedrich Schlegel und einem weiteren Novalis-Bruder, Georg Anton von Hardenberg (1781–1825; »Sylvester«), enthielt. Arnims Rezension erschien in den *Heidelbergische[n] Jahrbücher[n] der Litteratur* (2, 1809) und ist in den Schriften (Werke 6, S. 261) publiziert.

125. An Brentano, Schlangenbad
Vor dem 15. August 1808

D: Hs UB Heidelberg, Datierung nach dem Poststempel, der erst in Kassel aufgestempelt wurde

537,23f. Baden, Lust und Bewegung: Arnim hielt sich zur Kur in Schlangenbad auf. Brentano hatte ihn verfehlt, als er am 14. August in Heidelberg eingetroffen war, wo er beim Korrekturlesen helfen wollte (UL, S. 384). Arnim war zu einem Treffen mit Bettine abgereist, die zunächst in Winkel vergeblich auf

Nachricht von ihm gewartet hatte und sich seit Mitte Juli in Schlangenbad aufhielt (vgl. Steig II, S. 177 bis 187). Dort traf Arnim mit Creuzer am 4. August ein.

537,28 Grimms Geheis: Vermutlich Ludwig Emil Grimm, der sich in Heidelberg aufhielt

537,31 der Schubert: Henriette Schubart (vgl. 316,2–5 mit Erl.)

537,32f. Wagners Projekt: Johann Ernst Wagners (1769–1812) Publikation *Reisen aus der Fremde in die Heimath* (1808)

537,36 zwey Register: Vgl. FBA 8, S. 237 und 406 sowie FBA 9,3, S. 407 f.

126. An Arnim
Trages, 28. August 1808
D: Hs UB Heidelberg; vgl. FBA Nr. 520

538,27 Trages: Das Gut der Savignys bei Hanau (vgl. Erl. zu 58,13 f. und 291,27 f.)

538,31f. mit Savigny zugleich nach Landshut: Savigny war an die seit 1800 existierende Universität in Landshut berufen worden.

538,34 Flavigny: Der Stiefvater von Auguste Bußmann, Vicomte Aléxandre Victor de Flavigny (1770 bis 1819).

539,6 an Grimm einen sehr detaillirten Brief: Vgl. FBA Nr. 519, vermutlich vom gleichen Tage wie der vorliegende. Brentanos Angaben sind so pedantisch, daß der Empfänger Ludwig Emil Grimm neben der Adresse als *Anm. d[es] Les[ers]* notiert: *Ich hoffe nicht daß Sie eine von diesen 1000 Bestellungen ausgerichtet haben* und *wer diesen Brief nicht lesen will, der hat es nicht nöthig, er ist von einem Philister, der den Philister geschrieben hat* (FBA 32, S. 453).

127. An Brentano, Frankfurt (?)
Vor dem 27. August 1808
D: Hs UB Heidelberg

540,9 Brief … mein Laufer: Von Schlangenbad waren Bettine und Arnim in größerer Gesellschaft am 16. August zu einer Rheinreise aufgebrochen (Steig II, S. 187), die bis Köln führte. In Frankfurt trennte sich Arnim am 27. August von Bettine, um in der Nacht nach Heidelberg weiterzureisen. Dort traf er am 28. ein (ebd.). In Frankfurt hatte er Brentano erneut verpaßt, weil dieser am 27. August nach Trages gereist war, um die Probleme seiner Trennung von Auguste mit Savigny zu beraten. Von dort reiste er nach Allendorf weiter, um Auguste abzuholen (ebd., S. 188 f.). In Heidelberg hielt sich Arnim nur kurz auf, um die letzten Folgen der ZfE fertigzustellen; er kam Anfang September wieder nach Frankfurt zurück. Am 17. September brachen die Savignys, Bettine sowie Clemens und Auguste gemeinsam nach Landshut auf. Arnim begleitete die Reisegesellschaft bis Aschaffenburg, wo es zum Abschied am Orangengarten kam, auf den Arnim in der Widmung der Novellensammlung *Der Wintergarten* Bezug nimmt. Sein Ziel war Heidelberg. Der Plan, später auch nach Landshut zu kommen, zerschlug sich. – Da der Brief weder Datum noch Adresse oder Absender trägt, läßt sich nicht genau sagen, ob Arnim bereits auf der Rückreise von der Reise nach Köln, oder aus Heidelberg vor dem erneuten Aufbruch nach Frankfurt schreibt. Die Nachricht, daß die *Kasten* in Landshut eingetroffen sind, kann er in Frankfurt von Savigny oder von Grimm in Heidelberg erhalten haben.

540,10f. Lotte Servièrsch: Lotte Servière (vgl. Erl. zu 422,6–10)

128. An Brentano
Heidelberg, 1. Oktober 1808
D: Hs UB Heidelberg

541,4 wegen Grimm: Die Überlegungen betreffen die Zukunft von Ludwig Emil Grimm (vgl. Erl. zu 543,6–8).

541,16 Kupfer zum Leufried an ihre Stellen gebracht: Im Œuvre-Verzeichnis von Ludwig Emil Grimm ist seine Arbeit nicht zu identifizieren; möglicherweise hat das Projekt etwas mit dem *Volksbuch von Heinrich dem Löwen* zu tun, auf das Arnim in der ZfE anspielt (Sp. 48).

541,18–29 Eggert, der treue Sachse ... Schreibfehler im Manuscripte ... Namen verwechselt: Die Bemerkung bezieht sich auf die Bearbeitung von Jörg Wickrams *Goldfaden*, die 1809 bei Zimmer unter dem Titel erschien: *Der Goldfaden eine schöne alte Geschichte wieder herausgegeben von Clemens Brentano* (vgl. Clemens Brentano, Sämtliche Werke, hg. von Carl Schüddekopf, Band XIII, München und Leipzig 1911, S. XXXII).

542,12f. Schelmufsky, ich denke ernstlich an die Herausgabe: Vgl. Erl. zu 502,11–22.

542,23 Valetschmaus: Abschiedsschmaus

129. An Arnim
München, etwa 13. Oktober 1808
D: Hs UB Heidelberg; vgl. FBA Nr. 522

543,6–8 heute an Jakob, wegen Louis geschrieben er soll hier bei Heß Kupferstechen lernen: In einem Brief, dessen Anfang Brentano auf den 13. Oktober datiert (danach die Datierung des vorliegenden Briefs), schreibt Brentano an Jacob Grimm: *Da wir nun seit 3 Wochen alle in München leben, habe ich hier mit dem berühmten Kupferstecher Hess einem unendlich liebvollen biedern hülfreichen Mann gesprochen, das Resultat war, daß Heß wenn Louis wircklich fleißig mit Anlage ist, ihn in Zeit von 1½ Jahren so weit zu bringen versichert ist, daß er sich selbst Etwas verdienen kann, Heß will ihm nicht nur den öffentlichen Unterricht (bei der Akademie) sondern auch den treusten Privat Unterricht, gratis geben* (FBA 32, S. 90 f.).

543,18–23 Jakobi ... deine Kritick soll ihn sehr und tief gekränckt haben: Auch Bettine hatte in München regen Kontakt mit dem Akademiepräsidenten Jacobi. Clemens und Bettine verfaßten in dieser Zeit gemeinsam den Dramentext *Jacobi* (FBA 12, S. 909), in dem sie den alten Herrn und seine Schwester Lene verspotten. Zu Arnims Jacobi-Kritik vgl. 532,26 f. mit Erl.

543,23 von Ast und Rottmanner: Der Professor der Philologie Georg Anton Friedrich Ast (1778–1841) war den Ideen der Romantik aufgeschlossen und gab von 1808 bis 1810 eine *Zeitschrift für Wissenschaft und Kunst* heraus, in der zahlreiche frühe Gedichte von Eichendorff und Loeben veröffentlicht wurden. Carl Rottmanner (1783–1822) hatte die Kritik der Rede Jacobis verfaßt, die Arnim seinerseits rezensierte (vgl. Erl. zu 532,26 f.).

543,34 Sömmering: Der berühmte Arzt Samuel Thomas von Sömmering (1755–1830), seit 1805 Mitglied der Akademie in München und königlicher Leibarzt

544,7 Sie ist täglich bei Jakobi: Vgl. Erl. zu 543,18–23.

544,16 der Brief von Stein in der Zeitung: »das Schreiben des Ministers an den Fürsten von Sayn-Wittgenstein, aus Königsberg den 15. August 1808, das von den Franzosen aufgefangen und im Moniteur vom 8. September 1808 abgedruckt wurde. Der Brief erregte das größte Aufsehen und ging in alle damaligen Zeitungen über« (Steig I, S. 363).

544,18 Wallenberg: Nach FBA 32 (S. 511) vermutlich Anton Michael Meyer

544,26 Jakobs ... seine Morgen zu haltende Rede: Nach Sabine Oehring hielt Friedrich Jacobs am 12. Oktober seine Akademie-Rede *Ueber einen Vorzug der griechischen Sprache* (FBA 32, S. 455).

544,38 für die Leufrieds: Vgl. Erl. zu 541,16.

545,23 Stranski: Nach FBA 32 Franz Otto von Stransk auf Stranka und Greiffenfels

130. An Brentano
Heidelberg, 16. Oktober 1808
D: Hs UB Heidelberg

545,31f. Deine Schwester schrieb mir, daß Heß ihn zu sich nehmen wollte: Brentanos Brief (Nr. 129) hatte Arnim noch nicht erreicht, aber Bettine hatte ihm von dem Plan bereits am 5. Oktober berichtet (Betz II, S. 46).

546,5-7 Grims Bruder, Wilhelm, hat eine Recension von Hagens Nibelungen und eine Abhandlung zur Geschichte deutscher Poesie: Vgl. die Beiträge in Wilhelm Grimms *Kleinere[n] Schrifte[n]*, hg. v. Gustav Hinrichs, Bd. 1, Berlin 1881, S. 61-170.

546,20f. aus den aufgehobnen Klöster: Die Säkularisation nach dem Reichsdeputationshauptschluß von 1803 erleichterte den Romantikern den Zugang zu kirchlichen Sammlungen; sie konnten alte Bücher der Klöster erwerben und die in öffentlichen Besitz übergegangenen Bücher in den Bibliotheken benutzen.

546,33f. eine Tröst-Einsamkeit: Titel der Buchausgabe, in der alle Nummern der ZfE vereint verkauft wurden, nachdem die Zeitschrift wegen geringen Absatzes eingestellt werden mußte

131. An Brentano
Heidelberg, 22. Oktober 1808
D: Hs UB Heidelberg; zum Brief haben sich ein Exzerpt und eine Teilabschrift Varnhagens (beide FDH) erhalten

547,30 Frau von Gräter: Vgl. Erl. zu 311,30 und 264,27.

548,5 Leske: Sophie Leske, die Frau von Creuzer

548,13 de Wette: Wilhelm Martin Leberecht de Wette (1780-1849), seit 1807 Professor der Theologie in Heidelberg, ab 1810 in Berlin

548,18f. zum Landtag noch ordentlich schreien: Über seine deprimierenden Erfahrungen im Landtag berichtet Arnim später.

548,22f. Müllers Sammlung: Vgl. Erl. zu 32,12-15.

548,25-27 Recensionen ... von Ernst Wagners sämtlichen Werken und von Yungs Geisterkunde: Die Rezension der Werke von Johann Ernst Wagner erschien in den *Heidelbergische[n] Jahrbücher[n] der Litteratur* 2 (1809) (vgl. Werke 6, S. 266), die zweite zur *Theorie der Geister-Kunde von Dr. J. H. Jung, genannt Stilling* (Nürnberg 1808) blieb ungedruckt (vgl. Werke 6, S. 539 und 1275).

548,32 Zeichnungen von der Hose: Vgl. Erl. zu 377,4 f.

132. An Arnim
Landshut, 1. November 1808
D: Hs UB Heidelberg; vgl. FBA Nr. 525

549,27-29 Bingam Geschichte der Kirchengebräuche ... aus Fauths Bibliotheck: Aus der Bibliothek von Jakob Fauth das Werk des anglikanischen Theologen und Kirchenhistorikers Joseph Bingham (1668-1723), das in vier Bänden 1788-96 auf deutsch (in Auszügen) erschienen war

549,34 Procops: Procopius von Templin (1607-1680) wurde eine wichtige *Wunderhorn*-Quelle (vgl. FBA 9,3, S. 756 f.). Von seinen »36 umfangreichen Predigtwerken mit insgesamt 576 Liedeinlagen« besaß Brentano das *Conjugale* von 1663 (ebd.); verwendet wurden außerdem *Mariale festivale*, *Dominicale Aestivale* und *Dominicale Pascale* (alle aus dem Jahre 1667).

550,4 Madam Montgelas: Die Frau des einflußreichen bayrischen Staatsmannes Max Josef Graf von Montgelas (1759-1839)

550,6 Lehne: Jacobis Schwester Lene

550,7 Köppens Freundin: Friedrich Köppen (1775-1858) war seit 1807 Philosophieprofessor in Landshut.

550,11 Aretin: Vgl. Erl. zu 339,30 bis 340,8 und 281,16 f.

550,15 Tieck ... mit der Bernhardi: Vgl. Erl. zu 246,2-5.

550,38-40 Du warst doch wohl bei Göthe, als er in Fft war und hast sein

Ehrenlegionskreuz gesehn: Goethe, der von Napoleon tatsächlich ein Ehrenlegionskreuz erhielt, war nicht in Frankfurt (vgl. Erl. zu 551,3).

551,2 Abbé und Groskophta: Der Groß-Cophta galt als wenig geglücktes Werk Goethes (vgl. 681,9–22 mit Erl.), so daß Brentanos Hinweis einen ironischen Klang bekommt. Mit der Nennung des Abbé spielt er vermutlich auf die Utopie am Schluß von *Wilhelm Meisters Lehrjahren* an.

551,3 Abbe Henry: Der verdiente Französischlehrer Abbé Gabriel Henry (1752–1835) erhielt mit Goethe gemeinsam den französischen Orden. Brentano nennt (vermutlich nach einer Zeitungsmeldung) einen Bürgermeister Vogel und den Arzt Johann Christian Stark als weitere Ordensempfänger. Immanuel Christian Wilhelmi, der die Verdienste des Arztes nach Brentano bescheinigen soll, war Hofapotheker.

551,7 Boiseret: Vgl. Erl. zu 724,22 f.

551,8 Wallenberg: Vgl. Erl. zu 544, 18.

551,10 Röschlaub: Johann Andreas Röschlaub (1768–1835), Professor der Medizin in Landshut

552,4 Spaniolen: Die Spanier, gegen die Napoleon zu Felde zog

133. An Brentano
Heidelberg, 4. November 1808
D: Hs UB Heidelberg;
zum Brief hat sich ein Exzerpt (FDH) erhalten.

552,23–26 Grimm ... in Oehl sich auch versuchen zu lassen: Ludwig Emil Grimm bricht nach Landshut auf und soll den Brief Arnims befördern. Noch einmal erinnert Arnim daran, daß er nicht nur zeichnen und radieren, sondern auch Ölmalerei lernen soll.

553,9 die Hendel: Die bekannte Schauspielerin Johanne Henriette Rosine Hendel-Schütz (1772–1849)

553,35 f. über das Dichterbeurtheilen allerley Scherze: Arnim spielt auf die letzten Fortsetzungen an, die in der ZfE unter dem Titel *Scherzendes Gemisch von der Nachahmung des Heiligen* (Sp. 281–295) erschienen.

134. An Brentano
Heidelberg, 14. November 1808
D: Hs UB Heidelberg

554,28–555,4 seyn es Rosen ... zu dienen: Arnims Prosa geht in Verse (zwei- und dreihebige gereimte Trochäen) über.

554,36 Märker: Bewohner der Mark (Brandenburg)

555,5 f. die Insel Felsenburg: Das Exemplar von Johann Gottfried Schnabels Buch hat sich in Arnims Bibliothek erhalten: *Wunderliche Fata einiger See-Fahrer absonderlich Alberti Julii*, hg. v. Gisander Eberhard Julius, 4 Bde., Halberstadt/Nordhausen 1767 bis 1769 (B 451). Brentano besaß die Ausgabe von 1744–52 (Bibl., S. 71).

555,8 f. Persiles und Sigismunda: In Arnims Bibliothek (B 144): *Die Drangsale des Persiles und der Sigismunda*, eine Übersetzung von Cervantes' Text von Franz Theremin, Berlin 1808.

555,16 f. Reisebeschreibungen ... wie Reinbeck, Kotzebue: Vgl. Erl. zu 479, 11 und 431,32–432,2.

555,19 f. närrische kleine Revoluzion in Karlsruh: Arnim beschreibt die Vorgänge ausführlicher in einem Brief an Joseph Görres vom 10. November 1808 und berichtet von der *Arretirung der fünf Verschwornen*, die *Unterschriften des alten guten Großherzogs erschlichen* und eine *neue Constitution* in Auftrag gegeben hätten.

555,21 im gelübberten Meere: Nach dem *Schelmuffsky* (vgl. Erl. zu 460, 33)

555,26 Ankündigung des Wochenblats Erhebungen: »Die *Erhebungen. Eine Zeitschrift für das Vaterland* erschienen 1809 in Lübeck. Der Herausgeber war Fr. Herrmann« (Steig I, S. 363).

555,29 f. Rikoschetschuß: Schuß, bei dem das Geschoß an den Wänden des feindlichen Wallgangs abprallt und dadurch hohen Schaden angerichtet

135. An Arnim, Landshut
Nach dem 14. November 1808
D: Hs UB Heidelberg; vgl. FBA Nr. 529

556,1 14. November: Arnims Abschiedsbrief (Nr. 134) trägt das gleiche Datum, und Brentano hat dieses vermutlich versehentlich übernommen.

556,21 Tabernackel: Eigentlich ein Behältnis zur Aufbewahrung des Hostiengefäßes, dann auch (in der Gotik) kunstvolles Gehäuse, das ein Bildwerk umschließt

556,33 Buttmann: Philipp Buttmann (1764–1829), Berliner Sprachforscher, der in der Berliner Bibliothek und Akademie eine große Rolle spielte und zeitweise auch die Spenersche Zeitung mitherausgab.

557,10f. modernen Mysticker dem Religionsschriftsteller Sailer: Mit Johann Michael Sailer (1751–1832), dem Landshuter Theologie-Professor und späteren Bischof von Regensburg, pflegten Brentano und Bettine in der Landshuter Zeit freundschaftlichen Umgang. Seine Ideen wurden für beide wesentlich, und Brentano initiierte mit ihm eine katholische Erweckungsbewegung.

557,17 Sallat: Jakob Salat (1766 bis 1851), Professor der Philosophie in Landshut

557,35–558,15 Aman ... Dein Lied ... den ihrigen im Einsiedler: Brentano spielt auf die Gedichtfolge an, die Arnim unter dem Titel *Offenbarung des Neuen* in Nr. 33 der ZfE (Sp. 257–264) veröffentlicht hatte. Den Gedichten von Johann Nepomuk und Sebastian Ringseis, Joseph Löw, Friedrich Karl von Loë und Karl Aman folgt Arnims Text *Rundgesang gegen Unterdrücker des Werdenden in der Literatur.*

558,22 Vorrede zu den Einsiedlern: Der Buchausgabe *Tröst-Einsamkeit* fügte Arnim noch eine Vorrede *An das geehrte Publikum* an, in der er seine *Einsiedlermaske* abzieht, wie er schreibt (vgl. im Reprint nach dem Text der ZfE, Sp. V–XIV).

558,26f. viele Stellen des lezten Gemisches: Vgl. Erl. zu 553,35 f.

558,30 an den Pfalzgraf: Vgl. in der ZfE *Ausgleichung. Der Pfalzgraf von dem Rheine*, Sp. 284–287.

558,36 Lehrbrief: Brentano meint Arnims *Lehrgedicht an die Jugend* (ZfE Nr. 18 vom 31. Mai, Sp. 142ff.).

559,20 Wolf: Friedrich August Wolf (1759–1824), seit 1783 Professor der Altertumswissenschaften in Halle, seit 1807 in Berlin

559,28 Bärwalde: Das Ländchen Bärwalde mit Wiepersdorf und dem Schloß Bärwalde war im Besitz der Arnims.

559,33–560,4 Grüße alle ... Stiel, der pa[ßt]: Auf Arnims Verspassage antwortet Brentano hier mit gereimten 4hebigen Trochäen.

136. An Arnim
München, 1. Dezember 1808
D: Hs UB Heidelberg, vgl. FBA Nr. 530

560,11 gleich Schillers Reuter: Anspielung auf Schillers *Reiterlied* aus *Wallensteins Lager*

137. An Brentano
Kassel, 8. Dezember 1808
D: Hs UB Heidelberg

562,8f. Unglückssprung aus dem Wagen wird Dir Savigny erzählt haben: Bereits am 24. November hatte Arnim seinen Unfall Savigny ausführlich geschildert. Die Zügel waren gerissen, die Pferde durchgegangen und ein Hinterrad abgesprungen. Erst als die Geschwindigkeit der Kutsche durch den Achsbruch reduziert war, konnte Arnim abspringen: *ich erreichte erst den Wagen, als die Pferde schon von selbst still standen, die Achse war eingeknickt und ich empfand bedeutende Schmerzen*, berichtete er Savigny (Sav.-Br, S. 40).

562,12–14 Aerger über Vossens Schimpfreden gegen mich ... mich zu rechtfertigen: Unter dem Titel *Beitrag zum Wunderhorn* hatte Voß im

Cottaschen *Morgenblatt für gebildete Stände* am 25. und 26. November eine polemische Kritik der *Wunderhorn*-Bände veröffentlicht, die zunächst Goethes positive Rezension des ersten Bandes als »erschlichene Aufmunterung« kennzeichnet, um dann die Folgebände als *ansehnliche Haufen* zu bezeichnen: *Die bei Mohr und Zimmer, unter dem Titel des Knaben Wunderhorn, im Jahre 1806 erschienene Sammlung alter Volkslieder, deren geheuchelte Einfaltsmiene eine zu nachsichtige Aufmunterung [= Goethes Rezension] erschlich, ist seitdem [...] als ein zusammengeschaufelter Wust, voll muthwilliger Verfälschungen, sogar mit untergeschobenem Machwerk gerügt worden. Ohne sich gegen die schmähliche Beschuldigung zu verantworten, haben die rüstigen Schaufeler [Arnim und Brentano] ihren Wust in der letzten Messe mit zwei ansehnlichen Haufen vermehrt.* Höhepunkt der polemischen Attacke von Voß ist die Vermutung, die beiden Herausgeber des *Wunderhorn* hätten mit einigen fingierten Liedern aus einem *sogenannten anmuthigen Blumenkranz* die *neusten Bundesbrüder zum Kampf gegen die Ungläubigen* aufgerufen und *auf die Gegener ihres neumodischen Maulchristenthums angehezt* (zit. nach FBA 9,3, S. 666 f.). Voß fühlt sich demnach von den Liedtexten des *Wunderhorn* persönlich angegriffen. Die vermeintlich fingierte Quelle der von ihm zitierten Texte ist jedoch echt. Deshalb kann Arnim in seiner Antwort, die unter dem Titel *An Hn. Hofrath Voß in Heidelberg* am 6. Januar 1809 in der *Jenaische[n] Allgemeine[n] Literaturzeitung* (Intell. Bl. Nr. 3, Sp. 22–24) erschien, schreiben: *Die angebliche Vorrede ist wirklich alt, zusammengezogen aus der weitläuftigen Vorrede eines Gesangbuchs, genannt Anmuthiger Blumenkranz aus dem Garten der Gemeine Gottes, das eigentlich keinem Literator unbekannt seyn sollte* (zit. nach FBA 8, S. 359). Die Fehde, die dem Ansehen des *Wunderhorn* und der beiden Hg. großen Schaden zufügte und dazu führte, daß Goethe keine weiteren öffentlichen Stellungnahmen zum *Wunderhorn* mehr abgab, setzte sich in einer Anwort von Voß am 11. Januar und einer weiteren Replik von Arnim am 15. Februar fort (vgl. FBA 9,3, S. 678–680 und FBA 8, S. 361 f.). Brentano schrieb seinerseits eine Antwort, in der bereits im Titel auf den peinlichen Irrtum von Voß Bezug genommen wird: *Zu allem Ueberfluß an Herrn Hofrath Voß in Heidelberg, daß man keine Kirchenlieder an ihn gedichtet* (FBA 8, S. 363 f.). Dieser Beitrag erschien im Januar und März 1809 in drei deutschen Zeitschriften (vgl. FBA 9,3, S. 683).

562,23f. Blumenbach: Johann Friedrich Blumenbach (1752–1840) war in Göttingen Professor der Medizin, als Arnim ihn kennenlernte. Die von ihm übermittelten Bücher konnte er jedoch nicht mehr für das *Wunderhorn* verwenden (vgl. FBA 9,3, S. 799 f.).

562,24 Schi[l]dtberger: Dazu übermittelt Arnim seinem Freund auf einem beigefügten Blatt Exzerpte, die unter dem Titel stehen *Schildtberger. Gedruckt zu Frft am Mayn durch Weygand Han.*

562,26 Wickram, der irr reitend Bilger: Jörg Wickram: *Der irr reitende Pilger.*

562,36 die bravsten Leute: Anspielungen auf die Frankfurter Brentano-Familie; der »älteste« ist der Bruder Franz, der jüngste Christian und die Schwester die noch unverheiratete Meline.

563,14f. Johann Klay Engel und Drachenstreit: Titel von Johann Klaj (1616–1656): *Engel- und Drachenstreit* (1650)

138. An Brentano
Berlin, 15. Januar 1809
D: Hs Goethemuseum Düsseldorf

565,7f. dein Kopf, daneben die ... Jagemann: Friedrich Tiecks Büste von Clemens Brentano und eine offenbar beschädigte Büste der Weimarer Schauspielerin und Geliebten des Herzogs Karl August (vgl. Erl. zu 317,5–10).

565,12f. Deine Schriften ... für die Heidelberger zu recensieren: Von diesem Plan berichtete Arnim auch in einem Brief an Creuzer vom 25. Januar 1809, der ihn daraufhin aufforderte, Brentanos Bearbeitung von Jörg Wickrams *Goldtfaden* zu rezensieren (vgl. Arnim, Werke 6, S. 1186 f.). Diese Kritik, die wichtige Werke Brentanos lobend erwähnt, wurde jedoch in den *Heidelbergische[n] Jahrbücher[n] der Litteratur* nicht gedruckt (Text: ebd.; S. 283).

565,16 Göthe alle Mühe vergolten: In Arnims Brief an Savigny vom gleichen Tag (Sav.-Br, S. 41) werden die Zusammenhänge deutlicher. Arnim reiste am 17. Dezember in Kassel ab und machte auf der Reise nach Berlin vom 19. bis 26. Dezember in Weimar Station. Dort nahm ihn Goethe gegen die Angriffe von Voß in Schutz. In diesem Sinne hat Goethe Arnim seine Mühen mit der ZfE »vergolten«. Im Brief an Savigny heißt es dazu: *er versicherte mir, es wäre längst darüber ein öffentliches Wort gesagt, wenn nicht ganze Institute, wie Jenaer Zeitung, Cotta als Buchhändler angegriffen wären, ich versicherte der Scherz wäre ganz unschuldig gewesen, er meinte aber mit Recht, wer mit den Gästen Händel anfinge, müste sich den Wirth zum Freunde halten.* (ebd.) Arnim schrieb vermutlich an Savigny ausführlicher, weil Brentano dazu neigte, das Erfahrene auszuschmücken und zu verbreiten. Mit der Bitte, ihn *mit allem dem nicht ins Gerede der Leute* zu bringen, fordert er den Freund ausdrücklich zur Diskretion auf, um die Polemik der Voß-Gruppe nicht erneut zu entfachen.

566,5 Dalton: Eduard Joseph d'Alton (1772–1840), der als Anatom, Kupferstecher und Maler hervortrat

566,16 Mediceer: Wie die Medici, das italienische Herrschergeschlecht, das die berühmten Künstler der Renaissance förderte, von denen Arnim Michelangelo und Benvenuto Cellini namentlich nennt

566,18 Weisser: Carl Gottlob Weißer (1780–1815), Hofbildhauer in Weimar

566,20 Wolzogen: Caroline von Wolzogen (1763–1847), die Witwe des weimarischen Oberhofmeisters Wilhelm von Wolzogen, die sich als Schriftstellerin einen Namen gemacht hatte

566,35 Cameraobscuraspiele: Projektionen mit einer Art »Lochkamera«

567,29 den Pfalzgraf: Arnims Erzählung *Die Heiratsnot des Pfalzgrafen* kann nicht gemeint sein, wenn Renate Moerings Datierung auf 1825–1827 stimmt (Werke 4, S. 1335), eher bezieht sich Arnim auf seine große Rheinballade *Der Pfalzgraf und die sieben Jungfern-Leien bei Oberwesel* (Werke 5, S. 821–830), die er später in seine *Päpstin Johanna* einbezog (1812/1813; vgl. ebd., S. 1502) und vorab an Brentano geschickt hatte, oder auf die in der ZfE abgedruckte Ballade (vgl. Erl. zu 558,30).

568,3f. die Gedanken sind frey: Reminiszenz an das *Lied der Verfolgten im Thurm* (FBA 8, S. 41), das mit dieser Zeile beginnt

139. An Brentano
Berlin, 4. Februar 1809

D: Auktionskatalog Liepmannssohn (März 1932, S. 4. Nr. 18); der bereits bei der Henrici-Auktion 1929 versteigerte Brief taucht 1932 noch einmal im Autographenhandel auf und ist seither verschollen. Die wenigen Sätze sind in den Auktionskatalogen zitiert. Zur Anlage des einseitigen, mit Unterschrift und Adresse versehenen Briefes heißt es in beiden Katalogen: »Arnim sandte Clemens die mit Voss gewechselten Streitartikel« (vgl. 569,2).

568,27 Novellen: Vgl. 570,19 mit Erl.

140. An Brentano
Berlin, 2. März 1809
D: Steig I, S. 270; Hs verschollen

569,2 Vossischen Streitschriften, die ich Dir zugesendet: Vgl. Erl. zu 562,12–14.

569,6f. Deine letzte Ankündigung ... Geschichte des Volkslieds: Der kurze Text Brentanos, der in vier Zeitschriften erschien (vgl. FBA 8, S. 366 und 9,3, S. 708–710), enthält die überraschende Ankündigung, *mit der Beyhülfe einiger Freunde [...] eine gedrängte Geschichte der Volkslieder, mit möglicher Zeitbestimmung, wie auch eine Kritik der ächten und zweifelhaften Stücke unserer Sammlung nach einiger Zeit folgen zu lassen* (FBA 8, S. 366). Ernsthaft hat Brentano an ein solches – äußerst schwieriges – Unternehmen wohl nicht gedacht. Die Anzeige dient dazu, den Kritikern des *Wunderhorn* den Wind aus den Segeln zu nehmen.

569,26 Kriegsrath Wißmann: Friedrich Ludwig August von Wißmann (1770–1856), Regierungsrat, später Präsident der Ostpreußischen Kriegs- und Domänekammer in Frankfurt (Oder).

141. An Brentano
Berlin, 1. April 1809
D: Hs FDH; zum Brief haben sich Exzerpe Arnims erhalten (FDH).

570,19 Wintergarten: Arnims Novellensammlung *Der Wintergarten* erschien 1809 in der Berliner Realschulbuchhandlung.

570,20–34 Hagen und Büsching ... Buche der Liebe ... Heft ihres Museums ... Meister und Minnesängern: Aus dem *Buch der Liebe* (einer Sammlung höfischer Liebesromane von S. Feyerabend; 1578 u. 1587) veröffentlichten Büsching und von der Hagen in ihrem ersten Band *Tristan und Isolde*, *Fierabras* und *Pontus und Sidonia* (Berlin 1809). An dem *Museum für altdeutsche Litteratur und Kunst*, von dem der erste Band ebenfalls 1809 erschien, arbeitete auch Docen mit. Schließlich spielt Arnim noch auf eine Abhandlung von der Hagens über Minnelied und Meistergesang von der 1808 an.

570,35f. Schelmufsky ... Amsterdam: Vgl. Erl. zu 365,6.

570,37f. Leben des Grafen von Bonneval: Die Memoiren von Claude Aléxandre de Bonneval (1675–1747), der zum Islam übergetreten war, sind in Arnims Bibliothek erhalten (B 565): *Merkwürdiges Leben des Grafen von Bonneval, ehedessen kaiserlicher General der Infanterie, anitzo aber commandirender Bassa über eine türckische Armee.* Aus dem Franz. übersetzt, T. 1–3, 1738.

142. An Arnim, Stallwang und Landshut, März bis Mai 1809
D: Hs Biblioteka Jagiellońska Krakau, vgl. FBA Nr. 550; zur komplizierten Datierung vgl. FBA 32, S. 466.

571,5–11 in einer so elenden niederträchtigen Lage ... meine Dame ... plötzlich Gift eingenommen: Brentano war vor seiner Frau Auguste von Landshut aus in ein Versteck in Stallwang geflohen, als diese ihm nach Landshut gefolgt war. Er berichtet seinem Freund über einen Selbstmordversuch Augustes, den er als theatralischen Auftritt und »ungefährlich« abtut. Auguste ist gleichwohl 1832 – nachdem sie 1817 eine zweite Ehe mit dem Bankier August Ehrmann eingegangen war, aus der mehrere Kinder hervorgingen – durch Selbstmord aus dem Leben geschieden.

571,24–28 Poet Loew ... im Gebährhauß: Joseph Löw (1785–1809) war Mediziner und Hausfreund Savignys in Landshut. In die ZfE hatten Arnim und Brentano am 23. Juli 1808 (Nr. 33, Sp. 260–262) seine Gedichte *Der Fluß* und *Fluth und Ebbe* aufgenommen.

571,31–34 bei einem ex Benedictiner ... Holzarten ... Inseckten: Brentano fand Unterschlupf bei Candidus Huber (1747–1813), der nach Aufhebung der Benediktinerabtei Niederaltaich auf Schloß Stallwang als Insektenforscher lebte.

572,25f. unter dem Nahmen Bennone … Mann des Schmerzens: Den Namen verwendet Brentano auch in dem Romanfragment *Der schiffbrüchige Galeerensklave vom todten Meer* (vgl. FBA 19, S. 237 und 649).

572,28 Hiatus: Einschnitt; eigentlich ein Begriff der Verslehre

572,29 da die Frzosen schon in Linz sind: Am 3. Mai besetzten die Franzosen die österreichische Stadt.

572,34f. endlich von Sav. die erfreuliche Nachricht: Am 25. März berichtet Bettine Arnim von der Abreise Augustens (»vorgestern«); um diese Zeit wird auch Savignys Nachricht an Brentano (Enzensberger, S. 136) abgegangen sein, die Brentano noch nicht vorlag, als er den Brief begann.

574,1 als der Krieg ausbrach: Zu den Kriegsereignissen, die Brentano aus seiner Perspektive schildert, findet sich in UL (S. 396 f.) die folgende Zusammenfassung: »Ende März 1809 brach der Krieg zwischen Österreich und Napoleon aus, der den Rheinbundstaat Bayern auf Napoleons Seite fand. Landshut lag auf der Scheidelinie der kämpfenden Armeen. Die Bayern brachen die zwei Brücken über Isar und kleine Isar ab und zogen sich auf das linke Ufer zurück. […] Am 16. April marschierte die österreichische Armee unter Erzherzog Karl ein. Über die neu geschlagenen Brücken rückten die Österreicher nach Westen vor. Nach zwei Tagen verließ der Erzherzog die Stadt. Kriegsminister Graf Zichy und Graf Friedrich Stadion, Bettinens Freund und bis vor kurzem Österreichs Gesandter in München, kamen an. Am 20. April abends begannen die geschlagenen österreichischen Truppen durch die Stadt zurückzufluten. Am 21. gegen Mittag standen die Bayern vor den Toren, Napoleon zog ein, der am Tag zuvor den österreichischen linken Flügel bei Abensburg geschlagen hatte, am 22. zog er gegen Regensburg weiter. Am 23. mußte Karl nach blutigem Kampf auch das brennende Regensburg räumen. Am 26. kam Napoleon von Regensburg zurück. Am 3. Mai wurde von den Franzosen Linz, am 13. Wien besetzt.«

574,7 Tirailleurs: In aufgelöster Ordnung kämpfende Mannschaften der Infanterie

574,31–40 Friedrich Schlegel … Hofsekretair … daß sich die Bairen, so trefflich schlügen: Friedrich Schlegel wurde am 29. März 1809 als Hofsekretär bei der Wiener Armeehofkommission angestellt u. verf. später (1813) politische Denkschriften und Verfassungsentwürfe für den Deutschen Bund im Auftrag Metternichs.

575,18–23 Steigentesch … Salomonski: Von den Genannten sind in UL identifiziert: August Ernst von Steigentesch (1774–1826), Dichter und Offizier; Georg Peter Dambmann (1761–1826) aus Darmstadt, Schriftsteller in Wien; Graf Moritz O'Donell (1780–1843), Kommandant eines Wiener Freiwilligenbataillons; Graf Friedrich Lothar von Stadion (1761–1811), »Oheim von Clemens und Bettine, insofern sein Großvater, der kurmainzische Minister, der natürliche Vater von Georg Michael La Roche war« (UL, S. 554); Graf Wenzel Rzewuski (1784–1831) und Jakob Ludwig Salomon Bartholdy (1779–1825), Schriftsteller und Oberleutnant der Wiener Landwehr.

576,16 Vive l'empereur: (Franz.) Es lebe der Herrscher (Napoleon)!

576,32–40 Evenement … Port d'epees … Chacot … Casquet: Franz. evénement: Ereignis; port-épée: silberne oder goldene Degenquaste der Offiziere; Chacot (ungar. Czacot): Tschako, militärische Kopfbedekkung in Form einer hohen Mütze, die 1806 in Frankreich üblich wurde; Casquet: Kaskett, französischer Helm der Revolution und des ersten Kaiserreichs.

578,9 Hanepampel des Weimarschen Ostertaschenbuchs: Leo von Seckendorff gab – gemeinsam mit Joseph Ludwig Stoll (1778 bis 1815) – in Wien die Zeitschrift *Prometheus* heraus. In Heft 5/6 (1808) erschien als Beilage Arnims *Die Uhr der Liebe*, vertont von Reichardt. Das Ostertaschenbuch in Weimar hatte Sekkendorf ebenfalls herausgegeben.

578,40–579,7 Krieg den kleinen Voßischen ... Görres ... Wunderhorns ... ich auch einige Zeilen gegen Voß: Anspielung auf die Auseinandersetzungen um die Echtheit der *Wunderhorn*-Lieder, die durch Angriffe von Voß ausgelöst wurden. Joseph Görres griff im Sinne der Romantiker mit zwei Rezensionen in den *Heidelbergische[n] Jahrbücher[n] der Litteratur* ein. Die erste war im Märzheft 1809 erschienen. Brentanos Text *Zu allem Überfluß an Herrn Hofrath Voss* (FBA 8, S. 363) wurde in drei Zeitungen abgedruckt, die z.T. mit starker Verzögerung erschienen und Brentano noch nicht vorlagen (vgl. FBA 9,3, S. 683–707 mit weiteren unveröffentlichten Texten Brentanos).

579,35 der Maldivische Robinson: Des maldivischen Philosophen Robine und dessen Sohnes Robinson Leben, Erfurt 1753 (vgl. Brentano-Bibl., S. 106).

580,1f. Grimms Rezension der Nieb[elungen]: Vgl. Erl. zu 546,5–7.

580,17f. Divina Comoedia: Unter diesem Titel war 1808 anonym eine Satire auf die Romantiker von Aloys Schreiber (vgl. Erl. zu 346,34f.) erschienen.

580,21 Louise: Reichardt

580,29 in Vita mea: (Lat.) In meinem Leben; solange ich lebe

143. An Brentano
Berlin, etwa 18. April 1809
D: Hs FDH; zum Brief hat sich ein Exzerpt (FDH) erhalten

580,35 erhältst ... meinen Wintergarten: Die Übermittlung der Novellensammlung durch ein Paket *an Savigny durch Zimmer* kündigt Arnim im Brief Nr. 144 an. Savigny selbst hatte er bereits am 18. April ein Exemplar versprochen (Sav.-Br, S. 44), das dieser etwa am 27. Juli erhielt; in einem Brief, den Härtl (vermutlich irrtümlich) auf Ende Juli datiert (Sav.-Br, S. 45), teilt Arnim Savigny mit, er habe drei Exemplare des *Wintergarten* durch Zimmer an ihn gesendet *für Dich Clemens und Bettine.* Brentano bestätigt auch am 12. Juli das Eintreffen der Sendung. So bleibt unklar, wann der vorliegende Begleitbrief zur Buchsendung, in dem Arnim dem Freund – wie im folgenden Brief – *die Fortsetzung des Froissart* als Lektüre empfiehlt, geschrieben wurde. Härtls Datierung auch dieses Briefes auf Ende Juli (ebd., S. 239) kann nicht stimmen, und vermutlich wurde der Brief schon im April parallel zu dem Brief an Savigny und an Bettine (beide 18. April; vgl. Betz II, S. 162f.) formuliert, denn Brentano schreibt in einem weiteren Brief an Arnim (Nr. 147) rückblickend von dem *Brief worin du mich einludst (jezt sehe ich erst, daß er vom April ist).* Demnach hätte ein heute verlorener Umschlag (Verpackung zum beigefügten Buch) eine Datierung auf April ermöglicht, aus dem Brentano seine Erkenntnis gewann (vgl. auch folgende Erl.).

581,6f. Schelmufsky muste durch seine Anständigkeit nothwendig verlieren: Ähnlich auch im Brief an Savigny (Sav.-Br, S. 44); Arnim bezieht sich auf den 7. Winterabend des *Wintergarten* (vgl. Werke 3, S. 298 bis 324 und 1066 bis 1068).

581,14f. am Schlusse zu Dir einige Worte gesprochen: Im Schlußabschnitt des *Wintergarten* heißt es im Zusammenhang einer Bildbeschreibung: *Ich sehe dich nicht dabei, mein Clemens, wie ich dich sonst gesehen, die blaue Blume auf deiner Gitarre, wie du in fröhligen Liedern zum erstenmal die Gegend mir aus-*

gedeutet [...] Soll ich deiner, mein Clemens, und des Rheins noch lange entbehren, nur einmal im Jahre atme erinnernd in meine Brust diese Frische des ersten Eindrucks jener schönen Welt, der wie der kühlende Sternenwind des Abends von den Bergen herab, alles Bezwingende des Sommertages überwältigt (Werke 3, S. 415).

581,25–582,10 Ich wohne jezt in Pistors Hause ... jezt sollte ich selbst spielen ... das Stück ist aus dem Französischen übersetzt: Seit Anfang April wohnte Arnim bei Pistor. Er beschreibt die Wohnung in einem Brief an Bettine vom 6. April (Betz II, S. 162 f.), der weitere Parallelen zum vorliegenden Brief aufweist. Denn Arnim berichtet der Freundin über den Garten, die physikalischen Instrumente Pistors und die geplante Mitwirkung in einem Theaterstück: *Den 1. Mai [...] soll ich in der Komödie einen alten Liebhaber machen, ein Dr. Wolfart aus Hanau [...] hat aus dem Französischen recht gewandt übersetzt [...]. Vorigen Abend habe ich schon mit der ganzen Liebhabertruppe heidnisch getobt.* Noch vor der geplanten Aufführung entschied sich Arnim, aus dem Projekt auszusteigen.

582,11 Kaldauenen: Innereien

582,12 f. Lebensgeschichte ... von Orelly: In Arnims Bibliothek (B 11): *Aloysius von Orelli. Ein biographischer Versuch*, Zürich 1797

582,18 f. Fortsetzung des Froissart von Monstrelet: Enguerrand de Monstrelet (1390–1453) schrieb eine Fortsetzung der Chronik des Froissart (vgl. Erl. zu 526,22 f.).

144. An Brentano
Berlin, 25. Mai 1809
D: Hs FDH; zum Brief hat sich ein Exzerpt von Arnim erhalten (FDH)

583,4 Schill: Der Major Ferdinand von Schill (1776–1809) fand zur Zeit der napoleonischen Besetzung für kurze Zeit mit seinen Husarenstücken große Resonanz bei der Bevölkerung. Während die Regierenden sich mehr oder minder gezwungen mit dem übermächtigen Napoleon arrangierten, wuchs der Widerstand bei der Bevölkerung, und es bildeten sich hie und da Freiwilligenverbände, die ohne Rückendeckung der Fürsten handelten. Neben Hofer im Süden war Schill im Norden der berühmteste und zeitweise erfolgreichste Anführer dieser Truppen.

585,10 Mansfeld: Ernst II., Graf von Mansfeld (1580 bis 1626), deutscher Heerführer, der im 30jährigen Krieg von Wallenstein besiegt wurde

585,20–29 Mausefalle ... Leben des General von Kyau ... Hans Sembsack und der Hasebilis ... Adam und Evas Erschaffung ein schwäb. Fastnachtspiel Geschichte einer Lotteriespielerin M. Tolot, die Fortsetzung des Froissart ... die Memoiren Ludwig des Heiligen vom Jamadte: In der Arnim-Bibliothek läßt sich nur nachweisen: *Die Glückliche Lotterie-Spielerin oder Geschichte der Fräul. Tolot*, Augsburg/Memmingen 1770 (B 524); zur *Fortsetzung des Froissart* vgl. Erl. zu 582,18 f.; in Brentanos Bibliothek findet sich der Titel *A. Haselii de hasione et hasibili qualitate etc. [1]693* (S. 346).

586,10 sapienti sat: Eigentlich dictum sapienti sat est: (Lat.) Für den Kundigen ist genug gesagt.

587,16–19 Reichardt ... Melodieensammlung zu Göthe: Reichardt hatte bereits 1790 Musik zu Goethes Werken veröffentlicht. Hier berichtet Arnim von der (schließlich vierbändigen) Kompositionssammlung *Goethe's Lyrische Gedichte.*

145. An Arnim
Landshut, 12. Juli 1809
D: Hs FDH,
vgl. FBA Nr. 553

587,32–35 Wintergarten ... schon vor 14 Tagen gekauft ... die Dedickation habe ich gleich erkannt: Das von Arnim annoncierte Exemplar erreichte Brentano offenbar nach langer Verzögerung (vgl. Erl. zu 580,35). Sein erstes Urteil, das er Bettine bereits vor dem 30. Juni 1809 (FBA 32, S. 160–163) übermittelt hatte, war nicht so positiv: *wenn er es genannt hätte mein Reise Koffer, so hätte es einen Titel. Ach er hat so schöne alte feine Familienwäsche, so manches liebe Hemd von interessanten Freundinnen gemacht, so manchen schönen welken Strauß von lieben Händen, so manche Theatermouche, so manches Strumpfband, so manche Kugel aus dem Beine verstorbener Krieger geschnitten [...] und fleisig gearbeitete SchulProgramme seiner Jugend in dem Koffer warum hat er diese nicht aus arbeitend, in Beete gereiht, und klar dem Leser gegeben. Aber da sind, die Verfluchten kuriosen Bücher, alte und neue, die ich ihm gegeben, und seine alten Landschaften, und einige alte Himmellange Gedichte von ihm dazwischen geknittert, und ich ärgerte mich, denn es ist manches da, waß ich gern reiner und gerechter der Welt wiedergegeben gesehen hätte* (ebd., S. 161 f.). Das Eingangsgedicht *Zueignung* (Arnim, Werke 3, S. 71 bis 73) ist nur für Eingeweihte als Lied an Bettine erkennbar; es spielt auf den Abschied in Aschaffenburg im Herbst 1808 an (vgl. ebd., S. 1073 f. sowie Erl. zu 540,9).

588,7 f. Liebes Brief des alten Winters ... Briefe von Fichtes Vater an Sophien: Der Winter ist (als allegorische Figur des Jahreszeit und des politisch eisigen Friedens und Reminiszenz an den Komponisten Peter von Winter; vgl. Werke 3, S. 1078) eine Figur der Rahmenhandlung. Brentano spielt auf den Brief Winters (Werke 3, S. 328 f.) an die Tochter des Hauses in der Rahmenhandlung des *Wintergarten* an, die am Schluß den sterbenden alten Herrn Winter auch heiratet. Brentano vergleicht den kurzen Brief aus Arnims Band mit unveröffentlichten Briefen, die Sophie Mereau von Fichtes Vater erhalten hatte. Das Ehepaar Mereau pflegte engen gesellschaftlichen Kontakt mit den Fichtes.

588,11 freundliche Begrüßung am Schluß: Vgl. Erl. zu 581,14 f.

146. An Brentano, Friedenfelde
Anfang Juli und Berlin, 14. Juli 1809
D: Stadt und Landes-Bibliothek Dortmund und Biblioteka Jagiellońska Krakau (Nachschrift); vgl. Unbekannte Briefe von und an Achim von Arnim aus der Sammlung Varnhagen und anderen Beständen, hg. v. Hermann F. Weiß, S. 43–45; zum Brief hat sich ein Exzerpt erhalten (FDH)

589,5 Friedenfelde: Gehörte zu den ererbten Gütern Arnims, die von den Kriegsereignissen stark mitgenommen waren

589,16 f. in den Fabulis Romanensibus: In den römische Fabeln

590,1 Für Geist und Herz: Anspielung auf den Titel der Zeitschrift *Der Gesellschafter oder Blätter für Geist und Herz*, in der Arnim und Brentano publizierten

590,7 Baldingersche Sammlung: Vgl. Erl. zu 730,8.

590,14 Omphale: In der griechischen Mythologie die Königin von Lydien, an die sich Herakles zur Strafe für die Ermordung des Iphitos auf drei Jahre verdingen muß

591,4 Justizpfleger: Von Härtl als Prenzlauer Justizkommissar und Notar Gotthilf Ludewig Kraffel identifiziert

591,13 f. Traktat von des Menschen Wachsthum: Vermutlich Joh. Aug. Stöller: *Historisch-medicinische Untersuchung des Wachstums der Menschen in die Länge*, Magdeburg 1720 (Arnim-Bibl. B 117)

147. An Arnim, Landshut
Spätestens am 28. Juli 1809
D: Hs FDH, vgl. FBA Nr. 555

591,37–592,1 Bärwalde bleibt mir ewig unvergeßlich: Das Gut Arnims mit der alten Burg liegt etwa 8 km südlich von Wiepersdorf (vgl. Erl. zu 702,17 f.).

592,16 f. Luise ... Brief geschrieben: Louise Reichardt hatte am 12. Juni an Brentano geschrieben.

592,21 f. Brief, worin du mich auch einludst: Nr. 143; vgl. 581,28 f. und Erl. zu 585,35.

592,38 Frohreichs Stelle: Die Position von Arnims Diener

592,38–40 Miß Lee ... die Auguste im Laudon und dem Bruder mich und Christian erkennen: Die Geschichte von *Mistris Lee*, die auf einem Prozeß basiert, an dem Arnim auf seiner Englandreise teilnahm, steht im 5. Winterabend des *Wintergarten* (Werke 3, S. 217–244 sowie S. 1060–1062). Arnim gibt eine Beschreibung *der drei wunderlich verschlungenen und verfeindeten, der Mistris Lee, und der beiden Brüder Laudon und Lockhart Gordon [...]. Über die beiden letztern bin ich ganz einig; Laudon ist durchaus gutmütig, vielleicht etwas zu unentschlossen, dabei von seinen Schicksalen früher gebeugt. Lockhart könnte böse sein für jeden andern, dem er gut wäre, dem könnte er auch schlechten Rat geben, weil er ihm seine eigne Überlegenheit zur Ausführung nicht mitteilen kann. [...] Mistris Lee [will] in die allgemeine Abteilung von gut und böse nicht passen [...] das Wunderbare in ihr, die Mischung von Talent und Beschränktheit, von scheinbarer Bosheit und mitleidiger Güte, so etwas ist nur in einer Frau unsrer Tage zu finden, wo der Enthusiasmus früherer Jahre an der kalten Gleichgültigkeit der Mehrzahl aufbrennt [...]. Sie war schon sehr früh entwickelt und gehörte zu den Mädchen, die man immer schon erwachsen gesehen zu haben glaubt; Richardsons Bücher erhöhten ihre Lebendigkeit zum festen Ideale; sie suchte sich einen bildsamen Stoff, dem sie die zugehörende Rolle übertragen konnte, und keiner war so geschickt dazu, als der nachgebende schöne Laudon, den sein Bruder deswegen oft neckte. [...] Sie hatte schon zuweilen in ihrer kleinen Geschichte mit Laudon Anfälle von kleiner Teufelei mitten in höchster Empfindung gehabt, in der ihr alle Wichtigkeiten ihres Zusammenhaltens lächerlich vorkamen* (Werke 3, S. 219 f.).

593,17 Küßen: Kissen

148. An Arnim
Halle, um den 15. August 1809
D: Hs Goethe-Museum Düsseldorf; vgl. FBA Nr. 556

593,21 Halle: Auf der Reise nach Berlin machte Brentano bei Reichardts in Giebichenstein bei Halle Station.

593,23 Wilhelm: Grimm

593,32–594,11 Göthe ... in Jena, wo ich ihn traf ... vortheilhaft vom Wintergarten: Verpackt in die positive Wertung einzelner Teile – neben der *Mistres Lee* sind auch *Die Liebesgeschichte des Kanzler Schlick und der schönen Sienerin* (Werke 3, S. 82) sowie *Nelson und Meduse* (ebd., S. 245) erwähnt – wird doch eine grundsätzliche Kritik Goethes an der Entwicklung der Romantik deutlich. Goethe erwähnt in diesem Zusammenhang auch die ZfE.

594,8–27 Schubert ... Oken: Gotthilf Heinrich Schubert (1780–1860), ein führender Vertreter der romantischen Naturphilosophie und -medizin, hatte 1808 ein Buch über die *Ansichten von der Nachtseite der Naturwissenschaften* publiziert und ließ 1814 *Die Symbolik des Traumes* folgen. Lorenz Oken (1779–1851), Professor der Naturwissenschaften in Jena, beschäftigte sich mit ähnlichen Themen und wurde ebenfalls von der romantischen Naturphilosophie Schellings beeinflußt.

594,32 Rieke: Friederike Reichardt

594,34 Louis Grimm radirt jezt Betinen: Die Radierungen aus Landshut gehören zu den schönsten Darstellungen der jungen Bettine und wurden vielfach abgebildet.

Weniger bekannt ist die Zeichnung aus Landshut (FDH):

149. An Brentano
Berlin, 19. August 1809
D: Staatsbibliothek zu Berlin

595,3 zur Generalprobe einer Comödie: Aus dem Stammbuch Arnims entnahm Steig die Information, daß die Liebhaberaufführung zwei Tage später stattfand, am 21. August 1809. »Achim von Arnim hatte in dem zweiten Stücke, im Wirrwarr von Kotzebue, die Rolle des Major von Langsalm inne« (Steig III, S. 42).

150. An Brentano, Berlin, 5. Sept. 1809
D: Hs FDH

597,7 Raumer: Karl Georg Ludwig von Raumer (1783–1865), ein Geologe und Geograph, der Friederike Reichardt heiratete

151. An Arnim, Halle
Kurz vor dem 8. September 1809
D: Hs FDH; vgl. FBA Nr. 558

597,16 mit Grimm: Wilhelm Grimm

597,19–27 Bomolie und Mastix Waßer ... Tebelholemehr: Zwei im *Schelmuffsky* genannte Heilmittel, »das weiße Baumöl« (S. 271) und eine »aus einem Aufguß von pulverisiertem Mastixharz, Muskatblüten, Nelken, Zimt und Malvasierwein destillierte Medizin zur Stärkung des Magens, gegen Kolik und Erbrechen« (S. 277). Die Verwünschungsformel bestätigt den *Schelmuffsky* als Quelle dieser »Heilkunde«.

597,34f. Rezension in der eleganten Zeitung von deinem Jardin d'hiver: Die Kritik des *Wintergarten*, dessen Titel Brentano hier ins Französische überträgt, erschien am 18. August 1809 in der *Zeitung für die elegante Welt* (Auszug: Werke 3, S. 1109 f.).

597,37–598,3 Schuberts Ansichten ... de nuit de Mercier: Zum Buch und seinem Autor vgl. Erl. zu 594,8–27. Der Text lautet übersetzt: Ein ziemlich gutes Werk, aber nicht klassisch, denn es ist nichts weiter als eine Übersetzung der Nachtmütze von Mercier (Anspielung auf ein Werk von Louis-Sébastien Mercier [1740 bis 1814]). Brentano besaß dieses Buch *Mon bonnet de nuit* (1784; vgl. Bibl., S. 125).

598,4 Lafontaine: Vgl. Erl. zu 22,13 f.

598,10 Levante: Bezeichnung für die Länder des östlichen Mittelmeerraums.

152. An Brentano
Berlin, 20. April 1811
D: Hs FDH, Briefexzerpt zu einem nicht erhaltenen Brief

599,3 Du bist gestern so eilig entwichen: Seit Mitte September 1809 hielt sich Brentano ununterbrochen bei Arnim in Berlin auf, wobei sich ein Briefwechsel bei der gemeinsamen Wohnung (bei Pistor) erübrigte (vgl. Grimms Beschreibung der Zimmer S. XV). Beide hatten in Berlin eine sehr produktive Phase ihres Lebens. Sie knüpften Beziehungen zu den führenden Intellektuellen der Stadt an und verkehrten bei Adam Müller, Friederike Unzelmann, den Brüdern Eichendorff, Adelbert von Chamisso, Friedrich Heinrich Karl de la Motte Fouqué und Heinrich von Kleist. Einer der berühmtesten Aufsätze der Romantik *Verschiedene Empfindungen vor Friedrichs Seelandschaft worauf ein Kapuziner* ist eine Gemeinschaftspublikation der Freunde, die Heinrich von Kleist (gekürzt und verändert) in seinen *Berliner Abendblätter[n]* veröffentlichte. Brentano trieb seine Märchenprojekte und den Romanzenzyklus voran und versuchte bildende Künstler wie Philipp Otto Runge für eine Zusammenarbeit zu gewinnen. Arnim arbeitete an seinem Eheroman *Dolores*, der im Mai 1810 erschien. Anfang 1811 gründeten sie gemeinsam die »Christlich-Deutsche Tischgesellschaft«, zu der neben Adam Müller auch Fichte, Savigny, Schinkel und Zelter gehörten (vgl. Erl. zu 723,25–27).

599,11 Aengstlichkeit in Beziehung auf meine Frau: Am 11. März 1811 hatte Achim von Arnim Clemens' Schwester Bettine in Berlin geheiratet. Bis zum Schluß hatten die beiden Verlobten ihren Plan geheimgehalten.

599,13f. in der Roseschen Geschichte bey Ingenheim: Ungeklärte Anspielungen. Gustav Adolf Graf von Ingenheim (1789–1855), ein natürlicher Sohn des preußischen Königs Friedrich Wilhelm II., war Mitglied der Christlich-Deutschen Tischgesellschaft. Offensichtlich hatten sich Arnim und Brentano auf einer Gesellschaft bei ihm getroffen, und man hatte sich über den englischen Diplomaten George Henry Rose (1771–1855) unterhalten, der später Gesandter in München und Berlin wurde.

600,10–14 durch eine ganz falsche Erzählung von ihr und Freyberg das Glück ... fast gänzlich zerstört ... meine Vorsicht: Bei ihrem Aufenthalt in Landshut und München hatte Bettine enge Freundschaft mit Max Prokop von Freyberg (1789–1851) geschlossen; zwischen Mai und August 1810 entwickelte sich ein reger Briefwechsel der beiden (vgl. die Edition von Sibylle von Steinsdorff). Brentano machte aus seiner Vermutung, daß Bettine den jungen Freund zu heiraten plante, keinen Hehl, wodurch Arnims Werbung um Bettine gefährdet wurde (vgl. seine Darstellung 600,8–12). Die Beziehung zwischen Arnim, Bettine und Arnim war auch deshalb prekär, weil Clemens auf alle Bewerber, die sich seinen Schwestern näherten, eifersüchtig war (obwohl er die Freundschaften mit seinen Freunden zunächst stets förderte). Dies galt besonders im Falle von Bettine, zu der Clemens lange Zeit eine intensive, fast inzestuöse Geschwisterliebe empfunden hatte. Die Heirat von Arnim und Bettine, der eine fast 10jährige Freundschaft vorausging, wurde durch die Fideikomißregelung ausgelöst, die mit dem Tode der Großmutter Labes am 10. März 1810 wirksam wurde. Arnim mußte heiraten, denn erst seine Erben hatten volles Verfügungsrecht über die Güter. Seinen Heiratsantrag im Brief vom 10. Juli 1810 begründete Arnim daher mit dem Hinweis auf diese Regelung recht prosaisch: *Meine Großmutter entriß der Tod [...]. Ihr Vermögen hätte mich [...] reich gemacht, wenn sie nicht durch eine Fideicommißeinrichtung, die sich erst zum besten meiner Kinder auflöst, mich [...] beschränkt hätte. [...] so war mein Entschluß bald gefasst, das Meinige zu thun, um rechtmässige Kinder zu haben; da brauchte es nicht langer Zweifel, ich wuste niemand auf der Welt von der ich so gern ein Ebenbild besessen hätte, da kein Maler Dich mir ordentlich dargestellt hatte, und auch keine, mit der ich auch ohne diese Verdoppelung so gern mich erfreut, gestritten, gewacht und geschlafen hätte als Dich.* Am 14. Dezember 1810 verlobten sich die beiden heimlich, wobei sie ihre Heiratspläne sorgfältig und mit Erfolg vor dem gemeinsamen Partner Clemens verbargen. Nach der Hochzeit kam es offensichtlich zu einem peinlichen Zusammentreffen der beiden mit Clemens. Arnim versucht sich Clemens gegenüber, mit dem er bis zum Ehetermin in einer Wohnung zusammengelebt hatte, zu rechtfertigen. Er bemüht sich, ihn auf Distanz zu halten, ohne ihn zu verletzen. Brentano schreibt wenig später (oder sogar am gleichen Tag) den folgenden Brief und nimmt auf dieselbe peinliche Begegnung Bezug.

153. An Arnim
Berlin, vermutlich am 20. April 1811
D: Hs FDH; vgl. FBA Nr. 587

600,29 Ich bin nicht gestern schnell von dir weggegangen: Brentano bezieht sich auf dieselbe Begegnung wie Arnim im vorigen Brief. Da beide von »gestern« sprechen, wurden die Briefe möglicherweise am gleichen Tage ausgetauscht.

601,33 als Stiffter der Gesellschaft: Die Äußerungen Brentanos über Arnim waren bei einer Diskussion in einer der vierzehntägig stattfindenden Sitzungen der Christlich-Deutschen Tischgesellschaft gefallen, deren Stifter Arnim war (vgl. Erl. zu 599,3).

603,3f. Sophie zwischen Bethmann und Herberstein: Brentano bezieht sich auf seine früh gestorbene Schwester Sophie (1776–1800), die zeitweise mit einem Grafen Herberstein verlobt war und offensichtlich auch zu Moritz von Bethmann Zuneigung gefaßt hatte. Sophie heiratete nicht und starb an »Nervenfieber« (Typhus) auf dem Gute Wielands in Oßmannstedt bei Weimar.

603,4 Reichenbach: Um Minna (Wilhelmine) Reichenbach (1782 bis 1835), die Brentano durch Sophie Mereau kennengelernt hatte, bemühte sich Brentano im Juli 1800. Den drei Schwestern Reichenbach widmete er den ersten Band des Romans *Godwi* (vgl. FBA 16, S. 8–13 und 627–629).

604,7f. Glockenbücher ... der Gesellschafft: Protokollbücher der Christlich-Deutschen Tischgesellschaft

154. An Brentano
Berlin, nach dem 17. Juli 1811
D: Reinhold Steig: Zeugnisse zur Pflege der deutschen Litteratur in den Heidelberger Jahrbüchern, in: Neue Heidelberger Jahrbücher, hg. vom hist.-philosoph. Vereine zu Heidelberg, XI, 1902, S. 274f. Nachschrift zu einem Brief Zimmers an Brentano.

604,14 Böckh: August Boeckh (1785 bis 1867), Professor für Literatur und Geschichte der Antike in Heidelberg, stand den Romantikern nahe und steuerte einige griechische Sonette für die ZfE bei.

604,18–22 Ich reise ... Bukowan ... oder ... an den Rhein: Arnim folgte Brentano nicht nach Bukowan, sondern entschied sich in Weimar, mit Bettine nach Frankfurt, in die Heimat seiner Frau, weiterzureisen (vgl. Steig I, S. 288 bzw. 607,31–36). Mit Wilhem Dorow brach er gemeinsam nach Heidelberg und Straßburg auf (ebd., S. 364).

604,28–605,2 Meine Judengeschichte ... Moritz Itzig: »Auf einer Einladung bei Sara Levy provoziert Arnim durch ungeschicktes Verhalten einen persönlichen Konflikt mit den Juden Berlins« (Chronik, S. 83). Daraufhin kommt es zu einer Duell-Forderung Itzigs, die Arnim ablehnt. »Moritz Itzig fällt seinen persönlichen Widersacher Arnim in Berlin öffentlich mit einem Stock an und verwickelt ihn in eine Schlägerei« (ebd., S. 84).

155. An Arnim
Prag, 3. September 1811
D: Hs GSA Weimar; vgl. FBA Nr. 594

605,14 geheimen Rath: Brentanos Brief ist nach Weimar *abzugeben bei Herrn Doctor Riemer im Götheschen Hause* gerichtet. Ende Juli 1811 war Brentano gemeinsam mit Karl Friedrich Schinkel nach Böhmen auf das Familiengut der Brentanos, Bukowan bei Prag, gereist. Arnim und Bettine hatten am 18. August Berlin verlassen, um Goethe einen Besuch in Weimar abzustatten, wo sie sich vom 25. August bis 21. September aufhielten und zunächst in bestem Einvernehmen mit Goethe und seinem Kreis die Geburtstage von Wieland und Goethe feierten und Arnim bei Hof vorgestellt wurde (vgl. 611,1). Am 13. September jedoch »kam es beim Besuch einer [...] Kunstausstellung zu einem Frauenstreit zwischen Bettine und Christiane [...], der Sensation bei den Zeitgenossen machte und den Abbruch der Beziehungen zwischen A[rnim]/Bettine und Goethe/Christiane zur Folge hatte« (Sav.-Br, S. 248).

605,26 Die beiden Motze: Gerhard Heinrich von Motz (1776–1868) und sein Vetter Carl Ämilius von Motz (geb. 1777), die bei der Verwaltung des Gutes Bukowan halfen und den ungeschickten Bruder Christian veranlassen sollten, Bukowan zu verlassen (vgl. die zahlreichen Briefe, die Brentano in dieser Angelegenheit an Savigny schrieb: FBA Nr. 593, 595 f., 598, 600, 606 f. u. 614). Das Gut war als Kapitalanlage gedacht, warf jedoch keinen Gewinn ab und erwies sich trotz aller Bemühungen, die von Savigny immer wieder unterstützt wurden, als Fehlspekulation. Savigny vermittelte auch die Beziehung zu der Hanauer Familie Motz.

606,8 Schäfer: Leopold Schefer (1784–1862) hatte 1811 *Gedichte mit Kompositionen* unter dem Namen von Hermann Fürst von Pückler-Muskau (1785–1871) veröffentlicht. Vermutlich war es Pückler selbst, der Brentano darüber informierte, denn auf dem Weg nach Bukowan unterbrach Brentano seine Reise in Muskau.

156. An Brentano
Weimar, 14. September 1811
D: Hs GSA Weimar; vgl. Heinz Härtl: Deutsche Romantiker und ein böhmisches Gut, in: Brünner Beiträge zur Germanistik und Nordistik. Bd. 2, Brno 1980, S. 158–161; zum Brief hat sich ein Exzerpt erhalten (FDH)

607,36 Zebedeus: Zebedäus, Vater von Johannes und Jakobus; der Name bedeutet im Hebräischen: Geschenk Gottes.

608,33 Riese: Nach Härtl: Georg Rieß, der Bukowaner Gutsverwalter

608,34 mit Faust: Nach Mephistos Ausspruch in *Faust I*: *Sie ist gerichtet,* der durch die *Stimme von oben* zu *Ist gerettet* korrigiert wird (V. 4611 f.).

609,34 f. Pistor zum Vertrauten: Härtl weist auf den Brief Brentanos an Pistor hin, der jedoch erst vom 25. September datiert (FBA 32, S. 348–352). Darin deutet Brentano humorvoll verpackt an, daß er *diesen Winter mit der lieben Ludmilla, die so frei von allen Prozessen ist, als ein nackter Hintern* nach Berlin kommen wolle (ebd., S. 349). Zugleich fordert er Pistor zur Diskretion auf. Pistor scheint jedoch Arnim über die Affäre mit der *böhmische[n] Fürstin von 18 Jahren* (ebd., S. 348) unterrichtet zu haben. Möglicherweise hat Brentano schon früher in einem nicht erhaltenen Brief Pistor darüber berichtet (oder einer der beiden Briefe ist falsch datiert).

610,2 Jakob vor dem Uebersetzen: Vgl. 1 Mose 32, 24–31 (Jakobs Ringen mit Gott an der Furt).

610,8 aqua lauro cerasi: Kirschlorbeerwasser

610,25 f. der 24ste Februar: Drama von Zacharias Werner, das 1810 uraufgeführt wurde

610,29 Stelzer: Nach Härtl der Kriegs- und Domänerat Christian Friedrich Christoph Steltzer (gest. 1822)

610,32–36 Lafontäne ... Nichte ... Niemeyer: Dazu Härtls Kommentar: »Lafontaine [...] begann im Juli 1811 eine Reise von etwa drei Monaten [...] nach Venedig, die zurück über Wien, Prag und Dresden führte. Ihn begleitete der Hallenser Theologe und Pädagoge August Hermann Niemeyer (1754–1828). Dessen zweitältester Sohn, der Jurist Anton Niemeyer, heiratete 1816 Lafontaines an Kindes Statt angenommene Nichte Luise Mitgau (gest. 1823)« (Tendenzen, S. 160 f.).

611,1 f. Von Göthes Leben ... zwey Bände: Von *Dichtung und Wahrheit* erschien 1811 der erste Teil.

611,10–12 Der arme Wieland ... herabgestürzt: Der Unfall vom 11. September, bei dem auch Wielands

Tochter Marie Louise Charlotte (geb. 1789) Schaden nahm, wird von Arnim in Stanzen unter dem Titel *Wielands Geburtstag* (im Zyklus *Erinnerung an Freudentage in Weimar*) geschildert (Härtl, a.a.O., S.161).

157. An Brentano
Frankfurt, 26. Oktober 1811
D: Hs GSA Weimar; vgl. Tendenzen, S.127–130; zum Brief hat sich ein Exzerpt erhalten (FDH)

611,20–29 Motz ... Bothmann: Auf Anregung der beiden Motz (vgl. Erl. zu 605,26) war der Hanauer Landgerichtsrat Bodmann (UL, S: 459f. und 523) als Verwalter von Bukowan gewonnen worden.

612,14 George mit einem Herrn Mumm: Georg Brentano arbeitete mit Gottlieb Mumm zusammen, der 1820 die berühmte Champagnerfirma gründete.

612,16 Frau von Chezy mit ihren beyden Jungen: Die Schriftstellerin Helmina (Wilhelmine) von Chézy, geb. von Klencke, geschiedene von Hastfer (1783–1856) kannte Arnim bereits seit seinem Paris-Aufenthalt. Ihre Söhne sind der spätere Schriftsteller Wilhelm (1806–1865) und Max (1808–1846; später Maler).

612,22 Ich hört ein Brünnlein rauschen: Arnim variiert das *Wunderhorn*-Lied *Laß rauschen Lieb, laß rauschen* (FBA 7, S.50).

612,24f. Gedichte des Muskauer Schäfers: Vgl. Erl. zu 606,8.

612,29 Crisalin: Isaak von Sinclair, dessen *Gedichte* 1811 in Frankfurt erschienen waren (vgl. Erl. zu 433, 28–36).

612,37 Schubart: Henriette Schubart (1769–1831) übersetzte Walter Scotts *The minstrelsy of the Scottish border* (1802); erst 1817 erschien ihr Band, der sich auch in der Bibliothek Arnims erhalten hat.

613,1f. Frau von Hellwich: Die Schriftstellerin Anna Amalie von Helvig, geb. von Imhoff (1776–1831), die sich von 1810 bis 1815 in Heidelberg aufhielt

613,2 Bertram: Johann Baptist Bertram (1776–1841), Maler und Sammler

613,21–24 der Bube ... das kleinste Mädchen ... die älteste: Guido Görres (1805–1852), der als katholischer Publizist später in die Fußstapfen seines Vaters trat. Er gehörte wie Joseph Görres und Brentano zum spätromantisch-katholischen Münchener Kreis und wurde von Brentano testamentarisch mit der Ausgabe seiner Märchen betraut. Die jüngste Schwester war Maria Benedikta Friederica Theresia (1808 bis 1871), die ältere Sophie Görres (1802 bis 1854), später mit dem Maler Joseph Steingaß verheiratet und wie dieser mit Brentano befreundet.

613,24 Engel von Albani: Von Francesco Albani (1578–1660)

613,33–36 Gedichte des Ferdusi ... Rezension ... christlichen Religion: Görres publizierte 1820 in 2 Bänden *Das Heldenbuch Iran aus dem Schah-Nameh des Firdussi.* Seine Jean Paul-Rezension erschien in den *Heidelbergische[n] Jahrbücher[n] der Litteratur* 1811, die 4bändige *Christliche Mystik* 1836 bis 1842.

613,40–614,3 de Wette ... Arzeneywissenschaft: Vgl. Erl. zu 548,13. Das genannte Buch erschien nicht.

614,12 der Komet: Der Komet des Jahres 1811 wurde vielfach als bedrohliches Zeichen interpretiert.

614,18 deine Briefe an Bettine: Arnim äußert sich in der Notiz eines seiner Sudelbücher (FDH) noch offener und kritischer zum Einfluß Brentanos auf seine sieben Jahre jüngere, von ihm im Hinblick auf romantische Ideale geformte und zugleich abgöttisch geliebte Schwester: *Wenn [...] ein älterer fertiger Mensch die Empfindungen [der Jugend] beobachtet, ohne sie zu würdigen, das heist ohne ihnen anders als mit der Kritik des Ausdrucks oder der Gesinnung zu begegnen, das ist ein schlimmer Honigthau und wenn tausend Worte der Liebe dabey stehen. Dieses ist der Hauptfehler in Clemens*

Briefen [...] die Briefe, wo sie rathen sind durchaus wohlthätig und ohne Anmassung [...]. Daß ihm das Bedürfniß sich recht auszulieben den Streich spielt auch in der Schwester etwas Ausschließliches besetzen zu wollen ist leicht zu verzeihen, es verstimmt das Verhältniß beyder und macht es da traurig, wo er indem er heirathet der selbstgeschaffenen Illusion geradezu widerspricht, nachher ist der Briefwechsel in abwechselndem Ungenügen und ist selten was werth, er möchte zum ersten Verhältnisse zurück und merkt nicht, daß er tausendmal selbst gegen diese Empfindung gestritten und gespottet [...] Beide [Clemens und Christian] reissen Savigny in eine Hofmeisterey, gegen die er sich lange gewehrt hatte, er verbat sich sogar den Respeckt, und fühlte wohl daß er zuviel mit seiner Wissenschaft und Mädchen nicht kannte, als er endlich rathen muß, räth er in allem was das Unbestimmte und Schwankende in der Empfindung des Mädchens betrifft schöne Wahrheit, im Studium räth er verkehrt, Dinge die er selbst gerade lernen möchte oder gelesen hat (Hs FDH; zit. nach Tendenzen, S. 165). Aus den publizierten Briefen (vgl. etwa AM), die im Falle des Geschwisterbriefwechsels allerdings nur in der von Bettine bearbeiteten und im *Frühlingskranz* 1844 publizierten Form erhalten sind, ist erkennbar, daß Arnim den Vorgang der »Erziehung« und »Bildung« Bettines durch Clemens, Christian und Savigny zutreffend beschreibt.

614,37f. Vossens mythologische Briefe: Johann Heinrich Voß: *Mythologische Briefe*, 2 Bde., Königsberg 1794

615,28f. von Deiner Ehescheidung: Die offizielle Scheidung wurde erst am 22. Dezember 1814 wegen »Auflösung des Ehebandes auf Grund böswilligen Verlassens« vollzogen (Enzensberger, S. 212–214).

615,29 Euler: Heinrich Carl Ludwig Euler (1777–1832), Frankfurter Jurist

615,34 defensor matrimonii: (Lat.) Verteidiger der Ehe

615,36 Schott: Vermutlich Johann Christian Schott

615,38 Windischmann: Karl Joseph Hieronymus Windischmann (1775 bis 1839), Professor der Geschichte und Philosophie in Aschaffenburg

616,6–11 Bettmann ... seiner Mutter ... seiner Frau, die von einem Knaben glücklich entbunden: Die Verwandten von Moritz von Bethmann sind: die Mutter Katharina Margaretha, geb. Schaaf (1741–1822), die Frau Louise Friederike, geb. Boode (1792 bis 1869) und der Sohn Philipp Heinrich Alexander Moritz (1811–1877).

158. An Brentano
Frankfurt, 24. November 1811

D: Hs GSA Weimar; vgl. Tendenzen, S. 127–131

616,32 Schwinks: Die von Arnim verehrte Auguste Schwinck war seit dem 6. Juni 1806 mit Friedrich Ludwig August von Wißmann (vgl. Erl. zu 569,26) verheiratet.

617,25f. Von Epp ... eine herrliche Christine aus Boisserets Sammlung: Die Sammlung der Brüder Boisserée (vgl. Erl. zu 724,22 f.) befand sich seit 1810 in Heidelberg. Als Geschenk für Bettine ließ Arnim vom Mannheimer Maler und Restaurator Friedrich Epp (etwa 1786–1813) die Märtyrerin Christine in die heilige Elisabeth mit dem wunderbaren Rosenkörbchen »ummalen« (Tendenzen, S. 168).

617,26 Dürer: Eine von Epp angefertigte Kopie von Albrecht Dürers Selbstbildnis im Pelzrock hatte Bettine Mitte Juli 1809 an Goethe schikken lassen. Erst 1812 erhielt sie das (heute wieder in Weimar befindliche) Bild zurück (vgl. Tendenzen, S. 168).

159. An Arnim
Prag, 10./11. Dezember 1811

D: Hs GSA Weimar (Brieffragment), vgl. FBA Nr. 601 und Tendenzen, S. 131–138; die fehlenden

Abschnitte wurden vermutlich von Varnhagen entfernt, weil sie Berichte zu seinen problematischen Kontakten mit Brentano enthielten (vgl. Tendenzen, S. 168 f.).

618,31–35 im Luftballon.... wie ein Zambekari, oder ein Claudius: Francesko Zambeccari (geb. 1765) und Karl Friedrich Claudius, Ballonfahrer aus Bologna und Berlin

618,36f. meine verruchte Liebschaft: Vgl. Erl zu 609,34 f.

619,16 Mannel: Bei Pfarrer Adam Mannel (1558–1834) in Allendorf wurde Auguste im Frühjahr 1808 untergebracht.

619,20 Rechtfertigungs Memorial an die Schwincke: Der 32 Seiten Folio umfassende Entwurf zu dem Brief an Auguste Schwink wurde im Jb FDH 1972 (S. 203–222) von Jürgen Knaack veröffentlicht.

620,3 Pfuel: Ernst Heinrich Adolf von Pfuel (1779–1866), den Freund Heinrich von Kleists

620,35 Marmontels Selbstleben: Die Memoiren von Jean François Marmontel (1723–1799), die übersetzt in 4 Bden. 1805/1806 erschienen waren

622,18 Bethmann: Die Berliner Schauspielerin Friederike Bethmann-Unzelmann (1760–1815)

622,22–24 Nostitz ... Brede: Die Geliebte des preußischen Offiziers Karl von Nostitz (1771–1838), die Prager Schauspielerin Auguste Brede, geb. Euler (1786 bis 1859), lernte Brentano durch Varnhagen kennen. Nostitz war – wie Brentano später beschreibt (vgl. 637,8–10) – schwer krank.

624,27 Erzherzogs Anton: Anton Clemens Theodor (1775–1836), seit 1787 verheiratet mit der östereichischen Erzherzogin Maria Theresia, später (1827) König von Sachsen

625,26 L'Orient: Nach Härtl vermutlich der Landschaftsmaler Joseph Orient (1677–1747)

625,36–626,7 Screta ... Roos ... De Vos ... Sichem: Die Künstler sind (nach Härtl) Karel Skreta (1610 bis 1674), Johann Heinrich Roos (1631 bis 1685), Marten (1531 bis 1603) oder Cornelius (1585–1651) de Vos und Christoffel van Sichem.

626,39 Von Nachdrücken: Zahlreiche Bücher besaß Arnim im Erstdruck, andere der erwähnten Ausgaben lassen sich in Arnims Bibliothek nachweisen (vgl. Tendenzen, S. 173 f.).

160. An Brentano
Frankfurt, 28. Dezember 1811
D: Hs GSA Weimar; vgl. Tendenzen, S. 138–140

628,5 pavagirten Kunstsammlung: Für die gekauften Bilder mußte Zoll für den Transit (franz. pavage) entrichtet werden.

629,2f. Das Loch: Das Schattenspiel erschien 1813 in der Sammlung *Ludwig Achim von Arnim's Schaubühne.*

629,17 du wolltest noch dazu einziehen: An Savigny schreibt Arnim parallel am 27. Dezember: *er will durchaus bey mir wohnen und ich weiß nicht, wo ich selbst Platz finden soll und denk Dir dazu, alle kuriose Freundschaften, die er zu seinem Spas auf ein Paar Wochen schliest und die er sicher auch meiner Frau zuführen würde. Ich begreife nicht, daß er seine bequeme Lage in Pistors Haus nicht einsieht, wo er zwischen Dir und mir in bequemer Mitte wohnt.* Grundsätzlich ist Arnim der Meinung, *daß Clemens nicht in eine grosse, sondern in eine kleine Stadt gehöre, ich habe gefühlt, daß er in Berlin nach seinen besten Anlagen immer mehr unter geht, während er immer mehr in die Effektmacherei ausartet, er hat unglaublich viel mit der guten Sophie verloren* (Sav.-Br, S. 59 f.).

629,18 Corfiz: Nach Härtl ein seltener dänischer Name, der seit dem 18. Jhd. jedoch verpönt ist und mit einem Verräter des 17. Jhds. in Verbindung gebracht wird (Tendenzen, S. 175).

629,33 bey Ingenheim: Vgl. Erl. zu 599,13 f.

630,18 Dämon: Vgl. Erl. zu 446,31.

161. An Brentano
Berlin, 5. März 1812
D: Hs GSA Weimar; vgl. Tendenzen, S. 140–142

633,4 Allianz mit Frankreich: Preußen verpflichtete sich, den übermächtigen Napoleon zu unterstützen und ein Hilfskorps für den Rußlandfeldzug bereitzustellen. Der Vertrag war bereits am 24. Februar 1812 in Paris geschlossen worden.

633,12 Ferdinand: Der jüngere Bruder von Jacob und Wilhelm, Ferdinand Grimm (1788–1845)

634,3 Krieger in Marburg: Johann Konrad Christian Krieger, Universitätsbuchhändler und Buchdrucker

634,9 Knoblauch: Nach Härtl möglicherweise der Berliner Kriegsrat und Assessor Ewald Ehrenreich von Knobloch (Tendenzen, S. 177); Knoblauch wurde jedoch auch als allgemeine abwertende Bezeichnung für Juden verwendet; in diesem Sinne im gleichen Brief in der Fichte-Anekdote von Arnim benutzt (635,19–636,5).

634,10 Roman: Der Roman blieb Fragment und trägt den Titel *Der schiffbrüchige Galeerensklave vom todten Meer* (FBA 19, S. 227–249).

634,14f. Wißmann (sonst Schwink): Auguste Schwink, verheiratete Wißmann, um die sich Arnim in Königsberg bemüht hatte.

634,34f. Kapuziner auf Friedrichs Landschaft: Vgl. den gemeinsamen Text von Arnim und Brentano zu C. D. Friedrichs *Mönch am Meer* in der Berliner Ausstellung (Brentano, Werke 2, S. 1034–1038).

635,1–6 Tischreden ... der deutschen Gesellschaft ... Stiftungstag: Die Christlich Deutsche Tischgesellschaft wurde am 18. Januar 1811 gegründet; Arnim bezieht sich auf den ersten Jahrestag. Zu den erhaltenen Texten Brentanos vgl. Werke 2, S. 838–870 und 1199–1201 sowie die zum Buch verarbeitete Philistersatire (ebd., S. 959–1016).

635,8 Prinz Ferdinand: Louis Ferdinand, Prinz von Preußen (1772 bis 1806), war in der Schlacht bei Saalfeld gefallen.

635,9 Stägemann: Friedrich August Stägemann (1763–1840), seit 1809 Geheimer Staatsrat; sein Gedicht zum 100. Geburtstag Friedrichs II. ist veröffentlicht (Tendenzen, S. 178).

635,10 Poet Schulz: Johann Kaspar Friedrich Schultz (1766–1845), der sogenannte »Theater-Schulz« (ebd.)

635,18f. die Schock ... Weiß: Härtl klärt die Anspielungen auf: »Friederike Philippine von Zschock (gest. 1858), eine Schwester Pistors, war verheiratet mit dem Kriegsrat Albert von Zschock (1768–1846), dem *Bertholdino*, der noch Geheimer Oberfinanzrat wurde, und befreundet mit dem Professor der Mineralogie Christian Samuel Weiß (1780 bis 1856), dem *Cavafemino* (etwa: hohler Selbstbeflecker)« (Tendenzen, S. 178). Offenbar hatte Frau Zschock ein Verhältnis mit Weiß.

635,19–636,5 Ein jüdischer Student ... Offenheit: »Über die Begebenheit konnte nichts ermittelt werden« (Tendenzen, S. 179). Johann Gottlieb Fichte war 1811/1812 Rektor der Berliner Universität, Savigny folgte ihm im Amt.

636,7–9 Elisabeth ... von Epp habe kopiren lassen: Vgl. Erl. zu 617,25 f.

636,15 Hinz und Kunz, nebst Cajus und Sempronius: Redensartlich für »beliebige Personen«.

636,15f. Schinkel ... zweyte Tochter: Susanne (geb. 23. November 1811)

636,17 Savignys Bübchen: »Der am 28. August 1811 geborene Maximilian Friedrich Georg starb jedoch schon am 26. April 1812« (Tendenzen, S. 180).

162. An Arnim
Prag, etwa 24. März 1812
D: Hs GSA Weimar (Brieffragment; der fehlende Abschnitt vermutlich von Varnhagen entfernt; Tendenzen, S. 180, Anm. 3); vgl. FBA Nr. 605

638,13 alle meine paar Batzen in dieser Elendsgrube: Ein Teil von Brentanos Erbe war als Geldanlage in das Gut Bukowan geflossen. Da Brentano fast ausschließlich von den Zinserträgen seines Erbteils lebte, machte er sich Sorgen wegen der problematischen Situation des Gutes, die nach der phantasievollen Verwaltung Christians nicht günstiger war als vorher.

638,34f. Verachtung ... gegen Müller und Schlegel: Friedrich Schlegel und Adam Müller hatten Preußen den Rücken gekehrt und waren nach Österreich gegangen (vgl. Erl. zu 685,5 und 574,31–40).

638,39–639,2 Museum ... Hochpreisung des Sigurd: Im zweiten Heft seiner Zeitschrift *Deutsches Museum* (Wien 1812) hatte Friedrich Schlegel einen Artikel *Über nordische Dichtkunst. Ossian. Die Edda, Sigurd und Shakespeare* veröffentlicht (vgl. KA III, S. 221–249). Darin lobt er die Nachdichtung Fouqués: *Diesen dänischen Nachfolgern und Sängern der EDDA können wir aber jetzt auch einen deutschen Skalden zugesellen. Es ist der HELD DES NORDENS, vom Freih. Friedrich v. Fouqué, von dem ich rede. In diesem vom Geiste Odins beseelten und durchdrungenen Werke, stellt sich die nordische Dichtkunst in ihrer ganzen Herrlichkeit und Schöne dem Auge dar* (ebd., S. 241).

639,2–5 Kritick Steigenteschs ... Wunderhorn: August von Steigentesch hatte im *Deutschen Museum* (Bd. 1, S. 218) zum *Wunderhorn* geschrieben.

639,7 Hormair: Joseph von Hormayr (1782–1848)

639,11 deinen Kronenwächtern: Der erste (und einzige von Arnim fertiggestellte) Band des historischen Romans *Die Kronenwächter* erschien erst 1817. Arnim arbeitete an diesem Projekt jedoch mindestens bereits seit 1810.

163. An Brentano
Berlin, 16. April 1812

D: Hs GSA Weimar; vgl. Tendenzen, S. 142–145

639,19 Maaß: Nach Härtl Wilhelmine Maaß (um 1786 bis um 1835), 1802–1805 Schauspielerin in Weimar, danach in Berlin

640,1 Halle und Jerusalem: Vgl. Erl. zu 532,24 f. Die Aufführung kam nicht zustande.

641,25 tribulirten: Plagen, quälen

642,17f. Iffland ... Theaterdirektor: Zum Verhältnis Arnim-Iffland vgl. die Literaturangaben in: Tendenzen, S. 180.

642,20–24 Band Erzählungen ... altdeutschen Bühne: Die Publikation von 1812 enthält die Novellen *Isabella von Aegypten, Melück Maria Blainville, Die drei liebreichen Schwestern* und *Angelika, die Genueserin* (Werke 3, S. 611–893). Der Dramenband von 1813 trägt den Titel *Ludwig Achim von Arnim's Schaubühne.*

642,25 für die Urania eine wunderliche Geschichte: Der Text erschien in

der genannten Zeitschrift nicht und ist auch nicht eindeutig zu identifizieren.

642,30f. Recension über A. W. Schlegels Gedichte ... mit Görres: Vgl. Arnim, Werke 6, S. 388 mit Erl. Joseph Görres hatte im gleichen Heft der *Heidelbergische[n] Jahrbücher der Litteratur* 1811 Jean Pauls *Sämmtliche Schriften* rezensiert.

642,34 die Töchter [Kro]ks: Das genannte Werk, das Brentano für sein historisches Drama *Die Gründung Prags* benutzte und besaß, stammt von Johann Friedrich Ernst Albrecht (1752 bis 1814).

642,37 Vossens Recension: Nach Härtl war es der Sohn Voß (Heinrich; 1799–1822), der Friedrich August Wolfs zweisprachiger Edition von *Aristophanes' Wolken* vorgeworfen hatte, Aristophanes *zu einem recht sinnlich derben Realisten zu machen* (Tendenzen, S. 181 f.).

643,12 Legerete: Franz. légereté: legeres Wesen, Leichtigkeit

643,19f. von Göthe's unseliger Beschneidung des Romeo: Nach Härtl (Tendenzen, S. 183) besuchte Arnim in Berlin am 9. April 1812 eine Aufführung der von Goethe bearbeiteten Fassung von *Romeo und Julia.* Goethes Version (nach A. W. Schlegels Übersetzung mit Kürzungen im vierten Akt und am Schluß) kam weder in Weimar noch in Berlin beim Publikum gut an.

164. An Brentano
Berlin, 5. Mai 1812
D: Hs GSA Weimar; vgl. Tendenzen, S. 145

643,29–644,2 Knabe ... Glückshelm: Arnim meldet die Geburt seines Sohnes Johannes Freimund. »Als Glückshaube oder Wehmutterhäublein werden die Reste der Eihäute auf dem Kopf Neugeborener bezeichnet. Sie bedeuteten dem Kind Glück und wurden bis zum Mittelalter als glückbringender Fetisch gehandelt« (Tendenzen, S. 184).

165. An Brentano
Berlin, etwa 10.–15. Mai 1812
D: Hs GSA Weimar; vgl. Tendenzen, S. 146

644,12–27 den 28ten May anni currentis ... alten Schwarten: Die Taufe von Freimund fand wie vorgesehen am 28. Mai »des laufenden Jahres« statt; Clemens und Christian nahmen jedoch nicht teil. Zu den von Arnim bei der Suche des Namens konsultierten *alten Schwarten* vgl. Tendenzen, S. 184.

644,30f. Runge ... die Briefe seines Bruders: Mit Philipp Otto Runge (1777–1810) hatte Brentano kurz vor dessen Tod einen intensiven Briefwechsel begonnen, in dem er vergeblich versuchte, den Maler zur Illustration seiner *Romanzen vom Rosenkranz* zu gewinnen (vgl. Konrad Feilchenfeldts Edition des Briefwechsels, Frankfurt 1974). Johann Daniel Runge (1765–1856) begann mit der Sammlung von Schriftstücken seines verstorbenen Bruders; die geplante Edition der *Hinterlassenen Schriften* erschien jedoch erst 1840/1841.

166. An Arnim
Bukowan, Mitte bis Ende Mai 1812
D: Hs GSA Weimar (Brieffragment; der fehlende Abschnitt vermutlich von Varnhagen entfernt; vgl. Erl. zu Nr. 159); vgl. FBA Nr. 608

645,30 Schaffer: Verwalter, Hausmeister

646,3 Herr von Biederling aus Prinz Tandi: Brentano bezieht sich auf die Komödie von Jakob Michael Reinhold Lenz *Der neue Menoza oder Geschichte des cumbanischen Prinzen Tandi.* Der Hauptmann von Biederling ist ein naiver Naumburger, der über seiner Seidenraupenzucht alles vergißt. Ein Bezug zu Bukowan ergibt sich u. a. durch die Diskussion um ein offenbar verschuldetes Gut, das Biederling zunächst pachten und dann kaufen will. Der Handel kommt jedoch nicht zustande.

646,4 Polonius aus dem Hamlet: Polonius in Shakespeares *Hamlet* fällt durch seine große Eloquenz auf.

647,16 Robotfuhren: Robot: in den slawischen Völkern (insbesondere in der österreichisch-ungarischen Monarchie): Bezeichnung für Fronarbeit

650,2 Jaherr: Ein Schmeichler, der zu allem »Ja, Herr!« sagt

651,9 Bomolie: Vgl. Erl. zu 597, 19–27.

652,10–12 der Kaiser ... die Franzesche Kaiserin: Franz Joseph Karl (1768–1835), als Kaiser von Österreich Franz I., und seine dritte Frau Maria Ludovika Beatrix, Prinzessin von Modena (1787–1816)

654,17 Hilmer: Nach Härtl Maximilian von Hilmer, Destillateur in Prag, Rübenzuckerspekulant

655,34 von einem Marburger Studioso medicinae: Von einem Marburger Studenten der Medizin, nämlich Christian Brentano

655,38 Sequester: Mittelsperson, die bei einem Streit von zwei Personen vorübergehend die strittige Sache übernimmt

656,16 Altmann: Joseph Carl Altmann von Altmannshofen, Hofrat in Prag

657,10 Luzern: Luzerne ist eine Futterpflanze (Kleeart).

657,40 Kleists Penthisilea: Kleists Stück mit der Amazonenkönigin Penthesilea als Heldin erschien bereits 1808, kam jedoch erst im späten 19. Jhd. zur Aufführung.

658,12 Botanybay: Vgl. Erl. zu 5,25.

658,23 Ekardstein: Vgl. Erl. zu 720, 12.

167. An Brentano
Teplitz, etwa 27. Juli 1812
D: GSA Weimar; vgl. Tendenzen, S. 146 f.

659,33–660,1 bin gekommen in Böhmen ... Leitenberger: Etwa am 24. Juli war Arnim mit seiner Frau Bettine, dem noch nicht drei Monate alten Sohn Freimund und der Schwägerin Gunda von Savigny in Teplitz eingetroffen. Als Brentano mündlich durch Hermann Leitenberger von Arnims Eintreffen erfahren hatte, kam er am 7. August nach Teplitz. Am 15. August traf Savigny aus Berlin ein. Während Savigny und Arnim im letzten Augustdrittel eine Inspektionsreise nach Bukowan unternahmen, blieben Brentano und Bettine in Teplitz. Am 8. September reiste Clemens von dort wieder ab, wenig später auch die Arnims (Tendenzen, S. 185).

660,16 f. Beethoven und Göthe hier – und Neberich: Bettine arrangierte ein Treffen der beiden berühmten Männer, die in der Zeit vom 14. bis etwa 26. Juli beide in Teplitz waren. Der Frankfurter Weinhändler Adam Neberich war mit Beethoven befreundet.

660,21 f. Göthe ... Carlsbader Verse: Goethes Verse, die im französischen Staatsblatt *Moniteur* Aufsehen erregt haben sollen, waren an Kaiser Franz I. von Österreich (1768–1835) und seine Tochter Maria Luise (1791 bis 1847) gerichtet, die seit 1810 mit Napoleon verheiratet war. Der in Karlsbad vorgetragene und als Sonderdruck verbreitete Text spielt auf die englische Kontinentalsperre und Napoleons Gegenmaßnahmen an (vgl. Tendenzen, S. 186 f.).

660,23 f. Kaiserin liest ... Staatskunst: Adam Müller hatte 1810 das dreibändige Werk *Die Elemente der Staatskunst* veröffentlicht, das Maria Ludovica von Österreich nach Arnims Angaben liest.

660,24 f. Kettenburg ... Nibelungen: Die Tragödie von Kuno von Kettenberg (1775–1813), einem mecklenburg-schwerinschen Kammerherrn und Mitglied der Christlich Deutschen Tischgesellschaft, erschien nicht, vermutlich weil der Autor am 14. Januar 1813 starb.

660,27 Gutsche: Friedrich Wilhelm Gutsche (gest. 1833), Landwirt in Kostenblatt bei Teplitz

660,30 Lange: Joseph Lange (1751 bis 1831), Schauspieler, Maler und Komponist in Wien

168. An Arnim
Prag, 28. Juli 1812
D: GSA Weimar; vgl. FBA Nr. 609, Tendenzen, S. 147

661,16 Chiragra: Gicht in den Händen

661,30f. Widtmann: Caspar Widtmann, Buchhändler in Prag

661,31 Podagrämar: Von Podagra: Gichtanfall

169. An Arnim
Prag, 1. August 1812
D: Staatsbibliothek zu Berlin; vgl. FBA Nr. 610

170. An Brentano
Berlin, 23. Oktober 1812
D: GSA Weimar; vgl. Tendenzen, S. 148–150; »unvollständig überliefert« wegen »Affäre zwischen Brentano und Varnhagen« (ebd., S. 188)

663,4 Bussler: Nach Härtl Ernst Friedrich Bussler (1773–1840), Berliner Geheimer Hofrat, als Maler und Stecher dilettierend, Bekannter Schinkels

663,7 Brand von Moskau: 16. bis 19. September 1812; damit kündigt sich die Wende im Kriegsglück Napoleons an.

663,13 Sciavonetti: J. B. Schiavonetti, bedeutender Kunsthändler in Berlin, dessen Ausstellungen gegen Eintrittsgeld zu besichtigen waren

663,19 Freidhofs Bellini: Der Kupferstecher und Pastellmaler Johann Joseph Freidhoff (1768–1818), seit 1805 Professor an der Berliner Akademie, besaß von Giovanni Bellini (etwa 1430–1516) das Bild *Maria mit dem Kinde* und hatte eine Zeichnung davon angefertigt, die auf der (jährlich veranstalteten) Berliner Kunstausstellung zu sehen war (Tendenzen, S. 189).

663,21f. Kolbe … Hirt: Von Carl Wilhelm Kolbe d. J. (1781–1853), seit 1810 Professor an der Berliner Kunstakademie, waren auf der Ausstellung von 1812 sieben Bilder ausgestellt, darunter *Idee zu einem christlichen Bilde.* Der Kunsthistoriker und Archäologe Aloys Ludwig Hirt (1759 bis 1839), Akademiemitglied seit 1796, scheint Arnim die Zeichnung erläutert zu haben.

663,23–26 Die Meerfahrt … einen Göthe mit dem Lorbeerkranz: Das Gemälde wurde vermutlich so spät eingereicht, daß es nicht einmal in den Nachträgen zum Katalog der Kunstausstellung verzeichnet ist. Es gilt heute als verschollen. Brentano verwendete im Taschenbuch *Die Sängerfahrt* (1816, hg. v. Friedrich Förster) als Titelbild einen Stich, der nach Kolbes Bild angefertigt sein soll (vgl. Tendenzen, S. 190). Brentano schrieb dazu das Gedicht *Sängerfahrt nach einem Bilde von Kolbe* (Stich und Hs im Brentano-Katalog 1978, Abb. 8 und 9). Eine sitzende Figur mit Lorbeerkranz ähnelt auf diesem Bild Goethe.

663,32f. Domanialpfandbriefe … kujonieren: Zu den einzelnen Abgaben, die Arnim quälen, vgl. Tendenzen, S. 148.

663,34–664,9 Schinkel … Waldlandschaft … Stadtlandschaft: Karl Friedrich Schinkel (1781–1841) war mit Brentano nach Bukowan und von dort ins Salzkammergut weitergereist. »Von den Titeln, die Arnim nennt, lassen sich identifizieren: *Der Traunsee bei Gmunden, Wasserfall bei Wildbad Gastein, Landschaft mit Motiven aus dem Salzburgischen, Landschaft mit zwei badenden Kindern.* […] Vielleicht meinte Arnim auch eine frühere Fassung des auf 1815 datierten Ölgemäldes *Mittelalterliche Stadt an einem Fluß*« (Tendenzen, S. 191).

664,2 Beuth: Peter Christian Wilhelm Beuth (1781–1853), Obersteuerrat im Preußischen Finanzministerium, der mit Schinkel befreundet war.

664,11f. Genelli … Wald: Von Janus Genelli (1771–1813), einem Mitglied der Christlich Deutschen Tischgesellschaft, wurde 1812 als einziges (heute nicht mehr nachweisbares) Bild *Eine Landschaft* gezeigt.

664,13f. Gräfin Brandenburg: Gräfin Julie von Brandenburg (1793 bis 1848)

664,22f. Friedrich ... in Dresden: Von Caspar David Friedrich waren 1812 in Berlin ausgestellt: *Morgen im Riesengebirge*, *Gartenterrasse*, *Grabmale alter Helden* und *Winterlandschaft*. Welche Bilder Arnim bei einem Dresden-Aufenthalt auf der Rückreise nach Berlin Mitte September 1812 gesehen hatte, läßt sich kaum rekonstruieren.

664,32f. daß du wieder in den Besitz der alten Handschrift kämst: Varnhagen hatte Brentano nach einem Streit, der sich an einer angeblichen Beleidigung Rahels durch Brentano entzündet hatte, die Handschrift des Dramas *Aloys und Imelde* entwendet. Erst nach längeren Auseinandersetzungen gab er sein »Pfand« zurück.

665,1f. Die Juden ... die deutsche G.: Die hier gemeinte Christlich Deutsche Tischgesellschaft (vgl. Erl. zu 723,25–27) nahm keine Juden auf, und einige Beiträge von Arnim und Brentano zeigen deutliche antisemitische Tendenzen (vgl. Arnim, Werke 6, S. 359–387, sowie Brentanos Philistersatire, Werke 2, S. 959–1016).

665,3f. Friedländer: Zu den Aktivitäten und Publikationen (darunter *Sendschreiben an Probst Teller zu Berlin*, 1798) des Kaufmanns David Friedländer (1750–1834), der seit 1809 der erste jüdische Stadtrat Berlins war, vgl. Tendenzen, S. 192 f.

665,16f. Crayon Zeichnungen: Kreidezeichnungen

665,19 Lichtenstein: Martin Heinrich Carl Lichtenstein (1780–1857), seit 1811 Professor der Zoologie in Berlin

665,23–26 Runge ... beyden Mährchen: Vgl. Erl. zu 674,29–675,25.

665,28 Phantasus von Tieck: In seinem *Phantasus*, dessen erster Band 1812 erschien, bettet Tieck seine Erzählungen und Dramen in eine Rahmenerzählung ein, in der nach Art der romantischen Salons über Kunst und Leben diskutiert wird.

665,32 amende: Am Ende

666,2–4 Jean Paul ... Philister Abhandlung ... aesthethischen Vorlesungen: Brentanos Satire *Der Philister vor, in und nach der Geschichte*, die er in der Christlich Deutschen Tischgesellschaft (und vermutlich in einer Urform bereits in Jena) vorgetragen hatte, war als Buch 1811 erschienen. Jean Paul geht darauf in seiner *Vorschule der Ästhetik* ein.

171. An Arnim
Bukowan, 28./29. November 1812
D: GSA Weimar; vgl. FBA Nr. 612

667,5 Fräule George: Zimmervermieterin in Prag

667,10 Hillmereien: Machenschaften des Prager Destillateurs Maximilian von Hilmer (vgl. Erl. zu 654, 17)

667,11–24 George sizt ... Georg: Diebischer Angestellter in Bukowan

667,19 Accusateur publique: (Franz.) öffentlicher Ankläger, Staatsanwalt

668,27 Jus Gentium: (Lat.) Recht der Völker (nicht Völkerrecht in heutigem Sinne), im römischen Recht eine Art Gewohnheitsrecht

669,29–34 Müller ... meine Bitte die Libussa zu verkaufen ... Stück ... Gereimt: Brentano plant sein historisch-mythologisches Drama *Die Gründung Prags* zu veröffentlichen und hat sich an Adam Müller gewandt. Das Werk erschien 1815 in Pesth (Budapest) in gereimten Versen (vgl. FBA 14).

172. An Brentano
Berlin, 16. Januar 1813
D: FDH

671,3 Deiner Libussa: Der *Gründung Prags* (vgl. vorige Erl.)

671,12–17 Deklamatoren ... Seckendorf: Nach Brentanos Briefäußerung, er werde sein Drama nach Wien zum Vorlesen schicken (vgl. 669,32), fürchtet Arnim, daß sein Freund *Die Gründung Prags* in modischen Deklamationsveranstaltungen »vermarkten« will und beschreibt als abschreckendes Beispiel die Veranstaltungen von Seckendorf.

672,22-27 Tante Laroche ... die Bettmann ... der Schmalz und die Schmalz ... Veits: Außer Friederike Eleonore von La Roche (1772-1838; Ehefrau von Clemens' und Bettines Onkel Karl von La Roche) nennt Arnim u. a. die Schauspielerin Bethmann (vgl. Erl. zu 622,18), den preußischen Juristen und Staatswissenschaftler Theodor Anton Heinrich Schmalz (1760-1831) und seine Frau sowie Mitglieder der Berliner Bankiersfamilie Veit.

672,31-34 Johanna ... in Prose: Arnims Drama *Die Päpstin Johanna* erschien erst in der von Bettine veranstalteten postumen Arnim-Ausgabe.

673,2 Grimms Kindermährchen: Die erste Ausgabe der *Kinder- und Haus-Märchen* erschien 1812 mit der Widmung: *An die Frau Elisabeth von Arnim für den kleinen Johannes Freimund.*

173. An Arnim, Prag
Vermutlich Anfang Februar 1813
D: Hs FDH; Fragment (vgl. Erl. zu Nr. 159)

673,12f. kurz vor den Berliner Kriegsszenen geschrieben: Brentano antwortet spontan auf Arnims Brief (vgl. 673,21), der ihn – normale Postlaufzeiten vorausgesetzt – spätestens Anfang Februar erreicht haben wird. Was Brentano unter *Berliner Kriegsszenen* versteht, ist jedoch schwer zu sagen. Berlin war erst im Mai 1813 – »nur durch Bülows schwaches Heer gedeckt« – schwer bedroht (UL, S. 479). Bereits vorher (am 21. April 1813) war jedoch der Landsturm aufgestellt worden, und die reichen Familien (darunter die Familie Savignys) hatten Berlin verlassen. Napoleons Niederlage in Rußland sollte sich zwar später als Wendepunkt der bis dahin erfolgreichen kriegerischen Expansion herausstellen, doch bei der Rückkehr siegten die Franzosen über die verbündeten Preußen und Russen noch am 2. Mai 1813 bei Lützen (Großgörschen) und am 20./21. Mai bei Bautzen.

673,19f. grüne Kreutz: Gasthof in Prag

674,25-27 von Bran ... edirten Zeitschrift Chronos: Die Selbstanzeige *Die Entstehung und der Schluß des romantischen Schauspiels, die Gründung Prags, von Clemens Brentano an seine Freunde* erschien im ersten Band von *Kronos. Eine Zeitschrift politischen, historischen und literarischen Inhalts* (Text: FBA 14, S. 521 bis 535).

674,29-675,25 Grimms Märchen ... ich könnte ... viel besser ... erzählen ... mit Petrarchischen Versen bespickt: Brentano hatte die Brüder Grimm zu ihrer Märchenpublikation angeregt, Material geliefert und verfolgte zugleich selbst sein Projekt der »Kindermärchen«. Wie stark seine Vorstellungen von denen der Brüder Grimm abweichen, wird in diesem Brief deutlich: Nach dem Muster des *Wunderhorn* will er die überlieferten Texte »restaurieren«, d. h. für das zeitgenössische Publikum neu und künstlerisch perfekt erzählen. Als Vorbild nennt er die beiden auf Philipp Otto Runge zurückgehenden Märchen (neben dem in der ZfE publizierten Text *Von den Mahandel Bohm* das berühmte *Von dem Fischer un syner Fru*; KHM Nr. 47 und 19). Ferner beruft er sich auf die italienischen Kunstmärchen von Giovan Battista Basile (ca. 1575-1632), die er selbst in seinen »Italienischen Märchen« verarbeitete. Basiles Märchen enthalten satirische und gesellschaftskritische Elemente und zielen auf ein anderes Lesepublikum als Grimms bewußt simpel und naiv gehaltene, kindgemäß aufbereitete Texte. Brentano hatte Basiles Sammlung *Il Pentamerone ... Ouero Lo Cunto de li Cunte* (Die Erzählung von den Erzählungen) den Brüdern Grimm empfohlen und publizierte später *Das Märchen von Gockel, Hinkel und Gackeleia* auf der Grundlage des kurzen Textes *La preta delo Gallo* von Basile. Die kritisierten *Noten* sind Anmerkungen, in denen die Brüder Grimm auf Parallelüberlieferungen der Märchenstoffe hinweisen, ohne allerdings zu enthüllen, daß es sich oft um ihre eigentlichen Quellen handelt. Die heute verbreiteten Leseausgaben verzichten in der Regel auf diese Anmerkungen (vgl. jedoch die Reclam-Edition Heinz Röllekes, Bd. III).

174. An Arnim
Prag, Ende Juni bis 5. Juli 1813
D: Hs FDH; zur Datierung vgl. Erl. zu 173

675,29f. deine Landsturmscompagnie: »Arnim wollte zunächst als einfacher Soldat am Krieg teilnehmen. Da ein Befehl ausgegeben worden war, daß Adlige nicht unter Offiziersrang dienen sollten, meldete er sich als Offizier bei der Landwehr, wurde aber mit der Begründung abgewiesen, es seien schon genügend Offiziere vorhanden [...]. Daraufhin trat er dem Berliner Landsturm als Hauptmann und Vizechef eines Landsturmbataillons bei, sah sich jedoch bald zur Untätigkeit verurteilt, da der Landsturm in den größeren Städten am 17. Juli faktisch aufgehoben und nur zur Verteidigung der Stadt in den Kampf ziehen sollte« (Sav.-Br, S. 265 f.).

675,36f. Lützow: Leopold von Lützow (1786–1844), Bruder des Freischarführers.

675,38 Scharrnhorst: Der General Gerhard David von Scharnhorst (1755–1813) starb am 28. Juni in Prag an den Folgen seiner Verwundung von der Schlacht bei Lützen. Zu Anfang des Briefes spricht Brentano von der täglichen Erwartung des Todes, dann heißt es, er sei *vorgestern* gestorben (der Briefteil müßte demnach am 30. Juni geschrieben sein). Am Schluß des Briefes gibt er jedoch den 5. Juli als Datum an.

676,2 Gundel ist seit 4 Wochen in Bukowan: Nach Härtl schickte Savigny im Mai 1813, als Berlin von französischen Truppen bedroht war, seine Frau mit den Kindern nach Hirschberg in Schlesien. Von dort reisten sie Mitte Juni nach Prag und Bukowan weiter (Sav.-Br, S. 265). Demnach wäre Brentanos Zeitangabe *4 Wochen* übertrieben.

676,13 Major Roeder: Vermutlich Friedrich Erhardt v. Röder (1768 bis 1834), Generalmajor der brandenburgischen Brigade unter Blücher

676,31 den Färber: Arnims in der Novellensammlung von 1812 veröffentlichte Erzählung *Die drei liebreichen Schwestern und der glückliche Färber. Ein Sittengemälde* (vgl. Werke 2, S. 778–833)

676,35 Varrnhagen: Danach mehrere Worte im Brief unleserlich gemacht, vermutlich durch Varnhagen selbst, der auch weitere Briefverluste durch Beschneidung des Blattes hervorgerufen hat

677,3f. Brevillier und die Perera: Die Briefe von Gunda von Savigny richten sich vermutlich an Henriette von Brevillier, Witwe des 1808 gestorbenen Bankiers Alexander von Brevillier, und Henriette von Pereira-Arnstein.

677,5 Collin, und die Pichler: Tiecks Post nach Wien geht an den Dramatiker Matthäus von Collin (1779 bis 1824) und an die Schriftstellerin Karoline Pichler (1769–1843).

677,27 Hasibilis: Vgl. Erl. zu 585, 20–29.

677,30 Sendung deines Familien Pitts nach London: Arnims Bruder Carl Otto (genannt Pitt) war am 20. März 1813 ohne Gehalt bei der preußischen Gesandtschaft in London angestellt worden (Sav.-Br, S. 266).

677,36 Pistor und Schinckel und Savigny in ihrer Rüstung: Alle genannten Freunde gehörten zum Berliner Landsturm.

175. An Brentano
Berlin, 3. August 1813
D: Hs FDH

678,17 Hyperion: Der in zwei Bänden 1797/1799 erschienene Roman *Hyperion oder der Eremit in Griechenland* von Friedrich Hölderlin

678,20 der Gehemerath: Goethe

678,24f. die Befreiung von Wesel ... Jann ... Mißverständnisse: Theaterstücke Arnims, die in seiner *Schaubühne* (Berlin 1813) erschienen waren (vgl. Erl. zu 532,24f.). Mit diesem Angebot bezieht sich Arnim auf einen viel früheren Brief Brentanos, der um Übersendung von Theatertexten gebeten hatte. Parallel schickt er seinen Band an Brentano (vgl. 679,3).

679 [Bildinschriften]: Willst Du auch nach Moska??? – Il fait bonne mine a mauvais jeu (Er macht gute Miene zum bösen Spiel) – Wer zuletzt lacht, lacht am besten.

176. An Arnim
Wien, Anfang Oktober 1813
D: FDH

679,7f. Wesel, Appelmänner und Auerhahn: Von den Stücken aus der *Schaubühne* hebt Brentano zunächst hervor: *Die Befreiung von Wesel, Die Appelmänner* und *Der Auerhahn.*

680,9 die Schuld von einem gewissen Müllner: Adolf Müllners (1774 bis 1829) modische Schicksalstragödie *Die Schuld* wurde am 27. April 1813 im Wiener Burgtheater uraufgeführt.

681,9–22 Die Misverständniße ... wie der Groskophta, in Göthes Werken ... Das Loch ... Possen: Arnims Lustspiel *Die Mißverständnisse* aus der *Schaubühne* vergleicht Brentano mit Goethes Werk *Der Groß-Cophta* von 1792, das bis heute als mißglückt angesehen wird. Das Schattenspiel *Das Loch* kannte Brentano seit der Begegnung in Teplitz. Als weitere Stücke aus Arnims Sammlung nennt er den Titel des »Nachspiels« *Das Frühlingsfest* und faßt die übrigen Stücke als »Possen« zusammen

Jann's erster Dienst, Posse;
der Auerhahn, dramatische Geschichte; das Frühlingsfest, Nachspiel; Mißverständnisse, Lustspiel; die Befreiung von Wesel, Schauspiel; das Loch, Schattenspiel; Hanrei und Maria, Pickelheringsspiel; der wunderthätige Stein, Hanswurstspiel; Jemand und Niemand, Trauerspiel; die Appelmänner, Puppenspiel,
von
Ludwig Achim von Arnim.
Berlin, 1813.
In der Realschulbuchhandlung.

(Jann's erster Dienst, Posse; Hanrei und Maria, Pickelheringspiel; der wunderthätige Stein, Hanswurstspiel). Lediglich das Trauerspiel *Jemand und Niemand* bleibt unerwähnt.

682,23 Hauser: G. H. Hauser, Vertreter der Brentano-Firma in Wien (UL, S. 534)

682,36 Flury ... Pestalozz: UL/Härtl/Steig/Feiloo Flury war Schüler des Schweizer Pädagogen Johann Heinrich Pestalozzi (1746–1827).

683,3–684,4 Müller ... Schubert ... Pfuhl ... Klingofström: Adam Müller gründete in Wien das Erziehungsinstitut Maximilianeum, an dem Gotthilf Heinrich Schubert und der General und Freund Kleists Ernst von Pfuel (vgl. Erl. zu 620,3) lehren sollten. Er trifft dort den Maler Friedrich August von Klinkowström (1778–1835).

684,9–28 Redemtoristen ... (im Sailerschen Styl): Die Vertreter des Ordens gaben sich liberal und weltoffen wie der den Romantikern nahestehende Johann Michael Sailer.

685,5 Einer der beiden v. Eichendorf: Die Brüder Joseph und Wilhelm von Eichendorff schlossen in Wien ihr juristisches Studium ab und verkehrten im Kreis von Adam Müller (1779–1829), der 1805 zum Katholizismus konvertiert war und als Staats- und Gesellschaftstheoretiker der Romantik gilt. Joseph berichtet ausführlich von seinen Begegnungen im Tagebuch (Werke 5, S. 325 f., 334 f., 343). Da er nach bestandenem Examen bereits im April 1813 Wien verlassen hatte, um sich als Freiwilliger im Kampf gegen Napoleon zu engagieren, wird es sein Bruder Wilhelm gewesen sein, dem Brentano bei Müller begegnete.

686,19f. mein Stück ... in Pest gedruckt: Vgl. Erl. zu 669,29–34.

687,3f. die Stelle des ... Hoftheaterdichters Körner: Um diese Stelle bemühte sich Brentano selbst vergebens.

687,29–34 Mein Stück ... dediziren ... Prinzessin ... von dem prophetischen Berg in Prag: Die Gründung Prags widmet Brentano *Ihrer kaiserlichen Hoheit Katharina Paulowna Großfürstinn von Rußland Herzoginn von Oldenburg* (FBA 14, S. 21). In einem gereimten *Prolog* schildert er ihren Einzug nach Prag (ebd., S. 18ff.).

687,30 Ihr Leibarzt, Bach: Friedrich August Bach (1778–1858) aus Eutin, der 1802 in Jena promoviert hatte, begleitete die verwitwete Großfürstin Katharina als Leibarzt durch Europa (Schnack, S. 315).

688,1f. mein Schelmufski G[änse]spiel: Das von Brentano selbst farbig gestaltete Würfelspiel mit Motiven aus dem *Schelmuffsky* hat sich erhalten und wurde auf dem Autographenmarkt mehrfach angeboten.

688,17 brouillirt: Zerstritten, im Streit

688,20 Intressen: Zinsen

177. An Brentano
Berlin, Anfang November 1813
D: Hs FDH

688,30 Adresse ... v Savigny: Wegen der geplanten Übersiedlung nach Bärwalde (689,20 f.) mußte nur der Winter in Berlin überbrückt werden, und die Arnims gingen auf das Angebot ein, vorübergehend bei Savignys im Gartensaal zu wohnen (Sav.-Br, S. 273 f.).

688,33 Der Reisende: Hauser (vgl. 682,23 mit Erl.)

689,10f. Herausgabe des Preuss: Correspondenten bis zu Niebuhrs Rückkehr: Barthold Georg Niebuhr hatte im April 1813 von der preußischen Regierung den Auftrag erhalten, Bündnisverträge mit England auszuhandeln. So übernahm Arnim am 1. Oktober 1813 die Redaktion der Zeitschrift *Der Preußische Correspondent* (Berlin 1813/1814), die Schleiermacher vom 1. Juli bis 30. September 1813 geleitet hatte.

689,25f. Neuigkeiten, besonders Anectoten: Zur Verarbeitung in der Zeitschrift vgl. Erl. zu Brief Nr. 178.

689,33 Schlacht bey Möckern: 16. Oktober 1813

690,9 Alberthal: Ludwig Alberthal, Studienfreund von Arnim und Brentano in Göttingen

690,9 Röder bey Culm: Wilhelm von Röder (1781–1813), Freund der Familie von La Roche in Berlin, fiel in der Schlacht bei Kulm, die am 29./30. August 1813 stattfand.

690,13 Schubart: Vermutlich Anspielung auf Christian Friedrich Daniel Schubart (1739–1791), der als Patriot und Freiheitsdichter in die deutsche Literaturgeschichte einging.

690,22 Wrede bey Hanau: Der bayerische General Karl Philipp Fürst von Wrede (1767–1838) versuchte (mit etwa 40 000 Mann) Napoleon (mit etwa 60 000 Mann) bei Hanau (30./31. Oktober 1813) den Rückzug abzuschneiden. Wrede, der selbst schwer verwundet wurde und etwa 10 000 Mann verlor, konnte Napoleon jedoch nicht schlagen und dessen geordneten Rückzug über Frankfurt nicht verhindern. Arnim liegen noch keine genaueren Erkenntnisse zu den Ereignissen bei

Frankfurt vor (daher die Briefdatierung).

690,25–27 August Br: ... bey Dennewitz: Die Schlacht, bei der Brentanos 16jähriger Stiefbruder August (1797 bis 1813) tödlich verwundet wurde, fand am 6. September 1813 statt.

690,33 Cod: Nap: Code Napoléon, die fünf napoleonischen Gesetzbücher, die zwischen 1804 und 1810 in Frankreich eingeführt und dann auch in den besetzten deutschen Ländern angewendet wurden (vgl. Arnims Aufsatz, Werke 6, S. 458)

691,25 Frau Zimmermann: »Witwe von Brentanos Freund, dem Weinwirt Z. (gest. 1807) zu Marburg« (UL, S. 558)

692,2 Voß: Arnims Vermieter Otto Carl Friedrich von Voss (1755–1823), ein preußischer Staatsmann, der 1807 wegen Konflikten mit Hardenberg seinen Abschied genommen hatte. Im Gartenhaus des Vossischen Palais, Wilhelmstraße 78, hatte die junge Arnim-Familie von Ende März 1811 bis Ende September 1813 gewohnt.

178. An Arnim
Wien, Anfang Dezember 1813
D: Hs FDH; vgl. Konrad Feilchenfeldt, Philoblon XIX, 1975, S. 244–254 zum Druck eines Briefteils im *Preußischen Correspondenten* am 18. Dezember 1813

693,15–20 Befreiung von Wesel ... die Mißverständniße ... zum Aufführen am Wiedner Theater: Die Stücke Arnims (vgl. Erl. zu 532,24 f.) kamen in Wien nicht zur Aufführung.

693,23 f. Graf Palfi: Ferdinand Graf Pálffy von Erdöd (1774–1840) gehörte zur 1806 in Wien gegründeten *Gesellschaft der Cavaliere*, die die Wiener Hoftheater gepachtet hatte.

693,30–33 groses Festspiel ... auf den Leipziger Sieg: Das *klingende Spiel* erhielt Brentano am 30. November vom Grafen Pálffy zurück (vgl. Brentano-Kat. 1978, S. 75). Es wurde erst 1817 in Berlin unter dem Titel veröffentlicht *Viktoria und ihre Geschwister, mit fliegenden Fahnen und brenender Lunte.*

694,11 f. Banquerott Lobkowitzens ... Hofagenten Hartl: Josef Fürst von Lobkowitz (1772–1816) hatte sich nach dem Ausscheiden der anderen Mitglieder der »Cavaliersgesellschaft« als alleiniger Pächter der Wiener Hoftheater (August 1812 bis Mai 1813) finanziell übernommen. Bis ein neuer Pächter im April 1814 gefunden werden konnte (wiederum Pállfy), übernahm Josef Hartl von Luchsenstein (1760–1822) kommissarisch die Leitung der Theater.

694,14–16 Bearbeitung der Libussa ... des Ponce ... Festspiel ... am Rhein: Brentanos Werk *Die Gründung Prags* wurde ebensowenig wie das (nur hs überlieferte) Festspiel *Am Rhein, am Rhein* in Wien aufgeführt. Nur die *Ponce*-Bearbeitung *Valeria oder Vaterlist* kam auf die Bühne (vgl. Erl. zu 704,31 f.).

695,25 Schelmufsky Gespiel und Trösteinsamkeit: Vgl. Erl. zu 688,1 f. und 546,33 f.

696,6–18 Speckbacher ... Hofers ... Hiller: Die »Erzählungen« Müllers gelangten über Brentanos Brief in den von Arnim redigierten *Preussischen Correspondenten* (vgl. Feilchenfeldt). Andreas Hofer (1767 bis 1810) und Joseph Speckbacher (1767 bis 1820) waren die Helden des Tiroler Aufstands von 1809, der sich gegen napoleonische und die mit ihnen verbündeten bayrischen Truppen gerichtet hatte. Speckbacher nahm 1813 den Kampf wieder auf (vgl. Arnims Werke 6, S. 445 f.). Johann Freiherr von Hiller (1754–1819) befehligte 1813 das Heer, das Österreich an den Grenzen Illyriens aufstellte, und wurde im Dezember zur großen Armee berufen. Das Verhalten Österreichs in dieser Auseinandersetzung ist zunächst abwartend und taktierend.

698,25f. Bellegarde: Heinrich Joseph Johann Graf von Bellegarde (1756–1845), 1813 Präsident des österreichischen Hofkriegsrates, im Dezember zum Oberbefehlshaber der österreichischen Armee in Italien ernannt

698,33f. Nebenbuhlerinn Betinens in Gernings Herz die alte Runkunkel: Der Diplomat und Schriftsteller Johann Isaak von Gerning in Frankfurt (1769–1837) hatte sich – unterstützt von der Frankfurter Brentano-Familie – vergebens um das junge Mädchen Bettine bemüht. Sie hatte für ihn nur Hohn und Spott übrig. Wer die *Nebenbuhlerinn* war, ist nicht bekannt.

699,2f. Eichendorf nach Tirol genommen: Während sich der Dichter Joseph von Eichendorff von Wien aus nach Preußen wandte, um an den Befreiungskriegen teilzunehmen, begab sich sein Bruder Wilhelm von Eichendorff in österreichische Dienste. Der Kontakt der Brüder, die Kindheit, Schulzeit und Studium gemeinsam verbracht hatten, riß damit für mehrere Jahre fast ganz ab.

179. An Brentano
Berlin, etwa 10. März 1814
D: Hs FDH und Hs GSA Weimar (Nachtrag); zum Nachtrag
vgl. Tendenzen, S. 150 f.;
die Hs FDH dort übersehen

701,11f. das Blat an Niebuhr zurückgegeben: Die Redaktion des *Preussischen Correspondenten*; vgl. Erl. zu 689,10 f.

702,3–5 Görres ... den rheinischen Merkur: Vgl. Erl. zu 504,37–505,6 und 703,10–12.

702,15 in die quieto: (Lat.) In einen ruhigen Tag. Im Sinne von: Das Talent kommt zum Erliegen, kann sich nicht mehr entfalten.

702,17f. Von Göthe ... freundlichen Brief über meine Schauspiele: Goethe schrieb am 23. Februar: *Die Vorzüge dieser kleinen Stücke haben mir als einem Schauspieldirector abermals die unangenehme Empfindung gemacht, daß talentvolle Männer nicht die Beschränkung des Theaters berücksichtigen wollen* (Tendenzen, S. 194).

702,36f. für den Gropius: Wilhelm Ernst Gropius (1765–1852) besaß ein Figurentheater und eine Maskenfabrik in Berlin. Schinkel malte für ihn Dioramen und Panoramen (Tendenzen, S. 195).

702,37f. zu Ehren Flemmings ... Becher: Als Einstandsgeschenk für die Aufnahme in die Zeltersche Liedertafel fertigte Schinkel einen kunstvollen Becher zum Gedenken an ein 1813 verstorbenes Mitglied der Liedertafel, den Berliner Arzt Friedrich Ferdinand Flemming.

703,1f. Bury eine neue Oranien und Gräfin Brandenburg: Vgl. Erl. zu 401,2 und 664,13 f.

703,10–12 Görres ... Verbindung mit Gruner: Mit Karl Justus Gruner (1777–1820), von 1809–1811 Polizeipräsident in Berlin und 1813 zum Generalgouverneur der mittelrheinischen Provinz ernannt, schloß Görres spontan Freundschaft (Tendenzen, S. 194), was dazu führte, daß Görres seine patriotische Zeitschrift, den berühmten *Rheinischen Merkur*, weitgehend unbehelligt herausgeben konnte (vgl. Erl. zu 504,37–505,6).

703,22–38 Göthe ... Befreiung von Wesel: Dazu Goethe in seinem Brief (vgl. Erl. zu 702,17 f.): *Das angedeutete Stück wäre wohl aufführbar, in meiner Lage aber bemerke ich folgendes. Alles, was auf den Augenblick anspielt und so die Gemüther stoffartig erregt, habe ich immer vermieden, nicht weil ich es im Ganzen für unzulässig halte, sondern weil ich gefunden habe, daß der Enthusiasmus eigentlich nur die große Masse wohl kleidet.* Eine für den 14. Mai geplante Aufführung kam nicht zustande (Tendenzen, S. 195).

704,13 Nationalrepräsentanten: Die Einrichtung des Gremiums war mit preußischem Edikt vom 7. September 1811 versprochen worden, die zweite Sitzungsperiode begann am 21. Februar 1814 und endete mit der Auflösung der Versammlung am 10. Juli 1815. Das nicht eingehaltene Verfassungsversprechen Preußens spielt bis zur Revolution von 1848 in den politischen Diskussionen (neben der Pressefreiheit) eine zentrale Rolle.

180. An Arnim
Wien, 5. April 1814
D: Hs FDH; zum Brief hat sich ein Entwurfsfragment erhalten (FDH), das möglicherweise bereits in der zweiten Februarhälfte 1814 entstand; dem abgesandten Brief folgt eine an Savigny gerichtete kurze Nachschrift, die *Wien den 5 April 1814* datiert ist.

704,31f. am Rande aller meiner Bemühungen für das Theater: Unter dem Titel *Valeria oder Vaterslist* war am 18. Februar 1814 eine politisch moderat aktualisierte *Ponce*-Bearbeitung im Wiener Burgtheater zur Aufführung gekommen. Die Vorstellung wurde nicht wiederholt, und Brentano versuchte in publizierten Stellungnahmen den Mißerfolg zu erklären (vgl. FBA 12, S. 637–796 und die Prosa zum Dramentext, S. 929–955). Seine Hoffnungen, als Theaterdichter in Wien in die Fußstapfen des in den Freiheitskriegen gefallenen Theodor Körner zu treten, waren damit endgültig gescheitert.

705,22–33 Verkauf von Buckowan ... Schwarzenberg machte Anträge: »Erst im Oktober 1815 gelang es Christian, das Gut an den österreichischen Major Karl Grafen Rey zu verkaufen. Von diesem erstand es ein Jahr darauf schließlich doch der Fürst Schwarzenberg« (UL, S. 489f.).

705,28 Graf Huniady in Ungarn: Graf Joseph Huniady (1773–1821) (UL, S. 536)

705,29 bomolie: Vgl. Erl. zu 597, 19–27.

706,5f. Hügel ... Nanny: Susanne von Hügel und ihre Tochter Nanny, der Brentano auch ein Gedicht schrieb (vgl. Werke 1, S. 312 und 1113). An die Mutter (Ehefrau von Baron Joseph von Hügel; 1753–1826) ist ein weiteres Gedicht (ebd., S. 322) und einer der ersten von religiöser Thematik geprägten »Bekenntnisbriefe« Brentanos gerichtet, in dem sich die »Wende« in seinem Leben ankündigt. Am 12. Juli 1814 schreibt er ihr: *Fühlen Sie wohl, theure Freundinn, in dem großen eingefleischten Satanismus der Welt die Ursache, warum in dieser Zeit sich so viele edlere und tiefsinnigere Geister zur Religion zurückwenden. Nur in der Gottheit und ihrer Verehrung kann der Mensch noch Freiheit finden, diese aber allein ist es, die ihn zum Ebenbilde Gottes macht, da aber ein Schwancken, eine Halbheit in seiner Erkenntniß [...] so ist kein Mittel zur Ruhe und Freiheit und zu einem Leben ohne Aergerniß zu gelangen, als durch ein gänzliches Eingehen in Gott und alle seine Äußerungen.*

706,14 Warheit vom Krieg: Am 1. März 1815 war Napoleon von seinem Exil in Elba wieder auf das Festland gelangt, am 20. März erreichte er Paris. Bis zur Schlacht von Waterloo (18. Juni 1815) waren seine Truppen in Belgien gegen die Alliierten erfolgreich.

706,17f. Alexander ... unser Kaiser: Der russische Zar Alexander I. (1777–1825) und der österreichische Kaiser Franz I. (1768–1835)

706,19 Bellegard: Vgl. Erl. zu 698, 25f.

706,28f. Die Anzeige: Die Anzeige zur *Gründung Prags* (vgl. Erl. zu 674,25–27)

706,31 der dramaturgische Beobachter: Brentano hatte in der (heute im Reprint zugänglichen) Wiener Zeitung, die von Carl Bernhard hg. wurde, Theaterkritiken publiziert (vgl. Werke 2, S. 1057–1124).

706,36f. Friedensblätter: In der Wiener *Zeitschrift für Leben, Literatur und Kunst. Von einer Gesellschaft herausgegeben* erschienen außer zwei Gedichten Brentanos seine Erzählung *Die Schachtel mit der Friedenspuppe* vom 3. bis 25. Januar 1815 (vgl. FBA 19, S. 313–356 und 697–752). Zu Publikationen Arnims und der anderen vorgeschlagenen Autoren kam es in dieser kurzlebigen Zeitschrift nicht.

707,1f. Arndt ... Fouquet ... Mode: Während Ernst Moritz Arndt als besonders patriotischer Dichter hervorgetreten war, entwickelte sich Friedrich Baron de la Motte Fouqué (1777–1843) zum Modeschriftsteller, der mit romantisierenden Ritterromanen und einem *Frauentaschenbuch* sehr erfolgreich war. Joseph von Eichendorff verdankt ihm die Publikation seines ersten Romans *Ahnung und Gegenwart* und den Erstdruck zahlreicher Gedichte im *Frauentaschenbuch.*

707,6 Unsre Kinderlieder: Anhang zum dritten Band des *Wunderhorn*

707,10 Wiener ... Zeitung: In der *Wiener Literaturzeitung* war im Frühjahr 1813 eine Rezension von Arnims *Schaubühne* erschienen.

707,13 Eichendorf: Wilhelm von Eichendorff

707,14 Frick: Nach Härtl der Kasseler Kupferstecher Cornel Frick

707,15 Apelles: Apelles von Kolophon, ein griechischer Künstler aus der 2. Hälfte des 4. Jhds. v. Chr., galt in der Antike als bedeutendster Maler überhaupt.

181. An Brentano
Wiepersdorf, 22. April 1814
D: Hs FDH

707,24f. Wiepersdorf im Ländchen Beerwalde bei Dahme: Die Güter Wiepersdorf (mit dem »Schloß« genannten Gutshaus) und Bärwalde (mit einem auf Albrecht den Bären zurückgehenden Wasserschloß) gehörten zum Ländchen Bärwalde, einer preußischen Enklave »von der Lausitz und dem alten Meißner Stiftsprengel umschlossen«. Es war Teil der Erbschaft Arnims und bestand aus sieben Dörfern, darunter Wiepersdorf, das etwa 80 km südlich von Berlin zwischen Jüterbog und Dahme liegt (vgl. Sav.-Br, S. 278 f.). Über den Zweiten Weltkrieg hinaus blieb das Wiepersdorfer Gutshaus erhalten, das im 19. Jhd. unter dem Maler Achim von Arnim-Bärwalde (1848–1891) zum Zentrum einer barockisierenden Schloßanlage mit Park und neu errichteter Orangerie nach italienischem Muster ausgebaut wurde. Seit der DDR-Zeit dient es als Künstlerhaus mit Stipendiatenbetrieb (seit 1991 mit Bettina und Achim von Arnim-Museum). Das Schloß Bärwalde etwa 8 km südlich wurde nach Kriegsende gesprengt.

708,3–6 englischer Verfassung ... finde auch ich dann noch eine öffentliche Thätigkeit: Arnim stand mit seinen politischen Auffassungen der Reformpartei in Preußen nahe. Seine Hoffnungen, daß die innere Verfassung in Frankreich und Preußen nach englischem Vorbild liberaler würde, erwies sich als trügerisch (vgl. Jürgen Knaack: Achim von Arnim – Nicht nur Poet, Darmstadt 1976, S. 46ff.). Die Neuordnung Europas auf dem Wiener Kongreß leitete schließlich die in Deutschland lange anhaltende Restauration ein. Arnims Bemühungen, in den preußischen Staatsdienst zu kommen, waren ohne Erfolg, wobei die Itzig-Affäre (vgl. Erl. zu 604,28–605,2) sowie negative Äußerungen von Wilhelm von Humboldt eine Rolle spielten.

708,11–15 Wiederherstellung meines Hauses ... meines Bruders unvollendete Elegantierung: In einem Brief vom 16. April hatte Arnim Savigny von *langer Irrfahrt* nach Wiepersdorf und Ankunft *Nachts nach 1 Uhr* berichtet und angemerkt: *es giebt für Zimmermann, Tischler, Maurer und Schlosser noch mancherlei zu thun* (Sav.-Br, S. 73). Zwischen 1806 und 1812 hatte Arnims Bruder Carl Otto (Pitt) zeitweise in Wiepersdorf gelebt (vgl. Sav.-Br, S. 73 und 279). Seine *Elegantierung* scheint sich hauptsächlich auf das Mobiliar beschränkt

zu haben. Denn das Schloßgebäude, auf einem Gutshaus aus barocker Zeit basierend, war – wie Wilhelm Grimm seinem Bruder Jacob noch 1816 nach einem Besuch schreibt – *inwendig recht verfallen.* Bereits im Mai 1815 hatte Arnim Wilhelm Grimm von dem *sehr verfallenen Wirthschaftshof, der mein Haus von einer Seite mit Mist umgibt*, berichtet und sein Engagement in Wiepersdorf als »Schicksal« dargestellt: *wenn die allmächtigen Geschicke über mich beschließen, daß ich die Wirthschaft übernehmen muß, wie es nun eben scheint. Was thut man nicht für seine Kinder, und denen solls fruchten* (Helene M. Kastinger Riley: Achim von Arnim, Reinbek bei Hamburg 1979, S. 92). Zeitgenössische Zeichnungen zeigen ein Gebäude mit einem Seitenflügel (ohne Terrasse) und einzelne hohe Bäume nahe am Haus.

708,13 Katejeten: Katechet (christlicher Religionslehrer)

709,9 einen tollen Hund todt geschossen: Ausführlicher berichtet Arnim in seinem Brief vom nächsten Tag an Savigny (Sav.-Br, S. 74) von diesem Ereignis.

709,16 Manuscript des wunderthä: Puppenspiels: Brentanos Erzählung *Die Schachtel mit der Friedenspuppe* (vgl. Erl. zu 706,36 f.)

182. An Brentano
Wiepersdorf, 25. August 1814
D: Hs FDH

709,25f. Erbschaft des August: Brentanos Stiefbruder August war in den Kämpfen der Befreiungskriege gefallen (vgl. 690,25–27 mit Erl.).

709,31f. aus dem Morgenlande: Arnim wußte nicht genau, wo Brentano sich aufhielt; er spielt auf Wien an, wo Brentano mit seinen Theaterplänen gescheitert war, erwähnt auch Prag als Adresse und rechnet wohl scherzhaft beides ebenso zum Morgenland wie Bukowan. Brentano war im Mai 1814 zunächst nach Prag und Bukowan, dann ins nordböhmische Bad Liebwerda gereist und kam Anfang September nach Wiepersdorf (Sav.-Br, S. 306). Der an die Prager Adresse gerichtete Brief Arnims konnte ihn dort nicht erreichen.

709,34 2 1/2 Kind: Arnims dritter Sohn Friedmund wurde erst am 9. Februar 1815 geboren, was u. a. die Datierung des Briefes auf das Jahr

1814 ermöglicht. Die Berechnung des Geburtstermins war zunächst fehlerhaft, denn Arnim geht von der Niederkunft bereits im Dezember 1814 aus (711,34f.).

710,12-14 Berlin ... nicht mein Gedeihen: Aversionen gegen die Stadt Berlin äußert Arnim desöfteren in seinen Briefen; es ist jedoch schwer zu entscheiden, inwieweit es sich dabei um eine Art Selbstrechtfertigung für den Rückzug aufs Land handelt. Arnim hatte wegen der ökonomischen Situation kaum eine andere Wahl, als sich selbst um seine wenig ertragreichen Güter mit größtenteils unfruchtbaren Böden zu kümmern.

710,32 der Schwager: Der Architekt Wilhelm Berger (1790-1858), Bruder von Susanne Schinkel aus Stettin

711,1 George: Vgl. Erl. zu 667, 11-24.

711,8-10 Jakob ... Wilhelm ... Louis: Grimm

711,14f. zum Nibelungen Liede von den Brüdern Cornelius: Der Nazarener Peter Cornelius (1783-1867) entwarf einen Zyklus von sieben Zeichnungen zum Nibelungenlied, die 1817 auch als Stiche (bei Reimer) erschienen.

711,19f. Riepenhausens ... mit ihrer Genovefa: Vgl. Erl. zu 419,14 f.

711,24 Rummelei von Trümmern und Kopiermaschienen: Arnim spielt auf den Andrang in der deutschen Künstlerkolonie in Rom an. Kopiermaschinen wurden beim Zeichnen verwendet.

711,25f. Der Rheinische Merkur ... Censurfreiheit: Vgl. Erl. zu 504,37 bis 505,6 und 703,10-12.

711,39f. Mein Bruder ist noch in England und heirathet: Carl Otto von Arnim berichtete Savigny am 13. Juli 1814: *Meine Heyrathsangelegenheit, die lange geruht ist jezt wieder in Gang gekommen.* Später geriet er »mit dem Verlobten der Dame, die er selbst zu heiraten gehofft hatte, in Streit [...] die Satisfaktion war ihm verweigert worden.« Er wurde am 28. Mai 1816 aufgrund dieser Affäre aus London abberufen (Sav.-Br, S. 293 f.).

712,1f. Bettine ... mit dem Landleben zufrieden: Auf Dauer konnte die an städtische Umgebung gewöhnte Bettine das Leben in dem abgelegenen Wiepersdorf jedoch nicht aushalten. Es kam zu Spannungen in der Ehe (vgl. Konstanze Bäumer/Hartwig Schultz: Bettina von Arnim, Stuttgart, Weimar 1995, S. 45-60), und Bettine lebte später mit den Kindern - von Ferienaufenthalten abgesehen - in Berliner Stadtwohnungen, die sie aus ihrem Brentanoschen Erbe finanzieren konnte. Nach Härtl entschied sich Arnim beim Winteraufenthalt in Berlin 1814/1815, »für immer aufs Land« zu gehen (Sav.-Br, S. 313). So kam es zu dem überlieferten (und von Werner Vordtriede publizierten) Ehebriefwechsel von Arnim und Bettine.

712,6 Vielleicht halte ich Vorlesungen: Dazu hatte Arnim am 13. August 1814 an Savigny geschrieben: *ich möchte einmal mich in Vorlesungen versuchen und zwar über praktische Aesthetik [...]. Mein Compendium würde Hölderlins Hyperion, von diesem wunderbar tiefen und klaren Buche sind mir viele Betrachtungen ausgegangen, es war das Einzige das mir in dem vorigen Jahre in der zweifelhaftesten Zeit noch immer ganz behagte, vieles läst sich daran anschliessen, insbesondere Staatswissenschaft* (Sav.-Br, S. 96).

183. An Brentano
Wiepersdorf, 9. April 1815
D: Hs FDH

713,7f. mehr gelernt als ... auf der ... Bauchakadenmie ... Der bekannte grosse Stall: Brentano hielt sich von Anfang September bis etwa 9. November 1814 in Wiepersdorf auf (Sav.-Br, S. 306) und erlebte dort den Anfang der Umbauarbeiten. Am 7. September berichtet Arnim Savigny nach Berlin über den geplanten neuen Wirtschaftshof: *Clemens und ich wir sägen täglich Bäume zum Bau ab.* Erst 1815 wird der Bau fertig (ebd., S. 102 und 307). Im gleichen Brief deutet er die Studienpläne des Freundes an: *Clemens will jezt in fünf Jahren sein übriges Vermögen aufzehren und dabey alles studieren. Du sollst ihm guthen Rath geben, bereite Dich vor, mir scheint der Plan in zweierlei thörigt, weil er doch eigentlich kein bestimmtes Fach wählt, [...] zweitens weil ich durchaus nicht glaube, daß er aus öffentlichen Vorträgen viel lernen wird* (ebd., S. 102). Tatsächlich scheiterten die kurzlebigen Pläne Brentanos, bei Savigny Jura oder bei Schinkel Architektur zu studieren (vgl. Erl. zu 718,1 f.).

714,13 f. Caspers und Georg von Frundsbergs Leben von Reisner: Adam Reissner: *Herrn Georgens von Frundsberg Ritterliche Kriegstaten*, Frankfurt 1572 (Arnim-Bibl. B 588)

714,25 Theat: Europ: Eine Sammlung von 21 Bänden, die sich in Arnims Bibliothek erhalten hat: *Theatrum Europaeum oder ausführliche und wahrhaftige Beschreibung aller und jeder denckwürdigen Geschichten* von J. P. Abelinum, H. Oraeum u. a., Frankfurt 1643–1738

714,33 Schocks: Vgl. Erl. zu 635,18 f.

184. An Brentano, Wiepersdorf
Bald nach dem 21. Juli 1815
D: Hs FDH

715,3 f. Von den Todten auferstanden ... Nachricht über Brandtweinblasen: Am 21. Juli 1815 hatten Arnim und Bettine Savigny brieflich über die schlimme Krankheit Arnims informiert, die auf dem Wege der Besserung sei (Sav.-Br, S. 125). Zugleich bittet Arnim, Brentano zu mahnen, wegen der Herstellung einer Brandweinblase (für die Einrichtung der Brennerei in Wiepersdorf) bei Pistor nachzufragen, der jedoch Brentano seinerseits erst am 29. Juli informierte (vgl. 716,11 f.). Arnims Brief wird bald nach dem Krankheitsbericht an Savigny (vom 21. Juli) und vor Erhalt von Brentanos Brief vom 29. Juli geschrieben sein.

715,7–20 Nachrichten vom Papst... Gedränge von allerlei berühmten Männern: Fiktionen Arnims, die möglicherweise auf Fieberträume während der Krankheit zurückgehen

715,29 Werner und Salpius: Der als Prediger auftretende Schriftsteller Zacharias Werner und der Pfarrer in Meinsdorf und im Ländchen Bärwalde (vgl. Erl. zu 707,24 f.)

185. An Arnim
Berlin, 29. Juli 1815
D: Hs FDH

716,4 deine Krankheit und Genesung: Brentano wurde durch Savigny informiert, dem Arnim am 21. Juli von einem *Fieber, das verschieden schlimme Gesichter schnitt*, berichtet hatte und bemerkte: *so scheint es denn jezt abziehen zu wollen* (Sav.-Br, S. 125).

716,11 Albertine: Kindermädchen und Köchin bei Savignys

716,12 wegen Brandweinblasen: Vgl. Erl. zu 715,3 f.

716,21 f. Roman de la Rose: Den altfranzösischen Roman besaß auch Brentano, der ein Rosen-Kapitel des *Roman de Perceforest* als Quelle seiner frühen Erzählung *Die Rose* benutzt hatte (vgl. FBA 19, S. 454 f.).

716,27 Berger: Vgl. Erl. zu 710,32.

716,28–30 Im Feldzug ... Christian Stollberg ... Einzug in Paris: Nach Anfangserfolgen in Belgien war Napoleon am 18. Juni in Waterloo von den alliierten Streitkräften unter Wellington und Blücher geschlagen worden. Am 7. Juli marschierte die Blüchersche Armee in Paris ein. Am 15. Juli wurde Napoleon von den Engländern nach Plymouth eingeschifft und traf am 16. Oktober im Exil in St. Helena ein. Christian Graf zu Stolberg-Stolberg (1796–1815) fiel in diesem neuerlichen Feldzug Preußens gegen Napoleon *in der Schlacht de la belle Alliance, den 19. Juni 1815*, wie es im Titel von Brentanos Gedicht *Bei Christian Grafen von Stolbergs Tod zu St. Amand* heißt (Werke 1, S. 320), das am 11. Juli 1815 im *Rheinischen Merkur* erschienen war.

716,39–717,1 allerlei Buchhändler spekulationen gemacht, die alle Schabab giengen: Schabab ist bei den Minnesängern die Blume der verschmähten Liebe. Daraus leitet sich die Redensart »Schabab gehen« (für »verschmäht werden«) ab. Über sein Wiener Projekt, sich mit Eckstein gemeinsam *künftiges Jahr als Buchhändler hier zu etablieren*, hatte Brentano am 27. November in einem Brief an Savigny berichtet (UL, S. 487).

717,2–4 Finck ... Bearbeitung der italienischen Kindermärchen ... der junge Unzelmann: Vgl. Erl. zu 674,29 bis 675,25 sowie die Entstehungsgeschichte zu Brentanos Märchen FBA 17, S. 344–391. J. P. D. Fink war Buchhändler in Berlin und Mitglied der Christlich Deutschen Tischgesellschaft, Friedrich Ludwig Unzelmann (1797–1854) Holzschneider.

717,8 Devrient: Ludwig Devrient (1784–1832) spielte 1809 bis 1815 in Breslau, danach als Nachfolger Ifflands am Berliner Hoftheater.

717,20 Brühl: Carl Friedrich Moritz Paul Graf von Brühl (1772–1837), seit 1815 Generalintendant in Berlin

717,21 das Ragusische: Arnims Drama *Marino Caboga*

717,22 pitoyabel: (Franz.) erbärmlich

717,26f. Lewezow ... Epimenides Urtheil: Konrad Levezow (vgl. Erl. zu 723,12) hatte das Festspiel *Des Epimenides Urteil* veröffentlicht.

717,28 Eichhorn ist zu Altenstein nach Paris: Der Kammergerichtsrat Johann Albrecht Friedrich Eichhorn (1779–1856) war bereits 1813 Mitglied der Zentralverwaltung der gegen Frankreich verbündeten Mächte über die deutschen Länder (Sav.-Br, S. 408), später preußischer Kultusminister. Carl Freiherr von Stein zum Altenstein (1770–1840), zwischen 1808 und 1810 preußischer Finanzminister und 1813 Zivilgouverneur von Schlesien, wurde später preußischer Minister für Unterrichts- und geistliche Angelegenheiten.

718,1f. nicht im Stand, Architeckt zu werden: Zu den gescheiterten Studienplänen Brentanos (vgl. Erl. zu 713,7f.) gehört auch der Versuch, in Schinkels Bauakademie Architektur zu studieren.

718,8 die deutsche Volksbuchhandlung: Eines der »Bücherverbreitungsprojekte«, die Brentano später nachdrücklicher verfolgte (vgl. FBA 22,2, S. 46–58)

718,16 Littfas: Der Erfinder der (erstmalig 1855 in Berlin aufgestellten) Litfaßsäule, Ernst Litfaß (gest. 1874), war als Drucker tätig und hatte Schriften verbreitet, die Brentanos Vorstellung von Volksliteratur nicht entsprachen.

186. An Brentano
Wiepersdorf, 3. August 1815
D: Hs FDH

719,14 das vom Korporal: Nach der Schlacht bei Belle-Alliance (18. Juni 1815) hatte Brentano veröffentlicht: *Das Lied vom Korporal. (Sollte dies Lied für deutschen Volksgesang Beifall finden, so versprechen wir dem lieben Vaterland, mancherlei fröhliche und auch ernsthafte leichtsangbare Lieder über allerlei Gegenstände nach und nach auf solche Art in die Hände zu geben.) C. Brentano.* Arnim bezieht sich mit seiner Kritik auf den Anspruch, den Brentano mit der Bezeichnung *Lied für den deutschen Volksgesang* formuliert.

720,7f. Malbruckslied auf den Krieg: Das alte franz. Soldatenlied *Malbrough s'en va-t-en guere*, das Arnim offenbar bearbeitet hatte.

720,12 Eckardstein: Gottfried Bernhard von Eckardstein (1769–1816), Besitzer einer Steingut- und Fayencefabrik und einer Spiegelfabrik in Berlin (UL, S. 530)

187. An Arnim, Berlin, 5. August 1815
D: Hs FDH

720,15–721,1 eingemaischt ... Mai=schwärmer: Fachausdrücke aus der Alkoholherstellung; Brentano nimmt die Diskussion um die Einrichtung der Wiepersdorfer Brennerei auf und spielt dann mit dem Wort Maischwärmer, indem er den Trennstrich verschiebt: Maisch-wärmer versus Mai-schwärmer.

188. An Arnim
Berlin, 14. August 1815
D: Hs FDH

722,9 Kobels: Ferdinand Kobell (1740–1799), Galeriedirektor und Landschaftsmaler, oder sein Sohn Wilhelm (1766–1855), der ebenfalls als realistischer Landschaftsmaler hervortrat

722,25–27 FWR. Merseburger: Die Abkürzung steht für: Friedrich (Fridericus) Wilhelm (Wilhelmus) Rex und bezeichnet Friedrich Wilhelm III., den regierenden preußischen Monarchen. Die von Schinkel entworfenen Dekorationen dienen einer Veranstaltung in Merseburg. »Am 3. August huldigten die Vertreter der neuen preußischen Landesteile des ehemaligen Königreichs Sachsen vor einem preußischen Kommissar in Merseburg« (Sav.-Br, S. 324).

722,40 Kavalier Serviente: Diener, Kellner

723,12 Levezov: Konrad Levezow (1770–1835), Philologe, Archäologe und Gymnasiallehrer in Berlin, gab gemeinsam mit Franz Horn das *Dramaturgische Wochenblatt* heraus.

723,14 Frau des Eichendorf: Luise von Larisch, die Joseph von Eichendorff am 7. April 1815 in Breslau geheiratet hatte. Noch im Jahr 1815 kommt der Sohn Hermann zur Welt.

723,15 Fouquet: Vgl. Erl. zu 707,1 f.

723,20 Ennuis: (Franz.) Langeweile

723,25–27 Judenstück, Unser Verkehr ... Jakobsohn ... Hardenberg: Die Aufführung antisemitischer Stücke zeigt die vorherrschenden Tendenzen in Berlin, die auch in den Statuten und Beiträgen der Christlich Deutschen Tischgesellschaft erkennbar sind. Die Entwicklung des geistigen Klimas in Berlin macht die relative Liberalisierung im letzten Drittel des 18. Jhds. zunichte, an der die von Jüdinnen (Herz, Rahel, Dorothea Veit) inspirierten romantischen Salons beträchtlichen Anteil hatten. Der preußische Staatskanzler Carl August Fürst von Hardenberg (1750–1822) versucht die antisemitischen Bestrebungen zu dämpfen. Die Initiative zur Absetzung des Stücks geht von Israel Jakobson (1768–1828) aus, einem energischen Förderer der Judenemanzipation.

723,32 Die Fzosen sagen: Auf deutsch: Die Engländer sind Götter, die Russen Engel, die Österreicher Menschen, die Preußen Teufel – und die Franzosen sind die zum Fegefeuer Verdammten.

723,37 Malboroug ... Kritik des Littfas: Vgl. Erl. zu 720,7 f. und 718,16.

723,40–724,3 meine Kriegslieder ... in N. Elbischen Merkur: Im *Nieder-Elbischen Merkur* (Hamburg 1816, S. 8–10) erschien eine von Brentano formulierte und auf den 15. August 1815 datierte Ankündigung der Publikation: *Victoria und ihre Geschwister. Festspiele und Lieder des deutschen Krieges. Den Frauenvereinen der freyen Städte Frankfurt, Bremen, Hamburg und Lübeck, zu milden Zwecken gewidmet, von Clemens Brentano. Frankfurt, bey Bernhard Körner, 1816.* Das Festspiel *Victoria und ihre Geschwister* erschien dann jedoch als separater Text ohne weitere als die integrierten Lieder in der Maurerschen Buchhandlung Berlin mit der Jahreszahl 1817. Beiträge Arnims im *Nieder-Elbischen Merkur* sind nicht bekannt.

724,8 Goetze: August Wilhelm Goetze (vgl. Chronik, S. 99–108)

724,18 f. Malchen Seebald ... Schackespears Krause: Die Famile Seebald und der Justizkommissar Ludwig Krause gehörten zum Berliner Bekanntenkreis der Arnims.

724,20 Radzivil: Anton Heinrich Fürst von Radziwill (1775–1858), mit der preuß. Prinzessin Luise verheiratet, war 1815 preußischer Statthalter des Großherzogtums Posen.

724,22f. Göthe ... in Kölln: Den Kunsthistorikern und -sammlern Sulpice (1783–1854) und Melchior (1786–1851) Boisserée war es bei einem Besuch in Weimar gelungen, Goethe für die Fertigstellung des Kölner Dombaus zu gewinnen. Goethe berichtet darüber im ersten Band von *Kunst und Alterthum* 1816.

724,27 Möller: Vermutlich Johann Friedrich Möller (geb. 1789), ab 1814 Generalsuperintendent der Provinz Sachsen

724,30 Staatsrat Schulz: Vgl. Erl. zu 415,33.

189. An Brentano
Wiepersdorf, Mitte August 1815
D: Hs FDH

725,13f. Savigny ... hier eingetroffen: Auf der Reise nach Frankfurt machte Savigny in Wiepersdorf Station und traf am 12. oder 13. August ein. Der Fuhrmann kehrte vermutlich nach Berlin zurück und sollte Arnims Brief mitnehmen.

190. An Brentano, Wiepersdorf
Erste Septemberhälfte 1815
D: Hs FDH

725,22 Sendschreiben durch den Kutscher: Der vorige Brief

726,2f. Ende dieses Monats September ... nach Berlin ... um Mädchen zu wechseln: Am 15. September ist Arnim noch in Wiepersdorf, für den 22. Sept. hat er sich mit *Geschäftsmännern* in Berlin verabredet (Sav.-Br, S. 128). Ziel der Reise ist es auch, neues Personal für Wiepersdorf zu gewinnen.

726,23f. kleine Störung, die Du vom Bauwesen erlitten: Brentanos Scheitern beim Architektur-Studium

191. An Brentano
Wiepersdorf, 28. Januar 1816
D: Hs FDH

729,5f. theatralischen Briefwechsel: Der publizierte fiktive Briefwechsel kam über drei Briefe nicht hinaus, die unter dem Titel *Briefe über das neue Theater* in der Göttinger Zeitschrift *Wünschelruthe* (hg. v. H. Straube und Dr. J. P. v. Hornthal) 1818 (19. März bis 10. April) publiziert wurden. Zwischen zwei Briefen des Theaterdirektors, die Arnim formulierte, steht ein Brief des Poeten an den Direktor von Brentano (vgl. Werke 2, S. 1154–1171).

192. An Arnim
Berlin, 3. Februar 1816
D: Hs FDH

730,8 Baldinger: Ernst Gottfried Baldinger (1738–1804), Medizinprofessor in Marburg

730,20 Kleist: Marie Margarete Philippine von Kleist (1761–1831), eine Kusine von Heinrich von Kleist; die illustren Gäste und der Jour fixe deuten auf einen literarischen Salon hin, doch wird Frau von Kleist im Register der Berliner Salons (von Petra Wilhelmy) nur als Gast der Salons von Radziwill und Stägemann genannt.

730,22 nach der Tieckischen Clausur: Wie der Einsiedler im *Sternbald*

730,27f. Isidorus Orientalis: Otto Heinrich Graf von Loeben (1786 bis 1825), Mentor der Brüder Eichendorff in Heidelberg, den Joseph von Eichendorff rückblickend als Vertreter eines bedenklichen »romantischen Afterkultus« bezeichnet.

730,30 Kleist Hermann: Die *Hermannsschlacht* von Heinrich von Kleist, entstanden 1809

731,14 beatus possidens: (Lat.) Glück besitzend

731,40–732,2 Weber ist nach Weimar zu Göthe ... mit Schadow ... Rauch: Carl Maria von Weber (Komponist der populären romantischen Oper *Der Freischütz*; 1786–1826), Kapellmeister in Berlin seit 1792, fuhr nach Weimar, um seine Komposition zu Goethes *Epimenides* aufzuführen (vgl. Goethes Leben von Tag zu Tag, Bd. 6, Zürich 1993, S. 319f.). Johann Gottfried Schadow (1764–1850), Direktor der Berliner Kunstakademie seit 1815, hielt sich gleichzeitig in Weimar auf und stellte seinen Entwurf für ein Blücher-Denkmal in Rostock vor, das Goethes Gefallen fand (ebd.). Christian Daniel Rauch (1777–1857) war einer der bedeutendsten klassizistischen Bildhauer in Berlin und schuf 1820 auch eine Goethe-Figur; er war zugleich Schüler und Konkurrent Schadows.

732,3–5 Göthe ... Aushängebogen über altteutsche Kunst an Schuckmann und Zelter: Im Jahre 1816 erschien der erste Band von *Kunst und Alterthum*, dessen Aushängebogen Goethe an seinen Freund, den Kapellmeister und Komponisten Karl Friedrich Zelter (1758–1832), und Caspar Friedrich Freiherrn von Schuckmann (1755–1834) schickte, der in Preußen das Departement für Kultus und Unterricht geleitet hatte und 1814 Innenminister war.

732,11f. Finck ... Plan der Monatlichen Erzählungen: Der Plan wurde nicht realisiert.

732,18 Band von den Fantasiestücken des Justitzraths Hoffmann: Brentano vergleicht die 1814 und 1815 in vier Bänden erschienenen *Fantasiestücke in Callots Manier* von E.T.A. Hoffmann mit dem *Scherzendem Gemisch von der Nachahmung des Heiligen*, das Arnim in der ZfE publiziert hatte.

732,29–32 Stiftungstag ... Blücherlied und ein Ecce quem bonum dazu: Der Beitrag Brentanos zum Stiftungstag der Christlich Deutschen Tischgesellschaft war das Lied *Blücher* (Gesammelte Schriften, Frankfurt 1852, Bd. II, S. 52). *Ecce quem bonum* ist eine auf dem Vulgata-Text von Psalm 133,1 basierende Refrainstrophe, die Brentano beispielsweise dem Lied *Antonius zur Predig* (Werke 1, S. 468) anfügt, ein Lied, das später ebenfalls als Rundgesang für eine Tischgesellschaft entstand (ebd., S. 1153).

732,32 Zerboni di Sposetti: Joseph Zerboni die Sposetti (1760–1831), Jurist und Publizist, der bereits 1792 eine Gedichtsammlung veröffentlicht hatte, war seit 1815 Oberpräsident des Großherzogtums Posen.

732,36 Haxthaußen: Werner Haxthausen (1780–1842), Schwager der Droste und Volksliedsammler, war seit 1815 Regierungsrat in Köln.

733,8f. Jordis ... Comissair: Der Schwager Brentanos (Ehemann von Lulu Brentano) wurde Generalkommissar des preußischen Königs in Finanzangelegenheiten.

193. An Brentano
Wiepersdorf, Februar 1816
D: Hs FDH

734,3 des Commercii epistolici: (Lat.) Des brieflichen Verkehrs, des Briefwechsels

734,4 Lachmann ... Düsterhaupt ... Krumpiper: Beigefügt war vermutlich der erste Brief *Der Direktor an den Poeten* (vgl. Brentano, Werke 2, S. 1154–1157) des fiktiven Briefwechsels, der vor dem Druck jedoch verändert wurde, da die genannten Namen in der gedruckten Fassung fehlen (vgl. folgende Erl.).

734,33–735,6 Calderon nicht einmal durchlies[t] ... Puthan ... Psycharion ... Pomuffel: Im publizierten Briefwechsel wird über die Lektüre des Calderon diskutiert. Auch die Zubereitung des Puthahn spielt eine Rolle. Die Schauspielerin erhält den Namen Psyche, während die Figur des Juden nicht eingeführt wird. Schauspieldirektor und Poet (hier Lachmann und Düsterhaupt) bleiben ohne Namen. Auf die zeitgenössischen Theaterverhältnisse wird nur allgemein, jedoch mit beißender Kritik, angespielt.

735,27f. die Reichardt ... Geisterinsel: Die Grüße gelten Louise Reichardt; ihr Vater komponierte die Oper *Die Geisterinsel*.

194. An Arnim
Berlin, Februar 1816
D: Hs FDH

736,9 Romanen vom Skarron: Vgl. Erl. zu 438,17.

737,1f. Ardinghello, Hildegard von Hohenthal, die Dolores: Brentano nennt zwei Romane von Heinse und den Roman Arnims, in denen nach seiner Auffasung die Freiheit in der Form zu weit geht. Es fehlt die »Zucht« (die Konzentration, der formale Zusammenhalt). Sein Urteil deckt sich, was Arnims *Dolores* betrifft, mit dem von Goethe und den Brüdern Grimm. Goethe äußert sich nicht öffentlich, schreibt jedoch an Reinhard, am 7.10.1810: *Ich will diese ganze Rücktendenz nach dem Mittelalter und überhaupt nach dem Veralteten recht gerne gelten lassen, weil wir sie vor 30 bis 40 Jahren ja auch gehabt haben, und weil ich überzeugt bin, daß etwas Gutes daraus entstehen wird; aber man muß mir nur nicht glorios damit zu Leibe rücken. [...] Aber manchmal machen sie mir's doch zu toll. So muß ich mich z. B. zurückhalten, gegen Achim von Arnim, der mir seine Gräfinn Dolores zuschickte und den ich recht lieb habe, nicht grob zu werden. Wenn ich einen verlorenen Sohn hätte, so wollte ich lieber, er hätte sich von den Bordellen bis zum Schweinekoben verirrt, als daß er in den Narrenwust dieser letzten Tage sich verfinge: denn ich fürchte sehr, aus dieser Hölle ist keine Erlösung. Übrigens gebe ich mir alle Mühe, auch diese Epoche historisch, als schon vorübergegangen zu betrachten.* (WA IV, 21. Bd., S. 394 f.)

Wilhelm Grimm spricht in einer Rezension von einer *Nachlässigkeit der Zusammensetzung* (vgl. Arnim, Werke 1, S. 741 f.).

195. An Arnim
Berlin, Anfang April 1816
D: Hs FDH

737,13f. Försters Unternehmung des Taschenbuchs: Es erschien unter dem Titel *Sängerfahrt* mit einem Titelgedicht Brentanos und dem Stich nach Kolbe (vgl. Erl. zu 663, 23–26).

737,18 Fiduzit: Fiduz (nach lat. fiducia), Vertrauen

737,29 der Ragusaner: In der *Sängerfahrt* erschienen Arnims Erzählung *Seltsames Begegnen und Wiedersehen* (vgl. Werke 3, S. 918–962) und drei seiner Gedichte, jedoch nicht das Drama *Marino Caboga.* E. T. A. Hoffmann ist nicht unter den Autoren des Bandes.

738,12f. Schinkels Domrestauration: Der Berliner Dom wurde nach den Entwürfen Schinkels 1817–1821 umgestaltet (1893 abgerissen).

738,16 Sack: Johann August Sack (1764–1831), preußischer Politiker; zu seinen Funktionen vgl. 723,29 und 732,40.

738,18 Domplan: Der mittelalterliche Plan zum Kölner Dom war von den Brüdern Boisserée (vgl. Erl. zu 724,22 f.) entdeckt worden, was den Weiterbau der Kirche erleichterte.

738,26 Lachmann: vgl. 734,4 mit Erl.

196. An Brentano, Wiepersdorf
Wohl vor dem 14. April 1816

D: Hs FDH

738,32–739,3 theatralischen Verkehr ... Geburtstagsfete ... Krumpipen: Nachdem Brentano seinen Brief des Poeten formuliert hat, den Arnim ihm *mit nächster Gelegenheit* zurückschicken will (738,34), spinnt Arnim die Geschichte weiter. In Brentanos Brief des Poeten heißt es: *Ich komme zum Kapellmeister Krumpipen, aber nicht des Puthahns, sondern des Distelfinks wegen. Dieser ist leider auch unter des Krumpipens Fortepiano eingegittert [...] Sie glauben nicht, wie mich der bescheidene Jüngling rührt, er ist voll schöner höherer Begeisterung [...] Psyche [...] Wie unaussprechlich liebenswürdig war sie neulich als sie an ihrem Geburtsfeste den Distelfink aufforderte den Kanon anzustimmen [...] Ich [der »Poet«] solle einen Kantate auf den Puthahn schmieren, [...] auf den Distelfink werde ich eine schreiben* (Werke 2, S. 1163–1165). In der von Arnim formulierten Antwort des Theaterdirektors heißt es: *will der Direktor etwas aufführen, aus Überzeugung, daß es nicht gefällt, so drohen ihm die Schriftsteller mit Schimpf und Duellen, mit Fluch und Tränen. Solch ein Spaß wird uns vielleicht morgen beim Kapellmeister mit dem Grafen Pech unterhalten, der sich durchaus mit mir schießen will, weil ich keins seiner Stücke aufführe. Sie müssen eine Pistole mit Pulver laden, er muß mich scheinbar totschießen* (ebd., S. 1170). Der 1818 publizierte Briefwechsel endet mit diesem Brief des Direktors, und die weitere von Arnim angedeutete Entwicklung mit dem Autodafé des Grafen Pech wird nicht ausgeführt.

739,9f. Beyträge zu dem Almanache: Zur *Sängerfahrt*, vgl. Erl. zu 737,13 f. Sie sollten bis zum 20. April vorliegen. Am 23. April meldet Bettine den Brüdern Grimm eine lebensgefährliche, bereits neun Tage dauernde Erkrankung Arnims (Steig III, S. 340). Demnach ist der Brief vor dem 14. April geschrieben.

739,13 Gerichtstag: Das Abhalten von Gerichtstagen gehörte zu den Pflichten des Barons von Arnim.

739,13f. mehrere hundert Bäume gepflanzt: Am 10. April scheint die Pflanzaktion bereits abgeschlossen, denn im Brief dieses Datums an Savigny spricht Arnim bereits von *alle[n] meine[n] neuen Bäumen* (Sav.-Br, S. 136).

197. An Arnim
Berlin, vor dem 9. November 1816

D: Hs FDH

739,18–20 Conducteur Treblin ... deine Vermessung: Es geht um Landvermessung, offenbar ein Auftrag Arnims, der noch vor Weihnachten zu erledigen ist.

739,27f. den Frühling nach Fft ... der Spleen Georgs: Der geplante Besuch in Frankfurt hängt mit Kaufplänen und Finanztransaktionen zusammen, die Arnim im Brief an Savigny vom 17. August 1816 erläutert: *Sollte ich Lemmersdorf kaufen [...] denke ich Franz und Georg den*

Vorschlag zu machen, Bettines Hypothek in Böhmen, da sie doch etwas für uns thun wollten, abzukaufen (Sav.-Br, S. 138). Vom *Spleen Georgs*, der einen Besuch der Arnims verhindert, ist in Arnims Briefen an Savigny vom 9. November und an die Brüder Grimm vom 15. November die Rede. Im ersten Brief vermutet Arnim eine geplante Wiederverheiratung des verwitweten Georg Brentano (Sav.-Br, S. 140), im zweiten erwähnt er, *daß in Frankfurt Georges Spleen das ganze Haus mit Gram fülle und daher kein Raum für uns sei* (ebd., S. 337). Vermutlich gehen beide Äußerungen auf die Information Brentanos zurück (daher die Briefdatierung), jedoch ist in den überlieferten Briefen Christians vom 27. August, 20. September und 13. Oktober bis 12. November 1816 kein Hinweis auf den Rat Christians zu finden.

740,1–3 Gestern schreibt man mir von Jena, nach Göthens Äußerungen ... zweite Heirath: Die Quelle Brentanos ist unbekannt; Briefe aus Jena sind nicht überliefert. Christiane Vulpius war am 6. Juni 1816 gestorben; zu einer zweiten Ehe Goethes kam es nicht.

740,4 Hufelands: Christoph Willhelm Hufeland (1762–1836), Leibarzt Friedrich Wilhelms III., Erster Arzt an der Charité und Professor an der Berliner Universität

750,5 Mathesius: Von Johannes Mathesius (1504–1565), einem Joachimsthalschen Prediger, gab Arnim 1817 eine Auswahl Predigten heraus (vgl. Sav.-Br, S. 385).

198. An Brentano
Wiepersdorf, 12. Juli 1819
D: Hs FDH; Exzerpt eines verschollenen Briefes; vgl. Burwick Nr. 240

741,1 1819: Am 27. Februar 1818 hatte Brentano in der Berliner St. Hedwigs-Kirche eine Generalbeichte abgelegt. Am 14. September 1818 war er nach Dülmen gereist, um die Visionen Anna Katharina Emmericks aufzuzeichnen. Ihre Stigmata, die Brentano als Wunderzeichen Gottes in gottloser Zeit verstand, hatten in neupietistischen Kreisen Berlins seit Anfang 1816 Aufsehen erregt. Bis zum Tode der ehemaligen Augustinernonne (Februar 1824) hielt sich Brentano fast ununterbrochen in Dülmen auf. Mit der Ausarbeitung seiner Aufzeichnungen, die er zu einem religiösen Weltepos »nach der Gesichten« der Emmerick zusammenfügte, war er (mit Unterbrechungen) bis zu seinem Tode 1842 beschäftigt. Über die Kontakte mit Arnim und Bettine in dieser Zeit ist wenig bekannt. Bettine stand der Religiosität des Bruders skeptisch gegenüber (vgl. das Zitat S. XXV).

Die überlieferten Exzerpte Arnims aus Briefen an den Freund belegen, daß er mehr Verständnis für Brentanos neue Orientierung aufbrachte als Bettine.

741,3 C.: Möglicherweise folgt hier ein Zitat aus einem nicht überlieferten Brief von Clemens, auf den Arnim mit einem kurzen Gedicht antwortet.

199. An Arnim, Dülmen
Ende April bis 26. Mai 1820
D: Hs FDH

743,1 Dülmen: Brentanos Wendung zur Religion sah Arnim u. a. als Ergebnis des Großstadtlebens, denn er schreibt am 15. August 1818 aus Bärwalde an Bettine: *Wenn ich in einer großen Stadt bliebe, ich würde auch endlich nichts anderes anzufangen wissen, als ein Betbruder zu werden oder mir solche religiöse Spinneweberei und Spinnenfeindschaft, wie sie den Clemens plagt, anzuschaffen* (Vordtriede, S. 147). Die Übersiedlung des Freundes nach Dülmen beunruhigt ihn. Am 2. Oktober teilt er Savigny seine Bedenken mit: *ich habe eine Art Ungedult etwas von Clemens zu hören und weiß nicht einmal seine Adresse [...]. Ich habe eine Art Sorge, daß er da in Westphalen, wenn er zu lange haust, eher verrückt als heilig werden möchte* (Sav.-Br, S. 154). Im September 1819 hatte er seiner Frau Bettine lakonisch mitgeteilt: *Von der Nonne [Anna Katharina Emmerick] ist viel zu schreiben, Vincke hat sie untersuchen lassen, ob sie schwanger sei. Aber soll nichts gefunden haben* (Vordtriede, S. 176). Bettine antwortet im November: *Clemens ist in Dülmen, die Nonne ist unschuldig und nicht schwanger* (ebd., S. 178).

743,20–744,2 die Geschichte aller Freundschaft und Liebe ... Jesus Christus, durch seine heilige Katholische Kirche: Sehr deutlich wird hier Brentanos Orientierung an den Lehren der katholischen Kirche, die seine Vorstellung von Freundschaft grundlegend verändern. An die Stelle antiker Freundschaftsideale (bzw. deren Varianten im 18. Jhd. und der Frühromantik) treten christlich-katholische; von der Überlegung, daß etwas *Gutes* und *Göttliches* im Menschen durch die Freundschaft freigesetzt werde, das bisher *keine Form* habe finden können, kommt er zu der Behauptung, daß sie beide in ihrer Freundschaft *mehr oder weniger irrend allerlei Götzen geschmückt hätten.* Konsequent spricht er von Jesus als dem *einzig treuen Freund* (744,32).

744,22 der volle Wind des heiligen Geistes: Brentano variiert das barocke Bild von der Schiffs- als Lebensreise und macht sich die Etymologie des griech. Begriffs »pneuma« und des lat. »spiritus« fruchtbar. Beide Begriffe werden in der Bibel als Bezeichnung für den Heiligen Geist verwendet.

745,21f. von den Künsten ... mit Thränen: Die scharfe Wendung gegen alle Beschäftigung mit »weltlicher« Kunst ist bei Brentano nur vorübergehend; er bleibt sein ganzes Leben ein »homo poeta«. In seiner letzten Schaffensperiode in München begann er wieder erotische Lyrik zu dichten, die er jedoch als »private Texte« an Emilie Linder verstand und nicht publizierte. In den dreißiger Jahren läßt er sich auch von seinem Freund Böhmer bewegen, eine Sammelausgabe seiner Werke vorzubereiten. Von den Märchen erschien dann 1838 – als hochpoetisches Spätwerk ohne den Geruch von religiöser Erbauungsliteratur – das überarbeitete *Märchen von Gockel, Hinkel und Gackeleia.*

745,26f. Jesus ... der die Reiche der Welt nicht annahm: Vgl. Mt 4,8–10.

745,28f. bei der Aucktion meiner Mühsam gesammelten Bücher: Am 13. Dezember 1819 hatte eine Versteigerung der umfangreichen Bibliothek Brentanos begonnen. Über die angebotenen Titel informiert ein gedruckter Katalog (Reprint: Brentano-Bibl.). Arnim hatte diese Versteigerung offenbar mit *Rührung* wahrgenommen. Wir kennen jedoch seinen Brief, auf den Brentano im einzelnen eingeht, nicht. In seinen Briefen an Savigny und Bettine äußert sich Arnim nicht über die Versteigerung. Etwa zwanzig Bücher in seiner Bibliothek mit Clemens' Namenszug deuten darauf hin, daß er auf der Auktion Bücher kaufte.

747,24f. wie der Traum eines Gefräßigen zur Offenbarung Johannis: Die christlichen Visionen des Johannis-Evangeliums stellt Brentano dem zeitgenössischen Materialismus gegenüber.

747,29 Wasser des Lebens: Vgl. Off 22,17.

748,19 Glied eines Leibes: Vgl. 1 Kor 6,15 und Eph 5,30.

749,26–750,27 Eigenheit, Selbstheit des Künstlers ... den armen Bauern die Kreuzwege flicken ... manche tief fromme Bauerseele: Ausschließlich religiöse Gebrauchskunst erkennt Brentano in seiner Dülmener Zeit an. Leitbild ist dabei eine naive Volksfrömmigkeit und nicht gelehrte Theologie. Die Auffassung von der Autonomie der Kunst – die Brentano in seiner Frühzeit selbst vertrat – hält er nun für Hybris. Einige Ideen zum

Künstler als sündigen »imitator dei« formuliert Brentano schon in Briefen an Runge 1810.

749,32 der Schlange allein das Haupt zertritt, Maria: Vgl. 1 Mos 3,15. Brentano übernimmt die Deutung der Vulgata, die die Verheißung Gottes nicht auf den Messias, sondern auf die Gottesmutter bezieht.

750,31f. des alten Overbergs: Bernhard Overberg (1782–1852), Beichtvater Anna Katharina Emmericks (vgl. FBA 28,2, S. 91)

750,35f. Weiße Maasregeln eines Pupillen Collegiums: Brentano erwähnt die »weisen Maßregeln« des Pupillenkollegs, einer Einrichtung der preußischen Rechtspflege, die für Erbschaftsangelegenheiten zuständig war.

751,40 Glaube, Hoffnung und Liebe: Vgl. 1 Kor 13,13.

752,40–753,1 durch Protestanten in ein äußerliches religiöses Interesse gekommen: Brentano spielt auf den Kreis um Ludwig Gerlach an, in dem auch die protestantische Pfarrerstochter Luise Hensel (1798–1876) verkehrte, um die er intensiv und vergeblich warb.

755,16–30 Görres ... den Exiliirten ... übersezt dort an einem Perßischen Buch: Görres, seit 1814 Direktor des öffentlichen Unterrichts am Mittelrhein, mußte nach der Veröffentlichung der Kampfschrift *Teutschland und die Revolution* wegen drohender Verhaftung Preußen verlassen. In Straßburg arbeitete er an der 1820 in zwei Bänden veröffentlichten Übersetzung *Das Heldenlied von Iran aus dem Schah Nameh des Firdussi.*

756,38–757,8 Sailer ... Diepenbrock ... Windischmann: Im November 1818 war Brentano mit Sailer nach Dülmen und zum Salmschen Hofkammerrat Anton Diepenbrock gereist. Mit den Kindern Melchior (1798–1853; später Fürstbischof in Breslau) und Appolonia Diepenbrock (1799–1880) schloß Brentano enge Freundschaft. Zu Windischmann vgl. Erl. zu 615,38.

757,11f. Mastiaux katholischer Münchner Literaturzeitung: Kaspar Anton Mastiaux (1766–1828), bayrischer Geheimer Rat, der von 1818 bis 1825 Redakteur der *Litteraturzeitung für katholische Religionslehrer* war.

757,14f. Gesellschafter ... Gubitz ... Taube: In der von Friedrich Wilhelm Gubitz (1786–1870) hg. Zeitung *Der Gesellschafter oder Blätter für Geist und Herz* erschienen zahlreiche Publikationen von Arnim und Brentano, 1817 beispielsweise von Brentano die Erzählung *Die mehreren Wehmüller*, von Arnim *Die Einquartierung im Pfarrhause.*

757,26 latet anguis in herba: (Lat.) Eine Schlange ist im Grase verborgen (Vergil *Ecloge* 3,93).

760,1–28 Christian ... über das Sakrament der Firmung ... des Heiligen Kreuzes: Brentano meint vermutlich Christian Brentanos Aufsätze *Betrachtungen über die heilige Firmung* und *Aufschlüsse über Verderben und Heil mit dem Schlüssel des Kreuzes*, erschienen in dessen *Religiösen Schriften* (München 1854, Bd. I, S. 1 und Bd. II, S. 325).

762,23 führte er mich durch die Wüste: Vgl. Brentanos Gedicht *Ich bin durch die Wüste gezogen* (Werke 1, S. 348 f. und 354).

764,14 Der junge Veit: Philipp Veit (1793–1877), Sohn Dorothea Schlegels aus erster Ehe; ein mit Joseph von Eichendorff befreundeter Nazarener

200. An Brentano
Berlin, Anfang 1821
D: Hs FDH; Exzerpt eines verschollenen Briefes; vgl. Burwick Nr. 246

201. An Brentano
Berlin, April 1821
D: Hs FDH; Exzerpt eines verschollenen Briefes; vgl. Burwick Nr. 250

202. An Arnim
Dülmen, 9. Januar 1824
D: Hs FDH

769,20–770,12 entsetzlich betrübt, durch Religion geschieden zu seyn ... Alle Geliebte mögten die Wahrheit erkennen ... betrübt mich oft tief die gute Betine: Zum erstenmal artikuliert Brentano im Brief an Arnim, daß die Freundschaft durch konfessionelle Schranken gestört ist; zugleich deuten sich missonarische Ambitionen an, für die Bettine nur Hohn übrig hatte (vgl. Briefzitat S. XXV).

770,29f. dein Besuch bei mir: Vom 18. bis 21. November 1820 hatte Achim von Arnim Clemens und Christian Brentano in Dülmen besucht.

770,34–40 Kranke ... für dich gebetet ... Häubchen für dies Kind: Brentano pflegte der bettlägerigen Anna Katharina Emmerick seine Freunde und Freundinnen zu schildern, worauf sie diese in ihre Gebete einschloß und ihre Traumgesichte dazu mitteilte. Neben Arnim ist es besonders Luise Hensel (vgl. Erl. zu 752,40–753,1), die Brentano mit der Mitteilung von »Gesichten« zu beeinflussen suchte. Als Anna Katharina Emmerick Luise in ihren Träumen noch immer als Ungläubige in höchster Gefährdung am Brunnenrand zu sehen meinte, war sie längst aus eigenem Antrieb konvertiert.

770,37f. für dein Töchterlein zu Gevatter: Die Tatsache, daß Arnim erwogen hatte, Anna Katharina Emmerick als Patin für seine Tochter Armgart (geb. 1820) zu wählen, belegt, daß er dem Denken Brentanos näher stand als seine Frau Bettine.

771,6f. Reise nach Frankfurt: Am 9./10. Juni 1823 reiste Brentano zu einem viermonatigen Aufenthalt nach Frankfurt (vgl. Chronik, S. 126 f.).

771,13–15 Anton ... Docktor: Zwei Brüder Brentanos: Anton (vgl. Erl. zu 327,18 f.) und der Jurist Dominikus (vgl. Erl. zu 323,38 f.)

771,21–28 neuen Haus des Franz ... Sohn ... Töchter: Franz Brentano hatte ein Haus in der Neuen Mainzer Straße gebaut. Seine Kinder sind Georg, Maxe, Josefa, Franziska und Karl (vgl. 772,8–10 mit Erl.).

771,33–772,3 Georg ... reitzende Rötelheim: Seit 1808 hatte Georg durch Kauf zahlreicher Grundstücke in Rödelheim (heute Stadtteil Frankfurts, in dem der Brentano-Park im wesentlichen dem damaligen Besitz entspricht) ein großes Areal geschaffen, eine repräsentative Villa gebaut und ein kleines idyllisches Haus am Flußufer einbezogen (das 1819 erworbene Petri-Haus; als einziger Brentano-Besitz in Frankfurt erhalten, aber stark verfallen) und mit seinen Kunstsammlungen geschmückt. Aus den Erinnerungen der Bettine-Tochter Maximiliane von Arnim (verh. Oriola), die mit ihrer Schwester Armgart in den Jahren 1829 bis 1834 dort lebte, sind wir über die Ausstattung und das Leben in Rödelheim unterrichtet.

772,3–5 Franz ... rührenden Eifer für die Schulen und die Gemeinde: Das Engagement von Franz Brentano für die katholische Minderheit in Frankfurt führt zu einer Wiederannäherung und regen Briefwechsel der Brüder.

772,8–10 Tochter Fina ... Kranken Karl: Josefa Ludovica (1804–1875) und Karl Brentano (1813–1860), der gehbehindert und geistig zurückgeblieben war

772,15f. Die Max: Maximiliane, Tochter von Franz Brentano (1802 bis 1861)

772,27f. gelübbertes Meer: Vgl. Erl. zu 460,33.

772,29f. schönen Miniaturen: Maxe von Arnim (vgl. Erl. zu 771,33–772,3) berichtet über die Kunstschätze ihres Onkels Georg: »sein wertvollster Besitz waren die berühmten Foucquetschen Miniaturen, die im sogenannten Raffaelsaal des Goldenen Kopfs hingen und später [1891] leider an den Duc d'Aumale nach Frankreich verkauft worden sind [wo sie jetzt das Musée Condé in Chantilly zieren].« (Maxe von Arnim, Tochter Bettinas / Gräfin Oriola, 1818 bis 1894. Ein Lebens- und Zeitbild aus alten Quellen geschöpft von Prof. Dr. Johannes Werner, Leipzig 1937, S. 23)

773,12 Wilmerischen Töchter: Johann Jakob Willemer (1760–1838) hatte drei Töchter aus erster Ehe.

773,19f. im Irrgarten der Liebe herumtaumelnden Kavaliere: Anspielung auf den Titel von Gottfried Schnabel: *Der im Irrgarten der Liebe herumtaumelnde Kavalier* (1738)

773,21 Garten der Braut: Bild für die katholische Kirche

773,27f. Friedrich Böhmer: Vgl. Erl. zu 783,4–6.

774,9 Kästner: Vgl. Erl. zu 41,9.

774,14f. Steingaß ... Sophie Görres: Sophie Görres (1802–1854), die älteste Tochter von Joseph Görres, heiratete im Mai 1824 Leopold Steingaß (1790–1854).

774,32–35 Grafen Maistre, vom Pabst ... Soirées de Petersbourg: Joseph-Marie Comte de Maistre (1753/54–1821), franz. Staatsphilosoph, der die absolute Monarchie als Grundlage eines christlichen Europa gegen Revolution und Konstitutionalismus verteidigte. In St. Petersburg, wo er längere Zeit als sardischer Gesandter lebte, entstanden seine Hauptwerke, auf die Brentano anspielt: *Essay sur le principe générateur des Constitutions* (1814), *Du Pape* (2 Bde., 1819), *De l'Église gallicane dans son rapport avec le Souverain Pontife* (1821) sowie *Les Soirées de St-Pétersbourg* (2 Bde., 1821).

775,17 Doctor Molitor: Der Frankfurter Freimaurer Joseph Franz Molitor (1779–1860) lernte als Autodidakt die hebräische Sprache und befaßte sich mit der Kabbala. 1827 erschien der erste Band seiner (unvollendeten) *Philosophie der Geschichte oder Über die Tradition*, in dem er sich mit der Philosophie des Judentums befaßte.

776,2 Neumanns: Brentanos Berliner Freund Johannes Neumann (1790–1847), Registrator in der Kanzlei Hardenbergs

776,25 Zeichnung Bettinens: Bettine fertigte seit 1822 umfangreiche Skizzen zu einem Goethe-Denkmal an, entwarf jedoch auch Bilder zum Münchener Oktoberfest. Mit dem Plan, ein Goethe-Denkmal nach ihrem Entwurf in Frankfurt zu errichten, scheiterte sie. Abgesehen von den Gipsmodellen (die im Zweiten Weltkrieg verlorengingen) existiert nur eine Teilausführung (ohne Sokkel und Thronlehne) in Marmor von Karl Steinhäuser, die Bettine jedoch nicht gefiel. Sie überdauerte den Krieg in Weimar.

777,13–16 Frau von Savigny ... du dichtetest nicht mehr ... du müßtest das Land bauen und versauertest dadurch: Vorwurf, den auch Bettine im Ehebriefwechsel immer wieder erhebt. Der Blick auf die in der Wiepersdorfer Zeit entstandenen Dichtungen Arnims zeigt jedoch, daß er trotz seiner Verpflichtungen als Landedelmann erstaunlich produktiv war. Er publizierte eine große Zahl von Zeitungsbeiträgen und schrieb Erzählungen.

777,39 David: Der gottesfürchtige, alttestamentarische Psalmendichter als Muster des religiösen Dichters

779,12 Walpurg Akermann: Vgl. Erl. zu 441,3.

779,16 die Hensel ... hat eine Art Schule: Luise Hensel hielt sich von 1823 bis 1826 in Wiedenbrück auf. Dort kümmerte sie sich um den ihr anvertrauten Pflegesohn Rudolf Rochs, der die Knabenschule besuchte. Luise unterrichtete ältere Mädchen.

779,19 Hofmaler Hensel: Dem vor allem als Porträtzeichner bekannten Wilhelm Hensel (1794–1861), einem Bruder Luise Hensels, wurde durch ein königliches Reisestipendium ein fünfjähriger Italien-Aufenthalt (1823 bis 1828) ermöglicht. Offizieller Hofmaler in Berlin wurde er erst 1829.

779,40 Wangenheim: Karl August Freiherr von Wangenheim (1773 bis 1850), Gesandter am Frankfurter Bundestag

780,24 f. Klödensche Charte von Palästina: Die Landkarte spielte bei den Aufzeichnungen der »Gesichte« Anna Katharina Emmericks eine große Rolle. Brentano breitete sie in Dülmen auf ihrem Bett aus und »korrigierte« ihre »Visionen«, indem er sie auf die topographischen Fakten hinwies.

780,30 Holweg und Ritter: Die Grüße gelten dem Juristen Moritz August von Bethmann-Hollweg (1795 bis 1877) und dem katholischen Theologen Joseph Ignaz Ritter (1787 bis 1857), von 1818 bis 1823 Kaplan an der St. Hedwigskirche in Berlin

203. An Brentano
Wiepersdorf, Anfang 1824
D: Hs FDH; Exzerpt eines verschollenen Briefes, vgl. Burwick Nr. 260

781,13–33 S. ... hat es gefunden daß Wissenschaft und Kunst dem Herrn nicht fremd ist: Besonders der Schlußsatz im Exzerpt deutet darauf hin, daß Arnim Friedrich Schlegel meint, der nach seiner Konversion (z. B. in den publizierten Vorlesungen) Literaturgeschichte und Ästhetik unter konsequent christlichen Aspekten sah.

204. An Arnim
Frankfurt, 7. Dezember 1828
D: Hs FDH; vgl. Hartwig Schultz: Der unbekannte Brentano, Frankfurt 1977, S. 45

783,4–6 Böhmer ... Philister ... Wiederabdruck: Brentanos Freund, der Frankfurter Historiker Johann Friedrich Böhmer (1795–1863), bemühte sich intensiv darum, Brentano zu einer Sammelausgabe seiner Werke zu bewegen und ließ z. B. Abschriften von den *Romanzen vom Rosenkranz* und den *Märchen* Brentanos anfertigen. Böhmer schreckte nicht davor zurück, Texte ohne Einwilligung Brentanos zu veröffentlichen (Märchen in der Zeitschrift *Iris* 1826/1827) und wandte sich an Freunde Brentanos, um sein Projekt zu fördern und den zögerlichen, publikationsscheuen Brentano, der zeitweise aller weltlichen Dichtung abgeschworen und große Teile seiner Bibliothek bereits 1819 versteigert hatte, zur Zustimmung zu bewegen. In diesem Zusammenhang dürfte er sich an Arnim gewandt haben, um einen Neudruck der Philistersatire zu erreichen. Brentano selbst teilt ihm jedoch seine Ablehnung mit. Auch zur geplanten Gesamtausgabe kam es nicht. Zu Lebzeiten Brentanos erschien nur eine überarbeitete Fassung des *Gockel*-Märchens 1838.

783,14 verboten: Die *Philister*-Abhandlung erschien als Privatdruck nach vorheriger Subskription, um der Zensur zu entgehen.

783,19 Thomas: Johann Gerhard Christian Thomas (1785–1838), Frankfurter Senator und Bürgermeister, den Böhmer bei seinen Versuchen einbezog, Brentano zum Publizieren zu bewegen.

784,3 laß ihm aus der Passion: Von dem religiösen Weltepos nach den Gesichten der Anna Katharina Emmerick stellte Brentano zuerst die Leidensgeschichte Christi fertig und las sie Interessierten aus dem Manuskript vor. 1833 erschien sie im Druck.

784,6 f. Tedeum ... ultra Rabiner ... Jubelchören der liberalen: Aus der Perspektive des gläubigen Katholiken mokiert sich Brentano über die Annäherung der Juden und der Linksliberalen in Frankfurt, wobei er mit der Erwähnung des Tedeum auf die getauften Juden anspielt.

784,8 Don Miquel: Dom Maria Evarist Miguel (1802–1866) war in Portugal durch Staatsstreich (1824 und erneut 1828) an die Macht gekommen und verfolgte alle Liberalen in seinem Lande brutal. Für diese war er daher gerade 1828 das Musterbeispiel eines Reaktionären.

784,12f. auf der Moldau ... unter türkischer Musick: Brentano bezieht sich vermutlich auf eine in Frankfurt gegebene Oper und die Mode türkischer Musik, die bereits zu Mozarts Zeiten grassierte.

205. An Brentano
Berlin, 26. Januar 1829
D: Hs FDH

785,3-786,3 Adam Müller ... Vertrauen von seiten Hardenbergs: Da Adam Müller sich nach Wien gewandt hatte und eine katholisch-konservative Linie vertrat, konnte sich Hardenberg wohl nicht entschließen, Adam Müller nach Preußen zurückzuholen, als dieser in Wien scheiterte (vgl. Erl. zu 685,5).

786,6 Genz: Der Diplomat Friedrich Gentz (1764-1832), enger Freund der Rahel, der später zu Metternich nach Wien ging

786,10 Hensel heirathet die Mendelssohn: Wilhelm Hensel heiratete Fanny Mendelssohn, die Schwester des Komponisten.

786,14 Mösler: Karl Josef Ignatz Mosler (1788-1862), Kunstgelehrter in Düsseldorf

Personenregister

Inhaltsverzeichnis

Die Freundschaftsbriefe, die Achim von Arnim und Clemens Brentano in den Jahren 1801 bis 1829 miteinander gewechselt haben, sind im Januar 1998 in den Bänden 157 und 158 der Anderen Bibliothek im Eichborn Verlag, Frankfurt am Main, zum ersten Mal vollständig vorgelegt worden. Diese Edition verdankt sich Hartwig Schultz, der die Brentano-Arbeitsstelle im Freien Deutschen Hochstift (Frankfurter Goethe-Museum) leitet. Von ihm stammt der Kommentar zu der vorliegenden kritischen Leseausgabe.

Der Briefwechsel war bisher nur lückenhaft in einer tendenziösen Auswahl vom Ende des 19. Jahrhunderts zugänglich. Ein Teil der Brentano-Briefe ist seither in der großen historisch-kritischen Ausgabe erschienen, die im Freien Deutschen Hochstift erarbeitet wird. Die Veröffentlichung der Gegenbriefe wird in der geplanten Achim von Arnim-Ausgabe der Stiftung Weimarer Klassik vorbereitet. Beiden Institutionen gebührt der Dank des Verlages und der Leser für ihr Entgegenkommen. Die Freundschaftsbriefe erschienen unter Mitarbeit von Holger Schwinn; das Lektorat lag in den Händen von Rainer Wieland.

Dieses Buch wurde in der Borgis Walbaum von Wilfried Schmidberger in Nördlingen gesetzt und bei der Fuldaer Verlagsanstalt auf holz- und säurefreies mattgeglättetes 100 g/m² Bücherpapier der Papierfabrik Schleipen gedruckt. Den Einband besorgte die Buchbinderei G. Lachenmaier in Reutlingen. Ausstattung & Typographie von Franz Greno.

1.–8. Tausend, Januar 1998. Von diesem Band der ANDEREN BIBLIOTHEK gibt es eine handgebundene Lederausgabe mit den Nummern 1 bis 999; die folgenden Exemplare der limitierten Erstausgabe werden ab 1001 numeriert. Dieses Buch trägt die Nummer:

5400